親切的、活潑的、趣味的、致用的

# 實用歷史叢書

遠流出版公司

**另眼看歷史——中、日、韓、台三千年**

---

**作　　者**——呂正理
**總監暨總編輯**——林馨琴
**編　　輯**——游奇惠、楊伊琳
**企　　劃**——張愛華
**美術設計**——林秀穗

**發 行 人**——王榮文
**出版發行**——遠流出版事業股份有限公司
地址：臺北市10084南昌路二段81號6樓
電話：（02）2392-6899　傳真：（02）2392-6658
郵撥：0189456-1
**著作權顧問**——蕭雄淋律師
2016年10月1日　二版一刷
2020年10月1日　二版三刷

**新台幣定價 499 元**　（缺頁或破損的書，請寄回更換）

ISBN 978-957-32-7886-3
YLib 遠流博識網
http://www.ylib.com　E-mail:ylib@ylib.com

# 另眼看歷史

## 中、日、韓、台二千年

呂正理 著

《實用歷史叢書》

# 出版緣起

王榮文

《實用歷史叢書》的基本概念，就是想把人類歷史當做一個（或無數個）大個案來看待。

本來，「個案研究方法」的精神，正是因爲相信「智慧不可歸納條陳」，所以要學習者親自接近事實，自行尋找「經驗的教訓」。

## ・歷史就是大個案

經驗到底是教訓還是限制？歷史究竟是啓蒙還是成見？——或者說，歷史經驗有什麼用？可不可用？——一直也就是聚訟紛紜的大疑問，但在我們的「個案」概念下，叢書名稱中的「歷史」，與蘭克（Ranke）名言「歷史學家除了描寫事實『一如其發生之情況』外，再無其他目標」中所指的史學研究活動，大抵是不相涉的。在這裡，我們更接近於把歷史當做人間社會情境體悟的材料，或者說，我們把歷史（或某一組歷史陳述）當做「媒介」。

## ‧從過去了解現在

爲什麼要這樣做？因爲我們對一切歷史情境（milieu）感到好奇，我們想浸淫在某個時代的思考環境來體會另一個人的限制與突破，因而對現時世界有一種新的想像。

通過了解歷史人物的處境與方案，我們找到了另一種智力上的樂趣，也許化做通俗的例子我們可以問：「如果拿破崙擔任遠東百貨公司總經理，他會怎麼做？」或「如果諸葛亮主持自立報系，他會和兩大報紙持哪一種和與戰的關係？」

從過去了解現在，我們並不眞正尋找「重複的歷史」，我們也不尋找絕對的或相對的情境近似性。「歷史個案」的概念，比較接近情境的演練，因爲一個成熟的思考者預先暴露在衆多的「經驗」裡，自行發展出一組對應的策略，因而就有了「教育」的功能。

## ‧從現在了解過去

就像費夫爾（L. Febvre）說的，歷史其實是根據活人的需要向死人索求答案，在歷史理解中，現在與過去一向是糾纏不清的。

在這一個圍城之日，史家陳寅恪在倉皇逃死之際，取一巾箱坊本《建炎以來繫年要錄》，抱持誦讀，讀到汴京圍困屈降諸卷，淪城之日，謠言與烽火同時流竄；陳氏取當日身歷目睹之事與史實印證，不覺汗流浹背，覺得生平讀史從無如此親切有味之快感。

觀察並分析我們「現在的景觀」，正是提供我們一種了解過去的視野。歷史做爲一種智性活動，也在這裡得到新的可能和活力。

如果我們在新的現時經驗中，取得新的了解過去的基礎，像一位作家寫《商用廿五史》，用企業組織的經驗，重新理解每一個朝代「經營組織」（即朝廷）的任務、使命、環境與對策，竟然就呈現一個新的景觀，證明這條路另有強大的生命力。

我們刻意選擇了《實用歷史叢書》的路，正是因為我們感覺到它的潛力。我們知道，標新並不見得有力量，然而立異卻不見得沒收穫；刻意塑造一個「求異」之路，就是想移動認知的軸心，給我們自己一些異端的空間，因而使歷史閱讀活動增添了親切的、活潑的、趣味的、致用的「新歷史之旅」。

你是一個歷史的嗜讀者或思索者嗎？你是一位專業的或業餘的歷史家嗎？你願意給自己一個偏離正軌的樂趣嗎？請走入這個叢書開放的大門。

【推薦序】

# 以鄰爲鑑 可以自知

◎許倬雲

收到《另眼看歷史》，展讀之下，頗多感慨：一則看見，有個歷史專業以外的知識分子，願意花費精力，寫出這麼一部書，討論歷史的問題，這是令人欣喜的。由這本書的出現，足以反映歷史這個學術項目，有其學術圈以外的生命。有眼光的人，還是會從歷史變化中，尋求智慧，尋求安頓自己心靈的地方。另一方面，當然也不無感嘆：今天學術分工細緻，使得任何行業的專家，都只能專注於非常專精的題目，作深入的分析；專家們卻又往往忽略宏觀的大格局，難以將自己的專題，在大環境中取得定位。這一部書的出現，對我史學界的同仁，應當也是刺激，也是鞭策，使他們警覺到，還有許多應做的事情，等待我們的努力。

作者呂正理先生，如本書自序所說，希望在討論中國歷史的時候，也能考察到中國圈以外的其他國家歷史，才能對自己有更清楚的瞭解。從瞭解別人，使自己反省，也許可以說「以鄰為鑒，可以自知」。

從本書論列，舉例言之：討論到唐朝的歷史時，吐蕃歷史中呈現的對唐關係，和中國官方歷史中，唐蕃的關係，截然不同。吐蕃是當時相當強大的帝國，橫跨山地、草原和高原，其盛衰和唐朝幾乎同步，絕不是唐朝旁邊的藩屬。唐朝與吐蕃會盟的碑文，呈現的是兩個國家的平等條約，並不是一個藩屬向天可汗屈服的情況。這個強大的國家，絕對是一個當時世界歷史上很重要的強權。吐蕃接受印度文化的成分，遠高於接受中國文化。文成公主和親，在吐蕃歷史上，恐怕只是一個邊緣事件而已。不拿吐蕃歷史和唐朝歷史平行陳述，我們許多人還以為中國的天可汗是君臨整個東亞的。

另一個例子，從日本歷史陳述，才能理解到儒家政治的性質，也能理解到明治維新以後，軍人專政的傳統。也因為有了這一特殊傳統，我們才能理解日本軍閥、財閥、官僚集團的三合一，如何在軍人的暴力脅持之下，把日本帶向侵略戰爭，帶向敗亡。這段日本史發展過程之中，中國當然是受害人。但是若不瞭解日本本身歷史的發展，我們很難瞭解它只有中國十分之一人口，居然挑戰龐大的中國，而且還同時挑戰美國這麼龐大的海上強權。只有在讀了日本歷史，才瞭解到日本人本身的近代發展過程之中，不幸出現的盲點。

呂先生這本書，基本上是將幾個不同地區歷史分成幾個不同時代平行陳述，並明確指出其間的政治、軍事以及經濟互動。假如其他有志者要做同樣的工作，其間還有更廣大的天地可以開拓。呂先生也注意到佛教及儒家思想在各處傳播的現象；其實任何國家，跟它四周鄰居之間思想、價值觀的流通，是無可抵擋的。在東亞地區，佛教及儒家思想經傳播之後，在各地產生不同的改變和轉換。此外，近代西力東漸，西方思想傳播的，就是基督教和現代文明。近代西化的過程，在東亞各國，經過迴旋曲折的途徑，彼此互相激盪、影響。凡此種種都是許多有志者可以著墨的空間。

本書所包括的臺灣歷史部分，對於三、四百年來這塊土地上發生的事蹟，有相當扼要的陳述。這幾章固然還不能單獨成書，卻已清楚地勾勒出大綱，而且立場相當中肯。臺灣歷史書籍，坊間不多，有本書的這幾章，一般讀者已可對臺灣所經歷的種種曲折且心酸的歷史，及目前臺灣人民的許多取捨抉擇，有基本的瞭解。這也是一件學術功德，可欽可佩。

我與呂先生並非素識，承蒙他寄下這一部好書，並且希望我為本書作序，我展讀之下，先將這意見，送奉作為短序。

**推薦者簡介**：許倬雲，一九六二年獲美國芝加哥大學博士。先後執教於台灣、美國和香港多所知名大學。現為美國匹茲堡大學歷史學系榮休講座教授、中央研究院院士。

# 【推薦序】面向大眾的歷史學

◎王汎森

我第一次見到呂正理先生是在二〇〇九年的二月農曆年前。呂先生經由朋友介紹與我見面，出示將近一千頁的《另眼看歷史》打印稿，並告訴我，這是他花了兩年時間寫成的一部有關中、日、韓、台灣及周邊世界的多角交織歷史。當我問起呂先生的背景，得知他並不是專業學歷史，而是長期從事於企業經營及顧問工作，不得不感到十分驚訝。我平常有些忙，但在農曆過年期間剛好有些空閒，於是匆匆地翻閱了部分的章節。由於呂先生的著作內容太廣，其中有很多部分並不在我所熟悉的範疇之內，因而我建議他另外找人核實史料。呂先生遂與一組青年歷史學者在一起工作，逐章討論了將近一年。現在書稿已成，呂先生請我寫幾句話。呂先生寫這樣一本書，在我看來，除了對歷史的愛好以外，似乎是有一種使命感在背後驅策。我要特別指出，呂先生試圖從研究思想和社會價值觀演變的角度來剖析歷史的過程和脈動，是一個有意義且值得鼓勵的方向。

此書有幾個特色：首先，目前史學界以專題論述為主，即使是成書的著作，往往也是特定主題的論文（monograph），較少有人寫通貫性的歷史，《另眼看歷史》即是一本通史性質的書。第二，過去有幾本「東亞史」之類的書，但是大體上是以一國一章的方式鋪陳，而《另眼看歷史》則是以中、日、韓、台及周邊世界交織互動的方式進行，比一般東亞史更具特色。最近我開始注意到除全球化、在地化之外，還有一個愈來愈重要的現象——「區域化」。本書把中、日、韓、台寫在一起，並與周邊世界相連結，可說有先見之明。

許多年來我都很欣賞美國史家卡爾·貝克（Karl Beeker, 1873-1945）的《人人都是他自己的歷史學家》（Everyman His Own Historian）。家父因為受到我的鼓勵，曾經試著把一九二〇年代後期以來所見所聞及生命歷程寫下，可惜他動筆一段時間之後中輟。此外，我也一直在提倡「面向大眾的歷史學」。我之所以這樣想，主要是認為知識有它的社會責任，以歷史來說，如果這世界上多一個人瞭解自由民主發展的歷史，不是更有助於推動民主政治嗎？能多讓大眾瞭解一些歷史，不正是這門學問的意義所在嗎？

清代考證學壟斷全局很久，到了清代後期有名的學者陳澧便表達了他的不耐，提出「以淺持博」的呼聲，「持」是輔助的意思，這個呼聲在當時並未受到足夠的注意，而且我覺得在清代考證學「三步一崗，五步一哨」，證據動輒千百條，各種文獻星羅棋布的考證學重圍中，陳澧的所謂「淺」其實已經太深了。他大概認為他的《東塾讀書記》或《漢儒通義》已經是「淺」，但是在我看來，他的所謂「淺」只是對當時有學問的人而說的，和我們今天的標準有所出入。

今天在史學方面，我認為「以淺持博」觀念含有兩方面的意思：一方面是讓對歷史有興趣的人可以很快上手掌握相當程度的歷史知識。另一方面，是提供一個比較宏觀的架構，讓沒有餘力讀許多專門研究的讀者能較快速地掌握一個大致的歷史架構。就這兩個標準來說，《另眼看歷史》已經做到了。

由於呂先生不是專業史學家，所以對於最新的史學研究的成果，或許無法充分吸收；但是幾位專業學者加入討論後，已經有部分改善。對一般讀者而言，此書有許多可取之處，故藉本序表達上述的看法。

王汎森
二〇一〇年五月

**推薦者簡介：**王汎森，畢業於台大歷史系，留美獲得普林斯頓大學博士，獲選為中央研究院院士，曾任中研院歷史語言研究所所長、中研院副院長。

【推薦序】

# 朝代興衰是最好的個案研究

◎史欽泰

我和正理兄相識，不過是最近這四、五年內的事。早年我的經歷大多和半導體、電子產業有關，而他是在化學業裡。兩個行業在當時交集不多（現在就多了），所以我們沒有什麼機會熟識。正理兄後來轉而從事企業顧問，又加入台灣玉山科技協會，而我忝為協會的會長，因而漸漸開始來往。正理兄是一個活躍的會員，但我從來不知道他對歷史竟然有很深的研究。這次他請我來為《另眼看歷史》寫序，實在是讓我有些驚訝。我自認對歷史的研究並不是很深入，要為這樣一本厚重的歷史書來寫序，覺得有些不敢當。不過正理兄一再重複一句話：「以我個人的看法，比較現代企業的起落和歷史朝代的興衰，其間實在沒有很大的差異。」深獲我心，因而我只得當仁不讓，勉為其難來寫這篇序。

二〇〇四年起，由於清華大學的邀請和台積電的鼓勵，我在清華大學參與創辦了一個科技管理學院，並擔任院長至今。科管院除了有經濟、計量財金、科技管理和科技法律等科系及研究所之外，也有專業的MBA、EMBA、IMBA等課程。眾所周知，美國許多著名的大學在三、四十年前開始有MBA課程，吸引了美國和全世界財經、科技界的青年才俊去就讀。MBA的課程裡，最重要的其實不是研讀各種教科書，而是所謂的個案研究（Case Study），也就是選擇許許多多過去企業界曾經發生的個案，讓學生在老師帶領之下共同討論其之所以成功或失敗，而在其中借鏡，總結企業經營之道。

東、西方的文化其實是不同的，東、西方的企業經營哲學，也有許多不同的地方。我們很早就發現，如果把一些歐美的企業個案直接搬到亞洲的MBA課程來討論，事實上並不適當。這些年來，清華科管院也逐漸選了一些台灣、大陸企業的個案在ＭＢＡ課程中研究討論。發展至今，有一部分的個案也被哈佛大學ＭＢＡ課程引用。

我十分同意正理兄的一個看法。他認為在中國、日本、韓國和台灣所發生的一些歷史事件，對於ＭＢＡ學生必定也具有啟發性，甚至更加有趣，更有深度。舉例來說，十一世紀下半，有一個重大的歷史事件發生，中國北宋的神宗皇帝授命王安石進行變法。這一場號稱「天變不足畏，祖宗不足法，人言不足恤。」的大變革最後卻不幸徹底失敗。到了十三世紀初，又有一個更大的歷史事件發生，原本是草原上棄兒出身的成吉思汗竟開創了一個空前絕後的蒙古大帝國。

王安石為什麼會失敗？成吉思汗為什麼會成功？我想像如果把這兩個事件拿來放在ＭＢＡ課程上做Case Study，絕對會討論得轟轟烈烈。話說回來，歷史事件並不是只有歷史學者可以研究，或是在ＭＢＡ課程裡才值得討論。我相信，不論是什麼職業，什麼身分，什麼年紀，歷史對所有的人都是一片豐沃的土壤，有許多養分可供汲取。

正理兄希望把這書寫成是一本給一般大眾看的「史普」書，像「科普」書一樣，易讀而有趣，將來如果有更多人願意寫這樣的「史普」書，那麼讀者們就有福了。

史欽泰　謹識

二〇一〇年六月　於新竹清華園

**推薦者簡介**：史欽泰，畢業於台大電機系，留美獲得普林斯頓大學博士，曾任台灣工業技術研究院院長、資訊工業策進會董事長、清華大學科技管理學院院長。現任清華大學科技管理學院特聘講座教授。

# 新版自序

拙著《另眼看歷史》於二〇一〇年在台灣出版，獲得許多讀者的喜愛；二〇一一年又獲得台北國際書展非小說類大獎，給我極大的鼓勵。

這本書主要是敘述從遠古到一九四五年的中、日、韓、台灣及周邊世界的多角互動歷史，目標讀者當然不是只有台灣的讀者，還希望能分享上述幾個國家裡更多的讀者。因此我很高興去年也與北京理想國合作以《東亞大歷史》為書名在大陸出簡體版。

本書出版後，也有部分熱心讀者指出書中部分錯漏之處，我至為感謝。後來出簡體版時，又依據理想國的編輯提出的寶貴意見，對書的內容做了部分修改。另外，有兩位日本友人十分喜愛這書，不辭勞煩逐章逐句與我討論其內容，並提出一些與日本歷史有關的不同意見。我也欣然把其中部分納入簡體版修改的參考。

關於東亞近現代史，這幾年出現了許多解密檔案，或新史料，使得許多學者對一些關鍵事件產生與以往不同的解讀。舉一個例：二〇〇七年起，美國史丹佛大學胡佛研究所（Hoover Institute, Stanford University）接受蔣介石的後人委託，展出他以毛筆從一九一五年寫到一九七二年的日記，造成史學界極大的震撼。各國學者紛紛前往史丹佛借閱，發現其中部分記載大大地顛覆了他們對這五十幾年歷史的看法，以及對蔣介石本人的觀感。例如，過去史家大多認為一九三七年發生的「盧溝橋事變」是由日本人挑起，從而擴大成為全面戰爭；現在有許多學者的認知卻是當時衝突只是一個意外，而雙方駐軍高層都同意要避免事態擴大。蔣介石卻派四個中央軍北上，企圖以戰求和，打破他極為不滿的《何梅協定》，日軍也增兵華北，戰爭擴大於是無法避免。

由於以上多重原因，我決定重新出修訂版。同時，我也決定把這本書的結構做一些改變。《另眼看歷史》

初版包括三部分。其中第一部分敘述東亞各國在前後數千年中的多角互動歷史，共二十五章；第二部分闡述各種思想、宗教及價值觀的起源、發展、演變及相互影響，共六章；第三部分是我自己對某些歷史事件、人物、思想及價值觀的評論，共九章。我考慮再三之後，決定修訂版只保留原書敘述歷史的第一部分。原書其餘兩部分性質相近，也預定在不久後另行出修訂版。如此分拆，各自主題明確，也便於讀者分別自由選購及閱讀。

必須說明，我並不是專業學歷史，只是在業餘喜好研究歷史。許多讀者十分好奇我到了六十歲時才突然跨界來寫歷史書，我也很樂意分享這樣的經驗和心路歷程，所以請容我在此重複一部分我在初版自序裡寫的文字。

在我成長的年代裡，台灣大部分學生上大學都是優先選擇理、工科系，我也不例外。但我很早就對歷史感興趣。在我小學時，台灣大部分的家庭都還沒有電視，但我們家幸而有一台收音機。當時中廣電台裡有一位姓林的老先生每天晚上講《三國演義》，我也每晚睡覺前打開收音機，和弟弟、妹妹們各自窩在棉被裡，聚精會神，聽得津津有味。我們家在一個小鎮上，每逢節慶就有戲班在幾個廟前演出，有攤販、藝人從四處來。也有「說書人」擺攤子說故事，連續好幾天，內容有「水滸傳」、「火燒少林寺」等。說書人身穿一襲長袍，道具只有一張桌子、一塊驚堂木、一把折扇，但腔調抑揚頓挫，加上誇張的表情、手勢，真正是引人入勝。說到重要關節處，說書人就拿著帽子請圍在四周的聽眾一一丟錢進去，等收完後才又繼續開講。在這期間，我總是每天抱著一張矮凳前往，坐在前面，聽得流連忘返。

我對歷史的濃厚興趣，並沒有因為讀理、工科系而減少。今日有許多理工出身的人士對歷史也抱有同樣的興趣，我猜想可能也是從小培養出來的。

我後來從事的工作，大多和企業經營有關，因而很自然地開始研究歷史朝代的興亡，對於亂世的研究尤其情有獨鍾。以我個人的看法，比較現代企業的起落和歷史朝代的興衰，其間實在沒有很大的差異。回顧過去三十幾年，我看見許許多多的企業不斷地在重複同樣的錯誤和失敗，而這些錯誤在過去的歷史人物身上也都不斷地發生過。因而，歷史讓我在工作及生活上得到許多啟發，也帶給我無窮的樂趣。我總想有一天要回饋，把自己對歷史的見解也貢獻給別人，因此就大膽地寫了這本書。不過我並不打算寫成一本教科書，或是一本學術著作，而是要寫成給一般大眾看的「史普」書，希望像我喜愛的一些「科普」書一樣，易讀而有趣。

我想寫的，是一本客觀簡要的通史，把東亞地區各國家或民族的起源、朝代興衰，以及歷史上的互動關係都包括在裡面。我之所以希望寫這樣一部歷史，是因為我發現我所讀過的單一國別史大部分都流於主觀。如果寫某一國的歷史，這個國家就是主角，別的國家都是配角，而有意無意地把別國與本國有關的大事略過，甚至歪曲了。我在想，如果能把幾個不同國家的歷史寫在一本書中，並且能從各種不同的角度出發來敘述，或許就能寫得比較客觀。我認為，「區域史」可以補「國別史」的不足。

英國的「科幻小說之父」喬治・威爾斯（H. G. Wells）曾經寫過一本通史，書名《世界史綱》（*The Outline of History*），實際上是偏重於歐洲地區的歷史。威爾斯寫這本書時，第一次世界大戰剛結束，戰爭顯然使得他心中有許多感受。威爾斯認為，當時的歐洲人在學生時期從學校裡學到的都是偏狹的歷史，「他們是被蒙上民族主義的眼罩來學歷史的，除了自己的國家以外，一切國家都視而不見。」我讀了這段話，心有戚戚焉，因為我認為威爾斯所描述的情形也適用於今日的亞洲。

一個人如果只讀自己國家的歷史，而對別國的歷史所知有限，通常不會知道一個發生在本國的歷史事件究竟會對另一個國家產生什麼樣的衝擊。很少人會聯想到，本國人民所歌頌的豐功偉業，常常是由另一個國家的人民付出代價。

總之，我寫《另眼看歷史》的目的之一是提倡研究「區域史」。二〇一六年五月，我出版了另一本新書《從困境中奮起——另眼看一九四五年後的東亞史》，也是同樣的目的。我希望今後有更多人加入研究東亞區域史，同時有更多讀者明白區域史的重要。

《另眼看歷史》於二〇一〇年初版時，承蒙中研院副院長王汎森和清華大學科技管理學院院長史欽泰兩位先生高誼，為此書寫序；藉此機會，我要再次謝謝兩位先生，並在修訂版中保留他們所寫的原序。去年大陸簡體版《東亞大歷史》發行時，我很榮幸獲得史學大師許倬雲教授答允寫序，使這本書增色不少。承蒙許教授首肯，又同意把此一序文也放在繁體修訂版上，我在此特別要對他表示由衷的感謝。

當年發行初版時，很榮幸有許多學者專家前來大力協助，其中包括張藝曦、童長義、蔡宗憲、王超然、楊俊峰、裴英姬（韓國籍）等教授，及以研究游牧部族享譽國際的王明珂教授，我至今銘感，也要在此重新申謝。但若不是王汎森先生請張藝曦教授邀請上述各不同領域的學者來指導我訂正疏漏及錯誤，恐怕這本書將會錯誤百出，讓我羞愧不已。因此，我必須再一次謝謝王先生大度的支持及鼓勵。

我也要謝謝我的外甥女楊景涵。這本書裡所有的插圖都是她參考一些現有的地圖（部分是中國的譚其驤先生主編的《中國歷史地圖集》。在此特別要向已故的譚先生致敬），與我討論，然後重新修改而成的。

關於這次修訂，我也必須謝謝遠流公司發行人王榮文先生，以及出版事業總監林馨琴女士的支持。初版的編輯游奇惠女士雖然已經退休，卻仍接受邀請而來為修訂版努力，與遠流出版五部的責任編輯楊伊琳合作，為此我也要感謝她們兩位。

是為序。

呂正理

二〇一六年八月，寫於挪威旅途中

# 目錄

導言

# 如何看見中、日、韓、台的歷史互動

《另眼看歷史》的撰寫，主要是想為「區域史」盡一份心力。「國別史」當然非常重要，每一個國家和民族都有讓人引以為傲的歷史，希望能不斷地傳承。但人們對歷史的認知如果只侷限於自己的國家或民族，很容易失之偏狹，因而各國人民就無法停止各說各話，對同一歷史事件有完全不同的解讀。誠如H.G.威爾斯所說：

「如果沒有共同的歷史認知，絕不會有共同的和平與繁榮。」

## 「我者」與「他者」

史學家許倬雲先生曾經寫了一本大作《我者與他者》，說中國自古以來有「我者」與「他者」的區分乃是常事，而「他者」通常被認為是非我族類。

當代美國最重要的電影導演史蒂芬史匹柏（Stephen Spielberg）二〇一六年五月受邀在哈佛大學的畢業典禮上演講，也提到由於本能，或是基因使然，人們都將世界分為「我們」和「他們」，並問要如何才能找到共同的「我們」？他自己提出的見解，是需要更多的人性、同理心，以及彼此相互的聯繫。史匹柏的電影有兩類，一類充滿了想像力，深受觀眾喜愛；不過我更喜愛他的另一類作品，通常以某一歷史事件為主題，而採取極嚴謹的態度探求其中的史實及其代表的意義，常能震撼人心。做為歷史的愛好者，我十分欽佩史匹柏，對於他的見解也深深贊同。

歷史所探討的，其實就是彼此相互的聯繫，並須以人性和同理心為基礎。所謂的「同理心」，就是能學習從別人的角度看待事物，而不僅是從自己的觀點出發。在這本書裡，我特別花了許多功夫在兩件事上。一件是探討東亞各國在歷史源流發展上有何相通之處；換句話說，就是探討「我們」中是否有「他們」？「他們」中是否也有「我們」？另一件，是探討各國在歷史上有什麼互動？如何互動？不過東亞各國的歷史互動已有數千年，不可能在一篇導言裡全部涵蓋，所以我只能舉例說明，其餘還是要請讀者們自行閱讀本書。

## 中、日、韓三角互動

首先舉中、日、韓三國早期的歷史互動關係為例。

韓國的土地自古以來與中國的東北連接，因而受中國的影響極大，並與中國的朝代興衰息息相關。例如，古代的箕子朝鮮是中國的商朝滅亡後，其遺族在現今的中國東北及朝鮮半島北部建立的。千年之後，漢高祖劉邦與呂后在建立皇朝後殘殺功臣，其中有一位燕王盧綰害怕，決定投奔匈奴。但盧綰有一個部將衛滿卻在半路上率領部屬投奔朝鮮。衛滿後來推翻箕子王朝，建立了衛氏朝鮮，但傳到他的孫子時卻被漢武帝派兵滅掉，改為設置郡縣，採行直接統治。

西漢晚期，在衛氏朝鮮舊址上有高句麗漸漸崛起。台灣前些年曾經流行一齣韓國的古裝電視劇《朱蒙》，演高句麗的開國之祖朱蒙的故事。事實上，朱蒙是十二世紀高麗時代的學者金富軾奉命撰寫韓國第一部史書《三國史記》時，參考中國的史書如《三國志》、《魏書》裡相關的神話故事，又加油添醋而塑造出來的人物。比高句麗稍晚，朝鮮半島南部也有所謂的「三韓」部族，包括馬韓、辰韓、弁辰。馬韓（或稱慕韓）在西，是由原住民部落組成；辰韓（或稱秦韓）在東，相傳是古時候為了躲避秦朝暴政的中國人逃亡到此而建立的部落國。弁辰的位置在馬韓和辰韓之間，是倭人（古代日本人的稱謂）跨海移民而建立的部落國。

讀者不妨想像，當時朝鮮半島就好比後來十六、十七世紀的美洲新大陸，有從中國和倭國的移民來到，紛紛建立殖民地，不但互相打仗，也與當地的原住民爭地盤。在初期高句麗勢力較強，南方三個部落國都對其臣服，接受保護。《三國史記》記載的，就是高句麗與南方後來發展出來的百濟國及新羅國的歷史。百濟和新羅是從馬韓和辰韓中的小部落分別衍生的。有趣的是，中國歷史上也有一段三國時代，而朝鮮半島三國的命運與中國三國時代華北的曹魏勢力有極深的關聯。

本書在第四章敘述，曹操的孫子魏明帝曹叡於西元二四四年派司馬懿率領大軍滅掉稱雄於遼東的公孫家族，結果等於為高句麗除去周邊頭號大敵。高句麗因而強盛，竟敢挑釁曹魏勢力，曹魏幽州刺史毌丘儉於是奉命率兵前往，高句麗王戰敗逃亡。毌丘儉又派部將擊潰半島南方三韓部落組成的聯軍。我個人的推論是，朝鮮半島的各股勢力因為此一重大的歷史事件而重新洗牌，高句麗受到的打擊尤其沈重，所以新羅、百濟等小部落才有機會冒出頭來。

## 倭人移民在朝鮮半島的挫敗

事實上，西元三世紀後倭人移民的勢力比新羅、百濟還強，甚至可以和高句麗分庭抗禮。關於這一點，有足夠的歷史記載及考古發現做為證據。

例如，清朝光緒三年（一八七七年）中國吉林省集安市出土一個「好太王碑」，碑上刻有一千七百多字，其中敘述高句麗好太王在西元四百年前後征扶餘、伐百濟，攻取六十四座城，一千多個村子；又出兵救援新羅，打敗入侵的百濟和倭兵聯軍。這座碑是由好太王的兒子長壽王所立的，歷史家公認其中的敘述相當可靠。這時的百濟是倭人的同盟國，也可說是附庸國。

又如，中國有一本記載南北朝時期劉宋皇朝的史書，稱為《宋書》，其中收錄一封倭王珍（據推斷是第十九代允恭天皇）派使者攜帶國書給劉宋文帝（四二四－四五三年在位），在國書中自稱是「都督倭、百濟、新羅、任那、秦韓、慕韓六國諸軍事、安東大將軍、倭國王」。劉宋王朝當然不承認，但倭人對朝鮮半島的強烈企圖心，由此明白可見。倭王所稱的「任那」，就是弁辰的一部分。日本的第一部史書《日本書紀》稱之為「任那日本府」，意思更是明顯。

不過倭人在朝鮮半島的勢力後來逐漸下滑，殖民地有一部分被新羅吞併，一部分也漸漸被不太聽話的百濟強行併入。到了西元六六一年，唐朝的武則天突然派兵跨海到朝鮮半島，與新羅聯軍，迅雷不及掩耳地滅掉百濟。日本第三十八代天智天皇只是稍微遲疑，竟來不及救援，眼睜睜看著盟國百濟滅頂。不過他在兩年後終於同意百濟遺族的不斷哀求，決心派數萬大軍協助百濟復國。然而，倭軍一千多艘戰船在白江口之戰（日本稱為白村江之戰）竟被唐朝水師縱火焚燒，全軍覆沒。又過五年，武則天再次派兵到朝鮮半島，與新羅共同滅掉高句麗。

《三國史記》給人的印象是朝鮮半島三國鼎立，其實是四國幾百年間征戰不休，而由於武則天插手進來，最後才有統一的新羅王朝。但讀者從以上的敘述必能瞭解，這個歷史事件所代表的另一層重要意義是，日本人費盡心力經營朝鮮半島將近七百年，最終化為流水。話說回來，倭人雖然遭到挫敗，大批移民卻從此融入新羅統一王朝裡。因而，我們可以明確地說，今天所謂的大韓民族，其實是朝鮮半島的原住民和中國人、日本人移民的血液混合而成的。

## 日本天皇的起源及「遣隋使」、「遣唐使」

關於日本皇室的起源，有許多中國和台灣的史家論斷，神武天皇就是秦始皇時率領三千童男童女到海上求仙的徐福；不過也有韓國學者主張神武天皇來自朝鮮半島。神武天皇未必真有其人，但學者大多認為日本的大和政權必定是乘船從外地來的。早期的倭國實際上是部落林立，大和政權經過幾百年的戰爭和兼併，才確立其天皇家族的長期統治地位。這在中國許多史書裡和日本的考古證據也都明白可見。

大和朝廷與盟國百濟關係密切，所以也間接從百濟接觸到中國的文化。例如佛教傳入，導致日本原有的神道教（即薩滿教）受到無比的衝擊。西元六〇〇年起，第三十三代推古天皇開始派出使節團到中國，後來稱為「遣隋使」，前後共五次。使節團曾經晉見了隋煬帝，並帶大批的學者、學問僧去留學，目的是吸收中國先進的文化與技術。這是日本和中國文化的首次直接接軌，意義極為重大。唐朝時，日本又派出十九次「遣唐使」，規模更大。

遣隋使及遣唐使對日本造成的衝擊，可以用「天翻地覆」來形容。學者及學問僧回國後，或在朝廷工作，或在民間講學，使得民智大開，又嚴重影響了政治局勢。西元六四五年，中大兄皇子（後來成為前述的天智天皇）結合新起的社會菁英發動政變，推翻長久以來跋扈專權的蘇我家族，將其滅族。新政權於是以唐朝的政治、經濟制度為藍本，大幅推動改革，即是所謂的「大化革新」。由此看來，十八年後在朝鮮半島發生的白村江之戰是日本極大的不幸。日本才剛剛向唐朝學習不久，竟不得不要和唐朝兵戎相見，並且敗得極慘。不過後來的天皇並沒有因此停止派遣唐使，而是繼續向唐朝學習。直到唐朝末年發生流寇黃巢之亂，遍地烽煙，派遣留學生到中國太危險，天皇才同意大臣的建議，停止派遣唐使。

## 倭寇與忽必烈派兵遠征日本

說到中、日、韓的多角互動，不能不提元朝忽必烈派兵遠征日本的歷史。

忽必烈為什麼要派兵打日本？其實是高麗人在投降蒙古人之後向忽必烈建議的。在此之前，日本由於戰亂不停，許多戰敗的武士無處容身，只好成群結黨乘船到朝鮮半島去搶劫，是所謂的「倭寇」。高麗人損失慘重，所以向忽必烈訴苦，慫恿他把日本也納入版圖。忽必烈派使者到日本，當時日本實際執政的執權北條時宗極為仰慕宋朝文化，認為蒙古人是野蠻人，又痛心南宋即將被蒙古人滅掉，因而對蒙古使者不理不睬。忽必烈大怒，於是在一二七四年及一二八一年兩次派大軍渡海遠征日本。但如眾所周知，這兩次元軍（日本稱之為「元寇」）都遇到颱風，全軍覆沒，日本也因此倖免於難。

然而，故事並未就此結束。「元寇」兩次侵略，在颱風來襲前都佔駐在九州對馬、壹岐及平戶島，使得附近的人民慘遭荼毒，家園喪盡，紛紛誓言要報仇。從這時起，倭寇比起原先的規模更大，擴散更廣，且手段更狠毒。由於後來日本鎌倉幕府滅亡，南北朝戰亂時代開始，人民生活越來越苦，參加倭寇的人越來越多，在高麗肆虐也達到最高峰。高麗沿海的農村飽受倭寇摧殘，農民紛紛逃到內地。農田廢耕導致饑荒，政府稅收嚴重不足，海上的運輸和貿易也因為倭寇而中斷。高麗王朝耗盡財力、物力、人力用於對付倭寇，然而成效有限。倭寇問題最終間接導致高麗滅亡，在李氏朝鮮建國約三十年（一四一九年）後才徹底解決。

倭寇肆虐高麗時，也入侵中國沿海，有一部分原因也是為了報復。當朝鮮的倭寇問題解決時，中國的倭寇也煙消雲散，此時是明朝永樂年間。

一百多年後，明朝在嘉靖年間倭寇問題又復發，稱為「後期倭寇」。這是由於嘉靖皇帝下令禁止中、日兩國貿易，導致海盜猖獗，走私劫掠，互相兼併而造成的。不過要請讀者注意，「前期倭寇」是清一色的日本人，「後期倭寇」卻大多是中國人，只有少數是佛郎機人（葡萄牙人）和日本人，並且日本人幾乎全部是受雇的。因而，後期倭寇其實並不是倭寇，沿用「倭寇」之名來稱呼明朝後期的海盜，是一種誤導。關於以上所說，第十四章有詳細的敘述。

## 台灣歷史發展的特殊性

以下簡短介紹一下台灣的歷史，以及台灣與周邊國家互動的特殊性。至於詳細，請參考第七、十九及二十四章。

十七世紀以前，台灣可說完全是原住民的世界。有研究指出，這些原住民原本是居住在中國長江流域的苗蠻族，也可說是中國古代傳說中蚩尤的子孫；當蚩尤被黃帝和炎帝聯手擊敗後，部分餘眾就渡海逃到台灣來。很難想像，台灣與中國大陸僅僅隔著一道狹窄的海峽，在過去數千年中竟沒有引起中國各朝代的興趣。台灣的原住民與中國人和日本人雖然很早就有少量貿易往來，以貨易貨，基本上是遺世獨立。

一六二四年是台灣開始蛻變的一個重要年份。短短數年中，海盜鄭芝龍來了，荷蘭人來了，西班牙人也來了，分佔台灣的中部、南部及北部。當時也有一些日本人居住在台灣，大多從事貿易。但在不久後，鄭芝龍決定離開台灣，往大陸及海上繼續發展；日本人也因為德川幕府下令鎖國而紛紛打包回家。荷蘭人於是出兵把西班牙人逐出，獨霸台灣。不過好景不常，鄭芝龍的兒子鄭成功竟帶兵把荷蘭人趕出台灣，據以反清復明。二十二年後，清朝康熙皇帝又把台灣收入版圖之中。中國在福建、廣東沿海從此掀起一股巨大的移民潮，人民紛紛渡海到台灣，開荒闢土。這些人就是今日許多自稱為「台灣人」的祖先。我的祖先是在乾隆年間從福建移民到台灣的，從這時起算，我是第七代。

不過清朝對台灣可說是完全忽視。一直到一八七一年發生「牡丹社事件」，清朝才警覺錯誤。當時有一艘琉球船隻在海上遇到颱風，漂流到台灣南部的八瑤灣，船上的人登岸後遭到排灣族原住民殺害。日本自認琉球人是其屬民，派代表到北京質問，清朝政府竟推說是台灣「化外之民」肇事，應對荒腔走板。日本於是出兵到台灣，攻陷牡丹社，在清朝答允賠款後，才同意撤軍。清朝這時終於決定要加強建設台灣，可惜為時已晚，一八九四年甲午戰爭後，台灣成為日本的殖民地。

關於此後的歷史，我特別要向讀者們推薦第二十四章〈日本帝國統治下的韓國及台灣〉。二次大戰結束前，日本在韓國及台灣的殖民統治，可說是鮮明的對比。大抵來說，日本在台灣採取的是安撫與懷柔政策，並大力進行各種民生及經濟建設，而台灣人大多也願意配合。然而，日本政府對韓國人民是一貫地採取高壓暴力手段；相對地，韓國人民對日本的統治自始至終只是懷疑、仇恨及不合作。這樣的差別，在戰後也影響兩者與日本之間的政府關係及民間交流。為什麼會如此？我相信各位讀了本章之後必能瞭解，這樣對照敘述的方式，更能幫助讀者明白歷史。

最後我想說明，本書的內容跨越上下數千年，涵蓋中、日、韓、台灣及其他周邊世界，範圍極廣；我雖盡力想寫得簡單扼要，此書不免還是有些厚。但我自認如此才能維持敘述的完整及連貫性，也才能刻畫出歷史人物的真實面，把歷史事件寫得深入而有趣。我誠摯地建議讀者多分幾次閱讀，如能細嚼慢嚥更好。

# 第一卷

# 遠古篇

（史前至四世紀）

| 西元 | 中國朝代 | 中國大事紀 | 日本時代 | 日本大事紀 | 韓國時代 | 韓國大事記 |
|---|---|---|---|---|---|---|
| 前2032 | 夏 前2032–前1600 | 大禹建立夏朝（傳說） | 繩文時代 –前300 | | 檀君朝鮮時代 –前1046 | （傳說） |
| 前1600 | 商 前1600–前1046 | 商湯滅夏桀（年代有爭議） | | | | |
| 前1300 | | 盤庚遷都於殷（年代有爭議） | | | | |
| 前1046 | | 周武王滅商紂（年代有爭議） | | | 箕子朝鮮時代 前1046–前194 | 箕子建國（年代有爭議） |
| 前1038 | 西周 前1046–前771 | 周公東征，平管蔡之亂（年代有爭議） | | | | |
| 前771 | 東周（春秋）前770–前476 | 犬戎攻破鎬京，周平王東遷 | | | | |
| 前685 | | 齊桓公立，管仲為相 | | | | |
| 前660 | | | | 神武天皇元年（推定） | | |
| 前636 | | 晉文公結束十九年流亡，歸國 | | | | |
| 前581 | | | | 闕史八代開始，至前九一年 | | |
| 前473 | | 吳越之戰，越王句踐殺吳王夫差 | | | | |
| 前453 | 東周（戰國）前476–前221 | 韓趙魏分晉，戰國時代開始 | | | | |
| 前359 | | 秦孝公用商鞅變法 | | | | |
| 前341 | | 馬陵之戰，孫臏殺龐涓 | | | | |
| 前333 | | 蘇秦合縱，掛六國相印 | | | | |
| 前300 | | | | 彌生時代開始 | | |
| 前260 | | 長平之戰，白起坑趙四十萬人 | | | | |
| 前221 | 秦 前221–前207 | 秦滅六國，統一天下 | | | | |
| 前210 | | 秦始皇死，二世皇帝立 | | 傳說徐福出海到日本 | | |
| 前202 | | 項羽自刎，劉邦建漢朝 | | | | |
| 前195 | | 呂后專政。燕王盧綰逃入匈奴 | | | | 盧綰部將衛滿奔朝鮮 |

| 年代 | 中國 | 朝代 | 日本 | 朝鮮 |
| --- | --- | --- | --- | --- |
| 前194 | | 西漢 前202–8 | 彌生時代 前300–299 | 衛滿建衛氏朝鮮（衛氏朝鮮時代 前194–前108） |
| 前180 | 陳平、周勃剷除諸呂，立漢文帝 | | | |
| 前154 | 漢景帝七國之亂 | | | |
| 前135 | 太皇太后薨，漢武帝獨尊儒術 | | | |
| 前133 | 馬邑之變，漢與匈奴決裂 | | | |
| 前108 | 漢滅西域車師、樓蘭 | | | 漢滅衛氏朝鮮，設四郡（漢郡縣時代 前108–313） |
| 前87 | 漢武帝崩，昭帝立，霍光輔政 | | | |
| 前74 | 霍光立昌邑王，又廢，立漢宣帝 | | | |
| 前57 | 匈奴分裂為五單于 | | | 傳說朴赫居世建徐伐羅 |
| 前37 | | | | 傳說朱蒙建立高句麗 |
| 前36 | 北匈奴郅支單于死，殘部逃中亞 | | | |
| 前18 | | | | 傳說溫祚建百濟王國 |
| 9 | 王莽篡西漢，建新朝 | 新莽 8–23 | | |
| 12 | 高句麗、扶餘、濊貊叛王莽 | | | 高句麗、扶餘濊貊叛王莽 |
| 25 | 東漢光武帝劉秀建國 | 東漢 25–220 | | |
| 57 | 倭國王遣使者至洛陽。漢光武帝賜倭國金印 | | | |
| 68 | 佛法傳入中國，漢明帝建白馬寺 | | | |
| 107 | | | 倭王帥升遣使朝見漢安帝 | |
| 184 | 黃巾之亂起 | | | |
| 196 | 曹操迎漢獻帝，挾天子以令諸侯 | | | |
| 200 | 官渡之戰，曹操勝袁紹 | | 傳說神功皇后跨海征朝鮮（年代有疑問） | |
| 208 | 赤壁之戰，吳、蜀破曹魏 | | | |
| 220 | 曹丕篡漢 | 三國 220–280 | | |
| 234 | 諸葛亮六出祁山，病死五丈原 | | | |
| 238 | 司馬懿滅公孫淵，取遼東 | | 卑彌呼受封親魏倭王 | 高句麗東川王出兵助司馬懿 |
| 239 | 魏明帝崩，託孤司馬懿、曹爽 | | | |
| 246 | 毌丘儉征高句麗，勒石丸都山 | | | 東川王兵敗大梁河，逃亡 |
| 247 | 倭內亂，卑彌呼死，宗女壹與繼位，魏遣使告喻，壹與遣使回報 | | | 目支失勢，百濟新羅崛起 |
| 249 | 高平陵之變，司馬懿政變奪權 | | | |
| 265 | 司馬炎篡魏 | 西晉 265–316 | | |
| 291 | 八王之亂起 | | | |
| 299 | 江統上〈徙戎論〉 | | 大和時代開始 | |

第一章

# 遠古的中國——黃河文明的歷史源流

英國的博物學家兼探險家達爾文（Charles R. Darwin）在一八七一年發表《人類的起源》（*The Descent of Man*），推論人類可能是在很久以前由舊世界的猿猴演化而來的。這個理論引發極大的爭議，比起他在此之前所提出的「物競天擇」理論更加震撼了全世界。

## 猿人與人類的歷史

達爾文之所以推論人類是由猿猴演變而來，部分是因為從一八五六年開始，古代人類的化石「尼安德塔人」（Homo Neanderthalensis）陸續在歐洲各地出土，對他產生了啟發。

自此以後，古人類學漸漸成為一門新的學問。古人類學家為了追蹤人類演化的過程，在過去一百五十年中不斷地有驚人的發現。一八九〇年，考古學家在印尼爪哇發現了直立猿人（Homo Erectus）化石，過去認為距今不超過一百萬年，新的說法是一百八十萬年。一九七四年，在衣索比亞的阿法（Afar）有成年女性「露西」（Lucy）化石出土。二〇〇〇年，在鄰近的迪其卡（Dikika）又有三歲的女童「賽蓮」（Selam）化石出土。

兩者的年代都超過三百二十萬年，發現時都震驚了全世界。二〇〇二年，古人類學家又在查德（Chad）沙漠中發現片段的化石「杜馬伊」（Toumai），距今竟有七百萬年，是目前被大部分學者承認的最早猿人化石。人類是由東非猿猴演化而來的理論遂逐漸成為許多學者共同接受的理論。

在中國境內發現的直立猿人，也可以追溯到很早的年代。一九二一年，在北京周口店發現了直立猿人化石，其生活的年代距今約二十萬年至七十萬年，前後長達五十萬年。一九六四年，在陝西藍田縣發現的猿人化石，距今大約一百萬年。一九六五年，在雲南元謀縣發現的猿人化石，更將年代往前推到一百七十萬年以前。一般推測，古代的猿人可能在一百八十萬年以前，逐漸從非洲出走，其中有一部分到達中國的西南部，而逐漸北上，到了現今的北京。

猿人從開始在地面上行走，到形成人類的文明社會體系，其間經過了幾百萬年的漫長歲月。大約在二百五十萬年前，人類才有了一個突破，進入了所謂的「舊石器時代」，也就是會用敲打、剝片等方法製造粗糙的石片用具，會做簡單的工具。有部分地方的人類在四、五十萬年前開始知道怎樣用火，這又是一個新突破。北京人顯然也已經知道怎樣用火。

那麼，北京人、藍田人以及元謀人是否就是中國人的祖先？答案卻是否定的。

## 「現代智人大躍進」的理論

古人類學者原本認為，直立猿人逐漸走出東非而到達歐、亞大陸，逐漸分別傳承與繁衍，演化成現代的人類。然而，近代的學者卻提出一種新的理論。他們認為，直立猿人在約五十萬年前發展出一種早期的智人（Homo Sapiens），後來又進化衍生出各種支系。大約六萬年前，在東非又有一種智人突然獲得跳躍性的進化，而衍生出一種智力比較高，並且有創新能力的現代智人。之後，現代智人也經過遷徙而分散到世界各地。

當時各地的其他人類族群不是早已因為禁不起大自然的嚴酷考驗而消失，就是最終被新起的現代智人取代。例如，前述的尼安德塔人在歐洲南部及中亞地區生活，但在四萬年前克羅馬儂人（Cro-Magnon）突然出現之後，卻逐漸走向滅絕的道路。古人類學家在現今地中海直布羅陀海峽北岸嶙峋的岩洞中，發現曾經有尼安德塔人居住，距今二萬八千年前，這可能就是最後一批尼安德塔人了。

## 四大文明的發展

種種證據也顯示北京人、藍田人及元謀人早已消失，現代的中國人與歐洲人一樣，都是由現代智人演進的。當上一次的冰河期（Ice Age）在一萬三千年前結束後，世界上各地的人類有部分便一同進入所謂的「新石器時代」。人類開始會用磨石法製造精緻的石器，開始從事農業和畜牧，並能夠製作陶器、紡織。有部分地區開始發展出文明。所謂的「四大文明」——埃及文明、美索不達米亞文明、印度文明和黃河文明於是開始發端。

四大文明發生的時間都在距今大約四千至五千年前。有學者論斷，認為這並不是一項巧合，而是前述「現代智人大躍進」理論發展的結果。如果在一百七十萬年前的直立猿人就有能力各自發展文明，並且分別散布開來，那麼這些文明不可能全都發生在那麼短的期間內。

古代有許多哲人，如創立拜火教的古代波斯人瑣羅亞斯德（Zarathustra，西元前六二八年生，又譯為「查拉圖斯特拉」）、印度的釋迦牟尼（生年不詳，可能在西元前六二四，或前五六五年）、中國的孔子（西元前五五一年生）、希臘的蘇格拉底（Socrates，西元前四六九年生）等，出現的時間前後不超過兩百年。這些不朽哲人之出現，其實背後都有一個小國林立，思想自由奔放，百家齊鳴的周邊世界在襯托，因而也不是巧合，而是文明幾乎在世界各地同步發展的結果。

本書的重點在介紹東亞的歷史，因而不在此敘述黃河文明之外的其他三大文明。以下從兩個不同的角度來探討黃河文明：一個是古書的記載，另一個是考古的發現；兩者之間可以相互印證。這種以紙上的史料和地下發現的新材料比對印證的歷史研究法稱為「二重證據法」，是由民國初年的國學大師王國維率先提倡的。

## 有關遠古中國的歷史記載

中國記載遠古歷史的書籍很多，其中重要的有《尚書》、《詩經》、《山海經》、《史記》及《竹書紀年》等。

《尚書》據說是中國最古記言、記事的書，年代包括遠古時在黃河流域發展出來的幾個朝代，如傳說中的唐堯、虞舜，和比較可信的夏、商、周，內容則包括了征伐、詔書、祭典、君王言行等。記錄這些的人應當是史官，但不一定是記錄當代，而有可能是後代史官根據傳聞追記的。有人說孔子曾經刪削、編輯《尚書》，不過並沒有足夠的證據支持這樣的說法。

《詩經》據說是由周王朝派官員在全國各地採集遠古時代以來的詩歌或歌謠，年代從商朝到春秋時代中期。《詩經》至今仍然留存了三百零五篇，其中有些是各國的民謠，稱為「風」；有些是在廟堂上或宴會用的樂歌，稱為「雅」；又有些是國君在祭祀祖先時所用的，稱為「頌」。風、雅、頌因而不但是文學，也是翔實的古代歷史。也有人說孔子曾經刪削、編輯《詩經》，不過同樣無法確定。但我們可以確定的是，孔子教導學生時引用了許多《尚書》和《詩經》的內容，在後來這兩本書的版本都找得到。

一般認為《山海經》在戰國時代就已經有了，而在西漢時才成書。《山海經》裡充滿了神話故事，例如盤古開天、神農採藥、黃帝大戰炎帝和蚩尤、夸父追日、后羿射日、嫦娥奔月等等。許多歷史學家爭論《山海經》的來歷，對內容也存疑，可是這些傳說在後世已深入中國人的心中，成為中國文化中極重要的一部分。

《史記》是由西漢時的史官司馬遷（西元前一四五～前八七年）單獨撰述的，從黃帝開始寫起。

《竹書紀年》是一本極為奇特的書。晉武帝時（約在西元二七九年）在河南汲郡有一個名叫「不準」的盜墓人挖開戰國時代魏襄王（死於西元前二九六年）的墓，發現大量的竹簡，後來經過分別整理、發表，統稱為《汲冢書》；其中有一部分是魏國史官所撰述的歷史，稱為《竹書紀年》。這書採用編年體，而從夏朝開始記載。

綜合古代的傳說和史書記載，中國在遠古時候曾經有許許多多的部族散居各地，其中神農氏一族被推為共主。但神農氏逐漸衰敗，各部族對神農氏的領袖炎帝十分不滿，並且開始互相侵伐，其中由蚩尤所領導的部族集團尤其強盛。這時有一個有熊氏的部族領袖軒轅氏（即是黃帝）起而聯合其他各個部族，一舉擊敗炎帝，併吞了神農氏。黃帝接著調集各部族，與蚩尤在涿鹿（有說是在今河北涿鹿，也有說在山西解縣）決戰，殺了蚩尤，將蚩尤的部眾趕出黃河流域之外。

## 新石器時代的考古發現

考古學家在中國發現許多新石器時代文化的遺址，並且分別傳承，至少有四條清楚的脈絡。

其一，在河南省中部發現有裴李崗文化，在其北方也發現有磁山文化，距今大約都是八千年。這兩個文化都已經發展出農業，一般相信就是後來仰韶文化的前身。仰韶文化在距今約五千至七千年之間發展，其特色是遺址中有很多塗上彩繪的各種紅色陶器，所以也稱為「彩陶文化」。據統計，至今中國全境挖掘出來的仰韶文化遺址超過五千處，東起河南，西至青海，共分布在九個省，而以陝西、甘肅、山西、河南為最多。仰韶文化的代表，除了河南澠池縣的仰韶村遺址之外，還有在陝西西安的半坡遺址，而在甘肅省臨洮的馬家窯文化是仰韶文化向西傳播的一個重要分支。

其二，在內蒙古西遼河流域的赤峰市附近有興隆窪文化，距今也有八千年；在同一地區後來又發展出紅山文化，距今五、六千年，並且延續了兩千年之久。

其三，在長江下游有一個河姆渡文化，有七千年的歷史；在大致同一地理位置上，距今五、六千年又有馬家濱文化及良渚文化接連發展出來。但良渚文化在距今約四千年前卻突然消失了。

其四，在山東泰安有大汶口文化，出現於六千五百年前，持續了大約兩千年，然後又發展成為著名的山東龍山文化；其特色是遺址上發現有許多胎質很薄的黑色陶器，所以又稱為「黑陶文化」。事實上，這種黑陶在大汶口文化後期已經出現了。龍山文化最初是在山東歷城縣龍山鎮的城子崖出土的，不過後來發現在前述的河南、陝西、甘肅等地也都有龍山文化發展出來，而和仰韶文化一樣，地理分布極廣。一般認為河南龍山文化是直接從仰韶文化發展出來的，並且有可能比山東龍山文化發展更早。部分學者從這些現象得到一個推論，那就是生活在新石器時代後期的各個不同文化之間可能已經有十分快速的交流了。

上述各個地區的文化各有特色，而都能種植穀物，馴養家畜，製作陶器，用火烹飪，養蠶織布，並且能雕琢精美玉器。此外，在長江中游的湖南省澧陽縣有彭頭山文化出土，距今超過八千年；在重慶市的巫山縣也有大溪文化遺址，距今約六千五百年。考古學家在彭頭山遺址中發現大量的稻米、稻殼，因而指出這可能是中國，甚至是世界上最早的稻米耕作發源地。

考古學家在各地的發現說明了一件事，中國在新石器時代其實是有許許多多的部落國遍布在華北及華中，並不只是在黃河流域而已。

不過一般認為，仰韶文化、大汶口（龍山）文化及河姆渡文化是中國古代三大主流文化，分別代表了華夏族、東夷族及苗蠻族的起源。前述中國的神話傳說和史書記載的黃帝、炎帝及蚩尤其實未必真有其人，但有人主張黃帝和炎帝這兩個名字就是華夏族和東夷族的代表；至於蚩尤，許多史書上提到是九黎族的領袖，也就是苗蠻族的代表。

《史記》裡面記載黃帝之後的朝代如唐堯、虞舜、夏、商、周的祖先無一不是黃帝的後裔。因而，中國人很自然地漸漸公認黃帝是祖先，並承認炎帝也是祖先，自稱是「炎黃子孫」，而很少會說是蚩尤的子孫。實際上，很難說中國人的血液裡，到底有多少是炎帝及黃帝的成分，又有多少部分是蚩尤傳下來的。

這種只願意承認成功者才是祖先，而不提失敗者也是祖先的選擇性說法，不只發生在中國人身上，也幾乎發生在世界上所有其他的民族身上。二十世紀有一位英國的歷史人類學者古立弗（P. H. Gulliver）在研究游牧民族的家族譜系之後，發現每當一個父親死後，後繼的兒子所宣稱的家族史縱然與父親以往所說的不同，卻往往成為此後的統一版本。「過去的事實」因而可被選擇性地遺忘，或被篡改。古立弗稱此現象為「結構性失憶」（structural amnesia），不但可以用來說明游牧民族的家族譜系，同樣也適用於世界上幾乎所有民族起源的神話。

## 青銅器時代

新石器時代大約在距今五千年前結束，進入「青銅器時代」，並且同樣在世界各地發展。

一九二八年起，考古學家陸續在河南安陽挖掘出古文明的宮殿、屋宇和墳墓的遺址，並證實河南安陽曾經是古代「殷商」的首都。因此這遺址被稱為「殷墟」。殷墟文物中有大量用青銅鑄造的禮器、兵器及各種工具。一九五九年，考古隊在河南偃師二里頭又掘出大宮殿遺址，經過考證，被認為是更早的「夏朝」首都。二里頭文化也曾挖出青銅禮器和鑄銅的作坊。在二十世紀初原本有部分中外的歷史學家懷疑中國的夏、商兩朝根本不存在，至此證明不是虛構的。

一九八〇年代，四川成都附近廣漢的三星堆遺蹟出土，震驚全世界，吸引了所有的考古專家注目。三星堆文化距今約四千八百年至二千八百年，延續時間長達兩千年左右，等於是跨越新石器晚期至西周早期。三星堆出土的青銅器非常精美，可是有一部分的造型設計，如青銅面具、青銅立人、青銅鳥、青銅樹等，極為奇特大膽，和黃河流域出土同時期青銅文物的婉約古樸，大異其趣。

青銅器文化在殷商時期發展到一個高峰，精美而量多，實際上遍布各地，依據現代中國考古及歷史學家李學勤先生的說法，發現的範圍「北到內蒙古，東到海，西至陝西，南至廣西。」這再一次說明一件事，中國古代黃河流域文明一枝獨秀的說法有待商酌。

考古學家曾在前述西遼河一帶的紅山文化遺址發現一些中國最早的龍形玉器，雕琢簡單而生動，因而認為中國的「龍文化」就是發源於此。紅山文化之後，同一地區在西元前二千二百年起又發展出夏家店文化。約在同一時間，在現今甘肅、青海一帶，有齊家文化繼馬家窯文化而起；在現今內蒙古的鄂爾多斯高原又有朱開溝文化等出現。夏家店文化、朱開溝文化及齊家文化都以農業為主，也都能製造精緻的青銅器。三者的地理位置分別在現今蒙古草原的東部、南部及西南端，而被考古人類學家一併稱為「草原青銅文化」。

但考古人類學者接著研究「草原青銅文化」遺址後期出土的作物、家畜骨骸及器物，卻發現後來這些以農業為主的聚落竟不約而同地逐漸消失而轉為半農半牧，到最後乾脆棄農而轉為專業游牧。據研究，其原因主要是北方氣候在西元前二千二百年開始發生變遷，變得又乾又冷，達一千年之久。這些地區的農耕生活方式事實上已經無法繼續了。此一轉變與中國北方後來匈奴、鮮卑、羌等游牧部族的興起有重大的關係，至於其轉變發展的經過，請容在第六章中再詳細敘述。

## 中國文字的起源——甲骨文及金文

在考古學家挖掘所得到的新石器時代末期的陶器中，有一部分出現了一些紋樣或類似符號的刻畫。許多學者認為這就是漢字的起源，但也有一部分人不同意。不過我們可以確定地說，中國的文字在青銅時代出現了重大的發展。

考古學家在挖掘前述的殷墟遺址時，發掘出十幾萬片龜甲和獸骨，上面刻有文字，考古學家稱之為「甲骨文」。上古以來，黃河流域的先民無不信奉鬼神。部族的領袖經常舉行隆重的祭典，透過巫師恭恭敬敬地請問鬼神各種軍國大事；即使是居家、出遊、行獵等，也常要占卜。根據研究，古代巫師是先用利器在甲骨上刻畫，再以火炙燒甲骨，然後察看裂痕，以研判鬼神的意思。最後，又將事件經過也記錄於裂痕旁邊。根據統計，甲骨文總共有將近五千個單字，至今學者只能認出其中大約三分之一而已。

殷商及周朝用青銅製作了許多鐘、鼎及劍，作為祭祀用的禮器。這些禮器上面不僅有精美的紋樣圖畫，後來還開始出現了文字，被稱為「金文」，或是「鐘鼎文」。禮器上金文的字數隨著時間發展而越來越多，從幾個字發展到幾十字，到了周朝初年已經有長到四百多字的。甲骨文及金文無疑都是研究中國古文字起源和古代史的重要史料。

以下根據史書記載及部分現代人的見解，大致簡單敘述夏、商、周三代。

## 夏朝

傳說黃帝征服黃河流域各部族之後，傳了幾代，傳到堯；堯又傳給舜。堯曾經派舜帶部隊去征伐四方不服從的部族。夏朝的開國君主稱為「大禹」，是有夏氏部族的首領。大禹的父親「鯀」奉舜的命令去治理黃河水患，歷時九年，一事無成而被處死。舜改派大禹去治水。大禹治水歷經十三年，過家門而不敢進入，最後終於解決了水患。舜又派大禹帶兵四處征伐，驅逐南方的三苗野蠻部族，大幅擴充了領土。據說三苗源出於九黎族，也就是苗蠻族的後裔。

苗蠻族被中原的華夏勢力多次驅逐，只得四處逃散。其中有部分往西方，到陝西西部、甘肅等地；有部分往南方，到福建、廣東、廣西、貴州、雲南一帶，甚至有到達現今東南亞一帶。也有人被迫渡海，到海南島和台灣，成為當地原住民的祖先。

舜當初是由堯舉薦，又經過各部族酋長推舉而繼任為領袖。中國的史書將此一過程美化，稱為「禪讓」。大禹屢建大功，因而順理成章地受舜「禪讓」，繼任為領袖。大禹年老時，也照例推薦繼任者。他選擇了「益」，但各部族的酋長們卻捨棄益而追隨大禹的兒子「啟」。部分歷史學家推測，有可能是啟暗中排擠益。啟就任後，支持益的各部族不服，起兵反叛，但是都被鎮壓了。後來啟又傳給兒子太康，於是父傳子，子傳孫，中國家天下的世襲制度就一直傳下來了。

夏朝後來逐漸衰敗，傳到最後一代君主「夏桀」，是一個有名的暴君，而被「商湯」推翻。根據中國在一九九六年至二〇〇〇年之間動員兩百多位專家學者而推動的「夏商周斷代工程」所得到的結論，夏王朝的起迄時間，是在西元前二〇三二年至前一六〇〇年，共約四百三十二年。

## 商朝

商朝自稱他們的祖先名字叫做「契」，也曾幫助大禹治水有功。契之後傳了十幾代，傳到了湯。湯受夏桀任命為「方伯」，專門負責帶兵征討不服從的部族，因而勢力漸漸擴張。夏桀驕奢淫逸，使得百姓不滿。大臣關龍逢盡心勸諫，卻被處死。湯於是有了取代夏朝的野心，反過來趁機與各部族結盟。最後，商湯聲稱：「夏氏罪惡滿盈，上天要滅亡他。我敬畏上帝，不敢不遵從上天的旨意。」（《尚書．湯誓》），湯遂出兵擊滅夏朝。

《尚書》和《史記》都記載商朝傳到商湯的嫡長孫「太甲」時，發生一件大事。太甲暴虐無道，開國元老伊尹將太甲流放於桐宮，自己攝政當國。太甲在桐宮三年，深自悔過。伊尹於是迎回太甲，歸還政權。太甲果然洗心向善，諸侯歸順，百姓安寧。然而，《竹書紀年》對於這一段歷史的記載卻完全不一樣，說是伊尹篡位為王，太甲後來殺了伊尹而重登王位。有部分學者認為《竹書紀年》中有許多記載十分血腥，可能比較接近事實，反而懷疑《史記》記載過於完美，可能是在司馬遷之前這段歷史已經被刻意篡改過了。不過近代殷墟出土的甲骨文資料顯示，殷商到亡國以前，每一代國王都一直祭祀伊尹，沒有中斷過。許多歷史學家認為這間接證明伊尹不曾篡位。

夏朝和商朝都常常遷都。有人認為這兩個朝代之所以一直要遷都，是由於中國北方許多游牧部族興起，造成強大的威脅。但也有學者，如《中國青銅時代》的作者張光直教授，認為遷都主要是為了追逐銅礦。青銅用於鑄造禮器及兵器，在當時正是維持政權最重要的兩件事。當國都附近的青銅礦採盡時，王朝只得搬遷到另一個附近有銅礦的新國都去。商朝一直到第二十任「盤庚」在位時（西元前一三〇〇年左右），才定都於殷（今河南安陽），從此不再搬遷。

商朝漸漸因腐敗而衰落，最後傳到了「紂王」，也是一個歷史上的著名暴君。他不但聰明，又氣力過人，不過驕矜自滿，喜愛炫耀自己而不聽勸諫。據說紂王寵愛一個絕世美女妲己，因而不理國事，只是每日在宮中與妲己玩樂，以酒為池，懸肉為林，使男女裸露嬉戲，通宵達旦。他又加重賦稅，百姓不堪負荷。大臣有勸諫的，紂王即用銅柱加炭火燒熱，作炮烙之刑。

當時商朝有微子、比干和箕子等三個賢臣，都來勸諫。微子是紂王的同父異母哥哥，勸了幾次而無效，決定離開。比干號稱聖人而性情剛烈，強烈勸諫而不管紂王是不是要聽。紂王大怒，說：「我聽說聖人的心有七竅，不知道是不是真的？」命令剖開比干的心來看，比干因而慘死。箕子是紂王的叔父，勸諫不成後，披頭散髮，假裝瘋了，結果還是被下到牢裡。

人民漸漸對紂王忍無可忍。最後，在西岐（今陝西岐山）的周部族領袖姬發與其他各部族首領共同起兵。紂王兵敗，自焚而死。商朝的起迄時間大致在西元前一六〇〇年至前一〇四六年，立國約五百五十餘年。姬發的國號為「周」。

夏桀和商紂之後，「桀」「紂」兩個字在中國就成了荒淫無道的暴君的代名詞。桀和紂是否真的如歷史記載中那樣地凶殘？早在春秋時代孔子的弟子子貢就已經提出了質疑，認為可能因為紂是亡國之君，所以後代的人就把一些不是紂所犯的錯也算在他的頭上。紂因而惡名昭彰，但實際上未必如此之惡。

## 西周的起源與建國

周朝自稱他們的祖先名叫「后稷」，在帝堯的時候曾經負責教導人民耕種，姓「姬」。據考證，周人的祖先居住在現今山西一帶。正當前述華北的草原青銅文化受氣候變遷的影響而紛紛棄農轉游牧時，周人不得不也跟著成為牧人。經過了數百年，在盤庚遷都於殷之前，周人遷移到豳（今山西汾水流域），並且回復了農耕生活。又過了大約兩百多年，傳到了「古公亶父」。

在豳的四周有許多游牧部族，如鬼方、犬戎、葷粥等，都十分強盛。古公無法抵禦，於是又帶了部分族人跋涉千里，往西而去，抵達岐山山腳下（在現今西安市西方，後來稱為「周原」）。岐山鄰近有一些半農半游牧的羌人居住，同樣勢力強大。古公於是與其中的一支姜姓部族聯姻，建立姬姜同盟，共同開闢土地，而逐漸強盛起來。

《史記》記載，古公有嫡長子名叫太伯，次子名叫仲雍，另有一個妾生的小兒子季歷。季歷有一個兒子名叫「昌」，在出生時有不尋常的祥瑞徵兆出現。古公說：「曾經有預言，說我們姬姓這一族將會興盛起來，是不是就在這一個孫子昌的身上應驗呢？」姬昌逐漸長大，聰慧過人。當時社會的習俗都是父親傳給嫡長子，再往下推，而庶出的子孫是沒有地位的。太伯和仲雍知道父親有意把族長的位置傳給季歷，再傳給昌，卻又說不出口，於是自願把族長的繼承權讓給季歷，但古公亶父不肯接受。兩人讓了三次，古公還是不答應。太伯和仲雍就悄悄一齊出奔，離開西岐，到了南方荊蠻之地（今江蘇蘇州附近），紋身斷髮，成為後來春秋時代吳國的先祖。

不過有一些近、現代的歷史學家懷疑，荊蠻距離西岐實在太遠，太伯出奔應該不會跑到這麼遠的地方。若是如此，太伯究竟到了哪裡？部分歷史學家又根據近代考古所得提出推論，而各有不同的看法，至今還在爭辯中。總之，有些歷史學者認為史書所記載的並不一定是「歷史事實」，而可能只是一種「歷史記憶」。吳國後來突然在荊蠻崛起，便是利用太伯出奔這個「歷史記憶」加在自己的家譜世系上，藉以攀附華夏世冑，提高自己的家世地位，並且得到其他國家的承認。

回到《史記》的記載。姬昌長大之後，果然繼位為族長，而國勢越加強盛。紂王的大臣進言，認為西伯昌將不利於殷商。紂王於是召見西伯昌，把他囚禁在羑里（在今河南安陽湯陰縣）的大牢裡。西伯昌的臣子們費盡心機，送美女及奇珍寶物給紂王。過幾年西伯昌才終於被放出來，返歸故土，而決心要推翻商朝。

西伯昌有一次出外行獵，遇見一個年紀已經七十歲，鬚髮俱白的隱士姜尚（或稱呂尚），正在渭水邊垂釣。他上前與姜尚說話，大喜，說：「我的太公（即是古公亶父）曾經預言將有聖人出世，前來協助我。我的太公盼望先生已經很久了。」於是以姜尚為師，稱之為「太公望」。太公望為西伯昌招兵買馬，策畫權謀奇計，與許多部族結盟，以孤立商紂，而奠定周朝取代殷商的基礎。「姜太公釣魚」的故事至今仍然流傳，在中國幾乎是老幼皆知。

西伯昌死後，兒子姬發繼位，得到越來越多的部族支持，卻一直按兵不動。最後，有消息傳來，殷商三賢臣中一個逃離，一個被殺，一個裝瘋之後被囚禁。姬發終於等到了時機，於是說：「殷有重罪，不可以不討伐。」下令出兵，在牧野一戰而勝，推翻了商朝。

## 周公與封建制度

歷史上稱西伯昌為周文王，姬發為周武王。武王克殷後不到兩年就死了，傳位給年幼的兒子姬誦（即是成王），但因為國家剛剛成立不久，仍然處於非常不安定的狀態，於是指定四弟姬旦（後世稱之為周公）攝政當國。武王其他的弟弟管叔、蔡叔卻不服。紂王的兒子武庚和殷商舊勢力趁機唆使，又聯合鳥夷族（即東夷族）一同起兵叛亂。周公於是率兵東征，經過三年，終於平定叛亂，功成凱歸。周公同時也併吞了原先鳥夷族所居住的河北、山東地區，鳥夷人四處逃散，其中有部分成為後來越國、秦國的祖先。

當初武王滅殷之後，將疆域分封給自己的兄弟和功臣謀士，皆為諸侯。周公班師回朝之後，又重新分封諸侯。中國之有封建制度從此開始，此事對後世影響巨大而深遠。夏朝與商朝雖然是家天下，但國家之中有千、百個大小不一的部族，王朝只是一個共主，並未能真正完全掌控。周朝利用分封姬姓子弟和功臣以壓制或吞併各地區的部族，統治因而更加有效。

周公也制定國家、諸侯及民間的禮儀規範，以及各種祭祀、典禮所用的音樂。在土地及田賦制度方面，周公始創「井田制」。國家規定，將四方形的農地均分九等分，將其中外圍的八份分配給八家農戶，由各家自行耕種，自行收割。四方形農地中央的那一塊是公田，由各家共同負責耕作，其收穫的穀物歸國家。周公制禮作樂和創設井田制度這兩件事的影響更是深遠，是後代禮制與田賦制度的重要源頭。

## 西周滅亡

黃河流域的居民從事農耕，而四鄰的游牧部族，或是半農半牧的族群，卻常常因為資源不足而必須搶奪這些農人蓄積的糧食、牲畜。兩者之間因而發生戰爭，歷數千年而不斷，構成了中國歷史發展上的一個主軸。黃河的農業文明在與游牧的部族對抗中漸漸產生優越感，並且自認為是世界的中心，開始自稱是「中國」。相對地，其他部族所居住的是邊陲地帶。殷商對四鄰還使用中性的字「方」來稱呼，例如：羌方、土方、鬼方等。但是到了周朝，對四鄰就全面用有貶抑性的文字來稱呼，在東方的野蠻人稱為「夷」，西方稱為「戎」、北方稱為「狄」、南方稱為「蠻」。

周王朝的政權極為穩定，但是西北方的游牧部族「戎」、「狄」武力強大，仍是心腹大患。周成王死後約二百六十年，傳到周幽王。周幽王廢掉太子宜臼及太子的母親申后，而另立他所寵愛的美女褒姒為后，以褒姒所生之子為太子。宜臼逃往申國投奔外祖父申侯。申侯勃然大怒，立即聯合犬戎發兵攻打周朝。西元前七七一年，犬戎由於有內應而攻破鎬京（陝西西安），在驪山下殺了周幽王，焚燒宮室，掠奪百姓，然後揚長而去。

太子宜臼繼立為王，是為周平王。周平王在整個事件當中有殺父篡位的嫌疑，不忠不孝，虢國的國君因而不奉召，另立一個王子，稱為「攜王」。局勢遂從廢立太子、王后的事件轉為流血政變，又從流血政變轉為內部繼承王位之爭，諸侯們接著分裂成兩個不同的陣營。當時晉、秦、鄭等國都為了各自的利益而站在周平王這邊，晉國甚至出兵殺了攜王而佔領河西之地。東方齊、魯、燕等幾個諸侯卻不齒周平王，拒絕再朝貢。平王懼怕犬戎，也不敢繼續住在鎬京，由秦國的軍隊護送，遷都到雒邑（河南洛陽），不過已經沒有武力，無法再控制諸侯。諸侯從此強凌弱，大併小，開啟了戰亂的時代。

歷史學家將周王朝一分為二，以平王東遷為分界，之前稱為「西周」，之後稱為「東周」。西周自武王伐紂至幽王被殺（西元前一〇四六～前七七一年），共十二王，二百七十五年。東周自平王之後，繼續存活了五百一十五年，一直到西元前二五六年才被秦國滅掉。

上述的這一段歷史，如果單單用周幽王寵愛褒姒，以至於國破人亡來敘述，可能是過於簡化了。台灣的歷史學家王明珂先生曾經提出一個「華夏邊緣」的觀點，據以做更深一層的分析。周武王推翻殷紂之後，周人已經逐漸往東移動而「東方化」了；周王朝與西戎之間的關係，越來越倚賴姜姓羌人來維繫。申國就是這樣的一個姜姓羌人國度，但申國也因而對周王朝產生越來越大的影響力，使得周王朝漸漸想要擺脫掉。

《史記》記載，周孝王時（西元前八九九～前八七八年），有一個戎人領袖大駱的兒子「非子」曾經為周孝王養馬，成功地蓄養出一大群好馬。周孝王高興極了，於是建議大駱以非子為繼承人，取代原來的嫡子「成」。但當時的申侯反對此事，因為「成」就是申侯的女兒嫁給大駱所生的。申侯一半請求，一半威脅周孝王不可廢掉「成」，否則無法再繼續為周王朝以婚姻維繫和西戎之間的關係。周孝王雖然不得不收回提議，卻說非子的祖先姓嬴，也曾經為舜養馬而獲得土地，因而賜給非子一塊稱為「秦」邑的土地，命令非子繼續奉祀嬴氏。秦國因而是由周王朝一手扶植起來的附庸國，與中國同處於華夏和西戎的族群邊緣上，除了防備西戎，還對申國產生牽制的作用。

比起一百多年前發生的故事，周幽王廢掉申后和宜臼這件事無疑是嚴重多了，因為前者只是個提議，後者已經造成事實；前者只不過是想要廢掉戎王的嫡子，後者竟是周王朝廢掉自己的太子，而受害者都是姜姓的羌人部族。申侯自然認為祖先代代傳下來的姬姜同盟關係已經被棄如敝屣，無法再忍受了，因而有後來的悲劇產生。

秦國在犬戎之亂時出兵奮力救周王朝而有大功，又護送周平王到雒陽。周平王因而把岐山以西的土地，也就是他自己無法繼續經營的故土，全部都賜給秦國，並且封秦國的國君為諸侯，是為秦襄公。秦國從此與各大諸侯平起平坐，名正言順地為周王朝守護西陲，勢力越來越強。當初周孝王封非子於秦邑，可能想不到非子的後代竟會在六百多年後取代周王朝而統一中國吧。

第二章
# 遠古的中國——從春秋、戰國分裂到秦朝統一

周平王東遷之後，進入了東周時期，歷史家又將此一時期分為兩段，前一段是「春秋時代」，後一段是「戰國時代」。

## 春秋時代

春秋時代是因孔子的著作《春秋》而得名。這部書記載了從魯隱公元年（西元前七二二年）到魯哀公十四年（西元前四八一年），前後二百四十二年的歷史。

春秋時代尚未開始，諸侯已經在互相攻伐，強凌弱，大併小。各諸侯國內的權臣也是違法亂紀，篡位弒逆的事件不斷發生。《春秋》記載弒君事件總共三十六件，亡國有五十二個，說明各國間戰爭之慘烈和各國內部鬥爭之激烈。孔子因而感嘆「君不君，臣不臣；父不父，子不子。」意思是國君不像國君，臣子不像臣子；父親不像父親，兒子不像兒子。事實上周平王就是第一個涉嫌弒父而篡位的君主，做出不良的示範。

孔子於是發憤著書，除了記敘史實之外，還有自己的一套道德標準貫通全書，用以褒揚施行仁義者，而貶

抑亂臣賊子。有些諸侯未經周王朝承認就自行稱「侯」，稱「公」，甚至稱「王」。對此孔子認為是僭越，在《春秋》中一概不承認。大臣在諸侯國內篡位後，無不對外說一大堆冠冕堂皇的謊話，而孔子直接記錄為「弒君」、「篡位」。孔子這樣的正統中心思想，即是所謂的「春秋大義」。這對後代史官記錄時事及帝王言行時的態度發生了巨大的影響。後代有許多史官為了維護正統，保持史料記載的正確和獨立性，寧死也不肯對手握大權的人屈從。

## 春秋五霸

戰亂的時代也是霸主產生的時代。「春秋五霸」正是這時期陸續出現的五個霸主。霸主通常是以政治及軍事力量主宰國際局勢，其做法不外尊王、攘夷、制裁篡逆和兼併。所謂「尊王」，就是尊重並扶持周王朝；所謂「攘夷」，就是抵禦或排除夷、狄野蠻部族的侵略。

通常的說法，「春秋五霸」是指齊桓公、晉文公、宋襄公、秦穆公及楚莊王，但是也有很多其他說法。事實上誰是五霸並無多大意義，重要的應該是探究這些歷史人物的事蹟，而從他們的事蹟中窺知當時各國政治的安定與混亂，各國間的軍事和外交謀略，種種的社會現象，以及當時人們心中所秉持的價值觀。以下選擇其中三個比較具有代表性的霸主來敘述。

### ■齊桓公（西元前六八五～前六四三年在位）

齊國是周王朝建國第一功臣太公望呂尚受封的諸侯國，位在現今的山東半島。由於靠海而有漁鹽之利，土地肥沃適於耕作，齊國自始就是一個強盛的諸侯國。

齊國數傳至齊襄公，昏亂無信，濫殺無辜。齊襄公的兩個弟弟為了避禍，分別逃往國外。其中子糾奔往魯國，小白奔往莒國。子糾和小白各有師傅兼謀士，分別是管仲和鮑叔牙。不久，齊國發生內亂，齊襄公被弒。消息傳出，魯國和莒國分別火速發兵送子糾和小白返回齊國，以接任王位。小白先至，被擁立為王，即是齊桓公。過了幾天，子糾才到齊、魯邊境。齊、魯接戰，魯國大敗。魯國在齊國威脅之下，只好殺死子糾，並將管仲綁送到齊國。

管仲與鮑叔牙原本是至交好友，只是各為其主，不得不相互攻殺。鮑叔牙知道管仲的才能遠遠超過自己，於是勸桓公不要殺管仲，並力薦管仲出任齊國宰相，自己願意屈居在管仲之下。管仲年輕時家境貧窮而有大志，但是屢次替鮑叔牙辦事卻不成功；又曾經三次做官，三次狼狽下台。鮑叔牙卻不認為管仲愚笨，或是無能，知道時機有利或不利，也有時機未到的情況。管仲因而說：「生我者父母，知我者鮑叔。」

管仲當政以後，勸齊桓公講究誠信，行霸王之道。齊桓公五年（西元前六八一年），魯國將軍曹沫率兵與齊國打仗，三戰三敗。魯國國君被迫割讓土地給齊國。曹沫卻趁兩國國君盟會時突然用匕首劫持齊桓公，要求歸還魯國土地。齊桓公被迫同意，剛剛答應，曹沫立刻把匕首丟在地上，回到自己的座位上，彷彿不曾發生這件事一樣。齊桓公大怒，想要反悔。管仲說：「大王雖是因為被劫持而答應，但是如果貪圖小利而違棄承諾，如何能取信於天下呢？」堅持歸還魯國土地。各國諸侯聽說後，全都敬重齊國，齊桓公的霸業於是開始。

管仲又勸齊桓公尊王攘夷，匡正天下。北方蠻族山戎侵犯燕國，齊桓公帶兵救燕，驅逐山戎。魯國國君被臣子弒殺，齊桓公派兵誅殺逆臣，幫助魯國另立國君。南方楚國對周王朝不敬，管仲聯合諸侯出兵，逼楚國國君謝罪，承諾改正。齊桓公三十五年（西元前六五一年），齊國大會諸侯於葵丘（今河南陳留）。周襄王隆重地派使者賜禮器、朝服等給齊桓公。齊桓公之所以能夠稱霸天下，應該歸功於管仲；而管仲的成就，應該歸功於鮑叔牙的度量和識人之明。

## ■晉文公（西元前六三五～前六二八年在位）

晉國在現今山西及部分河南省地區。晉文公的名字叫重耳。他的父親晉獻公有八個兒子，其中太子申生、重耳和夷吾都很有才幹。申生的母親是齊桓公的女兒，重耳和夷吾的母親都是蠻族翟戎之女。晉獻公年紀大了以後卻寵愛美人驪姬和她所生的兒子奚齊，有意廢掉太子，並疏遠其他的兒子，於是把申生、重耳和夷吾都趕到邊城去。

驪姬為了要讓兒子繼承為王，設下毒計迫使太子申生自殺。重耳和夷吾也都畏懼而逃亡。晉獻公死後，奚齊繼位，但是國內發生一連串的政變，結果是夷吾回國繼位。重耳帶著家臣如趙衰、狐偃等一同流亡，遍歷十幾個國家。有些諸侯對他無禮對待，有些要暗害他；有些備極禮遇，有些直接問他將來要如何回報。夷吾視重耳為大敵，怕重耳有一天會回國爭位，不斷地派刺客追殺他。重耳受盡千辛萬苦，嚐盡人間冷暖之後，最後終於得到秦國國君秦穆公的支持，借兵回到晉國，殺掉夷吾的兒子而登上王位。夷吾和他的兒子都曾經見利忘義而背信，使得秦穆公懷恨至深，因而決定幫助重耳。

晉文公四十三歲出亡在外，經過十九年才回到故國，登上晉國國君之位時已經六十二歲了。他立刻封賞群臣，說：「引導我行仁義，不使我貪圖小利的，受上賞。流亡時輔佐我，讓我終於成為國君的，受次賞。冒矢石的危險，有汗馬之勞的，受再次賞。賣力跟著我，卻對我的缺失沒有什麼補正的，受又次賞。」晉國臣民都心悅誠服。

晉文公即位後第二年，周王朝發生動亂，周襄王逃到鄭國。晉文公不顧晉國剛剛才安定，與秦國一同出兵平定周王朝內亂，護送周襄王回京城。楚國強盛而不尊周王室，侵略宋國。晉文公聯合齊、秦等國在城濮（今山東濮縣）大敗楚國軍隊。晉文公率諸侯朝見周襄王，獲賜禮器、旌旗，於是成為新的中原霸主。

## ■秦穆公（西元前六五九～前六二一年在位）

秦國原本是屬於鳥夷族，並不是西周初受封的諸侯之一。秦國的祖先姓嬴氏，在周孝王時（約西元前九○○年）搬遷到現今陝西、甘肅地方，開始為周王朝養馬。犬戎殺周幽王時，秦人擁立周平王，護送周平王東遷，並趁機佔據西岐之地。周平王封嬴氏為諸侯。

秦穆公在接任秦國國君後，求才若渴。當時秦、晉聯姻，晉獻公將女兒嫁給秦穆公為妻，而把他先前滅掉的一個小國家虞國的大臣，名叫百里奚，當作陪嫁。百里奚半路上逃走，卻在楚國被人抓去當奴隸。秦穆公聽說百里奚是一個極有才能的人，派人去把他接回來。使者怕出太高價引起楚國人懷疑，就派人向楚國人說：「我有一個陪嫁的逃到這兒，請用五張羊皮來贖他。」楚國人也答應了。百里奚到達秦國，秦穆公待以上賓之禮，和他談了三天三夜，大喜，於是委任百里奚掌理國政。百里奚因此號稱「五羖大夫」，是五張羊皮換來的大臣。秦國遂因為秦穆公重視人才而成為一等強國。

犬戎一向是秦國的大患。秦穆公送美女、歌舞伎給犬戎王，犬戎王於是天天玩樂，荒廢國事。大臣由余勸諫無效，犬戎王反而逐漸疏遠由余，正中了秦國一石二鳥之計。秦國進一步派人遊說由余，由余於是投奔秦國，反過來為秦穆公謀畫策略。秦國因而徹底擊垮犬戎，開闢隴西地區達千里之廣，成為霸主。周天子遣使送金鼓到秦國，慶賀秦穆公的豐功偉業。

秦穆公在位三十九年，死後依習俗而讓許多妻妾、貴族及大臣陪葬，共一百七十七人，其中有三個是同一家族姓子車的賢臣。秦國的人民都悲哀極了，做了一首詩〈黃鳥〉來哀悼。這首詩被選錄在《詩經》裡。歌詞分三段而重複，是這樣寫的（白話譯文）：

黄鳥飛來飛去，停在棗樹林裡。是誰陪著穆公？是子車奄息埋葬在這兒。
這叫做奄息的人啊，比一百個人還要能幹；走近他的墳墓，不由得使人悲哀。
蒼天啊，蒼天！殺了這樣的好人；如果可以贖回來，替他死一百次也願意。

黄鳥飛來飛去，停在桑樹林裡。是誰陪著穆公？是子車仲行埋葬在這兒。
這叫做仲行的人啊，比一百個人還要強悍；走近他的墳墓，不由得使人恐懼。
蒼天啊，蒼天！殺了這樣的好人；如果可以贖回來，替他死一百次也願意。

黄鳥飛來飛去，停在荊樹林裡。是誰陪著穆公？是子車鍼虎埋葬在這兒。
這叫做鍼虎的人啊，比一百個人還要豪邁。走近他的墳墓，不由得使人戰慄。
蒼天啊，蒼天！殺了這樣的好人；如果可以贖回來，替他死一百次也願意。

賢臣既盡，後代的國君又不如，秦國就漸漸衰敗了。

## 戰國七雄

晉國是春秋時期的大國，到了後期，國家卻被六個大臣分據，稱為「六卿」。經過連環不斷的權力鬥爭，最後由韓、趙、魏三家大夫勝出，而於西元前四五三年瓜分晉國。晉國國君自此有名無實，只是虛位而已，周威烈王二十三年（西元前四〇三年），韓、趙、魏三家獲得周王朝承認，各自獨立為諸侯國。許多學者認為戰

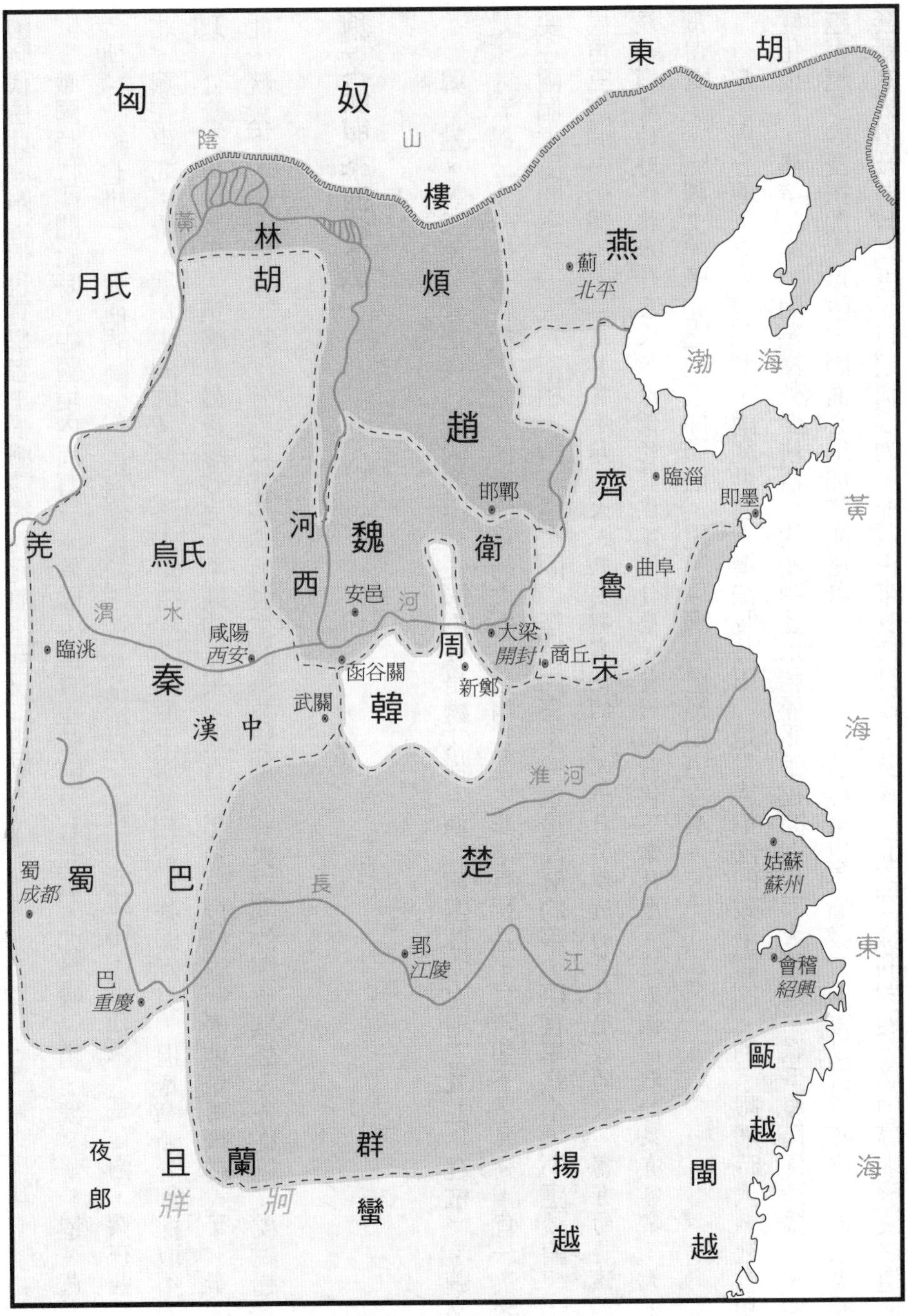


戰國時期（西元前300年）

國時代由此開始，但也有學者主張應該從西元前四五三年起算。

戰國時代剛開始時，中國境內尚有三十餘國，但真正強國只有七個，即是韓、趙、魏、齊、楚、燕、秦，合稱「戰國七雄」。其他的國家只是苟延殘喘，等著被併吞。戰國七雄中，齊在東，楚在南，秦在西，趙在北，燕在東北；韓、魏在中間的黃河、洛水地帶。各國原本旗鼓相當，強弱互見，但是漸漸分別採取不同的內政、外交、軍事及用人策略，最後導致完全不同的結果。兩百多年後，已經很明顯地是秦國獨大了。秦國最後能一統天下，絕非僥倖。以下分別敘述各國所發生的重要變革及興衰之間的因果關係。先從魏文侯說起。

## 魏文侯與李悝變法

韓、趙、魏三家分晉之後，魏國的第一任國君就是魏文侯（西元前四四六～前三九七年在位）。魏文侯也是求才若渴，十分敬重賢能之士。他最倚重的大臣，名叫李悝，非常有智慧，官階卻不是最高。有一次魏文侯要在兩個大臣間選定一人為宰相，請李悝來問。李悝回答：「這是高層的事，臣官卑職小，不應談論。」魏文侯再三詢問，李悝說：「這其實不難。大王只要觀察他們兩人平日所親近的是什麼樣的人，富有的時候怎麼用錢，顯貴的時候推舉什麼人，潦倒的時候不做什麼，貧困的時候不拿什麼。這五個問題如果有答案，大王就不用問我了。」魏文侯聽完之後立即領悟，說：「寡人已經知道答案了。」

當初周公傳下來封建制度，講究世襲、禮法及井田，是貴族治國的政治體制。到了戰國時代，社會和經濟變化很大。農業生產力因為鐵製農耕器具的發明及水利灌溉工程的進步而大躍進。戰爭規模逐漸擴大，各國有越來越多的農民加入軍隊，因而必須加強籠絡農民。漁、鹽及林業也逐漸發展，貿易日益發達。國家需要有一套新的經濟及財政制度，以培植國力，並收稅來支持打仗。各國都面臨同樣的問題，必須尋求解決之道。

魏文侯是戰國時代裡第一個開始嘗試變法圖強的國君，而李悝是主持變法的主要人物。李悝的基本思想是「重農」與「法治」的結合。重農方面主要是「盡地力之教」，即是興修水利，鼓勵農民耕作，提高產量。李悝又訂定政策，規定國家在豐年以平價購買餘糧，在荒年以平價售出，如此達到平穩糧價的目的。法治方面主要是編成六篇《法經》。這是中國古代第一部完整的法典。魏國又廢除維護貴族特權的世襲制度，獎勵有功於國家的人，按照功勞和能力提拔官吏。

變法之後，魏國又吸引了很多謀臣、武將來投效，國力開始強盛，擊敗齊、楚兩個強國。魏文侯的兒子魏武侯繼位後，國勢仍強，但是大臣之間互相排擠，人才開始流失，轉投他國。魏武侯死，兒子開始稱王，即是魏惠王，魏國的國勢卻反而迅速衰退。

## 孫臏、龐涓與齊、魏之興衰

孫臏是齊國人，家學淵源，是春秋時代著名的兵法家孫子的後代，又拜兵學大師鬼谷子為師。當時鬼谷子有另一個學生龐涓到了魏國，深受魏惠王重用。孫臏學成後，也到了魏國。龐涓知道孫臏的才能遠高於自己，表面歡迎，心中卻十分不安，於是設計誣陷孫臏私通齊國。魏惠王大怒，下令將孫臏雙腿自膝蓋截斷。孫臏假裝發瘋，勉強逃過殺身之禍，後來又設法逃離魏國。

孫臏到了齊國，在齊國將軍田忌府裡當客卿。戰國時代各國風行賽馬，國君與大臣、貴族公子常下重金賭馬。有一天，田忌與齊威王及諸公子賭馬，約定賭三場定勝負。孫臏請田忌下重彩，說必定能讓田忌贏，田忌於是與眾人以千兩黃金為賭注。賽馬開始後，孫臏說：「請將軍先用最差的馬與對方第一快馬對賽，用最快的馬與對方次好的馬對賽，用次快的馬與對方最差的馬對賽。」田忌果然輸一贏二，贏得千兩黃金。齊威王輸了賽馬，知道田忌背後必有人指點，追問之下，田忌推薦孫臏給齊威王。齊威王大喜，拜孫臏為軍師，從此戰無不勝，攻無不克。

齊威王六年（魏惠王十八年，西元前三五三年），魏國龐涓帶兵攻趙國，圍趙國都城邯鄲。趙國向齊國求救。齊王命令田忌為將，孫臏為軍師。孫臏的決策是「圍魏救趙」。他說：「魏國攻趙，國內必然空虛，我與其星夜馳往邯鄲，不如直接突擊魏國國都大梁。魏兵必定從趙國撤兵，趕回魏國自救。如此不但可解邯鄲之圍，並能以逸待勞，在半途截擊魏軍。」龐涓果然緊急撤兵。孫臏率大軍等在桂陵（今河南長垣），大敗龐涓，威震諸侯。

十二年後，魏國龐涓又攻打韓國，韓國也向齊國求救。齊威王再請田忌將兵，以孫臏為軍師。孫臏說：「韓、魏戰爭才剛開始，這時出手去救韓國，只是替韓國擋魏國的刀槍而已。不如等韓國危急了再動手。」果然等到韓國五戰五敗，方才出兵，仍又直撲魏國國都。

龐涓立刻從韓國撤兵，要與孫臏一決死戰。孫臏假裝敗退，龐涓隨後追趕。孫臏設下「減灶誘敵之計」。軍士原本起十萬個灶生火煮食，明日減為五萬個灶，隔日又減為三萬個灶。龐涓追了三天，大喜，以為齊兵膽怯，逃亡過半，於是棄步兵，只以輕銳騎兵兼程追趕。追至馬陵（今河南范縣），道路狹隘。孫臏伏兵於兩側，並砍倒大樹，剝去樹皮，刻上：「龐涓死此樹下！」幾個字。龐涓於黃昏趕到，視線不清而舉火觀看大樹上的字，兩旁伏兵陡然間萬箭齊發。龐涓自刎而死，魏軍全軍覆沒。齊國從此成為東方霸主。

## 秦孝公與商鞅變法

商鞅是衛國人，喜好研究法律、刑罰和制度之學。魏惠王時，商鞅在魏國宰相公叔座的府裡當幕僚。公叔座病重，魏惠王親自來探望，問說：「萬一先生一病不起，這國家社稷我要交給什麼人來掌管？」公叔座說：「我有一個部屬商鞅，雖然年紀輕，有奇才，請大王就把重任交給他吧。」魏惠王聽了，默然無語。惠王臨行，公叔座又說：「大王如果不用商鞅，就一定要把他殺掉。」惠王點點頭。

惠王走了，公叔座馬上請商鞅來，勸他趕快逃走。商鞅說：「大王如果不用丞相的話用我，又怎會用丞相的話殺我？」仍然放心地留在宰相府第。魏惠王回到宮中，說：「真是悲哀。公叔宰相是不是病太重，有些糊塗了，怎會叫寡人把國家交給一個小伙子？」

不久，秦孝公（西元前三六一～前三三八年在位）下詔，廣徵天下賢才，希望恢復秦穆公時的霸業。天下能人異士絡繹於途，都趕往秦國去。商鞅也西行到秦國，以霸王之術遊說秦孝公。秦孝公決定重用商鞅，變法圖強。商鞅於是公布變法內容如左：

> 獎勵耕種及織布。頒布刑法。規定人民五家連保，十保相連，一家犯法，十保全部連坐。知道姦惡之事而不告訴官府的人，一律腰斬，告密者與斬殺敵人首級者同樣賞賜。藏匿姦人與投降敵人同樣看待。禁止私鬥，違者重罰。廢除世襲世祿的制度。有軍功者予以重賞；無功勞者，縱然是宗室子弟，也得不到爵位。

商鞅要鐵腕變法，怕百姓不信服，於是在國都南門放置一塊三丈長的木頭，下令如果有人能將木頭移到北門，賞十兩黃金。百姓覺得新奇，但都只是觀望。商鞅又下令將賞金提高到五十兩黃金。終於有一個人將木頭移到北門。商鞅立刻給他五十兩黃金。百姓於是知道商鞅令出必行。

新法頒布不久，秦國人民怨聲載道，貴族尤其激烈反對。後來連太子也犯了法條。商鞅堅持王子犯法與庶民同罪，但是太子是儲君，不能施刑，於是處罰太子的兩個老師。一個處以肉刑，一個在臉上刻字。秦國全國人民震驚，從此沒有人敢不遵行法令。變法十年，秦國大治。夜不閉戶，路不拾遺。人民勇於為國打仗，卻不敢私自打架。商鞅又再次變法：「廢除井田制，承認土地私有，准許買賣。頒布度量衡標準。調查戶口，統一稅收制度。建立縣制，全國置三十一縣。」這次再沒有人敢議論紛紛。於是秦國既富且強。

商鞅也趁魏國在馬陵之戰大敗以後，領兵伐魏。魏惠王只能割河西地給秦國求和。魏惠王兩度與當世一等一的人才錯身而過，卻茫然不覺。孫臏與商鞅非但不能為其所用，反而成為敵國之資。魏國從此衰敗，無法再與群雄爭霸。

不久，秦孝公死，秦惠王繼立。秦惠王做太子時因為犯錯，差一點被刑，最後連累兩個老師，因而恨商鞅入骨，立即下令逮捕商鞅。商鞅當初權傾一時，不知道要急流勇退，這時才想逃亡，但全國境內無人敢收留，不禁感嘆自己是「作法自斃」，最終在咸陽受車裂之刑而慘死。

秦惠王雖然處死商鞅，但依然遵行商鞅的變法。以後數代國君也持續奉行，歷經百年而不廢。戰國七雄個個都想一統天下，但多半只是得到短暫的軍事勝利，實施不完整的政治、經濟改革，或雖然變革而不能持之以恆。沒有一國變法能像秦國如此地全面而徹底，並且持續不斷。戰國時代才過了一半，秦國國勢已經遙遙領先各國了。

## 合縱與連橫

戰國時代各國對於外交策略都十分重視。許多策士、說客因而成為各國國君的座上客。秦國既已成為超強大國，其餘六國備受威脅，要如何對付秦國就成了一等大事，於是有所謂的「縱橫家」。「縱」是合縱，主張六國聯盟，合力抗秦。「連」是連橫，主張各國對秦國單獨謀和，以免受害。第一個開始倡議「合縱」的人是蘇秦。他提出的說法是「六國與其各自對秦國俯首而不免被侵吞，不如結盟，對付秦國。秦國攻一國，五國共同出兵救援。有不如約定者，五國一起出兵懲罰。」各國國君無不贊同，於是成立聯盟。蘇秦成為聯盟的「縱約長」，腰掛六國相印。

然而各國雖表面聯合，實際各懷鬼胎，未必會完全遵照盟約行事。當時另有一個策士張儀投奔秦國，為秦惠王籌畫「連橫」，利用欺騙手法，暗地誆騙各國國君，又收買各國奸臣作為內應，無所不用其極地破壞合縱。六國遂在合縱與連橫之間擺盪，而漸漸合縱者少，連橫者居多。

## 長平之戰

趙國位於北方，北邊面對強盛的匈奴（之前稱為葷粥、鬼方等），西邊又有秦國，外患特別嚴重，也因此對軍事特別注重。趙國甚至下令廢棄漢人服裝，改為胡人的短衣小袖，注重騎馬射箭，行軍打仗。趙國士卒勇悍，歷代都出名將。

西元前二六〇年，秦昭襄王下令攻打趙國。趙國派大將廉頗在長平（在今山西長治市西南）領兵抵擋。廉頗驍勇善戰，但是極為小心謹慎，採取守勢，堅不出戰。秦兵久攻不下，供輸漸漸困難，於是派間諜在趙國散布謠言，說廉頗快要投降了，秦國就怕趙國換「馬服君」的兒子趙括來代替廉頗。

馬服君的名字叫趙奢，是趙國名將。秦國士卒屢次敗於馬服君手下，都很怕他。不過當時趙奢已經死了。趙王本來對廉頗只守不攻也不滿意，又聽到謠言，就決定派趙括代廉頗為將。趙括的母親急忙去見趙王，請求絕對不可以讓趙括帶兵。趙王問說：「寡人聽說趙括不是比他的父親馬服君還要厲害嗎？」趙夫人答道：「先夫生前每次與小兒論兵，總是辯不過兒子，人們因此以為小兒比先夫有過之而無不及。但先夫曾嘆息說，趙括只是紙上談兵，並無實戰經驗，不知打仗乃是生死大事，不能輕忽。先夫又說趙括如有一日為趙國大將，趙國恐怕會因而滅亡。」趙王不聽，仍然派趙括代將。趙括到了長平，立刻改變戰略，易守為攻。

這時秦王已經暗暗地改派白起為秦軍的統帥。白起是秦國名將，百戰百勝。六國軍隊總共至少有百萬人慘遭白起屠殺。趙括不是白起的對手，不久兵敗身亡。趙軍四十萬人投降。白起下令全部坑殺，只留二百四十個弱卒回去報信。趙國一夜之間不知有多少個家庭破滅，多出有多少個寡婦，個個肝腸寸斷，日日夜夜悲嚎不止。其餘五國膽戰心驚，不知道下一個會輪到哪一國。

長平之戰是戰國時代形勢的轉折點，此後秦國一統天下的局勢已經不可逆轉了。

## 戰國四大公子

六國單獨都不是秦國的對手，合縱不成，連橫又屢屢被騙，因而大多徬徨無策。當時有許多奇人異士、豪俠、說客，甚至連罪犯和雞鳴狗盜之輩也抓住機會到各國去。有些人獻奇謀，出奇計，想要一展平生志向；有些人只是要混吃混喝。這些人只有少數真正能弄到一官半職，而大多聚集到各國的貴族公子門下，沒有任何正式官職，因此通稱為「賓客」或「門客」。貴族公子中以「四大公子」最為有名，分別是齊國孟嘗君、魏國信陵君、趙國平原君及楚國春申君。每一位公子都養了數千名賓客。

長平之戰後二年，秦軍包圍趙國的國都邯鄲。趙國危在旦夕，向各國求援。這時「四大公子」中的孟嘗君早已不在，其餘的三個聯合出手。趙國平原君（趙王之弟）到楚國請兵，說動楚王派春申君領十萬兵赴援。魏王已經派兵出發到了國境上，卻接到秦王的一封威脅信，嚇得命令停止進軍。信陵君是魏王的弟弟，卻不顧魏王的禁令，偷取兵符，並且斷然襲殺帶兵的統帥晉鄙，自行率領大軍到邯鄲。當時白起在秦國內部權力鬥爭中落於下風而稱病，實際上是被軟禁。三大公子遂率領趙、楚、魏等五國聯軍，大破秦軍，解了邯鄲之圍。

信陵君在四大公子中威名最盛，聯合五國而將秦國擋住，使其無法繼續向東侵略。但魏王怕信陵君勢大而篡位，秦國又派遣間諜在魏國散布各種謠言，魏王於是罷黜信陵君。信陵君自知魏王對他不信任，又不願意篡位，因而心灰意冷，每日醇酒美人，四年而死。之後，六國已經如風中殘燭，就等秦始皇來一一吹熄。

## 呂不韋與秦始皇

秦始皇姓嬴，名政。他的父親名叫子楚。秦昭襄王（西元前三〇六～前二五一年在位）的太子安國君有二十幾個兒子，子楚是其中的一個。安國君有很多姬妾，其中最受寵愛的是華陽夫人，被立為正室。子楚的母親失寵，因而子楚在兄弟間沒有什麼地位，幾乎完全沒可能繼任為秦王。秦國將子楚送到趙國做人質，又不斷地侵略趙國。趙國打不過秦國，君臣把所有怒氣都出在子楚身上，所以子楚在邯鄲的日子過得十分困頓。

當時有一個名叫呂不韋的大商人，在邯鄲偶然見到子楚，立刻決定投資在子楚身上，認為獲利將難以估計。他對子楚說：「秦王統治國家四十幾年，已經很老了。太子安國君不久一定會繼位為秦王。我聽說安國君非常寵愛華陽夫人，而華陽夫人卻沒有兒子。華陽夫人雖生不出兒子，但我確定將來秦國的太子必然是華陽夫人決定的。不如我幫你去認華陽夫人為母，那麼你就是太子，將來會成為秦王。」子楚好像從暗室裡出來，陡然間見到陽光，當下承諾如果將來有一天真的成為秦王，將與呂不韋共享天下。

呂不韋於是買了大批奇珍異寶，帶到秦國的國都咸陽，透過華陽夫人的姊姊送給華陽夫人。呂不韋說這些珍寶都是子楚所孝敬的，子楚日夜都在思念太子及夫人。華陽夫人大喜。呂不韋送了幾次以後，又請華陽夫人的姊姊對華陽夫人說：「夫人雖然深受太子寵愛，可惜沒有兒子。夫人如果不趁現在年輕貌美，能說動太子時，早早在太子的眾多兒子之中找一個來，認為養子，等到將來人老珠黃，萬一失去寵愛，那時候再怎麼說也沒有用了，將來要靠誰？現在有一個子楚，十分賢明，又對夫人敬愛有加，夫人如果在這時提攜一下，認為養子，將來即使到老也不用愁了。」華陽夫人果然被說動，纏著太子，同意她收子楚為養子。之後，白起在長平之戰坑殺了趙國四十萬人，秦軍接著包圍邯鄲，子楚命在旦夕。呂不韋又以重金買通趙國上下，讓子楚脫險回到秦國。

呂不韋沒有想到事情發展比他預料的還要快。沒幾年秦昭襄王死了，太子安國君果然繼位為王。但不到一年安國君竟然也死了，子楚繼位成了秦王。呂不韋於是成為一等強國秦國的宰相。又過三年，子楚竟也死了，嬴政繼立，就是秦始皇（西元前二四六～前二一〇年在位）。

依據歷史記載，嬴政其實可能不是子楚的兒子，而是呂不韋的兒子。當初呂不韋有一個舞藝絕倫的寵姬，叫趙姬。子楚非常喜愛趙姬，請求呂不韋將趙姬送給他。呂不韋與趙姬感情至深，又知道趙姬剛剛懷孕，如何能夠割捨？但既已破家投注在子楚身上，為了宏大計畫，最後仍是忍痛答應，不過要求子楚娶趙姬為正室夫人。趙姬嫁給子楚之後，生出男嬰，取名「政」。嬴政繼承秦國王位時只有十三歲，並不知道呂不韋是生身之父，而以呂不韋為「相國」，又尊稱他為「亞父」。

呂不韋掌握了秦國國家大權，又與太后趙姬舊情復燃而私通。秦王嬴政年紀漸長，呂不韋開始害怕而與太后保持距離。太后卻又私養男寵，名叫嫪毒。秦王嬴政得到密報，大怒，夷滅嫪毒三族，殺數萬人，釀成大案。呂不韋也被牽連而免官，最後服毒自殺。

## 李斯〈諫逐客書〉

幾乎在呂不韋和嫪毐的案子爆發同時，秦國又發生另一件大案。當時秦國正在進行一項龐大的水利工程，要引涇水澆灌關中農田數萬頃。秦國發現工程的負責人，名叫鄭國，原來是韓國派來的間諜。秦國宗室貴族早已對外來的人十分眼紅，趁機進言，說外國人大多和呂不韋、鄭國一樣，對秦國不懷好意，建議將外國出身的官員全部驅逐出境。秦王政立刻下了一道「逐客令」。

當時有一個楚國出身的官員，名叫李斯，也在逐客的名單裡。李斯在被押解出境路途中寫了一篇奏章〈諫逐客書〉給秦王。奏章內容反駁王公貴族的褊狹思想，並歷歷舉證，說秦國從秦穆公和秦孝公以來，如果沒有由余、百里奚、商鞅、張儀等人，沒有可能成就霸業至此，而這些人沒有一個是秦國出生的。奏章中又說：「泰山是因為有土壤不斷累積，才會成為大山。大海是因為容納萬千細小水流，才能這樣深。帝王要能廣用四方人才，才能成就霸業。」

秦王政讀了李斯的奏章，立刻收回成命，並重用李斯。李斯又獻計，建議派人去與各國政府高官接觸，可以收買的就收買，不能收買的就暗殺，如此可以早日併吞六國。秦王政大為讚賞，依計行事。李斯官位越來越高，後來升任為秦國宰相。

秦王政也沒有殺鄭國，而是讓他繼續進行工程。鄭國說出一段極為悲哀無奈的話，也刻畫出當時六國是如何地畏懼秦國。他坦承來到秦國，主要是想讓秦國將國家的財力和人力花在龐大的水利工程上，這樣秦國對外侵略的行動或許可以延緩，韓國也能多活幾年。鄭國又說，秦國對外的軍事行動縱然是延緩了，但以長遠的目光來看，建造水利工程對秦國實在是有百利而無一害。「鄭國渠」歷經十年完工後，關中果然從此年年豐收，秦國更加富饒，國力更強。

秦王政能夠虛心接受他人的意見，擇善改過，毫不遲疑；又能不被褊狹的立場所左右，而以國家整體利益為著眼點；這些都是秦國後來得以統一天下的重要原因。

## 秦始皇統一天下

韓國是六國中最弱小的一個，又離秦國最近，因而在西元前二三〇年第一個被秦國滅掉。其他五國都憂心如焚。燕國的太子丹知道亡國在即，決定孤注一擲，請俠客荊軻去刺殺秦王。人人都知道荊軻此去無論是否成功，必定無法逃過一死。太子丹在易水河邊（在今河北易縣）送別荊軻。荊軻的摯友，器樂家高漸離擊筑，眾人唱道：「風蕭蕭兮易水寒，壯士一去兮不復返。」荊軻刺秦王的故事，經過司馬遷在《史記》中傳神的描述，流頌千古，卻沒有成功。秦王政大怒，決心加速滅亡其他五國。西元前二二一年，秦國滅掉最後一個齊國，終於一統天下。

秦國在併吞六國之前，早就把巴蜀（今四川省）併進版圖。統一天下後，秦國又派兵南下，征服了南越（今廣東、廣西及越南一部分）。帝國疆域之大，前古未有。嬴政自稱「始皇帝」，意思是古往今來第一個皇帝。秦始皇有鑑於周代分封諸侯，以致於強枝弱幹，於是決定廢除封建，分天下為三十六郡，直接選派郡守。為了怕六國殘餘勢力再次造反，秦始皇下令沒收天下所有的兵器，送到咸陽，用大火爐熔解，鑄成九個大鼎、許多大鐘，還有十二個金人。據說每一個金人高五丈，重三十四萬斤。他又下令把全國豪富十二萬家都搬到咸陽，以便管控和壓榨。

秦始皇規定全國使用統一的貨幣「半兩」錢，又統一「度、量、衡」，也就是使用完全一樣的長度、體積和重量單位；又規定所有馬車雙輪的寬幅完全一致；道路上的軌道也配合一樣寬。秦朝在全國各地修築了九條又直、又寬、又長的快速道路，供馬車奔馳，稱為「馳道」。另外又為了軍事目的，在咸陽至現今包頭建了一條更直更寬的「直道」。全國文字也統一採用李斯等人所整理的小篆。

## 秦始皇的暴政

在春秋戰國時期，各國都修建了長城，有秦長城、趙長城、燕長城等，目的是要將北方的山戎、東胡、匈奴擋在外面。秦始皇派大將蒙恬將所有長城連貫起來，並予以補強。西起臨洮（在今甘肅省），東到遼東，止於浿水（今北韓清川江），長逾萬里，號稱「萬里長城」。為了修建萬里長城，發動牢中犯人及徵調民伕，約五十萬人。

秦始皇下令在四處修建許多宮室，又特別營造上林苑，是無比廣大的皇家園林；修建阿房宮，是極其豪華的宮殿。光是這兩項工程便動員了七十萬名罪犯和百姓。秦始皇即位不久，秦國就已經在驪山下秘密開始建造秦始皇的陵墓。這個墓雖然中國歷代的史書都有提起，但沒有人知道規模究竟有多大，一直到了一九七四年在陝西西安市臨潼縣發現秦始皇陵墓和兵馬俑，才一下子轟動全世界。

據估計，秦朝時全國的人口大約是兩千萬人，而被強徵去參加修建宮殿、林園、直道、馳道、長城、陵墓等工程，可能達到兩百多萬人，也就是每十個百姓之中至少有一人被迫做苦工。

秦始皇三十四年（西元前二一三年），李斯與一大群儒生在秦始皇面前辯論。李斯辯不過，憤然說儒生大多借古諷今，背後議論朝政，造謠生事，若不予以壓制，就會結黨營私，導致天下大亂。李斯又建議命令百姓交出所有儒家書籍和歷史書，在咸陽一把火全部燒光，只留下醫藥、卜筮、種樹等書籍。秦始皇立即批准。到了第二年，又逮捕四百六十個儒生，全部在咸陽活埋。這就是「焚書坑儒」的故事。太子扶蘇進諫，秦始皇不悅，命令太子到北方去和蒙恬一起監修長城。這時的秦始皇，已經和先前尚未統一六國時願意聽從諫言的秦王嬴政不一樣了。

## 宮廷之變

秦始皇喜好四處巡遊，每次少則數月，多則年餘，總共巡遊了五次。第五次巡遊是在即位後三十七年（西元前二一〇年），時年五十歲。當時隨從的人除了丞相李斯之外，還有最小的兒子胡亥和宦官趙高。秦始皇在途中忽然得病，自知必死，於是命令寫璽書給太子扶蘇，指定扶蘇繼位。璽書在趙高手中，尚未發出，到了沙丘（今河北廣宗）秦始皇就一命嗚呼了。

趙高原本與胡亥親近，而與蒙恬家族有仇。李斯也怕蒙恬代替自己而接任宰相。兩人於是密謀，毀掉原先的璽書，再假造一份新璽書給扶蘇，要扶蘇和蒙恬自殺；同時秘不發喪，從馳道飛奔咸陽。

扶蘇在長城邊接到璽書，就要自殺。蒙恬認為可能有詐，勸扶蘇多請示一次後再死不遲。扶蘇說：「父親賜兒子死，還要請示什麼呢？」立刻自殺死了。蒙恬不肯死，但也不反抗，被囚禁起來。李斯趙高一行回到咸陽，聽到扶蘇已死，就立胡亥為二世皇帝，並再一次賜死蒙恬。

二世皇帝繼立之後，沉迷於享樂，一切事務都交給趙高。趙高藉機除掉李斯，於是成為一人之下，萬人之上。長城和阿房宮的修建並未停止。上林苑內狗、馬、禽獸多而糧食不夠，便從附近各縣調集，竟使得咸陽附近的百姓都吃不飽。

## 帝國的崩解

秦國的法令越來越嚴苛，賦稅越來越重，人民不堪負荷，又被徵調去做苦工，無不想要叛變。二世元年（西元前二〇九年），有陳勝、吳廣首先在蘄縣大澤鄉（今安徽省宿州東南）揭竿起義。

陳勝、吳廣是大澤鄉的屯長。當時有九百個百姓被徵調到漁陽（今北京市密雲縣）守邊關，途中在大澤鄉被大雨困住。根據秦朝法律，戍卒誤期到達目的地的一律處死。陳勝、吳廣知道天下愁怨，於是悍然殺了押解戍卒的官吏，對戍卒說：「大家到了漁陽必定被處死。就算被赦不死，守邊關也要死一半人以上。既然都要死，不如轟轟烈烈幹一番大事。帝王將相難道是天生注定的嗎？」戍卒無不附從，推舉陳勝為將軍，公然反叛。

陳勝、吳廣起義後，各地豪傑紛紛起兵響應。陳勝帳下達到數十萬人。各地郡守望風投降。秦二世皇帝聞訊，命令大將章邯率兵鎮壓。但是接著有劉邦在沛縣起兵，項梁、項羽在吳（今江蘇省蘇州市）起兵，田儋在山東起兵。革命火苗既起，已經無法撲滅。

劉邦是沛縣人（今江蘇省徐州市沛縣），性格豪邁，家中務農，卻不喜歡農事，也不喜歡讀書，而好酒、好色，善於交友，被家鄉的人認為是無賴。劉邦長大後，做了泗水亭長（約當現今的鄉長）。劉邦起兵的過程與陳勝幾乎一樣。他奉命押解犯人到驪山去做苦工，半途中有一些人逃掉。劉邦知道這樣到了咸陽多半都會逃光，自己也不免一死，於是釋放所有的人。沒想到大家都願意跟隨劉邦。沛縣的兩個小官員蕭何和曹參也加入劉邦，一起殺了沛縣縣令，公然造反。

項梁家中世世代代都是楚國的名將，他的父親項燕在楚國對秦國最後一戰時，寡不敵眾而兵敗自殺。楚國遺民無不對此念念不忘，既同情項梁，又對他寄以厚望；項梁因而起來領導楚國人起義，反抗秦國。項梁溫文儒雅，禮賢下士，吳中人士都欽敬。項羽是項梁的姪兒，力大無窮，可以獨力扛起一隻大鼎，而性格暴烈，人人畏懼。

陳勝、吳廣威信不足，部下四分五裂，紛紛脫離而獨自稱王。於是乎，秦始皇所滅的六國一一復起，大秦帝國的覆滅已然無可避免。

第三章
# 遠古的中國——從兩漢統一到三國再分裂

秦朝的暴政引發人民反抗，在秦始皇死後不到兩年，天下大亂，六國的餘燼死灰復燃。二世皇帝派大將章邯等率兵四處鎮壓反抗軍，但已經無法撲滅燎原的野火。項梁和姪兒項羽找到一個流落民間的舊楚國王室子孫，立為楚王，藉以號召楚國遺民起義。楚國反抗軍屢次大破秦軍，而漸漸成為各國反抗軍的盟主。劉邦也帶兵投靠楚王，而實際歸項梁指揮。

但項梁屢次得勝，漸漸輕視秦軍，竟大意被章邯集結二十幾萬大軍擊破而戰死。章邯又在鉅鹿（今河北平鄉縣）圍困趙國的軍隊，趙國向各國反抗軍求援。

## 楚漢相爭

當時各國反抗軍都已齊集鉅鹿，但是都畏懼章邯兵多，沒有一支軍隊敢率先出兵挑戰。只有項羽率楚軍不顧一切從南面渡過黃河，到了北岸，下令將來時所乘的船都燒掉，煮飯的鍋釜全部打破，然後向士卒說：「如今我等破釜沉舟，已無退路，只能向前！」於是楚軍以一當十，與秦軍大戰，九戰九勝。各國反抗軍看見了，莫不爭先恐後地參戰；秦軍大敗，盡皆棄甲投降。秦軍既破，各國將領會見項羽，無不戰慄恐懼。項羽與諸將會商，在半夜將秦軍降卒全部坑殺。

鉅鹿之戰時，劉邦奉令率兵西向，直指秦國國都咸陽。劉邦剛開始在幾個城池遭遇抵抗，攻堅圍城，兵將多有損傷。劉邦的謀士張良勸劉邦寬大為要，勸敵投降，讓投降的郡守及大小官吏繼續守城；又約束士卒，所過之地禁止擄掠燒殺。於是大軍所到之處，諸城無不爭相開門投降。劉邦兵至咸陽東郊，灞水之上。二世皇帝已死，姪兒子嬰開城門投降。秦帝國就此滅亡。

劉邦進入咸陽，召集秦民父老，說楚王曾經與諸將約定，任何人領兵先入函谷關的就封為關中王，如今他既已經到了關中，因此就和大家約定法條。這法條很簡單，只有三章：「殺人要償命，傷人要抵罪，偷竊也一樣。其他的秦國原有法律一概取消。」關中人民喜出望外，爭相持牛、羊、酒饗宴劉邦的士卒。劉邦又聽從張良的建議，將所有宮室府庫都封存，率軍隊退出咸陽，回到灞上，等候楚王、項羽及其他諸侯到來。

項羽也帶兵入關，在路上聽說劉邦已經在關中自行稱王，勃然大怒。當時項羽擁兵四十萬，劉邦只有十萬人。戰事一起，劉邦必將潰敗無疑。項羽的謀士范增為項羽籌畫，擺下了歷史上有名的「鴻門宴」，要趁機殺劉邦。劉邦不敢不赴宴，由張良作陪，在酒宴中低聲下氣，躲過殺身之危，最後孤身單騎趁黑夜逃走。

項羽進入咸陽，自稱西楚霸王，不想留居關中，說：「富貴而不歸故鄉，如在夜間穿錦衣紋繡，有誰看見？」於是殺子嬰，搜寶物，擄婦女，屠城；又一把火燒掉所有的宮殿。咸陽城內大火燃燒三個月不止。許多秦始皇當年沒收而沒有焚毀的書也都付諸一炬。項羽所作所為，與劉邦完全兩樣，天下百姓大失所望。項羽又假借楚王的名義分封各國諸侯，都憑一己私意，處分不公。諸侯憤怒，齊國田榮率先反抗，其他諸侯也起兵附從。項羽擊破齊軍，又坑殺降卒。項羽殺人越多，而奮起反抗者也越多。項羽故意封劉邦為漢王，居住在巴、蜀偏遠之地。劉邦反而趁機在巴蜀休息養兵，勢力漸強。

## 蕭何與韓信

當時在淮陰（今江蘇省淮安市）有一個名叫韓信的人，家境貧寒，常常討飯吃，而腰中掛著一把劍。淮陰市井無賴故意要侮辱韓信，在街上攔住他，說：「你掛一把劍是裝樣子的嗎？你若是敢，就刺我一劍。如果怕了，就從我的胯下爬過去。」韓信看了他一眼，竟忍辱從他的胯下爬過去。淮陰市集上的人因此都看不起韓信。後來韓信投奔項梁、項羽，久而默默無聞，轉投劉邦。劉邦與韓信談過話，不置可否；丞相蕭何與韓信談話，卻驚為天人。

韓信認為劉邦終究不會重用他，於是留書離去。蕭何聽說韓信走了，來不及通知漢王，急急親自騎著馬去追。當時官兵逃亡的很多，有人向劉邦稟報蕭何也逃亡了。劉邦一聽，如失左右手，飲食無味。不數日蕭何回來，向劉邦說是去追韓信。劉邦大罵：「那麼多將軍逃掉，你都不追，一個小小韓信有什麼好追？」蕭何說：「諸將易得，韓信是國士無雙。」認為劉邦如果想在巴蜀終老，就無所謂，但如果要和項羽爭天下，非要韓信不可。劉邦十分信從蕭何，果真選擇吉日良辰，齋戒設壇，鄭重拜韓信為大將軍。漢軍上下無不大吃一驚。

## 垓下之圍

劉邦於是率大軍由巴蜀東向，與項羽在吳、楚舊地對峙。劉邦屢敗屢戰，狼狽不堪。這時謀士陳平建議用金錢寶物收買項羽的部下，離間西楚的君臣。劉邦撥給陳平四萬斤黃金，讓陳平全權支用，不問其出入。項羽為人猜忌，果然懷疑左右的將軍，甚至懷疑首席謀士范增。范增一怒而辭歸，尚未回到故鄉就氣死了。

韓信受命率兵北上，果然用兵如神，一路勢如破竹。一年之間，滅魏、趙，破燕、齊，於是揮兵西南而下，與劉邦及諸將合擊項羽。項羽被重重包圍於垓下（今安徽靈壁縣）。夜裡漢軍命令俘擄來的楚軍都唱楚國歌謠。項羽於營帳中飲酒，聽到四面八方的歌聲，也慷慨悲歌，淚流滿面。左右士卒盡皆哭泣。深夜時，項羽率領部屬騎馬突圍逃走，漢軍在後追趕。項羽逃到烏江邊，烏江亭長在岸邊備船要渡項羽過江。項羽說：「當初我從江東帶了八千子弟兵，至今已無一人生還，我有什麼面目見到江東父老呢？」於是拔劍自刎。

## 呂后屠戮功臣

劉邦自稱皇帝（西元前二〇二年），國號「漢」，以長安為國都。後世稱他為「漢高祖」。中國自夏、商、周三代以來，所有的革命都是貴族革命，只有從陳勝、吳廣開始，才有平民革命。劉邦是歷史上第一個平民出身的帝王。

劉邦大封群臣，裂土封王。他對群臣說：「說到運籌帷幄之中，決勝千里之外，我不如張良。安撫百姓，籌策糧餉，我不如蕭何。領百萬兵，戰必勝，攻必取，我不如韓信。這三人都是一時豪傑，卻都為我所用，這正是我能奪取天下的原因。」

表面上劉邦說是歸功於文臣武將，但是他的心中對功臣的疑忌也不自覺流露出來，對張良和韓信的才能尤其畏懼。張良深知「飛鳥盡，良弓藏；狡兔死，走狗烹。」的教訓，不敢接受封王，開始稱病，退隱山林。劉邦晚年身體多病，皇后呂雉逐漸掌權。呂后的性格比劉邦更加猜疑，而心性殘忍，於是開始殺戮功臣。韓信、彭越、黥布等大將，竟都遭到毒手，無一倖免。

呂后又召燕王盧綰到長安。盧綰畏懼，稱病不去。盧綰也是沛縣人，與劉邦從小一起長大，又同年同月同日生。劉邦對盧綰親幸賞賜，群臣莫及。所以盧綰仍存一絲希望，或許劉邦病好了以後能夠保護他。不久，劉邦駕崩，盧綰遂率領所屬，越過長城，投奔北方的匈奴。

漢高祖的兒子即位，是為漢惠帝，而實際仍由呂后掌政。呂后扶植兄弟及家族子弟為大臣、為王、為侯，控制朝政，是中國外戚干政的濫觴。她死後，大臣陳平、周勃等發動政變，剷除諸呂。

諸大臣會商，認為漢高祖諸子之中代王劉恆雖然不是嫡子，而年紀較長，仁孝寬厚。最重要的是他的母親薄氏恭謹溫良，不至於將來又誅殺功臣。眾人於是決議奉代王為皇帝，是為漢文帝。這一個睿智的決定拯救了漢王朝，造福了所有黎民百姓。

## 文景之治

漢文帝和他的兒子漢景帝在位時，是中國歷史上有名的治世，稱為「文景之治」（西元前一七九～前一四一年）。文帝有鑑於秦朝暴政之失，基本上是採用黃老思想「無為而治」的理念，以寬厚為要。文帝下令廢除犯法連坐的規定。齊國太倉令淳于意有罪，被逮捕到長安，將要接受肉刑，割鼻子，在臉上刻字。淳于意的女兒緹縈上書給漢文帝說：「人死不能復生，受刑者肢體受傷害已不能復原，想要改過自新也沒有辦法。」自願為官婢，代替父親贖罪。漢文帝大為感動，下令廢除所有的肉刑。

漢文帝下詔，宣稱農業是國之大本，親自耕作皇家籍田。他將田租減為三十稅一，又下令救濟鰥寡孤獨和窮困百姓，而自己生活十分節儉，很少增添皇宮內用的車騎衣服。竇皇后衣服不曳地，帷帳沒有任何紋繡。有人獻千里馬，文帝說千里馬沒什麼用，將馬送回，同時下詔禁止各郡國貢獻奇珍異物。因此貴族官僚不敢奢侈無度，人民的負擔減輕，得以休養生息。

漢文帝對四方鄰國採取敦睦邦交的政策。呂后時派兵征伐南越。南越王趙佗大怒，自立為帝。文帝繼立之後，知道趙佗原本是河北真定人，派人修葺趙佗先祖的墳墓，請趙佗在真定的本家兄弟來長安，禮遇萬分。又派大臣陸賈攜書信前往，信上說：「不願多殺士卒，以爭犬牙之地，使人民因親人死傷而成為鰥寡孤獨。」趙佗接見陸賈，讀信，立刻自行取消帝號，回書對文帝稱臣。

文帝死後，有一個原先在太子府裡當參謀書記的學者晁錯，人稱「智囊」，主張中央集權，建議景帝削弱諸侯的勢力。不料晁錯的辦法過於急進，立刻引發七個諸侯國強烈反抗，史稱「七國之亂」。景帝驚慌失措，只好諉過於晁錯，將晁錯綁到市場上斬首示眾，並向諸侯賠罪。但是七國既已出兵造反，如何能停止？幸而太尉周亞夫率兵平定了七國。

漢景帝經此教訓，認定多一事不如少一事，於是沿襲漢文帝的治國理念，仍是輕徭役，薄賦稅。數十年累積，漢王朝出現了前所未有的穩定富裕景象，為繼立的漢武帝鋪設了一個得以南征北討，建立「大漢天威」的堅實基礎。

## 漢武帝中央集權

漢武帝劉徹（西元前一四〇～前八七年在位）登基為帝的時候，只有十六歲，年輕而有大志，躍躍欲試。他決定採用儒生董仲舒的建議，用儒術治國而進行變革。當時的太皇太后，也就是漢文帝的竇皇后卻不同意，極力阻止。等到六年後太皇太后駕崩，漢武帝終於可以完全照自己的意思治理國家，於是罷黜先秦百家思想，獨尊孔子。從此儒學成為中國正統的政治思想。

漢武帝為了要實施中央集權，將景帝時晁錯所建議的策略再拿來用，先後巧取強奪數十個諸侯國。他又採納大臣主父偃提出的「推恩令」，使諸侯分割封地給子弟，諸侯的封地自然越封越小。同時，漢武帝引入了刺史、太守的官制，從監督諸侯到實際掌管行政、司法。大漢帝國因而從郡國並行制度漸漸變成了郡縣制度，是真正的帝王專制，中央集權。

漢武帝是中國歷史上第一個使用年號的皇帝，可說是前無古人；而他一共使用了十一個年號，數目之多可說是後無來者。他的喜於創新和善變，由此可見。

漢武帝親政後不久，發生一件大事：大漢帝國與北方的匈奴決裂，兩國從此捲入無止境的戰爭。說到此處，必須先回顧匈奴崛起的歷史。

## 匈奴冒頓單于

秦始皇命令蒙恬將先前各國長城連結為一，長城外面就稱為「塞外」。匈奴的頭曼單于不是蒙恬的對手，只得率領族人向北遷徙。秦始皇死，蒙恬被迫自殺，中國大亂，頭曼單于又遷回塞外。

頭曼單于有一個兒子，名叫冒頓，勇而有謀。頭曼撥給冒頓一萬騎兵。冒頓教所屬騎兵騎射，紀律森嚴而忠心不二，族人無不畏懼。最後冒頓竟命令騎兵射殺他的父親頭曼，自立為單于。冒頓又擊滅東方的強敵東胡，及西方的月氏，又併吞四鄰的其他游牧部族。東胡有一部分殘餘的部族向南遷移到遼河以西，長城以北的地區，稱為「烏桓」。另有一部分東胡的殘餘部族向東北遷移，到達大興安嶺附近，稱為「鮮卑」。等劉邦建立漢朝時，匈奴已成為塞外唯一的強盛部族。

漢高祖七年（西元前二〇〇年），劉邦第一次與冒頓對陣，結果在平城（今山西大同市）白登山被冒頓大軍圍困了七天七夜。劉邦幸而脫險，平安歸來，決定對匈奴採取「和親」的政策。「和」是和平相處；「親」

是結親，也就是派宗室公主下嫁匈奴單于，結為姻親。

漢文帝認為匈奴所居的塞外沙漠，地理環境和生活條件與中原相差太大，就算能打敗匈奴，漢族人民也不可能搬遷到塞外居住，所以不值得殊死戰鬥。文帝因而派使者攜帶書信給匈奴單于，再次表達謀和之意。匈奴侵擾的目的原本只是為了糧食財貨，文帝命令以互市和贈與的辦法，盡量滿足其需要。如此，雙方免去兵連禍結。

## 漢武帝窮兵黷武

漢王朝裡有部分大臣認為與匈奴和親是一件很屈辱的事，向漢武帝進言，說現在國家強盛了，一定要展示實力。武帝年輕氣盛，決心挑戰匈奴。元光二年（西元前一三三年），武帝派出軍隊三十萬人在馬邑（今山西朔縣）埋伏，設計要殲滅匈奴十萬騎兵。匈奴卻警覺到而沒有中計。冒頓的孫子軍臣單于立刻明白漢王朝的和親政策有了大轉變。

從這時起，漢武帝在四十四年中派軍隊出塞不計其數，其中有十幾次規模超過十萬人。奉派出征的將軍衛青、霍去病、李廣、李陵都成為家喻戶曉的大英雄，名字一直流傳到今日。戰爭進行了十幾年之後，匈奴逐漸不敵而退到戈壁沙漠之北。漢武帝卻仍派兵穿過戈壁，窮追不捨，直入現今蒙古和俄羅斯國境。雙方都付出慘重的代價，都有上百萬軍隊死傷，匈奴平民百姓的死傷和遷徙逃難的損失更是難以估計。

漢武帝不只和匈奴打仗，幾乎四面八方都在進行戰爭。武帝派十萬兵滅掉南越國，在現今廣東、廣西、海南島和越南設了十個郡縣。同時也派兵滅西南夷，在現今貴州、四川南部設了五個郡縣。武帝聽說朝鮮與匈奴結盟，又派兵滅掉朝鮮，在現今中國遼寧和北韓設了四個郡縣。

在現今的新疆及其西方，漢朝時稱為「西域」，是當時大漢帝國與身毒（印度）、安息帝國（波斯）和大秦國（羅馬帝國）貿易交會之處，地理位置非常重要。漢武帝派張騫與鄯善、龜茲、烏孫、于闐、大宛、大月氏、大夏、康居等二十餘個西域國家建立外交關係，以牽制匈奴。為了打通西域交通，漢武帝又在現今甘肅的河西走廊設了武威、張掖、酒泉、敦煌等四個郡。

張騫出使後，報告一件事，說在大宛出產汗血馬，日行千里。武帝大喜。但是大宛國竟然拒絕武帝的要求，不給汗血馬。武帝於是派李廣利率領十幾萬大軍浩浩蕩蕩前往大宛，經過三年，終於擊敗大宛，取得三千多匹馬，但是其中只有數十匹是真正一等好馬。當年漢文帝拒絕有人獻千里馬，而漢武帝花費三年時間，興師動眾，天下騷然，只為了要奪取汗血馬，實是鮮明的對比。

戰爭需要糧草、馬匹、錢財做後盾。漢文帝和漢景帝留給武帝的遺產不能說不多，可是沒有多久漢武帝就把國庫支用一空，於是籌措戰爭經費就成為頭等大事。專門為漢武帝肩負這個財政重擔的人是桑弘羊。漢武帝時田賦已經調高到十五分之一。這時又增加了許多新稅目，稱為「算緡」，如財產稅、貨物稅、牲畜稅等。武帝又下令禁止私人經營鹽、鐵、酒的製造和販賣，一律由官營官賣。文景時代人民可以私人鑄造錢幣，這時也禁止，由政府統一鑄造「五銖錢」。

桑弘羊又推行「均輸法」和「平準法」。說得好聽，是政府在穀物賤價時出錢購買，在高價時拋出，以平抑物價；政府又負責穀物的運輸，免去中間剝削。說得露骨，就是由官府統包貿易和運輸，與人民爭利。桑弘羊之不得人心，由一個小故事可以想見。曾經有一年乾旱不下雨，武帝命各地官員祈求上蒼下雨。有一位名叫卜式的小官上書說：「只要將桑弘羊下到鍋裡煮，上天就會下雨了。」

## 巫蠱之禍

漢武帝對待大臣可說是刻薄寡恩。武將戰勝者賞賜不多，戰敗者卻被下獄，甚至被迫自殺。漢武帝到了晚年更加暴戾，大臣有行事不如其意者，即行殺戮。宰相所司政務牽涉較廣，不如上意的機會也多，不數年被賜死的宰相有四、五人之多，有時還全家被賜死。曾經有一位大臣被任命為宰相，還未上任之前在家裡竟嚇死了，膽子破裂而全身發青。

武帝晚年時，發生了「巫蠱之禍」。武帝的寵臣江充陷害太子劉據，在太子所居住的宮中放置人形木偶，誣賴是太子咒詛漢武帝，希望武帝歸天，以便早日繼位。武帝年老昏庸，竟派江充去查驗。太子與江充起衝突，殺了江充，自己也自殺。不僅如此，被株連而死的達到數萬人。

「巫蠱之禍」使得漢武帝深受打擊。武帝在孤寂之中，回想這一生征伐四方，雖然建立了輝煌功業，但國家財政破敗，民不聊生，終於覺悟而後悔。他於是下詔罪己，承認即位以後數十年來窮兵黷武，所作所為十分狂悖，使天下愁苦，追悔莫及。

## 霍光輔政

不過漢武帝還有一件棘手的問題要解決，那就是太子已經死了，那麼誰來繼承皇位？武帝寵愛的鉤弋夫人生下一個皇子弗陵，只有幾歲大，聰慧異常。當時有一名大臣霍光，是已故的大將軍霍去病的弟弟。武帝認為霍光忠厚謹慎，可以信任，於是決定以弗陵繼位，而讓他輔政。武帝命令畫工畫了一幅圖賜給霍光，畫中是周朝初年周公旦背著周成王。霍光一見就明白武帝的意思。武帝又怕當年漢高祖死後呂后的故事重演，於是賜死鉤弋夫人，而根本沒有任何罪名。

漢武帝此舉，開創了中國歷史上一個先例。後來有些皇帝也如法炮製，在決定冊立太子之後，將太子的生母賜死。北魏的開國皇帝拓跋珪甚至將之列為後世必須遵照的祖訓。

弗陵繼位，是為漢昭帝。霍光知道桑弘羊幫武帝橫徵暴斂，人民不堪其苦，於是下詔詢問對策，各郡國都回報說：「願罷除鹽、鐵、酒專賣，去除均輸、平準之法，勿與民爭利。」桑弘羊卻認為辦不到。霍光於是命令各地選派賢良、文學之士，為民間代表；桑弘羊率領大批財經部門官員為政府代表。兩邊分列，進行辯論。漢昭帝和霍光親自坐鎮。辯論結果，罷除鹽、鐵專賣。

這是一次前所未有的國家財經政策大辯論，其經過和內容後來集結成為一部書，就是歷史上有名的《鹽鐵論》。在後來中國各個朝代，尤其是當皇帝想要變更財經政策時，《鹽鐵論》都被拿出來討論。其中關於國營事業的存廢，鹽、酒是否公賣，採用放任或計畫經濟，國防和財經何者優先等重要議題，都有精闢的辯論。即使到了現代，《鹽鐵論》仍然有參考價值。

## 李陵與蘇武

漢武帝時，武將遭遇之不幸，可以將軍李廣為代表。李廣十幾歲開始從軍，善於騎射，參加對匈奴的大小戰役七十多次，屢立奇功，名滿天下。匈奴對李廣十分畏懼，稱之為「飛將軍」，不敢主動正面交鋒。然而，李廣在六十多歲時，只因一次迷失道路，未能如期率兵與大將軍衛青會合，竟然因為不願對簿公堂而選擇自殺。百姓聞知，無不垂淚。

李廣一家世世代代都是名將，孫子李陵更是勇冠三軍。在李廣自殺二十年之後，李陵奉令出塞，不料只有五千人的部隊卻被匈奴八萬大軍包圍。李陵全力奮戰，士卒死傷過半，殺敵萬餘人，最後弓箭用完，氣力用盡而被擄。武帝聽到報告說李陵投降匈奴，大怒，下令殺死李陵的母親、妻子及全家。武帝詢問太史令司馬遷的意見。司馬遷與李陵平時並無深交，但是敬重李陵事親至孝，對朋友有信，臨財不苟，謙恭下人，為國奮不顧身，有國士之風，因而為李陵辯白。武帝竟盛怒而將司馬遷也關到牢裡，下令施以腐刑，也就是割去生殖器。司馬遷受此奇恥大辱，本想自殺，但是《史記》只寫了一半，尚未完成，只有忍辱偷生，在牢裡繼續寫完《史記》。

漢武帝曾派一位使臣蘇武到匈奴去。單于將蘇武拘留，勸他投降。蘇武當場拔刀自刎，幸而被搶救活過來。單于因而敬重蘇武，但是仍把蘇武送到荒漠的北海（今貝加爾湖）去牧羊。蘇武在冰天雪地中自己一個人，無親無故，盼不到回家的日子，但仍是不曾有投降的念頭。後來李陵知道故友蘇武在北海，去探望了幾次，並告訴蘇武他的老母已死，兩個兄弟獲罪自殺，妻子改嫁。蘇武雖然悲痛，還是不投降。兩人同樣是家破人亡，一個決心與暴君決裂，另一個卻仍堅持臣事君如子事父，雖死無憾。竟不知是李陵勸蘇武投降匈奴，還是蘇武勸李陵回去效忠漢朝才對？

漢武帝派兵和匈奴打了四十四年仗，這期間匈奴從軍臣單于換了六個，傳到狐鹿姑單于。大致來說，繼承的過程還算平和，因而內部還能維持穩定和統一。霍光執政後，狐鹿姑單于病重，臨死前遺命傳位給弟弟。但單于閼氏（等於皇后）卻和大臣勾結，學秦始皇時的李斯和趙高，篡改遺命，立單于的小兒子為壺衍鞮單于。狐鹿姑的兩個弟弟不服，不再按傳統參加每年在龍城的大會。匈奴從此分裂為二，開始衰敗而怕漢朝趁機攻擊，有意求和。霍光也不願打仗，同意恢復和親，讓百姓修養生息。

霍光當年與蘇武和李陵都是一朝之臣，既然與匈奴和親，就要求單于將蘇武送還，同時也請李陵返回漢朝。蘇武出使時，漢武帝頒給他一根使節旄杖。蘇武在北海牧羊就用這根杖，漸漸節旄都掉光了。過了十九年，蘇武仍是持著這根光禿禿的節杖，回到漢王朝覆命。蘇武贏得漢朝和匈奴人的欽佩，事蹟流芳百世。李陵拒絕和他一起回去，在臨別時寫了一封信〈答蘇武書〉。這封感人的信也是一直流傳到現在。信中說他投降匈奴而不如國人所希望地自刎，原本是打算將來找機會再反戈以報效國家，建立功勳，卻不料志向尚未實現，漢武帝已經殘忍地殺了他的全家。李陵因而椎心泣血，決意老死在蠻夷之中。在他的心目中，是漢武帝對不起他，而不是他對不起漢朝。

## 漢宣帝

漢昭帝聰明有為，卻不幸短命而死，並且沒有兒子。霍光又選了漢武帝的一個孫子昌邑王繼位。但是昌邑王接任皇帝位後狎優遊戲宮廷中，縱慾淫樂，並援引左右為狐群狗黨。霍光知道選錯了人，當機立斷，於昌邑王登基後第二十七天，請皇太后和群臣至太廟，廢掉昌邑王。

霍光同群臣商議再次選立皇帝，卻找不到任何適合的繼任者。這時有一個大臣丙吉上書，說當年巫蠱之禍，太子劉據自殺，太子的兒子也死，只剩下一個孫子，是個襁褓中的嬰兒。丙吉是當時的廷尉監，負責收繫所有巫蠱案的相關罪犯。丙吉憐憫太子無罪而亡，偷偷搶救這嬰兒，養在其外祖母家。如今這嬰兒已經十八歲，名叫劉病已，通經術、有美才。朝廷上下聽聞，無不震動。霍光按驗屬實，於是決定從民間迎接劉病已繼承皇位，這就是漢宣帝（西元前七三～前四九年在位）。

霍光廢立皇帝，並無一己之私，後世將他與流放太甲的商朝宰相伊尹相提並論。中國後來各朝代的權臣想廢掉皇帝時，常說是「行伊尹霍光之事」，用來美化自己的陰謀。

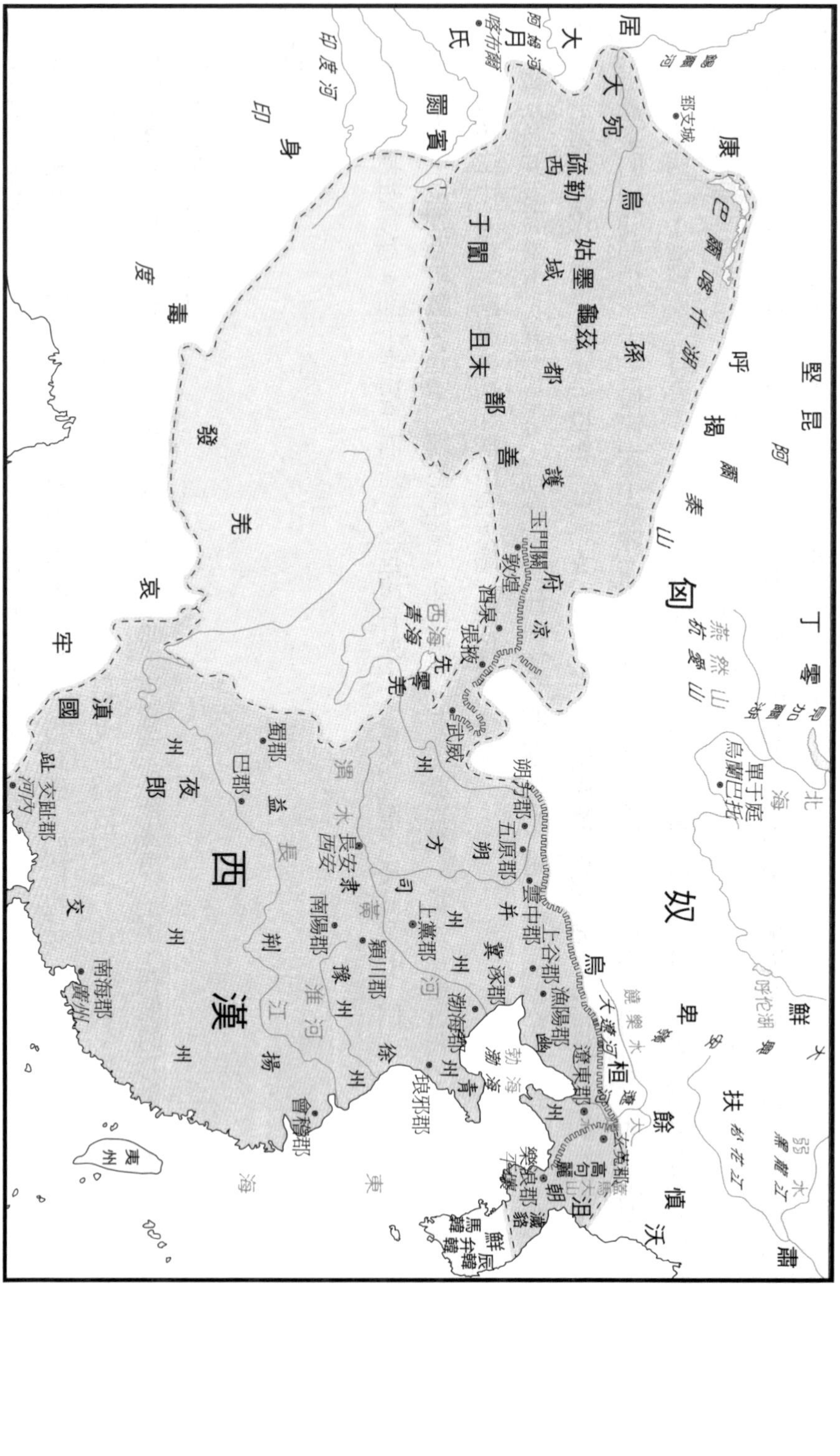
匈奴
西漢
烏孫
大宛
康居
大月氏
罽賓
身毒
羌
烏桓
鮮卑
扶餘
肅慎
沃沮
朝鮮
高句麗
丁零
堅昆
疏勒
龜茲
于闐
且末
鄯善
姑墨
溫宿
長安
西安
敦煌
酒泉
張掖
武威
益州
交州
揚州
荊州
徐州
豫州
并州
朔方
司隸
幽州
冀州
青州
夜郎
滇國
東海
北海
渤海

西漢時期（西元前50年）

漢宣帝十八歲前是平民，深知民間疾苦，因而重視農業，廢除苛法，蠲免田租，招撫流亡。他尤其重視民命，規定郡縣呈報獄囚被刑求至死傷的名字和數目，並追究責任。漢宣帝堅持每一個刺史、太守等地方官都要自己見面談話過後再行任命，並繼續加以考核，因此宣帝時是中國兩千年中「循吏」（就是好的地方官）最多的朝代。

匈奴經過多年的分裂，已經不再強盛。宣帝趁機聯合烏孫、烏桓及丁零等過去受匈奴侵凌的部族以共同對付匈奴。匈奴大敗，元氣大傷而轉為虛弱。漢軍又擊破車師、莎車等西域國家，將匈奴在西域的勢力漸漸逐出。神爵二年（西元前六〇年），漢宣帝在西域設都護府，控制西域三十六個國家，這是中國第一次將疆域拓展到新疆。匈奴活動發展的空間越來越小。

數年之後，匈奴再一次發生大分裂。大單于死，引爆內部連環奪權鬥爭，一時之間，竟有五個部族酋長自稱單于，而進行慘烈的內戰。最後，郅支單于獲勝，佔據漠北。但郅支單于自己明白無法與漢朝為敵，率部眾向西遷移。郅支單于的弟弟呼韓邪單于退居漠南，也知道無法對抗漢王朝，決定投降。甘露三年（西元前五一年），呼韓邪單于親自到長安入朝，自稱藩臣。漢武帝與匈奴爭勝，未能完成功業；漢宣帝拜匈奴內亂之賜，終於告一個段落。

## 西漢的衰落

漢宣帝之後，兒子漢元帝即位。著名的「昭君和番」故事便是發生在這時候。

傳說王昭君是中國歷史上的四大美女之一，被選送進皇宮裡。當時由於後宮掖庭內的美女太多，所以請畫工畫美女的圖像，呈給漢元帝決定召幸什麼人。許多美人都賄賂畫工，以求得幸，但王昭君自恃貌美，不肯賄賂，因此過了幾年還不曾見過漢元帝。漢元帝接受掖庭令的建議，同意將她送給來朝的匈奴呼韓邪單于。王昭君麗質天生，等到呼韓邪來了，盛裝而出，更是容光煥發，如明珠一般光耀整個宮殿，讓所有的人都屏住呼吸。漢元帝更是大吃一驚，想要把王昭君留下來，但是既已答應呼韓邪，就不能失信了。王昭君如曇花一現，震驚漢王朝，從此不曾再回到故土。傳說王昭君善於彈琵琶，行於大漠途中，悲懷於自身命運和遠離家鄉，彈〈出塞曲〉，曲調幽怨感傷，令人肝腸寸斷。

漢元帝時，漢朝的國力達到鼎盛，但昭君和番故事的經過說明了國家內部已經開始在腐化。元帝之後，漢朝皇帝更是一個不如一個。漢成帝懶惰而縱情聲色。他的母親王政君是一個特別照顧外家的太后，到了成帝的末期，王氏外戚的勢力已經超過皇族了。後來篡奪漢朝的王莽，也是王太后的姪兒。王氏一族生活奢侈靡爛，聲色犬馬。王莽卻衣著儉樸，謙恭向學，結交賢士，因此清譽遠播。王莽的伯父大司馬王鳳病危，他主動去照顧，親嘗藥石，蓬首垢面。王鳳臨死時特別請太后栽培他，這樣王莽就成為王氏第二代子弟中的領袖人物。

漢成帝之後的漢哀帝是中國歷史上著名的同性戀皇帝。哀帝愛戀一個俊男董賢，同榻而眠。董賢二十二歲就擔任大司馬。有一次匈奴單于來朝，在國宴上看見董賢，問翻譯官說董賢是什麼大官？為什麼這樣年輕英俊？翻譯官支支吾吾，不知如何回答。

## 王莽篡漢

漢哀帝之後的漢平帝即位時只有九歲。王莽升任大司馬，牢牢掌握了政權。他拔擢順從的人，誅滅異己。漢平帝漸漸長大，不再聽命，卻被下毒致死。王莽又立一個只有兩歲的小兒做皇帝。王莽知道民間迷信，就指揮手下在全國各地偽造對他有利的符命，然後以順天應人的姿態自稱「假皇帝」。最後，王莽發動許多人用各種名目勸進，又假意推辭了好幾次之後，接受「禪讓」，改國號為「新」，成為真皇帝（西元九年）。

王莽當上皇帝後便開始進行改革。這些改革，簡單地說，就是復古運動，一切依照古時候周朝的制度辦理。他將土地收歸國有，恢復井田制，而稱之為「王田」；山林川澤也收歸國有，而禁止奴婢買賣。王莽極度反商，又將鹽、鐵、酒改回來官營官賣。

王莽聲稱要回到上古時候的純樸，從實際面看，卻是脫離現實。源於古制的新法，未必一切都合時宜。由於新政不通情理之處太多，不止地方豪強利益受剝奪，百姓也受其害。例如，王莽頻頻改變幣制，人民為之破產者不知有多少。又如禁止買賣田宅、奴婢和鑄錢等新法一下子推出，毫無轉圜空間，於是農商失業，百業俱廢，人民相率哭泣於道路，革命已經瀕臨爆發邊緣。比人民革命更早的，是匈奴、高句麗、西南夷、西域諸國開始相率反叛。

## 新朝的外患與內亂

漢元帝時，大將陳湯奉命發兵出塞數千里，擊敗北匈奴，擄獲郅支單于，梟首示眾。郅支單于的殘餘部眾只得又往西遷徙，完全退出亞洲舞台。這時漢朝國勢到達了頂峰。王莽目睹盛況，心裡又有儒家所謂的「夷夏之分」，十分看不起四方蠻夷。

王莽命令四方蠻夷更換新的符璽印綬。新朝的使者到匈奴去，拿一個「新匈奴單于章」，要匈奴單于拿原有漢宣帝發給的「匈奴單于璽」來換。匈奴單于拒絕換璽，心中不快而仍然隱忍。王莽又想分化匈奴，派使者找到呼韓邪的十五個兒子，預備一一封為小單于。匈奴單于勃然大怒，說：「我的祖先受漢宣帝大恩，不能辜負。今日的天子並不是宣帝的子孫，如何可以篡位做皇帝？」於是出兵犯塞，燒殺擄掠。北邊自從漢宣帝以來，六十多年不見烽火警訊，人丁茂盛，牛羊布滿原野。王莽挑釁匈奴，戰亂復起，人民輾轉流離，荒野上開始堆積暴露的屍骨。

為了要對付不聽命的匈奴，王莽命令高句麗也出兵攻打匈奴。高句麗不肯，王莽強行逼迫，以致高句麗也反叛。王莽發兵痛擊，殺了高句麗侯，但是越鎮越亂。西南夷的統治者是句町王，王莽派使者去，傳旨降封號為侯。句町王大怒，也起兵反叛。西域各國看見四方烽煙起，於是也跟著反叛。

外患未平，接著內部的革命也爆發。人民已經困苦不堪，偏偏又發生旱災和蝗災。史書記載蝗蟲從東方來，遮蔽天空。飢餓而憤怒的人民化成燎原的火焰，燃燒全國，其中以「綠林軍」和「赤眉軍」的勢力最大。綠林軍是在荊州的綠林山（今湖北當陽縣）起義，因而得名。赤眉軍在山東琅琊起義，因將眉毛染紅，所以稱為赤眉軍。這時的問題已經不是新朝會不會滅亡，而是究竟這乾坤動盪要如何結束？由誰來結束？

## 漢光武帝中興

漢光武帝劉秀是漢高祖劉邦的九世孫，不過他的父親已經不是王侯，只是居住在南陽郡蔡陽（今湖北棗陽縣西南）的地方望族。劉秀的哥哥劉縯性情剛毅，慷慨豪放，結交天下英雄；劉秀個性謹慎，不露鋒芒，只是讀書種田，學一點武術。

劉縯與劉秀加入綠林軍，一路擊敗王莽的軍隊，名聲大振。當時綠林軍各路人馬已經有十幾萬人，但是不統一。眾人商議要立一個共主，又決定這個共主必須是漢朝劉姓子孫。劉縯屢立大功，卻因英氣外露，引人嫉妒。他又治軍嚴肅，使得綠林軍其他各路軍紀較差的首領十分忌憚。眾人因而選了一個儒弱無能的劉玄為共主，稱皇帝。劉縯的部屬和一些有識之士對於這個結果極為失望，可是也無可奈何。然而，日後爭執、分裂、喋血的原因已經種下。

王莽派出一支四十萬人的大軍，以撲滅反叛軍。大軍包圍昆陽（今河南省葉縣）時，卻因為人心不附，被劉秀以三萬人馬內外夾攻，一下子全軍覆沒。中國歷史上曾經發生很多次以寡擊眾而獲勝的著名戰役，昆陽之戰是其中之一。新朝從此一蹶不振，不久之後，王莽被亂兵殺死。新朝只有十五年就滅亡了。

劉縯、劉秀兄弟威名日盛，劉玄左右的人卻越來越忌妒不安，勸劉玄伺機下手剷除。劉秀屢次勸劉縯要防範，劉縯總是不以為意，最終果然與劉玄發生衝突而被捕，並且被立刻處死。劉秀得到消息，立即趕去見劉玄，自稱有罪，絕口不提昆陽之功，不敢為劉縯服喪。劉秀白日時出奇的冷靜，飲食言笑一如平常；到了夜間獨自一人時，卻暗自垂淚。

劉秀在層層嚴密的監視中終於逃出，脫離劉玄的掌握，並且招攬各地豪傑，最後自稱皇帝（西元二五～五七年在位），建都洛陽，國號仍然是漢。後世為了便於分別，稱劉邦建立的為「西漢」，劉秀建立的為「東漢」。劉秀有智慧和度量，言而有信，不念舊惡，因而經過十二年南征北討，終於擊敗群雄，統一中國。

劉秀與河北的強敵王郎對陣時，情勢十分不利，屬下有許多人暗中與王郎相通。劉秀擊敗王郎後，部屬搜出一大捆這些人與王郎私通的書信。劉秀不但不拆信，反而下令全軍集合，當眾將所有的信一把火燒掉，說：「這樣大家晚上都可以安心睡覺。」當初劉玄殺害劉縯，主導者之一名叫朱鮪。後來劉秀派大軍包圍洛陽，朱鮪守城，僵持數月而不下。劉秀派人去勸朱鮪投降。朱鮪擔心劉秀記仇，不敢投降。劉秀說：「舉大事者不計私怨。朱鮪若是投降，不但無罪，還可以保有官爵。河水在前，我絕不食言。」朱鮪後來高官爵祿，累世傳承，劉秀從來不曾藉故報仇。

劉秀年輕時曾拜大儒為師，登基後便下令成立太學。他又勤政愛民，下令裁併四百多個縣，精簡官員，改善吏治，並恢復三十抽一的賦稅制度。

## 外戚與宦官之禍

光武帝之後的明帝與章帝都同樣熱心提倡儒學，用心國事，因而吏治清明，國富民安，史稱「明章之治」（西元五八～八八年）。然而，東漢滅亡的遠因卻在章帝時便已經種下。

漢明帝娶名將馬援的女兒為皇后。馬援家教甚嚴，所以馬皇后人稱「明德皇后」。馬皇后抑制自己的兄弟，不讓他們位居高官。明帝死後，馬皇后成了馬太后，還是不許娘家的人隨便升官發財。漢章帝的皇后竇氏卻絕然不同，隨意地安置兄弟、親族官居要津，又袒護外家。漢章帝三十一歲就死了，漢和帝只有十歲。竇皇后成了竇太后，臨朝稱制，成為國家真正的統治者。竇家外戚以竇憲為首，父子兄弟一家人布滿朝廷，勢力凌駕皇家。

漢和帝長到十四歲時，忍無可忍，於是聽從宦官頭子鄭眾的建議，召集近衛部隊搜捕竇憲等一家權貴，全部迫令自殺。大臣凡是與竇憲有來往的，一一被逮捕、賜死或免官。著名的《漢書》作者班固擔任竇憲的書記官，因而也被逮捕，死在獄中。

漢和帝由宦官擁立才得以親政，所以宦官權勢高漲，群臣俯首聽令。宦官的兄弟親朋一一獲拔擢為朝廷官吏、地方太守或縣官。和帝二十七歲時死了，皇后鄧氏臨朝，援引外戚殺掉宦官，奪得政權。小皇帝長大後，又利用宦官除掉外戚。東漢從此陷於小皇帝與太后爭權，同時宦官又與外戚鬥爭的不幸歷史循環。也有幾次太后怕小皇帝長大，將他害死，再立年紀更小的皇帝。

東漢從第四任和帝到第十任桓帝的八十年中（西元八八～一六七年），總共有七個皇帝，四個太后。這七位皇帝即位時，沒有一個是成年的，其中只有四個皇帝長大成人。四個太后無不培植外家，形成外戚集團，壟斷朝政；三個沒能長到成年的皇帝都是被太后及宦官所害，而四個長大成人的皇帝無一不利用宦官誅殺外戚，以取得親政的權力。因此，平均每隔十年就有一次政權轉換，總共颳起八次腥風血雨。歷史的錯誤竟然可以重複這麼多次，真正是不可思議。漢明帝時的馬皇后堅持不讓娘家兄弟親友位居高官，實是有先見之明，但終究是鳳毛麟角。

## 黨錮之禍

在宦官、外戚交替的惡性循環中，知識分子的苦悶和處境艱難可以想見。當外戚掌權時，知識分子既無法與其對抗，不是與其合作，就是清高自賞，歸隱山林。當宦官掌權時，知識分子就更難過了。自古以來知識分子大多看不起被閹割的宦官，怎能向宦官屈膝討官做呢？漢朝由於歷代的皇帝都提倡儒術，到了漢桓帝時，京師太學生的人數達到三萬人。這些太學生每日目擊世事的黑暗污濁，自然將注意力放在政治和社會的實際問題，放言高論，形成所謂的「清議」。其中活躍分子與朝廷大臣互通聲氣，乃形成一股勢力，與宦官集團對立。

不幸的是漢桓帝到了二十八歲才靠宦官幫助，發動政變，取得政權，他的個人利益已經和宦官結為一體，說什麼也要支持宦官集團。漢桓帝下令逮捕士林領袖，包括大臣李膺、陳蕃和太學生郭泰、賈彪等，共兩百多人，釀成大獄。這就是「黨錮之禍」。

漢桓帝死後，竇皇后和兄弟竇武擁立了十二歲的漢靈帝。竇武和陳蕃正計畫依例剷除宦官，不料這次宦官集團吸取了歷史的教訓，已經有防備，反而設計殺了竇武和陳蕃，接著又逮捕李膺等數百人，下獄處死。朝廷還下令「黨人」的門生故吏、父子兄弟，都免官禁錮。這是第二次的「黨錮之禍」。全國的知識分子從此報國無門，而漢靈帝也被宦官挾持，歷二十年之久。

## 黃巾之亂

宦官集團勢力是如此地強大，外戚和士族都已無能為力，最後或許只有軍人的勢力，或是農民起來革命，才有可能推翻這猖狂腐敗的惡勢力。當時在冀州鉅鹿郡（今河北平鄉）有張角等三兄弟，奉事黃老道，以符水治療百病，吸引鄉下百姓信仰，號稱「太平道」；經過十幾年，在河北竟有數十萬徒眾。靈帝中平元年（西元一八四年），張角命令徒眾散布：「蒼天已死，黃天當立。」人人頭上綁著黃色布條，開始叛亂，史稱「黃巾之亂」。

黃巾軍四處燒官府，劫鄉里。各州郡的官吏望風而逃，朝廷派大軍去鎮壓。北中郎將盧植與黃巾軍作戰，大獲全勝，斬數萬人。有一個宦官奉派去視察前線，卻向盧植索賄。盧植不肯，宦官回去報告，說盧植「固壘不戰，殆慢軍心」。宦官集團於是逼靈帝派了一輛囚車從戰場上載盧植回來京師洛陽問罪。豫州刺史王允擊破黃巾軍，查獲宦官頭子與黃巾軍來往的信件，將信件送交靈帝。宦官頭子沒有事，王允反而也被囚車載回洛陽。一路上看見這兩輛囚車的人都明白東漢就快要滅亡了。

黃巾軍不久被剿滅，張角兄弟也都死了，但是新起的叛亂越來越多，規模從數千人至數萬人不等。加入剿匪的官軍也越來越多，其中有曹操、劉備、孫堅等，漸漸嶄露頭角。

曹操是沛國譙郡（今安徽省亳州市）人，文武雙全，能用弓箭射飛鳥，赤手空拳擒猛獸；任俠放蕩，為人機警而有智謀。劉備是漢朝劉姓皇族的後代子孫，卻家境貧窮，居住在涿郡涿縣（今河北涿縣），賣草鞋、草蓆為生。劉備年輕時曾外出求學，拜大儒鄭玄、盧植為師。劉備說話不多，喜怒不形於色，但待人謙和，結交很多朋友，而與關羽及張飛義氣相投，結為異姓兄弟。中國著名的歷史小說《三國演義》稱之為「桃園三結義」，是後代中國所有黑白道兄弟金蘭結義的榜樣。孫堅是吳郡富春縣（今浙江杭州富陽）人，智勇雙全，自稱是春秋時代兵法家孫子的後裔。

## 董卓廢立皇帝

黃巾之亂過了五年，漢靈帝駕崩，繼位的兒子只有十四歲，稱為少帝。皇后的哥哥大將軍何進想要剷除宦官集團，就與大臣商量，但是保密工作做得很差，弄得沸沸揚揚，宦官集團當然也接獲密報，於是設計殺害何進。何進的同黨袁紹等人看見危機四伏，領兵進宮，將宦官全部殺掉。并州牧（在今山西、陝西北部）董卓收到何進死前發出的密令，也帶兵入京勤王。

董卓貪婪殘暴，人盡皆知，而又兵多勢大，到達首都洛陽後，憑著強大武力開始主宰一切。董卓第一件事就是廢掉少帝，另立一個皇子為帝，是為漢獻帝，也是東漢最後一個皇帝。袁紹、曹操等人反對，卻又懼怕董卓，只得紛紛逃出洛陽。各人回到家鄉後，又紛紛號召四方豪傑起兵共同消滅董卓。中國又一次慘烈的大內戰於是開始。董卓的勢力範圍在西邊，怕關東的反抗軍勢力大，於是沒收所有洛陽城內富人的財物，燒掉所有宮殿、官府和居家，挾持漢獻帝，驅趕數十萬百姓，西往長安。一路上百姓飢餓患病，屍體堆積如山。洛陽城兩百里內，不見雞犬。

## 曹操挾天子以令諸侯

關東各州郡的反抗軍以袁紹為盟主，袁紹卻有私心，因而內部並不團結。董卓也因集團發生內訌而被殺。漢獻帝趁亂逃出長安，一路輾轉回到洛陽。洛陽這時已成為廢墟，跟隨的官員都飢寒交迫，到郊外採樹葉、果實填腹，砍木材取暖。當時地方諸侯都忙著據地為王，互相攻伐，沒有人理會漢獻帝。

曹操這時也有十幾萬人，所帶領的「青州兵」名號十分響亮。曹操有一個謀士荀彧進言：「從前晉文公出兵保護周襄王而諸侯敬服。現在天子蒙塵，將軍如果能奉迎天子，不但順從民望，並可假借天子之名以招募四方才俊，征服群雄，這是建立霸王基業的良機。」曹操於是親自帶兵到洛陽，接漢獻帝回到許（今河南許昌市東）。獻帝封曹操為大將軍，改年號為「建安」（西元一九六年）。曹操從此開始「挾天子以令諸侯」。

曹操雖因為漢獻帝得到很多方便，然而平日對漢獻帝頤指氣使，完全沒有臣子對皇帝的恭敬態度。大臣都看得清楚，漢獻帝不過是個傀儡，於是又紛紛另謀他策。劉備參加密謀，要殺曹操，不料事機不密，只得逃走，投奔袁紹。孫堅不幸意外死亡，兒子孫策有乃父之風，攻城掠地，成為江東（今江蘇、浙江一帶）一方霸主，稱為「孫吳」。

建安五年（西元二〇〇年），曹操和袁紹在官渡（河南中牟縣）決戰。大戰之前，由於軍力強弱懸殊，曹操軍中許多部屬與袁紹私通。結果曹操以寡擊眾，大敗袁紹數十萬大軍。曹操戰勝之後，搜到這些人給袁紹的信，於是師法當年漢光武帝劉秀的作法，把所有的信都燒了，說：「袁紹兵力如此之強，連我都不能自保，何況其他人呢？」官渡之戰後，曹操威震天下，接著陸續平定黃河以北所有地區，與孫吳隔長江為界。孫策也早死，由其弟孫權繼位。

## 劉備三顧茅廬

劉備在袁紹兵敗之後，又投奔荊州牧劉表。當時在荊州北邊南陽郡隆中（今河南省南陽市）有一位隱士，名叫諸葛亮，字孔明，是琅琊陽都（今山東省沂南縣）人。諸葛亮學問自成一家，而善於謀略，常常拿自己和管仲相比擬。劉備有一名謀士，名叫徐庶，知道諸葛亮的才能更勝於己，就推薦給劉備。劉備說：「先生請他一起來。」徐庶說：「諸葛孔明是稀有的人中臥龍。這樣的人不可能招之即來，必須要將軍委屈一下，自己專程去拜訪。」劉備三次前往拜訪，才見到諸葛亮，這是歷史上有名的「三顧茅廬」的真實故事。

劉備恭敬地請諸葛亮開示，諸葛亮說：

如今曹操擁百萬之眾，挾天子而令諸侯，已經沒有可能單獨與其對敵。孫權據有江東，已經過了三代，國家有長江天險而人民歸心，並且任用賢能，所以只能以為奧援而不可能圖謀。荊州地處要津，是用武之國，而州牧劉表能力不足以守住疆界，這是老天要送給將軍的。益州進入的要塞險阻，而有千里遼闊的肥沃田野，是所謂的天府之國，漢高祖也曾經在這裡經營而成就帝業。益州之主劉璋昏庸懦弱而不知存恤百姓，有才智的大臣都想要有賢明的君主來領導。將軍你既有帝室的血統，又有信義的名聲散播於四海，假若能跨有荊州和益州，西邊與羌戎和好，南面安撫夷越，東邊連結孫吳，等待機會北向曹魏之地，如此則霸業可成，漢室可以復興。

這一席話就是著名的「隆中對」。諸葛亮雖然只有二十七歲，但是已經完全看清楚天下形勢，並且預言蜀漢之後數十年的發展策略。劉備東奔西走二十幾年，一事無成，至此茅塞頓開，於是請諸葛亮共圖大業，倚諸葛亮為軍師，自稱如魚得水。

## 赤壁之戰

建安十三年（西元二〇八年），曹操率領大軍南下，浩浩蕩蕩，號稱八十萬人，決心要完成統一大業。荊州牧劉表這時忽然病死，兒子劉琮立刻投降曹操。孫權一向認為曹操的北方軍隊只會陸戰，不會打水戰，更不可能渡過遼闊的長江，因而國家安如泰山。然而，劉琮之投降曹操，對孫權無異是青天霹靂，因為荊州扼住了長江的上游，劉琮手下又有一支善於水戰的軍隊。

曹操寫信勸孫權不如投降。孫權召集大臣議論。大家都認為眾寡懸殊，大勢已去，紛紛建議投降。大臣魯肅卻不發一語，等到孫權休息時，立刻跟上去，悄悄地說：「我們這些作臣子的都可以投降，只有主公您不能投降。我們投降後，大家還是一樣當官，只是換主君而已。主公您投降後，位置在哪裡？」孫權嘆息說：「這麼多人講的話，實在讓我太失望了，只有賢卿你明白我的心意。」

當時劉備也怕孫權投降，雙方於是決心聯合對抗曹操。孫吳大將周瑜率兵在赤壁（今湖北嘉魚縣）與曹操隔著長江對峙。時值寒冬，北風怒吼。曹操命令將所有的戰船用鐵鍊相連，以減少搖晃。孫、劉聯軍趁機火攻。一時火光沖天，曹操的船隊被燒得灰飛煙滅。孫、劉聯軍追殺兩百餘里，曹操大敗，狼狽地逃回華北。

## 三國鼎立

赤壁之戰使得曹操統一中國的野心無法實現，決定了此後三國鼎立的局面。在赤壁之戰以前，劉備只有軍

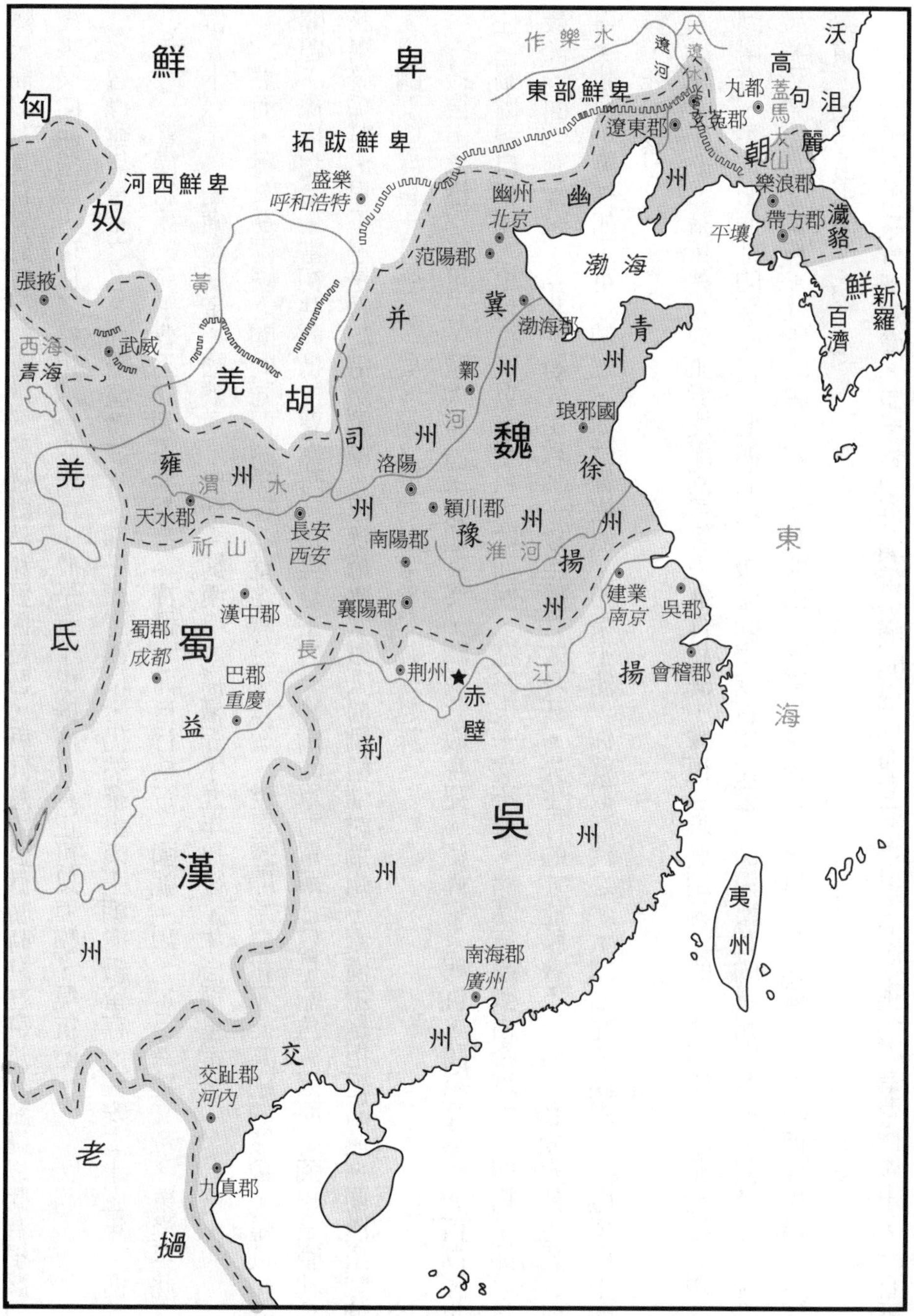

鮮
卑
匈
奴
作樂水
遼河
大遼水
東部鮮卑
拓跋鮮卑
河西鮮卑
盛樂
呼和浩特
高
句
麗
沃
沮
丸都
玄菟郡
遼東郡
朝
鮮
樂浪郡
帶方郡
平壤
濊
貊
幽州
北京
幽
州
范陽郡
渤海
冀
州
渤海郡
青
州
張掖
武威
西海
青海
黃
羌
胡
并
州
鄴
河
司
州
魏
琅邪國
徐
州
雍
州
渭水
洛陽
天水郡
長安
西安
潁川郡
豫
州
南陽郡
淮河
揚
州
祈山
漢中郡
襄陽郡
建業
南京
吳郡
東
海
新
羅
百
濟
氐
蜀郡
成都
蜀
漢
長
江
荊州
赤壁
揚
會稽郡
巴郡
重慶
益
州
荊
州
吳
州
夷
州
南海郡
廣州
交
州
交趾郡
河內
老
撾
九真郡


三國時期（西元240年）

隊，而沒有真正屬於自己的土地。孫權既然和劉備結盟，就同意讓劉備暫時駐在荊州。劉備以此為根據地，在後來又向西擴展，攻佔了益州（今四川），於是有了根據地，真正可以與魏、吳抗衡。

曹操雖無皇帝之名，而有皇帝之實，卻不願意篡位，仍然讓東漢王朝繼續留存。建安二十五年（西元二二○年），曹操病死，兒子曹丕立刻逼漢獻帝「禪讓」而自行稱帝，國號「魏」，是為魏文帝。東漢至此立國一百九十六年。劉備也稱帝，國號漢，史稱「蜀漢」。孫權等了九年以後，才自稱皇帝。

然而，吳、蜀兩國之間的同盟關係在赤壁之戰結束以後，就已經開始惡化了。其中的關鍵，是荊州的歸屬問題。孫權認為，當初共同抵抗曹操時，孫吳是主力，劉備的軍力單薄，只是配角；因而，荊州是戰利品，應該屬於孫吳，只不過是暫時借給劉備。但孫權屢次派人向劉備催討荊州，劉備總是拒絕歸還，蜀漢派駐荊州的大將關羽態度也十分強硬，吳、蜀之間的裂痕於是越來越深。

最後，孫權忍無可忍，派大將呂蒙發起突襲，關羽兵敗身死。劉備誓言報仇，諸葛亮無論如何勸諫也擋不住。劉備親自率領大軍攻打東吳，不料大敗而回，在路上一病不起。諸葛亮趕到白帝城（今四川奉節）見劉備最後一面。劉備說：「我不聽先生教誨，以至於兵敗身死。先生你的才能勝曹丕十倍，必能安邦定國，成就大事。我兒子劉禪如果可以輔佐，你就輔佐他。如果不能，你就取而代之。」諸葛亮流淚說：「臣怎敢不鞠躬盡瘁，死而後已。」

劉備死後，諸葛亮立刻派遣使節到東吳去進行和解，恢復「聯吳制魏」的一貫策略。諸葛亮接著親自帶兵到南方，平定四個郡的叛亂，「七擒七縱」叛亂的蠻族首領孟獲，深入蠻荒的貴州、雲南。諸葛亮凱旋回到成都，又開始北征曹魏；八年之中，六次出兵祁山。蜀軍每次先跋涉千里，到達漢中（今陝西漢中市），再越過秦嶺，抵達渭水南岸。

魏國派司馬懿負責守備。司馬懿家世顯赫，聰明絕頂而老成持重。他原本不願為曹操做事，一直稱病推託，後來曹操威脅要收捕他入獄，不得已只好就職。司馬懿知道諸葛亮的弱點是遠道而來，糧秣不足，不能持久，所以就定下絕不冒險和盡量拖延兩項戰略。兩人在五丈原（陝西郿縣）相持不下，而司馬懿堅決不出戰。諸葛亮派使者送女人穿的衣服給司馬懿，想用羞辱的方法激他出戰；然而司馬懿若無其事地收下來，仍然不出戰。諸葛亮積勞成疾，不久病發，不治而死。

## 三國時代結束

劉備的兒子劉禪資質平庸，但在幾個大臣如大將軍費禕等的輔佐之下，還能勉強維持局面，並繼續對抗曹魏。東吳的孫權活到七十一歲，越老越糊塗；晚年時，不顧群臣冒死勸諫，廢掉太子，改立寵姬潘夫人所生的兒子孫亮為太子。孫權死後，王室子弟及大臣們為了爭奪大位而發生流血鬥爭，吳國於是如江河日下。

司馬懿成功抵擋住諸葛亮北征之後，雄霸一方的遼東太守公孫淵反叛魏國。魏明帝曹叡派司馬懿帶兵去剿叛，問司馬懿多久可以完成使命。司馬懿回答：「去一百天，攻打要一百天，善後六十天，回來一百天，總共一年就夠了。」果然完全如期凱旋，班師回朝。司馬懿回到半路上得到魏明帝病重的消息，兼程趕回京城，魏明帝已經瀕臨死亡了。魏明帝拉著司馬懿的手說：「朕把後事交付給你，請你和曹爽一起輔佐我的小兒子。朕為了要再見你一面，撐到現在不死，終於能見到你，死也甘心了。」然後叫只有八歲的太子曹芳過來摟著司馬懿的頸子。司馬懿跪在地上，痛哭流涕。

魏明帝天資聰穎，沉毅務實，是一個難得的好皇帝，可惜只活到三十四歲。曹爽和魏明帝自幼一起長大，如親兄弟一般，所以魏明帝也請曹爽做顧命大臣。但是曹爽與司馬懿不合，對司馬懿表面上恭敬，實際上極力排擠，小皇帝曹芳也跟曹爽比較親近。司馬懿只得假裝生病，不參與政事，實際上暗中開始計畫反擊。

曹爽派使者前往探視司馬懿的病情。司馬懿由兩個侍女扶著接見，裝模作樣，手上拿的東西掉了一地。侍女進粥湯，司馬懿又接不住，沾滿了鬍子和胸口。談話時，司馬懿故意聽不清楚，語無倫次，又自稱不久於人世。使者回去向曹爽報告，說司馬懿形神已離，不足為慮，曹爽於是毫無戒心。不久，曹爽與小皇帝曹芳一同前往高平陵去拜祭魏明帝。司馬懿立即在洛陽發動政變，以皇太后的名義罷黜曹爽，又命兩個兒子司馬師和司馬昭領兵控制了洛陽城。曹爽被司馬懿欺騙，沒有抵抗就認罪投降，結果卻被殺，滅了三族。從此魏國的朝政完全由司馬氏父子所把持。魏國的大臣們有部分投奔蜀漢或吳國；也有稱兵反叛，號召勤王，但是都被一一撲滅。

蜀漢大將軍費禕大開門戶，接納魏國的降將，但是不幸被其中一個降將刺殺而死。後繼者被劉禪所寵信的宦官黃皓排擠，蜀漢的國勢因而急轉直下。曹魏景元四年（西元二六三年），司馬昭派兵滅掉蜀漢。司馬昭死後，兒子司馬炎立刻將魏國最後一任皇帝廢掉，自行稱帝，改國號為「晉」，是為晉武帝（西晉泰始元年，西元二六五年）。西晉咸寧五年（西元二七九年），晉武帝司馬炎派大軍分六道大舉進攻吳國。吳國人心不附，軍隊不戰而降，吳主孫皓也只好投降。

魏、蜀、吳三國鼎立，各自實質立國約在五十年至七十年不等，到最後誰都沒有贏，而是司馬家族漁翁得利，統一天下。

第四章
# 韓國的歷史源流

首先要說明，本書中所稱的「韓國」，包括現今的南韓及北韓。本書中所提到的「朝鮮」，可能是指從前的古朝鮮、箕子朝鮮、衛氏朝鮮、李氏朝鮮等朝代，或是朝鮮人民共和國（北韓）；也可能是泛指這些朝代、政權所佔有的地域。除了特殊情況，本書將不特別註明「朝鮮」是指什麼，因為看上下文就可以明白了。

本章以下從考古、語言、神話傳說，以及歷史記載等不同角度來探討韓國的早期歷史。

## 韓國的考古發現及語言源流

根據考古所得，在數十萬年前，朝鮮半島之上已有原始人類居住。韓國在舊石器時代的重要遺址有黑隅里洞穴遺址、石壯里遺址、全谷里遺址及勝利山洞穴遺址等。

黑隅里遺址在現今北韓平壤市祥原郡，距今約五十萬至四十萬年，遺物有石核、石片、手斧等。石壯里遺址在今南韓忠清道錦江流域的公州。全谷里遺址在南韓京畿道漣川郡，距今大約三十萬年，遺物中最值得注意的是雙面石核器，由礫石打去兩面而成，頂端尖而薄，可以用來砍、切、割、刮、挖。勝利山遺址位於北韓平安南道德川郡，距今約二十萬年。

韓國的新石器文化開始於西元前三千年，遺址和遺物同樣遍布韓國各地。這一時期的遺物最具代表性的是一種在頂端邊緣上有梳齒狀的尖底盛物土器，稱為櫛紋土器，這個時代因此稱為「櫛紋土器文化」。櫛紋土器從北歐、西伯利亞到俄羅斯遠東海岸，以及中國東北、遼東半島都有發現。這使人聯想古代的韓國人與生活在亞洲北部的其他櫛紋土器人必定有關連。

韓國人的語言屬於朝鮮語系，和中國話所屬的漢藏語系不同。有人認為朝鮮語系屬於阿爾泰語系，但也有人認為是孤立語言。語言學家將阿爾泰語系分為突厥語族、蒙古語族、通古斯語族三類。朝鮮語系的語法、發音和其中的通古斯語比較接近。通古斯語族中還包含中國東北歷史上的女真人。語言學家猜想，部分韓國人的祖先原來可能是屬於生活在亞洲北面大陸的阿爾泰語系民族，也許是屬於通古斯族，而逐漸遷移到中國東北及俄羅斯遠東海岸，又遷移到朝鮮半島北部，形成了一些部落社會，也就是古朝鮮。

西元前十世紀開始，韓國進入青銅器時代。這一期間的特點還有無紋土器的發現和農耕技術的出現。無紋土器底部平坦，通常有把手，表面上沒有任何紋路，其造型和櫛紋土器截然不同。青銅器和農耕技術也是櫛紋土器人所沒有的。西元前十世紀正是中國的周朝初年，而中國在此之前的商朝早已有了青銅技術和農業社會，並且製作陶器的技術也已經非常純熟。因而，在此時期很可能有大量來自中國的移民到達現今的韓國北部，與原有的櫛紋土器人共同生活，使得古代韓國人的血液裡加入了新元素。

## 韓國早期的傳說及歷史記載

韓國有一本史書《三國遺事》，是在高麗時代由佛教僧侶一然所編撰，記述高句麗、百濟、新羅三國的歷史，成書時間約在西元一二八五年左右。書中有一篇〈紀異〉，記載了有關古朝鮮始祖檀君的神話，說檀君王儉是天神與熊女結合而生。檀君建國以後，建築王儉城為都城，就是現今的平壤。檀君的後代一直統治著古朝鮮，稱為「檀君朝鮮」。檀君的故事和中國的黃帝一樣，可以歸為神話。據說古朝鮮族以朝鮮為其族稱，意思是「朝陽鮮豔的地方」。

另有一部《三國史記》成書比較早，是高麗時代的歷史學家金富軾奉高麗仁宗之命在一一四五年所寫成，同樣記載三國時代的歷史。這是韓國最早的史書，一般認為比較接近正史。《三國史記》當中也有若干傳說的神話故事，但是並沒有提到任何有關檀君建國的事。

## 中國史書中關於早期朝鮮的記載

中國的古書裡出現有關於朝鮮的記載，比韓國早，並且豐富得多。中國的神話故事《山海經》裡有一篇〈海內經〉提到朝鮮，其中說「東海之內，北海之隅，有國名曰朝鮮。天毒，其人水居。」意思是說朝鮮天氣嚴寒，人民都居住在水邊。

中國的史學名著《史記》裡面的〈宋微子世家〉詳細記載了有關「箕子朝鮮」的歷史。殷商末年，紂王無道，殺害賢臣。箕子披頭散髮，假裝瘋了而仍然被紂王關在牢裡。周武王推翻紂王，把箕子放出牢，問箕子殷朝為什麼滅亡。箕子不願意批評故主，反過來建議武王應該如何治理國家。中國最早的古書《尚書》裡面有一個篇章〈洪範篇〉，就是記載他所說的內容。

武王明白箕子喪國之痛，特別允許箕子帶領族人到偏遠的朝鮮，建立一個新國家，就是箕子王朝。過了幾年，箕子從朝鮮回來見周王，路過殷朝國都的廢墟，看見宮室毀壞，長出禾黍，心中悲傷，就寫了一首詩歌。

歌詞的原文是：「麥秀漸漸兮，禾黍油油。彼狡童兮，不與我好兮。」這不知珍惜綠油油一片土地的頑童，暗指紂王。殷商的遺民百姓聽到這首〈麥秀〉歌，都痛哭流涕。

傳說箕子在朝鮮以禮義教化百姓，又教導人民耕田、養蠶、織布。他立下八條法令，主要是「殺人者死，傷人者以稻穀賠償。男子竊盜罰入被盜者家中為奴，女子竊盜者罰為婢女。」被罰者出銀錢即可贖身，但是在鄉里中為人所不齒，其本人或子女要娶妻婚嫁都找不到對象。

箕子到達朝鮮的年代與前述西元前十世紀韓國出現青銅器與無紋土器文化的時間剛好契合。據說箕子朝鮮經歷四十餘世，將近一千年，一直到漢朝初年才滅亡。韓國古代有許多學者研究箕子的相關歷史，寫成《箕子志》、《箕田考》、《箕子實紀》等著作。朝廷和民間並為箕子建廟立祠，四時祭拜。然而，也有部分現代學者並不承認箕子朝鮮的存在。

除了朝鮮之外，《山海經》也記載了另外一個古代東北亞的部落國家，稱為「肅慎」。書中說：「東北海之外，大荒之中有山，名曰不咸，有肅慎氏之國」。肅慎人生活在現今松花江、烏蘇里江流域，東濱大海。《山海經》又提到有一個蓋國，在燕國的南方，是一個很小的部落國，在現今北韓北方的狼林山脈（古稱蓋馬大山）附近和鴨綠江（古稱馬訾水）上游。

自古以來，中國認為四周住的都是野蠻民族，稱北方的游牧部族為「北狄」，包括匈奴和東胡；稱東方的半農半漁獵部族為「東夷」，包括朝鮮、肅慎和蓋國等。匈奴和東胡極為強盛，而東夷比較弱勢。春秋戰國時，燕國是雄據中國東北的強國。燕昭王派大將秦開率兵襲破東胡，向北拓土千餘里；其後又攻朝鮮，向東推展二千餘里。燕國並且修建長城，跨過鴨綠江，直抵平壤北方的清川江（古稱浿水）邊。

除了朝鮮、肅慎和蓋國之外，東北亞在戰國時代已經發展出其他各種部族。《史記·貨殖列傳》中提到扶餘、濊貉、真番、朝鮮都與燕國貿易往來。扶餘位在現今中國東北松花江流域一帶平原上，濊貉在現今朝鮮半島東北部海岸地帶，真番在現今漢江以北的平原地帶。今天韓國人的祖先並不只有古朝鮮人而已，還包括扶餘、濊貉、真番、蓋國人，甚至包括南下的肅慎人，以及從中國北方來的移民。此外，還有本章後半段要介紹的三韓部族，居住在朝鮮半島南半部。

## 衛氏朝鮮

漢高祖劉邦統一天下之後，開始誅殺功臣。皇后呂氏比他更加狠毒，在劉邦病重時，加速殺戮群臣。本書第三章敘述到燕王盧綰與劉邦同鄉同里，從小一起長大，卻也不免有殺身之危，因而在漢高祖十二年（西元前一九五年），率領所屬，越過長城，投奔北方的匈奴。當時盧綰有一個部將衛滿沒有跟隨他到匈奴，而是率領了一千多個部屬，投奔朝鮮。衛滿又說服箕子王朝的第四十一代國君準王讓他在朝鮮的西北方邊界鎮守，與漢朝的遼東郡相鄰。

關於衛滿的來歷，有兩種說法。有學者認為衛滿是燕人；也有人認為他原本是朝鮮人而在燕國為官，所以選擇回到故國。這個爭議至今尚未有結論。

當初秦始皇併吞六國時，被滅的燕國和齊國在地理位置上都和朝鮮接近。燕、齊敗軍有很多人竄逃到朝鮮。之後，許多百姓也紛紛逃亡，達到數萬人之多。衛滿趁機收編這些人而擴充自己的軍隊，勢力越來越強大。最後衛滿竟驅逐準王，取而代之，建立「衛氏朝鮮」王朝。

衛滿的孫子衛右渠繼位時，也正是漢武帝登基的時候。漢武帝窮兵黷武，不但與匈奴陷入數十年的長期戰爭，同時也逼迫其他四面的鄰國稱臣入貢，或乾脆併吞。元朔元年（西元前一二八年），在朝鮮東邊的濊貉國王南閭被迫投降漢朝，所屬之地被劃為漢朝的一個郡，稱為蒼海郡。對衛右渠而言，這是一個警訊。

漢武帝懷疑衛右渠暗中和匈奴來往，派一個名叫涉何的使者去交涉，向衛右渠提出嚴重警告。但衛右渠不聽，也不肯奉漢朝為宗主國。涉何未能達成任務，怕遭受漢武帝懲罰，回程中竟將送行的朝鮮大臣殺死，然後向漢武帝報告斬殺了朝鮮的將領。漢武帝大喜，封涉何為遼東東部都尉。衛右渠至為憤怒，發兵襲殺涉何。

漢武帝大怒，於元封三年（西元前一〇八年）派樓船將軍楊樸率領七千人從山東乘船渡過渤海，左將軍荀彘率五萬大軍由陸路經遼東，兩路夾攻朝鮮。這是歷史上中國第二次派大軍到朝鮮境內，距離戰國時代燕國大將秦開侵入朝鮮二千里已有一百八十年。朝鮮大臣中主和派居多，國王衛右渠卻不肯投降。朝鮮大臣見情勢緊急，共同謀殺衛右渠而向漢軍投降。衛氏朝鮮於是滅亡。

## 漢郡縣時代

漢武帝將朝鮮劃分為樂浪、玄菟、真番、臨屯四個郡，視朝鮮為漢朝的領土。大致來說，樂浪郡是古朝鮮之地，以平壤為中心。玄菟郡包括朝鮮東北部（沃沮及濊貊部落居住地）和鴨綠江中、上游兩岸及渾江流域（高句麗部族居住之地）。真番和臨屯都與南方的三韓（馬韓、弁辰及辰韓）部落國接境。漢朝在四個郡分設太守，下分若干縣，縣設縣令。太守和縣令都由漢朝指派。許多漢人隨著郡縣設置而到朝鮮經商。朝鮮原本單純的社會，受到影響而開始複雜化。風俗轉薄，盜賊、犯罪增加。箕子朝鮮時，只有八條法令，到此時增加到六十幾條。朝鮮的上層富裕階級學習漢人，生活開始奢侈。這從平壤等地方古朝鮮墳墓遺址的規模及陪葬器物的內容可以清楚看見。

漢昭帝始元五年（西元前八十二年），執掌大政的霍光下令將真番郡和臨屯郡併入樂浪、玄菟兩個郡。霍光之所以要如此調整，有其原因。自從漢武帝在朝鮮設郡縣以來，朝廷所派的太守和縣令都是漢人，多半並不瞭解民情，並且採取高壓政策。朝鮮各部族自然不滿，常常反抗，發生嚴重的衝突。漢朝因此必須重新整合，擴大行政區，加強軍事部署，使樂浪和玄菟太守能夠同時掌握行政和軍事大權，更有能力因應這些反抗的勢力。

漢朝所設的郡縣在以後約四百年間仍然繼續存在。其間有新羅、高句麗、百濟等三個部落國陸續脫穎而出。中國方面也歷經幾次的改朝換代，盛衰更替。大致來說，每當中國國力強盛時，在朝鮮的部落國便順服合作；當中國衰弱無力時，各部落國便無視於郡縣的存在，舉兵相向。司馬家建立西晉後不到二十年，中國大亂，中國所設的郡縣因而在西晉永嘉七年（三一三年）被高句麗消滅。

## 《三國史記》的記載

中國史書中，通常都有一個專章敘述朝鮮發生的事情，例如《史記》有〈朝鮮列傳〉，《漢書》有〈西南夷兩粵朝鮮傳〉，《後漢書》有〈東夷列傳〉，《三國志・魏志》有〈烏丸鮮卑東夷傳〉。

金富軾編撰《三國史記》時，主要的參考資料就是上述中國史書的相關記載。此外，他也參考之前朝鮮人所撰寫的一些古代文獻、稗史、筆記，例如《海東古記》、《新羅古記》、《雞林雜傳》等。《三國史記》是韓國的第一部正史，記載從西元前五十七年到西元九三五年，總共將近一千年的韓國古代歷史。不過《三國史記》記載的內容與中國史書記載的內容卻有部分出入。特別是關於三國的建國歷史，《三國史記》添加了一些神話故事，或是半信史。

根據《三國史記》，新羅、高句麗及百濟三國都在西漢晚期開始建國，分別是在西元前五十七年、西元前三十七年及西元前十八年。在初期，三國實際上都還是比較原始的部落社會型態。以地理位置來說，高句麗在現今中國東北及朝鮮半島北部，而新羅和百濟在朝鮮半島南部。南北各自獨立發展，實際上在建國之後經過了三、四百年並沒有太多關連互動。以下分述三個國家的建立。

## 高句麗始祖朱蒙的傳說

根據《三國史記》，高句麗的始祖「東明王朱蒙」來自扶餘。朱蒙的母親是河伯之女，在太白山南面的水邊遇見扶餘國的金蛙王，被帶回去幽禁於斗室之中。河伯女被日光照射，因而懷孕，生下一個巨大的蛋。有一男孩破殼而出，長大之後勇敢善射，取名為「朱蒙」。扶餘國人對來歷奇特的朱蒙心生畏懼，預備將他謀害。朱蒙逃亡，擺脫追兵而到達卒本川（在中國東北渾江流域），建立高句麗國，以高為姓，時為漢元帝建昭二年（西元前三十七年）。朱蒙東征西討，併吞卒本川上游的沸流國（在富爾江流域），又滅掉北沃沮（在圖們江流域）。

中國曾經有一部史書，稱為《魏略》，作者名叫魚豢，成書約在西元二六〇年前後。《魏略》是一部皇皇巨著，至今卻已失傳，不過一般認為，這部書是三十年後西晉的陳壽撰寫史學名著《三國志》（此三國是指中國的魏、吳、蜀，而不是韓國的高句麗、百濟、新羅）時的主要參考資料。因而，歷史家對於《魏略》的內容有相當的瞭解。

歷史學家非常確定《魏略》中記載了一個類似朱蒙的神話。故事是說北方有一個索離國，國王有一個侍女，自稱受怪氣侵襲而懷孕生子，取名為「東明」。由於東明來歷奇怪，國人屢次要殺他，每次卻都有豬、馬、魚、鱉等靈異的動物及時搭救。東明長大之後勇敢善射，最後到達扶餘，建立自己的國家。《魏略》與《三國史記》記載的不同點，在於東明建立的是扶餘國，而不是高句麗。《魏略》也沒有提到過「朱蒙」這個名字。《三國志‧魏志》中詳細敘述了高句麗的山川地理與人民風俗，並說高句麗是扶餘的別種，力氣大而善於打仗，濊與沃沮都臣服於高句麗。貉人則是高句麗的別種。然而，《三國志‧魏志》也沒有提到過朱蒙。

中國史書中第一次提到朱蒙的名字，是在另一本史書《魏書》裡。《魏書》的寫成時間約在西元五五五年，主要是記載中國南北朝時期鮮卑北魏王朝的歷史，而與《魏略》及《三國志‧魏志》所記述的曹魏是兩個完全不同的朝代。《三國史記‧高句麗本紀》中有關於朱蒙的記載與《魏書‧高句麗傳》中有關朱蒙的敘述幾乎一樣，因而極有可能是以《魏書》為參考。不過，《魏書》並沒有關於朱蒙年代的任何提示。

在此也要說明一件事。中國的史學界一般認為《魏書》的作者魏收著書的態度並不嚴謹，評價比班固和陳壽相差很遠，因而《魏書》的可信度並不高。

## 王莽與高句麗

根據陳壽的《三國志》記載，王莽篡漢之後，由於傲慢和無知而引起匈奴再次叛變。王莽下令高句麗人出兵一同攻打匈奴。高句麗人不願意，玄菟郡的官員強迫徵兵，高句麗人於是集體逃亡，並擊敗追捕的官軍。事件擴大之後，漢朝地方官吏都諉過於高句麗的領袖高句麗侯騶。王莽下詔地方官嚴尤強行鎮壓，誘殺了高句麗侯騶。王莽大悅，以為夷狄不足掛齒，下令將「高句麗」改名為「下句麗」，極盡侮辱。朝鮮各部族於是群起叛變。

《三國史記》也記載了這件事，不過說嚴尤所殺的是琉璃王手下的部將延丕。琉璃王是朱蒙的兒子，高句麗的第二任國王，趁中國大亂而擴張勢力，派太子高無恤率兵擊敗扶餘王帶素，接著又襲取高句麗縣。高無恤繼任為第三任國王，稱為大武神王，繼續開疆拓土。

漢光武帝中興以後，對扶餘和高句麗採取懷柔的政策，並明令將「下句麗」又改回來「高句麗」的稱呼。因此，兩國又與漢朝和好。漢光武帝建武八年（西元三十二年），大武神王派遣使者到漢朝朝貢。建武二十五年（西元四十九年），扶餘王也遣使朝貢。兩國爭相討好東漢朝。

高句麗在第六代太祖大王高宮（西元五十三～一四六年）時，兼併了東沃沮（在今北韓咸鏡道一帶），逼扶餘稱臣納貢。高宮與東漢之間的關係也不和睦，曾經多次帶兵攻打玄菟和遼東郡。漢安帝建光元年（一二一年），扶餘王與漢朝聯盟，派太子尉仇台帶領兩萬兵卒，與漢兵共同擊破高宮。永和元年（一三六年），扶餘國王親自到洛陽朝見漢順帝，受到漢朝盛大的歡迎。高宮之後，次大王及新大王依次繼位，而仍然時常向東漢挑釁。扶餘常常受到高句麗以及西方的游牧部族鮮卑侵擾，因而選擇與東漢聯盟又聯姻，站在同一陣線。

## 高句麗與中國公孫氏家族及曹魏政權的衝突

東漢末年黃巾之亂後，董卓脅持皇帝，任命公孫度為遼東太守（一九〇年）。公孫度誅滅郡中豪強大姓，西擊烏桓，東伐高句麗，三代稱雄遼東五十年。高句麗新大王死後，長子與次子爭位。公孫度的兒子公孫康趁機予以分化，攻破其國，焚燒邑落，毀其國都國內城。高句麗第十代山上王伊夷模被迫遷移到丸都（今吉林省集安市山城子）。公孫康將樂浪郡的南方分割，設立帶方郡，以便控制濊貉。

公孫氏既稱雄遼東，一代比一代驕傲。公孫康的兒子公孫淵開始稱王，並對曹魏明帝的使節口出狂言，終於引火燒身。魏明帝景初二年（二三八年），司馬懿奉命北伐，輕易地滅掉公孫淵。高句麗也派兵協助司馬懿，一方面對曹魏示好，另一方面為自己除去大敵。公孫氏滅亡後，高句麗又開始挑釁新的曹魏勢力。正始四年（二四四年），曹魏派幽州刺史毌丘儉率領一萬人攻打高句麗。高句麗第十一代東川王，名叫位宮，率兩萬人與曹魏軍大戰於大梁河（今遼寧太子河，是遼河的重要支流）。高句麗全軍覆沒，位宮逃至東沃沮。毌丘儉派兵追到扶餘地界，並於丸都山刻石紀功。

一九〇六年，中國在集安市挖掘出「魏毌丘儉丸都山紀功石刻」，其中詳細記載了事件始末，與中國及韓國史書記載大致都相符。

## 馬韓、辰韓及弁辰

當朝鮮半島北部的古朝鮮、沃沮、濊貊等部族陸續登上歷史舞台時，朝鮮半島南部仍然是住著一些尚未開化的土著部落。這些部落到了秦末漢初的時候，才因為北方移民逐漸南下而有文明，並產生了聯盟組織，有馬韓、辰韓及弁辰三個國家，稱為「三韓」。

馬韓（或稱慕韓）在西邊，由五十幾個部落國組成。這些部落國，大的有萬餘戶，小的只有幾千戶，總共十幾萬戶人家。各部落組成聯盟，而推舉目支國的酋長為領袖。馬韓人民個性豪強，體力勇健。每年五月播種完畢及十月收割完畢都會舉行儀式，祭祀鬼神，通宵達旦，群聚歌舞，並痛快飲酒。

辰韓在馬韓之東，有十二個部落，相傳是古時候為了躲避秦朝統治的中國人，亡命來到此地，建立國家，所以也稱為「秦韓」。由於當初辰韓的土地是向馬韓商借而獲得的，辰韓同意不自己選任領袖，而由馬韓人擔任辰王。因此，目支國王是馬韓及辰韓的共主。辰韓土地肥美，種植五穀、桑、麻。嫁娶以禮，行人讓路，而同樣喜歡歌舞飲酒。語言中夾帶有秦、齊、燕的話語，和馬韓有顯著的不同。辰韓出產鐵，並運送到馬韓、濊和倭，以進行貿易。

弁辰在辰韓的南部，也有十二個部落，言語風俗和辰韓也不同。最顯著的特徵是男女都有紋身的習俗，與倭國（日本）類似，極有可能是從倭國移民渡海而來的。但也有可能兩者出自同一源流，都和中國的荊蠻地區和蘇州地區有關（詳見第五章）。

## 新羅與百濟的起源

早期新羅的歷史源流很難考證，因為新羅的地理位置在現今南韓慶尚道一帶，和漢朝相隔很遠，中國的史籍沒有什麼記載。據說新羅是由辰韓當中的斯盧國發展而成。依據《三國史記》，約在漢宣帝五鳳元年（西元前五十七年）時，新羅的始祖朴赫居世被辰韓各部落推舉為「居西干」，就是國王的意思。當時的國號是「徐伐羅」。約在西元六十八年時，第四代脫解居西干將國號改為「雞林國」。這個國號一直沿用，到五〇〇年才又改為「新羅」。最早的新羅國王是由朴、昔、金三個姓輪流擔任，直到第十七代奈勿王金樓寒（三五六～四〇二年在位）以後，才成為金氏一門貴族世襲的制度，後來稱為「聖骨」系統。

關於百濟的起源，有兩種說法。第一種說法是在馬韓五十幾個部落國之中有一個叫伯濟的小國，漸漸強盛而挑戰目支國，成為馬韓的領袖國。第二種說法是傳說朱蒙的兒子溫祚自知無法與同父異母的兄長琉璃王爭位，離開高句麗，南下到漢江流域現今南韓首都首爾附近，建立百濟國，時間約在漢成帝鴻嘉三年（西元前十八年）。溫祚因為父親來自扶餘，決定以扶餘為姓。百濟建國初期的歷史，也和新羅一樣，沒有很多可以參考的記載。

有部分學者研究曹魏正始年間幽州刺史毌丘儉攻打高句麗這一段歷史，認為和百濟、新羅的興起可能有直接的關係。毌丘儉攻打高句麗時，濊、貊曾出兵協助高句麗。馬韓、辰韓有部分的部落國也趁機襲擊帶方郡、樂浪郡。毌丘儉攻陷丸都之後，屠城，並派樂浪太守劉茂、帶方太守弓遵南下攻濊、貊，予以懲罰。濊、貊很快就投降了，三韓的數十個部落國也都一起投降。百濟國當時的第八代古爾王（二三四～二八六年在位）被丸都屠城所震懾，不等劉茂、弓遵兵馬到來就自動將原先所掠奪的土地、人民歸還樂浪郡。

三韓原本從東漢末年以後就劃歸帶方郡管轄，這時曹魏軍隊的幕僚建議將辰韓八個部落國改屬樂浪郡管轄。這個建議經過翻譯，又有人在其中搬弄是非，諸韓部落誤以為是要將這八國劃入樂浪郡而由曹魏直接統治，盡皆大怒，又再次反叛而圍攻帶方郡。劉茂、弓遵再次出兵。弓遵戰死。劉茂合併帶方、樂浪兩郡兵馬，最後擊潰諸韓。

部分學者推測，諸韓部落被擊潰後，目支國即使不滅亡，其共主的地位必然喪失。三韓的局面因而改變，數十個部落國重新競爭、整合。百濟和新羅可能就是從此開始發展，逐漸成為新的霸主，而與高句麗在朝鮮半島最後形成三國鼎立。

但實際上還有一個第四勢力「加耶國」（中國及日本古代歷史都稱之為「任那」）也逐漸形成。弁辰人中有許多原本就是倭人，渡過對馬海峽而來到朝鮮半島。有人認為弁辰之中部分「彌烏邪馬國」、「狗邪國」等的發音和日文相近，都是被倭人所控制的部落國，也是後來任那國的一部分。

# 第五章 日本的歷史源流

對於日本早期的歷史，本章也和上一章敘述韓國的早期歷史一樣，希望從考古、語言、神話傳說，以及歷史記載等不同角度來探討。

## 先土器時代

依據日本大部分考古學家的共識，日本有人類居住的歷史不超過四萬年，不像中國和韓國那樣有數十萬年以上。日本全國有四千處以上舊石器時代晚期的遺蹟，年代大多在距今三萬年到一萬二千年之間，而以群馬縣新田郡笠懸町的岩宿遺蹟最為有名，距今約二萬五千年。在沖繩縣那霸市也發掘出山下町洞穴人，時間更早，距今約三萬二千年；但嚴格地說，與日本本島無關。日本考古學界稱舊石器時代為「先土器時代」，意思是陶器發明以前的時期。

現在的日本與亞洲大陸隔著海，不過在上一個冰河期最寒冷時，日本南北兩端陸地與亞洲大陸是相連的，因為當時海平面比現在低一百五十公尺左右。古代的日本人因而很可能來自庫頁島、朝鮮半島、中國、台灣、印尼等地。約在一萬三千年前，地球開始暖化，海平面升高，才將日本與亞洲大陸分開。

日本人使用的語言稱為日本語系，和中國所屬的漢藏語系也有很大的差異，而比朝鮮語系爭議性更大。有人認為日本語是孤立語言，也有人認為可劃入阿爾泰語系。又有人認為是屬於南島語系，也就是說與印尼、菲律賓、太平洋諸島，以及台灣原住民的語言比較接近。總之，日本語言的複雜性也間接說明了日本人最早的祖先可能是來自於四面八方。

## 繩文時代

明治十年（一八七七年），在現今東京市品川區及大田區附近有一個新石器時代的遺址「大森貝塚」出土。在掘出的遺物中，發現有素燒的土器，可能是用來煮食或貯存食物。這些土器上有隆起像繩子一樣的紋路，因而日本學界稱之為「繩文土器」。

一九六〇年代，日本考古學家在九州長崎佐世保市又發現兩個新石器時代早期的遺址，分別稱為福井遺址及泉福寺遺址，距今竟然有一萬二千至一萬三千年。遺址中挖掘出來的繩文土器是至今世界上發現的最古老陶器。所以說，日本雖然在舊石器時代發端比較晚，在新石器時代卻是屬於世界上發端最早的。「繩文時代」從此時起，一直延續到西元前三百年左右。

繩文時代的人基本上以打獵及採果為生，並逐步開始種植簡單的瓜果植物；會用麻編織衣物，用藤編織用具，製造土器、石器、骨角器、木製品、梳子、漆器等。

一九九〇年代中期，日本島最北端的青森縣青森市附近，有三內丸山遺蹟出土，距今從五千五百年起，至四千年前，顯示定居長達一千五百年之久。考古學家又震驚地發現當時的人已有很好的木造建築技術，能用木頭建造斜頂房屋及高架式的倉庫。另外還有一棟面積達到三百平方公尺，可以容納數百人的聚會場所；以及一個由六根直徑一公尺，高達十公尺以上的巨木所搭成的高台，但是不知作何用途。三內丸山遺蹟內還規畫了墳墓及垃圾場。種種發現，說明這已經是一個早期的文明社會了。然而，三內丸山文化卻突然消失，原因則是一個謎。

## 彌生時代

西元前三、四百年間，日本開始出現了大量的新型黑色陶器，在技術上比繩文土器更進步，而紋樣簡單，外形美觀。由於這種陶器最早發現於東京都文京區彌生町，所以被命名為「彌生式陶器」。歷史學家將此後的六百年間稱為「彌生時代」。彌生時代又可分為前、中、後三期。前期在九州，中期發展到京畿一帶，後期才擴展到東北地方。日本在彌生時代又突然出現青銅器，如銅劍、銅矛、青銅祭器等，最早也一樣是出現於九州，逐漸擴展到日本的中部，最後到達北部。

繩文時代後期，稻米耕作已經在北九州出現。在彌生時代，水稻耕作技術迅速發展，並且逐漸向本州傳播。這一項進步的技術使得日本人停止原有的採集、狩獵、捕撈的謀生方式，轉化為農耕，徹底改變了生活形態，迅速劃下繩文時代的休止符。一般認為，水稻耕種的技術可能不是古代日本人自己發展出來，而是從外面引進。

綜合以上所述，一般推論日本的彌生文化是由南端的九州開始，極有可能是從朝鮮或中國傳入的外來文化。

## 日本早期的傳說及歷史記載

日本現存最早的正史是《日本書紀》。這部書是由日本第四十代天武天皇（六七三～六八六年在位）命令皇子舍人親王和第一巨室藤原氏共同編撰，經過三十幾年，到第四十四代元正女天皇養老四年（七二〇年）才終於編完。另外有一部《古事記》，與《日本書紀》幾乎同時編撰完成，則是由一位據說記憶力很好的老人，名叫稗田阿禮，口述一些自古傳承的故事，而由另一位文人太安萬侶做筆錄而寫成。

《日本書紀》共三十卷。第一、二卷是神話，其中說上古時候萬物皆混沌，之後才有陰陽之分，化為天（高天原或天上界）和地（地上界）。天地間又有神出現，其中有一對男女神結為夫婦，後來生下一些島嶼，其中有日本列島（葦原中國）；又生下了天照大神（太陽）、月讀尊（月亮）、素戔嗚尊（惡神）、火神等諸神。惡神自天而降，統治了地上界。天照大神傳下三件神器給他的孫子瓊瓊杵尊（即是天孫），命他也去到葦原中國，取代惡神的子孫，統治這個國家。天孫再傳到第四代，就是神武天皇。

一般認為這神話和中國的《山海經》同樣無稽，可是也和《山海經》深入後世中國人心中一樣，深深影響後世的日本。日本人大多自認是天照大神之後，而持有三神器的天皇是天照大神嫡傳子孫，所以是萬世勿替的天皇。現代日本的國旗是太陽旗。

《日本書紀》的第三卷是〈神武紀〉，記載神武天皇的事蹟。神武天皇在四十五歲時開始東征，橫渡瀨戶內海，與大和地方的土著部落酋長長髓彥激烈戰鬥。經過六年的東征西討，神武天皇平定各方勢力，即位於橿原宮，建立了大和王權，成為日本開國之祖與第一代天皇。後代的學者依《日本書紀》的記載推算，神武天皇元年是西元前六六〇年（辛丑年），正是中國的春秋時代，齊桓公稱霸諸侯的時候。

# 徐福與日本

中國有一派學者提出一個看法，認為日本的神武天皇其實是來自中國，並且是秦始皇時的一個方士，名叫徐福。這些學者說，依《日本書紀》所推算的神武天皇年代其實是算錯了，實際上應該是在四百五十年之後（說明見本章後頁），也就是秦始皇的時候。

秦始皇是中國歷史上第一個皇帝，卻也不免怕死。當時有方士徐福上書，聲稱東海有蓬萊、方丈、瀛洲三神山，住有仙人。徐福隨即奉命出海尋找神仙，求取長生不老之藥。秦始皇三十七年（西元前二一〇年），也就是死前最後一年，到了琅琊（今山東青島市南），叫徐福來問。當時徐福已經出海求仙十年，來來回回，不知幾次，耗費無數錢財而沒有帶任何長生不老藥回來。他怕被殺，於是編造理由，說是海上有大鮫魚（鯨魚），擋住了去神山的海路。秦始皇就命令拿連發的弓箭和其他捕捉鯨魚的器具，自己率領補鯨船隊，浩浩蕩蕩出海捕鯨去。一直往北到之罘（今山東煙台市），果真捕到一條鯨魚。

徐福又對秦始皇說他曾經見過海上仙人，仙人說要求長生不老藥必須帶童男童女及五穀種子。秦始皇於是命令徐福再一次出海，率領三千童男童女，各式各樣的工匠，又帶了捕鯨專家和捕鯨器具。徐福這次出海是最後一次，從此就沒有回來。有許多學者研究，認為徐福最後一次出海時心裡真正的目的，已經不是要尋仙求藥，而是在執行一個周密的移民計畫。徐福知道長生不老之藥不可能求到，回來必定是死路一條，因此已經打定主意不回來了。他大膽假借仙人的嘴，要求秦始皇讓他帶童男女、五穀種子和工匠，其目的已經不言可喻。

徐福出海以後，究竟到哪裡去了？中國大陸和台灣有部分學者說，徐福肯定是到了日本。這些人甚至明白指出，徐福是在和歌山熊野縣的新宮市登陸的。新宮至今還有徐福祠及徐福墓。這當然是後來傳說越來越多以後，附會的人所建的。又有人舉其他例證，例如徐福登陸地點熊野，自古以來就是日本的捕鯨中心。熊野捕鯨業的基地是太地町，又稱「秦地浦」，意思是秦人居住的海岸地帶。捕鯨船的船長稱為「秦士」，等於說捕鯨是秦人傳下來的技術。神武天皇可能就是徐福。

反對這個說法的人認為上述的論證理由實在薄弱，將徐福與神武天皇劃等號的說法更是無稽。日本在繩文時代末期雖然發生跳躍式的巨大改變，但是青銅器與水稻的出現都比徐福出海的時間早一、兩百年。

有關徐福的爭論至今沒有任何結論。以琉球及台灣後來發展的情形來看，徐福更加不可能到這兩個地方。不過不能排除徐福的船隊可能是遭遇到颱風，因而葬身在海底。

## 中國史書中關於早期日本的記載

中國的古代史書稱日本為「倭」，但是「倭」並不一定就是現在的日本。最早提到「倭」的記載是《山海經》，其中的〈海內北經〉有一段文字「蓋國在鉅燕南，倭北。倭屬燕」其中的蓋國位於現今朝鮮半島北方。文字中雖說倭國在燕國的南方，卻沒有提到倭國必須要渡海才能到達。因此許多學者懷疑這個倭國很可能是在朝鮮半島東北部靠海的一個部落國家，而不是日本。

日本的彌生時代，對應於中國的朝代，是從戰國時代末期，經過秦、漢及三國，到西晉滅亡為止。有關這一時期的「倭」，中國各個朝代也有許多歷史文獻，但如前所述，這些「倭」未必就是現在的日本。

中國史書中第一次可以確定是有關古日本的記載，是出現在《漢書》。其中〈地理志〉裡有一行短短的記載：「樂浪海中有倭人，分為百餘國，每隔一些年會派使者來貢獻禮物。」樂浪是漢朝在朝鮮半島北部所設的一個郡。倭人因而是先渡海到樂浪，才輾轉到中國朝貢。

《後漢書・東夷列傳》裡面更明確地記載了東漢光武帝中元二年（西元五十七年）時，有倭國大夫到洛陽貢獻朝賀。漢光武帝贈送一顆印章給倭國國王。東漢安帝永初元年（一〇七年），又有倭國國王，名叫帥升，派遣使者到中國，帶來一百六十個人，做為禮物送給漢安帝。

一七八四年，在日本九州福岡市出土一顆正方形的小金印，刻有五個隸體字「漢委奴國王」。一般認為，這顆金印就是漢光武帝贈送給倭王的那顆印章，現今置放在福岡市博物館裡。漢朝時「委」和「倭」兩個字是相通的。

關於中國人最早到達倭國的記載，出現於上一章中所提到的《魏略》。《魏略》記載三國時代的魏王曹丕派使臣到達倭國，發現當地「男子無分老少，皆黥面而文身，聞其舊語，自謂太伯之後。」太伯就是周文王的伯父，自我放逐到達荊蠻，在本書第一章敘述過。荊蠻在現今中國的蘇州附近，隔海與日本相望。部分歷史家推測，可能在上古時代荊蠻地區有人駕船到達日本。

中國的晉朝時，陳壽參考《魏略》，寫成自己的史書《三國志》，其中《魏志・烏丸鮮卑東夷傳》「倭人條」幾乎完全抄襲《魏略》。然而，陳壽雖然也抄了「男子無分老少，皆黥面而文身」這一句，卻將「聞其舊語，自謂太伯之後。」刪掉了。陳壽為何刪掉後面兩句？沒有人知道原因，但是對後世的影響超乎想像。研究日本古代歷史的學者幾百年來一直在爭論一個大問題：「太伯究竟是不是日本人的祖先之一？」而至今尚無結論。

## 邪馬台國與卑彌呼女王

陳壽所撰寫的《三國志・魏志・烏丸鮮卑東夷傳》「倭人條」，對日本的歷史源流而言極為重要，研究的學者非常多。以下是其重要部分的白話文翻譯：

倭人在帶方郡（在現今韓國漢江流域）東南方的大海中，依山島地形分布建立許多部落國。早先有一百多國。在漢朝時有部分國家派遣使者到中國朝見。現今（指西晉時）有三十幾國與中國通使。從帶方郡到倭國，沿著海岸坐船……。到達邪馬台國，就是女王的國都，約有七萬餘戶人家居住。從帶方郡到女王國一共一萬兩千餘里。女王國以北，依次有斯馬國……等二十幾國，都歸女王管轄。女王任命一員大官負責前往督察，各國人都很畏懼。但是南邊有狗奴國，以男子為王，不屬於女王管轄。

男子無論年紀大小都在臉上和身上刺青。中國在夏朝以後，少康的兒子封於會稽（今蘇州一帶），都斷髮紋身，以避免蛟龍之害。倭人善於游水捕魚，其紋身也是為了要鎮懾大魚和水禽。各國紋身的方式不同，或左或右，或大或小，跟紋身的人的地位高低有關。計算倭國的位置，應當在會稽的正東方。……。習俗上，如果要決定大事就用骨頭燒炙，看裂痕形狀以占卜吉凶。倭人特別喜愛喝酒，壽命一般都很長，或百歲，或八、九十歲。大戶人家娶四、五個妻子，小戶也有二、三個。人民不盜竊，少爭訟；犯法輕的被沒收妻子，重的全戶都被殺掉。每一個國都有市集，供交易有無，由官吏監督。

邪馬台國原本以男子為王，後來倭國亂，相互攻伐許多年，才共同立一個女王。女王稱為「卑彌呼」，敬事鬼道，能統禦眾人，年紀已經很大，沒有丈夫，有一個弟弟幫忙治理國家。女王有一千個女婢，自從登基之後，很少露面，只有一個男子負責傳令。……。

曹魏景初二年（二三八年），倭國女王派大夫難升米到帶方郡，請求貢獻魏朝。太守劉夏派官員帶使者到京師鄴城朝見，奉獻男子四人，女子六人，布兩匹。魏明帝下詔書給倭國女王，嘉獎撫慰，封卑彌呼為「親魏倭王」。……。正始元年（二四〇年），帶方太守弓遵派建中校尉梯俊攜帶詔書及印綬到倭國，拜倭王為王。……。正始八年，帶方太守王頎到官，卑彌呼和南邊的狗奴國王卑彌弓呼相互攻擊，派使者到帶方郡來訴說。王頎派遣幕僚張政帶詔書和黃幢（代表皇權的黃色旗子）去調停，但是卑彌呼已死。國中大亂，互相誅殺，最後又立一個卑彌呼的宗親女子壹與，國家才終於安定。

關於邪馬台國的所在地，在日本學界有許多爭論，而主要分成兩派。一派主張邪馬台國就是大和朝廷，在現今的奈良縣。另一派主張邪馬台國應該在北九州才是。兩種說法爭論非常激烈，至今仍無定論。本書無意加入這個論戰，不過要指出，無論是「大和說」或是「九州說」，《三國志》明白地指出，西元三世紀時日本已經有一個幅員廣闊，有數十萬戶人家的大型邦聯國家存在。

## 《日本書紀》的記載及其錯亂

現代的日本歷史學家對於《日本書紀》的正確性，特別是其中早期的記載，大多抱持懷疑的態度。《日本書紀》裡面，第三卷〈神武紀〉以前是神話，第四卷記述了第二代到第九代一共八位天皇。這八位天皇都只有名字而無特別可考的事蹟，其中有好幾位天皇都活到超過一百二十歲，甚至有到一百四十歲。一般日本歷史學者大多認為不可信，而稱之為「闕史八代」。有些日本學者認為第十代的崇神天皇就已經是可考了，但是還有部分人認為一直到第十四代的仲哀天皇都無法確認是否真正存在，也將之列為神話。最嚴格的學者則認為在第二十六代繼體天皇（五〇七～五三一年在位）之前的記載都可能是不正確的。

那麼前面所提到「漢委奴國王」接受東漢光武帝賜印，以及曹魏時代的倭國女王卑彌呼，是不是在《日本書紀》裡也能找到呢？學者們很遺憾地發現，答案是否定的。

東漢光武帝賜給倭國王金印這一年（西元五十七年），依《日本書紀》推算，是第十一代垂仁天皇在位的時候。然而《日本書紀》並沒有記載垂仁天皇派人到中國朝賀，並接受金印的事蹟。傳說日本第一代神武天皇在現今奈良縣櫻井市的橿原地方建皇宮，之後一直到第五十代桓武天皇遷都平安京（今京都市）以前，所有天皇的皇宮都沒有離開過奈良地區。「漢委奴國王」金印既是在九州出土，足以證明若不是派遣使節去見東漢光武帝的倭國國王另有其人，就是《日本書紀》中有關前面十幾代天皇的根據地一直在奈良的記載有些疑問。

在《日本書紀》裡，有一位赫赫有名的神功皇后，是第十四代仲哀天皇的皇后，而在仲哀天皇死後繼續攝政六十九年（二〇一～二六九年）。神功皇后負責祭祀鬼神，丈夫已死，生活年代也和曹魏正始年間相符，因而似乎可以與前述的卑彌呼女王相對應。但《日本書紀》並沒有提到任何神功皇后與曹魏王朝遣使來往互訪的事情。神功皇后是否就是卑彌呼女王？日本學者之間對此爭議很大，而大部分的人傾向否定，甚至說根本不曾有過神功皇后這個人。

總之，日本、中國大陸和台灣有許多學者一致認為《日本書紀》記載的前段歷史極不可靠，並且年代嚴重錯亂，甚至有些歷史人物和事件都是虛構的。有些學者進而把《日本書紀》之所以發生錯誤的原因也找出來。但由於其中的錯誤主要發生在七世紀《日本書紀》編撰的時候，因而，本章在此無法繼續討論，而不得不要等到第十二章才能作一個比較完整的敘述。不便之處，還請讀者見諒。

第六章
# 遠古的中國——少數民族的歷史源流

當古代的華夏族在黃河流域從事農耕時，在四面八方都有其他的部族居住，中國的古書稱之為東夷、西戎、南蠻、北狄等。「東夷」包括朝鮮、肅慎、扶餘、濊、貉等。「南蠻」包括所謂的三苗、荊蠻、百越、揚越、巴蜀、西南夷等。綜觀歷史，東夷及南蠻的力量比較薄弱，相對地，北狄及西戎對於華夏族從來都是極大的威脅。因而，本章的重點是放在北狄和西戎，希望對其歷史源流交代清楚，如此才能在後面的篇章裡繼續延伸敘述。

## 北狄和西戎

根據《史記》，堯、舜的時候，在北方就已經出現一些游牧部族，或半農半牧的人群，稱為「山戎」、「獫狁」和「葷粥」等。夏朝、商朝和西周時，這些在北方的部族的人數大量增加，並且漸漸往南移，到達黃河流域，而被稱為「危方」、「土方」、「鬼戎」、「犬戎」、「熏育」等。這時在西部邊陲，甘肅、青海一帶，也出現了稱為「羌」和「氐」的兩個半農半游牧部族。

這些游牧部族嚴重地威脅中原王朝及其人民。例如，西周後來是亡於犬戎。到了春秋、戰國時代，游牧部族的威脅就更大了。在北方有匈奴、東胡、山戎，在黃河流域有林胡、樓煩、白狄、赤狄等，在西方仍舊是羌和氏。

游牧部族在漢朝時仍然是國家的大敵。其後兩千年中，游牧部族的樣貌雖然改變，有鮮卑、烏桓、突厥、敕勒、回紇、契丹、蒙古人等相繼出現，仍然是嚴重地威脅了許多華夏族所建立的中原王朝。有部分的游牧部族甚至進入黃河流域，建立了幾個具有關鍵地位的皇朝。在中國的歷史舞台上，漢族雖然人數遠多於游牧的少數部族，但明顯地並不是永遠的主角。

## 中國北方游牧部族的起源

為什麼游牧部族在夏、商、周時會越來越多，越來越往南移，並且顯著地越來越具有攻擊性呢？對於這個問題，近代的歷史學家及考古人類學家有一個相當一致的看法，認為根本的原因是氣候變遷。有證據顯示，從西元前二二〇〇年起，歐亞大陸草原北方的氣候突然發生變遷，氣溫和雨量急遽地下降，並且延續達一千年之久。

本書第一章曾經提到「草原青銅文化」，其中包括在鄂爾多斯高原的朱開溝文化，在西遼河一帶的夏家店文化，以及在河湟一帶的齊家文化等。但在西元前二千年至西元前一千五百年間，也就是從夏朝建立到商朝初期，這些文化都已經一一衰落而消失。考古人類學家的解釋是，又乾燥又寒冷的氣候使得一些原本以農為主的人群不得不擴大兼營畜牧業，從養豬改為養機動性高的牛、羊，或增加漁獵活動，以補不足。到後來實在無法維持，只能放棄家園，轉而以專業游牧為生。

氣候變遷不只發生在歐亞大陸草原的東部，也發生在西部現今黑海及裏海的北方。當時這裡早已住著許多以放牧牛、羊為生的人。人類學家稱這些人為印歐游牧民族（或稱雅利安人，Aryan），因為他們有大同小異的語言，屬於印歐語系。印歐游牧民族為了放牧的需要而成為世界上最早馴服野馬來當作坐騎的牧人。他們的生活也受氣候影響而發生困難，不得不騎著馬，趕著牛、羊，四處找尋更合適的新家園。這就是在其後一千多年裡發生的印歐游牧民族大遷徙。

一部分雅利安人往南到達現今的土耳其，建立了西台王國（Hittitie）。從事農耕的兩河及埃及文明因而受到嚴重的威脅，分別被征服或被迫求和。西台人在西元前十四世紀已掌握到冶鐵的技術，用鐵製作馬磴、鋒利的刀劍、弓箭和馬車，對周遭的威脅更大。比西台稍晚，也有部分雅利安人到達現今的義大利、希臘及伊朗等地，而成為拉丁人、希臘人、米坦尼人（Mitanni），米底人（Medes）及後來波斯人的祖先。

往西的一部分雅利安人進入歐洲，是塞爾特人（Celtic）及日耳曼人的祖先，後來又演化為大部分居住在今日西歐及北歐的民族。約在西元前一千二百年左右，有一支雅利安人到達印度河流域，又經過了六百年，終於征服當地的達羅毘荼人，統治了印度。至於印歐游牧民族向東遷徙的情形，歷史家並不十分確定，但時間可能比往南及往西的那些人晚很多。

考古學家發現，在上述的草原青銅文化消失後數百年，在鄂爾多斯高原及西遼河又出現新的文化，而地點稍稍往南移。值得注意的是，在這些新的文化遺址中都出現了馬的骨骸及精緻的馬具，這是以前不曾發現過的。這些顯然是游牧部族，而無疑就是後來在中國史書上出現的戎狄，如山戎、白狄、赤狄、樓煩等。

許多歷史學家認為，馬和馬具的出現證明了有部分嫻熟馬術的印歐游牧民族已經移居到了東方。不過也有極少數人認為東方的馴馬術是自行發展，不一定是從西方傳過來的。總之，有人認為戎狄是原先草原青銅文化的後裔，也有人認為戎狄是從西方來的。實際的情況可能是兩者都有。惡劣的氣候一方面使得越來越多歐亞草原上的牧人往東方遷徙，另一方面也使得越來越多的草原青銅文化後裔轉而以游牧為生，而兩者的目標都是要南下，企圖與黃河流域的居民爭奪資源。兩組不同背景的游牧民族之間發生戰爭或互相兼併是可以想像得到的。中國史書上說戎狄的種類繁多，正是這種混亂情形的寫照。

近代以來，歐、美、中國、日本有許多學者從事於研究中國北方及西南游牧部族的源流和歷史，台灣也有一位王明珂先生對此有獨特的研究。本書以下有關匈奴、東胡和羌人的敘述，有一部分便是從王先生的著作《游牧者的抉擇》中引述的。

## 東胡及匈奴的源流

春秋、戰國時代是黃河流域由混亂到統一的時代，從幾百個諸侯國兼併為戰國七雄，最後秦朝一統。對於北方草原上的游牧部族來說，也同樣是從混亂到統一的時代。有部分學者主張，游牧部族之統一有其歷史的必然性，因為當農業的華夏帝國形成之後，北方草原部族如果不凝聚成一個國家，就沒有足夠的力量與華夏帝國爭奪資源了。在戰國時代末期，東胡及匈奴便是中國北方在激烈地相互兼併後剩下來的兩個最強的游牧部族。

東胡的起源，可能跟在西遼河及燕山一帶的夏家店文化及其後裔有關，而又與春秋時代的山戎有關聯。山戎在春秋時代的燕國之北，屢次南下侵略，齊國、燕國及周王朝都曾經因而危在旦夕。齊國的宰相管仲建議齊桓公聯合各諸侯國，多次共同出兵擊退山戎，存亡續絕。孔子因而讚揚管仲的功績，說：「如果沒有管仲，恐怕我就要和蠻夷一樣地披頭散髮，衣襟開在左邊了。」春秋時代的另一個霸主晉文公也曾經和秦國共同出兵驅趕山戎，解救了周王朝。

司馬遷在《史記》裡，說匈奴人是夏禹的後代；夏朝滅亡後，夏桀的兒子逃到北邊，子孫繁衍而成為匈奴。這樣的說法，只能存疑。中國古代的學者認為，商朝時的鬼方、獯鬻，周朝時的獫狁，都是後世匈奴的祖先。現代學者大多認為匈奴就是春秋時代的犬戎、白狄、赤狄，而與鄂爾多斯高原的青銅文化及其後裔有關。

不過從語言、相貌及血統來看，東胡及匈奴人都和華夏族有很大的差距，極可能都是歐亞草原上的游牧民族與草原青銅文化的後裔混血而形成。《史記》和《漢書》裡都提到一個稱為「塞種」的游牧民族，居住在中亞，而常出現在中國的西北。這就是西方歷史家所稱的斯基泰人（Scythian），曾在歐亞草原上建立一個強盛而悠久的游牧民族國家，也可能是混血的來源之一。

華夏與戎狄之間的界線其實也不是那麼地清楚。歷史上記載夏禹興起於西羌之地。周朝的祖先曾經混居於戎狄之間達數百年，最後到達岐山下，而與姜姓的羌人聯姻。到了春秋時代，秦、晉兩國常常與強大的戎狄聯姻並進行貿易，以維持和平。晉文公的母親就是狄人，因而晉文公逃亡時曾經在母親的國度裡住了五年，接受保護。跟隨晉文公流亡的十幾個重要智囊及武將，在史書上赫赫有名，但大多也是戎狄所生。

雖然如此，農業國家與游牧部族之間的根本利益衝突使得雙方的敵對意識越來越強烈。華夏族群為了保護資源，形成了一個互相認同的群體，而將戎狄排除在外，認為是非我族類。戰國時代與北方接境的國家無不致力於「驅戎」，一方面建築長城，把戎狄擋在外面，另一方面又加強武備，一心一意要驅離東胡和匈奴。秦始皇時，大將蒙恬把燕長城、趙長城、秦長城都連在一起，東胡和匈奴又無法用武力取勝，只得遠離長城。

秦始皇死後，蒙恬被迫自殺，東胡及匈奴又有機會遷回長城邊。匈奴冒頓單于開始崛起，擊潰東胡而強盛。東胡崩潰後，一部分部眾逃回老家西遼河及燕山附近，稱為「烏桓」；另有一支逃到北方大興安嶺附近，稱為「鮮卑」。漢武帝傾全國之力與匈奴征戰數十年，結果只是兩敗俱傷。這一段歷史，在第三章已經詳細敘述。

## 匈奴再次分裂

漢朝最終之所以能使得匈奴俯首稱臣，只有一部分原因是派兵出擊，造成匈奴重大的損害，但更重要的原因是匈奴內部自行分裂。匈奴郅支單于在漢元帝時被漢朝大將陳湯擊滅，殘部逃亡中亞。郅支單于的弟弟呼韓邪單于領導族人向漢朝輸誠，遷回到長城外，而逐漸強大。王莽篡漢之後，愚蠢地激怒匈奴，匈奴又開始犯塞，北方數十年不見的煙火遂開始燃起。

東漢光武帝建國之後，忙於平定四方群雄，無暇對付匈奴，派遣使者贈送金幣財物給匈奴，意圖結好。匈奴的孝單于因此而驕傲，自比漢初的冒頓單于。孝單于不願遵照匈奴的習俗依次傳位給兄弟，而想傳給自己的兒子，藉故把優先順位的左賢王殺掉。呼韓邪單于的孫子日逐王害怕，於是自立門戶，並且襲用他的祖父的名號，自稱呼韓邪單于。他又想藉助漢朝的力量，所以對漢光武帝稱臣入貢，派兒子到洛陽為人質。光武帝也樂於利用他對付孝單于，派使者在五原郡（屬於并州，在今包頭市）冊封呼韓邪單于，並允許他的族人居住在五原和雲中郡（同樣屬於并州，在今呼和浩特市附近）。從此匈奴再一次分為南、北兩個單于。北單于逐漸被孤立，南單于因為協助漢朝偵防，駐地逐漸擴大，西起現今銀川市附近，東至現今河北省張家口市懷來縣。

烏桓及鮮卑兩個部族在經過兩百多年的休息生養，又逐漸壯大，但也跟著南匈奴歸順漢朝。

## 班超經營西域

漢明帝的基本政策是以北匈奴為主要敵人，利用南匈奴、烏桓與鮮卑以共同對付北匈奴。當時在西域有數十個大小國家，有些與北匈奴結盟，有些與漢朝比較親近，但是大多是腳踏兩條船。這時漢朝出現了一顆外交和軍事上的耀眼明星，名叫班超。他曾經參加漢朝與匈奴在蒲類海（今八里坤湖）的戰役，建立戰功，因而奉派出使西域，任務是負責砍斷西域各國與匈奴之間的聯絡。

班超只帶了三十六個部屬出發，到了鄯善國，發現北匈奴的使者也到了。班超發動突襲，砍下北匈奴使者的頭，提去給鄯善王看。鄯善王驚懼之餘，同意斷絕和北匈奴的關係。其後班超到于竇，又威嚇于竇王，逼他殺了北匈奴的使者，歸附漢朝。班超繼續到疏勒，用計廢掉親匈奴的國王，另立新王，疏勒也成為漢朝的附庸國。

班超所收服的國家都在西域南部，而在西域北部的國家和北匈奴關係比較深，班超無法對付。漢明帝於是派大軍到西域，在蒲類海邊大敗北匈奴軍隊。漢明帝下令重新設立西漢時曾經設置的西域都護府。

但漢明帝突然駕崩，北匈奴趁機聯合龜茲、焉耆等國反擊。西域都護府被攻破。漢朝因為國有大喪，一時救兵來不了，只剩下幾個城，如怒海中的孤舟，沉沒在即。班超和疏勒國王也一起守著盤槖城一年多，引頸盼望救兵來到。可是漢章帝新上任，竟決定放棄西域，下詔命令班超回國。疏勒全國上下大為恐慌，認為班超一走，疏勒國必定命運悲慘，有一個大臣竟因過度悲憤而引刀自刎。班超一路回到于竇，于竇的國王、大臣及百姓也紛紛流淚號哭，抱著班超的腿，不讓班超離開。

班超於是決定抗命，寫一份奏章給漢章帝，請求留在西域。班超用疏勒、于竇和康居的兵一一擊敗西域各國及匈奴。漢章帝也改變主意，派大軍增援班超，又用班超的策略，和遠道的大月氏、烏孫等國通使聯盟。西域都護府最後又在漢和帝時重新設立，班超奉派為都護。由於班超的經營，西域五十多個國家都對漢朝稱臣入貢，派王子到洛陽來做人質。

在班超的時代，西域的西南有新興的貴霜王朝（Kushan Empire），貴霜之西有波斯的安息王國

（Arsacid），再往西又有大秦國（即羅馬帝國）。漢王朝與這三者同為當時世界上最強大的四個帝國。班超平定了西域，使得從羅馬到漢朝的國都長安，東西相連數萬里的交通路線暢通了。「絲綢之路」貿易自此愈來愈繁盛。

班超在西域居住了三十一年後，年邁體衰，思念故土，於是上書給漢和帝。他在奏章上說：「臣不敢望到酒泉郡，但願生入玉門關。」班超回到洛陽，百感交集，不到一個月就死了。

班超是《漢書》作者班固的弟弟。他們的父親班彪生長在王莽統治下的亂世，而避居於涼州，是涼州牧竇融的謀士兼書記。竇融當時控制涼州和河西走廊全部地域，是漢光武帝統一中國過程中唯一不須征戰就直接輸誠投降的地方勢力。光武帝因而對待竇融特別親近優厚。竇家女兒大多嫁給皇子，竇家兒子大多娶公主為妻。在東漢前期，竇家因此是最大的外戚家族。東漢亡國的遠因之一「外戚之禍」也是由此而起。

## 北匈奴滅亡及西逃

班超經營西域成功，使得北匈奴不得不撤出西域，越來越居下風。漢章帝章和元年（西元八十七年），鮮卑突然入侵北匈奴，殺優留單于。北匈奴大亂，有五十八個部落，二十萬人南下投奔漢朝。兩年後，漢朝大將軍竇憲趁北匈奴虛弱，又大舉出兵，打到燕然山（今杭愛山），勒石紀功，擄獲二十幾萬人。其後，漢朝大軍又與南匈奴聯合，多次驅趕北匈奴。最後一次在永元三年（西元九十一年），一直打到金微山（即阿爾泰山）。北匈奴奄奄一息，只得西逃，從此不再回來。

中國的史書《後漢書》寫到這裡，說北匈奴一族「逃亡不知所在」。實際上，北匈奴後裔可能是居住在中亞地區，並且有可能和一百多年前西漢元帝時被迫西逃的郅支單于後代會合。這些匈奴人後裔，經過兩百多年休養生息和繁衍，並且和當地的民族混血，又逐漸壯大。西元三五〇年，匈奴人突然又重現歷史的舞台，入侵歐洲。匈奴人像閃電一般越過頓河（River Don），滅掉裏海北岸草原上的強國阿蘭國（Alani，中國古書稱為「奄蔡」）。整個西方世界為之震動。匈奴繼續向西，又征服日耳曼民族所建立的東哥德王國（The Ostrogothic Kingdom）。西哥德人（Visigoth）也不敵匈奴人，紛紛渡過多瑙河（Danube River），逃到羅馬帝國境內。匈奴軍隊所到之處，燒殺搶掠，殘暴至極，歐洲人民大為恐慌，因而引發一連串的民族大遷徙。

匈奴帝國在阿提拉（Attila, 406-453）的時候，國勢達到顛峰。這位歷史稱之為「上帝之鞭」的匈奴皇帝曾經狂言：「凡是被我的馬踐踏過的地方，都不會再長出新草。」東羅馬帝國、西羅馬帝國、教廷及其他西歐國家都飽受威脅，不得不獻金求和。阿提拉死後，帝國發生爭奪繼承權鬥爭而互相攻伐，以致於四分五裂，不久就滅亡了。

西方學者稱第四世紀入侵歐洲者為匈人（Huns），並且對匈人是不是匈奴人有爭議。他們一般認為，將匈人認定就是在漢王朝北方匈奴人的後代的說法，只是一種歷史和地理的聯想，並沒有任何直接的證據。可是所有的學者對於匈人的來歷又提不出其他的說法。

## 烏桓沒落及南匈奴內徙

漢王朝費盡心機驅逐北匈奴，而漢朝的子民卻沒有辦法居住在塞外沙漠和草原上。鮮卑人趁虛而入，據有其地，又收容沒有離去的十幾萬北匈奴人，將之同化，從此逐漸強盛。

南匈奴也為了繼承問題發生第三次南北分裂，而內戰使得雙方兩敗俱傷。漢王朝再一次聯合鮮卑及新的南匈奴，共同攻打新的北匈奴。經過數十年，北匈奴受到嚴重擠壓，活動的範圍越來越小，只侷限在西域之北，堅昆之南，已經無足輕重。

東漢末年黃巾之亂後，中國進入全面內戰。這時，烏桓出現一個雄才大略的新領袖蹋頓。袁紹與南匈奴及烏桓結盟，利用強悍的游牧部族騎兵幫他對付各地諸侯。南匈奴和烏桓的勢力於是一步一步更深入漢朝的疆域。袁紹也因此屢戰屢勝，勢力越來越強。歷史上極為關鍵的官渡之戰時，袁紹陣營中也有南匈奴及烏桓的部隊；不過曹操竟以小擊大，大破袁紹。袁紹的兩個兒子袁尚、袁譚率領殘兵，繼續倚靠南匈奴與烏桓，對抗曹操。

建安七年（二〇二年），曹操的大將鍾繇在平陽（山西臨汾市）又一次大破南匈奴與袁尚兄弟的聯軍。鍾繇是歷史上非常有名的書法家，與後來晉朝的「書聖」王羲之，合稱「鍾王」。中國書法從漢朝以前的隸書演化為楷書，鍾繇是關鍵性的人物之一。

袁尚兄弟率領殘兵又投奔烏桓。當時有很多被曹操擊敗的地方勢力投奔烏桓。烏桓趁天下大亂而擄掠漢人，竟有十幾萬戶。曹操認為烏桓日漸坐大，蹋頓野心勃勃，如不及早剷除，日後將成大患，於是在建安十二年（二〇七年）親自帶兵，翻山越嶺，日夜兼行，抵達柳城附近的白狼山（今遼寧省大陽山），縱兵發起突擊。蹋頓未曾料到，一接戰就被斬首，烏桓兵於是崩潰，二十幾萬人全部投降。袁尚又逃到遼東郡。遼東太守公孫康不敢收留，捕殺袁尚等人，向曹操示好。柳城之戰後，曹操將投降的烏桓百姓都移置到中國境內分散居住。烏桓一族從此在歷史上已經無足輕重了。

南匈奴在塞外漸漸無法立足，首領呼廚泉單于只好於建安二十一年（二一六年）到鄴城（今河北省邯鄲市臨彰縣），向曹操投誠。曹操命令將南匈奴分成五個部，安置他們居住在長城內的并州各郡（今山西省內），各立渠帥，選漢人為司馬，負責監督。匈奴人不需要繳納賦租，又不參加後來三國之間的內戰，人口就加速繁殖，勢力逐漸恢復。

曹操曾經說：「設使天下無有孤，不知幾人稱帝，幾人稱王。」對自己的成就非常自傲。如果將制服南匈奴及烏桓等游牧部族也算上去，曹操實實在在是有大功於天下。

## 鮮卑崛起

鮮卑佔據了北匈奴所居住的塞外沙漠和草原之後，各部族常常入關搶奪漢人財物。原先鮮卑各部族只是相互呼應，但是並不互相統屬。漢桓帝時，鮮卑出現了一個智略超群，備受族人敬畏的大人物，名叫檀石槐。他訂立法條，為各部族調解曲直。鮮卑各部族無不聽命，公推檀石槐為大人，甘心受其節制。鮮卑從此兵馬強壯，北拒丁零，西擊烏孫，東侵扶餘，南抄漢界，佔地東西一萬四千餘里，南北七千餘里，等於原先匈奴最強盛時所有的疆域。

漢王朝在靈帝時出兵大攻鮮卑。檀石槐迎戰，大敗漢軍，殺數萬人。漢王朝對鮮卑無可奈何，又想和親，派使者持印璽去封檀石槐為王。檀石槐拒不接受，抄寇更加厲害。南匈奴和烏桓在檀石槐的侵吞之下，也是苦不堪言。

可惜檀石槐四十五歲時就死了，他的兒子名叫和連，能力只是平庸。和連死後，又發生嚴重繼承問題。鮮卑忙於內戰，遂逐漸衰弱。這時曹操也在赤壁之戰鎩羽而歸，無力出兵攻擊鮮卑。其後曹魏與鮮卑部族之間基本上是各自發展，只是偶爾有小摩擦。鮮卑有幾個較為強悍的部族逐漸嶄露頭角，以地理位置區分，自西向東，依序有禿髮鮮卑、拓跋鮮卑、宇文鮮卑及慕容鮮卑。

## 西漢前的羌人歷史

依據《後漢書・西羌傳》記載，羌人源出於三苗，主要分布於長江中游之南，洞庭湖與鄱陽湖之間。堯帝時，三苗作亂，堯命令舜發兵征討，打敗三苗，並將他們流放到西北的三危山（在今敦煌東南）及河關之地（今甘肅湟水流域）。古代的歷史家認為這些被流放的就是羌人。一九二三年，考古學家在甘肅臨洮發掘出馬家窯文化，距今約四千年至五千年，後來認定是仰韶文化向西傳播而發展出來的一種農業定居文化。有些歷史家因而聯想，馬家窯文化可能就是前述被堯、舜流放的三苗後裔。

齊家文化是在甘肅、青海地區繼馬家窯文化而起的青銅文化，距今最早約四千五百年，但在西元前一七〇〇年左右開始逐漸衰落而消失。齊家文化人群無疑是和鄂爾多斯高原及西遼河文化一樣，受到氣候變遷的影響，不得不離開家園，棄農轉牧。

西元前一六〇〇年至西元元年間，也就是相當於商朝到西漢，河湟地區又出現了卡約文化及辛店文化，其特點是在墓葬中發現牛、羊、馬的骨骸，豬漸漸消失，而沒有居住房屋的遺蹟。出土的陶器越來越小，越來越粗糙。這說明了羌人轉為牧人以後的生活型態已經完全改變。《後漢書・西羌傳》裡說，羌人依水草游牧而居，性情堅剛勇猛，以戰鬥能力高者為雄傑，認為因戰鬥而死是光榮，病死則是不祥。羌人能耐寒苦，即使是婦人產子，也不避風雪。

古代的羌人並不只是在甘肅、青海地區活動，而也有部分往東到達現今的陝西地區。西周古公亶父率領族人遷徙到岐山下，而與當地的羌人聯盟，通婚混血。西周滅亡後，秦國佔有西岐，開始往西拓展。羌人逐漸被逼而往西退卻，被華夏族排斥，是「非我族類」。羌人傳說有一位傑出的祖先，名叫「無弋爰劍」，據說是在秦厲公時（西元前五世紀）被秦人俘擄為奴隸，後來逃亡到達河湟地區，成為羌人的領袖。

西元前三世紀，秦昭襄王開始在現今的甘肅、陝西、寧夏等地分設郡縣，大部分羌人只好又往西退居到甘肅西部和青海。幸好秦始皇專心一意要吞併六國，不再出兵西方，所以羌人才能安頓下來，並逐漸擴散到四川西北及西藏，後來成為藏族先民的一部分。

## 趙充國屯田撫羌

漢武帝與匈奴征戰，在青海有十幾萬先零羌人幫助匈奴。漢武帝派兵將羌人趕走，不讓他們居住在湟水附近肥沃的土地上，又設立護羌校尉，統領一切與羌人相關的政治和軍事事務。

漢宣帝時，羌人屢次請求搬遷到湟水邊的土地上放牧，漢朝總是不准。羌人無視禁令，紛紛偷偷渡過湟水，禁不勝禁。宣帝接獲報告說先零羌又與匈奴交通，於是派大臣義渠安國前往察看。義渠安國強橫霸道，並沒有任何羌人與匈奴勾結的證據就誘殺羌人領袖，又縱兵殺戮。羌人被逼反叛。宣帝再派趙充國帶兵前往。趙充國是匈奴非常畏懼的當世名將，這時已經七十幾歲了。他深知羌人其實種類繁多，而只有先零羌是主謀，其餘都是被脅迫參加反叛；因此並不立即與羌人展開全面戰爭，而是先招降先零羌以外的羌人，以孤立先零羌，最後再出兵擊敗先零羌。趙充國軍隊所到之處，嚴禁燒殺搶掠及破壞農牧，羌人都欣喜而投降。

接著趙充國上書漢宣帝，提出「屯田」之策，建議分部分士卒修橋鋪路，開墾農田，如此不必轉運糧食即可長久駐軍。當時漢宣帝及百官都一心一意要剿滅所有的羌人，下旨命令趙充國急速出兵。但趙充國甘冒反抗聖旨的危險，不斷寫奏章給朝廷，分析利弊，說明若不如此，不但將虛耗國力，並且羌人叛亂也將無法終止。漢宣帝每次接到趙充國的奏章就讓文武百官議論。剛開始時，只有很少人同意趙充國的意見，漸漸有兩、三成人贊成，後來有一半人，到最後竟有八、九成人都贊同趙充國的看法。屯田政策實施之後一年，金城郡附近的各部族羌人全部都來投降。漢元帝時也效法趙充國，在隴西郡實施屯田策略。漢人與羌人因而有數十年和平相處。

## 東漢的羌人血淚史

王莽即位後，天下大亂，羌人也因為受到欺辱而反叛。當時隴西最大的地方勢力隗囂籠絡羌人，誘使其中的先零羌與東漢光武帝劉秀敵對。光武帝聯合竇融，滅掉隗囂，擊敗先零羌。原本先零羌倚勢其強大，常常侵暴其他各羌人部族，這時勢力轉弱，其他各部族的羌人於是共同出兵擊潰先零羌，取而代之。燒當羌、參狼羌、白馬羌等自此成為河西地方的大部族，而接受東漢統治。

羌人的語言、風俗、生活習慣與漢人差異甚大。東漢各朝的君臣對羌人大多持有非我族類的觀念，地方官吏對羌人也毫無憐憫之心，不講誠信，隨意壓榨。地方豪族又恃強凌弱，巧取豪奪。羌人往往受騙受害，甚至委身為奴僕。羌人平時忍住心中憤怒，到了有事故發生時就招引嘯聚，武裝起義。羌人與漢人統治者之間的仇恨於是越結越深。

東漢章帝章和元年（西元八十七年），護羌校尉傅育挑撥羌人和靠近西域的月氏胡人互攻。羌人都不肯從命，請求燒當羌首領迷吾庇護。傅育帶兵深入羌人地界搜捕，不料被殺死。張紆繼任為護羌校尉，發大兵討伐迷吾。迷吾兵敗投降。張紆大擺宴席，接受迷吾等羌人領袖八百多人投降，但是在酒中放毒藥將迷吾等人全部毒死，又派兵大殺羌人餘眾數千人。迷吾的兒子迷唐僥倖不死，從此與漢朝勢不兩立。

班超在西域告老還鄉之後，西域各國又叛變。漢王朝命令強拉數千羌人到西域去支援。羌人驚恐，積聚多年的仇怨於是再度爆發，演變成前所未有的全面叛變。羌人生活落後，並沒有什麼精良的武器，這時候受盡欺侮，實在無法忍受，竟然紛紛拿著竹竿、木棍、菜刀與漢朝大軍的真刀真槍一拚死活，可見其心中之怨毒。

羌人屢降屢亂，屢亂屢敗，屢敗屢降。到漢桓帝和靈帝時，負責鎮壓羌人的將軍們分成兩派。皇甫規、張奐主張不得已才使用武力，而盡量懷柔招降，給羌人一線生機。另一派的代表人物段熲則視羌人如草木禽獸，主張嚴厲鎮壓，殺盡羌人。段熲在給朝廷的奏章上說：

> 羌人和本朝的百姓雜居，如在良田裡種荊棘，養蛇在室內。為長久之計，必定要斷絕羌人的根本，消滅餘燼，使其不再繁殖。

桓、靈時代實際上漢朝是由宦官掌政。皇甫規和張奐是高級知識分子，看不起宦官，從來就不願和宦官打交道，更不用提送禮行賄。段熲則一心一意奉承宦官。因而，段熲得勢，張奐卻被陷害入獄，幾乎一命不保。徹底消滅羌人於是成為東漢後期的國家政策。

段熲用兵前後十幾年，經過數百大小戰役，不眠不休，與將士同甘共苦，終於平定了羌亂。從東漢朝廷的角度看，段熲真正是勞苦功高；但從羌人的角度來看，段熲卻給羌人帶來無止盡的災難，真正是萬惡不赦。後來黃巾之亂爆發，東漢王朝疲於奔命，再也沒有能力繼續清剿羌人。劫後餘生的羌人終於可以喘息，漸漸站起來，又找到了可以安身立命的空間。

## 氐人的歷史

關於氐人的歷史，一般是說氐人是從羌人分出來的，時間大約在春秋及戰國時代。氐人之所以分開而形成一個不同的部族，是因為有些羌人部族從高原遷到河谷，由游牧轉而農耕，並與漢人日益頻繁接觸，受到影響，使其語言、經濟、文化發生變化所致。從戰國至秦、漢，氐人活動在現今的甘肅、陝西、四川三省交界處，也就是渭水、漢水、嘉陵江、岷江等河流的上游水源處。

氐人古來就有國王。漢武帝窮兵黷武，派兵把氐王殺了，在上述氐人居住之處設了一個武都郡。氐人受到壓迫，一部分人選擇向北遷往天水、隴西，或遷到更遠，到現今的酒泉附近。這是氐人第一次的大遷徙。三國時代，在漢中有一位名將馬超帶領涼州兵，大部分是氐人和羌人。馬超後來被曹操擊敗，投奔劉備，許多涼州兵也跟隨他到了巴蜀。在曹操看來，武都地方偏遠，留下來的氐人隨時可能又被馬超召喚，為劉備所用，因而又強迫在武都郡居住的氐人搬遷到關中的扶風郡（今陝西西南部）或隴西、天水郡（今甘肅東南部）。氐人經過這第二次大遷徙，居住之處又跟漢人更加接近了。

曹操英明神武，不但削平群雄，統一華北，又一一收服了南匈奴、烏桓、氐和羌，並且將這些少數族群安置在與漢人居住地接近的地方。曹操所不曾料想到的是，他的英明神武，正為後來中國的一段悲慘歷史「五胡亂華」種下了遠因。

第七章
# 台灣原住民的歷史

本章的標題是「台灣原住民的歷史」，而不是「台灣的歷史源流」，為什麼呢？

原因很簡單。今天住在台灣的兩千三百萬人之中，原住民雖然只佔大約百分之二，但是只有這些原住民的祖先是真正在遠古時代就已經住在台灣了。其餘百分之九十八的現今台灣人的祖先，最早到達台灣已經是在十六世紀，而最晚的一波大移民潮則發生在一九四九年國民黨從中國大陸敗退之後。本章的標題因而比較符合實際。

## 台灣早期的考古發現

根據考古遺址發現來判定，台灣和日本一樣，在舊石器時代晚期才開始有人類居住。在台東縣長濱鄉發現的八仙洞遺址，是台灣所挖掘出來的最早考古遺蹟，至少開始於距今三萬年前左右，結束年代則在距今五千年前後。洞穴裡的居民已經知道用火，又以敲擊的方式製作粗糙的石器。在台南縣左鎮一帶，有原始人類骨骸被挖掘出來，稱為「左鎮人」，距今約兩萬至三萬年。台灣曾經也和日本一樣，陸地是和大陸相連的，所以有可能在大陸地區的原始人為了追逐野獸，或其他原因，來到台灣。

台灣最早的新石器時代遺蹟是位於台北縣八里鄉，淡水河出海口附近的大坌坑遺址，年代距今約七千至五千年。由出土遺物來判斷，當時的人類是以狩獵和漁撈為生，並且有種植根莖類作物的初級農業知識。他們製作陶器及磨製石器的技術十分發達，陶器上有粗繩紋樣，是一項特色。

從大坌坑遺址沿淡水河往內陸去，考古學家在台北市附近還發現芝山岩文化及圓山文化遺址，年代都開始於距今四千多年前。圓山遺址發現有貝塚，其中貝殼的種類繁多。芝山岩文化遺物中的石製農具、骨角器及稻穀種子，證明當時已經有成熟的稻作技術。

一九五五年，台北縣八里鄉又發現了一個十三行遺址，距今最早約兩千三百年，而延續一千多年之久。出土遺物中最引人注目的是大量的鐵渣、礦石、煤等，顯示已經有了煉鐵技術，用來做武器及農具。遺址又出土很多瑪瑙珠、玻璃珠、金飾、銀飾、青銅器、銅幣等。考古學者判斷這些不太可能是遺址主人自行製作的，而是與中國大陸東南沿海以及南洋地區貿易往來，交換得到的。這證明早期台灣的原住民已經有很好的航海技術。

雖然台灣在很早以前就已經有人類居住，與外界也沒有隔絕，但是經過很長一段時間都沒有能夠發展出文明，也沒有發現有任何文字，而是停留在落後的生活階段。

## 有關台灣遠古的歷史記載

是不是有關於台灣在遠古時期的歷史記載呢？

中國史書《尚書》裡面有一篇〈禹貢〉，其中將夏朝大禹時的疆域分為九州，而最南的一州是揚州。〈禹貢〉裡說揚州海外有一些島，島上的野蠻人穿著用麻編織成的衣服，用竹子編成器具使用，用貝殼編織做裝飾，偶爾會渡海到內地，貢獻一些禮物，進行貿易。這些記載，與前述的圓山遺址文化極為相近。〈禹貢〉所描繪的因而有可能是台灣原住民。不過現今的琉球也有可能是〈禹貢〉所說的海外島嶼，因為琉球在遠古時期也已經發展出了貝塚文化。

台灣在古時候稱為「夷州」。中國史書《後漢書》及《三國志》都記載秦始皇時徐福出海，而傳說到了夷州。這個說法不能成立，本書在第五章中已經說明。

漢朝時，現今中國東南沿海海外島嶼一概都被稱為「東鯷」，有二十幾個國家，並且常常有人駕船到會稽來進行貿易互市。台灣與琉球的原住民極可能就是當時所稱的東鯷人。

## 三國時代的夷州

三國時代東吳的勢力範圍是在長江以南。孫權野心勃勃，不但派兵征服了現今的東南沿海，包括福建及廣東，又在黃龍二年（二三〇年）派了一名將軍衛溫帶領一萬人跨海到達夷州。衛溫與原住民打了一仗，俘擄數千人回去；但因水土不服，衛溫的軍隊也損失慘重，孫吳從此就不再派人來了。

當時的夷州是什麼樣的狀況呢？孫吳後來有一個名叫沈瑩的丹陽（今江蘇省南部）太守寫了一本地方誌《臨海水土志》，其中有一篇記述夷州，內容大致如下：

夷州在臨海（浙江台州）東南。土地無霜雪，草木不死，四面是山。野人依山而居，各自為王，分劃土地人民。人人都剃光頭。男人穿耳，女人不穿耳。土地肥沃，種植五穀，又捕魚打獵。一家人全部睡在同一張大床上，交媾時也不迴避。能織作細布，也能染色花紋。用鹿角、青石磨利當作武器。殺人之後，留置頭骨。唱歌像狼狗嚎叫。……。

這一段敘述，和十九世紀末以前台灣原住民的生活模式極為相近，地理位置也對。東南沿海再沒有一個海島符合其中所描述的情景，因而一般都認為三國時代所稱的夷州，應當就是台灣。

## 台灣原住民的來歷

台灣現在的原住民人口數總共大約是五十萬，部族多元而複雜，日本在十九世紀末佔領台灣以後，把台灣的原住民分為高山族和平埔族。顧名思義，高山族居住在高山上，平埔族住在平地。在荷蘭人、鄭成功及清朝統治的時代，有一部分原住民可能無法與漢人相處，也有一部分無法忍受政府的橫徵暴斂，因而決定遷居到台灣各地的高山上。另有一部分的原住民則選擇停留在平地上，與漢人繼續交往、互通有無，而漢化的程度較高。被劃分為高山族的，有泰雅、賽夏、卑南、阿美、排灣、布農、魯凱等十幾個部族。平埔族包括凱達格蘭、噶瑪蘭、西拉雅、邵、貓霧等，也有十幾個族。

原住民至今多多少少保留了許多祖先傳下來的傳統及生活方式。每一族的原住民各自有各自關於祖先起源的神話故事，崇拜祖靈，而幾乎都以蛇為部族的圖騰。台灣原住民的語言各不相同，而極為類似，全部屬於南島語系（Austronesian Languages）；推測是源出同系，而後來分化為不同的支系。

在最近幾十年中，部分西方的考古人類學者致力於研究南島語系衍生分支的情形，佐以在太平洋上諸島的考古所得，推展出一個十分驚人的理論。這個理論認為，台灣大坌坑遺址的居民來自大陸沿海，大坌坑遺址又是所有台灣原住民的發源地；而在太平洋與印度洋上幾乎所有海島上的居民也都是大坌坑遺址的子孫，操同樣的南島語系語言，因而是現在台灣原住民的表親。總之，台灣是世界上所有南島語族群的故鄉。

一九九〇年代初期，上述的理論經由澳洲的彼德‧貝爾伍德（Peter Bellwood）及其他學者總結，從此成為國際學界許多人共同接受的說法。美國的學者賈德‧戴蒙（Jared M. Diamond）於一九九七年寫成一本名著《槍砲、病菌與鋼鐵》（*Guns, Germs and Steel*）中，其中將這個理論說明得淋漓盡致。

依據賈德‧戴蒙的說法，整體來說，在中國及東南亞地區的語言可以分為四大體系——漢藏語系（Sino-Tibetan Languages）、苗傜語系（Miao-Yao Languages）、傣－佧岱語系（Tai-Kadai Languages）及南亞語系（Austroasiatic Languages）等。本書第一章中說到，遠古時候在黃河流域的華夏族與東夷族（以黃帝與炎帝為代表）聯合而擊敗了苗蠻族（以蚩尤為代表，其中包括所謂的「三苗九黎」等許多不同的族群），炎黃子孫於是擴張而南下，驅趕或是同化了居住在華南的苗蠻族。炎黃子孫後來發展出的便是漢藏語系族群，勢力遍布整個中國。苗蠻族後來又被堯、舜、大禹所代表的中原勢力不斷驅逐，而被迫往西或往南逃。在被長期驅逐的過程中，蚩尤的子孫一路如推土機一般，壓過中國的南方與今天的東南亞，使得當地原有的弱勢族群也被驅趕並取代。華南和東南亞的語言因而發生重大的變化，而有其他的三個語系族群。

南亞語系族群現在大部分居住於越南及高棉，而傣－佧岱語族群大部分居住在寮國、緬甸及中國西南各省。至於苗傜語系族群則零星散布在華南及泰國等地，被其他語系隔離，是當時受創極重的一個族群。

苗蠻族被驅趕的長期過程中，也有一部分族群到達福建及廣東沿海，最後又被迫渡海而到達台灣。學者比較大坌坑文化與福建、廣東的新石器時代文化，認為其中有極密切的關係。大坌坑文化必然是在六、七千年前由福建及廣東移民而來的。台灣原住民的祖先在大陸終究沒有逃過滅種的命運，但是他們的子孫卻幸運地逃到台灣來，而保留了南島語言，也保留了崇拜蛇圖騰的文化。

## 台灣原住民的海上擴張歷史

大坌坑遺址中，考古學者發現許多捕魚器具及用來挖鑿獨木舟的石製器具，顯示六千多年前台灣原住民已經具備可以從事海上航行的技術。學者指出，早期台灣原住民已經知道如何在獨木舟的船舷兩側加裝浮木，以減低船身傾覆的可能；又知道加裝風帆，使得船速加快。這兩項發明，使得台灣原住民的祖先不只可以橫渡台灣海峽，更能夠乘風破浪，大膽深入海洋，向四面八方擴張。

大坌坑文化的先民在台灣定居以後，一部分人轉到台灣全島各地，因而發展出了今日多樣的台灣原住民文化。另有一部分人則開始展開海上冒險，最先是南下到菲律賓群島；接著，又分成兩路。一條路線往東，到達俾斯麥群島（Bismarck Archipelago）、所羅門群島（Solomon Islands）、馬利安那群島（Marianna Islands），再到薩摩亞群島（Samoa Islands）、玻里尼西亞群島（Polynesia Islands）。最北到達夏威夷（Hawaii），最東到達復活節島（Ester Island），最南到達紐西蘭，成為毛利族人（Maori）的祖先。另一條路線往西，到達婆羅洲（Borneo）、馬來群島（Malay Archipelago）、爪哇（Java）、蘇門答臘（Sumatra），又橫渡印度洋，最遠到達馬達加斯加島（Madagascar）。

台灣原住民的遠祖們從西元前三千多年開始，大約花費了四千五百年的時間，佔據了太平洋與印度洋上幾乎每一個可以住人的島嶼，只有在幾個比較大的島上因為敵不過當地的土著勢力，只得跳過，或是與當地人共同生活。這一項海上擴張，實質上是一個民族在奮力求生存，而不是有計畫地要向外侵略，因而各個島嶼之間並不互相統屬。

在世界上所有語系之中，南島語系所分布的地理範圍是最廣的。估計世界上操南島語系的總人口數達到兩億五千萬人，是南島語發源地台灣的原住民人數的五百倍。

# 第二卷

# 中古篇

（四至十世紀）

中國：東晉 317–420；南朝宋／齊／梁／陳 420–589；五胡十六國 304–439；北魏 386–534；東西魏／北齊北周 534–581；隋 581–618

日本：大和時代（古墳時代）299–592

韓國：三國時代 313–677

| 西元 | 中國大事紀 | 日本大事紀 | 韓國大事紀 |
|---|---|---|---|
| 304 | 匈奴劉淵稱帝，五胡十六國開始 | | |
| 313 | 祖逖擊楫渡長江。吐谷渾建國 | 仁德天皇即位，稱聖帝 | 高句麗美川王滅樂浪帶方 |
| 316 | 劉曜陷長安，西晉亡 | | |
| 342 | 前燕慕容皝陷高句麗丸都 | | 高句麗對慕容皝稱臣 |
| 370 | 前秦苻堅滅前燕 | | |
| 371 | 高句麗小獸林王對前秦稱臣入貢，引入佛教、儒學 | | 百濟攻殺高句麗故國原王 |
| 383 | 淝水之戰。前秦大敗 | | |
| 395 | 參合陂之戰。北魏破後燕，始強 | | |
| 420 | 劉裕篡東晉，建劉宋 | | |
| 427 | | | 高句麗長壽王遷都平壤 |
| 439 | 北魏太武帝統一中國北方 | | 高句麗殺北燕王馮弘 |
| 475 | | | 高句麗征百濟，殺蓋鹵王 |
| 477 | 北魏文明太后變法 | | |
| 494 | 北魏孝文帝遷都洛陽，推行漢化 | | |
| 523 | 北魏六鎮之亂 | | |
| 534 | 東魏篡北魏，次年西魏建國 | | |
| 551 | | | 新羅真興王攻殺百濟聖王 |
| 562 | | | 新羅滅任那（大加耶） |
| 577 | 北周武帝滅北齊，統一北方 | | |
| 581 | 楊堅篡北周，建隋朝 | | |
| 587 | | 蘇我家族滅物部家族 | |
| 589 | 隋滅陳。南北朝終結，中國統一 | | |
| 592 | | 推古天皇立。飛鳥時代始 | |
| 608 | | 遣隋使小野妹子至中國 | |

| 年份 | 中國朝代 | 中國 | 日本時代 | 日本 | 朝鮮時代 | 朝鮮 |
|---|---|---|---|---|---|---|
| 612 | | 隋煬帝親征高句麗，敗還 | 飛鳥時代 592–710 | | | 高句麗敗隋軍於薩水 |
| 618 | 唐 618–907 | 李淵即位，建唐朝 | | | | |
| 630 | | 李靖滅東突厥。唐太宗被推為天可汗 | | 日本首次派遣唐使 | | |
| 641 | | 唐文成公主嫁吐蕃 | | | | |
| 642 | | 玄奘於曲女城大會講經 | | 中大兄皇子滅蘇我家族 | | 泉蓋蘇文殺高句麗王 |
| 645 | | 玄奘由天竺返國，開始翻譯佛經 | | 大化革新 | | 唐太宗征高句麗，阻安市 |
| 660 | | 蘇定方率唐兵渡海入韓 | | | | 唐、新羅共滅百濟 |
| 663 | | 吐蕃祿東贊滅吐谷渾 | | 白村江之戰，唐朝與新羅聯軍大敗倭軍 | | |
| 668 | | 唐與新羅共滅高句麗 | | | | 唐朝在朝鮮設安東都護府 |
| 670 | | 吐蕃論欽陵敗唐薛仁貴於青海 | | | | |
| 672 | | | | 壬申之亂。天武天皇立 | | |
| 677 | | | | | 新羅統一時代 677–918 | 新羅統一朝鮮 |
| 699 | | 吐蕃王殺國師論欽陵，國衰 | | | | 大祚榮建渤海國 |
| 710 | | 韋后殺唐中宗。李隆基平亂 | 奈良時代 710–794 | 發佈大寶律令，設二官八省。遷都平城京 | | |
| 750 | | 黑衣大食敗唐軍於中亞怛羅斯 | | | | |
| 755 | | 安史之亂起 | | | | |
| 768 | | | | | | 新羅九十六角干之亂 |
| 794 | | 南詔、唐朝大敗吐蕃於神川 | 平安時代 794–1185 | 遷都平安京，平安時代始 | | |
| 804 | | 日本最澄、空海渡海至唐留學 | | 坂上田村麻呂征服蝦夷 | | |
| 838 | | 吐蕃朗達瑪毀佛，國亂 | | | | 張保皐平亂，扶立文聖王 |
| 875 | | 黃巢之亂起，歷十年 | | | | |
| 907 | 五代十國 907–979 | 後梁朱溫篡唐，五代起 | | | | |
| 916 | | 契丹耶律阿保機建國 | | | | |
| 918 | | | | | 高麗時代 918–1392 | 王建建高麗國 |
| 937 | | 遼滅後唐，後晉石敬瑭稱兒皇帝 | | | | |
| 945 | | | | | | 高麗定宗立。王規之亂 |
| 954 | | 高平之戰，後周滅後漢 | | | | |
| 960 | | 趙匡胤陳橋兵變，建北宋 | | | | |

第八章
# 中國的治亂循環——五胡十六國

三國時代，魏、吳、蜀鼎立的結果，是司馬家撿到便宜，晉武帝司馬炎篡位而建立了晉朝。大部分的胡人，包括南匈奴、鮮卑、氐、羌等部族，在三國時代都得到生息調養，漸漸恢復活力，不過因為西晉武力強大，因而都乖乖臣服，不敢隨便挑釁。

## 胡人復起

當年被安置在并州的南匈奴五部居住日久，因為「昭君和番」的歷史，自認為是漢皇朝的外孫，乾脆改姓為劉。南匈奴有一位劉淵，能文能武，而胸有大志，是新一代的傑出人才。當時晉朝的大臣們對劉淵有兩派極端的看法。一派認為劉淵有文武長才，朝廷應該多加利用；另一派認為劉淵是胡人，非我族類，將來對晉朝威脅太大，所以勸晉武帝要藉機將劉淵除掉。晉武帝採納前者的意見，任命劉淵為匈奴北部都尉；後來又拔升他為匈奴五部大都督。劉淵因而成為南匈奴的領袖。

鮮卑的首領拓跋力微統率三十六個部落，控制了大部分的塞外草原。拓跋力微死後，鮮卑曾經一度因內部紛爭而中衰，拓跋力微的小兒子拓跋祿官卻能再起，並擁有四十萬鐵騎，實力強勁。

在遼西地方也有一個強大的鮮卑慕容部，其首領慕容廆是一代雄傑。慕容廆率眾東伐扶餘，逼扶餘王依慮自殺。依慮的兒子向晉朝的東夷校尉何龕求救，何龕於是率大軍擊敗慕容廆，重建扶餘國。慕容廆吃了敗仗，自認為還不是晉朝的對手，就投降了，受封為鮮卑都督。

晉武帝的兒子晉惠帝司馬衷於二九〇年繼位。晉惠帝六年，秦州、雍州（即關中地區）的匈奴、氐人和羌人一起叛亂，推氐人的領袖齊萬年為首，自稱皇帝。晉朝派周處為將軍以討伐齊萬年。

周處就是中國民間流傳的故事「除三害」的主角。這故事說他年輕時胡作非為，是鄉里人眼中的三大害之一，比另外兩害北海蛟龍和南山猛虎，還要可怕。後來他得知家鄉的老百姓竟為了躲避他而紛紛攜家逃難，頓時悔悟，於是提刀為鄉民除去另外兩害，然後離開家鄉去從軍。實際上周處真有其人，而文武雙全，出仕為官，但因為人剛正不阿，得罪了很多權貴。他所得罪的皇親國戚恨不得置他於死地，因而推薦他帶兵剿寇，讓他以五千兵馬面對齊萬年的七萬叛軍。周處明知必死而仍然前往，但箭弩不繼，援兵不來，戰到力盡而死。晉朝放任驕貴的皇親國戚在關中胡作非為，因而齊萬年之亂越鬧越大，經過四、五年才終於被剿滅。

## 〈徙戎論〉

當年曹操准許南匈奴五個部落從關外遷徙到長城內，居住在并州各個郡；又逼令氐人搬遷到關中及隴右地區。羌人幸而在東漢末年的大屠殺中浩劫餘生，也逐漸在河套及湟水流域安頓下來。鮮卑人與曹魏、西晉相安無事，也越住越靠近長城來。胡人與漢人雜居的情形越來越普遍，而胡、漢語言不通，習俗不同，雙方發生摩擦糾紛及族群對立情形越來越嚴重。許多魏、晉的地方官貪贓枉法，或是歧視胡人，因而民變不斷爆發。

晉朝有識之士對此現象開始擔憂。侍御史郭欽曾經上書給晉武帝，奏章上說：

戎狄強悍，自古是禍患的來源。從曹魏以來，西北諸郡，甚至靠近京城的地方都有戎狄遷入居住。現在他們雖然都乖乖順從，但是百年以後萬一有戰亂發生，胡人的騎兵從平陽、上黨等地不用三天就可以抵達京城和全國重要州郡，危險萬端。應該趁現在剛剛平定孫吳，謀臣猛將仍多，國家強盛的時候，逐漸將各郡雜居的胡人遷移到邊關之外。如此才有裡外之防，這是保障國家長治久安的必要策略。

晉武帝自恃國強民富，對郭欽的建議完全沒放在心上。當時國家太平，士大夫生活奢侈，爭相炫耀競爭，其中以石崇為最。據說石崇到另一個官員王愷家去，看見一株兩尺多高的珊瑚樹，便把珊瑚樹打碎。王愷大怒。石崇說：「我馬上還你一株。」於是命令左右回家把六、七株珊瑚樹都搬來，每株都比王愷的珊瑚樹大，高三、四尺。這些人不避忌諱，引導社會走向奢靡的風尚。西北各州生活貧困的胡人看在眼中，心裡更是不能平衡。齊萬年之亂正是一個大警訊。

齊萬年之亂平息之後，有一個大臣江統上書〈徙戎論〉給晉惠帝，內容和郭欽所提出的意見幾乎是完全一樣的。江統建議將關內的氐、羌和匈奴人，總共約一百萬人，全部都遷回原先居住的塞外。晉惠帝仍然沒有採納他的建言。一場大災難於是乎無法避免，而當時也沒有人會預料到這場災難竟會來得如此的迅速，結果竟是如此的悽慘。

## 八王之亂

晉武帝認為自己的家族如此容易就能篡位而建立晉朝，是因為曹魏皇室太過於孤立的緣故。因此他即位後就大封十七個叔叔或弟弟為王。這些封王的宗室貴族個個都擁有數萬兵馬，並且可以自行任命官吏。晉朝等於是國中有國。

晉惠帝司馬衷智力低下而懦弱無能，從一件小事便可看出端倪。當時關中各地因為戰亂而有百姓餓死。晉惠帝聽說之後，竟說：「這些百姓為什麼不喝肉粥呢？」這樣的皇帝所娶的皇后賈氏卻是極為強悍，並且有強烈的權力慾望。賈后操縱晉惠帝，一如傀儡，並且和楚王司馬瑋合謀，連續殺害太后、兩個宗室藩王，又毒殺了太子司馬遹。太子之死引爆了一連串嚴重的流血政變。

原來司馬遹是晉武帝最喜愛的一個孫子。晉武帝明知自己的兒子司馬衷愚笨，卻沒有將他廢掉，主要是希望司馬遹將來繼位為皇帝。晉朝諸王及大臣都知道這件事，所以賈后殺司馬遹立刻給了有野心，又有軍隊的諸王有藉口來插手。趙王司馬倫第一個起兵，殺死賈后及其附從的黨徒。其他諸王又起兵討伐，殺趙王倫。晉朝諸王於是一個接一個，紛紛捲入這場歷經十幾年腥風血雨的「八王之亂」。結果是晉朝皇家的子弟大部分都因自相殘殺而死，朝廷文臣武將也大多捲入流血政爭而死。連年的內戰，使得國家不必外面敵人來攻打就自己弄得奄奄一息。

## 匈奴劉淵建國

長久以來不滿的各部族胡人當然不會坐失這千載難逢的機會。當時匈奴有一個元老劉宣說出一段話，代表了所有胡人的想法：「從漢朝末年以來，我們匈奴單于只有虛號，沒有尺寸的土地。其餘的王侯都降格到和一般平民沒什麼兩樣。我們雖然比從前衰弱很多，但是也有兩萬多人，怎麼能夠在百年之後還對外人俯首稱臣？左賢王劉淵英武蓋世，老天如果不是要匈奴復興，不會生出這樣的人來給我們。現在司馬氏家族骨肉自相殘殺，天下大亂，這正是我們要恢復呼韓邪偉業的時候了。」而劉淵的野心比劉宣所想的還要大，他說：「大丈夫就是要學漢高祖劉邦和曹操，呼韓邪有什麼值得效法呢？」

晉惠帝永興元年（三〇四年）是一個長期分裂時代的開始。劉淵在這一年宣布獨立，建國號為「漢」。劉淵派大將王彌與石勒率領兵馬在各地流竄，與晉朝軍隊纏鬥，引得遍地烽煙。同時華北又發生蝗災，草木和牛、馬的毛被蝗蟲吃得乾乾淨淨，到處都是饑荒。晉朝的第三任皇帝晉懷帝在首都洛陽過著飢寒交迫的日子，四處求援，竟沒有一個地方將領前來。此後一百多年當中，匈奴、鮮卑、氐、羌、羯等五種胡人在淮河以北分別建立了許多割據一方的政權，歷史上統稱為「五胡十六國」。一般認為羯族是起源於西域月氏諸胡，即是小月氏，曾經附屬於匈奴，所以也有人認為是匈奴的一部分。

## 西晉滅亡

晉懷帝永嘉五年（三一一年），晉朝再一次發生大禍亂。八王中的最後一個王，東海王司馬越執掌朝政而濫殺大臣，專橫不法。在前線作戰的大將茍晞憤恨不滿，又收到晉懷帝的密詔，於是回師反戈，聲討司馬越。司馬越憂憤而死。司馬越手下的王侯、官吏和士卒浩浩蕩蕩送司馬越的靈柩回東海郡。石勒率兵追上送葬的行列，大敗晉軍，將十幾萬人團團圍困在中央，萬箭齊發，屍體堆積得像山一樣高，竟沒有一個人生還。

劉淵的兒子劉聰繼位，又派兵攻破洛陽，俘擄晉懷帝，殺大臣及平民五萬多人。晉朝歷代陵墓被挖掘一空，宮廟、官府也都付諸一炬。西晉的將領無法對抗王彌和石勒，紛紛求助於鮮卑人。拓跋鮮卑、段氏鮮卑及慕容鮮卑都應邀派兵協助，於是也都進駐到長城之內。

五年後（三一六年），劉曜又攻破長安，俘擄晉朝最後一個皇帝晉愍帝。晉朝建國至此，只有五十一年就滅亡了，離江統提出〈徙戎論〉只有十七年；離當年郭欽向晉武帝提出建議，也就是晉朝最強盛的時候，只有三十六年。

當年英明神武的曹操把胡人都遷移到靠近漢人居住的地方，種下禍因。晉朝容許五胡各族繼續居住在長城之內，又不能妥善治理，反而政治貪腐不堪，使得禍因深化。至於八王之亂，只不過是讓大禍提早爆發而已。

西晉滅亡後，北方的許多地方將領仍然各自奮戰。但是胡人勢力越來越強大，西晉的地方將領如苟晞、劉琨等漸漸從主角變成配角，又一一戰敗被殺。另有一個祖逖到了南方，又決心回到北方，招募軍隊，並且收復了黃河以南的大部分土地，卻一病而死。胡人從此完全佔據了北方。

## 晉室南遷

正當華北生靈塗炭的時候，相對的江南仍是一片安樂土。晉朝的皇室子弟司馬睿到達建康（今南京市），用王導為謀主，籠絡當地的名士顯要，接納從中原逃難而來的人，兼容並蓄，因此江東逐漸人人歸心。由於晉朝皇室子弟幾乎已經死光，群臣於是擁立司馬睿為新皇帝，是為晉元帝。歷史學家將之前的晉朝稱為「西晉」，南遷的新皇朝稱為「東晉」。

王導擔任宰相，負責朝政。王導的堂兄王敦負責軍事。兩人盡心盡力輔佐晉元帝。元帝身旁有一些大臣眼紅，慫恿元帝說王氏勢力危及皇室，有取代司馬家的可能。晉元帝心中開始猜忌王氏兄弟，漸漸疏遠王導，又想奪取王敦的兵權。

王導生性平淡，與世無爭，並不在意引退。王敦卻個性剛烈，無法忍受，聲稱要清除奸臣，帶兵攻進國都建康。王敦將所有勸晉元帝對付自己的大臣都殺了，從此專制朝政。晉元帝雖然是皇帝，但是過著身不由己，戰戰兢兢的日子，也不知道王敦什麼時候要篡位，不久就憂懼而死。

兩年後，王敦病重，繼位的晉明帝趁機召集外地各州的刺史入衛京師，除去王敦。然而王敦雖然被除掉，各州的刺史卻都已擁兵自重。東晉在此後的一百零三年（三一七～四二〇年）裡，中央政府已經無法將軍隊和行政權牢牢掌握在手中了。

北方的百姓、士族和豪門巨室紛紛避亂南渡，尋找新家。這些人初到江南不免悽悽惶惶；後來買屋置田，發現南方的生活享受並不比北方差，就漸漸樂不思蜀了。南方原有的士族也樂於北方政權和門第世家帶來繁榮和提升文化。剛開始南方士族還參與朝政，但是逐漸都是北方來的新貴在把持。其中特別有少數幾個大家族，如琅琊王氏、陳郡謝氏、譙國桓氏等，輪流掌控國家大政。

## 五胡十六國

歷史家所稱的五胡十六國時期，大致從匈奴劉淵自立為王起算（三〇四年），到北魏太武帝拓跋燾統一中國北方（四三九年）止，共計一百三十六年。這是中國歷史上一個空前的混亂時代。五胡十六國其實不只十六國，其中也有少數是漢人所建立的國家，以族群及割據的地域而分，大抵為五類：

- 前趙、後趙：這兩者是由匈奴劉淵的「漢」分裂而成的國家，地理位置在整個華北地區。
- 前燕、後燕、西燕、南燕、北燕：這些都由鮮卑慕容氏先後建立，地理位置在華北東部。
- 前秦、後秦、西秦：這些國家是由氐人、羌人和鮮卑人所建立，地理位置在華北中西部一帶。
- 前涼、後涼、南涼、北涼、西涼：這些國家創建者比較複雜，有漢人、氐人、匈奴人、鮮卑人，地理位置在華北最西部的甘肅，部分已經到達新疆地區。

・其他如蜀、夏等：蜀是由氐人李雄建立的國家，也稱做「成」或「成漢」，在四川及部分貴州、雲南地區。夏是由匈奴鐵弗氏赫連勃勃所建立，在今陝西、寧夏及部分內蒙古地區。

十六國之間彼此征戰不斷，而國祚都很短，少的不到二十年，多的也只有五、六十年。十六國當中的前秦曾經有一段時間短暫地統一了華北。因而五胡十六國可以分為前期、苻秦全盛時期、後期三個時期。以下分別摘要敘述這三個時期的發展：

## 十六國前期（三〇四～三五七年）

「漢王」劉聰死後，匈奴發生內亂，演變成劉曜與石勒之間的對立。兩人都各自建國，國號都是「趙」，歷史上分別稱為「前趙」與「後趙」。雙雄對峙了十年，最後後趙滅掉前趙。

石勒原本是居住在上黨（今山西東南部）的羯人，有膽識而善於騎射。當時并州發生大饑荒，不肖官軍亂捉胡人買賣是常有的事，石勒也被捉去賣到山東為奴。天下大亂之後，石勒趁亂而起，最後投奔劉淵，在北方各州攻城掠地。當時有一個漢人張賓自行到石勒的營帳來毛遂自薦。張賓料事如神，智謀百出。石勒重用張賓為智囊，認為是張良再世，言聽計從。

石勒在華北稱雄，所有的胡人都退避三分，只有在遼東的慕容廆與其分庭抗禮。慕容廆之子慕容皝建立的國家，史稱「前燕」。慕容廆和他的兒子慕容皝先後滅掉宇文鮮卑及段氏鮮卑，又擊潰高句麗，逼高句麗國王投降稱臣。前燕從此稱霸華北東部，威震遼東。

石勒有一個養子石虎，孔武有力而生性殘暴。他怨恨石勒想將後趙的王位傳給親生的兒子，因此殺盡石勒所有的兒子和孫子，強行繼立為王。他下令所有丁壯都要服役，於是乎全國皆兵。他又規定每五人出車一輛、牛兩頭、米穀五十斛，不交者格殺勿論。無數百姓被迫把自己的子女賣掉，以籌措軍需。有其父必有其子，石虎所有的兒子也都是殘暴不仁，都等不及而陰謀要殺父親以便早日登基。石虎發現後，殺自己的兒子和孫子比殺外人更加殘忍。石虎有一個漢人養子，名叫冉閔，和石虎一樣殘暴，在石虎死後殺盡所有石虎的子孫。

前燕慕容皝之子慕容儁趁後趙之亂，擊滅冉閔。後趙石虎原有的部將紛紛爭立，最後由氐人的領袖苻健自立為帝，在長安建都，國號秦，史稱「前秦」。另有一個羌人的領袖姚弋仲爭不過苻氏，轉而投靠東晉。

東晉這時也趁亂派兵前來收漁人之利。大將軍桓溫率兵北伐，連戰皆捷，到了灞上，已經逼近前秦的國都長安。關中百姓攜老扶幼迎接王師。然而桓溫北伐的真正目的並不是要弔民伐罪，而是要以軍功震懾江東，為回去篡位做準備。桓溫發現前秦實際上是一個強敵，並不想耗損實力來和前秦決戰，而後勤運糧又不便，最後只得退兵。

正當中原大亂的時候，漢人張軌任涼州牧，將涼州經營成一片淨土，史稱「前涼」。張軌的兒孫都愛民惜物，輕傜薄賦，刑罰輕而公允，受到人民愛戴，並且軍力強盛，稱霸於西域。

## 苻秦全盛時期（三五八～三八三年）

前秦苻健的兒子苻生又是一個暴虐不堪的帝王。苻生大宴群臣，有敢不喝醉的，或是勸酒不力的，當場格斃。苻生只有一隻眼睛，痛恨「殘、缺、偏、隻、獨」等字眼，大臣有不慎說到這幾個字的，也是格殺勿論。朝廷大臣及皇室宗親被誅殺殆盡。百官過一日，好像過十年。

苻生有一位堂兄東海王苻堅，素有名望，自知大禍即將臨頭，惶恐不安。左右推薦一個隱士王猛來見，苻堅自稱如劉備遇見諸葛亮一樣。王猛於是替苻堅定計，潛入宮中殺死苻生。苻堅繼位，自稱「大秦天王」。王猛又為苻堅推舉賢才，撫卹貧窮，敬禮宗廟神祇，廣設學校。前秦人民大悅。苻堅也心向儒術，親臨太學，與博士及太學生講論五經，前秦國家文風大盛。

王猛推薦的人才進入朝廷用事，宗親舊臣紛紛嫉妒。其中有一個氐族王侯樊世對王猛說：「是不是我們在前面耕種，你來吃呢？」王猛不客氣地回答：「不但是你耕種，還要你煮好給我吃。」樊世大怒，威脅要殺王猛，不料第二天苻堅就下令將樊世砍頭。從此文武百官看見王猛都低頭，不敢隨便大聲說話。太后的弟弟酗酒，橫行不法，強搶民間子女、財貨。王猛將之逮捕，隨即審判並處斬。苻堅受太后之命前往搭救，已經來不及。數十天內不法的豪門貴戚被殺、被刑、被關二十幾人。長安震慄。苻堅嘆息說：「我今日才知什麼是天下的法令！」前秦從此迅速強盛起來。

前燕慕容儁傳位給太子慕容暐，並請兩個弟弟慕容恪和慕容評輔佐。當時前燕西有前秦，南有東晉，都是大敵。慕容恪文武全才，盡心輔佐，所以能與強敵鼎足而立。慕容儁其實還有一個弟弟慕容垂，才能更在慕容恪之上。當初慕容皝原本有意傳位給慕容垂而不是慕容儁，因此慕容儁對慕容垂耿耿於懷，不甚親近。慕容恪輔政七年，死前告訴慕容暐和慕容評說慕容垂智略超群，前燕必定要靠慕容垂才能安邦定國。慕容評資質平庸卻自視甚高，又已經很多年被慕容恪壓抑而無法掌權，心中早已不滿，如何願意接受這樣的安排？在慕容評和慕容暐的執政之下，前燕貴戚、王公豪奢不法，佔據民間及公家之物，以為私有，漸漸政治敗亂。

東晉桓溫聽說慕容恪死，趁機率兵北伐前燕，勢如破竹。慕容暐和慕容評害怕，商議要逃跑。慕容垂說何不讓他帶兵抵禦桓溫，萬一兵敗再逃也還來得及。慕容垂獲得五萬兵馬，大破桓溫，得勝而回，立下赫赫戰功，卻更加使得慕容評嫉妒，密謀要殺他。慕容垂的左右都勸他先發制人。慕容垂流淚說：「骨肉相殘而使得國家敗亂，晉朝前車可鑑。我寧死不為。」於是率家人逃亡。慕容評立即派兵追殺。天下之大，慕容垂竟無處可以藏身，只得西奔投靠前秦。

苻堅原本聽說慕容恪已死，暗中圖謀要侵吞前燕，但是忌憚慕容垂，不敢動手。慕容垂突然孤身來到長安投降，苻堅喜出望外，親自出城迎接。苻堅於是無所顧忌，請王猛率大軍征伐前燕，親自在灞上送行。苻堅問王猛何時可以凱旋。王猛說，慕容暐和慕容評不得人心，應如秋風掃落葉般地容易，果然不到三個月就滅掉前燕。

前秦接著又陸續滅掉前涼張氏及鮮卑拓跋氏。苻堅志得意滿，一方面派大將呂光征討西域，另一方面準備要大舉南下消滅東晉，以統一天下。不幸這時候王猛已經死了。王猛臨死前，苻堅親往探病，並問後事。王猛請苻堅千萬千萬不要意圖吞滅東晉，輕易出兵，否則自己必遭毀滅。

## 淝水之戰與十六國後期

在王猛的眼中，秦王苻堅有一個致命的缺點，就是太過仁慈而厚待敵人，寬恕不該被寬恕的人。苻堅登基之後，有好幾次王公貴族稱兵造反，苻堅討平叛亂後卻不加誅殺懲罰，而讓這些人繼續原有爵祿。王猛常常擔心慕容垂，勸苻堅藉機除掉他，但苻堅不願意。其他投奔前秦的還有羌人姚弋仲的兒子姚萇、東晉降將朱序等，大多居心叵測，而苻堅視若無睹，親近有加。苻堅就是在這樣的情況之下，不顧王猛的遺言，傾全國之兵力，號稱八十七萬大軍，於東晉孝武帝太元八年（三八三年）南侵東晉，大戰於淝水（今安徽省合肥市北），史稱「淝水之戰」。

東晉的宰相謝安以姪兒謝石和謝玄為大將，只有八萬兵馬。前秦兵和晉兵在淝水南北兩岸對峙。苻堅答應謝玄的請求，下令大軍後退少許，以便東晉的軍隊渡過淝水來，一決死戰。不料前秦兵一退竟無法停止。前秦兵潰敗，自相踩踏而死，幾十萬大軍尚未交鋒就瞬間敗逃一空。

當時只有慕容垂奉命率三萬人攻擊別的城鎮，沒有參與淝水之戰，全師而返。慕容垂護送苻堅回長安，一路上左右都勸慕容垂殺苻堅。慕容垂說：「往昔我不見容於我的國家和親人，無處可棲身，而秦王以國士待我。其後王猛設計陷害我，每每要置我於死地，秦王知道我無罪，待我如初。此恩如何可以忘記？」

慕容垂回到關東，建立「後燕」。前秦開始瓦解，姚萇殺苻堅，佔據關中，建立「後秦」。呂光擊破西域各國，回到涼州，但苻堅已死，於是自立為王，史稱「後涼」。拓跋鮮卑的後人拓跋珪也建立了「北魏」。其他還有些小國家陸續建立。此後五十幾年是十六國的後期，華北又形成一個混亂的局勢。

## 北府兵與孫恩之亂

淝水之戰以前，東晉已經感受到風雨欲來的空前壓力。宰相謝安既無法掌控各州郡的武力，只有另謀他圖。當時正好北方的戰亂使得一大批散兵游勇及流民逃亡到南方。謝安於是命令謝玄招募士卒，在京口（又稱北府，在今江蘇省鎮江市）建立了一支數萬人的軍隊，稱為「北府兵」。東晉在淝水之戰就是以北府兵為主體。北府兵一戰成名，並且對以後東晉政局發生巨大的影響。

淝水之戰以後，各士族門第都嫉妒謝家。謝安與謝玄都澹泊名利，不戀棧權位，於是急流勇退。自此以後，東晉朝廷裡掌權的是貪財好貨，賣官鬻爵的皇室貴族司馬道子與司馬元顯父子，政治嚴重腐敗。經過十幾年，百姓忍無可忍，終於爆發叛亂。東晉隆安三年（三九九年），在會稽有孫恩起義。沿海八個郡起來響應，殺官吏，搶劫擄掠，一個月間人數達幾十萬。孫恩的伯父曾經以法術蠱惑迷信的鄉民，屬於天師道，到處都有信徒。朝廷命令北府兵名將劉牢之進剿盜匪。孫恩長於海上航行，以數百艘船在沿海各地出沒，從徐州、揚州、江州一直到廣州，範圍遼闊。每次孫恩被官軍擊敗就逃入海中，非常難以對付。

## 劉裕建國

孫恩之亂經過三年才平定，其中最大的功勞屬於北府兵的軍官劉裕。劉裕是彭城（今江蘇省銅山縣）人，家境貧窮，以賣草鞋為生；識字不多而嗜好賭博。孫恩亂起的時候，劉裕還只是北府兵的一個低級軍官，但是善使長刀，武藝超凡入聖，膽識過人而有智謀。他常常身先士卒，衝鋒陷陣；每次與孫恩遭遇，即使是以少擊眾，以一當百，也仍是從未一敗，可以說天生就是孫恩的剋星。孫恩氣勢漸衰，跟從的徒眾也漸漸散失。當時剿匪官軍毫無紀律，暴掠百姓，只有劉裕以軍法約束部眾，受百姓愛戴。劉裕因此在短短數年中迅速崛起，成為北府兵最耀眼的青壯派軍官領袖。

孫恩之亂當中，桓溫的兒子桓玄趁機吞併荊州和雍州，佔有東晉一半以上的土地。司馬元顯派劉牢之率北府兵征討桓玄。不料劉牢之厭惡司馬元顯，不戰而降。桓玄不費一兵一卒就進入建康，將司馬元顯殺了，接著將劉牢之也殺掉，竟廢掉東晉皇帝而自稱皇帝，完成了當年他的父親桓溫篡位的願望。劉裕向來看不起桓玄，拒絕跟隨劉牢之投入桓玄陣營。

桓玄自以為已經掌控所有的軍隊，天下沒有人可以反抗。不料以劉裕為首的北府舊部在京口誓師起兵，只有一千七百人，而公然宣稱要討伐桓玄，復興晉室。桓玄擁兵數十萬，但是知道劉裕乃是當世無二的大英雄，聽到消息非常害怕。桓玄自己的兵大部分都畏戰，而北府兵都是劉裕舊日同袍，向來也是畏懼劉裕，沒有人敢與劉裕對陣。劉裕一出兵，北府舊部隨即望風投降。桓玄越戰越敗，越敗越怕。劉裕起兵後只有三個月，桓玄就兵敗身死。

劉裕後來又連續滅掉南燕、孫恩的餘黨盧循，以及後秦。東晉元熙二年（四二〇年），劉裕逼迫東晉最後一任晉恭帝退位，自立為皇帝，國號「宋」，國都仍是在建康。東西晉合計立國一百五十六年。劉裕開啟了「劉宋」皇朝，是後來南北朝時期中的南朝的第一個朝代。

# 五胡十六國及南北朝時期

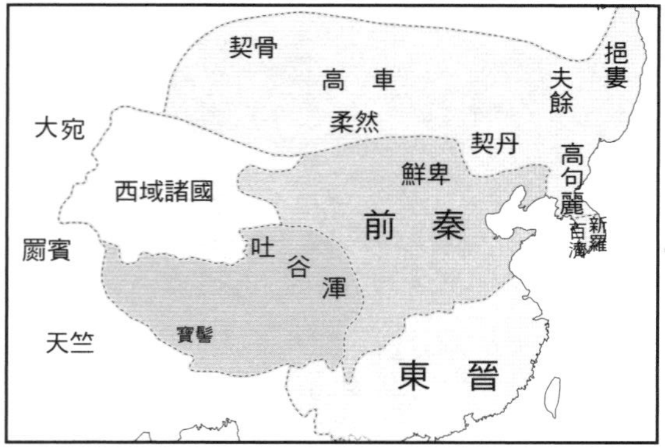

東晉／前秦（西元380年）

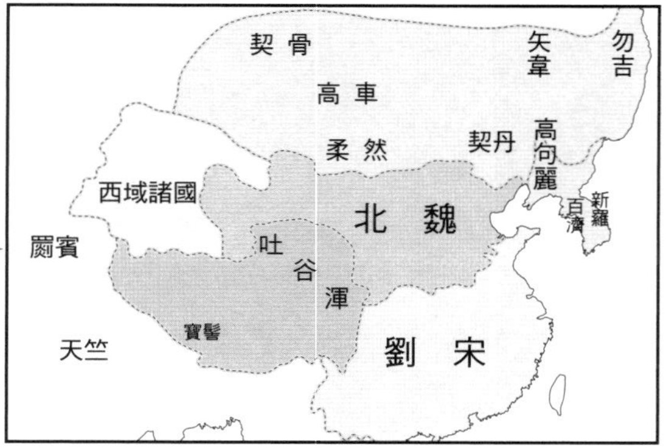

劉宋／北魏（西元450年）

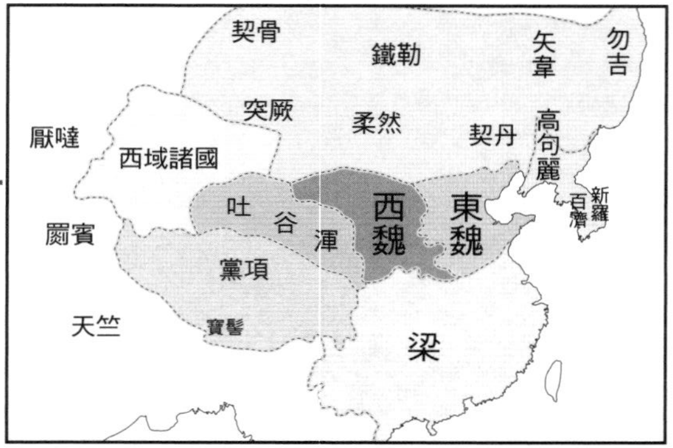

梁／東魏／西魏（西元540年）

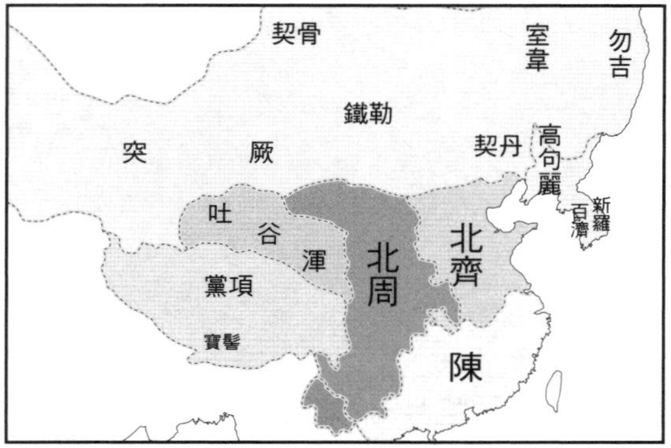

陳／北齊／北周（西元570年）

第九章

# 中國的治亂循環——南北朝

南北朝是指中國歷史上一段南北政權對峙的時期，南朝及北朝各自傳承或是分裂。南北之間，最初大致是以黃河為界；到了中期，以淮河為界；後期，以長江為界；如此一步一步往南推。

## 南北朝

一般計算南北朝的時間，是從劉裕篡晉（四二〇年）起算，到隋文帝楊堅建立隋朝，統一整個中國為止（五八九年），共一百六十九年；不過也有人主張從北朝的北魏太武帝統一中國北方（四三九年）起算，共一百五十年。其間北魏分裂為東魏和西魏，然後又分別為北齊和北周所篡奪。最後北周滅掉北齊，楊堅又篡奪北周，派大軍跨過長江，吞併南方的陳朝，結束南北朝的對峙。

南朝一共有四個朝代，分別是宋、齊、梁、陳，遞相嬗替。南朝有一個明顯的特點，那就是所有的改朝換代全部都是經過篡位過程發生的。南朝劉宋篡晉，齊篡劉宋，梁篡齊，陳篡梁，一個接一個。之前的晉朝也是篡奪曹魏，而曹魏又篡奪東漢，所以總共有六次篡位而建國。如果按照莊子的說法，這六個朝代的開國君主都是竊國的大盜。

不但是每個朝代都以篡位的手段而推翻前朝，即使是在每一個朝代之中，後任的皇帝也大多是靠篡位而登基。總之，從政治上看，南朝是中國一段極為黑暗的歷史。相對地，在北方的北魏不以篡位的手段建立國家，是中國歷史上一個極為活潑而強盛的朝代。以下先介紹北魏。

## 北魏拓跋珪建國

北魏的第一個皇帝是道武帝拓跋珪。他的祖父拓跋什翼犍是拓跋鮮卑的首領代王拓跋翳槐的弟弟，奉命到後趙去做人質。翳槐病重，遺命由什翼犍繼位。各部落酋長認為什翼犍難以返還，紛紛擁戴什翼犍的弟弟拓跋孤為王。但是拓跋孤拒絕，自願前往後趙，代替什翼犍做人質。後趙天王石虎大為感動，將兩人都送回國。什翼犍即位為代王後，分封一半國土給拓跋孤。什翼犍有勇略，因此人民紛紛歸附，國土廣闊。拓跋孤死後，兒子拓跋斤因為失職而無法繼承一半國土，於是煽動什翼犍的庶子寔君一齊作亂，殺什翼犍。國中大亂，部眾散逃。拓跋珪這時年紀幼小，父親早逝，母親賀氏抱著他逃回自己的部落賀蘭部。

拓跋氏內亂時，正好前秦苻堅派二十萬大軍，以匈奴鐵弗部首領劉衛辰為嚮導，不費力氣就滅掉了代國。秦王苻堅問清楚禍亂如何發生後，嘆息說：「天下的禍亂發生的原因都是一樣的啊。」下令將拓跋寔君和拓跋斤都處以「車裂」之刑。苻堅又將代國分為兩部分，黃河以西歸劉衛辰管轄，黃河以東歸劉庫仁管轄。拓跋珪的母親和賀蘭部分屬劉庫仁這一半。

拓跋珪是什翼犍的嫡長孫，雖然尚在童稚，氣度見識已經與一般小孩不同。劉庫仁對拓跋珪照護有加，常常對兒子劉顯說：「拓跋珪將來有可能恢復拓跋氏的基業，你們必定要恭謹地對待他。」但是劉顯反而對拓跋珪心存嫉妒。

劉庫仁死後，兒子劉顯殺死叔父而自立，又要殺拓跋珪。拓跋珪再次逃亡，而於三八六年在牛川（今內蒙古歸綏市東）大會各部落，被推舉為代王，成為拓跋鮮卑的領袖。拓跋珪這時只有十五歲，定都盛樂（今內蒙古呼和浩特市南），不久改國號為「魏」，史稱「北魏」。

拓跋珪草創大業，實際上力量薄弱，並且有內憂外患。劉顯拒絕參加牛川大會，劉衛辰在西邊虎視眈眈。他還有一個親叔叔，是拓跋什翼犍的小兒子，更有資格擔任拓跋氏的領袖，嚴重威脅他的正統性。此外，東邊遼西地區有庫莫奚部落崛起，北方有柔然部落侵擾，南方更有後秦和後燕。這些強敵之中，以慕容垂的後燕最為強盛。拓跋珪深謀遠慮，決定向慕容垂稱臣，利用慕容垂的後燕大軍剷除劉顯、劉衛辰和叔叔。拓跋珪自己帶兵擊滅庫莫奚部落，又驅趕柔然到大漠之北。

## 參合陂之戰

由於鮮卑人之間的政治婚姻，拓跋珪的祖母是慕容垂的親姊姊。但慕容垂之所以要幫助拓跋珪，並不是因為他是拓跋珪的舅公，而是想把拓跋珪培植為自己的附庸。然而，慕容垂發現連年征戰，只是為人驅馳，自己所得不多，反而培植出一個能夠與自己抗衡的可怕對手。

三九五年，北魏和後燕之間的戰爭終於無法避免。當時慕容垂年紀已經七十歲，並且有病，決定留在國都中山。太子慕容寶率領十萬大軍，從中山（今河北省定縣）出發，千里行軍，西向抵達五原郡（今內蒙古包頭市），造船預備渡河強攻。拓跋珪以十五萬人在黃河河套防守。兩軍隔著河對峙當中，拓跋珪派人在敵後搜索，將來往使者全部攔截，使得慕容寶好幾個月都無法得到慕容垂的消息。拓跋珪又派人在敵營散布慕容垂已死的謠言，後燕軍因此士氣渙散。慕容寶開始擔心是否能順利繼位為燕國皇帝，於是下令將所有的船隻燒毀，撤軍東向，要回中山。這時是初冬十月，黃河尚未結冰。慕容寶以為魏兵無法渡河追趕，輕忽而沒有在軍隊後方設斥候兵。

過了八天，忽然大風雪，黃河河面迅速結成堅冰。拓跋珪選拔兩萬騎兵跨過黃河，六天後在參合陂（今山西省大同市陽高縣）追上後燕軍。拓跋珪於清晨日出時從山丘上居高臨下，俯視後燕軍營地，縱兵大擊。後燕軍潰敗，一部分人赴水溺死，其餘全部投降，被拓跋珪下令全部坑殺，只有慕容寶等少數人逃走生還。

參合陂之戰是北魏和後燕消長的分水嶺。慕容垂在第二年春天自行率領大軍，誓言要滅掉拓跋珪，為死難將士復仇。慕容垂幾十年來英名蓋世，戰無不勝，人人懼怕，一出手便擊潰北魏三萬大軍。北魏公認的第一勇將拓跋虔戰死。拓跋珪驚恐萬分，不知所措。但慕容垂到達參合陂，看見數月之前被坑殺的後燕軍將士遺骸堆積如山，設祭痛哭，既慚愧又憤恨，竟吐血致死。拓跋珪喜出望外，看見前面已經沒有人可以擋住去路了。

慕容垂死後，慕容寶兄弟不合，後燕國勢很快就衰落下去。拓跋珪在一年後攻破中山，佔有後燕大部分的土地。後燕的殘餘勢力一部分在遼西繼續立國，稱為北燕，與高句麗同盟；另一部分據有山東半島，稱為南燕。兩個都是小國，已經無足輕重。

中國在魏、晉時流行服食一種稱為「寒食散」的藥物，其藥性燥熱酷烈，服後使人體力增強，精神高亢。許多名士和貴族都服食寒食散，拓跋珪也服食。事實上寒食散是一種慢性毒藥，唐代名醫孫思邈曾經說看見這藥方的人應該立刻焚燬，以免遺禍人間。拓跋珪服食久了漸漸性情煩躁，喜怒無常，疑神疑鬼，無罪被殺的王公大臣不計其數。拓跋珪曾經因為姨母賀氏絕美，殺其夫而強娶為妻，生子拓跋紹。拓跋珪晚年昏亂至極，怒而囚禁賀氏。拓跋紹怕母親被殺害，半夜潛入宮中弒殺拓跋珪。太子拓跋嗣平亂後，繼位為帝，是為北魏明元帝。拓跋珪享年只有三十九歲。

## 北魏太武帝統一華北

北魏拓跋嗣（四〇九～四二三年在位）登基後八年，東晉劉裕率大軍攻後秦。後秦王姚泓遣使向北魏求救。拓跋嗣召集群臣商議。眾人都認為不可不救，否則讓劉裕坐大，唇亡齒寒，後悔就來不及了。北魏的國師，博士祭酒崔浩也在座，這時發言說：「劉裕的才能甚至超過慕容垂，必定能夠滅掉姚秦。但是我們不須在這時候替姚秦抵擋，而應當袖手旁觀。劉裕滅掉姚秦之後，一定會急於回去逼皇帝退位，只留部分兵將。姚秦所在的關中地區有氐、羌胡人和漢人雜處，風俗勁悍，劉裕所留的部隊必定無法統治。我們靜觀其變，關中之地遲早會落在我們魏國手中。」拓跋嗣聽從此一建議，北魏果然後來完全如崔浩的推算發展，取得後秦大部分的土地。

拓跋嗣與他的父親拓跋珪一樣服食寒食散，劑量加倍，因而更早發病，三十二歲就死了。太子拓跋燾即位（四二三～四五二年在位），只有十五歲，是為太武帝。北方柔然可汗趁機率六萬騎兵入北魏雲中郡，殺掠百姓。拓跋燾親自帶兵擊退柔然，追逐漠北。拓跋燾壯健鷙勇，對陣時身先士卒，左右死傷相繼而神色自若，因此將士畏服。他個性儉樸，服裝飲食極其簡單；知人善任，不論貴賤；賞罰分明，不論親疏。北魏的國力在拓跋燾的時候達到鼎盛，先後滅掉夏國、北燕和北涼，統一中國北方（四三九年），結束了五胡十六國。高句麗、西域諸國和吐谷渾都向北魏入貢稱臣。

四五〇年，劉宋與北魏發生大戰爭。劉裕的兒子宋文帝劉義隆自不量力，出兵挑釁。拓跋燾揮兵大敗劉宋軍隊，又趁勝追擊，直抵長江北岸。北魏軍正要大舉渡江南下，軍營中卻突然發生瘟疫，急急退兵，一路上焚燒屋宇，砍殺壯丁，把嬰兒插在槍矛之上盤舞玩耍。所過郡縣殘破，光禿禿一片。

拓跋燾在二年後被親近的宦官所刺殺，享年四十五歲。大臣擁立皇太孫拓跋濬繼位，是為文成帝，只有十二歲。拓跋濬於二十五歲時早死，又傳給兒子拓跋弘，是為第五任獻文帝，也只有十二歲。北魏朝有一個非常特別之處，從拓跋珪開始，所有的皇帝沒有一個在登基時年紀超過二十歲。除了太武帝拓跋燾以外，沒有一個活過四十歲。

## 北魏文明太后

北魏還有一個更特別的地方，那就是拓跋珪傳下一個「子貴母死」的嚴格家法，規定冊立太子時，必定要將太子的生母同時賜死。這是仿效漢武帝立弗陵為太子，殺鉤弋夫人的故事，當然是極為殘忍。不過有史家評論，由於皇帝的年齡太輕，若是沒有這條家法，北魏恐怕早已發生太后干政，外戚與宦官爭權的惡性循環了。然而，到了獻文帝拓跋弘時，開始有馮太后專政。

馮太后是文成帝拓跋濬的皇后，但不是獻文帝拓跋弘的母親。拓跋弘的生母姓李，十幾歲生下拓跋弘。在這嬰兒只有七個月大，被立為太子時，李氏就被賜死，與兄弟親友一一相擁道別，痛哭流涕，然後飲藥。在場沒有人不落淚。拓跋弘轉而由皇后馮氏從小養大。馮氏是漢族人。拓跋珪滅後燕時，她的祖父馮弘與哥哥馮跋一同跟隨鮮卑慕容氏逃到遼西。後來馮跋篡位，馮弘又繼承哥哥而成為北燕國主。拓跋燾滅北燕時，馮弘投奔高句麗，被高句麗人殺死。馮弘的兒子，也就是馮太后的父親，決定投奔北魏，沒想到女兒竟被選為北魏皇后。

北魏文成帝拓跋濬死後（四六五年），大臣乙渾專政，擅殺大臣，屠戮忠良。正當滿朝大臣束手無策，憂憤不堪的時刻，馮太后卻一舉將乙渾逮捕，立刻處死。馮太后於是在群臣擁戴之下開始臨朝稱制。馮太后智略過人，無論是國家大事或是生殺賞罰，頃刻便能決斷。她性格剛毅，雖小過必罰，即便是寵幸左右，也不縱容。但是既經處罰之後，不記舊惡，許多人後來反而更加富貴。北魏群臣因此人人欽服，樂為太后所用。

馮太后聽政只有一年半，拓跋弘的妃子生下一個皇子，取名宏。馮太后決定親自撫養這嬰兒，讓只有十四歲的皇帝拓跋弘親政。拓跋弘聰明睿智，剛毅果決，而喜好黃、老和佛教經典，常常和高僧談論；到了十八歲時，忽然提出要讓位，不做皇帝，要出家做和尚。群臣大吃一驚，無論如何不肯接受。日夜爭論、妥協的結果，拓跋弘將帝位傳給只有五歲的兒子拓跋宏，是為孝文帝。獻文帝拓跋弘被稱為「太上皇」，與禪僧共同起居，但是仍然與聞國家大事。

中國歷史上很早就有太上皇的稱號。秦始皇成為中國第一個皇帝時，便追尊他的父親莊襄王為太上皇。但太上皇還活著，雖然退位而繼續掌理國事的創新做法，是從北魏獻文帝開始。後來這一套太上皇的做法在日本被天皇引用，對日本歷史發生的影響比對中國的影響還要大得多。

## 文明太后變法

拓跋弘擔任太上皇五年後，忽然中毒而死。這時孝文帝年紀還只有十歲，馮太后於是再一次臨朝稱制。馮太后這時改稱太皇太后，不過後世史家大多依她死後的諡號稱之為「文明太后」。文明太后第二次稱制，可說是有備而來，不但是大權獨攬，並且推動了一連串的重大變革。

北魏建國到這時已經九十幾年，但是很奇怪的是，所有官吏一直都沒有薪俸。原先戰爭頻繁時，官吏大多以擄掠所得為生。後來戰爭少了，仍是靠自己想辦法，所以貪贓納賄成風，越來越嚴重。農民的土地大多被豪強兼併，而淪為貧農、佃農。貧富不均的情況越來越惡劣，但是國家卻越來越難收稅。再加上水災、旱災、蝗災不斷，農民開始暴動。總之，北魏已經有明顯的亡國徵兆，非要變革不可。

文明太后毅然進行了激烈的政治和經濟改革。首先是頒定各級官吏俸祿，開國以來第一次發放薪俸給所有官員，但同時也規定此後官吏如果枉法受賄，不論多少，一律死罪。其次頒布均田令，按百姓的戶口、年齡授予一定畝數的國有田地或荒地，供其開墾耕種；並且訂定新的租稅制度。政府明令禁止貴族奢華，開糧倉以賑貸飢民。北魏政權因為文明太后鐵腕變法，而免於大亂，並為孝文帝奠定了更大改革的堅實基礎。

## 北魏孝文帝推行漢化

文明太后稱制十四年，在她死後（四九〇年），北魏第六任皇帝孝文帝拓跋宏才開始真正掌握政權，這時已經二十四歲了。孝文帝在襁褓中就由文明太后撫養，接受文明太后所安排的漢人教育方式；長大後精通五經，兼學老莊，下筆千言。文明太后將孝文帝幾乎塑造成為自己的複製品。孝文帝深深仰慕漢人文化，總覺得胡人游牧民族的文化水準不夠，因此決定要推動漢化。

實際上胡人在五胡亂華後早已快速漢化。胡人雖然暫時取得統治權，但是人口畢竟比漢人少，又離開了塞外的草原、沙漠，所以在語言文字及風俗習慣上受漢人影響非常大。許多胡人仰慕漢人文化，有意模仿。胡人帝王如劉淵、慕容垂、苻堅、姚萇等，個個漢學程度極高。胡人帝王所用的軍師，如張賓、王猛、崔浩等，都是漢人。胡人各朝代也幾乎都在國都設太學，在州郡設學校。近代的學者在研究後得到一個結論，認為雖然中原士族大舉南遷，但是在南北朝時，華北儒學大師的人數和造詣程度卻遠遠超過江南。以上這些都是胡人明顯漢化的現象。但是北魏孝文帝並不以此為滿足，他想要的是全面漢化。

孝文帝親政後第三年，下令將國都從平城（今山西大同市）遷往洛陽。這是漢化的第一步。到了洛陽，孝文帝下令禁止胡服，改穿漢服；禁用胡語，改說漢語。接著下令鮮卑姓氏改為漢姓，如拓跋氏改為元氏，步六孤氏改為陸氏，賀賴氏改為賀氏，獨孤氏改為劉氏，等等。孝文帝又把胡人八個王公貴族大姓，和漢人四個顯赫門第都列為清流，以半強迫的方式讓他們結為姻親。

重視門第出身是魏晉以來流傳的觀念。魏文帝曹丕時，吏部尚書陳群奉命訂定九品中正之法，以家世、道德、才能三種標準，在各州郡查訪評定人才，分為上上、上中、上下、中上、中中、中下、下上、下中、下下，一共九等，作為授官的依據。到了西晉時，已經變了樣，幾乎所有官員都從世族中選定，造成「上品無寒門，下品無世族。」的情況。孝文帝自然受到影響，也支持門第觀念。孝文帝曾經有一次與大臣們談論人才的選拔升遷，有一段針鋒相對的辯論。

孝文帝問：「近世以來，一個人出身高低直接影響其出仕的前途，諸位以為如何？」大臣李沖反問：「不知從古以來各朝代設立官職，是為了要讓貴族豪門子弟有官做呢，還是為了要治理國家？」孝文帝答：「當然是為了治理國家。」李沖又問：「那麼陛下為何專門從貴族門第中選人，而不是平等拔擢賢才？」孝文帝說：「名門所出的子弟，縱使沒有才能，也應是品德純正，所以朕認為可以重用。」李沖又問：「古代商、周倚重的賢臣傅說和太公望都出身微賤，豈是門第中可以找到的？」其他大臣也問：「陛下怎能讓王公士族世襲，賤民世世代代都是賤民？」孝文帝最後妥協，仍然保留清流九品，不過又專門為平民百姓列了七等，分別敘用。

孝文帝厲行漢化，事實上引起胡人貴族很大的反彈，有部分大臣因為不同意漢化而叛亂。但是孝文帝心硬如鐵，一一鎮壓叛亂，毫不妥協。孝文帝堅持保留貴族世襲制度，其實有不得已的苦衷。如果廢除貴族世襲，勢必引發更大的反彈，孝文帝恐怕會自身難保。一直到了隋、唐之後，雖然有了科舉制度，門第的觀念和制度仍然是繼續存在。

## 胡太后亂政

北魏永平四年（五一二年），第七任皇帝宣武帝拓跋恪（四九九～五一五年在位）立兩歲的皇子拓跋詡為太子，卻違背祖訓，破例不殺太子的生母胡氏。三年後，宣武帝忽然死了。太子繼位為帝，是為孝明帝，只有六歲。小皇帝的生母胡氏升格為胡太后，開始臨朝稱制。

南北朝時佛教昌盛，到處廣建佛寺。宣武帝篤信佛教，北魏全境已經有一萬三千座寺院。胡太后也崇信佛教，命令各州都要建五層以上的佛寺，並且在洛陽建石窟寺、永寧寺等，其中永寧寺的規模及精美是佛教自印度傳來之後前所未見的。負責建佛寺的官員藉機貪污，實際的花費是真正用在建築的好幾倍。國家用度不足，於是開始加稅，所有的重擔最終都落在百姓頭上。

胡太后放縱寵信的大臣、宦官及皇親國戚貪腐，並且極為護短。太后的姪女婿官拜刺史，暴虐百姓，引起民變。太后將他免職，卻調到中央政府，又升官發財。太后的御廚也仗恃太后迴護，在朝為官，猖狂跋扈，竟敢擅殺御林軍。又有宦官劉騰，收受賄賂而代人求官，每求於太后必得，因此門庭若市。朝廷綱紀日益敗壞，國法蕩然無存。下層的百姓平民自然是民不聊生，人心思變。

胡太后稱制後四年（五一九年），國都洛陽發生一個事件，透露出北魏亂亡的徵兆。尚書省有一位高官之子張仲瑀，負責銓敘徵選，上書建議將武人排除在清流之外。這個提議尚未付諸討論，衛戍京城的羽林軍就在大路上張貼榜文，集會抗爭，並約定日期要殺害張仲瑀全家。到了當日，果然有一千人以上集結，到尚書省高聲叫罵，投擲瓦石。然後又帶棍棒、火器轉赴張仲瑀家，焚燒房舍，將張仲瑀的父親打死，把他的兄弟投入火中燒死。張仲瑀被毆打重傷，奮力逃走。朝廷事前既未提出警告，嚴令禁止，事後只抓了幾個無關緊要的角色充抵，也不敢繼續深究。當時有識之士都知道北魏朝廷已經病入膏肓，無可救藥了。

第二年，大臣元乂及宦官劉騰為了進一步掌握大權，竟然共謀幽禁胡太后，挾持十歲的小皇帝而號令群臣，朝政更加不堪。不久，「六鎮之亂」爆發，敲響了北魏的喪鐘。

## 六鎮之亂

北魏建國之後，為防止北方的柔然南侵，在邊境設置了六個軍事重鎮，如沃野鎮、懷荒鎮等，都在現今內蒙古及河北境內。六鎮不設州郡。鎮民不許隨意遷徙，很少人能升遷，最多是在邊鎮做到下級軍官，因而都自認為受到歧視，心懷憤恨。奉派出任的鎮將大多是貪婪之徒。六鎮居民飽受壓榨與虐待，柔然也因而逐漸壯大。朝中不斷有大臣上書，建議慎選邊將，改變法制；但是朝廷承平日久，從來不予理會。隨著朝廷貪污日益嚴重，邊關情況也更加惡劣，最後終於一發不可收拾。

正光四年（五二三年），懷荒鎮將積欠士卒的糧餉不發，鎮民憤怒，殺鎮將而叛變。沃野鎮民破六韓拔陵也聚眾殺鎮將而反叛。其他四個鎮，無論胡人或漢人都紛紛響應，史稱「六鎮之亂」。暴亂蔓延到北方各州郡，百姓紛紛起義，殺貪官污吏。朝廷派兵前往平亂，無一獲勝。

## 爾朱榮之亂

元乂和小皇帝張皇失措，不知如何是好，將幽禁多年的胡太后放了出來。太后和群臣討論，無計可施，只能送錢請柔然可汗阿那瓌為傭兵，代為征伐叛亂。肆州秀容郡（今山西省朔縣）有一個部落領袖爾朱榮也異軍突起，出兵打敗叛軍。胡太后封爾朱榮為將軍，請他繼續出兵剿叛。爾朱榮家三代經營牧場，飼養牛、馬、羊，滿山滿谷，不計其數。他的父祖常常捐獻馬匹給朝廷，還曾經得到孝文帝的褒獎。爾朱榮看見天下大亂，遂結納豪傑，招集驍勇。他不但攻擊六鎮叛軍，也攻擊官軍，又攻城掠地，自行任命州郡官員。朝廷對他根本無可奈何。

胡太后仍然是用寵幸的宦官和大臣為爪牙，貪污納賄，賣官鬻爵。太后怕皇帝年紀漸大，不聽控制，又怕再一次被幽禁，於是將孝明帝下毒害死，另立了一個三歲的皇帝。爾朱榮大怒，說：「皇上駕崩，只活了十九歲，海內外都說是太年輕。現在又要立一個還不會說話的小孩做皇帝，國家能安定嗎？」於是率領大軍向洛陽前進。洛陽守軍不敢抵抗，開城門讓爾朱榮進來。胡太后見到爾朱榮，只不過說了幾句話。爾朱榮就拂袖而起，將太后和小皇帝都押到黃河邊，丟進河裡沉沒。爾朱榮又命令騎兵將兩千多個官員圍在中央，以亂箭射死。爾朱榮另立一個皇室子弟為帝，當作傀儡，是為孝莊帝（五二八年）。

六鎮起義的鎮民集結在鮮卑人葛榮的領導之下，號稱百萬，然而都是烏合之眾。爾朱榮率七萬人與葛榮在鄴城（今河北省臨漳縣）決戰，以寡擊眾，如閃電般迅速俘擄葛榮。餘眾全部投降。爾朱榮篩選部分兵將，下令其餘降卒任憑選擇，就地解散。數十萬人喜出望外，如一陣煙瞬間消失無蹤。

爾朱榮平定叛亂，有大功於天下，但是對皇帝視如無物，與孝莊帝之間的衝突越來越嚴重。爾朱榮自以為孝莊帝在其掌握之中，無能為力，不料有一天進皇宮時竟被孝莊帝親自持刀殺死。爾朱榮的族人起兵報仇，又殺死孝莊帝（五三〇年）。爾朱榮沒有兒子，家族中也沒有傑出的人才能夠繼續統御爾朱榮所遺留下來的勢力。經過數年內部鬥爭，北魏分裂成為東魏和西魏兩個國家，分別由高歡及宇文泰擁立各自的傀儡皇帝而建立。北魏宣告滅亡。

當初北魏宣武帝冊立太子而違背祖訓，不殺太子的生母胡氏。經過七年，北魏開始發生動亂，十一年而全國皆叛，十六年而胡太后死，二十三年而國亡。北魏開國之主拓跋珪定下「子貴母死」的規矩，傳承了七次之後，第一次沒有被遵循，而國家竟然滅亡了。真不知道這是歷史的巧合，還是北魏皇朝這一條規矩確實有其顛撲不破的道理？中國古代學者對此有很多爭論。有人認為，先前文明太后稱制，北魏因此轉危為安，所以太后干政未必不好，因人而異。另一派人則說，文明太后並不是太子的生母，胡太后卻真正是孝明帝的生身母親，兩者情況是不同的。

## 高歡與宇文泰

東魏實際的主宰者高歡是一個已經鮮卑化的漢人，為人武勇，心機深沉而有謀略。他原本住在平城，而來往於洛陽做買賣。有一次他到洛陽，正好目睹張仲瑀事件發生。高歡回到家裡，立即變賣家產。朋友問為什麼？高歡說：「太后亂政，禁衛軍相率焚燒大臣府第，殺害官員。朝廷怕事，竟不敢追問。現在如此，日後當會如何？如此情況下，守著財富究竟有什麼用處？不如拿來結交豪傑。」高歡後來投奔爾朱榮。爾朱榮有一匹惡馬，無人能馴。高歡輕易就制服了馬，然後起身說：「制服惡人和馴服這匹馬並沒有什麼差別。」爾朱榮驚嘆連連，於是開始重用高歡。爾朱榮死後，高歡將他家族中的繼承者爾朱兆玩弄於股掌之上，最後擊滅爾朱家族。高歡善於權謀，講究的是權宜之計，對於民間疾苦不甚關心。百姓負擔沉重，因而國家認同甚為薄弱。

西魏實際的主宰者宇文泰是漢化的程度很深的鮮卑人，沉著有大度，又足智多謀。高歡專權跋扈，反對派推宇文泰為領袖以對抗高歡。宇文泰行軍打仗，軍紀嚴明，深受百姓愛戴。他尊崇儒術而注重國計民生，並且知人善任。宇文泰重用漢人蘇綽，重新恢復北魏末期已經失控的均田制。蘇綽勸課農桑，平均賦役，實施嚴格的計帳制度以控制財政支出與收入。

在軍事方面，宇文泰仿照漢朝趙充國的屯田制建立了府兵制，其特點是寓兵於農。士兵平時耕地種田，戰時自帶糧食與馬匹、武器，出征打仗。府兵制有嚴格的層層組織，既能增加農業生產，解決打仗時糧餉供給問題，也擴大了兵源。後來隋、唐兩個朝代時，均田制與府兵制也一直沿續下去，是隋、唐盛世形成的重要原因之一。

東魏與西魏大致上以現今山西與陝西交界的黃河為界。高歡和宇文泰雖然都已經分別完全掌控東魏和西魏，但是並不急著做皇帝，而學曹操和司馬懿，把篡位的事讓第二代去做。五五〇年，高歡的兒子高洋逼迫東魏傀儡皇帝禪位，改國號為齊，史稱「北齊」。五五六年，宇文泰的兒子宇文覺也篡位，改國號為周，史稱「北周」。

## 北齊衰亂

高洋原本留心政務，吏治清明，北齊國力迅速強盛起來；沒有幾年，卻開始貪杯縱酒。每次喝醉就瘋瘋癲癲，無故殺人。每次酒醒，高洋又深自懊悔，命令大臣拿棍子打自己，並發誓不再喝酒，甚至將所有酒壺、酒盃全部丟棄。但是沒有幾天高洋又嗜酒如狂，依然故我；如此屢戒屢犯，最後終於喝酒過度而死。高洋當皇帝的十年中，如果不是有一個大臣楊愔望重朝野，又得到高洋寵信而能悉心治國，北齊早已亂亡了。當時的人說北齊是「主昏於上，政清於下。」楊愔在高洋喝醉酒時，同樣也遭到百般凌辱，但是仍然忠心耿耿。

高洋的太子高殷原本聰明而且心性仁厚，但是高洋嫌他太文靜，強逼著他在十歲左右拿刀子將一個無辜的人活活殺死。高殷驚嚇過度，從此變了性情，癡呆口吃。高洋死後不久，高殷被篡位。最後傳到高緯，後世稱為北齊後主，昏暴到了極點。北齊的國祚至此已經走到盡頭。

## 北周武帝

北周武帝宇文邕是宇文泰的第四個兒子，北周的第三個皇帝（五六〇～五七八年在位）。他的兩個哥哥雖然是皇帝，但都沒有實權，真正的權力掌握在堂兄宇文護手上。宇文護在三年內殺害兩個皇帝，又立宇文邕為帝，仍然霸佔權力不放。宇文邕做了傀儡皇帝，完全低聲下氣，忍讓了十二年（五七二年）才突然發難，趁宇文護入見太后時從背後突襲，將他殺死。

不久，北齊發生一件大事，後主高緯殺宰相斛律光。斛律光是北方敕勒人，家族代代出名將。他的父親斛律金與高歡情如兄弟，行軍打仗極為剽悍，完全是傳統的游牧部族戰法。高歡病重將死時，請斛律金唱〈敕勒歌〉，高歡流著淚一起唱和。這首歌一直流傳到現在：

敕勒川，陰山下，
天似穹廬，籠蓋四野。
天蒼蒼，野茫茫，
風吹草低見牛羊。

斛律光繼承斛律金的戰法打仗，從來不曾敗北，士卒爭相為其效力。斛律光和蘭陵王高長恭曾經聯手在洛陽城北的邙山擊敗來襲的北周兵十萬大軍，稱為「邙山大捷」。斛律光能武能文，做宰相同樣受到百官的尊敬和擁戴。不幸的是皇帝越昏庸，越怕大臣才能出眾。北周派人到北齊散布謠言，說斛律光即將造反，又有奸臣一旁加油添醋，於是高緯上當，下令賜死斛律光。

北周武帝聽見斛律光的死訊，又喜又悲，大赦天下。第二年，高緯竟然又將蘭陵王也賜死。蘭陵王是有名的美男子，對陣時總是戴著假面具衝鋒陷陣，勇冠三軍。邙山之捷後，北齊人為他們的英雄人物編一首歌曲〈蘭陵王入陣曲〉，軍中士卒一唱再唱，百唱不厭。高緯因而也對蘭陵王起了懷疑，又下令殺了蘭陵王。

三年後，北周傾全國之兵攻北齊。北齊將士對高緯失望已極，都不戰而降。北周遂迅速地滅掉北齊（五七七年）。北周武帝進入鄴城，下令改葬並追封斛律光、蘭陵王等北齊冤死的大臣，撫卹其子孫。他指著斛律光的靈牌說：「這位大人如果還在，朕如何能夠來到鄴城？」

北周武帝親政不到五年，中國北方又再一次統一了。

## 南朝的篡位因果分析

回頭來敘述南朝。前面已經說過，南朝的特點是篡位多。南朝四個朝代，前後一百七十年，共有二十六個皇帝。統計起來，朝代之間篡位發生四次，朝代之內篡位發生五次，一共九次，也就是有三分之一的皇帝篡位，三分之一的皇帝被篡位，另外又有六個皇帝是在篡位過程中用來墊檔的傀儡皇帝。因此，南朝所有皇帝之中與篡位無關的很少。

為什麼會有這麼多的篡位呢？這要從中國歷史上的思想及價值觀來說明。中國從漢武帝以後，儒家學術就是政治思想的主流及社會價值觀的標準。從儒家正統思想的角度看，不管是在什麼情況下，篡位都缺乏正當性。皇帝如果是以篡位手段登基，一般就認為不是正統，不忠不義，大小官吏和老百姓對他所建立的皇朝的忠誠度就會有很大的折扣。

不過一般來說，開國的國君都有超人的本領才能夠凝聚眾人的向心力，篡位而成為帝王，因而也不擔心部屬有什麼非份之想。但是當皇帝位傳到第二代時，情況就不同了。繼任的皇帝通常能力遠遠不如父親。能力越差，心中對於自己的帝位是否穩固越是擔心。越是擔心，對那些可能威脅到自己的文臣武將越是害怕，總想要藉機會除掉。於是大臣能力越高，功勞越大，越是危險。有些人比較被動，是在被逼到無路可退時，為求自保，只好鋌而走險，弒逆昏君，篡位為帝；而比較有野心的，則是在看見無能的第二代皇帝登基後，就已經積極準備要取而代之了。

自古以來，中國的政治一向非常殘酷。政治鬥爭勝負已分時，贏家必定將敵對勢力斬草除根，因而血流成河。皇帝對於自己的叔叔、弟弟也不會心軟。反之，篡位成功者對於前朝皇帝及其忠貞大臣也是一樣的對待。成者榮華富貴，可以為所欲為，敗者家破人亡，其間差別實在太大。往往皇帝本人或篡位者尚有一念之仁，但是成群結黨的部屬擔心自身的安危及利害，總是勸主子及早下手，並大開殺戒。然而，篡位的結果，實際上只是享受短暫的權位，後來多半子孫厥無遺類。中國有一句古話說：「大位不以智取。」不贊成以撿便宜的方法獲得權位，就是這個意思。

總之，篡位引發「君不君，臣不臣」的心理，而這種心理又導致下一輪的篡位。這樣的惡性循環，導致南朝各朝代都很短命，最長不過六十年，最短只有二十幾年。南朝長期地不穩定，國家自然衰敗，一代不如一代。北朝最後吞併南朝，只是時間早晚的問題。以下分別簡述南朝各朝代。

## 劉宋朝（四二〇～四七九年）

劉裕創立宋朝，而他的長子劉義符就是一個不可救藥的昏君，後世稱為營陽王。大臣們看不下去，師法伊尹、霍光，將他廢掉，另立劉裕的第三個兒子劉義隆為帝，是為宋文帝。劉義隆在位三十年，與北魏太武帝拓跋燾在位的時間大致互相重疊。劉宋皇朝屢次陷入危機，如權臣叛亂、北魏南侵，都靠大將檀道濟力挽狂瀾，轉危為安。但是劉義隆竟因擔心檀道濟謀反，下令將他和十一個兒子全部殺死，一如北齊高緯的行徑，自壞長城。前述拓跋燾之所以能長驅直入，直達長江北岸，正是因為檀道濟已經死了。北魏軍隊如果沒有發生瘟疫而撤兵，劉宋早已被併吞。

劉義隆的兒子弒父篡位，又是個昏君，被叔叔劉駿（劉宋孝武帝）再次篡位。如此這般，每個篡位之君都生出不肖之子，然後又被篡位。經過四個輪迴，八個皇帝，輪到著名的昏君蒼梧王。蒼梧王對當時的國之棟梁，大將蕭道成，也是不放心，時時想要將他殺死。有一年夏天，天氣炎熱，蒼梧王突然闖進蕭道成的家，不准人通報，看見肥胖的蕭道成脫光上身正在睡覺。蒼梧王命令蕭道成靠牆站立，在蕭道成的大肚子上劃幾個圈圈，當成箭靶，引弓拉箭瞄準。蕭道成僥倖逃過一命，但是怕全家落得和檀道濟一家同樣的下場，無可奈何，只得篡位，建立了南齊皇朝。

## 南齊（四七九～五〇二年）

蕭道成（南齊高帝）和他的兒子蕭賾（南齊武帝）都是節儉而關心百姓的皇帝。當時北魏正是文明太后當政的太和年間，南北兩個朝廷施政的方向一樣，也都無意打仗，是南北朝難得的和平及繁榮時期。蕭賾傳位給長孫，卻不幸被野心勃勃的養子蕭鸞篡位。

蕭鸞篡位成功後，怕宗室貴族有人也篡位，於是大肆屠殺宗室，造成空前的大慘案。創業的皇帝蕭道成及蕭賾的子孫竟沒有一個能夠留存下來。蕭鸞可說是南朝的皇帝中最狠毒的一個，而他所生的兒子，東昏侯蕭寶卷，也是南朝最為惡名昭彰的昏君。東昏侯不樂朝會，也不理大臣的奏章，讓皇宮內用奏章來包魚和肉。他又常常帶隊在京城街道上橫行，無分晝夜，走避不及的百姓往往被殺。有一次，東昏侯看見一個懷孕的婦人在路上，竟命令將她的肚子剖開，只不過是為了打賭婦人懷的是男孩，還是女孩。

東昏侯又殺了忠心耿耿的大將蕭懿。蕭懿的弟弟蕭衍忍無可忍，出兵反叛，南齊就滅亡了。蕭衍因而建立了梁朝。

## 梁朝（五〇二～五五七年）

梁武帝蕭衍在位四十八年，是南北朝在位最久的皇帝，享年八十八歲。他在初即位的幾年還有些作為，不幸越老越昏庸，自己創立的皇朝毀在自己手上。

梁武帝篤信佛教，沉迷的程度，空前絕後。在他的命令下，國內到處都建築寺院，其中有些規模非常宏偉。建佛寺不僅需要佔用土地，動用人力、物力及金錢，還要撥給寺院良田及山林，以供養千百個，甚至上萬個僧人及女尼。這些僧尼不事生產，卻從事買賣和放貸，生活極為優裕。很多老百姓因而選擇出家。梁武帝自己也捨身到同泰寺為僧，一共四次，每次又莫名其妙地動用國家億萬錢財，將梁武帝從寺院贖回來。這些錢的來源都是百姓繳納的租稅，甚至是賣兒賣女所得的。梁武帝自以為大慈大悲，功德無量，事實上根本不關心人民死活。

當時東魏有一個名叫侯景的將軍，鎮守在河南，從東魏叛逃。梁武帝收留了侯景，侯景卻陰謀叛變，攻佔首都建康（今南京市）。梁武帝被幽禁，斷糧而餓死（五四九年）。侯景另立傀儡皇帝，在建康燒殺擄掠，無惡不作。

侯景出身低賤，為了要抬高門第，曾經向江南門第最高的王、謝兩家求婚，卻被拒絕。侯景認為是奇恥大辱，因而在叛變後屠殺王、謝兩家，幾乎都滅門了。南朝其他的門第士族也都遭殃，因而迅速沒落。後來在唐朝時，有一位著名的詩人劉禹錫寫了一首詩〈烏衣巷〉：

朱雀橋邊野草花，烏衣巷口夕陽斜；
舊時王謝堂前燕，飛入尋常百姓家。

這首詩的背景，正是上面這一段悲慘的歷史。烏衣巷在秦淮河邊，曾經是江南最豪華奢侈的門閥名流住宅區。東晉著名的宰相王導和謝安都曾經先後在此居住。朱雀橋在秦淮河上，是通往烏衣巷的必經之路。由於烏衣巷已經荒廢了，朱雀橋邊也長滿了野草野花，許多燕子原先都在烏衣巷的豪宅屋簷下築巢，這時只好飛到平民百姓的屋簷下，另築新巢。

## 陳朝（五五七～五八九年）

侯景盤據建康四年，最後被梁朝大將陳霸先與王僧辯聯合擊敗。陳霸先篡位而自立為帝，建立了陳朝，是為陳武帝。陳霸先和繼位的兩個皇帝都秉持寬以待人，儉以養廉的政治方針，注重農桑，興修水利。江南的社會和經濟得以稍微恢復。然而侯景之亂的傷害實在太大了，而四川和部分雲南地區又被北周搶去，以至於陳朝國力始終較弱。

陳朝最後的一個皇帝陳叔寶，後世稱為陳後主，是一個文學、音樂與藝術修養造詣都很高，而無治國才能的皇帝。他有一位妃子，名叫張麗華，美豔無比。陳後主為張麗華作豔詞〈玉樹後庭花〉，是所謂「靡靡之音」的代表。陳朝至此已無機會，只有等著北周隨時來收拾。

第十章

# 中國的治亂循環——隋、唐、五代及突厥、回紇、吐蕃的興衰

北周武帝宇文邕是南北朝時期極為傑出的一位皇帝。他明察果斷，賞罰分明，又英勇善戰，統一了中國北方。可惜宇文邕只活到三十六歲（五四三～五七八年），在位六年就死了。他的兒子宇文贇繼位，年紀十九歲，不幸有一個極端不平衡的心理問題。

## 楊堅篡位

宇文邕對兒子從小管教極為嚴格，一犯錯就立即給予嚴厲的懲罰，甚至親自拿棍子責打。因此宇文贇從小叛逆，對父親的恨遠多於愛。北周武帝去世後，宇文贇毫無悲戚之容，翻開自己的衣服，檢視以往被打而留下來的傷痕，恨恨地說：「死得太晚了！」

宇文贇即位後，開始誅殺大臣，又沉緬酒色，大興宮室，與北周武帝的節儉正好相反。第二年，宇文贇不耐煩每日早朝，就傳位給七歲的兒子，開始做太上皇。他的行為從此更加放縱，早出晚歸，遊戲無度，但是很少過問政事。宇文贇常常無端下令用棍棒責打公卿大臣或是宮內后妃，如同當初他的父親責打他一般，極其殘

暴恐怖。第三年，他又無視於中國一向只有一個皇后的傳統，冊立了五位皇后。總之，他的叛逆行為極可能源自內心對他的父親及傳統的反抗。

五位皇后之首姓楊，是大臣楊堅的女兒。楊堅的父親楊忠和岳父獨孤信都是北周的開國大功臣，是宇文泰的左右手。獨孤信文武雙全，名滿天下，又舉止優雅，領導時代的風潮，是北周人競相模仿的對象。據說獨孤信有一回在外行獵，到傍晚時策馬回城，迎風急馳，無意中帽子偏到一邊。第二天起，滿城的人竟都學他斜戴著帽子。

楊堅家世顯赫，深得人心，又位居高官，使得宇文贇心中疑忌。楊堅心裡害怕，一直找機會要外放，遠離京城，以免殺身之禍。正當此時，宇文贇卻突然暴斃，臨死前已經沒有辦法說話了。楊堅立刻與宦官及大臣做成決議，假立遺詔，開始以輔政為名，執掌政治及軍事大權。楊堅原本是束手待斃，一下子變成萬人之上。一年後（五八一年），只有九歲的北周最後一個皇帝被逼禪位。楊堅改國號為「隋」，年號「開皇」。後世稱他為隋文帝。中國歷史上有很多人篡位，從來沒有一個像楊堅這般簡單而迅速。也有人說，宇文贇暴斃乃是出於楊堅的陰謀。

## 隋朝統一中國

平實而論，隋文帝是一位不可多得的好皇帝。他重用蘇威以重建國家經濟及財政。當初西魏宇文泰主政時，任命蘇威的父親蘇綽全權負責所有的財經事務。西魏因而能厚植實力，為日後北周統一北方打下基礎。不過西魏當時國用不足，蘇綽不得不制訂很高的稅賦，對百姓而言是沉重的負擔。蘇綽因此常常嘆息說：「今日所為，好比把弓拉得很緊，這不是承平時應有之法。今後不知有什麼人能夠使這弓鬆弛下來呢？」

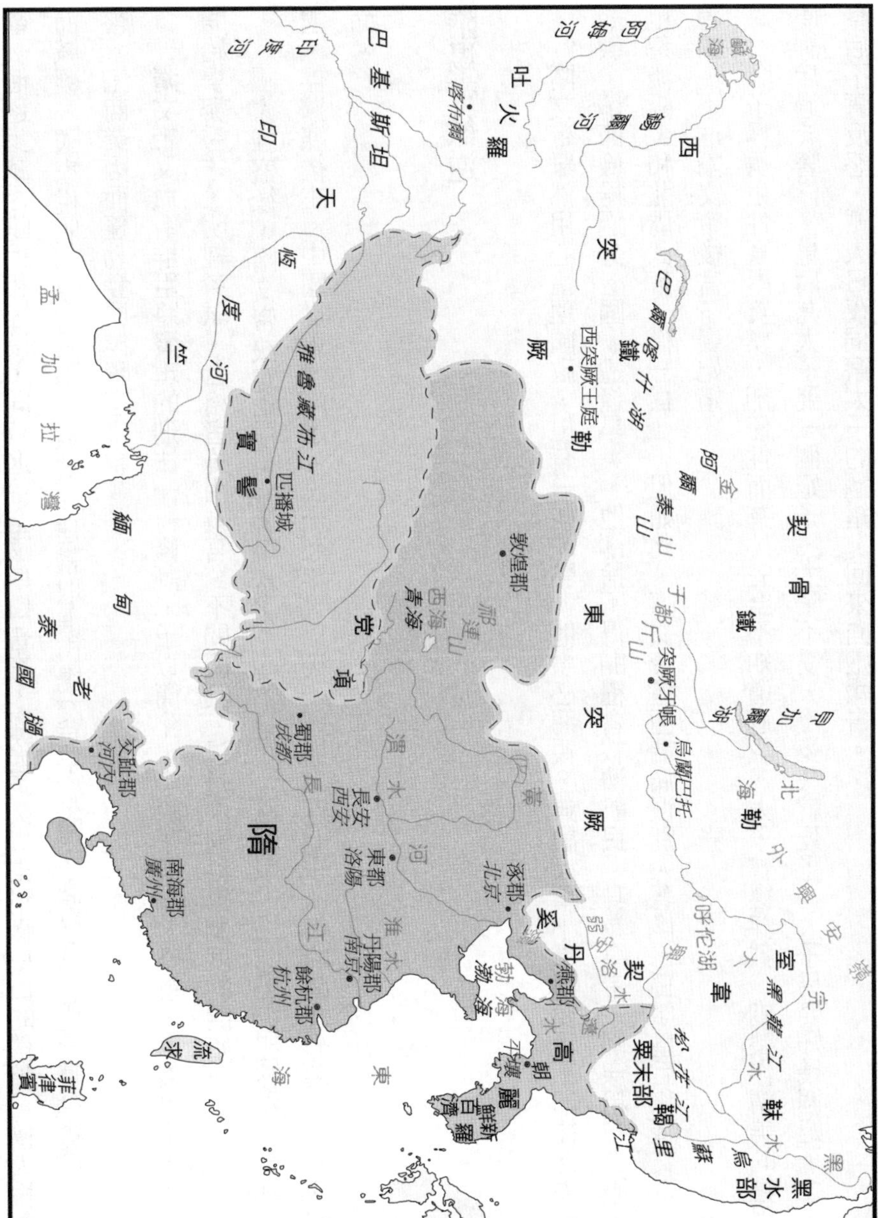
隋
東突厥
西突厥
西突厥王庭
突厥牙帳
契丹
奚
室韋
契骨
鐵勒
靺鞨
黑水部
粟末部
高麗
百濟
新羅
党項
吐谷渾
寶髻
匹播城
吐火羅
喀布爾
巴基斯坦
印度河
天竺
恆河
孟加拉灣
緬甸
泰國
老撾
流求
菲律賓
長安
西安
東都
洛陽
涿郡
北京
蜀郡
成都
丹陽郡
南京
餘杭郡
杭州
南海郡
廣州
交阯郡
河內
敦煌郡
西海
青海
祁連山
阿爾泰山
巴爾喀什湖
貝加爾湖
烏蘭巴托
呼倫湖
黑龍江
渤海
東海

隋時期（西元610年）

蘇威年輕時聽見父親的話，每每將這任務當成是自己畢生的職志；此時受隋文帝重用，便開始一連串的改革。他逐步減輕賦稅和徭役，同時進行全國戶口普查，掃除長久以來隱瞞戶口的積弊，擴大稅基。人民負擔因而減輕，國家稅收卻沒有減少。蘇威又建議取消市場交易稅及鹽、酒專賣，並奏請重新鑄造五銖錢，統一貨幣。工商業因而蓬勃發展，國家富饒。

隋文帝又命令群臣將繁瑣的刑法一一修訂，予以簡化，廢除了鞭刑、梟首、車裂等不人道的酷刑。隋文帝開始舉辦秀才、明經考試，合格者錄用為官，不問門第。這是中國科舉制度的開始。

國家強盛後，隋文帝決定南征，派五十萬水、陸大軍，分道南下。隋軍勢如破竹，不到三個月就滅掉陳國，俘擄陳後主。中國從東晉南遷（三一七年）以後，經過二百七十多年的南北分裂，至此又回復了統一的局面。

## 隋煬帝弒逆

隋文帝雖然用心治理國政，但有一些缺點。他事必躬親，無論大事小事都要管，卻往往失去要旨。他生性節儉，卻節儉得過分。國家遭逢旱災，他卻捨不得開糧倉救濟飢民。身為皇帝，卻穿粗布衣服，蓋粗布被，吃粗茶淡飯，和北周武帝一模一樣。不但如此，隋文帝還極端痛恨別人奢侈。獨孤皇后和隋文帝一樣節儉，而又善妒，不准隋文帝後宮多娶妃嬪。

太子楊勇生性寬厚質樸，卻任性而為，完全不知道避諱。太子曾經穿戴一副製作精美的鎧甲，隋文帝看見便訓斥過於奢侈。皇后為太子娶一個妃子，太子不愛，沒多久就死了。太子另娶好幾個妃子，生下一群皇孫。皇后不喜反怒，派人日夜伺察太子的過錯，回來向她報告。

隋文帝的第二個兒子楊廣是一個美男子，對大臣執禮謙恭，極有人望，而實際上善於造假作偽。楊廣身邊只有一個蕭妃，沒有多娶其他妃子，皇后因而讚不絕口。文帝和皇后曾經到楊廣的居處。楊廣將年輕貌美的侍婢都藏起來，只派又老又醜的出來服侍。他又故意將樂器的弦都弄斷，上面留著塵埃。文帝和皇后看見了，以為楊廣不好聲色，至為欣喜。楊廣與文帝最寵信的大臣楊素結為同黨。楊素便對文帝說太子不賢，舉證歷歷。開皇二十年（六〇〇年），文帝和皇后共同決定廢太子為庶人，改立楊廣。冊立新太子當日，全國大地震，是極為不祥的徵兆。

歷史記載隋煬帝弒父而篡位，主要原因是隋文帝發現真相，知道楊廣和楊素互相勾結，決定要重新冊立廢太子楊勇，因而被害。但是也有些歷史學家認為這段歷史未必是事實，可能是隋煬帝成為亡國之君，因而在後代的史家編寫歷史時就被抹黑了。

隋煬帝在即位之後便下令動員兩百多萬人在洛陽營造新都，稱為東都，極其宏大、華麗而奢侈。隋煬帝又下令開鑿人工運河，北起涿郡（今北京市），南至餘杭（今杭州市），全長兩千七百公里。此外，又在運河沿岸建造了四十幾座行宮，以及巨型豪華龍舟。開鑿大運河的六年中，估計有三百萬人民被強徵，數十萬人死於非命。大運河在完成之後，成為中國南北運輸最重要的途徑，稱為「漕運」。中國現代的鐵路及公路發展之前，大運河的運輸量佔南北往來的運輸量一半以上。隋煬帝建大運河的主要目的究竟是為了民生，還是為了遊樂，後代的史家也有很多爭議。有人認為大運河是隋煬帝的一項偉大功績。

隋朝的國勢是在隋煬帝手中由盛而衰。隋朝的覆亡和遠征高句麗有直接的關連。

## 隋煬帝征高句麗

隋文帝時，高句麗和靺鞨聯合進犯遼西。文帝派三十萬大軍出征。出關後，因遭逢水潦，運糧不繼，接著又發生瘟疫，軍士大多病餓而死。大軍尚未踏入高句麗的土地就死去十之八、九。

隋煬帝也下令征討高句麗。大業八年（六一二年），隋煬帝御駕親征，率領一百一十三萬人，號稱兩百萬。浩浩蕩蕩，古今未有。隋煬帝對高句麗這樣一個偏遠小國，竟擺出如此的陣仗，其實是想要炫耀。然而軍隊人越多，戰線越長，指揮越是困難。部隊中三十萬人剛渡過鴨綠江，便在薩水（今清川江）被擊潰，全軍覆沒。海路四萬兵卒也遭到伏擊而潰敗。隋煬帝只得倉皇退兵，顏面盡失。

出兵高句麗之前，隋煬帝下令全國各地置辦米糧、兵甲、馬匹、攻具等，超過一百萬人民被徵調來運送。道路險遠，死亡過半。農地因而大多荒廢，而官吏又貪污殘暴。百姓窮困，做良民則被侵奪而凍死、餓死，做強盜還能苟且求生，於是盜賊四起。征高句麗失利之後，隋煬帝一心要討回顏面，不久又兩次出兵高句麗，都無功而返。這時人民的怒火已經不可遏止，越來越多的人參加叛亂，政府官員也開始加入反叛的行列。

## 隋亡唐興

隋煬帝不願面對現實，有人來報告盜賊造反便勃然大怒，甚至將報告的人賜死。左右大臣都害怕，將各郡縣緊急求救的奏章全部攔住，隋煬帝便完全不知道外面的情況了。後來有一個將領楊義臣在河北擊敗盜匪數十萬人，上表報告，隋煬帝看見捷報才忽然驚覺盜匪之多。但是他不但沒有給予獎賞，反而聽信左右建議，怕楊義臣坐大，命令解散其軍隊。全國各路的盜匪於是再也無法壓制。

當時天下大亂，群雄競起，割據四方，各自擁兵數萬到數十萬。有幾個人已經稱王稱帝，而其中最後一個起兵的是李淵和李世民父子。李淵的母親也是獨孤信的女兒。李淵因而與隋煬帝是表兄弟，奉命鎮守太原，一面防備突厥，一面剿滅叛亂的盜匪。李世民在李淵的四個兒子當中排行第二，聰明而有決斷，武藝超群而膽識過人。他眼見隋朝的氣數已盡，而父親仍然在奉命剿匪，心中著急，於是建議李淵：「現在主上無道，全國皆匪。大人奉命討賊，如何殺得完呢？不如順應民心，也揭竿起義，如此可以轉禍為福，甚至取代隋朝而有天下！」

大業十三年（六一七年），李淵終於決定起兵造反。李淵派人到北方見突厥領袖始畢可汗，請求出兵相助，結為同盟。始畢可汗大喜，派大將領兵跟隨李淵。第二年（六一八年），隋煬帝在江都（揚州）被屬下弒殺。李淵於是稱帝，國號「唐」，改元「武德」，後世稱之為唐高祖。隋朝政權得來容易，崩潰也容易，只傳了兩代，共三十八年。

唐兵在不到五年之中掃蕩群雄，再一次統一中國。其間大小戰役不下數百，而李世民幾乎參與了每一場重要的戰役。李世民在戰爭前對形勢判斷極為精準，採取的戰略部署極為大膽而有創意；接戰時總是一馬當先，衝鋒陷陣，因此戰無不勝，攻無不克，得以定鼎中原。

## 玄武門之變

唐高祖建國之後，朝廷裡明顯分為兩個集團，一個以太子李建成為中心，另一個是以秦王李世民為中心。李世民首倡起義，又戰功彪炳，可以說唐高祖之所以有天下，李世民的功勞最大。太子對李世民深為嫉恨，認為李世民功勞越大，越是成為他繼任皇帝的嚴重威脅，因此千方百計要除掉李世民。李世民之弟齊王李元吉也站在大哥一邊的陣營。唐高祖明知事態嚴重，卻不知如何是好。如果以中國帝王家的一般慣例，應該是傳給嫡長的太子。然而，唐朝一統中國之後，事實上還沒有完全平靜。在內部還有殘餘勢力的叛亂持續發生，在外部又有突厥、吐谷渾等在戰亂中強盛起來。唐高祖很清楚這些問題只有李世民有辦法對付，因此也不能不靠李世民。

太子黨知道無法對付李世民，便將目標指向秦王府中的部屬，意圖以利誘、威脅、調職等種種辦法來削弱李世民的勢力。然而，秦王府中重要文臣如房玄齡、杜如晦、長孫無忌，個個對李世民赤膽忠心；武將如秦叔寶、尉遲敬德、程知節等人，幾乎每一個都是在戰爭中被李世民俘擄，獲赦不死，又受到重用，與李世民攜手縱橫沙場，因而更是袍澤情深，死心塌地。太子黨無論如何利誘威脅，都無法動搖，只能想辦法一一除去這些人。

武德九年（六二六年），突厥數萬人進犯河南。唐高祖聽從太子的推薦，派齊王李元吉前往抵禦，並同意將秦王府的大將尉遲敬德、秦叔寶、程知節等都撥到李元吉帳下。尉遲敬德等人又驚又怕，知道一旦離開秦王府，有死無生，於是勸李世民先下手除掉太子和李元吉。李世民嘆息說：「骨肉相殘是古今大惡。我也知道禍在頃刻之間，但是總是想讓對方先出手，我再回擊，如此不會擔負惡名。」然而，尉遲敬德與長孫無忌等人都一再勸說。最後李世民終於同意，在玄武門埋伏甲兵，襲殺了太子和齊王元吉。這一個宮廷悲劇在歷史上稱為「玄武門之變」。

李世民繼任為皇帝後，改年號為「貞觀」（六二七～六四九年）。後世稱他為唐太宗。這時國內基本上已經完全安定，但是北方和西方的游牧民族越加壯大，成為唐朝的嚴重威脅，已經到了不能不解決的時候了。不過為求敘述完整，本章在此要先用一些章節回溯在此之前發生在塞外的變化。

## 柔然與突厥之興替

五胡之亂之前，胡人已經有部分遷移到長城內；亂後內遷的人更多。他們原先所居住的地方立刻有人填補。塞外草原由柔然人佔據；西遼河流域有契丹人和庫莫奚人；在甘肅河湟地區也出現了吐谷渾人。此外，突厥、鐵勒、吐蕃也正要走進歷史的舞台。

柔然和鮮卑一樣，也源出東胡族，而漸漸佔有整個大漠南北。北魏各個朝代中，柔然時時南侵，搶掠邊境。北魏驅之不去，一如漢王朝對於匈奴感到頭痛一樣。柔然傳了十幾代，到北魏正光元年（五二〇年）發生內亂，有貴族阿那瓌被族兄擊敗，投奔北魏。北魏禮遇阿那瓌，封為柔然王。第二年柔然又內亂，北魏派兵護送阿那瓌回到柔然，重建國家。阿那瓌身受大恩，不久卻開始搶掠北魏邊境。正光五年（五二四年），北魏發生六鎮之亂，朝廷幾乎癱瘓，胡太后僱阿那瓌為傭兵，協助剿滅叛亂。北魏不久分裂為東、西魏，相互攻伐，而爭相與柔然婚姻聯盟。阿那瓌兩面逢源，越來越驕傲，卻沒有料到亡國的日子已經不遠。

在柔然之北，北海（今貝加爾湖）以南地區有鐵勒人。鐵勒地方廣大，種族繁多，有僕骨、回紇、紇骨、薛延陀等數十個部族。

柔然興盛時，有一個小部族，稱為突厥，依附於柔然之下。關於突厥的起源，有很多不同的說法。最普遍的說法是說突厥原本是匈奴的別種，姓阿史那氏（Asina），後來被鄰國滅掉，只剩下一個十歲小兒。敵人覺得可憐，沒有殺他。有一頭母狼收養了這小孩，並共同生下十個兒子，就是突厥的祖先。阿史那氏族人後來移居到金山（今阿爾泰山）之下，專門從事鐵工，漸漸壯盛。突厥以狼為圖騰，營帳的牙門總是有狼頭大纛，表示不忘本。中國古代都認為突厥人屬於狼種。

突厥代代相傳，傳到吐務，已經強大。吐務有兩個兒子繼承，長子土門（Tuman）居東方，次子室點密（Istami）居西方，而各自為政。土門驍勇善戰。當時鐵勒將攻打柔然，土門半路截擊，大破鐵勒，併吞五萬餘戶。土門向柔然可汗阿那瓌求婚。阿那瓌大怒，派人去罵土門：「你不過是柔然大國的小鐵匠出身，怎敢出言不遜來求婚？」土門也大怒，轉而向西魏求婚。宇文泰知道厲害，將宗室女嫁給土門。

不久，土門引兵襲擊柔然（五五二年）。柔然崩潰，阿那瓌自殺，餘眾紛紛逃亡。北齊文宣帝高洋收留柔然人，親自帶兵擊敗突厥，送阿那瓌的兒子庵羅辰回國。庵羅辰不久又背叛北齊。高洋大怒，親自帶兵出征，大破柔然。突厥的新領袖木杆可汗也出兵襲擊柔然。柔然被一南一北夾攻，這次再也沒有人能出手相救，於是滅亡（五五五年）。

柔然人有一部分逃至中亞，又為了要逃避突厥人追殺而與當地的嚈噠人（漢代大月氏人的後裔，西方稱之為「白匈奴」）一起進入歐洲，被稱為阿爾瓦人（Avars）。阿爾瓦人曾經稱雄於歐洲中部多瑙河沿岸的潘諾尼亞平原（Pannonian Plain），達三百年之久，最後在九世紀初被查理曼大帝（Charles the Great）擊潰。阿爾瓦人是現代匈牙利人的祖先之一。

柔然人另有一部分逃至東北亞外興安嶺一帶，融入同為東胡族出身的室韋人部族中。

## 隋朝對突厥之離間

突厥木杆可汗接收柔然的廣大土地之後，威鎮塞外，版圖比北齊和北周還要大。北齊和北周都爭相結好突厥，致送布匹、穀物、糧食。木杆可汗的弟弟佗鉢可汗繼位後，驕傲地對左右說：「只要我在南方的兩個兒子孝順，不愁沒有吃穿。」

北周武帝統一華北後，選擇與突厥和親，以宗室女千金公主嫁給佗鉢可汗的姪兒攝圖，派將軍長孫晟護送。長孫晟箭法百步穿楊，突厥人敬重如神，請他留在突厥一年，派貴族子弟向他學習箭法，一同四處打獵。長孫晟因而對於突厥的山川形勢，部眾強弱以及各股勢力間的矛盾，都瞭然於胸。佗鉢可汗死，突厥依照「兄終弟及」傳統的幾個兄弟都已經輪完，而第二代都爭著要做可汗，於是開始分裂。最後以攝圖為大可汗，稱沙鉢略可汗。另外還有三個可汗，其中包括在西域地區的達頭可汗。突厥遂一分為四，表面上歸沙鉢略可汗統帥，實際上相互猜忌。

隋文帝篡北周之後，千金公主哀傷宗室覆滅，日夜哭泣。沙鉢略可汗是北周的女婿，有四十萬鐵騎在握，決定要為北周報仇。隋朝大為震驚。長孫晟於是獻離間之計，派使者與西方的達頭可汗結為同盟；送金幣給庫莫奚、契丹人，使突厥東面受敵；又秘密聯絡沙鉢略的弟弟處羅侯，請他按兵不動。隋朝然後分八道進軍，擊敗被孤立的沙鉢略。長孫晟又遊說其他可汗與達頭可汗聯盟，共同攻打沙鉢略。雙方兵戎相見，各有十餘萬兵馬，突厥從此分裂為東、西兩部，時為開皇三年（五八三年）。亞洲北方的局勢完全改觀，一變而為統一的隋朝面對分裂的突厥。

隋朝接著對突厥第二代又採用離間策略，扶植處羅侯的兒子，封為啟民可汗，以與沙鉢略的兒子都藍可汗對抗。隋文帝將宗室女義成公主嫁給啟民可汗，又派楊素和長孫晟率大軍北征，以啟民可汗隨行。都藍可汗接連敗戰後被族人弒殺。啟民可汗成為東突厥的領袖，對隋文帝感激涕零。啟民可汗的兒子始畢可汗繼位，隋朝又要離間他的弟弟。始畢知道後心中憤怒，開始以隋朝為敵。

西突厥兩傳到處羅可汗，暴虐不仁。鐵勒、薛延陀、回紇諸部都叛變。隋煬帝的大臣裴矩也師法長孫晟，又再一次離間，扶植處羅的叔父射匱可汗，取代了處羅。隋朝不斷地離間突厥而都能成功，歸根結底還是因為突厥內部貴族都只圖私利而不團結，又沒有一套適當的繼承辦法。

# 吐谷渾三落三起

吐谷渾的始祖是鮮卑人慕容吐谷渾，是五胡十六國中前燕開國君主慕容廆的長兄。慕容廆是嫡子，慕容吐谷渾是庶母所生。他們的父親慕容涉歸死後，由慕容廆繼承族長之位。二人之間關係疏遠，偶爾有衝突。有一次雙方的馬互鬥，慕容廆發怒，說：「父親把兩個部族居住地區分隔清楚，為何不相遠離而讓馬互鬥？」吐谷渾也大怒，說：「馬是畜生，相鬥是常有之事，跟人有何關係？要遠離很容易，我就搬到離你萬里之外的地方好了。」於是率領所部向西遷移到陰山下（在今內蒙古，黃河河套之北）。過了二十年左右（西晉永嘉七年，三一三年），吐谷渾看見前燕勢力迅速往西發展，覺得太近了，又率眾南下，越過千山萬水，到達隴西之地枹罕（今甘肅省臨夏縣）。吐谷渾的子孫以此為根據地，在四鄰氐、羌的威脅之下，建立起一個新國家。

吐谷渾第八代酋長阿柴（四一七～四二六年在位）時，國力強盛。阿柴臨終時，將一大堆弟弟和兒子全部召集起來，拿出二十枝箭，分給一人一枝，要每個人試試看能不能折斷。所有的人都輕易地折斷了箭。阿柴又拿出二十枝箭，請弟弟慕利延全部一次折斷；慕利延沒有辦法折斷。阿柴於是說：「你們知道嗎？一枝箭容易折斷，二十枝箭折不斷。大家一條心，才能永保國家。」這個阿柴告誡子弟要團結的故事，在歷史上一直流傳下來。但是說來容易，做起來就困難了。後來慕利延做了酋長，竟將阿柴的長子殺死。阿柴的次子逃亡。北魏太武帝拓跋燾派出大軍，以阿柴的次子為嚮導，差一點就滅掉吐谷渾。阿柴如果地下有知，不知道要說什麼？

吐谷渾在第十三代酋長伏連籌（四九〇～五二八年）時，又達到鼎盛，勢力已經伸入西域，控制住了絲路。伏連籌的兒子夸呂決定採取遠交近攻的策略，聯合北齊以對付北周。以結果看，這顯然是一個錯誤的路線。看似比較弱小的北周反而把北齊滅掉，吐谷渾與北周之間從此無法善了。五七六年，北周武帝派兵南下，攻破吐谷渾國都伏俟城（在青海湖之西）。吐谷渾又一次幾乎亡國。

吐谷渾第十八代王伏允不斷侵犯隋朝邊境，又與突厥分別掐住西域南、北路貿易交通孔道，使得隋朝如芒刺在背。隋煬帝派大軍出征，吐谷渾十幾萬人投降，伏允逃亡。幸而隋朝不久便開始混亂，伏允趁機又出來召集舊部，於是又躲過第三次亡國的危機。

## 吐蕃崛起

吐蕃是西藏的前身，其崛起和突厥一樣，非常突然。在六世紀以前，西藏高原分布著許多小部落，後來互相兼併。其中位於高原南部雅隆河谷（雅魯藏布江流域）的吐蕃最後統一了各部族，建立吐蕃王朝。吐蕃贊普松贊干布（或稱棄宗弄贊）十三歲時繼承其父而登上王位（五七〇年），依藏傳歷史推算，已經是第三十三代。中國歷史將吐蕃歸為西羌族，但在此之前沒有任何記載。

西藏歷史記載，松贊干布的父親是被貴族毒殺而死，接著發生叛亂。松贊干布在擁護者的支持之下，迅速敉平叛亂，以殘酷的手段震懾了所有的部族，然後與各部族一一盟誓，取得效忠，並確立其天神之子的贊普地位。松贊干布接著派兵往外擴張。西藏歷史記載他頒布統一的度量衡制，獎勵農耕、發展貿易，吐蕃開始繁榮。他又派遣十二個天資聰穎的幼童到印度留學，回來之後參照梵文，依藏語的特色創造了拼音的藏文。有了統一的文字，藏族文化隨之迅速地發展。到了七世紀初，正是中國的隋朝末年，吐蕃王朝已然躍升成為一個經濟、文化、軍事大國了。隋朝帝國對此一無所知，但是與吐蕃相鄰的吐谷渾已經感覺到大事不妙。

# 天可汗

隋朝末年，爭霸的群雄一一被唐太宗擊敗，殘餘勢力紛紛投奔突厥的新領袖頡利可汗。頡利兵強馬壯，於是興起了逐鹿中原的野心。頡利可汗是始畢可汗的弟弟，依匈奴的習俗，娶後母義成公主為妻。義成公主也傷心國家覆滅，慫恿頡利可汗背盟而與唐朝為敵。但是頡利生性膽怯而貪財好貨，兩次率領數十萬鐵騎與唐太宗對陣，甚至已經兵臨渭水之濱，長安城外，卻不敢決戰。唐太宗許諾給突厥金錢布匹，頡利便高興地撤兵。唐太宗因而以散財的代價爭取到養兵備戰的時機。

唐太宗是長孫晟的女婿，學習到岳父的箭法，又學習到岳父的離間手法以對付突厥。頡利對待兄弟及屬下刻薄寡恩，離間之計因而奏效，連頡利的弟弟突利可汗也投奔唐朝。貞觀三年（六二九年），唐太宗認為時機成熟，派大將李靖統帥六道大軍，出塞襲擊突厥。李靖生擒頡利可汗，東突厥於是滅亡。

西突厥在唐武德二年（六一九年）傳到統葉護可汗，勇而有謀，擁鐵騎數十萬。西突厥霸有西域，北併鐵勒，南接罽賓，西拒波斯，勢力範圍直抵鹹海，成為中亞前所未有的第一強大汗國。但是統葉護在貞觀二年（六二八年）被謀殺，西突厥陷入內戰，遂逐漸衰敗。

貞觀四年（六三〇年），李靖押送東突厥頡利可汗到長安，唐太宗接受獻俘。西北諸蕃酋長全部齊集，目睹此一盛況，一齊上「天可汗」的尊號給唐太宗，意思是萬國的君長。五胡十六國以來北方游牧民族的侵擾至此告一段落。唐太宗十六歲開始參加打仗，十九歲開始起兵反隋，二十四歲平定群雄，二十九歲做皇帝，三十二歲成為萬邦之主。自古以來帝王武功之強，以唐太宗為最。他在位二十三年（六二七～六四九年），以貞觀為年號，是中國歷史上有名的太平盛世，史稱「貞觀之治」。

## 貞觀之治

唐太宗用人唯賢，知人善任，又擴大舉辦科舉考試，因而人才盡為國家所用。當時有兩個賢明的宰相，房玄齡善於謀畫，杜如晦勇於決斷。唐朝繼續北魏以來的均田制，並實施「租庸調法」。所謂租，即是田租。二十一歲到六十歲的男丁向政府登記取得一百畝田，每年繳納穀粟。所謂庸，即是力役。男丁每年替政府服役二十日，不服役者折算納捐。所謂調，即是戶調，隨田地所產繳納絲、布、棉、麻等不一。人民負擔極輕，得到休養生息，因此國強民富。「絲綢之路」打通，歐亞貿易因而蓬勃發展。京師長安接納各國蜂擁而來的留學生、使節、商旅，成為世界性的大都市。

唐太宗目睹隋朝在短時間內就敗亡了，特別引以為戒，因此鼓勵臣下直諫，虛心接納。諍諫最有名的大臣，莫過於魏徵，而從魏徵受重用，也說明唐太宗是有史以來心胸最廣闊的帝王。

魏徵原本是太子建成身邊的近臣，常常為太子謀畫，對唐太宗不利。唐太宗卻不以為意，在玄武門之變以後立即重用魏徵，派魏徵到山東巡察。當時太子的餘黨都在逃亡。朝廷雖然宣布大赦，地方官都以為不過是說說罷了，仍然懸賞求告，循線逮捕。魏徵一路上看見有囚車載著許多前太子黨，不禁嘆息說：「國家宣布大赦，而這些囚車絡繹於道，有什麼人會相信國家呢？」自作主張下令將囚犯全部釋放。唐太宗大喜。在各處躲藏的太子餘黨也才敢露面，參加新政府的工作。

魏徵清廉自持，又敢言人所不敢言，前後上書兩百多次，直指唐太宗的過錯，還常常在大殿上斥責唐太宗。唐太宗因而反倒有些怕魏徵。唐太宗要蓋新宮殿，或是要去行獵，往往怕魏徵指責浪費而自行取消。有一次魏徵在大殿上指陳唐太宗的過失，完全不留情面。太宗不悅，怒氣沖沖地回到後宮，對皇后說：「我一定要殺掉這個鄉巴佬。」長孫皇后問是誰，太宗說：「魏徵每次當面侮辱我。」皇后立刻換上隆重的朝服，站立在庭中。太宗大吃一驚，問為什麼。皇后回答：「我聽說上有明君，下有直臣。現在魏徵這樣直諫，是因為皇上英明，所以特別換裝來拜賀。」唐太宗因此轉怒為喜。唐太宗之所以能成就大業，有一部分還要歸功於賢明的內助長孫皇后，也就是長孫晟的女兒。

魏徵死後，唐太宗傷心地說：「以銅鏡來照人，可以把衣服、帽子戴得端正。以歷史做為借鏡，可以知道國家興亡的原因。以人做為鏡子，可以明白自己的行為得失。魏徵死，朕失掉了一面鏡子。」

## 武則天

唐朝的文治與武功在貞觀年間達到極盛，不過唐太宗仍然遺留了一些大問題未能解決，包括皇位繼承人要如何決定，吐蕃、西突厥、鐵勒、高句麗等要如何對付。

自古以來，對於任何皇朝而言，最重要的問題莫過於皇位繼承人的選擇。曾經有許多帝國由不世出的君主開創，然而卻因為儲君不適任，或是引發爭奪皇位的鬥爭，以致於龐大的帝國瞬間就冰消瓦解。唐太宗熟讀歷史，又有成群的謀士獻策，當然知道這個問題的嚴重性。然而唐太宗的長子素行不良；次子則是陰謀叵測，處心積慮地學唐太宗要取代長兄。唐太宗因而痛心疾首。唐太宗的第三個兒子李治，仁厚而孝順，也不是不聰明，但是生性懦弱，自然不是唐太宗的最愛。唐太宗到最後其實不知如何是好，也已經沒有什麼選擇了。

不過他擔心這樣的兒子無法治理如此龐大的帝國，便在臨終前指定長孫無忌、褚遂良等為顧命大臣，以輔佐李治，後來稱為唐高宗。長孫無忌是長孫皇后的哥哥，唐高宗的舅舅。唐太宗無論如何都不會料想到這樣的安排並沒有用，在他死後只有六年，大唐帝國的國家大權就完全落在一個名叫武媚的女子手中。

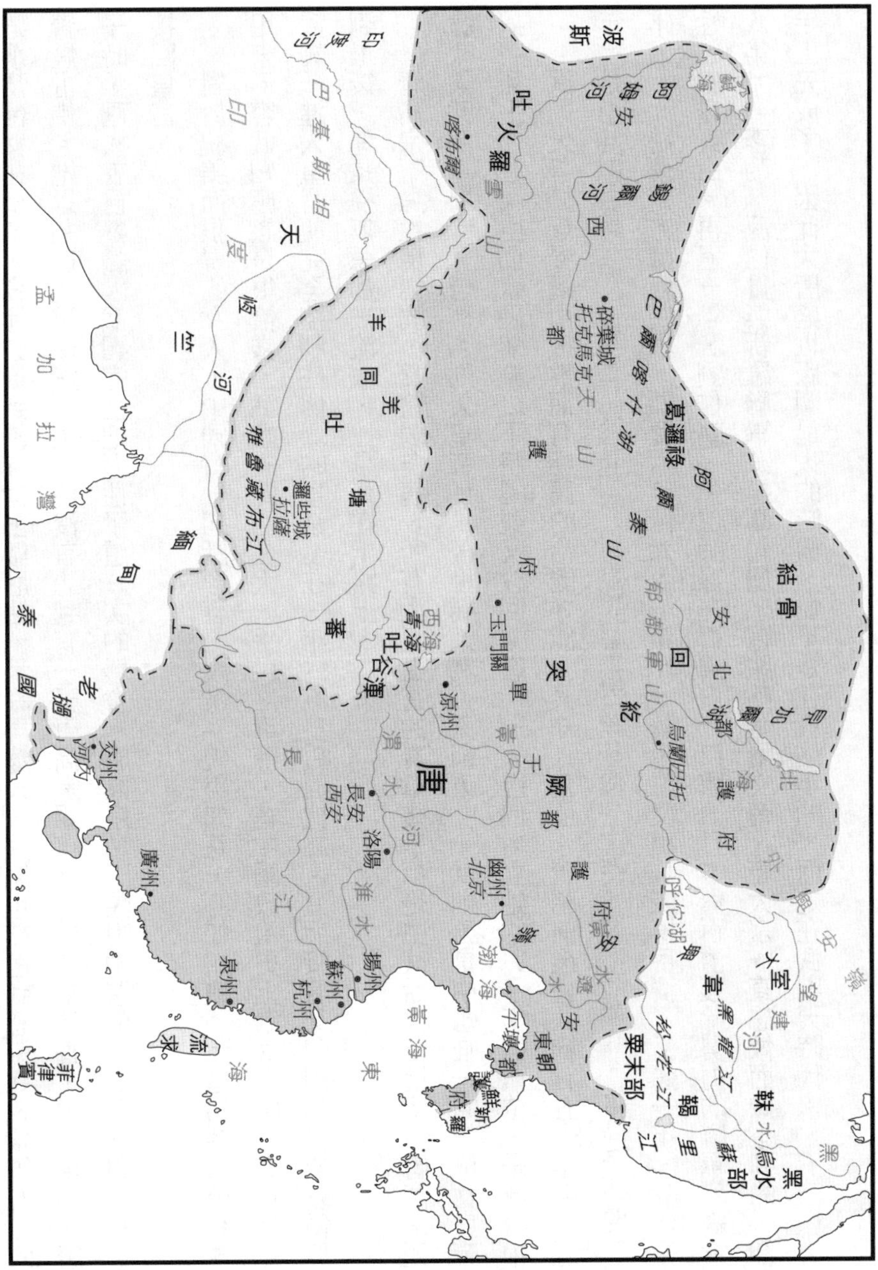


唐朝全盛時期（西元670年）

武氏十四歲時被選入皇宮裡，侍奉唐太宗，賜名為媚，封為才人。當時的慣例，凡是與皇帝有親密關係的妃嬪及侍女在皇帝死後都必須到佛寺裡去做尼姑，不許再嫁人。武媚也被送到感業寺，做了五年的女尼，日夜青燈古佛。她以為從此這樣過一生，卻沒有想到有一天唐高宗親自到感業寺來進香，兩人相遇。唐高宗還是太子時，兩人就已熟識。武媚完全把握住了這一次的機會。唐高宗私下囑咐她還俗，並等她頭髮長了之後，將她接回皇宮。

對於貌美而狠毒的女人，中國有一句話形容，說是「貌美如花，心如蛇蠍。」這句話不免有些刻薄，但是用來形容武媚應該是很恰當。武媚的野心之大、手段之毒辣，在中國政治史上的女人中，真正是無出其右者。武媚一進入皇宮便完全控制住懦弱的皇帝，在一年內取皇后而代之。武后接著又鬥倒長孫無忌領導的勳舊派。到最後，連長孫無忌都被流放，並且死在半路上。

唐高宗不只性情懦弱，又體弱多病，所有大臣上書的奏章幾乎都是由武后代為批示。唐高宗死後，武后乾脆改國號為「周」，自稱「則天皇帝」，後世稱她為「武則天」。武則天是中國唯一的一位女皇帝，一直到老病將死，才在大臣們軟硬兼施之下將國號又改回「唐」。大臣們擁立她的兒子李顯繼位，是為唐中宗。

武則天善於玩弄權術，然而有極高的治國才能，又知人善任。唐朝前後總共約有五十年（六五五～七〇五年）是由武則天統治。在這一段時間內，唐朝的軍事成就達到中國歷史上的顛峰。唐高宗顯慶二年（六五七年），大將蘇定方滅西突厥。顯慶六年（六六一年），蘇定方又出兵滅掉百濟。又過一年，薛仁貴大破鐵勒九姓，威震天山。再過一年，劉仁軌、孫仁師等在百濟白江口擊潰日本與百濟殘餘勢力的聯軍。總章二年（六六八年），李勣、薛仁貴與新羅聯軍滅掉高句麗。這些都是隋文帝、唐太宗一直想做而做不到的，卻在武則天的手上完成了。因此大唐盛世版圖最大的時候，並不是在貞觀年間，而是在武則天時代。

## 吐蕃的興盛與吐谷渾的滅亡

大唐帝國的疆域雖然向西、北、東延伸，獨獨對西南的吐蕃卻是無可奈何。吐蕃在唐朝初年時達到鼎盛，有數十萬大軍。貞觀八年（六三四年），吐蕃派使節第一次來到長安。松贊干布聽說吐谷渾和突厥都娶唐朝公主，也請使者向唐朝求婚，但唐朝拒絕。吐蕃使者沒有達成任務，回去之後，編一個理由說是因為吐谷渾蓄意阻撓。松贊干布大怒，發兵襲擊吐谷渾，吐谷渾大敗。吐蕃接著又派二十幾萬大軍至唐朝邊境，聲稱要迎娶公主。唐兵在松州（今四川西北松潘縣）擊敗吐蕃。松贊干布退兵，派使者到長安謝罪，又繼續請婚。唐太宗最後終於准了。

貞觀十五年（六四一年），唐朝特使送文成公主到吐蕃。中國的歷史記載，松贊干布親自到青海迎接，攜文成公主同返邏些城（今拉薩）。松贊干布看見中國衣服、文物、儀衛之美，驚喜讚嘆。文成公主厭惡吐蕃人將臉塗成褐紅色的習俗，松贊干布下令從此禁止。

不過依據西藏大部分的史料記載，松贊干布這時年紀已經超過七十歲了，並沒有到青海，而是由他的兒子芒松芒贊迎接文成公主，並與公主成婚。但芒松芒贊早死，文成公主於是到邏些城，又嫁給松贊干布。唐高宗永徽元年（六五〇年），松贊干布死，孫子繼任贊普，由大相祿東贊輔政。

唐朝和吐蕃通婚之後，雙方有一段時間和平相處。吐蕃與吐谷渾之間卻是連年戰爭。唐高宗龍朔三年（六六三年）祿東贊利用吐谷渾內亂，發兵一舉滅掉吐谷渾。吐谷渾王倉皇逃至唐朝境內。七年後，吐蕃攻陷西域十八州。唐朝派薛仁貴率領十幾萬兵前往，聲稱要護送吐谷渾王返回故地，卻被吐蕃國師論欽陵率四十萬兵在大非川（今青海省南部）殺得全軍覆沒。薛仁貴是唐朝家喻戶曉的當世名將，因而消息傳至長安，全國震動。

此後唐朝與吐蕃每戰必敗，武則天只得放棄與吐蕃爭勝，改採離間吐蕃贊普器弩悉弄與論欽陵的手段。

論欽陵是祿東贊的兒子，一家人從祿東贊時起在吐蕃都身居要職，掌控吐蕃的朝政與軍事達六十年之久，引起朝野嫉妒。吐蕃連年在外征戰，百姓被徵調從軍，日久厭戰，都希望和親。吐蕃贊普器弩悉弄即位時只有八歲，年紀漸長後對論欽陵擅權也心生不滿；唐朝又在中間煽風點火。論欽陵一家於是逐漸被孤立。武則天聖曆二年（六九九年），器弩悉弄搜捕論欽陵家族及黨羽兩千多人。論欽陵自殺，論欽陵的弟弟與兒子逃脫，投降唐朝。數年後，器弩悉弄統兵征伐南方，死於軍中。

## 唐朝中衰

武則天死後，繼任的唐中宗李顯懦弱而無能。他的皇后韋氏和武則天一樣有無比的野心，卻沒有武則天的才能。她又犯了一個致命的錯誤，下毒將唐中宗害死，等於將自己的權力來源砍斷。政變因而發生，韋后被殺，由中宗之弟唐睿宗繼位。又過了兩年，睿宗傳位給當初平亂有功的兒子李隆基，是為唐玄宗。

唐玄宗在位的四十四年裡，前半期和後半期是鮮明的對照。開元年間（七一三～七四一年）是唐朝全盛的時期，賢相姚崇、宋璟主政，國強民富。天寶年間（七四二～七五六年），唐玄宗漸漸志得意滿，寵幸歷史上有名的美女楊貴妃，放縱享樂。惡名昭彰的宰相李林甫和楊貴妃的族兄楊國忠權傾朝野，賣官鬻爵，反白為黑，朝政於是敗壞。

唐朝中衰的原因很多，如果說是單單由於唐玄宗寵愛楊貴妃，未免太過膚淺。從制度面看，唐朝的農業政策、兵役制度、中央和地方政府權力劃分、降附的游牧民族的處置等，都發生嚴重的問題，並且相互影響，可謂錯綜複雜。以下分別說明。

## 回紇崛起及唐朝內部胡人勢力的膨脹

西北游牧部族的問題其實是開國以來就一直存在。唐朝征服了西北各部族，並將這些地方都納入版圖。這雖然是一項成就，也是問題的開始。

當時大部分的官員建議在現今的山西、陝西地方撥出土地予以安置。只有魏徵拿歷史作借鏡，說晉朝時郭欽、江統提出〈徙戎論〉，不被採納，以致釀成五胡亂華大禍。突厥、鐵勒等游牧部族的生活方式及風俗習慣與中原民族完全不同，就如同魏、晉時代的胡人一樣，如與漢人雜居，必然發生問題。魏徵因而堅決主張一定要將他們趕出塞外，予以隔離。

唐太宗與當年的曹操一樣英明神武而有自信，決定採納多數人的意見。然而不用多久，果真發生幾次胡人叛亂事件，證明魏徵的先見之明。唐太宗於是斷然下令將胡人全部遷出塞外。但唐朝對突厥的控制力也因而降低，突厥各部族於是又開始相互兼併。唐高宗調露元年（六七九年），東突厥產生一個新領袖阿史那泥熟匐，並且舉兵反叛，有眾數十萬人。這時離貞觀四年東突厥滅亡不過五十年。

總之，唐代動員龐大的人力、物力、財力用於突厥，終究是一事無成。真正滅掉東突厥的是北方崛起的另一個游牧部族回紇，時間在唐玄宗天寶三年（七四四年）。回紇是鐵勒中的一部，從此稱霸漠北。東突厥滅亡後，族人投奔唐朝。唐玄宗可能不完全明白五胡亂華的歷史，也不知道當年魏徵對唐太宗的諫爭是為了什麼，對於來歸的游牧民族一一收留，願意從政的給予官職，願意從軍的都編入軍隊。唐朝政府裡面的將官，有越來越高的比例來自突厥、鐵勒、契丹、西域及高句麗。唐代是繼五胡十六國以後，中國又一次民族大融合的時期。從另一個角度說，動亂遂無法避免。

## 藩鎮失控

唐朝的地方官制在武則天死後發生一個很大的變化，開始有「節度使」的職位。原本節度使的職務主要是掌管軍事，鎮壓叛亂，防禦外敵。節度使漸漸也管到行政，最後連稅收全部都在節度使的手上，各州刺史都被架空。唐玄宗時，國中遍置節度使，其中胡、漢參半。

唐朝仿效北魏而實施均田制及府兵制。經過了一百多年，由於歷代的私人土地兼併，均田制已經無法繼續。府兵制也漸漸被破壞，而代以募兵制。負責募兵的自然是各地方負責軍事的節度使。節度使在用人施政，徵稅理財及招募士卒等三方面既然都能自主，朝廷漸漸就管不住了。李林甫和楊國忠做宰相時，賣官鬻爵，再高的官位都可以買得到，其中最搶手的當然是可以據地為王的節度使，所以節度使的人選沒有幾個是適任的。這種專制一方的節度使，歷史上稱為「藩鎮」，等於是軍閥割據，國中有國。

節度使用人不當所造成的負面影響，可以用一個鮮明的例子來說明。天寶九年（七五〇年），在中亞管轄原西突厥之地的安西節度使高仙芝（高句麗人）以背信貪暴的手段欺凌石國（今烏茲別克塔什干，是昭武九姓之一），引起中亞胡人公憤，向新起的伊斯蘭教黑衣大食求助。高仙芝率三萬人與黑衣大食在怛羅斯城（在碎葉城西四百公里）大戰，唐兵全軍覆沒。唐朝的勢力從此退出中亞。

## 安史之亂

唐玄宗時，安祿山是最大的藩鎮，一人身兼范陽、平盧、河東三鎮的節度使。安祿山本名軋犖山

（roxšan），他的父親是西域的粟特人，母親是突厥巫覡。粟特人以善於做買賣著稱，是絲路貿易的重要中間商。天寶十四年（七五五年）安祿山自稱皇帝，與部將史思明一同叛亂。唐朝立刻陷入混亂，史稱「安史之亂」。安祿山一路破州殺縣，輕易地攻陷洛陽及首都長安，唐玄宗倉皇逃到四川成都。

安史之亂經過八年，幸而有大將郭子儀與李光弼（契丹人）力挽狂瀾，才終於平定。當時官軍與叛軍都向回紇求援，回紇答應與叛軍聯盟。唐朝大將僕固懷恩（鐵勒人）有女兒嫁給回紇登里可汗，親往回紇遊說，登里可汗才同意轉而幫助唐朝。回紇雖說是出兵幫助唐朝，一路上也是燒殺搶掠，凶殘的程度比叛軍有過之而無不及。安史之亂是唐朝盛衰的分水嶺，從此國家一天比一天衰弱。

## 宦官專權與回紇、吐蕃的動亂

唐朝中衰的另一個原因是宦官擅權，也是從唐玄宗開始。唐太宗時宦官不超過一百人，沒有任何權力。唐玄宗時宦官人數上萬，其中有官位者超過三千人，宦官之首高力士權傾朝野，以後一代比一代嚴重。安史之亂時，郭子儀等將領在前線與叛軍搏命，唐肅宗不放心，派宦官監軍，監督其一舉一動，稱為「觀軍容使」。宦官向皇帝進讒言，郭子儀立刻被撤換。後來軍情緊急，郭子儀再度披掛上陣。等到郭子儀大敗叛軍，亂事將平，宦官又進讒言，郭子儀又被解除兵權。

郭子儀是唐朝的擎天一柱，不但驍勇善戰，受部屬愛戴，也深受回紇人敬重。若沒有他，唐朝早已滅亡。郭子儀自知功高震主，但是澹泊名利，對於權位沒有野心，被奪權也不在意。但是這樣的事輪到其他的人就不一樣了。僕固懷恩自安祿山反叛以來便參戰，一門之中有四十六人為國犧牲，並在最要緊關頭說服回紇可汗出兵相助，有大功於唐朝，然而宦官卻同樣構陷他。僕固懷恩心中的憤恨可想而知，因而幾經內心掙扎，決定叛變，反過來招引吐蕃及回紇來作亂。

吐蕃器弩悉弄死後，第三十六代贊普赤德祖贊和第三十七代贊普赤松德贊（七〇四～七九七年）都繼續向外擴張，伸展勢力到達中亞及西域，是吐蕃全盛時期。唐睿宗將宗室女金城公主嫁給赤德祖贊。吐蕃大部分史料都記載赤松德贊是金城公主的兒子。但吐蕃兩代的贊普仍是派兵與唐朝在青海、甘肅和四川西北地區持續戰爭。

安史之亂後，吐蕃趁機出兵，陸續攻陷西北數十個州郡。宦官將邊將的報告全部扣留，直到吐蕃兵已經接近京畿，新皇帝唐代宗才知道，慌忙又請郭子儀出來。郭子儀已經被閒置一年多，部屬離散，一時無法招募。吐蕃兵二十幾萬人於是在代宗廣德元年（七六三年）長驅直入京城長安，停留二十天，剽掠府庫商店，殺人放火。長安城內被洗劫一空。郭子儀集合舊部，招募兵勇，經過兩年才終於又收拾殘局，並說服回紇倒戈，共同擊敗吐蕃，殺數萬人，再一次拯救了大唐帝國。

唐朝、吐蕃與回紇三者在安史之亂後，是處於微妙的三角關係。回紇在北，吐蕃在西，唐朝在東。三者所統轄的地域相差不多。唐朝有時聯合回紇攻吐蕃，有時聯合吐蕃攻回紇，有時陷於兩面作戰。吐蕃與回紇時而聯合侵犯唐朝，但是雙方為了爭奪西域而相互征伐，更甚於和唐朝的衝突。

## 南詔興起

在唐朝的南方，現今雲南及部分貴州地區，有土著夷人居住，分為六大部族，稱為「六詔」。其中最強大的蒙舍詔於唐玄宗開元二十六年（七三八年）統一了六詔，建立南詔國。南詔國王皮羅閣與他的兒子閣羅鳳原先都向唐朝稱臣入貢。不料唐朝的雲南太守向閣羅鳳索賄不成而誣賴閣羅鳳造反，又要扶植閣羅鳳的兄弟取而代之。閣羅鳳憤而反叛，殺雲南太守。唐朝兩次派兵征討南詔，吐蕃派兵來支援南詔，結果唐朝大軍十幾萬人全軍覆沒。天寶十三年（七五四年），閣羅鳳在現今的大理修築了一座「大唐天寶陣亡將士塚」，親自祭悼立碑，碑上寫著：「叛唐不得已而為之。」南詔於是轉而與吐蕃結盟。

然而，敵我只是暫時，而非永久。吐蕃接受南詔投靠以後，對南詔徵收重稅，需索無度，南詔苦不堪言。唐德宗貞元六年（七九〇年），吐蕃與回鶻（即回紇，七八〇年改國名）在北庭（今新疆吉木薩爾）大戰，結果兩敗俱傷，各死數萬人。吐蕃要求南詔發兵協助吐蕃征伐回鶻，南詔更加不滿。唐朝趁機遊說南詔王異牟尋反叛吐蕃。兩國達成聯盟，各派軍隊，裡外合擊，大破吐蕃，收降十幾萬人。

## 吐蕃喪亂

吐蕃大敗以後，國力開始轉弱。唐穆宗長慶元年（八二一年），吐蕃第四十一代贊普赤祖德贊主動要求與唐朝會盟，明訂疆界，相約互不侵犯。雙方除簽訂和約之外，也刻石紀念，在唐朝京師長安及西藏邏些城大昭寺門前各立一塊碑。稱為「唐蕃會盟碑」。碑的四周有漢、藏兩種文字，在大昭寺門前所立的碑至今仍存，文字仍然可以辨視，見證了這一段的歷史。

吐蕃從立國開始就實施奴隸制度，因而長久以來貴族與奴隸之間有嚴重的矛盾。同時吐蕃也有宗教及相關利益的矛盾。赤祖德贊篤信佛教，並提高僧人的政治地位，引起反對佛教的貴族階級強烈不滿。唐文宗開成三年（八三八年）赤祖德贊被貴族刺死，朗達瑪（或稱達磨）被擁立為王。朗達瑪下令封閉全國佛寺，焚毀佛教經典、佛像，殺戮高僧，強迫所有的僧人還俗。

又過四年，佛教僧人反擊，刺殺朗達瑪。吐蕃貴族分裂為兩派，爆發長期內戰。結果是赤地千里，了無人煙。唐宣宗大中十一年（八五七年），二十年的貴族內戰接近尾聲，隨軍奴隸卻跟著揭竿起義，自號「嗢末」。唐懿宗咸通十年（八六九年），平民也起義，稱作「邦金洛」。貴族統治階級土崩瓦解，紛紛逃竄。西藏從此陷於四分五裂，沒有機會再起。

## 回鶻（回紇）滅亡

回鶻的滅亡比吐蕃崩裂還要早，而其滅亡的原因主要也是起於內亂。回鶻與吐蕃爭勝，大傷元氣，內部經常因為意見紛歧而相攻。唐文宗太和六年（八三二年）回鶻可汗為其部下所殺。新可汗繼立後數年，前任可汗餘黨引沙陀兵（原西突厥的一部分）入侵，殺新可汗，又再另立可汗。不久，又有逃亡的回鶻人引黠戛斯人（在漢朝時稱為堅昆，後來又稱為契骨，是現今吉爾吉斯人的祖先）十萬騎兵來攻，殺可汗。回鶻諸部潰敗，紛紛逃亡，有一部分王室貴族投奔唐朝。唐朝趁機收編，然後又派他們回去剿滅殘餘的回鶻部族，時為唐武宗會昌三年（八四三年）。

回鶻三次內亂，都是由自家人引外面勢力入侵，導致最後滅亡，說來真正是悲哀而又愚不可及。回鶻滅亡後，部眾四散。部分人遷移到新疆，是現今維吾爾人的祖先。另有一部分人移居河西走廊，是現今裕固人的祖先。

## 流寇之亂與唐朝之滅亡

吐蕃崩裂，回鶻滅亡，唐朝終於免除了亡於外患的危機，然而內部的許多問題仍然存在。安史之亂後，藩鎮跋扈的情況更加嚴重。各地方節度使都看得很清楚，像郭子儀一樣的謙謙大度，功勞再大仍是保不住權位。朝廷在宦官把持之下只是嫉害能臣，功成之日便被束之高閣。要想保住權柄，只有兩條路：一條路是猖狂跋扈，不聽朝廷號令；另一條路是賄賂掌權的宦官，與之同流合污。唐朝的宦官很早就掌控禁衛軍，又與藩鎮之間有很深的勾結，因而地位極為穩固。總之，唐朝的後半時期，宦官和藩鎮的勢力越來越大，皇帝的權力已經被架空了。

唐朝晚期不幸還有黨爭的問題。唐憲宗元和年間（八〇六～八二〇年），以牛僧孺為首的「牛黨」和以李德裕為首的「李黨」之間開始鬥爭。雙方水火不容，爭奪的目標當然是政治權力，不過出身的背景也是分歧的原因之一。唐朝雖然有科舉制度，但是並非任官的唯一途徑，門閥也能世襲。牛黨代表的是科舉出身的官僚，是新興的知識分子。李黨代表北方士族出身的官僚，是守舊的門閥貴族。雙方的鬥爭延續四十幾年，使得政府陷於空轉，社會更加混亂而黑暗。

唐朝有外患、宦官、藩鎮和黨爭等禍害，使得國家衰敗，卻還能苟延殘喘。唐朝最後滅亡的原因則是流寇，即是農民起義。流寇起於政府施政腐敗，橫徵暴斂。加上地震、蝗災、旱災，天災連連，以致民不聊生，農民遂鋌而走險，起來造反。如此的亡國過程，在中國已經成為一種公式。從秦朝末年開始，已經不知道發生幾遍了，而仍然重複著。

唐僖宗年間，有王仙芝和黃巢兩人在山東起義，數月之間，有數萬人爭相投效。黃巢由北方渡過淮河、長江，到了南方，一路上越滾越大，達數十萬人；又渡過長江而北上，攻陷洛陽及首都長安。所過數十州，殺節度使、刺史無數，地方殘破，哀鴻遍野。其範圍之廣，在中國以往農民起義之中，前所未有。流寇之亂經過十幾年，最後靠各地方節度使圍剿，才終於撲滅。然而，在大亂之後藩鎮的勢力更是強大。藩鎮中最強的朱溫原先也是黃巢手下的將領，而於投誠之後反過來加入圍剿流寇。朱溫扶立唐朝最後一個皇帝唐哀帝，之後又迫不及待地篡位，唐朝便滅亡了。唐朝前後共有二十一個皇帝（包括武則天），總計二百九十年（六一八～九〇七年）。

## 五代十國

朱溫建國，國號梁，史稱「後梁」，開啟了中國的另一段歷史，稱為「五代十國」。

所謂「五代」，是指後梁、後唐、後晉、後漢、後周五個朝代。這五個朝代所能控制的大致都只限於長城以南的華北地區。所謂「十國」，是指在同一段時間內，華中及華南地區有十個國家存在。這十個國家分別是吳越、閩、吳、荊南、南唐、楚、南漢、北漢、前蜀及後蜀。

五代總共只有五十四年（九〇七～九六〇年），所以五個朝代平均享國不到十一年就被推翻，說明了這是一個動亂的時代。十國之中，大部分都從後梁朝活到後周朝，並且有一部分又拖到後來的北宋初期才滅亡，所以相對地比較穩定。十國的地域則相對較小，大概只有現今中國的一個或兩個省。

事實上，五代十國是唐朝一百五十多年藩鎮割據的延續。在唐朝的後半期，中央政府雖然不再有能力號令藩鎮，名義上起碼是各藩鎮的共主。流寇出身的朱溫取唐朝而代之，卻沒有能力征服其他的藩鎮，也不被承認。於是大部分的藩鎮一一宣布獨立，這便是十國的由來。

五代為何都如此短命呢？大致說來，不外以下幾個原因。第一，這五個朝代取得政權的手段大多都是篡位，缺乏正當性。其他人很容易也想要取而代之。第二，這五個朝代建國之後，基礎都不是很穩固。開國君主迫於現實，不得不繼續節度使的制度，以籠絡部將。藩鎮跋扈的情形既然沒有改變，對朝廷的穩定自然是一大威脅。第三，這五個朝代的君主幾乎全部都是武將出身，馬上得天下之後，不知道要如何下馬治天下，因而政治腐敗混亂。第四，當時有一個虎視眈眈的契丹崛起，增加了五代各個政權的不穩定性。

契丹取代了原來的突厥和回鶻，成為北方的新強權之後，對於中原地區的興趣並不只在掠奪財富，而是有更大的企圖心，對五代的興替發生極大的影響。因此在說明五代的歷史之前，必須先敘述契丹的由來及發展。

## 契丹耶律阿保機

在五、六世紀北魏強盛時，有兩個比較弱勢的東胡部族居住在遼西，現今的西遼河流域，稱為契丹和庫莫奚。契丹屬於鮮卑族，庫莫奚族（簡稱奚族）屬於烏桓族，但也有記載說奚族是宇文鮮卑的後代。契丹在東，奚族在西。契丹人主要以漁獵為生，居無定所；而奚族人逐水草畜牧，住在氈廬裡，將牛、馬車連接環繞，圍成營地。兩族之間不相隸屬，時常互有戰鬥，而都臣屬於北魏，後來又都對突厥稱臣。唐太宗號稱天可汗，契丹、奚族都到長安朝貢。回紇強盛時，契丹與奚族又轉而臣服於回紇。唐朝末年，黃巢之亂爆發，契丹趁機發展，逐漸強盛。

契丹原本是由八個部落組成，有八部大人，並規定契丹王由八部大人每三年依次輪流擔任。輪到迭剌部的領袖耶律阿保機時，對外征戰屢建大功，自認神武非凡，過了九年還不肯接受替代。七部大人等耶律阿保機出征後，正要回來契丹的半路上，共同在邊境上截堵，逼他如約退位。阿保機無可奈何，只得交出代表王權的大纛和大鼓。阿保機卻暗中準備，經過幾年，突然出兵，擊滅七部，將契丹併為一國。阿保機接著往北侵略室韋、靺鞨，向西併吞奚族。這時已經到了唐朝末年。阿保機擁兵四十萬，四周的鄰國無不對契丹感到懼怕。

# 沙陀李克用

黃巢亂起，唐朝皇帝下詔請各地的藩鎮共同對付流寇。在圍剿黃巢的藩鎮之中，有兩個人身分比較特殊；一個是後來篡奪唐朝的朱溫，另一個是李克用。

李克用是沙陀人。沙陀又名處月部，姓朱邪，是西域的游牧部族之一，居住於現今新疆準噶爾盆地附近，是當時吐蕃與回紇勢力爭勝的中間點。沙陀原本投靠吐蕃，後來決定改投唐朝而被吐蕃追殺。沙陀人且戰且逃，三萬人中只有兩千人活命逃出，被唐朝安置在黃花堆（今山西朔州市山陰縣），又漸漸繁衍人口。沙陀人驍勇善戰，是唐朝傭兵的來源之一。李克用的父親朱邪赤心曾經幫唐朝平定大叛亂，因而聲名遠播，被唐朝皇帝賜姓名為李國昌。後來發生饑荒，李國昌和李克用父子不堪地方官剋扣糧餉，憤而殺官出逃，投靠位於陰山之北的韃靼部族（由部分室韋人遷移而建立，是後來的蒙古部族之一）。李克用是一個傳奇人物，只有一隻眼睛，人稱「獨眼龍」，而箭法神奇，曾經一箭射下雙雁，韃靼人仰慕如神。

各藩鎮起兵圍剿黃巢而沒有成效，唐朝君臣又想起沙陀軍隊的剽悍，於是下令特赦，請李克用帶兵入關。李克用的軍隊都穿黑衣服，號稱「鴉軍」，所向無敵，不久便將黃巢逐出長安，又窮追不捨。唐僖宗中和四年（八八四年），黃巢被逼到狼虎谷（今山東省萊蕪市），自殺而死。

各藩鎮圍剿黃巢之所以沒有成效，原因之一是各懷鬼胎，一方面保留實力，一方面伺機消滅未來的假想敵；只有李克用是真刀真槍在打仗。藩鎮之中以朱溫最強，也最狡猾，好幾次偷襲李克用，必欲除之而後快。李克用向朝廷提出告訴，但唐朝皇帝被朱溫挾持，已經自身難保。

## 後梁與後唐

朱溫逼唐朝最後一任皇帝退位而稱帝之後，各地的藩鎮遂一一宣布獨立，先後產生了「十國」。李克用與朱溫仇深似海，自然也不承認後梁，堅持繼續使用唐朝的年號。李克用看見契丹強盛，便與耶律阿保機結為兄弟，相約出兵共同攻打後梁。朱溫也派人到契丹，賄賂阿保機，阿保機於是毀約。李克用憤恨不已，第二年病死，遺命兒子李存勗務必要滅掉後梁。

李存勗驍勇善戰，有乃父之風，果然滅掉後梁而建立新的朝代（九二三年），國號唐，史稱「後唐」。不過李存勗從此荒廢朝政，尤其沉迷於戲劇。中國歷代皇帝中，對戲劇的狂熱，李存勗的排名比唐玄宗還要前面，絕對是在第一位，甚至自己取一個藝名叫「李天下」，常常親自粉墨登場。後唐朝廷中伶人因而受皇帝寵幸，都佔據要職，引起將士嫉恨。

李克用在世時，喜歡收養強健的小孩以為養子。這些養子來自各個不同的部族，長大以後個個武藝超群，能征善戰，大部分成為藩鎮之主。後來眾多養子之一的李嗣源由部屬擁戴，起兵反叛李存勗，取而代之，繼位為皇帝。

李嗣源是五代時少有的賢明君主，國力強盛，將契丹擋在關外。李嗣源也收了不少養子，個個長大以後同樣勇武難馴。李嗣源還有一個女婿石敬瑭，英武過人。李嗣源死後，繼位的兒子沒有能力，卻想要削除盤據各處的山頭勢力，於是引起內戰。最後的結果是石敬瑭被圍攻而向契丹求援。

## 遼國與後晉

契丹耶律阿保機在九一六年開始稱帝，至九二六年駕崩。十年之中，西侵回鶻舊有土地，東滅高句麗人與靺鞨人所建立的渤海國，疆土日廣，但是始終沒有機會進入中原。在他死後，皇后述律氏總攝朝政。述律太后不喜歡長子耶律倍，立次子耶律德光為帝。石敬瑭向契丹求援，姿態非常低，對契丹稱臣，又自稱是兒子。當時也有其他後唐的藩鎮向契丹求援，並提出類似的條件，所以石敬瑭的條件越開越低。契丹大喜，於是出兵協助石敬瑭。耶律德光親自帶兵，爭逐三千里，擊滅後唐，時為九三七年。石敬瑭受契丹冊封，自稱「兒皇帝」，國號晉，史稱「後晉」。石敬瑭同意每年對契丹納歲絹三十萬匹，並依約定將燕雲十六州割給契丹。燕雲十六州相當於現今北京、天津及山西省北部地區。契丹入主燕雲十六州之後，改國號為「遼」。

千百年來，中原王朝與北方強敵的關係，有和親、納幣、納絹，從來不曾有對夷狄自稱兒子，又自動割地。割讓燕雲十六州一事，在五代後期和其後的宋朝都引為奇恥大辱。遼國的女強人述律太后則努力經營燕雲十六州，以為繼續南征北伐的跳板。南北之間的戰火從此延燒數十年。

石敬瑭的姪兒石重貴在他死後繼位，對於向遼國卑恭屈膝非常不以為然，於是停止稱臣，還帶兵北上，預備收復失土，卻無視於本身力量薄弱。述律太后大怒，命令耶律德光出兵征討。後晉將官一一投降遼國，最有實力的藩鎮劉知遠則駐軍在山西，既不投降，也不參戰，只是袖手旁觀。他對部屬說：「契丹強盛，此時我若出手，必定大敗。不如保持實力，耐心等待。契丹無法治理中國，很快就會撤出。」

耶律德光輕易地滅了後晉，決定坐鎮在汴京（即是開封，五代都以此為國都），做中國的皇帝。耶律德光不給契丹兵薪餉，放縱胡騎以牧馬為名，到處剽掠，稱為「打草穀」；又在京城及各大城市大肆搜刮錢財。華北民不聊生，壯丁斃於刀鋒，老弱死於溝壑。不到一年，群盜蜂起，攻陷州縣。耶律德光嘆氣說：「我不知道中國人如此難制。」到了夏天，天氣漸漸轉熱，耶律德光忍受不住，決定北返。契丹兵所過之處，見到男子便殺，女子則俘擄而北；把嬰兒丟擲於空中，舉兵刃接殺，引以為樂。中原百姓對契丹的惡劣印象從此無法消除。

耶律德光尚未回到契丹國內就病死了。當初耶律阿保機征渤海國，回程死在半路，述律太后遷怒大臣，殺酋長及將官數百人。耶律德光又死在半路，所有契丹酋長和將官都害怕，在半路上擁立耶律兀欲為王。耶律兀欲就是述律太后所不喜歡的長子耶律倍的兒子。太后聞訊大怒，發兵征討。帶兵的將官卻不戰而降。耶律兀欲將太后，也就是他的祖母，幽禁在祖父阿保機的墓旁，然後自稱皇帝，是為遼世宗。

## 後漢與後周

契丹既已退兵，又發生內亂，劉知遠的遠見和耐心等待於是得到報償，不費吹灰之力便將後晉原有的土地全部收回，只有燕雲十六州仍屬遼國。劉知遠稱帝，國號漢，史稱「後漢」。劉知遠的眼光深遠，卻看不見自己的兒子劉承祐的問題。劉承祐喜愛遊樂享受，嫌父親所留下的文臣武將礙事，將大部分的老臣都殺了，又要殺深受軍隊擁戴的元老重臣郭威。郭威只得反抗，鼓動將士擁立自己，將皇帝拉下馬來，改國號為周，史稱「後周」。後漢的政權來得容易，去得更快，只有四年就換手了，是五代之中最短命的一個。

後漢滅亡之後，仍有殘餘勢力在遼國的扶植之下成立一個新政權，稱為「北漢」，佔據山西太原附近地區。北漢趁後周郭威死，新皇帝柴榮剛剛登基，以為有機可趁，聯合遼國南侵，浩浩蕩蕩。柴榮率兵截堵，兩軍在高平（今山西高平縣）大戰。北漢見後周兵少，有輕敵之意，後悔召遼兵助陣，出言不遜。遼兵統帥至為惱怒。柴榮身先士卒，親冒矢石，後周兵戰志高昂，以少擊多，大敗北漢兵；而遼兵坐視北漢兵潰敗，不出一卒。柴榮在戰勝之後立即重賞奮不顧身的將官士卒，斬殺猶豫不前或望敵先逃的驕兵惰卒。後周兵從此成為一支戰力強勁的軍隊。

## 柴榮與趙匡胤

柴榮胸有大志，以恢復唐朝盛世為其目標，決定先對南方的後蜀（在今四川）及南唐（在今江蘇及江西）用兵。經過數年，柴榮迫使南唐與後蜀都稱臣納貢，又回師攻北漢及遼國。當時遼國的皇帝是第四代的遼穆宗，經常酗酒，天亮才睡，午後才醒，長期不理朝政，人稱為「睡王」。這是遼國開國以來最混亂、最衰弱的時候。後周兵水陸俱進，兵至瓦橋關（今河北雄縣），柴榮卻突然重病，急忙回到京師大梁後，沒多久就不治而死，享年三十九歲。

後周在連年征戰之中，戰場上出現一個名叫趙匡胤的耀眼明星。趙匡胤在對北漢高平之戰以前還是默默無聞，而一戰成名。此後無論對後蜀或南唐的遠征，趙匡胤都是主角，戰無不克，攻無不勝，威名遠播。趙匡胤因而在五年內升任歸德節度使兼殿前都檢點，也就是離京師開封最近的藩鎮之首，兼禁衛軍的首領。

柴榮死後，繼任的皇帝只有七歲，皇室只剩下孤兒寡婦。趙匡胤有一天領兵到陳橋驛（今河南封丘陳橋鎮）時，忽然將士一起鼓譟，用黃袍披在趙匡胤身上，擁立他為皇帝。朝中武將都是趙匡胤的親信，文臣也不敢反對，後周的小皇帝只得退位。趙匡胤改國號為「宋」，是為宋太祖。五代的混亂時期到此（九六〇年）即將結束，一個統一的新皇朝即將來臨。

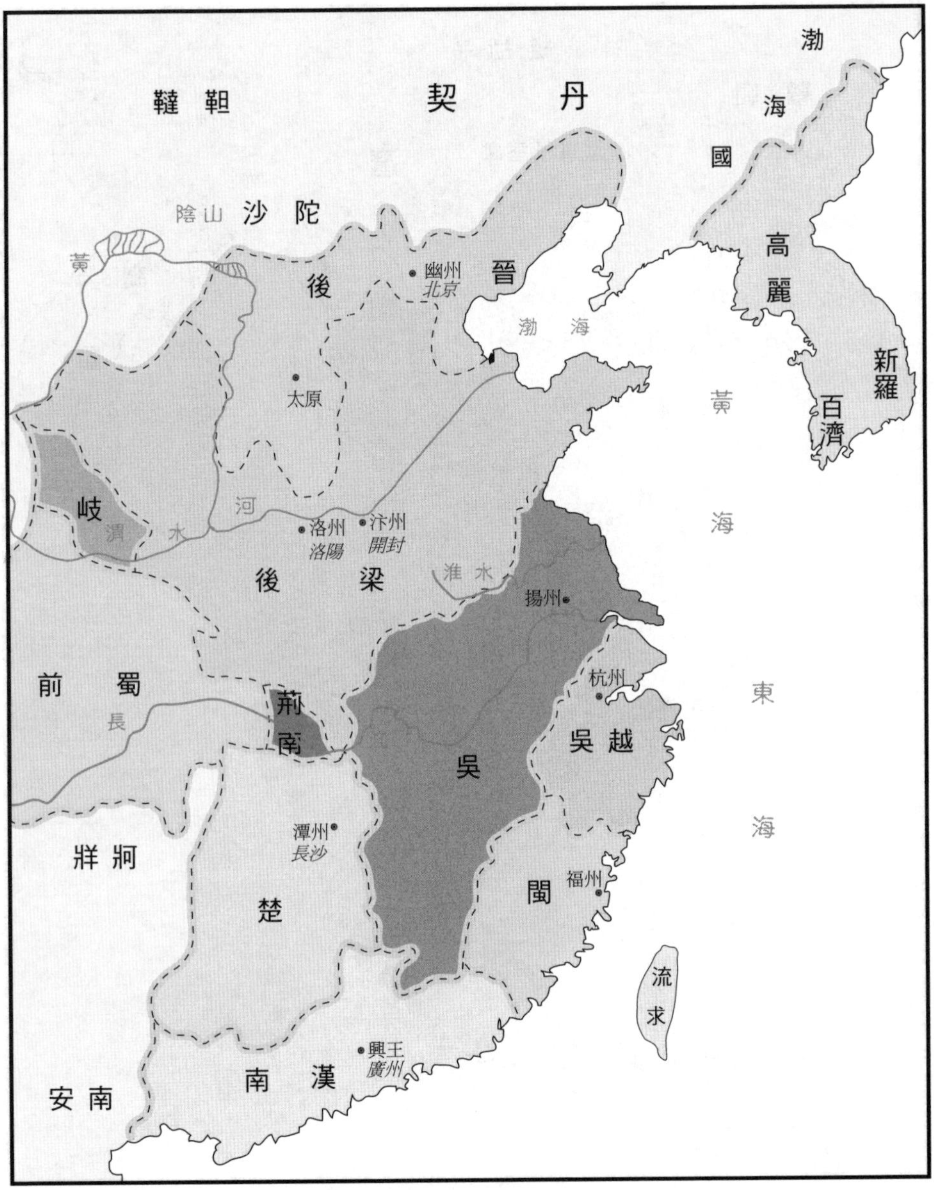
韃靼
契丹
渤海國
陰山
沙陀
黃
後晉
幽州
北京
渤海
高麗
新羅
百濟
太原
黃海
岐
渭水
河
洛州
洛陽
汴州
開封
後梁
淮水
揚州
前蜀
長
荊南
杭州
東海
吳越
吳
潭州
長沙
牂牁
楚
福州
閩
流求
興王
廣州
南漢
安南

五代初期（西元917年）

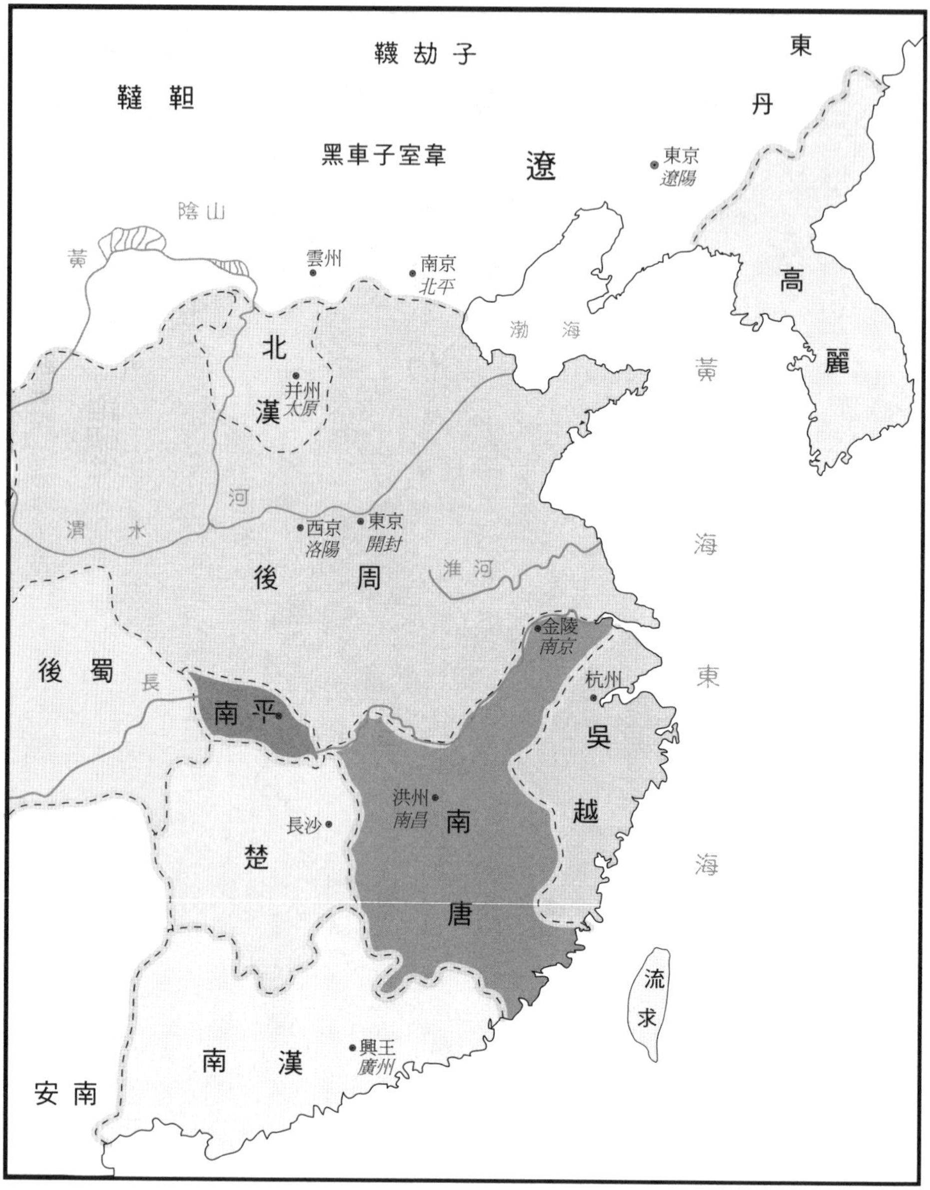
韃劫子
韃靼
東
丹
黑車子室韋
遼
東京
遼陽
陰山
黃
雲州
南京
北平
高
麗
渤海
北
漢
并州
太原
黃
河
西京
洛陽
東京
開封
渭水
後周
淮河
海
後蜀
長
金陵
南京
杭州
東
南平
吳
越
洪州
南昌
南
長沙
楚
海
唐
流
求
興王
廣州
南漢
安南

五代後期（西元951年）

# 第十一章
# 韓國的三國時代、新羅統一及高麗王朝的建立

中國的史書很早就記載了高句麗，但新羅及百濟都很晚才出現。曹魏政權在正始四年（二四四年）派毌丘儉征伐高句麗，其後又繼續南征，在整個過程中都不曾提到新羅及百濟。因而，一般推測新羅及百濟是在第三世紀後期才逐漸嶄露頭角，並且是因為曹魏的軍隊擊潰諸韓部落聯軍，打破了原先朝鮮半島南部由目支國領導的政治生態，重新洗牌，使得新羅及百濟有機會藉由兼併其他的部族，脫穎而出。

## 高句麗與慕容鮮卑間的戰爭

由於遼東的強權公孫氏被司馬懿滅掉，高句麗與慕容鮮卑趁機而起，迅速成為遼東並立的兩個新強權。晉武帝太康六年（二八五年），慕容廆率兵東擊扶餘國，逼得扶餘國王依慮自殺。慕容廆將扶餘的國都夷為平地，扶餘國百姓四散逃亡。幸而當時西晉的國力仍強，出兵擊敗慕容廆，並護送依慮的兒子依羅回去，扶餘才在滅亡之後又復國。

過了二十年，西晉滅亡，五胡十六國開始，中國大亂。高句麗和慕容鮮卑都得到了一個難得的發展機會。

高句麗第十五代美川王（中國史書稱為乙弗利）於晉永嘉七年（三一三年）滅掉樂浪和帶方郡，結束漢朝在朝鮮設置了四百二十年的郡縣歷史。慕容廆的兒子慕容皝在三三三年稱王，建立前燕國，成為華北東部最強大的國家。前燕與高句麗之間開始互相較勁，從此戰爭不斷。

三四二年（東晉咸康八年，高句麗故國原王高釗十二年），慕容皝出兵五萬餘人攻高句麗。高句麗也出兵五萬人，結果大敗，丸都（今中國吉林省集安）被攻陷，高釗隻身逃走。慕容皝被稱為「文明王」，但是一點也不文明。他下令燒宮室，收府庫金銀寶物，將丸都山城夷為平地；又開挖高釗的父親美川王的陵墓，帶著他的屍骨，俘擄王太后、王后及男女五萬口，凱旋而回。第二年，高釗被迫稱臣入貢，慕容皝才歸還美川王的屍骨。

慕容皝死後，前燕發生內亂而被華北的新霸主前秦王苻堅滅掉。高釗無力自行報仇雪恨，但及身親眼看見仇敵為他人所滅，不亦快哉，卻不知道自己的厄運也很快就要來了。

## 高句麗小獸林王、廣開土王及長壽王

原本在朝鮮半島是高句麗一國獨霸數百年，百濟和新羅等部族不是被高句麗侵略，就是向高句麗入貢稱臣。但是中國勢力介入，使得朝鮮半島長期以來的局勢發生重大的變化。曹魏毌丘儉征韓是高句麗所受的第一個重擊；前燕慕容皝又給了高句麗第二次沉重的打擊。在半島南端的百濟國和新羅國於是趁機崛起。百濟國逐漸併吞原屬馬韓的其他部落國，大幅擴張領土之後，與高句麗實力已經不相上下。三七一年（前秦王苻堅建元七年），百濟第十三代近肖古王兵臨大同江，大敗高句麗軍，佔領平壤城。高句麗故國原王中箭而亡，距離他的死敵前燕慕容氏被滅亡竟只有一年。朝鮮半島三國之間的慘烈戰爭時代，從此開始來臨。

高句麗第十七代小獸林王（三七一～三八四年在位）繼位，面臨了開國以來第三次重大的危機。他決定向前秦王苻堅稱臣入貢，取得前秦的保護。他也模仿前秦的治國方針，儒法並重，設置太學，頒布律令。高句麗在小獸林王的手中，從一個好勇鬥狠的軍國，轉變成一個有法律，有制度，有文化的新國家，並為後來的拓展奠定了堅實的基礎。

三八三年，前秦王苻堅大舉南征東晉，想要統一中國，不料在淝水一戰潰不成軍，國家跟著四分五裂。鮮卑慕容垂迅速地興復故國，建立後燕，成為遼東的新霸主。高句麗第十九代廣開土王（又稱好太王，中國史書稱之為高麗王安，三九一～四一二年在位）又不得不向後燕稱臣入貢，並與盟國新羅一同對付百濟。百濟無力單獨對付兩國聯軍，請倭人渡海來助陣。一場四國大戰因而延續了十幾年。

三九五年，中國北方又發生一次決定性的戰爭，後燕軍十幾萬人在參合陂被北魏的拓跋珪殲滅，國家不久就滅亡了。後燕的殘餘勢力又分裂為北燕和南燕兩個弱國。拓跋珪在西方及南方還有很多敵人，無暇東顧，廣開土王因而得以大幅地擴張領土。

廣開土王的兒子長壽王（四一三～四九一年在位，中國稱之為高麗王璉）曾經豎立起一個石碑，以紀念父親的豐功偉業。這個碑經過一千四百多年後，在清朝光緒三年（一八七七年）於中國吉林省集安市被重新發現，稱為「好太王碑」。碑上刻有一千七百多字，敘述好太王征扶餘、伐百濟，奪取六十四座城，一千多個村子；又記載好太王出兵救援新羅，打敗百濟和入侵的倭兵。

長壽王深知高句麗的國力不足以與新興的北魏王朝為敵，因此乾脆在四二七年將國都從遼東往南遷至平壤，以全力經營朝鮮半島。他又利用中國南北對抗的局勢，同時對北魏及南朝稱臣入貢，進行兩面外交，而確保國家安全。

北魏在太武帝太延二年（四三六年）出兵大攻北燕。北燕昭成帝馮弘逃入高句麗。北魏要求長壽王交出馮弘。長壽王雖然拒絕了，在兩年後卻藉故將馮弘殺死。沒想到在二十幾年後，馮弘有一個孫女兒被選為北魏的皇后，後來竟成為掌握北魏軍國大政的文明太后。長壽王活到九十八歲，實在是長壽，到文明太后掌權時還活著，因而還得對文明太后稱臣入貢。不過文明太后一心一意專注於內政改革，對外以和平為要，極為尊重鄰國君主，也不曾問過長壽王當年為何殺了她的祖父。

長壽王在位第六十三年（四七五年）大舉進攻百濟，攻陷百濟都城南漢山城，殺死百濟蓋鹵王，終於報了當年故國原王死難的深仇大恨。當時高句麗的版圖，西起遼河，東到大海；南自漢江，北迄松花江，是高句麗的全盛時期。

## 三國同盟關係的變化

高句麗之強盛，使得百濟被迫遷都到熊津（今公州）。百濟聖王（五二三～五五四年在位）因為熊津地處偏僻，又決定將國都搬遷到較具發展潛力的泗沘城（今扶餘城）。

新羅從國家創立開始，沒有一個朝代不遭到由海上而來的倭人的侵略。新羅一方面接受高句麗的保護，一方面奮發圖強，國家越來越強盛。新羅照知王（四七九～五〇〇年在位）時，開始在全國重要地點設郵驛，修官道，在京師（今慶州）設市集，便利四方交易。繼任的智證王（五〇〇～五一四年在位）廢除奴隸殉葬制度，開始勸農民用牛耕地，正式定國名為「新羅」，取「德業日新，網羅四方」的意思。智證王又效仿中國州、郡、縣制度，實施中央集權。法興王時（五一四～五四〇年在位）開始頒布律令，併吞金官加耶（今慶尚南道東南，金海市附近）。新羅漸漸也躋身成為朝鮮半島三強之一。

三強之間的同盟關係，分分合合，並非一成不變。高句麗自以為是新羅的保護國，對新羅予取予求，新羅無法忍受，轉而與百濟站在同一陣線，共同對付高句麗。

五五一年，新羅真興王（五四〇～五七六年在位）聯合百濟聖王（五二三～五五四年在位）共同出兵攻打高句麗，奪回了被高句麗侵奪的漢江流域地區。百濟收復漢江下游六個郡，新羅收復中、上游十個郡。過兩年，真興王趁百濟沒有防備，將百濟在漢江下游六個郡也奪過來。百濟聖王大怒，出兵偷襲管山城（今忠清北道沃川），不料戰敗而死。百濟從此與新羅結下深仇大恨，轉而與高句麗結盟。真興王以一敵二，而繼續擴張，在五六二年滅掉大加耶（今慶尚北道高靈一帶）。真興王每次攻城掠地，便立碑以為紀念。這些石碑中有幾個在近代出土，從碑文中可以窺見真興王已經有了統一整個朝鮮半島的野心。

## 隋朝四次征高句麗

當朝鮮半島上三個國家的關係變化多端時，中國是處於分裂的狀態，因而無暇去理會朝鮮半島。不過到了五八九年，隋文帝楊堅出兵滅掉南方的陳朝，又統一了中國。高句麗嬰陽王高元雖然派使臣到中國向隋文帝入貢稱臣，受封為高句麗王，卻突然在隋文帝開皇十八年（五九七年）和靺鞨聯兵進犯遼西，隨即被隋兵擊敗。

隋文帝聽說高句麗竟敢挑釁，大怒，命令皇子漢王楊諒率領三十萬大軍出征。楊諒是一個紈褲子弟，根本不曾帶過兵，也不聽大將勸諫，出關之後遇見大水氾濫，糧運不繼，接著又發生瘟疫。大軍尚未接戰便已經死了十之八、九。嬰陽王也害怕起來，派使者上書謝罪，自稱「遼東糞土臣元」。隋文帝既找到了台階下，也下令退兵。

隋煬帝繼立後，於大業七年（嬰陽王二十二年，六一一年）命令高句麗嬰陽王親自來朝。嬰陽王知道進入中國以後，很有可能被留置而回不了國，因而推託不去。隋煬帝大怒，下令征討高句麗，並且御駕親征。嬰陽王的弟弟高建武率領水軍，在大同江殲滅隋朝水軍；大將乙支文德率領陸軍，大敗隋軍於薩水。隋煬帝一敗塗地，臉上無光，後來又兩次下令出兵攻打高句麗，一再遠征，終於引起國內叛亂，一發不可收拾，以至亡國。

## 泉蓋蘇文

唐朝統一中國後，唐高祖李淵見到隋朝與高句麗兵燹連年，不願重蹈覆轍，於是下令主動將當年戰爭時被俘而留置在中國的高句麗人遣送回國。這時高建武已繼任為高句麗第二十七代國王，稱為榮留王，接信後大喜，也遣還俘虜回到中國。雙方關係轉為和諧。新羅怕唐朝偏袒高句麗，也積極拉攏唐朝，一方面遣使朝貢，另一方面控訴高句麗侵犯邊境。

唐朝決定兩邊都不幫忙，要求雙方忘記過去，互相和好。當時高句麗國裡面分成兩派。主和派大部分是文官，主張接受唐朝調停，與新羅和解。主戰派大多是青壯派的軍官，不能忘懷對新羅的歷史仇恨，認為唐朝是干涉高句麗的內部事務，甚為反感。由於唐朝國勢強盛，榮留王的傾向也十分明顯，主和派一直佔上風。然而，在主戰派產生一位新領袖泉蓋蘇文（或稱淵蓋蘇文）之後，局勢有了變化。

泉蓋蘇文孔武有力，性情凶暴而有智謀。他的父親西部大人死後，許多貴族建議不讓他接任世襲的官位。榮留王勉強同意泉蓋蘇文暫時代理，又派泉蓋蘇文去修長城。泉蓋蘇文伺機結交各級軍官。榮留王二十五年（唐太宗貞觀十六年，六四二年），泉蓋蘇文自認羽翼已經豐滿，假借一個名目，召集了一百多名貴族及朝中官員，然後縱兵屠殺。他又派兵入宮弒殺榮留王，扶立寶藏王高臧為傀儡國王。泉蓋蘇文自任為莫離支，掌握了高句麗的軍事及政治大權，又與百濟聯合攻打新羅。

## 唐太宗征高句麗

唐太宗問群臣要如何處理高句麗問題。長孫無忌說泉蓋蘇文弒殺榮留王固然可惡，但是不如耐心等一等；泉蓋蘇文殘忍好殺，過幾年必然眾叛親離，到時再行征伐比較容易。唐太宗雖然同意，但是新羅不斷派使臣來告急，只得又派特使相里玄奬前往調停。

泉蓋蘇文對相里玄奬說，高句麗和新羅之間的仇怨已久，除非新羅同意歸還其所奪取的高句麗竹嶺以北土地，不可能罷兵。相里玄奬說這些都是陳年往事，最好不談。如果要談往事，那麼高句麗佔領的遼東地區在魏、晉時代也都是中國的土地，是不是唐朝也要向高句麗討回來？談來談去，泉蓋蘇文無論如何都不肯和解。相里玄奬到百濟，百濟王扶餘義慈也是一樣說法。相里玄奬回到長安，報告調停失敗。唐太宗忍耐不住，決定出兵高句麗。

貞觀十九年（高句麗寶藏王四年，六四五年）三月，唐太宗御駕親征遼東，大將李勣率領十萬大軍隨行。唐兵迅速地連克數城，接著進圍安市城（遼寧安市），卻遭遇到頑強的抵抗。安市城主性情耿介，在泉蓋蘇文殺害榮留王時，公然發聲反抗。泉蓋蘇文命令將他撤職，他拒不接受。泉蓋蘇文派兵去攻打，又無法得勝，無可奈何，只能讓他繼續擔任城主。等到唐兵來攻，安市城主並不因為和泉蓋蘇文政治立場不同而開門投降，反而發誓與安市城共存亡。

泉蓋蘇文發動十五萬名高句麗和靺鞨聯軍，星夜馳援安市。不料唐朝有一個原本默默無聞的小將薛仁貴卻異軍突起，率領唐兵衝鋒陷陣，大敗高句麗與靺鞨，一戰成名。安市城內只剩下幾千兵卒，再也盼不到援軍，卻仍是人人拚死守城，由盛夏挨到寒冬而竟然仍沒有被攻破。唐太宗見天候轉冷，草枯水凍，糧食又將盡，於是下令退兵。

唐太宗一生戰無不勝，攻無不克，到了小小的安市城卻無法攻取，連鴨綠江都沒有渡過就被迫退兵。唐兵撤退時，安市城主站在城牆上恭恭敬敬地作揖送行。唐太宗派人致送一百匹布，嘉勉他為國奮不顧身，忍餓受凍，不眠不休。可惜這位城主是一位無名英雄，中國和高句麗的歷史都沒有記載他的名字。

## 金春秋和金庾信

大唐帝國對高句麗既是無可奈何，新羅遂又被高句麗與百濟夾攻，處境艱難。當時新羅王朝的安危主要依賴兩個人：金春秋和金庾信。

金春秋儀表英偉而善於謀略，是新羅第二十五代真智王的孫子。貞觀二十二年（新羅第二十八代真德女王二年，六四八年），唐太宗派大軍三十萬人，第二次出征高句麗。金春秋帶長子金法敏到長安。唐太宗見到金氏父子氣宇軒昂，談吐非凡，十分高興，更加堅定要與新羅合作。不料唐太宗在第二年駕崩，遺命將在高句麗的遠征軍全部撤回。又過了五年，新羅真德女王也駕崩，沒有子嗣。新羅王朝的貴族對於前面兩代都是女王不以為然，於是擁立金春秋為王，是為太宗武烈王。

金庾信是出身金官加耶的新羅第一名將，用兵如神。金官加耶併入新羅之後，其貴族也成為新羅的貴族。金庾信的家族歷代都是新羅的高官。唐朝時中國、日本和朝鮮都流行蹴踘（現代足球的前身）。《三國史記》記載，金庾信和金春秋年輕時都熱中蹴踘。金庾信有一次在激烈的比賽中撕破金春秋的衣服，帶他回家，讓妹妹替他縫補。兩人因而成為郎舅，關係密切，從此合作無間。

## 百濟滅亡

六六〇年（唐高宗顯慶五年，百濟王扶餘義慈二十年，新羅武烈大王七年），高句麗與百濟又同時出兵攻打新羅。新羅王金春秋再次向唐朝求援。唐朝這時掌握大權的皇后武則天決定改變以往的戰略，暫時不理高句麗，而先對付百濟。大將蘇定方奉命帶領十萬大軍，以新羅王金春秋的次子金仁問為副統帥，由成山（山東半島最東端之榮成灣）出發，渡海遠征。新羅王金春秋與大將金庾信也率領五萬人馬在百濟邊界集結。百濟王召集群臣討論戰略，錯誤地決定正面接戰，而不固守炭峴要塞。結果新羅兵在現今大田市西南擊敗兵力單薄的百濟將軍偕伯，直撲百濟國都泗沘城。同一時間，百濟也傾全國之兵與唐朝水師在伎伐浦（在錦江口至泗沘城之間）大戰。百濟又大敗。唐朝、新羅聯軍接著圍攻泗沘城，百濟王扶餘義慈出降。

百濟不但與高句麗結盟，與日本也關係密切，甚至送王子扶餘豐璋到日本做人質，以表示結盟的誠意。然而百濟不到一個月就被滅亡，兩個盟國根本就來不及出兵救援。百濟開國至此，共三十一王，六百一十八年。

百濟的遺民不甘心亡國，派使者到日本晉見天皇，請求把王子扶餘豐璋接回去，又請日本出兵協助百濟復國。日本派出三萬多人，分乘戰船一千多艘，與唐朝水師在白村江口（錦江口）大戰。日軍潰敗（詳細經過請參閱下一章），百濟復國的願望於是破滅。

## 高句麗滅亡

百濟滅亡後，高句麗開始面對唐朝和新羅兩邊包夾，但仍然能堅強抵抗。六六六年，泉蓋蘇文死，長子泉男生與次子泉男建爭權。泉男生在鬥爭中落於下風而向唐朝投誠。泉蓋蘇文的弟弟泉淨土也投降新羅。唐朝見高句麗內部分裂，機會難再，決定再次遠征，以三朝元老李勣為統帥，大將薛仁貴隨行，而以泉男生為嚮導。唐兵勢如破竹，斬殺無數。金法敏這時已經繼位為新羅王，是為文武王，也率兵北上，與唐兵會師包圍平壤。唐高宗總章元年（六六八年，高句麗寶藏王二十七年，新羅文武王八年），高句麗寶藏王開城門投降。泉男建被俘。高句麗從東明王朱蒙始創至此，共二十八王，歷七百零五年。

百濟滅亡後，唐朝分設五個都督府以管轄其所屬的兩百城，七十六萬戶。過兩年，唐朝讓百濟王子扶餘隆回到故土，擔任熊津大都督。唐朝又在新羅設雞林大都督府，以金法敏為大都督，並強迫金法敏與扶餘隆刑白馬，歃血為盟，永為和好。金法敏敢怒不敢言，只得照辦。高句麗滅亡後，唐朝也分設九個都督府，管轄其所屬的一百七十六城，六十九萬戶，選派高句麗遺臣為都督。

## 新羅統一朝鮮半島

唐朝接著又在平壤成立一個新的軍事及行政機構，稱為安東都護府，以大將薛仁貴為都護，率兵鎮守。當時唐朝每征服一個大區域，便成立相應的都護府。例如在滅掉東突厥後，於漠北草原設置安北都護府；滅掉西突厥後，於西域設置安西都護府。在大唐帝國而言，成立安東都護府乃是一貫的政策。但是在新羅王金法敏來說，這種作法斷斷無法接受，決定全力反抗。

金法敏出兵佔領百濟的部分土地，接著又鼓動高句麗人起義，而對唐朝連戰皆捷。當時，薛仁貴實際上並不在朝鮮，而是奉派轉到青海，率領十幾萬大軍與吐蕃四十萬人戰於大非川，結果竟全軍覆沒。武則天大怒，把薛仁貴降為平民。唐朝對新羅連戰皆敗後，武則天又起用薛仁貴為行軍總管。《三國史記》中抄錄了這時薛仁貴與新羅王金法敏之間的書信往來。薛仁貴首先致書，責備金法敏背棄盟約。金法敏回信大致如下：

先王（指武烈王金春秋）於貞觀二十二年到長安，朝見太宗皇帝，與國家（指唐朝）定盟。太宗皇帝諭示朝鮮三國的臣民也是唐朝的子民，而三國之間連年征戰不斷，民不聊生，因而國家出兵介入，希望終止戰亂，使人民回復正常的生活。國家並不是覬覦朝鮮的土地，所以同意在將來戰勝百濟與高句麗之後，新羅可以擁有平壤以南的土地。新羅傾全國之力，千辛萬苦，幫助國家平定了百濟與高句麗，結果並沒有依照太宗皇帝的諭示得到應有的土地。國家反而扶植扶餘隆重建百濟，並且逼迫新羅與百濟斬白馬，歃血為盟。百濟人奸詐萬端，從來都是反復無常，與新羅之間的仇怨歷時已久，又與倭國私通。百濟如果不徹底消滅，他日必定又如毒蛇反噬，本王斷斷不能在此時遺留這般的禍患給百年之後的子孫。新羅往昔盡心盡力匡助國家，從來不曾有反叛之心，如今兔死狗烹，反被冤屈，成為國家大軍所指的目標，思之令人心中不勝悲哀。……。

薛仁貴實際上復任的時間也很短，又因故再一次被罷官，流放到邊疆去。唐高宗上元元年（六七四年，新羅文武王十四年），武則天下令以大將劉仁軌為總管，李謹行為副總管，出兵討伐新羅；又下令改立金法敏的弟弟金仁問為新羅王。當時金仁問在唐朝，一半是人質，一半是高官，想推辭不當新羅王都不行，被唐朝用來當作離間新羅的工具。

劉仁軌在朝鮮北部七重城大破新羅兵。金法敏害怕，急忙遣使向唐朝謝罪，獲得赦免。劉仁軌奉令退兵，黑水靺鞨出身的李謹行留駐買肖城（在今仁川附近），但軍紀敗壞，朝鮮人無不痛恨。新羅王金法敏後來又伺機襲擊李謹行。唐兵大敗。武則天要再次派兵遠征新羅，但是新崛起的吐蕃已經成為當時唐朝的心腹之患，朝中大臣認為新羅雖然難制，並不曾越界侵犯中國，建議不要分兵到朝鮮，陷入兩面作戰。唐朝因而決定將安東都護府往北搬遷到遼東城（今遼寧遼陽），新羅遂佔據平壤。新羅王朝於是統一了朝鮮半島，與唐朝以大同江為界，從此與唐朝相安無事。

## 渤海國

高句麗滅亡後，有部分的遺民一心一意要復國。高句麗貴族乞乞仲象於是領導遺民大舉遷移，在靺鞨的協助之下，離開遼東，回到高句麗舊地。

乞乞仲象身分特殊，既是高句麗貴族，又有粟末靺鞨的血統。粟末靺鞨與高句麗一向友好。乞乞仲象的兒子大祚榮後來成為粟末靺鞨和高句麗的聯合領袖，於六九九年（武則天聖曆二年）建立一個新國家，稱為「震國」，後來又改稱為「渤海國」，建都於東牟山（今中國吉林省敦化縣）。渤海國的子民中也有其他各部族的靺鞨人，但是不包括在最北邊的黑水靺鞨人。黑水靺鞨生活原始落後，與高句麗是死敵，而與唐朝關係最好，部族領袖被唐朝賜姓為李。被新羅擊敗的李謹行便是黑水靺鞨酋長之子。渤海國的領土比原先高句麗還要大，包括現今的鴨綠江、部分松花江及烏蘇里江流域；但是不包括已經被唐朝收回去的遼東地區。

大祚榮外交手段靈活，與唐朝、新羅、日本同時維持良好關係，對唐朝稱臣入貢。渤海國漢化的程度很深，在經濟、文化、社會的發展都極為興盛，被唐朝稱為「海東盛國」。部分韓國的歷史學家認為渤海國是高句麗國的延續，所以新羅並不是一個統一的時代，而是與渤海國一南一北，兩個政權分立，應當稱為「南北國時代」。然而，渤海國漸漸安於逸樂而失去原先高句麗及靺鞨的尚武精神，國家轉弱。九二六年（契丹天贊五年），契丹領袖耶律阿保機出兵滅掉渤海國，改國名為「東丹國」。渤海國立國共二百二十八年。

## 新羅聖骨、眞骨貴族與骨品制度

新羅最早是由部落國所組成，國王由各部落公推。第十七代奈勿王之後，演變為金氏家族世襲，只有稱為「聖骨」的後裔貴族才能候選為國王。第二十九代武烈王金春秋登上王位以後，他的子孫稱為「真骨」，成為另一份國王候選名單。從金春秋到第三十六代惠恭王，有一百多年承平時期（六五四～七八〇年），在韓國歷史上稱為新羅「中代」。中代以後一直到新羅滅亡（七八一～九三五年），稱為「下代」。中代期間新羅雖然社會安定，經濟繁榮，但是新起的真骨與原有的聖骨系統之間存在嚴重的矛盾與對立，逐漸表面化，引發最後的攤牌。攤牌的結果又影響到下代的政治生態，並導致最後的幻滅。

新羅王朝的根本體制是貴族治國，即是所謂的「骨品制度」。除了聖骨和真骨是皇族之外，貴族還有六頭品、五頭品、四頭品三種階級。國家根據不同等級分別制定出擔任官職的最高限度，房子的大小、規格，衣服顏色等規定。三頭品以下屬於平民身分，永遠沒有機會做官。姓金的比其他姓氏身分高，首都慶州出身的人也比其他地方人的地位高。六頭品、五頭品和四頭品雖然能夠出仕，無不對骨品制度所限定的最高官階憤恨不平。其中議論最多的，莫過於曾經到唐朝留學的知識分子。這些留學生羨慕唐朝以科舉制度取士，對自己國內的骨品制度不免失望。此外，新羅國內各地也有許多地方土豪竄起，並想要再更上層樓，卻不得其門而入，當然對骨品制度也是不滿。

## 新羅王朝的衰亂與分裂

中代之前，批評骨品制度是一項禁忌。真骨系統比較同情知識分子和地方土豪，又認為可以培養這兩個階級來壓制聖骨系統，於是決定仿效唐朝，修改中央及地方官制，藉以強化王權。

當時新羅有一個「上大等」的官銜，是貴族會議的領袖，對王室是一種威脅。真骨系統於是在中央設置各部會，以侍中為最高行政長官，用以對抗上大等。真骨系統又在地方設立州、郡、縣三級制，官員由中央任命。在土地政策方面則廢除貴族世襲的祿邑制，改為依官職給予職田及歲租。

聖骨系統的勢力已經有數百年，根深柢固，遍布全國。真骨系統這樣的作法自然引起聖骨系統的強力反彈，於是集結力量反撲。惠恭王時（七六五～七八〇年），一連發生四次貴族叛亂事件，其中有一次是全國各地貴族一齊反叛，抗拒中央集權，稱為「九十六角干之亂」。惠恭王被弒殺，繼位的宣德王金良相原來的職位就是上大等。這也標誌著奈勿王的聖骨系統又奪回王權。

聖骨系統勢力強大，裡面卻是複雜而分歧，沒有人能全面掌控，因而在奪回王權之後，國王的王位並不安穩。從第三十七代宣德王開始到第四十五代神武王的九個國王之中，有六個國王是經由發動政變而取得王位，與中國南北朝時期不斷的篡位情形極為相似，是一種惡性循環。

## 新興土豪竄起

新羅下代的政治混亂時期，也是大地主與大貿易商出現的時期。大地主是靠兼併小農、貧農，壓榨佃農而越滾越大。大貿易商趁中央集權削弱而發展出蓬勃的私人貿易。新羅貴族為了鞏固派系的地位，也紛紛拉攏大地主與大貿易商，於是產生了許多新興的地方土豪。在所有的大貿易商中，最有名的莫過於張保皋。

張保皋原名弓福，生長在清海鎮（今全羅南道莞島，在朝鮮半島西南端）的一個貧寒家庭。他年輕時到唐朝從軍，驍勇善戰，屢立戰功，改名為張保皋，漸有名氣。當時在新羅南部沿海地區海盜猖獗，新羅人常被海盜擄去中國，販賣為奴。張保皋不忍於心，回到故鄉，獲得新羅第四十二代興德王的許可，建立了一支萬人的海上部隊。歷經數年，終於肅清海盜，終止了悲慘的人口販賣。張保皋在取得海權同時，也開始發展新羅與唐朝之間的貿易，甚至擔任唐朝與日本之間貿易的中介。張保皋因而成為巨富，被封為「清海鎮大使」。既有錢，又有勢，是地方土豪中的巨擘。

新羅第四十三代僖康王三年（八三八年），上大等篡位，自立為王。張保皋忠於僖康王，派兵入京，擊敗亂黨，扶立僖康王的兒子為王。張保皋對貴族壟斷的骨品制度深惡痛絕，又逐漸捲入政治鬥爭。貴族對他無可奈何，最後派刺客將他刺死。張保皋生前在日本及中國都是聲名顯赫的傳奇人物，卻不幸死於非命。

## 農民革命

新羅下代的農民受欺壓愈來愈嚴重，土地不是被王室貴族兼併，便是被新興的地方土豪兼併。農民因而成為農奴、賤民，多半被雙重剝削，飢寒交迫，無以度日，又天天被稅吏催逼。這情形與唐朝中葉以後幾乎一模一樣。

唐朝的農民革命早已爆發，如野火般燃燒全國。新羅有一個六頭品的貴族，也是大學者，名叫崔致遠，曾經留學唐朝，參加科舉而高中進士，任翰林學士及太守之職。他又參加唐朝政府軍追剿流寇，寫過一篇膾炙人口的〈討黃巢檄文〉，因而對農民革命的起因和經過有親身的經驗。崔致遠後來回到新羅，上書〈時務策〉十條給第四十九代憲康王，不被接受，於是棄官隱居，並斷言新羅必將滅亡。過了幾年（第五十一代真聖女王三年，八八九年），果然在沙伐州（慶尚北道尚州）開始發生農民叛亂。後來叛亂越來越嚴重，而以竹州（竹山）的箕萱，北原（江原道原州）的梁吉，完山（全羅北道全州）的甄萱，國西的赤褲賊（全部穿大紅色褲子）等的勢力最強。

箕萱有一個部屬，名叫弓裔，後來反而併吞了箕萱和梁吉的勢力，迅速坐大而佔據高句麗舊地，自立為王，國號「後高句麗」。甄萱佔據原本百濟舊地，也自立為王，國號為「後百濟」。這兩支勢力在十世紀初與新羅王朝鼎足而三，又回到新羅統一以前的狀態，歷史上稱為「後三國」時期。新羅的知識分子都痛恨骨品制度，紛紛加入後百濟及後高句麗的農民革命。

## 高麗王朝之建立

弓裔和甄萱兩人都十分暴虐。甄萱出身農民，他的士兵軍紀不良，所到之處姦淫擄掠，無惡不作，人民畏之如虎。弓裔雖然出身新羅聖骨的貴族，自幼卻被遺棄，又只剩下一隻眼睛，在寺院裡落髮為僧，因而對新羅人非常仇視，無論是抓到貴族或平民，一律處決。弓裔建國稱王之後，漸漸驕虐無道，又故弄玄虛，自稱是彌勒佛再世，能見人所不能見，隨意誣賴左右，並施以毒刑，甚至連自己的妻子都受刑慘死。

高麗王朝的創始者王建出生於松岳（今北韓開城）。他的家族代代從事與唐朝之間的貿易，也是地方的豪族。王建在二十歲時擔任松岳的地方官，而投降弓裔，從此為弓裔開疆闢土，屢建奇功，受到重用。然而王建目睹弓裔倒行逆施，自知處境危險，千方百計要離開弓裔遠一點，免得死於非命，卻總是不能如願。弓裔的部屬也都長期擔驚受怕，最後忍無可忍，擁立王建為王，起來反抗，殺死弓裔。

王建定國號為「高麗」，年號為「天授」，後世尊稱他為「高麗太祖」。他將松岳改名為開城，以之為國都。歷時四百多年的高麗王朝從此展開。這時是九一八年，鄰近的契丹耶律阿保機也剛剛建國三年，而唐朝在十年前滅亡，五代十國正處於渾沌不明的階段。

高麗太祖平易近人而治軍嚴謹，各地方的豪族爭相結交，因而前來投奔的人越來越多，勢力不斷地擴張。崔致遠也推薦弟子來為王建效命。高麗由此謀臣戰將齊備。太祖天授十年（九二七年），後百濟甄萱攻陷新羅國都慶州，殺景哀王，擄掠一空。高麗出兵援救不及，與甄萱在公山（今八公山，在大邱市之北）對戰，大敗而還。此後高麗與後百濟戰況膠著，一直到天授十四年（九三一年），高麗軍在古昌郡（今慶尚北道安東）大破後百濟軍，才開始取得優勢。

戰後，王建應邀到新羅首都慶州，一路上秋毫無犯。新羅仕女交相慶賀，說：「從前甄萱來，如遇虎狼；今日王公來，如見父母。」高麗為民心之所向，統一朝鮮只是時間早晚的問題而已。四年後，新羅最後一個敬順王自動取消王號，歸順高麗。新羅王朝總共有五十六個國王，歷九百九十二年（西元前五十七～九三五年），比所有的中國朝代都長。

甄萱有兒子數十人，捨長子神劍而立第四子金剛為世子。神劍不滿，趁隙將甄萱幽禁，自立為王。甄萱逃出而投奔高麗，王建親自迎接，厚禮相待。高麗天授十九年（九三六年），王建請甄萱為先鋒，以父擊子，輕易地打敗後百濟軍。神劍見大勢已去，只得投降。後百濟滅亡。高麗王朝於是又統一了朝鮮半島。

第十二章
# 日本的大和、飛鳥及奈良時代

日本在西元三世紀末，也就是彌生時代末期，還沒有統一，而是一個類似邦聯的國家。在第四世紀初到第六世紀的三百年間，日本才經過不斷的戰爭及兼併而形成了一個統一的國家，稱為「大和朝廷」。日本歷史上稱這一段時間為「大和時代」。

## 日本大和時代的兼併

大和時代又稱為「古墳時代」，因為在這時期日本全國到處都建了許多大大小小的古墳，南起現今九州，北至本州的宮城縣和福島縣，而以奈良縣為中心。從古墳的規模、形狀和陪葬品的內容，考古學家推斷初期這些墓是部落酋長的墓；中期的墓主很明顯變成軍人、大官、貴族；到了後期，墳墓的數量激增，規模變小，顯示一般有能力的百姓也自行建造墳墓了。古墳的演變印證了這三百年是戰爭與兼併時代的說法。

大和時代部落兼併的情況，在中國的一部《宋書》上也可以得到印證。這部書記載南北朝時代劉宋皇朝（四二〇～四七九年）的歷史，其中提到倭國有五個國王「贊、珍、濟、興、武」與劉宋皇朝往來。一般認為，其中的倭王「武」就是日本第二十一代雄略天皇（四五六～四七九年在位）。《宋書》收錄了一封雄略天皇致送給劉宋順帝的國書，內容寫道：

> 吾國地處偏遠，隸屬外藩。從祖先開始，親自披上甲冑，跋山涉水，不得休息。東征毛人，五十五國；西服眾夷，六十六國；渡平海北，九十五國。……

雄略天皇的國書不免有向劉宋朝故意誇大炫耀之意，但是已經清楚地指出，日本曾經有數百個部落國在互相攻伐吞併，而這項兼併的大工程實際上在雄略天皇之前已經大致完成了。不過，兼併完成絕對是發生在大和時代，與《日本書紀》裡所記載神武天皇建立大和朝廷的年代相比較，晚了大約一千年。

## 神功皇后征三韓？

日本的歷史很早就與韓國發生密切的關係。《日本書紀》記載了在西元二〇〇年時發生一件大事。第十四代仲哀天皇剛駕崩不久後，神功皇后雖然懷孕而挺著大肚子，卻親自率領大軍渡海攻新羅。一時之間，「船師滿海，旌旗耀日」。新羅不戰而降，高句麗和百濟也畏懼而臣服於日本。然而，在韓國的《三國史記》中，無論是關於百濟、新羅或是高句麗的歷史，卻完全沒有提到過神功皇后渡海西征的事。那麼究竟是怎麼回事呢？神功皇后是不是真有其人呢？是不是日本在古代真的曾經派軍隊渡海，企圖兼併朝鮮半島呢？

今日可以確定的，是日本人由於擁有良好的航海技術，的確很早就已經到達了朝鮮半島。到達的時間甚至比上述的神功皇后還要早好幾百年。《日本書紀》中提到早期日本與三韓之間的互動歷史，從西元前一世紀起就不曾間斷。不但如此，韓國史書《三國史記・新羅本紀》也記載新羅的赫居世居西干建國後八年（西元前五十年），倭人就開始渡海來侵犯。從此以後，新羅每一個國王在位時，總是有「倭人來犯」的記載，起碼連續五百年。

上一章提到，一八七七年在中國東北吉林省發現了高句麗「好太王碑」。這個碑是由好太王的兒子長壽王在四一四年刻石立碑的，雖然碑文至今有小部分已經無法辨識，但是大抵完好。其中明確地記載了部分有關好太王與百濟、新羅及倭國之間的多角關係，內容如下：

百濟、新羅從前是高句麗的屬民，一向都來朝貢。而倭國在辛卯年（三九一年）以來，渡海擊破百濟、新羅，強迫以為臣民。六年丙申（三九六年），好太王親率大軍討伐百濟。百濟王被困投降，獻出男女一千人，細布千匹，發誓從今以後，永為奴客。九年己亥（三九九年），百濟違背誓言，與倭和通。而新羅遣使來，稱倭人出兵，充塞其國境，攻破城池，奴役人民，向王請命求救。十年庚子（四〇〇年），王下令派遣步騎五萬，往救新羅，從男居城至新羅城，倭賊退□□□，□□□□□，追至任那、加羅。十四年甲辰（四〇四年），倭不軌，侵入帶方界（今首爾附近），王親自帶兵征討，倭寇潰敗，斬殺無數。

「好太王碑」證實日本確實曾經跨海西征，掀起大戰。這很可能是歷史上日本和韓國之間的第一次大戰。不過「好太王碑」所記載事件發生的時間，比《日本書紀》所記載的神功皇后晚了大約兩百年，對應第十六代仁德天皇（三一三～三九九年）及第十七代履中天皇（四〇〇～四〇五年）在位的時候。《日本書紀》稱仁德天皇為「聖帝」，也記載仁德天皇因為新羅停止朝貢，派兵去征討，俘擄了數百人回日本，但是並沒有描繪成一場牽涉到四國的大戰爭，只在後來說高句麗來入貢。有關履中天皇的記載也沒有提到任何戰爭。

大部分的日本學者原本已經懷疑《日本書紀》早期記載的正確性，此一記載不過是再一次證實他們的懷疑。許多學者直接說神功皇后根本是一個虛構的人物。

## 日本早期在朝鮮半島的經營

「好太王碑」清楚地指出，從四世紀末起，百濟與新羅便夾在高句麗與倭國兩強之間。在倭國不斷威脅之下，百濟選擇與倭國同盟；而新羅選擇向高句麗求助。但奇怪的是《三國史記》對於這一段戰爭的歷史也沒有明確的記載。《三國史記・百濟本紀》裡面只有一條提到第十七代阿莘王六年（三九七年），太子腆支被送到倭國做為人質。為什麼要這樣做呢？正是因為高句麗好太王在前一年擊破百濟，百濟被逼無奈，只好送人質到倭國，請求倭國派兵來協助。自此以後，百濟一直與倭國結盟，歷經兩百多年，到亡國前都沒有改變。

「好太王碑」又證實了倭國曾經在朝鮮半島建立了橋頭堡，也就是任那與加羅。一般認為，任那是由三韓時代的弁辰演變而來的。弁辰國裡人人都刺青，風俗、語言與馬韓及辰韓都不同，非常可能是早期倭人渡海移民到朝鮮半島南端而建立的部落國。到了大和朝廷統一了日本，任那由於血緣的關係，便接受大和朝廷的支配，成為類似殖民地。《日本書紀》中提到任那國，常常稱之為「任那日本府」，意思極為明顯。至於加羅，原本是任那的一部分，後來分立，而仍是由倭國控制。

日本對朝鮮半島的企圖心，在前述中國史書《宋書》裡的記載也可以清楚地看到。倭王珍（可能是第十九代允恭天皇）曾經派使者帶國書給劉宋文帝（四二四～四五三年在位），國書中自稱為「都督倭、百濟、新羅、任那、秦韓、慕韓六國諸軍事、安東大將軍、倭國王」。後來其他的倭國國王也都在國書中如此自稱。倭國國王顯然自認朝鮮半島都是倭國的屬地，只有高句麗不在內。

## 日本勢力在朝鮮的衰退

前述雄略天皇給劉宋順帝的國書，還有下半段，極具歷史參考性，內容大致如下：

臣雖下愚，尚能克紹祖先，率領所屬，統一大業。百濟路途遙遠，必須裝治戰船始能到達，而高句麗無道，竟意圖趁機併吞，掠抄邊境……。臣憤恨寇仇，正在練甲治兵，要申張父兄的遺志；即使白刃在前，也無所顧惜。

雄略天皇的國書為什麼寫得如此憤慨呢？那是因為在四七五年（雄略天皇二十年），高句麗長壽王攻殺了百濟蓋鹵王。蓋鹵王正是雄略天皇的親密盟友。雄略天皇決定要為盟友報仇。他在國書中雖然自稱是「臣」，真正的意思是請劉宋王朝不要插手。

雄略天皇是一個暴君。他有五個哥哥，都直接或間接被害而死於非命。雄略天皇又大戮宗族，大和政權的國力從此下滑，因而實際上談不上要如何對付高句麗。不過雄略天皇還是在四七九年派兵護送在日本做人質的蓋鹵王的孫子回到百濟，扶立他接任為第二十四代東城王。

同一年，雄略天皇駕崩，由兒子清寧天皇繼任，在位只有五年也死了。由於雄略天皇心狠手辣，不但殺了自己的兄弟，連其他的同族的子孫也都遭殃，因而王室枝葉稀疏。清寧天皇也殺了同父異母的弟弟，皇室更是稀疏。清寧天皇自知不會有子嗣，派人四處訪查，找到兩個在逃的遠房堂兄弟，才又繼承了兩代天皇。但傳到第二十五代武烈天皇，又沒有任何後代，天皇萬世一系的血脈看起來恐怕要斷掉了。幸而大臣大伴金村等不放棄，終於找到一個血緣非常非常遠，第十五代應神天皇（即是傳說中的八幡大神）的玄玄孫來接任第二十六代天皇。這個天皇因此稱為繼體天皇。

百濟在倭國國力下滑後已經不太聽話，常常與任那發生衝突。繼體天皇登基之後不久，百濟要求割讓任那四個縣。繼體天皇明知任那對日本的重要性，卻無可奈何，只得任由百濟拿去。

第二十九代欽明天皇（五三九～五七一年在位）即位後，對於割讓任那四縣給百濟耿耿於懷，屢次要求百濟聖王歸還，而百濟聖王總是推託，經過十幾年沒有結果。百濟聖王與倭國之間的關係越來越淡，而與新羅聯盟，以共同對付高句麗。不料百濟與新羅在戰勝高句麗之後卻立刻反目。五五三年，百濟聖王攻打新羅失利而被殺。百濟遭到重大打擊，又回過頭來與日本結盟。

五六二年，新羅真興王併吞了任那。《三國史記》中沒有任何有關任那的記載，卻有相當多關於「加耶」的記述，如金官加耶、大加耶及其他加耶等，統稱「六加耶」，一一被新羅滅掉。這些加耶國就是日本及中國史書所稱的任那及加羅。倭國在朝鮮半島苦心經營了六個多世紀，自此化為泡沫，只保有一個盟邦百濟國。

## 蘇我大臣與物部大連家族間的鬥爭

古時候，日本天皇也稱做大君，負責祭祀鬼神，地位崇高但不插手日常行政。除了天皇之外，還有兩個高階的領導人；掌握行政大權的官員稱為「大臣」，另外有一位專門負責行軍打仗的長官，稱為「大連」。大臣與大連的位置在天皇之下，而和天皇一樣都是世襲的。大臣和大連家族互相排擠是常有之事。

欽明天皇時，蘇我大臣和物部大連兩個家族之間的鬥爭轉劇。蘇我家族支持由百濟傳入的佛教，物部家族捍衛傳統的神道教，雙方水火不容，互相纏鬥了數十年。第三十一代用明天皇將死時，兩派又為了支持不同的天皇繼承人而武力相向。蘇我家族擁戴泊瀨部皇子，結合厩戶王子而擊潰物部家族。泊瀨部皇子隨即登基（五八七年），是為崇峻天皇。

## 推古女天皇與聖德太子

蘇我家族的領袖蘇我馬子原已掌握朝政，又將兵權也奪過來。日本從此不再有大連的官職。但蘇我馬子越來越跋扈，與崇峻天皇之間漸漸發生衝突。崇峻天皇年紀輕，不能忍受，將愛恨表現得很露骨，又口不擇言，使得蘇我馬子警覺，先下手為強，派人在上朝的時候刺殺了天皇。

崇峻天皇既死，蘇我馬子是真正能決定下一任天皇人選的人。當時能夠繼任為天皇的皇子皇孫不乏其人，但是在蘇我馬子的眼中都靠不住。蘇我馬子最後選擇了他自己的外甥女炊屋姬。炊屋姬又是欽明天皇的女兒，第三十代敏達天皇的皇后。她守寡多年，嬌美聰明，善體人意，對舅舅蘇我馬子十分恭順，因此入繼大統，成為日本第三十三代「推古天皇」。

推古天皇選擇在飛鳥（今奈良縣高市郡明日香村附近）建造皇宮，此後便稱為飛鳥時代（五九三～七一〇年）。推古天皇又選定自己的姪兒，也就是當初幫助蘇我家族消滅物部家族的厩戶王子為太子兼攝政，負責實際行政工作。

厩戶王子人物俊美而聰明絕頂，後世稱之為「聖德太子」，廣受當時日本人民的愛戴及後人的景仰。聖德太子公布「冠位十二階」，依官員的才能與功績授與官職，打破世襲的制度。這是日本第一次有比較完整的官制。他又公布「憲法十七條」，主要是對各部族豪強及官吏提出行為的規範。不過當時蘇我馬子是真正的權力中心，當然不會被他綁住，因而實際上很難推動改革。

聖德太子不幸比推古天皇早死，沒有能夠擔任天皇。他的家族因為家世顯赫，而又深受人民愛戴，因而引起蘇我家族的猜忌。蘇我馬子的孫子蘇我入鹿比他的祖父還要凶狠，無緣無故便發兵圍攻聖德太子的兒子山背王子，逼令其全家自盡。聖德太子遺愛人間，而其後人竟然下場如此悲慘，使得全國百姓都哀傷而憤怒。有志之士與皇族子弟開始暗中聯絡，準備剷除蘇我家族。

## 遣隋使與遣唐使

推古天皇在位期間（五九二～六三八年）是日本歷史發展的一段關鍵年代。在中國，隋文帝於五八九年統一南北，結束了將近三百年的分裂與戰亂。推古天皇與聖德太子決定與中國建立直接的文化交流。

推古天皇八年（隋文帝二十年，六〇〇年），日本第一次派遣使者到中國。中國的史書稱推古天皇為「多利思比孤」。推古天皇十五年，又派小野妹子為特使，在第二年（大業四年，六〇八年）晉見了隋煬帝。日本在此之前都自稱倭國，還在國書上對中國皇帝稱臣，但是這一次完全不一樣。國書一開頭寫著：「日出處天子致書日沒處天子無恙。」隋煬帝大怒，說以後如果有像這般無禮的國書就不用再呈上。不過隋朝對日本使節仍然以禮相待。從此以後，日本對外已經漸漸不再使用「倭」字，但是還沒有開始使用「日本」的國名。

推古天皇一共派出五次使節團到隋朝，稱為「遣隋使」。使節團還帶去學者、學問僧到中國留學，目的是吸收中國先進的文化與技術。在此之前，日本是間接由百濟吸收中國的文化。遣隋使是日本和中國文化的首次直接接軌，意義極為重大。遣隋使節團之中的南淵請安及高僧旻後來分別成為日本儒學宗師及著名的學問僧；另有高向玄理專門研究中國的職官制度。

隋朝後來大亂，日本只好停止派出遣隋使。唐太宗統一中國後，日本又繼續派出使節團，稱為「遣唐使」，前後一共十九次，而規模更大。使節團通常派出二至四艘大船，每艘最多可載一百五十人。使節團中有很多由國家選派的留學生。日本這種大規模集體出國考察，送留學生出國研習的做法，在「遣隋使」、「遣唐使」已經奠下傳統。十九世紀西方列強興起，日本推行明治維新，也數次派出龐大的代表團，由高官率領，乘船到歐美各國考察，同時又送一大群學生到國外留學。這是日本之所以能夠迅速趕上歐、美，成為當時亞洲新起強權的重大原因之一。

## 大化革新與《大寶律令》

遣隋使及遣唐使帶回來巨大的衝擊，使得日本民智大開。學問僧旻、南淵請安和高向玄理三個人回到日本後，都設立私人學堂，廣收弟子，其中有很多是權貴子弟或是青年俊彥，影響極大。第三十五代皇極女天皇的長子中大兄皇子也拜南淵請安為師，因而有一位傑出的同窗中臣鎌足就成為中大兄皇子的智囊。中臣鎌足與蘇我入鹿也曾經一同受教於學問僧旻，聽講佛經及《周易》。中臣鎌足卻不齒蘇我家族的行徑。皇極四年（六四五年），中臣鎌足與中大兄發動政變，在朝中刺殺蘇我入鹿，滅掉蘇我家族。政變後，皇極天皇堅持要退下而禪位給弟弟，即是孝德天皇（六四五～六五四年在位），年號「大化」。這是日本第一次使用年號。

孝德天皇的時代實際上是中大兄皇子和中臣鎌足兩個人在主導朝廷施政的方向。兩人參考唐朝的制度，又請學問僧旻及高向玄理為新政府的顧問，在中央及地方政府組織都做了大幅度的改革。中央政府設立了八省，地方則劃分為國、郡、里，長官都由中央政府任命。大化朝廷又依唐朝均田制的做法，將所有土地收歸國有，再依戶口調查的結果授田給農民耕種，稱為「班田收授法」。朝廷又沿用唐朝的租、庸、調法，徵收賦稅，派遣傜役。這就是日本有名的「大化革新」，其目的在於建立中央集權，削弱原有的部落豪強。

革新的詔書雖然發布了，各部落豪強大多拚命抵制，中央政府也沒有足夠力量，因而革新是否能夠推動，是很有疑問的。在孝德天皇以後，歷代天皇都必須一再重提革新，並且不斷地修改相關的法律與行政命令。

中臣鎌足因為有大功，被賜姓藤原。藤原家從此成為日本第一巨室。藤原鎌足的兒子藤原不比等與刑部親王兩人合作，完成了一部新法典，在文武天皇大寶元年（七〇一年）發布，稱為《大寶律令》。《大寶律令》包括六卷刑法條文（稱為「律」）及十一卷行政法條文（稱為「令」）。日本從此才真正成為一個「律令」國家。中央政府方面明訂為二官八省制。二官指負責祭祀的神祇官，和負責一般行政事務的太政官。太政官之下設太政大臣、左大臣、右大臣、納言等官。八省分別是宮內省、大藏省、刑部省、兵部省、民部省等。其中大藏省負責財政收支及貨幣相關事務，從此時設置，至今已超過一千三百年而名稱不變，執掌內容仍是大同小異。

## 白村江之戰

中大兄皇子在六六一年接任為天皇，稱為天智天皇。在此前不久，朝鮮半島發生一件大事，日本的盟友百濟被唐朝和新羅聯兵滅掉，而日本竟來不及出兵救援。在上一章已經敘述其經過。

百濟王扶餘義慈很早就將王子扶餘豐璋送到日本，做為人質。百濟滅亡後，遺民不甘心亡國，於是派人到日本晉見天皇，請求把扶餘豐璋王子接回去，又請日本出兵協助百濟復國。任那被新羅滅掉之後，日本在朝鮮半島早已失去橋頭堡，歷代天皇都為此耿耿於懷。如果百濟不能復國，意味日本在朝鮮半島將完全沒有立足之地。天智天皇決定出兵。

六六三年（唐高宗龍朔三年，日本天智天皇二年），唐朝大將劉仁軌、孫仁師、劉仁願率唐兵與新羅兵水陸並進，到達白村江口（今錦江口，在朝鮮半島西南）。日本第一勇將阿倍比羅夫率領三萬水軍後至。唐朝水軍以一百七十艘船與日本水軍一千艘船大戰。唐兵四戰四勝，縱火焚毀日本戰船四百餘艘。日軍大多跳水溺死，全軍盡沒。百濟王子扶餘豐璋逃奔高句麗，百濟復國的願望於是破滅。這場大戰在日本稱為「白村江之戰」，在唐朝及朝鮮都稱為「白江口之戰」。這是歷史上日本與韓國之間的第二次大戰，更是日本與中國之間有史以來第一次大戰。日本戰敗，從此退出朝鮮土地。一直到九百多年後，日本關白豐臣秀吉揮兵朝鮮，明朝出兵救援，日本和中國才又在朝鮮半島兵戎相見。

## 天武天皇與持統天皇

日本在白村江慘敗使得全國不安，天智天皇又無視於當時傳位給弟弟的傳統，而傳位給兒子大友皇子。他的胞弟大海人皇子因而有藉口，起兵擊敗姪兒，成為第四十代天武天皇（六七三～六八六年在位）。日本歷史稱此一事件為「壬申之亂」。天武天皇即位後，厲行中央集權。

從大化革新到《大寶律令》之間，有一個律令形成的重要過渡階段，稱為《飛鳥淨御原令》。這是由天武天皇在六八一年下令編修，於八年後完成，而由繼任的持統天皇頒布。據學者研究，日本是在《飛鳥淨御原令》發布後，才正式將國號改為「日本」，並開始有天皇的稱呼。

持統天皇的經歷有些特別。她原名鸕野讚良皇女，是中大兄皇子的女兒，卻嫁給了叔叔大海人皇子。後來當她的父親和叔叔兼丈夫發生衝突時，鸕野皇女堅決地選擇與丈夫共患難。大海人皇子就任天武天皇，鸕野皇女遂成為皇后。天武天皇獨裁而不設大臣，皇后卻是天皇的左右手。天武天皇駕崩後，皇后更繼任為持統天皇。持統天皇與天武天皇之間，和唐朝武則天與唐高宗之間極為相似，同時隔著海分別統治著兩邊的世界。更加巧合的是，武則天自稱皇帝的這一年（六九〇年），也正是持統繼任為天皇的同一年。

據日本學者研究，《日本書紀》是運用干支紀年法倒算，從推古天皇十年（六〇一年，辛酉年）起算，往前推一千二百六十年（二十一個甲子）而得到神武天皇元年，等於說西元前六六〇年（也是辛酉年）是日本開國元年。這種推算法有可能是在《日本書紀》編寫之前就已經有人想出來了。本書前面已經多次指出，《日本書紀》中的記載錯誤很多，引起後代的學者紛紛質疑。許多歷史學者認為，這些錯誤最主要的根源來自於這個推算法。神武天皇如果真有其人，年代最多只能反推到秦末漢初，《日本書紀》的推算卻提早了四百多年。由於這個根本的錯誤，在其後數百年的記載自然無法避免衍生更多的錯誤。

白村江之戰時，大海人皇子和鸕野皇女兩人也都參加救援百濟的軍事行動，隨軍隊乘戰艦西向。當時鸕野讚良皇女大腹便便，而在筑紫生下一名皇子。《日本書紀》是這兩人在後來下令編撰的。因而，有部分學者懷疑《日本書紀》裡有關神功皇后的記載，實際上是影射持統天皇自己的親身經歷，是一個虛構的故事。

## 奈良時代

持統天皇在六九四年遷都到藤原京（今奈良縣橿原市）。在她以前，日本的京城都是半永久的，只供一任天皇居住使用。持統天皇希望藤原京建好以後，將來所有的天皇都繼續使用藤原京。然而，七一〇年，第四十三代元明天皇又將國都遷往平城京（今奈良縣北郊）。

為什麼藤原京新都只用了十七年便廢棄了呢？有人說，是因為藤原京規模太小，不敷使用。也有人說，藤原京的交通不方便。又有人說，是因為藤原京的設計太差，不能令人滿意。總之，元明天皇的野心更大，是要完全仿效唐朝的長安而建造新的日本國都。編撰《大寶律令》的藤原不比等又奉命規畫建造新都。平城京造好之後，果然完全是長安的翻版，東西長四．五公里（含外城約六．三公里），南北寬五．三公里，中央的朱雀大路寬度超過七十公尺，左右兩側有棋盤一樣的街市。

從元明天皇遷都平城京，到第五十代桓武天皇又遷都平安京（今京都市），在日本歷史上稱為奈良時代（七一〇～七九四年）。事實上，在大和、飛鳥及奈良三個時代，日本的國都一直都是在奈良地區。

## 莊園制度

日本將所有土地收歸國有後，分授給農民耕種。但由於稅法嚴苛，勞役過重，許多小農民無法忍受，紛紛捨棄土地而逃跑。另一方面，貴族、豪農也不滿足於不能永久擁有土地的所有權，因而消極抵抗。農田廢耕的情況於是逐漸嚴重起來，國家的稅收越來越少。第四十四代元正天皇只好修改法令，規定農民可以擁有新開墾的田地，並且最多可以傳三代，稱為「三世一身法」（七二三年）。這個法令還沒有經過三代，政府又受不住壓力，急急頒布新法令，承認土地可以永久私有，稱為「墾田永年私財法」（聖武天皇天平十五年，七四三年）。

中國從周公創立井田制開始到唐朝，兩千年來土地政策總是在國有及私有之間擺盪。土地國有則沒有效率，私有則引起土地兼併，一不小心導致農民革命，恐怕連王朝都會滅亡。唐朝實施均田制，卻逐漸放寬土地私有，准許買賣。到唐朝中葉時，土地兼併已經很嚴重。

日本仿效唐朝的制度，不料朝私有化傾斜得更快。「墾田永年私財法」之公布，不僅是屈服於現實，也是律令制度逐漸崩毀的開始。從事開墾土地的，無非是財雄勢厚的佛教寺院、神道組織及高官貴族。這些人甚至可以拒絕地方官來盤查，獲得免稅的特權，因而得以大量兼併土地，又驅使貧農、佃農為他們耕作。其他的地主與農民為了分享免稅的特權，也漸漸投靠這些特權分子，把土地登記在高官貴族、寺院或神社的名下。一個層層剝削的「莊園制度」從此漸漸形成。

莊園制度最上層的階級自然要建立武力，以盡保護之責。另外有一部分獨立性較強的大地主、中地主，為了要堅決地保護自己的土地，也開始自行武裝，並聘請武師。日本武士的起源便是由此而來。日本朝廷漸漸收不到稅，以致財政困難，也沒有力量掌控地方。

## 女人當家的奈良時代

日本在飛鳥時代一共有十位天皇，其中有四位是女性。奈良時代更是一段女人當家的獨特時代。在八任天皇之中有四任是女天皇，實際上女人執政的時候是六任。

聖武天皇時，實際執掌朝政的是光明皇后。聖武天皇和光明皇后之間的關係與唐朝的唐高宗和武則天之間也極為類似。光明皇后是藤原不比等的女兒，家學淵源，美豔而善於謀略，豁達而有男子之風。她生平最崇敬的人就是比她早生七十年的武則天，處處學習武則天，而將聖武天皇馴服得服服帖帖。兩人所生的皇女和光明皇后是同樣的模子出來，因此聖武天皇即位二十五週年便將天皇位置禪讓給女兒，是為孝謙天皇。

孝謙天皇曾經因病而將天皇位置交給一個遠房叔叔，而實際上仍是她在掌控一切。等到孝謙病好了，又將叔叔拉下來，再一次擔任天皇，是為稱德天皇，稱為「天皇重祚」。

## 桓武天皇兩次遷都

延曆三年（七八四年），桓武天皇把國都從平城京遷到長岡京（今京都府長岡京市）。桓武天皇之所以要遷都，原因是平城京從他的父親光仁天皇的時代就開始鬧鬼。皇后、太子、公主及親王接連暴斃。旱災、火災連年。光仁天皇也駕崩。桓武天皇即位前也得到重病，長時間昏迷不醒，因此不敢留在奈良。

藤原家的藤原種繼受命負責長岡京的設計建造。搬到長岡京後不久，藤原種繼忽然被人用暗箭射死。桓武天皇為了不願意傳位給弟弟早良親王，而希望傳給兒子，藉此誣賴早良親王指使暗殺藤原種繼，將他逮捕入獄。早良親王不勝憤恨，在獄中絕食而死。自此以後，長岡京也開始鬧鬼。皇太后、皇后及妃子一一暴卒。瘟疫流行，死人無數。伊勢神宮起火。桓武天皇坐立不安，又急忙下令遷都。新都就在現今的京都市。桓武天皇將新都取名為平安京，顧名思義，是希望一家大小平安。日本的平安時代（七九四～一一八五年）從此時起，實際上是始於不平安，後來卻是長期的承平時代。京都從此成為以後八百多年的日本國都。

桓武天皇還有一件大事，就是征伐蝦夷。蝦夷人多毛而矮小，又稱為毛人，祖先可能來自千島群島或樺太島（Karafuto，即庫頁島），其血統、語言和日本人都不一樣。蝦夷人善於騎馬，驍勇善戰，神出鬼沒，搶掠人民及財貨，與日本各朝代都有摩擦。桓武天皇起用一位坂上田村麻呂為大將，率領十萬大軍，徹底擊潰蝦夷。田村麻呂被封為征夷大將軍，親自押解兩個蝦夷酋長回來。新都平安京內，萬民歡騰。從此以後，征夷大將軍成為日本武將最高的頭銜。

## 遣唐使對日本文化發展的影響

回來再討論日本派出十九次遣唐使這件事的影響。當時除了學問僧及儒生之外，日本也派人到唐朝去學習百工技藝、農、醫、樂舞、卜筮等。我們可以很明確地說，今日日本的社會及文化，有很大的一部分是根植於遣唐使。

唐朝是中國文學的黃金時期，幾萬首唐詩流傳至今。在唐朝國力強盛時流行的詩，有描寫沙漠、草原、邊塞，壯闊而蒼涼；有描寫使氣任俠、飲酒狎妓，狂放而不羈；也有描寫兒女情長、生離死別，甜蜜而淒涼。這一類的詩人，以「詩仙」李白為代表。在安史之亂以後流行的詩，有描寫百姓流離顛沛，骨肉離散的情景，寫實而悲哀，而以「詩聖」杜甫為代表。有對現實失望，隱居不出，轉而描寫山水田園，歌詠自然，而以王維為代表。唐朝晚期藩鎮割據，國家瀕於滅亡，詩人們逃避現實，寫一些描繪浪漫愛情的詩，唯美而纏綿悽楚，而以李商隱為代表人物。

李白和杜甫兩人是好友，都生在大唐盛世，也親身經歷安史之亂的戰火，嚐到過飢寒交迫、悲歡離合的滋味，因此對照兩人各自前後不同時期的詩便能明白時代動亂所造成的傷害。

日本大批的留學生到了中國，流風所及，也開始學賦詩。現存最早的日本漢詩集是《懷風藻》，在孝謙天皇天平勝寶三年（唐玄宗天寶十年，七五一年）時編纂完成，全部以漢文書寫。

日本是一個喜歡唱歌吟詠的民族，在早期尚未有文字時，都靠口耳相傳。從中國學到文字之後，就借用漢文來註記，以便傳承。到奈良時代，有人便將這些詩歌、歌謠（稱為和歌）集合成冊，其中現存最早的就是《萬葉集》。《萬葉集》共收集了四千五百首歌，年代從西元四世紀到八世紀，跨越四百多年。《萬葉集》中和歌的作者有天皇、貴族、官吏、文人及以歌為業的人。和歌的內容有男女相悅，有哀輓傷別，有贈答交際；有歌詠四季自然景色，有描寫邊疆戍卒，有反映社會現象，和唐詩的內容組合極為相近。總之，日本的《萬葉集》不只是優美的文學作品，也是可以讓後世從其中窺見當時社會百態的第一手材料。

《萬葉集》採用漢字的音作為音讀，漢字的意思作為訓讀，是日本假名文字的開始，稱為「萬葉假名」。當時是用整個漢字，而不是像現在的片假名，只假借漢字的一部分來表示。日本原來傳說片假名是由一位日本在中國留學十八年的學者吉備真備所發明的，又說平假名是由到過中國留學的佛教高僧空海所發明的，不過現代學者對此大多表示存疑，頂多是這兩位在片假名和平假名的演進過程中有很大的貢獻。

宇多天皇寬平六年（八九四年），菅原道真被任命為第二十次遣唐大使。當時唐朝已經發生流寇黃巢之亂，遍地烽煙；菅原道真上書天皇，認為這時派遣留學生到中國太危險，因而沒有成行。遣唐使的歷史於是劃下休止符。

遣唐使停止之後，日本關起門來消化外來的文化，與自有文化相激發，漸漸走出自己的路來。例如，平安時代日本出現一部言情小說《源氏物語》，作者是一位出身貴族藤原家的女文學家，名叫紫式部。書的內容是寫一個俊美而聰明的王子周旋在一群美麗女子間的悲歡離合故事，情節曲折而文筆細膩。這是世界上第一部長篇小說，比中國最早的章回小說《水滸傳》還要早三百多年。

平安時代另有一位女流文學家清少納言也完成了一部令人驚豔的散文集《枕草子》。據說清少納言向皇家獻上作品時，皇后問說寫的是什麼，她回答說是枕邊隨筆記下的，因而《枕草子》就成了書名。清少納言深入地觀察身邊四周的自然景色及事物，四季寒暑和白晝黑夜的變化，在其中找到靈感及聯想，化成細膩而和諧，理智而感性的文字，表現出平安時代最高的文學趣向，並導引了其後一千多年日本的文學發展之路。

# 第三卷

# 近古篇

（十至十八世紀）

中國：北宋 960–1127；南宋 1127–1279；元 1271–1368
日本：平安時代 794–1185；鎌倉時代 1185–1336
韓國：高麗時代 918–1392

| 西元 | 台灣大事記 | 中國大事記 | 日本大事記 | 韓國大事記 |
| --- | --- | --- | --- | --- |
| 960 | | 趙匡胤陳橋兵變，建北宋 | 趙匡胤遣使約高麗共抗契丹 | |
| 993 | | 契丹入侵高麗，訂和約 | 獲契丹送江東六州 | |
| 1004 | | 宋、遼訂澶淵之盟 | | |
| 1051 | | | 前九年之役 | |
| 1069 | | 宋神宗用王安石變法 | | |
| 1083 | | 哲宗立。太后、司馬光廢新政 | 後三年之役 | |
| 1115 | | 女真阿骨打稱帝，建後金 | | |
| 1125 | | 金滅遼。耶律大石建西遼國 | | |
| 1126 | | | | 高麗降金國。李資謙之亂 |
| 1127 | | 金滅北宋，擄徽、欽二帝 | | |
| 1135 | | | | 妙清之亂，歷經兩年 |
| 1156 | | | 保元之亂，四家骨肉相爭 | |
| 1159 | | | 平治之亂，平清盛滅源氏 | |
| 1185 | | | 源氏滅平氏。鎌倉時代始 | |
| 1196 | | | | 崔忠獻掌權，都房政權始 |
| 1206 | | 鐵木真受推為成吉思汗 | | |
| 1218 | | 蒙古滅西遼國，第一次西征 | | |
| 1221 | | | 承久之亂。北條擊敗天皇 | |
| 1227 | | 蒙古滅西夏。成吉思汗崩。 | | |
| 1231 | | 蒙古大將薩里台破高麗 | | 與蒙古議和，遷都江華島 |
| 1234 | | 蒙古、南宋聯合滅金 | | |
| 1235 | | 蒙古第二次西征，凡六年 | | |
| 1235 | | 蒙古滅西夏。成吉思汗崩 | | |
| 1252 | | 蒙古第三次西征，凡七年 | | |
| 1258 | | 蒙古三路發兵攻宋 | | 都房政權結束。對蒙古求和 |
| 1259 | | 蒙哥崩。忽必烈與阿里不哥爭位 | | |
| 1274 | | 忽必烈命蒙古、漢人、高麗聯軍從高麗渡海征日本，遇颱風，全軍覆沒 | | |
| 1281 | | 忽必烈再派蒙古、漢人、高麗及南人分兩路渡海再征日本，又遇颱風，再敗。倭寇從此加劇 | | |
| 1333 | | | 討幕運動，北條執權滅亡 | |
| 1336 | | | 湊川之戰。南北朝開始 | |
| 1368 | | 朱元璋稱帝，逐北元，建明朝 | 足利義滿繼任將軍 | |
| 1388 | | 藍玉擊潰韃靼，瓦剌部興起 | | 李成桂政變，逐禑王 |

| | | | | |
|---|---|---|---|---|
| | | 明 1368–1644；清 1644–1911 | 室町時代 1336–1467；戰國時代 1467–1603；江戶時代 1603–1868 | 朝鮮王朝 1392–1897 |
| 1392 | | | 南北朝結束，足利義滿統一日本 | 李成桂篡位，建李氏朝鮮 |
| 1402 | | 朱棣篡建文帝，為明成祖 | | |
| 1405 | | 鄭和第一次下西洋 | | |
| 1419 | | | 己亥東征（應永外寇），朝鮮滅對馬島倭寇 | |
| 1449 | | 土木堡之變。英宗被俘 | | |
| 1467 | | | 應仁之亂。戰國時代開始 | |
| 1506 | | 王陽明被貶至貴州龍場 | | 中宗反正，燕山君被廢 |
| 1523 | | 日本貢船商人在寧波爭貢起爭端。明朝廢市舶司 | | |
| 1560 | | | 桶狹間之戰，織田信長起 | |
| 1567 | | 明穆宗立，用張居正。廢海禁 | | |
| 1574 | | | | 朝鮮黨爭開始 |
| 1582 | | 張居正薨 | 本能寺之變。織田信長切腹 | |
| 1583 | | 古勒寨事件。努爾哈赤叛明 | | |
| 1590 | | | 豐臣秀吉統一日本 | |
| 1592 | | 豐臣秀吉揮軍攻朝鮮，李如松率明軍馳援，李舜臣大破日本水師。日、明談和 | | |
| 1597 | | 日、明再戰於朝鮮。李舜臣復起再破日本水師。次年豐臣秀吉病歿，遺命撤軍。 | | |
| 1600 | | | 關原之戰，德川家康統一日本 | |
| 1615 | | | 大阪之戰。豐臣秀賴自殺 | |
| 1616 | | 後金太祖努爾哈赤建國 | 限外國船停靠長崎、平戶 | |
| 1619 | | 薩爾滸之戰，努爾哈赤大敗明軍 | | 光海君與後金議和 |
| 1624 | 荷蘭人入據安平。顏、鄭入據笨港 | 固始汗滅藏巴政權。扶西藏黃教 | 三代將軍家光禁西班牙船至日本 | |
| 1626 | 西班牙佔北台灣 | 寧遠大捷，袁崇煥大敗努爾哈赤 | | |
| 1627 | | 袁崇煥寧錦大捷。崇禎皇帝即位 | | 皇太極兵抵平壤，朝鮮求和 |
| 1628 | 鄭芝龍稱雄海上 | 陝西饑荒。流寇起 | | |
| 1635 | | 皇太極攻蒙古，林丹汗敗死 | 頒鎖國令 | |
| 1637 | | | 島原之亂 | 皇太極陷漢城，仁祖投降稱臣 |
| 1643 | | 皇太極死。福臨立，多爾袞攝政 | | |
| 1644 | | 李自成破北京，明亡。清兵入關 | | |
| 1661 | 鄭成功逐荷蘭人 | 康熙即位，鰲拜專權，下遷界令 | | |
| 1662 | 鄭成功死鄭經繼 | 鄭芝龍被斬。吳三桂殺明永曆帝 | | |
| 1673 | | 三藩之亂起，八年而平 | | |
| 1683 | 施琅滅鄭王朝，台灣入清朝版圖 | | | |

第十三章

# 中國的治亂循環——宋、遼、夏、金及蒙古帝國

宋太祖趙匡胤開創了三百二十年的大宋皇朝，必須要感謝後周世宗柴榮。柴榮英明神武，只用了六年的時間便一統山河，可惜不滿四十歲便英年早逝，只剩下孤兒寡婦，因而到頭來辛辛苦苦打下來的江山被趙匡胤搶去了。南北朝時也發生過同樣的故事。北周武帝宇文邕迅速地統一了華北，卻因為早死而使得楊堅有機會篡位。

雖然如此，北周武帝的成就，開啟了隋唐盛世；後周世宗的辛勤，造就了興盛的大宋王朝。老子說：「生而不有，為而不恃，功成而不居。」從道家的角度看，兩人或許不應有什麼遺憾。

## 杯酒釋兵權

宋太祖趙匡胤（九六〇～九七六年在位）在陳橋兵變，黃袍加身。有人認為他是自導自演，也有人說他是半推半就。無論真相如何，這是唐朝藩鎮跋扈問題延伸的結果。遠的不說，宋太祖自己就曾經看見開創後周的郭威示範一次。所以說只要掌握兵權的藩鎮繼續存在，同樣的事情還是可能繼續發生。宋太祖當然怕手下的武

將有人將來也如法炮製，因此迫不及待便要解決這個隱憂，也顧不得還有許多敵人沒有消滅。

宋太祖於是設宴邀請所有高級將領來參加。酒過三巡，宋太祖就嘆口氣對將領們說：「我之所以有今天，全靠的是大家的幫忙。但是自從做了皇帝以後，卻反而不快樂，從來就沒有一天睡好覺。」此話一出，所有將領都大驚失色，問說：「陛下為何如此說呢？」宋太祖說：「人誰不想要富貴？一旦有部下以黃袍披在身上，就算原先沒有打算，可以拒絕得了嗎？人生短暫，不如多積金錢，購買田宅，留給子孫。歌舞快活，以享天年。我們君臣之間，不必互相猜忌，這不是很好嗎？」第二天，所有的武將就稱病請辭，宋太祖一一照准。

宋太祖「杯酒釋兵權」，一舉將兵權全部收歸中央政府。宋朝三百多年不曾發生像唐朝、五代一樣的藩鎮盤踞情事。有人評論宋太祖心胸不夠寬大，不能與一同出生入死的伙伴共享天下。但是也有評論說，與其如漢高祖和呂后一般陰謀殺害功臣，倒不如像宋太祖一樣把話說明白。

宋太祖的寬容，還可以從另一件事得知。他在即位不久之後，便在太廟裡的一個密室中立了一塊大碑，刻上文字，以為祖訓，要求將來所有的新皇帝即位時，必定要來恭讀此一碑文，對天發誓。此一「誓碑」上的誓詞只寫了簡單的三條：

> 第一，柴世宗的子孫有罪不得加刑，縱然犯下謀逆之罪，也只能在獄中使其自盡，不得公然刑戮，也不得連坐其他家屬。
>
> 第二，不得殺士大夫及上書建議的人。
>
> 第三，子孫有違背此一誓言者，天必殛殺之。

這個誓碑原本是秘而不宣，也沒有人敢洩漏，但在一百六十多年後，發生靖康之變，金兵攻破汴京，打開太廟，於是成為一個公開的秘密，在當時有許多人的筆記中都有記載。宋太祖顯然是對於自己不得不篡位一事心中有愧，所以對柴氏的子孫刻意加以保護。他所立下不殺大臣的祖訓也使得北宋一朝能夠言路廣開，縱使政治鬥爭激烈，也沒有人因而喪命，最多是被貶官放逐。

然而，宋太祖杯酒釋兵權，示範後代的皇帝小心防範武將，也使得宋朝的政策和政府的組織執掌明顯地偏向重文輕武，因而軍隊戰力大幅削弱。此一弊病在後來對北方遼國、西夏、金國的戰爭中明顯暴露，是北宋一百六十多年的致命傷。

## 宋太宗繼位

宋太祖繼續周世宗「先南後北」的策略，一一滅掉南方各國。開寶九年（九七六年），他卻在五十歲時突然駕崩。有許多史家懷疑他的弟弟，也就是繼位的宋太宗趙光義，涉嫌趁夜晚與哥哥單獨在宮中喝酒時，下毒弒兄奪位，因而有「燭影斧聲」的傳說。宋太宗接著又在短短數年內連續迫死宋太祖的兩個兒子，以及自己的親弟弟。這使得史家更加懷疑他不但篡位，又刻意為自己後代繼承皇位的問題清除道路。部分史家斷定北宋前二十年的歷史檔案遭到篡改，以支持宋太宗繼位的正當性。

宋太宗（九七六～九九七年在位）在接任之前，宋朝的敵人只剩下北漢和在其背後支撐的遼國。宋太宗於是出兵擊滅北漢，接著趁勢一鼓作氣而轉攻遼國，不料在北京城附近的高梁河被遼國名將耶律休哥擊潰。宋太宗中箭落馬，險些被俘，落荒而逃。

宋太宗為什麼敗得如此之慘？其中一個原因當然是前述「杯酒釋兵權」的後遺症。宋太宗自己並不像柴世宗和宋太祖一樣，對行軍打仗並不在行，身邊也沒有能征善戰的將軍。但還有另一個重要的原因，那就是對手遼國昏庸的「睡王」遼穆宗已經不在位。這時遼景宗執政，但因體弱多病，有時無法上朝，軍國大事大多由皇后蕭綽決定。蕭皇后的政治天賦和謀略與唐初的武則天相比，絕對是不相上下，又知人善任，因而遼國的文臣武將盛極一時。

## 澶淵之盟

遼景宗死後，由長子遼聖宗耶律隆緒繼位（九八二～一〇三一年在位），只有十二歲。蕭皇后升格為太后，臨朝攝政。這時有一個漢人韓德昌，三代都為契丹效力，位居宰相，受蕭太后寵信而主導決策及推動政治、經濟改革。遼國的國力在蕭太后的手中達到一個新的顛峰狀態。

雍熙三年（契丹統和四年，九八六年），宋太宗又發起一次大規模北征，三道出兵，誓言奪回燕雲十六州。遼國耶律休哥再次領軍應戰。結果宋朝各路兵馬又是慘敗，主帥曹彬在岐溝關（在今河北涿縣）全軍覆沒，死數萬人；名將楊業在陳家谷（在山西朔縣）力戰被俘，絕食而死。宋太宗從此不得不打消收回燕雲十六州的念頭。

契丹統和二十二年（宋景德元年，一〇〇四年），蕭太后與遼聖宗親率大軍南征，宋朝第三任皇帝宋真宗聽從大臣寇準的建議，也親自到前線。雙方打了幾個回合，僵持不下。蕭太后派韓德昌與宋朝議和，很快訂定和約，稱為「澶淵之盟」。雙方約為兄弟，宋朝每年送契丹銀十萬兩、絹二十萬匹。「澶淵之盟」簽訂之後，從此雙方和平相處，一百多年沒有再發生戰爭。

表面上看起來，宋朝必須每年納幣、納絹給契丹，是一個不平等的條約，有傷顏面。而實際上，宋朝所付出的並不多，卻換來了長久的和平。現代的中外歷史學家都一致公認北宋是中國經濟和文化發展的黃金時代。如果沒有長期的和平，黃金時代是不可能來臨的，因此澶淵之盟可以說是為這個黃金時代奠定了基礎。

對契丹來說，澶淵之盟也是價值連城。契丹不但爭到面子，從此也可以放心對亞洲北方的各個部族動武，而沒有後顧之憂。遼國在最強盛時，國土東起日本海，西至阿爾泰山西麓；南有中國的河北、山西，北至貝加爾湖，疆域比起北宋還要大一倍。在此之前，從來沒有一個民族曾經統一過蒙古草原和亞洲東北的黑龍江及遼河流域，而小小的契丹辦到了。

## 西夏興起

除了契丹，宋朝在西北方現今寧夏及陝北一帶還有一個新起的敵人西夏。西夏人是羌人的一種，稱為党項羌，在唐朝時曾經被吐蕃統治，並為吐蕃打仗。吐蕃衰落之後，党項羌人開始獨立。

契丹蕭太后剛剛臨朝攝政時，党項羌的酋長李繼捧歸降宋朝，到開封朝見宋太宗。宋太宗將李繼捧強留，不讓他回去，又要將党項羌人遷移到河南一帶。党項羌人意識到情況不妙，於是擁立李繼捧的弟弟李繼遷為王，聚眾抗命。宋朝趕忙封李繼捧為節度使，命他帶兵回去收服弟弟，但是已經來不及了。契丹蕭太后插手進來，直接封李繼遷為王，與其建立同盟關係。接著李繼捧也被契丹收編。宋太宗一顆棋下錯，滿盤皆輸，從此陷入兩面作戰。

西夏土地貧瘠，資源短缺，以掠奪宋朝人民財物為生。李繼遷的孫子李元昊在宋朝第四代皇帝宋仁宗景祐五年時（一〇三八年）自稱皇帝。宋朝不只打不過契丹，對西夏也是屢戰屢敗，邊境居民被西夏擄掠屠殺，損失慘重。最後契丹出面促使西夏與宋朝談和，在宋仁宗慶曆四年（一〇四四年）簽訂和約。宋朝同意對西夏每年也致送銀兩、絹、茶等。

北宋與西夏的和約只維持了不到四十年。西夏在第三代皇帝惠宗時，母后及外戚專權，政治腐敗。宋朝的

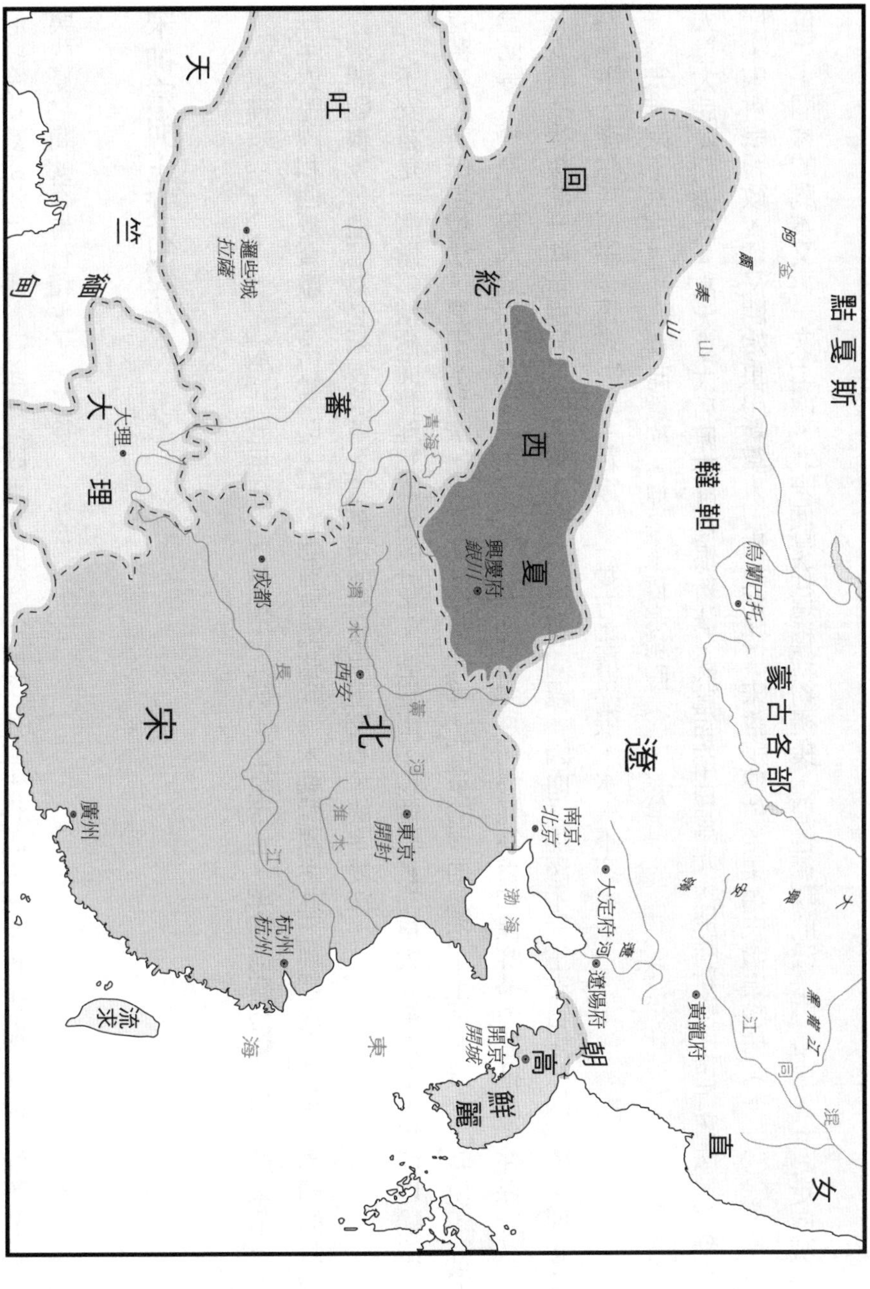


遼／北宋時期（西元1110年）

第六代皇帝宋神宗以為有機可趁，於元豐五年（一〇八二年）派大軍出征。宋軍連戰皆捷，直逼西夏首都興慶府（今寧夏銀川），不料在銀州（陝西米脂縣）大敗，死二十幾萬人。宋神宗痛哭流涕，悔不當初。自此北宋與西夏之間就不再有和平了。

## 宋神宗與王安石變法

宋神宗（一〇六七～一〇八五年在位）趙頊十九歲登上皇帝位，年輕而有抱負。他對於宋朝一直以來必須每年對遼國和西夏貢獻，深以為恥，一心想要富國強兵。宋朝開國至此已經超過一百年，累積的政治、社會、經濟問題很多，他認為必須要改革。宋神宗於是重用王安石，決定變法。

王安石是一個做事積極而有理想的知識分子。他提出了幾個配套的重大改革方案，包括均輸法、市易法、青苗法、方田均稅法、農田水利法、保馬法、保甲法等。改革的層面包括了土地、農政、財稅、經濟、貿易、國防等，極為大膽而周密。然而，王安石的改革卻遭到以司馬光為首的保守勢力的抵制。在保守勢力的眼中，王安石所提拔的一些新進官員的名聲和操守都很有問題，因而又加深了對王安石變法的反感。理念之爭於是轉為黨爭，產生了所謂「舊黨」與「新黨」。雙方劃清界限，水火不容。

宋神宗不幸在三十八歲時駕崩，兒子宋哲宗趙煦（一〇八五～一一〇〇年在位）繼位，只有十歲，由高太皇太后臨朝攝政。高太皇太后原來就痛恨新法，於是起用司馬光，罷除新法，復行舊法。等到太皇太后駕崩，宋哲宗親政，卻又開始重用新黨人，恢復新法。宋哲宗傳位給弟弟宋徽宗趙佶（一一〇〇～一一二五年在位），同樣的劇本又再一次上演。北宋便是在這種紛紛擾擾，惡性循環的政治鬥爭中，一路走向滅亡之路。

## 遼國的衰敗

遼聖宗的長子遼興宗耶律宗真（一〇三一～一〇五四年在位）在十七歲時繼位為帝。雖然他已成年，生母蕭耨斤仍以皇太后之尊攝政。蕭耨斤太后重用娘家的人及一些貪官污吏。遼興宗敢怒不敢言，母子因此結怨。太后預備廢掉興宗，立次子耶律重元為帝。耶律重元與兄長感情深厚，偷偷報告兄長。遼興宗先下手為強，將母親幽禁在父親的墓旁。遼興宗又承諾將來要把皇帝位傳給弟弟耶律重元，日後卻沒有履行諾言，因而埋下遼國內亂的種子。

遼興宗施政也是十分腐敗，國力逐漸衰弱。當初西夏與宋朝在一〇四四年所簽訂的和約便是在遼興宗軟硬兼施之下簽訂的。西夏後來知道原來遼國逼著西夏簽和約是為了從宋朝拿到好處。宋朝追加給遼國納幣、納絹，比西夏拿到的還要多。西夏國君臣都覺得不是滋味，因而與遼國漸漸發生衝突，最後演變成戰爭。遼興宗兩次御駕親征，卻都無功而返。百姓也因而困乏，怨聲四起。

遼興宗死後，兒子遼道宗耶律洪基（一〇五五～一一〇一年在位）繼位。耶律重元盼了十幾年，到頭來還是沒能當上皇帝，只能當皇太叔。耶律重元自己野心不大，並不是非做皇帝不可；但是在兒子及一堆親信強力勸說之下，半推半就發動了叛亂。這場叛亂沒多久就被敉平，然而其醞釀期間長達十年之久，造成皇族的嚴重分裂，對其後遼國皇室的威信也產生極為負面的影響。遼道宗驕奢淫逸，聽信讒言，竟連皇后和太子都被殺害了。等到皇位傳給孫子天祚帝耶律延禧時，遼國的政治已經和宋朝一樣，外表鮮亮，而內部卻腐敗不堪，而女真人正好在這時突然興起。

## 女眞人興起

契丹強盛時，在其疆域最東北角的混同江（今黑龍江）流域有女真人居住。女真是一個古老的部族，在商、周時代稱為肅慎，以漁、獵為生，能打造強有力的弓箭。春秋時期魯國有人撿到一隻從天空掉落的大雁，身上還插著一枝奇特的長箭，從未見過，便拿去問孔子。孔子說：「這是楛矢，是遠在數千里外的肅慎人用楛木做成的箭。」肅慎後來在不同時代有不同的名稱，如挹婁、勿吉、靺鞨等。靺鞨又有粟末部及黑水部，都臣服於契丹。契丹人稱粟末靺鞨為熟女真，黑水靺鞨為生女真。生女真人之中有一個完顏部，酋長完顏烏古迺逐漸成為女真諸部落的領袖，被遼道宗封為女真部節度使。

烏古迺之後，女真族長之位次第傳給幾個弟弟，傳到完顏盈歌，手下的軍隊才第一次超過一千人。遼天祚帝剛繼位第二年（一一〇二年），國內發生叛亂。貴族蕭海里率領叛軍逃往女真的方向，派人邀完顏盈歌一齊反叛，完顏盈歌將蕭海里的使者綁起來送給遼天祚帝。遼國政府軍雖然人多，追剿叛軍卻屢戰屢敗，無可奈何。完顏盈歌請遼軍讓開，派姪兒完顏阿骨打率領女真兵上陣，以一敵十，大破叛軍，殺蕭海里。女真人從此認為遼國軍隊打仗都貪生怕死。

第二年，盈歌病死，女真首領的位置又傳回到烏古迺的長孫烏雅束，也就是阿骨打的哥哥。在女真南邊的高麗為了國界問題與女真人發生嫌隙。烏雅束派部將率兵南下，大敗高麗兵。女真地區出產優良的戰馬，女真人因而擅長以騎兵衝鋒陷陣。高麗人雖多，但以步兵為主，不是女真人的對手。

遼國長期向女真徵稅，又索取珍珠和貴族狩獵用的魚鷹，稱為「海東青」。遼國國家腐敗，官吏驕奢而貪得無厭，欺凌女真部落百姓，作威作福。女真人漸漸忍無可忍。遼天祚帝天慶三年（宋徽宗政和三年，一一一三年），烏雅束死，阿骨打繼位。遼國使者來，尚未弔祭便質問阿骨打為何沒有向遼國報告便擅自繼位，看見祭典用的駿馬又要佔為己有。阿骨打大怒，第二年起兵反叛。遼國兩次派兵攻打女真，兩次都大敗。

女真人打仗凶悍無比，契丹人常說女真兵的人數如果超過一萬人，就天下無敵。阿骨打的軍隊在第二年就有了一萬人，於是自封皇帝，國號「金」，年號「收國」。後世稱他為「金太祖」。不久，阿骨打又攻佔遼國重鎮黃龍府（今吉林農安）。遼天祚帝大驚，親自率領四十萬人，預備一舉消滅女真。這時遼國長久以來內部的矛盾卻爆發了，部分軍隊叛變，擁立另一個皇室貴族耶律淳為帝。天祚帝急忙撤兵回國。阿骨打趁機追擊。遼兵潰散，屍橫百里。

## 遼國滅亡

女真人突然崛起，宋朝喜出望外，便與金國聯盟，約定共同攻打遼國。雙方同意在戰勝之後，宋朝收回燕雲十六州，而原先遼國所得的納銀、納絹轉送金國，再給金國勞軍米二十萬石。遼國當時內亂越來越嚴重，文武大臣紛紛投降金國，金國因而對遼國內部情勢及山川地理一概清清楚楚。金天輔六年（宋宣和四年，一一二二年），阿骨打大舉攻遼國，取中京（今內蒙古寧城）。宋朝派宦官童貫率十五萬人同步攻打燕京（今北京），卻被遼軍擊潰，屍積如山。金兵趕來接替宋兵，大破遼兵，攻陷燕京。

金國大將都認為宋兵比遼兵還要無用，沒有任何功勞，建議拒絕將燕雲十六州撥給宋朝。阿骨打決定折中，撥七個州給宋朝，但是挾持所有百姓北返。宋朝只得到七座空城。阿骨打回國時死在半路上，弟弟金太宗完顏吳乞買（一一二三～一一三五年在位）繼位。

遼國兵敗之後，天祚帝被金兵一路追殺，逃到現今內蒙古的陰山中躲藏。金兵詐敗，引誘天祚帝追擊，然後阻斷歸路；天祚帝只得投降，成為階下囚。遼國從太祖耶律阿保機建國，至此滅亡（一一二五年），共計九個皇帝，二百一十年。遼國皇族耶律大石率眾西逃，抵達西域，稱帝，又建立了一個新皇朝，是為「西遼」（喀喇契丹，Kara Khitai）。西遼國延續九十幾年，到一二一八年才被蒙古成吉思汗所滅。

## 北宋滅亡

金朝在與宋朝共攻遼國之後，向宋朝索取原先同意的勞軍米二十萬石。宋朝竟推託不給。不但如此，宋朝又想從金國的手中拿回燕雲十六州的另一半，利誘在這幾個州的漢人將官背叛金國。來往的書信被金兵抄獲。金太宗完顏吳乞買大怒。金朝所有的將領在燕京之戰時就已經很看不起宋朝的軍隊，認為不堪一擊。金太宗此時又認為宋朝背信忘義，於是決定教訓宋朝，發兵南下。金兵勢如破竹，沒多久就抵達黃河北岸，直指宋朝國都汴京。

這時宋朝的皇帝宋徽宗是中國歷來所有皇帝之中藝術造詣最高的一位。他的書法和畫作都還留存到現代，並有很高的評價。然而，在政治上他卻是一個無能而不負責任的皇帝。他嚇得趕緊把皇帝位傳給兒子宋欽宗趙桓，自己置身事外。

宋欽宗被迫割讓三個鎮給金國，金國於是退兵。但是金國在六個月後又揮兵南下，攻破汴京。宋欽宗投降，同意割黃河以北所有的土地給金國。金兵又勒索貢金一千萬錠、銀二千萬錠、絹帛二千萬匹，宋欽宗也只得全部接受。不過宋朝答應容易，卻沒有辦法如期繳納，金兵於是將宋欽宗、太上皇宋徽宗及皇族、后妃等三千多人全部擄掠北去。北宋從太祖趙匡胤建國，至此（宋欽宗靖康二年，一一二七年）滅亡，共九個皇帝，一百六十七年。

當初女真人突然興起，宋朝上下欣喜若狂，以為是世仇遼國內部的憂患，幸災樂禍。不料小小的女真族從阿骨打起兵開始，只有十二年就將這兩個大國先後滅掉。歷史上小國吃大國而速度如此之快，實是前所未聞。北宋和遼國若不是腐敗到了極點，也不至於滅亡得如此之快。

## 宋金議和——岳飛之死

金兵俘擄宋徽宗和宋欽宗北去之後，宋徽宗的另一個兒子趙構繼任為帝，改元「建炎」，後來稱為宋高宗。宋高宗往南逃，最後終於安定下來，以臨安（今杭州）為國都，建立「南宋」，是北宋的延續。金朝在汴京扶植原宋朝的大臣劉豫成立傀儡政權，國號「齊」。

金太宗駕崩，由兒子金熙宗完顏亶繼位（一一三五～一一四九年在位）。金朝大將金兀朮（完顏阿骨打的第四子）繼續領兵在華北征戰，威震八方。然而，南宋面臨亡國在即的危機，前線的官兵將士用命，民兵也紛紛組織起來，共同抵禦強敵。宋朝大將張浚、吳玠、韓世忠、岳飛等在華北與劉齊軍和金兵大戰，打了幾次勝仗，漸漸扭轉局勢。南宋大將之中，尤以岳飛所率領的岳家軍最為有名。岳家軍的軍紀嚴明，號令如山，在郾城（今河南郾城縣）以長鐮刀大破金兵的連環拐子馬，是中國歷史上著名的戰役。岳飛接著又在朱仙鎮大勝。金朝的主帥金兀朮陷於四面楚歌。岳飛正想揮兵北上，直指金朝首都黃龍府，不料宋高宗突然連下十二道金牌，命令岳飛退兵。岳飛只得遵旨回到臨安，被解除兵權。第二年（宋紹興十一年，一一四一年），岳飛被誣陷為謀叛，與兒子岳雲一同被處死。

岳飛盡忠報國，反而慘死，是後世的史家與民間百姓一致公認的冤案。其背後的原因，一般認為是金兀朮透過宋朝的宰相秦檜威脅宋高宗要把他的哥哥宋欽宗送回南方，宋高宗害怕自己的皇帝位置難保，急於與金朝談和，因而與秦檜共謀，必定要置岳飛於死地。《宋史》明白記載，金兀朮寫信給秦檜，說如果不殺岳飛，就不必談和。雙方和約簽訂六個月後，金朝依約送回宋高宗的母親，又送回他的父親宋徽宗的骨灰，但他的哥哥宋欽宗卻仍然被留置在北方，又過二十年才死去。

岳飛死前，大將韓世忠力圖營救，質問岳飛犯什麼罪。秦檜答說是「莫須有」，意思是不需要有理由，因為皇帝已經決定要殺他了。從此「莫須有」三個字就成了一種不需要理由就可以處置被害者的罪名。

## 南宋、金的和戰循環

宋、金的和平只維持了二十年，金朝的海陵王完顏亮（一一四九～一一六一年在位）弒殺金熙宗，自立為帝，然後撕毀和約，動員六十萬大軍南下。宋高宗和他的父親宋徽宗一樣，沒有勇氣面對敵人，把帝位傳給養子宋孝宗趙昚（一一六三～一一八九年在位），自稱太上皇，而置身事外。

宋孝宗繼位在趙宋皇朝有一項特別的意義。當初宋太宗有弒兄篡位之嫌，北宋的皇帝從此都是宋太宗的後代。但靖康之變發生時，金兵將在汴京的北宋皇族全部都俘擄到北方，只有一個漏網之魚，就是宋高宗。但宋高宗並沒有子嗣，只好收養宋太祖趙匡胤的七世孫趙昚來做養子，以為皇儲。南宋從宋孝宗以後，所有的皇帝都是宋太祖趙匡胤的子孫。

完顏亮原想以泰山壓頂之勢渡過長江，一舉消滅南宋。然而，他是以篡位奪得政權，之後又殘殺與自己不同宗的所有完顏氏皇族，因而剛剛出兵，後方就發生叛變。完顏亮率兵到采石磯，被宋朝守將虞允文以霹靂炮（裝火藥的火炮，在北宋末年發明）擊敗，最後被亂軍弒殺。阿骨打有一個孫子完顏雍，在老家遼東鎮守，這時被擁立為帝，是為金世宗（一一六二～一一八九年在位）。

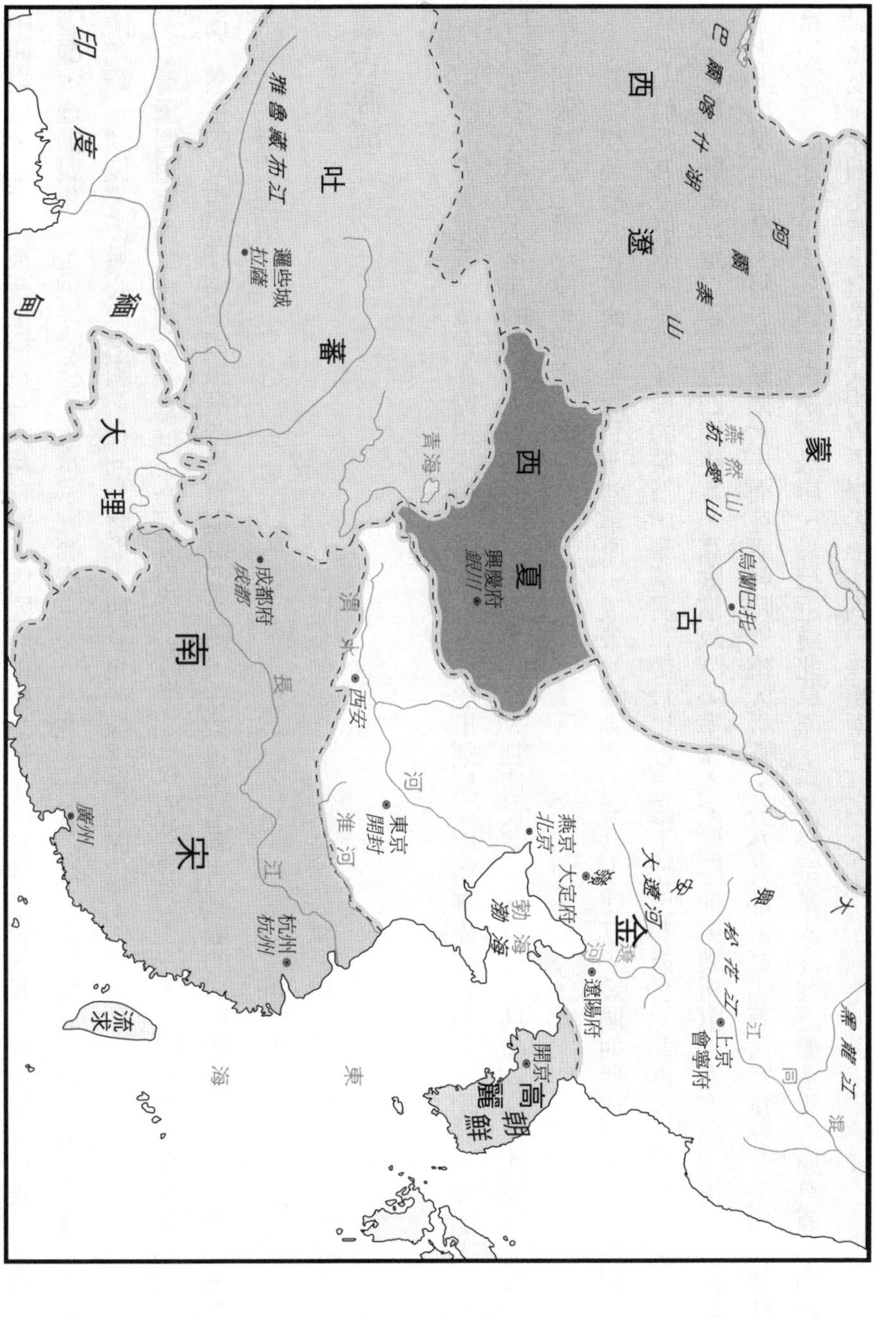


金／南宋時期（西元1140年）

金世宗和宋孝宗的軍隊又戰鬥了幾年。雙方筋疲力盡，不得不又講和，而將精力轉到內政來，都稱得上是中興之世。金世宗被後世稱為「小堯舜」。兩國的後繼皇帝也同樣地在戰與和之間不斷地循環，同時又都追求奢靡，逐漸腐化。金世宗的孫子金章宗完顏璟（一一八九～一二〇八在位）與北宋的宋徽宗一樣，有極高的藝術才華，到後來卻無心於治國。在同一時期，西夏也一樣逐漸地腐化了。

這三個國家都享受著繁華富庶，並且都重文輕武，卻沒有注意到蒙古人已經悄悄在草原上崛起。數十年後，蒙古的成吉思汗將率領鐵騎踏平整個歐亞大陸。在敘述創造蒙古帝國的成吉思汗之前，本書必須先簡述一下蒙古的歷史源流。

## 蒙古源流

中國的史書記載，蒙古人的祖先稱作室韋人，屬於東胡族，而與鮮卑、烏桓源流相同。東胡人在秦末漢初時被在塞外草原上稱雄的匈奴人擊破而四處逃竄。鮮卑人到達大興安嶺附近，烏桓人到達西遼河流域附近。室韋人到哪裡去，歷史沒有明確記載。

鮮卑和烏桓人在東漢末年回到塞外草原，後來又轉到黃河流域，建立了幾個朝代或國家。南北朝、隋、唐時，一般認為是鮮卑、烏桓後裔的柔然、庫莫奚和契丹也逐步躍上歷史的舞台。室韋人也同步出現。

東魏孝靜帝武定二年（五四四年），高歡掌政時，室韋人派使臣向東魏貢獻土產方物。這是室韋第一次在史書上出現。室韋人勢力逐漸擴大，而在唐朝時被納入版圖，分為九部。其中有西室韋部、大室韋部和蒙兀室韋部等三個部落居住在額爾古納河沿岸，最接近漠北草原。一部分室韋人從此逐漸遷入大漠草原。中國的史書對此沒有詳細記載，但是近代的考古學者卻找到一些線索。

考古學家於十九世紀末開始在中亞發現一些突厥各代君主所立的「突厥碑」。其中有「闕特勤碑」（七三二年立）及「苾伽可汗碑」（七三五年立），碑上都明確地記載了「韃靼人」（Tatar），正是室韋人移民。韃靼人在突厥及後起的回紇強盛時，逐漸向西、南遷移。唐末沙陀名將李克用曾經落難而亡命北方，投奔在陰山之北的韃靼人。

回鶻（即回紇）人在唐朝後期滅亡，留下的真空地帶又吸引了大批的移民前來。十世紀初，蒙兀室韋部的孛兒帖赤那率領族人向西遷移，到達斡難河（今鄂嫩河）的發源地不兒罕山（今大肯特山）。這就是成吉思汗的祖先。契丹稱雄北方時，這個部族被稱為鞣劫子。同時，大室韋也到達闊連海子（今呼倫湖）、捕魚兒海（今貝爾湖）一帶。契丹稱之為「敵烈」，在金朝時改稱「塔塔兒部」。另外還有許多其他的室韋人陸陸續續西遷，形成一股大移民潮。室韋人是最後一個回到故鄉草原上的東胡人後裔，並將創造出一個震古鑠今，輝煌無比的時代。

## 成吉思汗的時代及出身背景

蒙古人原本是臣屬於遼國，在女真人興起後，轉而臣服於金朝。由於金朝注目的重點是南宋，塞外草原上的各部族勢力因而有機會各自發展。當時比較強盛的部族，由東至西，有塔塔兒部、蒙古部、克烈部、乃蠻部，以及漠南的汪古部等。各部對金朝有時順服，有時反叛，其中以塔塔兒、蒙古二部最為難馴。

對於草原上的各個部族，金朝基本上是採取離間的策略，挑撥仇恨，以避免各部族相互結合。但是草原中生活方式相同的各部族之間發生戰爭後，並不是殺到你死我活，而是勝者接收敗者的全部。因而，金朝的挑撥離間正好促成草原上的快速相互併吞，最後將產生一個強大無比的勢力。

草原中與金朝最接近的是塔塔兒部，也受到金朝最嚴厲的對待。金朝對塔塔兒人血腥鎮壓，又要求塔塔兒人替金朝對付其他草原上的部族，以做為服從的證明。

成吉思汗的曾祖父合不勒汗統一了蒙古各部落。金朝派使者到蒙古部，因言語衝突而被合不勒汗下令殺死。合不勒汗自己有七個兒子，而遺命遵照習俗將汗位傳給同族的兄弟俺巴孩可汗。俺巴孩可汗將女兒嫁給塔塔兒人，並且親自送女兒去。塔塔兒人卻將俺巴孩可汗捉住，送給金朝獻功。金朝將俺巴孩可汗釘在木驢上處死。俺巴孩死前傳話回去說：「我身為可汗，竟因親身去送女兒，以致被塔塔兒人擒拿。要以我為戒！你們就是把自己的五個手指甲磨掉，十個手指頭磨斷，也要替我報仇！」塔塔兒部與蒙古部從此結下深仇大恨。

蒙古部中當時最強的部族是泰亦赤兀惕部，成吉思汗的父親也速該（Yesugei-Baghatur）屬於較次要的乞顏部。也速該有一次在斡難河邊打獵時，遇見一對其他部族的新婚夫妻，於是動手搶婚，將新郎趕走，把新娘帶回家。這新娘的名字叫訶額崙（Hoelun），便是成吉思汗的母親。

成吉思汗生於金世宗大定二年（宋高宗紹興三十二年，一一六二年），出生時，在右手裡握著一個指節大小的血塊。也速該為這嬰兒取名為鐵木真（Temujin）。訶額崙並非也速該的第一個妻子，所以鐵木真不是長子，上面還有兩個同父異母的哥哥。

鐵木真九歲時，也速該為了要給他找一個女孩定親，決定帶他到訶額崙的娘家，斡勒忽訥兀惕部（Olgunuut）去。他在半路上遇見翁吉剌部（Onggirad）的德薛禪。翁吉剌部與蒙古部有姻親的關係。德薛禪見到鐵木真，對也速該說：「你這兒子是個眼中有火，臉上有光的孩子啊。」於是將自己的女兒孛兒帖（Borte）嫁給鐵木真，並依照草原的習俗將鐵木真留下來。也速該單獨回家，在半途又飢又渴，遇見塔塔兒人在盛會，便下馬入席，以為沒有人會認得。沒想到塔塔兒人還是認出來，將毒藥摻放在食物裡。也速該回到家中幾天後便毒發身死。鐵木真得到通報趕回家，仍然見不到父親最後一面。

## 成吉思汗的崛起

也速該留下兩個寡婦，七個孤兒。泰亦赤兀惕人決定棄他們而去。成吉思汗的母親帶領全家掙扎求生存，採野果、野菜，穿獸皮，過著與禽獸無異的生活。小孩們在斡難河邊釣魚或結網撈魚，以幫助母親。這時發生一件事，使得鐵木真全家的生活雪上加霜，更影響成吉思汗的一生。

鐵木真的同父異母大哥別克帖兒在父親死後，儼然是一家之主，常常欺凌弟妹們。鐵木真與弟弟合撒兒釣到的魚常常被別克帖兒搶去。鐵木真向母親告狀，母親卻站在別克帖兒那邊。鐵木真於是有一次趁別克帖兒獨自一人時，竟與合撒兒一前一後，如同獵殺野獸一般，悄悄掩進，彎弓搭箭將別克帖兒射死。

游牧民族的傳統是長子繼承一切，甚至連繼母也由長子接收。換句話說，別克帖兒如果不死，有一天將成為鐵木真的繼父兼家長。鐵木真究竟是因為懼怕這樣的未來，或是純粹憤怒難當，或是為了其他什麼緣故而決定殺掉大哥，歷史上並沒有交代。但是一個十歲左右小孩的心這樣凶狠，手段如此厲害，連泰亦赤兀惕人聽到了都害怕，決定要回來搜捕鐵木真。

鐵木真被捉去當奴工，頸上戴著木枷，以防逃跑。後來靠著別的奴隸幫忙，他終於逃脫，與母親、弟妹會合。他又找到岳父德薛禪，發現未婚妻孛兒帖還在等他，非常高興。

鐵木真帶孛兒帖回家之後，第一件事是將孛兒帖的嫁妝之一，一條珍貴的黑貂皮衣，拿去送給克烈部（Kereyid）的領袖王罕（Ong Khan）。鐵木真的父親也速該曾經與王罕結為異性兄弟，稱為「安答」。王罕高興地收下鐵木真的禮物，收他為義子，同意保護他的一家人。

當年被也速該搶婚的蔑兒乞部在十幾年後突然對鐵木真發動突襲。鐵木真一家幸而及時逃走，孛兒帖卻被搶去。鐵木真只得去找王罕，請求出兵相助。蔑兒乞部居住在克烈部之北，是王罕很久以來就想兼併的部族。王罕因而欣然同意，並且親自帶兵前往，不但幫鐵木真救回妻子，又將蔑兒乞部洗劫一空。

一一九三年（金章宗明昌四年），塔塔兒人反叛金朝。金朝派大軍出征，並下令凡是參加討伐塔塔兒人的各部族都有賞。鐵木真與塔塔兒人有殺父祖之仇，因而跟隨王罕一同出兵。塔塔兒很快就潰敗了。塔塔兒擁有金、遼、宋的各種奇珍寶物。鐵木真從未見過，大開眼界。鐵木真分得戰利品，驟然富有起來，從此知道戰爭除了自衛及報復之外，還有其他的目的。由於金朝的政策是維持草原上的平衡，不希望有霸權出現，塔塔兒並沒有立即滅亡。數年之後，鐵木真卻無視於金朝，再度出兵襲擊，奪取了所有物品、財產、戰馬及男女老幼，併吞了塔塔兒部。

## 成吉思汗統一蒙古草原

除了鐵木真以外，王罕還有一名重要的蒙古部大將，名叫札木合。鐵木真與札木合其實在幼年時是在一起玩耍的同伴，並曾經結為「安答」。然而兩人的性格和作風都有很大的差異，漸漸格格不入。鐵木真日漸強大，王罕心中開始疑忌。王罕的親生兒子桑昆也十分排斥鐵木真。

一二〇二年，蒙古狗兒年，王罕受到札木合和桑昆的唆使，假稱要將女兒嫁給鐵木真的兒子，請鐵木真前來，而實際上是要藉機殺他。鐵木真行至半路，知道中計而轉頭，遭到追擊，幾乎全軍盡沒。當他到達班朱尼湖（Lake Baljuna，在呼倫湖西南）躲藏時，身邊只剩下十九個人。鐵木真又冷又餓又疲勞，追兵隨時會來到，生死未卜。在他的一生之中，這大約是最危險的時刻，但是他機智地將這危機化為轉機。在他的提議下，十九個忠心耿耿，不離不棄的屬下與他一起捧起班朱尼湖水，含著淚水，同時喝下；又對天發誓如能倖免，將來永不或忘，並將共享富貴。這便是歷史上有名的「班朱尼湖之盟」。

數月之後，鐵木真集結部眾，發動突襲，三天之內就擊潰了克烈部。王罕和札木合都逃到西方的乃蠻部，依附太陽汗。兩年後，蒙古鼠兒年，鐵木真又揮軍滅掉乃蠻部，殺太陽汗。太陽汗的兒子屈出律逃亡到西域，投靠西遼國。札木合也再次逃亡，而於一年後被部下捆綁，送給鐵木真。鐵木真最痛恨的就是部下出賣主子，下令將解送來的人全部處死。鐵木真希望與札木合重修舊好，但是札木合只求一死，鐵木真只好成全他。

一二〇六年，蒙古虎兒年（金章宗泰和六年，宋寧宗開禧二年）鐵木真在不兒罕山上，斡難河上游源頭，召開庫力爾台會議。所有草原上的部落代表全部到齊，會中他被推舉為大蒙古國的首領，稱為「成吉思汗」（Genghis Khan），意思是堅強無懼的領袖。中國的歷史稱他為元太祖（一二〇六～一二二七年在位）。

## 成吉思汗反叛金朝

四年後，金朝的皇帝完顏允濟派遣使者拿詔書到蒙古。使者命令成吉思汗下跪聽詔。成吉思汗認為完顏允濟是一個懦弱無能的人，轉身在地上吐一口水，說：「我以為中原皇帝是天上人做的，這樣庸懦的人也能做？」於是決定要攻滅金朝。在此之前，成吉思汗已經完成準備動作，併吞了畏兀兒人，也就是當年逃奔到西域的回鶻人（中國稱之為西州回鶻）。成吉思汗還出兵攻打西夏，迫西夏王李安全獻出公主，投降稱臣。

一二一一年，成吉思汗親率十萬蒙古兵南下。金朝集中全國精銳之師四十萬人在野狐嶺（在今河北省張家口市張北縣）迎戰。金兵大敗，屍橫百里。蒙古兵在三年後又兵臨中都（今北京），金宣宗完顏珣乞和，蒙古退兵。金宣宗怕蒙古兵又來，遷都到開封。成吉思汗大怒，說：「簽完合約又遷都，是心中有所圖謀，存心用和議來欺騙。」於是又再發兵，攻陷中都。

正當蒙古兵幾乎要將金朝滅掉時，在中亞發生一件事，使得成吉思汗震怒，決定親自帶兵去征討。金朝因而幸運地逃過一劫，暫時苟延殘喘。

## 蒙古第一次西征（一二一八～一二二五年）

成吉思汗崛起之後，知道要取得財富並不一定是靠武力，利用貿易流通及抽稅也能致富。當時在中亞東西交通的交會點上有一個花剌子模帝國（Khwarezm，在現今烏茲別克及土庫曼國境），由突厥人摩訶末蘇丹（Muhammad）統治。成吉思汗派人攜帶書信給蘇丹，要求兩國經商往來。蘇丹同意。成吉思汗於是命令組織了一個四百多人的商隊前往。不料商隊進入花剌子模之後竟被官兵搶劫，成員被殺光，只剩下一個駱駝夫逃回。成吉思汗暫時忍耐，再派使者去見蘇丹，要求懲處劫匪。蘇丹悍然地拒絕。成吉思汗發誓要替所有的死者復仇，於是在一二一八年率領大軍西征。

太陽汗的兒子屈出律投靠西遼國後，娶西遼國公主。屈出律信仰景教（基督教的一支），卻趁機軟禁岳父，取而代之，並迫害境內眾多的穆斯林。畏兀兒人四處逃散，向成吉思汗求救。成吉思汗正預備要西征，於是命令大將哲別先出兵滅掉西遼國，砍下屈出律的頭，在穆斯林聚居之處傳首示眾。

蒙古軍抵達花剌子模首都撒馬爾罕。城陷以後，成吉思汗下令大屠殺。蒙古人接著又攻陷數十座中亞的城池。凡是沒有事先投降的，都遭到屠城。約四十年後，波斯著名的歷史學家志費尼（Ata-Malik Juvaini）在他的名著《世界征服者史》（*The History of the World Conqueror*）中，有一段簡單而令人膽寒的描述：「他們到來，他們破壞，他們焚燒，他們殺戮，他們搶劫，然後他們離去。」

摩訶末蘇丹逃亡到裏海附近。大將哲別與速不台一路追捕。蘇丹病死在一個小島上，但是蒙古軍並不知道，仍然繼續向北挺進，探索之前從來不曾踏足的高加索地區。喬治亞王國（今喬治亞共和國）派軍隊在半路攔截。蒙古軍殲滅這支軍隊後，又繼續往北，深入俄羅斯境內。基輔的大公率領約五萬名俄羅斯聯軍前來，也被只有不到一半人的蒙古軍殲滅。蒙古人自動撤退以後，有一個當時俄羅斯的歷史學家寫道：「韃靼人在聶伯河（Dnieper River）返回，他們來自何處，藏身何處，何時再來懲罰我們，不得而知。」

花剌子模的王子札蘭丁向東南逃，成吉思汗親自帶兵窮追不捨。但是到達印度河平原以後，氣候潮濕而酷熱，蒙古人不能適應，紛紛病倒。成吉思汗只好退出，回到中亞。到了一二二四年，蒙古軍營內瘟疫開始蔓延，成吉思汗於是下令班師，回到蒙古。

## 成吉思汗之死與繼承問題

當蒙古出兵攻打花剌子模時，契丹人、畏兀兒人、突厥人都派兵參戰，只有西夏人不肯。成吉思汗回來之後，決定親自帶兵去教訓西夏，縱兵屠殺。西夏州縣盡皆淪陷，白骨蔽野。一二二七年七月，成吉思汗在營帳裡因病駕崩，享年六十六歲。數天後，西夏末代皇帝投降而被殺，西夏立國一共一百九十六年。

成吉思汗的夫人孛兒帖生下四個兒子，依次是朮赤、察合台、窩闊台和拖雷。成吉思汗死前，將蒙古帝國分成四塊給四個兒子。朮赤獲得西方的欽察草原，察合台獲得中亞和西域，窩闊台獲得蒙古草原的中、西部，拖雷獲得蒙古草原東部蒙古世居之地。

成吉思汗還得指定一位大汗繼承人，這正是他生前最苦惱的一件事。按照一般游牧民族的習慣，勇敢善戰的長子朮赤是當然的繼承人。問題是有人認為朮赤不是成吉思汗的兒子。當年孛兒帖被蔑兒乞部俘擄，又被成吉思汗搶回來；之後，生下朮赤。雖然成吉思汗本人不在意，並且相信朮赤是自己的兒子，其他的人不免懷疑，只是沒有人膽敢亂說。察合台卻公然宣稱朮赤不是他的兄弟，沒有資格繼承大汗的位置。朮赤與察合台為此水火不容，多次大打出手，使得成吉思汗頭痛不已，心裡受傷。最後，成吉思汗決定兩個都不要，而指定第三個兒子窩闊台為汗位的繼承人。窩闊台嗜酒如命，杯不離身，但是性情溫和，有容人的雅量，並且與兩位哥哥友情深摯。成吉思汗知道他所建立的龐大帝國最怕的就是內部分裂，因此做了一個睿智的選擇。

成吉思汗雖然指定窩闊台，並不能完全保證他能登上大位。成吉思汗自己曾經立下一個規矩，說將來大汗人選的決定必定要經過召開庫力爾台會議，也就是各宗族派代表參加的大會，才能生效。任何人未經推選而自稱大汗，人人得而誅之。庫力爾台會議還有其他的功能，例如軍國大事的決定，以及處死家族內重要成員的決定等。由於庫力爾台會議如此重要，各方自然先要在內部商討，準備妥當後，再行召開。因此，成吉思汗死後，窩闊台並未馬上坐在大汗的位置，而是由成吉思汗的最小兒子拖雷以監國的身分攝政。拖雷監國期間，對窩闊台顯然產生嚴重的威脅。不過兩年之後，庫力爾台會議在克魯倫河畔正式舉行，最後窩闊台仍然登上了大汗之位。會中也決定要出兵討伐金朝。中國的歷史稱窩闊台為元太宗（一二二九～一二四一年在位）。

窩闊台和拖雷兄弟倆都貪杯豪飲，身體被酒精侵蝕，傷及內腑。兩人都病發而岌岌可危，後來窩闊台病情突然好轉，拖雷卻死了。蒙古人信奉亞洲北方流行的薩滿教，最敬畏的是山川鬼神。傳說薩滿教巫師替鬼神傳話，說窩闊台受到詛咒，無藥可醫，除非有至親的人代替他接受這些詛咒而死。托雷因此飲藥，代替窩闊台而死。窩闊台又私下同意，將來會指定托雷的長子蒙哥為大汗繼承人，以為報答。有部分的史家認為，實際上這是窩闊台除去托雷的一項陰謀。到了後來，窩闊台的承諾又演變成為蒙古黃金家族（即是成吉思汗四個兒子的家族）搶奪大汗之位時的一個嚴重爭端。

## 蒙古、南宋聯合滅金

正當北方的蒙古草原發生巨大的變化時，南宋與金朝的關係是在和與戰之間擺盪。從南宋孝宗登基開始，到第四任的宋寧宗駕崩為止，雙方的和、戰關係在六十年間（一一六三～一二二四年）大轉變了四次。南宋第五任皇帝宋理宗是由前朝的權臣史彌遠擁立而成為皇帝。史彌遠因而牢牢掌握國家大政，並堅持對金朝一貫的和平政策。

窩闊台就任大汗之後，立即下令攻打金朝，並要求與南宋聯盟。史彌遠當然不肯。一二三三年，史彌遠死，宋理宗親政，一下子將政策轉變為「聯蒙滅金」。金朝被蒙古兵和宋兵南北夾攻，情勢急轉直下。金朝末代皇帝金哀宗氣急敗壞，派使臣攜帶信件到臨安見宋理宗，說金朝與宋朝是唇亡齒寒的關係，金朝一旦滅亡，宋朝滅亡的日子也不遠了。

宋朝從北宋「靖康之難」以後，與金朝仇恨蓄積已久，不共戴天。宋朝的君臣只想到過去，並沒有想到未來，拒絕金朝的請求而加緊與蒙古人合作。蒙古兵迅速攻破金朝首都汴京，金哀宗逃到蔡州（今河南省汝南）。宋理宗端平元年（元太宗六年，金哀帝天興三年，一二三四年），南宋大將孟珙率兵攻破蔡州。金哀宗自殺。金朝滅亡，享國一百二十年。南宋終於如願滅掉世仇，但是金哀宗給宋理宗的信上所說的話立刻應驗。蒙古在第二年發兵三路攻宋，雙方陷入全面戰爭。南宋之所以沒有立即滅亡，而再多拖了四十幾年，主要是因為蒙古在這一段時間內先後又發動兩次大規模的西征，兵力分散，而蒙古又為了爭奪大汗之位而發生兩次內部分裂。

## 蒙古第二次西征（一二三五～一二四一年）

蒙古軍隊為什麼要同時伐宋又西征呢？據說這個決定是黃金家族在內部利益衝突之下妥協的結果。當初蒙古滅金後，所得的華北土地是由窩闊台支配。蒙古如果繼續攻打南宋，得到的土地仍然會是窩闊台的。黃金家族中其他三家擔憂窩闊台一家的勢力過度膨脹，要求另外擴張土地。窩闊台召開庫力爾台會議，結果就是兵分兩路。

窩闊台決定自己負責征伐南宋，而下令各部族、宗室、萬戶長、千戶長等都派出長子參加西征。西征軍由朮赤的長子拔都掛帥，察合台的長子不里、窩闊台的長子貴由和托雷的長子蒙哥（Mongke）都參戰。蒙古第二次西征因而又稱為「長子西征」，但實際指揮作戰的是曾經在上次西征時到過欽察草原的大將速不台。據估計這支部隊共有十五萬人，其中包括蒙古人、契丹人、畏兀兒人，及中亞人等，並且一路吸收東歐人。

蒙古大軍不到三年就攻陷了莫斯科、基輔，將俄羅斯全部收入蒙古帝國的版圖。蒙古軍接著兵分兩路。一路向西北，在現今波蘭境內的利格尼茲（Liegnitz）擊潰三萬日耳曼及波蘭聯軍，大肆屠殺。另一路蒙古軍指向西南。匈牙利國王貝拉四世（Bela IV）率領數萬大軍攔阻，結果也是全軍覆沒。蒙古軍一路追殺，向南抵達亞得里亞海（Adriatic Sea）；向西渡過多瑙河。

蒙古軍隊引起歐洲人的震動和恐慌，更甚於第一次。沒有人知道韃靼人為什麼又突然出現。蒙古軍已經離維也納只有數十公里了，哈布斯堡（Habsburg）王族和維也納市民紛紛準備逃亡。正當十分危急的時刻，忽然傳出窩闊台駕崩的消息。遠征軍裡面的幾個黃金家族的長子都是繼承大汗的可能人選，於是急忙撤兵，都趕著回到蒙古草原，準備爭奪大位。

## 貴由與蒙哥

窩闊台生前不喜歡長子貴由，而鍾愛的另一個兒子闊出卻在征宋的戰役中死去，於是指定孫子失烈門或托雷的兒子蒙哥繼位。皇后禿剌乞納（中國史書稱為乃馬真皇后）當然希望貴由繼任。拔都自知繼任無望，自己坐鎮在裏海之北，建立欽察汗國，轉而支持蒙哥。

禿剌乞納皇后不願意在沒有把握的情況下貿然召開庫力爾台會議，於是經由察合台的建議，開始監國攝政。五年後，禿剌乞納皇后用盡種種手段排除異己，確信沒有問題之後才召開庫力爾台會議，將兒子貴由扶上大汗之位。但貴由上任不到兩年便死了（一二四六～一二四八年），並且沒有子嗣。窩闊台系統的子孫再也沒有人有資格與蒙哥爭大汗的位置。蒙哥於是在斡難河畔舉行庫力爾台會議，被推為蒙古第四任大汗。

## 耶律楚材

據說在蒙古第二代及第三代爭奪大汗之位時，有一個傳奇人物耶律楚材發揮了關鍵的影響力。

耶律楚材出身契丹皇族，但是當他出生時，遼國早已被女真人滅掉。女真人只知打仗，並不知道如何治理國家，因此金朝裡有很多高官是聘請原來遼國的官員擔任。耶律楚材的父親耶律履既是亡國的貴族，又是當朝的宰相，心情極為矛盾，這從耶律楚材的名字便可以知道。中國的古書《左傳》裡面有一句話：「雖楚有材，晉實用之。」意思是楚國人才輩出，卻因為國君不賢，大多外流到晉國去當官。耶律履將兒子取名為「楚材」，字「晉卿」，表面上是說這孩子不可能再為契丹所用，實際上在暗示或許也不為金朝所用。

耶律楚材家學淵源，漢化極深，二十幾歲就博覽群書，精通儒術及天文、地理、醫術等，名聞遠近。一二一五年，蒙古軍攻佔北京後，成吉思汗派人請耶律楚材來，收為幕僚。耶律楚材隨成吉思汗西征，漸漸成為成吉思汗最倚重的謀臣。他身長八尺，長髯垂胸。成吉思汗不叫他的姓名而稱呼為「吾圖撒合里」，意思是鬍子長的人。成吉思汗對朮赤和察合台失望透頂時，傳說耶律楚材是第一個勸成吉思汗傳位給窩闊台。成吉思汗對窩闊台說：「吾圖撒合里是上天賜給我們家的禮物。」要窩闊台將來重用他。

窩闊台被推為大汗後，請耶律楚材全權規畫中央和地方政府的組織、職權及稅賦制度，又請他擔任「中書令」之職，就是宰相。

耶律楚材心存仁慈，屢次勸成吉思汗和窩闊台減少不必要的屠殺。蒙古兵在一二三三年攻破金朝的汴京，帶兵官速不台預備屠城。耶律楚材向窩闊台為民請命，窩闊台於是下令蒙古兵進城只能殺金朝皇室完顏一族，其餘不准動手。據估計當時汴京城中有超過一百萬人，因而倖免於難。

窩闊台的皇后禿剌乞納攝政時，明顯預備要立貴由為大汗，成吉思汗之弟帖木格不服，準備帶兵與貴由決戰，拔都在後面撐腰。據說耶律楚材秘密派人向拔都、帖木格及托雷的遺孀梭魯禾帖尼分析，說貴由身體虛耗，活不了幾年，並且不可能會有後代。現在急於打仗，不知要打幾年才能分出勝負；如果耐心等待，貴由死後，大汗之位將輕易地落到蒙哥手中。因此，「耐心等待」是最好的策略。帖木格於是自動退兵，一場可能的大戰瞬間消弭。總之，許多史家認為，如果沒有耶律楚材，蒙古帝國恐怕早已因陷入內戰而四分五裂，南宋朝也可能躲過一劫。

蒙哥一家過去飽受皇后禿剌乞納的迫害，在登上大汗之位（一二五一年）後，大肆展開報復，意圖剷除察合台和窩闊台兩家的勢力。這時耶律楚材已經去世了。蒙哥的母親梭魯禾帖尼是一個睿智而祥和的基督教徒，盡力想要阻止蒙哥報復而不能，因而嘆氣說：「假若吾圖撒合里還活著，怎麼會演變成這樣的地步呢？」察合台和窩闊台的子孫在西域及中亞所建立的汗國後來一致對抗蒙哥；在蒙哥死後又繼續對抗忽必烈（Kubilai）。蒙古帝國再也不是一個統一的帝國，而是分成兩個陣營廝殺，延續數十年之久。

## 蒙古第三次西征（一二五二～一二五九年）

一二五二年，蒙哥決定效法窩闊台兩面作戰，自己與二弟忽必烈攻打南宋，派三弟旭烈兀（Hulagu）帶兵西征，最小的弟弟阿里不哥鎮守蒙古老家。

旭烈兀帶領蒙古大軍從蒙古草原出發，目標是現今的中東阿拉伯世界，包括木剌夷（Mulahida，在現今伊朗及部分阿富汗境內）、阿拔斯王朝（Abbasid Dynasty，或稱黑衣大食，在現今伊拉克），及阿育比王朝（Ayyubid Dynasty，在現今敘利亞及沙烏地阿拉伯境內）。當時這三個國家是互相敵對的。

木剌夷屬於伊斯蘭教什葉派（Shia Islam）的一個極端恐怖主義教派。領袖稱為伊馬目（Imam），或稱山中長老，自認是真主選定的領袖，受到信徒無條件的崇拜。伊馬目派出經過訓練的殺手出去進行暗殺行動。波斯周圍所有的貴族與平民都害怕成為木剌夷刺殺的目標，不敢得罪。木剌夷因而橫行無忌。

阿拔斯王朝是伊斯蘭教所建立的王朝，以正統自居，哈里發（khalīfat Rasūl Allah）在名義上控制著伊斯蘭世界，到這時已傳了三十六代。

阿育比王朝是由著名的伊斯蘭教遜尼派庫德族人（Sunni Islam of Kurdish origins）薩拉丁（Salah al-Din Yusuf Ibn Ayyub, 1138-1193）在一一七四年所建立，而與阿拔斯王朝對立，不過在薩拉丁死後，國家四分五裂，已經衰弱。阿育比王朝原先也控制了埃及，但是當地的奴隸軍隊推翻統治者，建立了馬穆魯克王朝（Mamluk Dynasty）。

木剌夷的伊馬目也曾經派刺客到哈剌和林，想要刺殺蒙哥。蒙哥怒不可遏，因而旭烈兀第一個要消滅的目標就是木剌夷。雖然木剌夷地勢險惡，蒙古人仍然很快就攻陷首都阿拉穆特（Alamut），俘擄伊馬目，將他送到哈剌和林。蒙哥下令縱馬將他踩死。木剌夷於是滅亡。

旭烈兀接著向巴格達（Baghdad）前進。當時歐洲基督教國家為了要奪回伊斯蘭教佔有的耶路撒冷，發動十字軍東征，已經一百六十年都無法如願。哈里發對旭烈兀派去的使者態度十分傲慢。旭烈兀徵集突厥人、波斯人、喬治亞人、亞美尼亞人等加入軍隊，又利用與穆斯林有仇恨的基督教徒作內應，然後使用投石機投出炸藥、燃燒彈，再引底格里斯河水灌入巴格達城內。一二五八年二月，巴格達城破，哈里發出城投降，被旭烈兀下令縱馬踩死。旭烈兀又下令屠城，八十萬居民全部喪生。巴格達城從建立至此超過五百年，遭受了前所未有的浩劫。阿拔斯王朝滅亡。整個基督教世界欣喜若狂，伊斯蘭世界則陷入了恐慌。

旭烈兀繼續往西。阿育比王朝完全不堪一擊，蒙古兵輕易地攻佔了大馬士革（Damascus）。旭烈兀又派出屬下的漢人大將郭侃先後侵入現今的沙烏地阿拉伯及塞浦路斯，逼迫兩個蘇丹投降。蒙古軍團的先鋒部隊兩萬人又繼續朝向埃及前進，但是這一次遇見了強勁的敵手。一二六〇年九月，馬穆魯克王朝的大將拜巴爾（Baibars）在阿音札魯特（Ayn Jalut，現今以色列境內的加利利海附近）率兵抵禦蒙古軍，結果大獲全勝。

旭烈兀正要親自帶兵與拜巴爾再戰，卻得到蒙哥已經死於中國戰場的消息，於是停止再往前進，決定留下來，在他所征服的地區建立一個新汗國，稱為伊兒汗國（Ilkhanate）。

拜巴爾是屬於突厥種的欽察人，當蒙古第二次西征結束時，只有十幾歲，被蒙古兵抓去當作奴隸賣掉。拜巴爾到了埃及，進入阿育比王朝的奴隸軍團裡，逐漸因戰功而升為將軍，後來又參加推翻埃及蘇丹，是建立馬穆魯克王朝的大功臣。蒙古人作夢也想不到，當年被他們賣掉的小奴隸，在二十年後竟然領兵擊敗蒙古人，保住伊斯蘭教的命脈。拜巴爾後來篡位並自立為蘇丹，統治埃及、敘利亞和以色列，遂與伊兒汗國為鄰。

## 忽必烈滅南宋

旭烈兀開始西征時，忽必烈奉命到雲南，在戰略上布置對南宋的包圍網。忽必烈率領十萬大軍，經過甘肅臨洮，穿越四川西部的高山、深谷，到達雲南北部的金沙江邊。金沙江水流湍急而危險，蒙古兵以羊皮製成充氣的革囊，做成皮筏，或是直接抱著革囊游泳，悄悄地渡過金沙江，突然在麗江出現。當地的納西族以為是天兵降臨，立刻投降，並且充當嚮導，帶領蒙古軍直逼大理國。大理國王段興智也大吃一驚，戰敗而逃，但是在第二年（一二五四年）被追捕回來。雲南原本在唐朝時是南詔國的天下，五代時期後晉天福二年（九三七年），武將段思平結合當地的土著，推翻南詔國，取而代之。大理國從段思平至段興智，共二十三王，三百一十八年而亡。不過忽必烈仍然任命段興智為大理總管，並且世襲。雲南的土司制度從此開始。

接下去的數年，蒙古加緊對南宋的攻勢，卻戰況膠著。蒙哥大為不滿，決定親自上陣，於一二五八年到達四川。不料第二年蒙古軍中瘟疫大起，蒙哥也染病，竟然死在合州釣魚城下（今重慶市合州區）。不過也有史家說蒙哥是因為在攻城時受傷而死。蒙哥死時，忽必烈正在圍攻鄂州城（今湖北省武昌），急忙撤軍，趕回蒙古草原去和他的弟弟阿里不哥爭奪大汗之位。

蒙古這一次的大汗爭奪戰與以往有很大的不同。黃金家族中各支系都已經有自己的一片天了，認為鞏固現有的地盤才是當務之急，因而明顯地對大汗之位不感興趣。甚至旭烈兀也選擇固守他所創建的伊兒汗國。雖然如此，大部分人都表態支持阿里不哥。為什麼呢？最主要的原因是忽必烈漢化的程度太深，手下有太多漢人，在蒙古戰士的眼中，已經不確定忽必烈是不是蒙古人了。結果是阿里不哥和忽必烈各自召開庫力爾台大會，由各自的人馬擁立為大汗，然後展開內戰。經過四年，忽必烈終於取勝，自稱皇帝，中國歷史上稱之為元世祖。

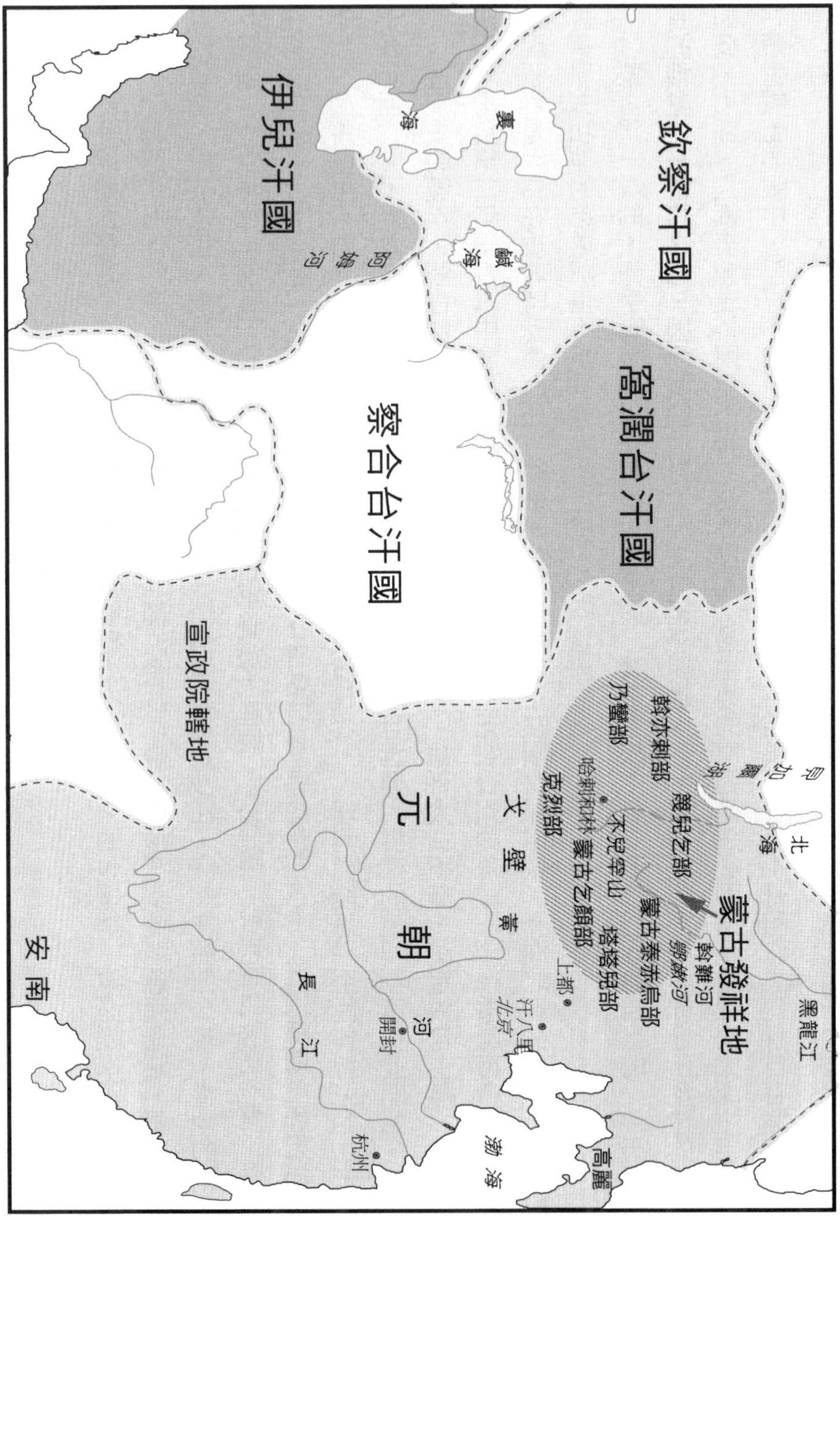


從蒙古草原到元朝及四大汗國（約從西元1200年到1300年）

但是蒙古各汗國沒有人承認忽必烈是蒙古大汗。從此之後，再也沒有庫力爾台，大蒙古帝國正式分裂。

這時南宋的情況更加不堪。宋理宗所倚重的宰相賈似道十分狡詐，欺上瞞下；宋理宗又是愚昧不堪，完全被蒙在鼓裡。賈似道對蒙古主和，視抗元大將為仇敵，不是殺害就是免職，幾乎剷除殆盡。有些人被迫投降元軍，以保性命。宋理宗傳位給姪兒宋度宗，同樣昏庸無能，朝政同樣敗亂。賈似道將所有戰爭消息盡量封鎖，不到不得已不派兵出援。襄陽城是南宋最後一道防線，守將呂文煥被圍了六年，久盼援兵不至，終於也投降了。元兵於是渡過長江，於南宋恭帝德祐二年（元世祖忽必烈至元十三年，一二七六年）到達臨安城下。恭帝開城門投降。

南宋的殘餘勢力不甘為異族統治，在文天祥、張世傑、陸秀夫等人領導下繼續抵抗。三年後，陸秀夫被元兵追殺，揹著七歲的最後一個小皇帝，在崖山（今廣東省江門市）投海自殺。宋朝滅亡，立國共三百二十年（九六〇～一二七九年）。

## 蒙古人在中國的統治

蒙古人統治中國的時期，從忽必烈攻破臨安城起算，到最後一任元順帝被驅逐回到大漠，總共只有九十三年（一二七六～一三六八年）。這一段時期的情況，大致地形容，是初期戰爭不斷，國家財政困難；中期政變奪權迭起，種族歧視嚴重；晚期天災頻繁，瘟疫流行，群盜蜂起。

忽必烈好大喜功，窮兵黷武，從年輕起到死為止，沒有一天不在打仗，與漢武帝一模一樣。他並不以征服中國為滿足，對周邊的國家也都要染指。忽必烈在滅掉南宋之前，早已將高麗收為附屬國；入主中國後，又兩次派大軍渡海遠征日本，不料兩次都遭遇颱風而全軍覆沒。有關出兵高麗及日本，請容在第十五章及第十六章分別詳細陳述。

忽必烈花了十年時間，出兵到占城（今越南南部）、安南（今越南北部）及緬甸，結果死傷無數，安南、占城、緬甸最後勉強同意稱臣入貢，實際上還是獨立自主。忽必烈又派遣數萬人分乘五百艘戰艦，遠征爪哇，結果大敗而回。

忽必烈的孫子元成宗鐵木兒（一二九五～一三〇七年在位）繼任以後，又掀起對八百媳婦（今泰國北部清邁）的征戰。戰爭進行中，朝廷要求在現今貴州、廣西的土著供應糧食、車馬，橫徵暴斂，並強拉壯丁充軍，又引起土著的叛亂。此外，元朝帝國與窩闊台汗國、察合台汗國之間的戰爭從忽必烈到鐵木兒兩代，延續了二十幾年之久。總之，如此的窮兵黷武，元朝的財政很快就陷入入不敷出，必須大幅加重賦稅才能支應，於是民怨四起。

元朝中期政權更替頻繁的情況，用數字可以說明清楚。如果將蒙古人統治中國的九十三年中，扣除忽必烈入主的十九年、元成宗在位的十三年，以及末代元順帝的三十六年（一三三三～一三六八年），那麼在中間八個皇帝合計只有二十六年。也就是說平均每三年左右換一個皇帝，而大部分的皇帝是死於非命。本書不擬詳述其間宮廷內的陰謀詭計，但是必須指出一件事：政變之所以如此頻繁，當然是由於皇室派系中的野心分子紛紛想要奪權，而其背後更深層的原因，是蒙古統治階級對漢人的政策有兩派抱持著不同的思想及觀念。

忽必烈為了要攻滅南宋，在成為大汗以前就決定採取「以漢治漢」的手段，提拔了許多漢人。黃金家族其他成員都不能諒解，而與他決裂。直屬忽必烈的蒙古人也有人心中不平，但是都不敢說話。忽必烈又推行漢法，尊崇孔子，崇尚理學。元仁宗和他的兒子元英宗也都效法，以科舉取士，進行部分土地改革，繼續重用漢人。元朝開國以後，雖然有蒙古人、色目人（即西域、中亞人等）、漢人（包括女真、契丹、高麗人，及淮河以北的漢族人）、南人（即淮河以南的南宋人）的分別，但只是便於歸類，沒有明顯的歧視政策。

在蒙古貴族的想法裡，南宋既然已經滅亡，實在不能明白為什麼皇帝仍然要這般籠絡漢人（此處泛指前述的漢人與南人，以下同）。大多蒙古貴族希望享有特權，並且越來越沒有耐性。久而久之，便有人起而發難。皇帝如果不同意，這些人也很容易找到同黨，互相聲援。更有人開始覬覦皇帝的位置，找人一起策畫陰謀，發動政變。新皇帝取得政權之後，便開始採取對漢人歧視的做法。經過幾代，歧視變得越來越嚴重。

## 元朝末代皇帝

元順帝登基時，權臣伯顏強力排擠漢人，無所不用其極，例如：取消科舉，大幅貶低讀書人的地位；禁止漢人參政，禁止漢人學蒙古語，禁止漢人收藏及攜帶武器。蒙古人與色目人殺死漢人，只需付輕微的罰金；反之，漢人殺死蒙古人與色目人，不但要賠命，還連累親人。蒙古貴族也常常強佔民田。政府對南方的稅收尤其苛重。漢人遂逐漸無法忍受。

伯顏跋扈專權，連元順帝都不能忍受，伺機說服伯顏的姪兒脫脫倒戈相助，廢黜了伯顏，而任用脫脫為宰相。元順帝與脫脫兩人都意識到蒙古人口太少，漢人太多，歧視漢人的潛在危險太大。元朝因此又恢復科舉，解除其他各種禁令。然而種族之間的鴻溝已深，矛盾日益尖銳，漢人起來革命已經是不可逆轉。

元順帝統治期間是一個多災多難的時代。先是北方黃河決堤，水患嚴重。接著又有旱災、蝗災、饑荒、瘟疫相繼發生，人民輾轉死於溝壑，於是盜賊蜂起。中國過去每當有朝代發生類似的事情時，總是隨之改朝換代。元朝也到了快要被推翻的時候。

第十四章
# 中國的治亂循環——明朝、北元及滿清建國

自東漢末年黃巾之亂以後，中國每一個朝代都有一些秘密的宗教組織在民間流傳，又常常聚眾滋事，甚至稱兵造反，而被統治者認為是邪教。

元朝時，蒙古統治者對漢人歧視，漢人於是紛紛加入秘密的教派，暗中集結。當時有三個教派勢力最大，分別是「彌勒教」、「佛教白蓮宗」及「明教」。彌勒教從南北朝時已經在民間流傳，教徒崇拜彌勒佛。佛教白蓮宗是從淨土宗發展出來，始於南宋。明教源出於波斯人所創立的摩尼教，在唐朝先經由西域傳入回紇，再傳入中國，之後又漸漸轉化。

元朝末年，天災人禍，民不聊生，三個教派的教徒越來越多。當時有韓山童、劉福通等人便將三者整合為一，喊出「彌勒下生，明王出世。」的口號，公然號召民間百姓起來反抗暴政。韓山童被公推為「明王」。各地民眾群起響應，聲勢浩大。反叛軍所有的人都在頭上紮紅布，稱為「紅巾軍」；又因為燒香拜佛，也稱為「香軍」。

## 明太祖朱元璋開國

一三二八年，明朝開國之祖朱元璋出生於現今安徽鳳陽縣的一個貧農之家。這是元朝最混亂的一年，從年初到年尾，竟然出現了四個皇帝。朱元璋十七歲時，家鄉流行饑荒與瘟疫，他的父母與大哥在幾天內接連染病而死。朱元璋到附近廟裡當和尚，事實上是乞丐，在四處流浪。

朱元璋二十五歲時投奔香軍，成為一名小兵。他打仗勇敢而機智，被香軍地方領袖郭子興提拔為親兵。郭子興有一個養女馬氏，朱元璋被招贅為婿，從此開始嶄露頭角。他下鄉去募兵，募得數百人，接著又兼併其他民兵，並擊敗政府軍，收編降卒，如滾雪球一般，變成三萬人的大軍。郭子興不久病死，朱元璋於是接收所有的軍隊。他帶兵軍紀嚴肅，極得民心；手下又有徐達、常遇春等名將，戰無不勝，攻無不克，漸漸成為各方矚目的香軍統帥。

韓山童當明王沒多久就被捕而死。香軍奉他的兒子韓林兒為「小明王」，後來又推奉他為皇帝，國號「宋」，標榜「反元復宋」。韓林兒其實不過是一個名義上的皇帝，實際上由劉福通發號施令。至正二十三年（一三六三年），劉福通被元朝政府軍圍攻而死。朱元璋帶兵趕到，大敗元軍，及時將韓林兒救出來。朱元璋這時以應天府（今南京）為根據地，已經擁兵數十萬，成為香軍中的最大勢力，而繼續奉韓林兒為王。朱元璋的謀臣之首，名叫劉基，卻勸他取而代之，不必為無知小兒打江山。朱元璋不敢立即動手，等了三年才派人偷偷將韓林兒沉於長江之中。

正當各地革命軍風起雲湧時，元朝政府的內部也發生血腥的政治鬥爭。國家棟梁脫脫丞相被陷害而死，太子謀反，引發內戰。朱元璋趁機將割據各地的強敵，如陳友諒、張士誠等，一一剷除，統一華南及華中。至正二十八年（一三六八年），朱元璋稱帝。他既不願意如香軍先前的口號恢復宋朝，又不敢違背軍隊中眾多明教教徒的期望，於是取「明」字為國號，年號「洪武」，後世稱他為「明太祖」。明太祖又命令大將徐達和常遇春帶領二十五萬大軍北伐，將蒙古人趕出長城。蒙古人回到大漠後，仍然用元朝的國號，高麗人稱之為「北元」，明朝稱之為「韃靼」。

## 明太祖殺戮功臣

明太祖稱帝之初，大封功臣；到了後期，卻無情地殺戮大臣。同樣一個皇帝，為什麼有如此巨大的差別呢？許多史家認為，「胡惟庸案」與馬皇后之死，是其中的兩個關鍵因素。

劉基是功臣之首，而被明太祖倚為智囊，卻選擇在功成之後急流勇退。明太祖想要重用一些人，如汪廣洋、胡惟庸等，而仍然派人送信去問劉基。劉基回答說都不適當。胡惟庸與汪廣洋知道後，合謀暗中將劉基下毒害死。兩人後來分別擔任左、右丞相。幾年後，汪廣洋因案被捕，接受審訊。胡惟庸懷疑謀害劉基之事已經洩漏，又擔心自己貪贓枉法也曝光，於是鋌而走險，陰謀殺害明太祖，甚至勾結日本人，以為奧援，不料事機不密而被捕。「胡惟庸案」發生在洪武十三年（一三八〇年），是一個極大的案子，株連很廣，致死三萬多人。

兩年後，皇后馬氏去世。馬皇后是明太祖的紅顏知己，在他最微賤時嫁給他；夫妻感情至深，無話不談。馬皇后十分賢德，常常勸明太祖務必寬厚為政，善待功臣。她的死亡對明太祖不但打擊很大，並且使得他性情中的陰暗面顯現時，失去一個緩和及阻止的力量。

從胡惟庸案的教訓，明太祖認為宰相的權力太大，謀反的可能性太高，於是廢除宰相的職務，讓六個部的尚書直接向皇帝報告。他又認為所有官吏的忠誠及操守都不可靠，便成立一個皇家侍衛及特務機構，稱為「錦衣衛」，直接向皇帝報告。從此明朝的文臣武將被故意構陷，死於非命者不計其數。被害的有大將軍馮勝，領兵深入蒙古大勝而回的藍玉，平定雲南的傅友德，訂定大明律令制度的李善長，等等。其他中低級官員更是數以千計。每次大獄興起，牽連幾千人，甚至數萬人，至為悽慘。中國有一句諺語說：「伴君如伴虎」，正是最佳的寫照。

## 明成祖朱棣

明太祖在大封群臣時，也大封諸子為王。當時有大臣上書，認為諸王勢力太大，將威脅到後任的皇帝，建請削藩。太祖大怒，將上書的人下獄賜死，從此沒有人敢再說話。受封群臣漸漸被殺光，諸王的勢力卻越來越大。明太祖在位三十一年（一三六八～一三九八年），太子早已先他而去，因而指定孫子朱允炆繼位，是為建文帝（一三九九～一四〇二年在位）。建文帝的幾個大臣眼見枝強幹弱的情況很明顯，認為非削藩不可。然而這些人作法過於急切，並沒有記取漢景帝時七王之亂的教訓。各地諸王相繼被廢之後，建文帝的四叔父燕王朱棣不願意坐以待斃，在現今的北京市起兵反叛。經過三年的戰爭，燕王的軍隊攻破南京，建文帝朱允炆逃亡而不知去向。朱棣稱帝，是為明成祖（一四〇三～一四二四年在位），年號「永樂」。

明成祖痛恨當初為建文帝策畫削藩的大臣，下令都夷滅三族。建文帝的大將鐵鉉戰敗被俘，不肯投降，也被屠三族。在此一百多年前，南宋的遺臣文天祥率兵抵抗元軍而被俘擄。忽必烈勸他投降，但文天祥一意求死。忽必烈最後不得已，只好成全他，不過只殺他一個人。忽必烈以異族而入主中國，尚且有如此風度；而明成祖誅殺本朝的忠臣全家，竟是如此殘酷，實是匪夷所思，對比鮮明。明成祖又命令一個翰林院學士方孝孺起草新皇帝登基的詔書。方孝孺性情耿介，看不起明成祖篡位而當上皇帝，寧死也不肯奉召，結果竟被滅了十族。明太祖和明成祖都做了極為不良的示範，因此明朝後代有很多皇帝都是有樣學樣。

明成祖在原來的錦衣衛之外，又成立了一個特務兼秘密警察的機關，稱為「東廠」。東廠的特色是其中的頭子們全都是由宦官擔任，可以不經司法審判便直接逮捕、審訊各級官吏及百姓。明成祖每次派大將出征時，都派出宦官監軍，隨時打小報告，如同唐朝後期一般。有如此的皇帝和如此的宦官，明朝注定是中國歷史上一個政治黑暗、腐敗而恐怖的朝代。

明成祖在位的二十二年間下令進行幾件巨大的工程：修撰《永樂大典》、修建長城、擴建大運河、興建北京紫禁城、派鄭和六次下西洋等。

《永樂大典》主要是將中國歷代的經、史、子、集、百家之言，以及天文、地理、陰陽、醫卜、僧道、技藝等書全部蒐集起來，重新抄寫。為此動員兩千多名學者士人，共完成二萬二千多卷，約三億七千萬字。這是中國歷代以來規模最大的類書編撰工程。不過《永樂大典》成書時只有一部，存放在皇宮中；既未大量印刷，也沒有另外抄錄，到嘉靖年間才又抄錄第二部。

明成祖決定將國都從南京遷往北京，因而修建長城、大運河及紫禁城，全都是與遷都有關。北京離長城不遠，出了關外就是北元韃靼的地方。為了京城安全，明成祖動員數十萬人加強既有五千多公里的長城，增加塔樓和碉堡，又加建了一千多公里的新長城。今日世人所看見的長城，基本上就是明朝所修建而遺留的。

隋朝時開鑿大運河是以國都洛陽為中心而規畫。元朝忽必烈以北京為大都，下令增建新的運河，使得南方生產的米、茶、絲綢不必繞道便可直接從杭州到達北京，稱為「京杭大運河」。明成祖動員數十萬民工，又將大運河重新疏浚，拓寬、增加水閘。南北漕運數量因而倍增，據估計在明、清兩代南北之間的運輸量，京杭大運河佔有三分之二以上，貢獻極大。

今日在北京的紫禁城，集中國歷代以來建築美學之大成，大致的基礎是在明成祖時完成的。當時為了這一項龐大工程，又動員了數十萬人力投入，整個工程進行了十五年才完工。永樂十九年（一四二一年）正月初一，明成祖正式舉行定都大典，又邀請世界各國派遣使者前來觀禮，可謂是「萬邦雲集」。不料三個月後的一天晚上，忽然雷電交加，擊中新建宮殿的屋頂，頓時火光沖天，將三個大殿及兩百多個房間燒毀。根據中國傳統的解釋，已經明白表示上天震怒，不滿天子的所作所為。明成祖被迫到宗廟去謝罪，下罪己詔，檢討自己種種施政的不當。

後世的史家有部分認為明成祖上述的幾項大工程都是極為偉大的成就；不過也有人批評，認為是好大喜功，勞民又傷財，爭議很多。如果說到鄭和下西洋，爭議就更大了。

## 鄭和下西洋與明朝的貿易政策

永樂三年（一四〇五年），明成祖第一次派太監鄭和率領船隊，從江蘇太倉出發，揚帆出海。當時出動了二萬七千八百人，分乘六十二艘「寶船」。其中最大的長度約一百三十公尺，寬四十五公尺，排水量約一萬五千噸。即使以現代的眼光看，都是巨大而堅固的船舶。終明成祖之世，鄭和一共奉命出海六次，最後一次在永樂十九年，順便送西洋各國到北京觀禮的使節回國。寶船隊每次出海為時約兩年左右，確定到達的地方有現今的越南、爪哇、蘇門答臘、滿剌加（Malacca，麻六甲）、錫蘭、印度古里（Calicut）、葉門、麥加、非洲穆加迪休（Mogadishu）等。

鄭和下西洋的目的是什麼？最無稽的一個說法，是鄭和奉令去找尋失蹤的建文帝；而最冠冕堂皇的一種說法，出自於鄭和自己在現今福建長樂縣天妃宮（或稱媽祖廟，是北宋以來民間奉祀的海神）前的一塊石碑上所刻的碑文中。碑文上面說他是奉命「齎幣往賚之，所以宣德化而柔遠人也。」也就是帶著大批金銀錢財去賞賜給遠方的蠻夷，藉以宣揚明朝的恩德與王化。事實上，鄭和是去進行一種極為特殊的「朝貢式貿易」。

什麼是朝貢式貿易？在古代中國皇帝自認是萬邦之主，周邊落後的國家來朝見，進貢土產方物，中國皇帝再賞賜禮物回敬，稱之為「朝貢」。通常回敬物品的價值遠遠高於進貢土產。周邊國家雖然矮了一截，但得到實惠；而在中國皇帝來說，是對於屬國的一種恩賜。中國對於北方夷狄、南方蠻族無不用此辦法。到後來有時改採有條件地開放互市，讓雙方各自貿易買賣。中國的文化和生活水平自古以來一直遠高於周邊國家，可以說沒有什麼必須求於外國的，因而貿易是可有可無。對於生活水平較低的附屬國來說，中國的絲綢、瓷器、茶葉、工藝品等商品都是民生必需品，缺少了就有問題。因而，後來中國各個朝代漸漸拿貿易當作武器，對於不肯俯首稱臣的國家就不許貿易，予以懲罰。反之，願意聽令的就可以獲得貿易特權而享受利益。

中國的對外貿易原本是以陸路為主，但由於通往西域和中亞不但道路險遠，又常常受到政治勢力和戰爭的阻隔，因而海上貿易逐漸興起。其實遠在漢朝時，中國經由南洋的海上貿易就已經開始了。唐玄宗時，貿易興盛，於是在交州、廣州、揚州、泉州等地設立市舶司，加以管理並抽稅。但阿拉伯人不久崛起，不但在中亞打敗了唐朝軍隊，也漸漸地控制了東西的海上貿易。北宋時，海上貿易更加蓬勃發展，廣州的對外貿易佔全國百分之九十。到南宋時，泉州已經後來居上。蒙古人從成吉思汗起就鼓勵自由貿易，忽必烈入主中國後，也同樣在太倉、泉州、廣州等地都設有市舶司，貿易比南宋時更加蓬勃發展。

明太祖登基之後，原本也承襲了市舶司，但後來卻認定沿海倭寇猖獗（見本章以下倭寇一節）與通商互市有關，竟下令將各地的市舶司通通關閉，頒行海禁，禁止任何海上貿易，禁止使用番香、番貨等舶來品。「片板不許入海」遂成為明朝祖訓。明太祖雖然允許漁民出海捕魚，但是禁止造大船或是好船，以避免人民「與外蕃私通」。

明太祖又十分痛恨商人，並以高壓手段抑制貿易活動。當時在泉州有一個蒲氏家族，祖先是阿拉伯人，從唐朝時就已經定居中國，歷經數百年而成為泉州最大的貿易商，泉州也成為世界第一大貿易港口。明太祖即位後，蒲氏家族立刻遭殃。蒲氏家譜上明白記載：「大明建極之後，劫數難逃，闔族慘遭兵燹，流離失所，靡有子遺。」

明成祖恢復設置市舶司，派鄭和下西洋，其實等於是由政府變相地獨佔海外貿易。鄭和選擇在重要地點建立根據地，進行貿易及直接採購。鄭和率領浩浩蕩蕩的船隊，頻繁地出海，究竟是不是值得？實際上，當時思想守舊的大臣大多是持反對的意見。有人甚至深惡痛絕，認為是違反祖訓，又耗費錢糧無數，而帶回來的麒麟（長頸鹿）、大鳥蛋（鴕鳥蛋），甚至香料、辣椒等等都是無用之物。明成祖死後，兒子明仁宗朱高熾立刻下令停止寶船出使。守舊的大臣便充分展現敵意。有關六次下西洋經過的日誌、紀錄及檔案資料，大部分竟然遭到銷毀。

明仁宗在位只有一年便死了。他的兒子明宣宗繼位後五年（一四三〇年），又派鄭和第七次出使，同樣率領龐大的寶船隊，到達印度、非洲等十幾個國家。然而，這不但是鄭和最後一次下西洋，也是明朝最後一次大規模地派寶船隊出海。

英國人孟西士（Gavin Menzies）在二〇〇二年出版一本書，書名《1421——中國發現世界》。其中說鄭和在第六次下西洋時，將寶船隊分拆，分別賦予任務。這些寶船結果分別到達澳洲、南美洲、北美洲及北極等地，比歐洲後來知名的航海家發現新世界都要早一百年以上。孟西士引證歷歷，但是他的說法引起極大的爭議，中外學者大多不認同。

有關鄭和下西洋這件事的重點，其實不在於誰先發現世界，而在於發現世界背後的思想、觀念及態度。今日我們可以很確切地說，明朝初年時中國的造船、航海知識、技術遠遠超過歐洲及全世界。這是承襲唐、宋的基礎，加上蒙古人從阿拉伯及波斯帶過來的天文學、數學、航海、工藝等的助力而達到的。從明太祖到明成祖，由極端保守，到好大喜功，政策發生了一次大轉變。明成祖死後，又一次政策大轉彎。為什麼在鄭和老死以後，明宣宗不再派寶船出海，歷史上並沒有明確交代，不過很可能是遭到大臣的反對。總之，從此中國就不再大力發展航海活動，探索新世界了。

反之，歐洲人以積極外向的態度，不只是在造船、航海技術超越中國，也靠著航海探險發現許多新機會、新事物及新大陸。而從這些發現之旅中所培養出來的冒險犯難精神又帶領歐洲人發展出科學及工業革命。有人說，鄭和下西洋而戛然停止是東西方世界發展的一個巨大分水嶺。事實上，這分水嶺在明太祖桎梏性的統治思想開始籠罩中國時，已然形成。

## 韃靼與瓦剌爭雄

回來說蒙古人在北方的發展。「韃靼」退回到塞外之後四年（洪武五年，一三七二年），明太祖命令徐達率領大軍出長城，分三路追擊。結果大敗。這是徐達一生中唯一的一次敗仗。不過明朝大將藍玉在洪武二十一年（一三八八年）又率領十萬大軍抵達捕魚兒海（今貝加爾湖）南岸，擊潰韃靼第三任皇帝脫古思帖木兒，俘擄貴族、高官三千人，士卒七萬餘人。

這次大敗使得黃金家族在蒙古部族中的地位一落千丈。瓦剌部首領馬哈木趁機而起，與黃金家族的本雅失里在蒙古草原上爭雄。瓦剌部，或稱厄拉特部（Oirad），原本是居住在黑龍江中、上游森林裡的一個強大蒙古部族，成吉思汗稱之為「林木中百姓」，是所有蒙古人中最後一個被成吉思汗征服的部族。馬哈木靠明朝的支持而擴張。永樂八年（一四一〇年），明成祖御駕親征，率領五十萬人在斡難河擊潰本雅失里。馬哈木因而漁翁得利，勢力強大，不再聽命於明朝。明成祖大怒，又一次御駕親征，於永樂十二年在土拉河大敗馬哈木。黃金家族再次興旺起來，明成祖又出兵打擊黃金家族。

如此這般，明成祖六次出兵，其中五次親征，疲於奔命，而一事無成。永樂二十二年（一四二四年），明成祖最後一次出關追擊韃靼，到達現今的額爾古納河（黑龍江上游支流），一無所獲，最終死在回程的半路上。

## 土木堡之變

明成祖之後的三個皇帝都對蒙古置之不理，韃靼與瓦剌之爭於是分出勝負。馬哈木的兒子脫歡擊敗黃金家族，奪得了大汗之位，統一蒙古草原。脫歡的兒子也先繼承汗位時，瓦剌蒙古帝國的疆域日廣，幾乎已經和成吉思汗被推為大汗時的土地一樣大了。到了第六任明英宗朱祁鎮正統十四年（一四四九年），也先率兵蹂躪邊境。英宗完全沒有自己的主張，大小事情都聽宦官王振的安排。王振勸英宗帶領五十萬大軍御駕親征。王振是明朝第一個專權的宦官，猖狂而跋扈。由於他平素對有反對意見的大臣動輒下獄或處死，滿朝大臣除了素負盛名的兵部侍郎于謙之外，沒有人膽敢勸諫，但是于謙反對終歸無效。

王振為何敢如此猖狂呢？這和明太祖廢掉宰相之職有相當的關係。中國的皇帝歷來日理萬機，忙得不得了，明朝的六部尚書、錦衣衛、東廠等又全都向皇帝直接報告。明朝皇帝因而是有史以來權力最大，也最忙的皇帝，除非是能力超群的人，根本無法勝任。偏偏明朝皇帝大多是中等資質，甚至有幾個智力低下，毫無常識。這些皇帝每天看見堆積如山的奏章，沒有不頭痛的，在皇宮裡與皇帝朝夕相伴的宦官就自然成為皇帝的助理。宦官的組織因而越來越龐大，國家大、小事情無不插手。王振是宦官之首，官名是「司禮太監」，替皇帝看奏章，並代擬批示意見，又替皇帝用印。朝廷中大小官員都必須透過宦官向皇帝報告，不敢得罪宦官，尊稱沒有鬍鬚的宦官為「公公」。

王振不曾有作戰經驗，出了居庸關卻隨意指揮大軍，帶兵官也不敢違抗。大軍到達土木堡（今河北省懷來縣）後，一下子被瓦剌四面包圍，死十萬人。王振被殺，英宗被俘。歷史上稱這個事件為「土木堡之變」。北京立刻告急，大臣們有人主張堅守，有人主張遷都到南方；也有人主張投降，以便迎回英宗。兵部侍郎于謙嚴詞指責主張遷都及投降之議，聲色俱厲。太后聽從于謙的建議，一面堅守北京城，一面緊急徵召各地軍隊馳援，並且立英宗的弟弟朱祁鈺為皇帝，是為景帝。

也先率領瓦剌軍隊到北京城外，久攻不下，於是用明英宗做為人質，向明朝要求鉅額的贖金。不料以于謙為首的明朝政府竟然拒絕，聲稱中國已經有新皇帝了。也先無可奈何，過一年主動送明英宗回國。也先此舉，為明朝和蒙古雙方的後續政治發展埋下極大的變數。

對明朝而言，景帝既已即位，英宗又回來，而一國不能有兩個皇帝，英宗於是被軟禁，實際上是一顆不定時炸彈。八年後（景泰八年，一四五七年），部分不滿新政府的大臣和宦官趁景帝和于謙同時生病無法視事時，將明英宗迎出來，又復辟為皇帝。明英宗尚有良心，認為于謙有大功，所作所為是為了國家，不是針對他個人，因而不忍殺他。但是參與政變的眾多大臣說：「若不殺于謙，今日之事究竟用什麼名義？」於是將于謙按上一個「謀叛罪」處死。

據說于謙死時，天空中有墨黑色的雲將太陽完全遮蔽，老百姓說連老天都認為冤枉極了。錦衣衛奉命抄家，發現于謙家中沒有任何餘財，都不禁流淚。明朝若沒有于謙，可能早已亡國了。于謙之死，是中國繼宋朝岳飛之後最莫名其妙的一件冤案。于謙死後，也和岳飛一樣葬在杭州西湖邊。

對蒙古人來說，也先俘擄明朝皇帝竟然一無所得，還自動把明英宗送回去，明顯已經失去領導威權。也先在幾年後被部下殺害，瓦剌部陷於內亂，四分五裂。黃金家族的勢力趁機再度興起，發生一件驚天動地的故事，產生一位蓋世雄主。

## 滿都海斯琴與達延汗

瓦剌部稱雄蒙古時，黃金家族不但被瓦剌部追殺，還發生數十年的內戰，人人自危而互相疑忌。成吉思汗的第十二代孫子滿都古勒大汗被野心分子離間，懷疑他的姪兒兼繼承人把阿禿呼濟農。把阿禿呼濟農被迫逃亡，在半途中死去，而遺下一個年幼的男孩，名叫巴圖蒙克。滿都古勒大汗接著在另一次內戰中喪生。巴圖蒙克的母親拋下他而改嫁。巴圖蒙克孤苦零丁，被送到滿都古勒汗的年輕寡婦滿都海斯琴可敦的手中。滿都海斯琴是一個女中豪傑。她發現巴圖蒙克雖然年幼，卻是一個天生的領袖材料，於是拒絕所有人的求婚，盡心撫養、教育巴圖蒙克。一四八〇年（明憲宗成化十六年），滿都海斯琴召集大會，強勢地宣布巴圖蒙克繼承大汗之位，尊稱他為「達延汗」。滿都海斯琴同時宣布下嫁給達延汗。這時達延汗只有七歲，滿都海斯琴三十三歲。

滿都海斯琴帶著達延汗回到斡難河邊的蒙古聖地，祭奠成吉思汗和他的妻子孛兒帖，當眾發誓要恢復黃金家族的光榮。滿都海斯琴又帶著達延汗，率領蒙古軍隊東征西討，身先士卒。蒙古兵在滿都海斯琴的感召之下，個個奮勇爭先，徹底擊敗並收服了分裂的瓦剌各部族。達延汗與滿都海斯琴最後終於結束蒙古長期以來的分裂，再度以成吉思汗之名統一整個蒙古草原。

歷史上稱達延汗為蒙古的中興英主，一般相信他死於一五一七年（明武宗正德十二年），享年四十四歲。達延汗之後，蒙古帝國穩固地傳承，只是如同成吉思汗的帝國一樣，經過兄弟分家，勢力又再分散，而瓦剌各部落漸漸又強盛起來。

## 宦官與權臣敗政

明朝的皇帝像前述的明英宗寵信太監王振一樣的，還有很多。例如第八任明憲宗寵信太監汪直，第十任明武宗寵信太監劉瑾，第十五任明熹宗寵信太監魏忠賢。這些太監頭子在歷史上都惡名昭彰。朝廷中大臣無可奈何，大部分只好和宦官同流合污。從經濟及商業發展來看，明朝可說是中國歷史上十分富庶的朝代，但從政治看，卻是黑暗而污穢，不可聞問。

但明朝與唐朝後半葉時期宦官專權的情況有很大的差別。唐朝從安史之亂以後，宦官集團已經逐漸藉著長期戰亂而掌握了很大的軍事及政治權力，不但能假借皇家的威權來控制文臣武將，甚至還有能力廢立皇帝。相反地，明朝從開國到滅亡，所有的皇帝都具有絕對的威權。宦官的權力無論多麼大，也都是來自於皇帝；只要皇帝不高興，掌權的宦官轉瞬間就直接下台。

明太祖雖然明白規定後代不准再設立宰相的職位，但從實質上說，明朝還是有宰相，只不過皇帝常常是讓這些人以「文淵閣大學士」、「武英殿大學士」、「華蓋殿大學士」之類的名義在管事，可以說是「名不正而言不順」，皇帝因而擁有更加絕對的權力。在這種情況之下，如果皇帝能力不足而卻自以為是，或無心政事，或所託非人，政治腐敗是必然的。

第十一代明世宗時嚴嵩受到重用而專權便是一個例子。明世宗是因為前任的皇帝明武宗死後沒有子嗣，因而得以繼位，年號「嘉靖」。他即位之後，執意要追封自己的生身父親為皇帝，許多重視傳統禮法的大臣紛紛反對，因而爆發了「大禮議事件」。明世宗將反對的大臣一一罷職、下獄，甚至杖殺了十幾人，樹立了絕對的威權之後，與大臣之間越行越遠。到了嘉靖十三年（一五三四年），明世宗竟開始不再視朝，只是偶爾召見幾位乖順的大臣來交代辦事。他又崇信道教，追求長生不老之術，對政事越來越沒有興趣。嚴嵩因而得以藉機諂媚以迎合明世宗，獲得寵信。明世宗在位四十五年（一五二二～一五六六年），其中的後半期二十年正是嚴嵩當國，與他的兒子一起索賄弄權，顛倒黑白的政治黑暗期。凡是不阿附嚴嵩的大臣，無一不受到排擠；若是敢跟嚴嵩父子作對，必定被下獄、流放，甚至慘遭殺害。

嘉靖年間不止中央與地方政治腐敗達到極點，外患也多。在長城外，有韃靼達延汗的孫子俺答汗侵暴邊境。在沿海各省，有倭寇猖獗，稱為「嘉靖大倭寇」，搶劫並殺害良民，而政府束手無策。對百姓來說，韃靼的問題還算小，倭寇卻是大禍害。

## 倭寇與明朝海禁

「倭寇」這個名詞最先是由高麗人用來稱呼來自日本的海盜。日本在平安時代末期開始發生戰亂，武士戰敗後，在國內四處流竄；後來漸漸也有人乘船過海，侵入朝鮮，在沿海各地以搶奪為生。高麗政府對出沒無常的倭寇束手無策，平民百姓便只有慘遭這些海賊蹂躪了。

日本國內的動亂越厲害，人民生活越困難，浪人也越多，海上的倭寇就越猖獗，這是必然的道理。日本後來進入南北朝的動亂時代，倭寇更加無法無天。原先倭寇只是騷擾高麗，在元世祖忽必烈兩次命令遠征日本而失敗之後，倭寇明顯地為了要報復而擴大到中國北方沿海。明太祖建國後也注意到倭寇，但是找不到真正能號令日本的人物來解決此一問題。一三七五年（洪武八年），室町幕府第三代將軍足利義滿派大將今川貞世征服了九州，而九州正是日本海盜的大本營。明太祖於是派使臣到日本，要求足利義滿協助解決倭寇之患。

明太祖拿什麼讓足利義滿願意配合呢？他是用有巨大利益的貿易條件為誘餌。明太祖即位之後不久，厲行海禁，停止對外貿易，但是同意給予足利氏對明朝貿易的獨佔權，以進行中國特有的「朝貢式貿易」。足利義滿統一日本之後，百廢待舉，正需要財源，實在無法拒絕這樣的誘惑，便下令今川貞世取締海盜，甚至接受明朝冊封為「日本國王」，等於是向明朝稱臣。

明朝政府大約每隔十年發給日本室町幕府一張貿易許可文件，稱為「勘合」，允許幕府憑文件派船到中國港口進行貿易。後代因而稱這種貿易為「勘合貿易」。此後一百多年，日本國內有一段比較長的和平時期，人民生活安定，想冒險出海去做海盜的人比較少。

在日本從事勘合貿易獲利極為豐厚，幕府之下各方勢力都在爭奪主導權，在十六世紀初大致分成兩派。其中一派是大阪商人，背後是幕府的家臣兼地方勢力細川氏；另一派是博多商人，背後是新興地方豪強大內氏。明世宗嘉靖二年（日本後奈良天皇大永三年，一五二三年）大阪和博多都派貢船到寧波。明朝在寧波主管市舶司的太監受賄賂而處置不公，細川氏與大內氏兩方人馬因而大打出手。大內氏的武士竟一路追殺細川氏的代表到紹興，又放火燒屋，傷及無辜，然後駕船揚長而去。明世宗大怒，又下令廢止市舶司，禁止對日貿易。

明世宗禁止對日貿易是一項災難的開始。日、明貿易既然有豐厚的利潤，當然就有走私貿易。政府禁止勘合貿易，走私立刻猖獗。明朝後來雖然又稍微放寬日、明貿易，但是已經擋不住走私大起的風潮了。政府下令緝補走私，而抓不勝抓。走私集團又互相火拼兼併，竟成為龐大的海盜集團，又演變成新的「倭寇」。讀者必須注意的是，在元朝時的倭寇稱為「前期倭寇」，是清一色的日本人；而在嘉靖年間開始猖獗的倭寇稱為「後期倭寇」，全部是以中國人為首，日本人不過是其中的少數。在後期倭寇之中，最具代表性的人物是王直。

## 王直、朱紈與佛郎機人

王直出生於現今安徽歙縣，個性豪邁任俠，年輕時便去投奔盤據在寧波雙嶼島的徽州同鄉許棟的走私集團。當時日本走私船到了寧波，與中國商人交易，而中國商人與權貴勾結，仗勢刁難，往往銀貨交割不清不楚。日本人吃了幾次大虧，遂寧願委託許棟為中間人。嘉靖二十六年（一五四七年），浙閩海防提督朱紈新上任，在第二年率官兵至雙嶼島圍捕。許棟被擒。王直逃亡，後來被推為繼任的首領。

朱紈清廉正直，鐵面無私，而勇於任事，大破各處海賊。他尤其痛恨與走私海盜勾結的奸商權貴，也因而得罪無數人。朱紈曾經說：「要除去外國的海盜很容易，要除去中國的海盜就難了，而要除去中國衣冠之盜最難。」這些奸商權貴聽見了，無不痛恨切齒，於是聯合買通中央大員，伺機要陷害朱紈。

當時在廣東、福建一帶的「倭寇」中包括遠道而來的葡萄牙人。一五一八年（明正德十三年），第一艘葡萄牙船舶抵達廣州。葡萄牙人在此之前已經滅了滿剌加，企圖頂替滿剌加，繼續與明朝進行勘合貿易，而獲得明武宗同意。嘉靖皇帝繼位後，卻下令驅逐葡萄牙人。當時被稱為「佛郎機人」的葡萄牙人於是開始與明朝政府軍隊打仗。佛郎機人已有火炮，但是並不精良，因而被明軍擊敗。明朝也從此知道有「佛郎機炮」，或稱「紅夷大炮」。

佛郎機人戰敗後卻不願離去，開始從事走私，變成海盜，而漸漸聚集在壕鏡（今澳門）。一五三五年（明嘉靖十四年），廣東地方官員受到佛郎機人的賄賂，請得朝廷允許而將澳門租借給佛郎機人居住。佛郎機人一面進行小規模勘合貿易，一面繼續做海盜，越做越大，所以是明朝「嘉靖大倭寇」的一部分。廣東地方士紳見到有利可圖，紛紛與佛郎機人合作，趨之若鶩。

嘉靖二十八年（一五四九年），朱紈擊潰在福建劫掠的佛郎機人，下令斬殺海盜九十幾人。明朝御史卻彈劾朱紈「濫殺無辜」，誣告他殺害正當的滿剌加商人。朱紈接獲通知免職並接受調查。奉派來調查的官員也被收買，聲稱屬實。事實上，滿剌加人早已不存在了。朱紈痛哭流涕，說：「我又窮又病，又生性耿直，無法面對公堂。縱使皇上不殺我，福建、浙江人還是必定要殺我。我自己死，不必他人代勞。」於是飲藥自殺。

朱紈死後，浙閩海防的職務一時沒有人敢接手。海防既然鬆弛，海盜立刻又大起。王直是一個雄才大略而能服眾的首領，又有此天賜良機，於是迅速兼併其他走私及海盜集團，在東方的海面上稱雄，號令四方。佛郎機人也趁機在南方海上橫行無忌。

王直曾經一度又被圍剿，兵敗而突圍，逃往日本。他佔據了九州的五島群島，自稱「徽王」，又稱「淨海王」，人稱「老船長」。當時日本已經漸漸進入戰國時代的空前亂局，王直也招募了一些日本武士、浪人、惡少和農民，重整旗鼓，又回到中國東方海域出沒，南北沿海五省無一不遭荼毒。這時在明朝政府裡，嚴嵩一人專權。受命剿匪的將領如果曲意巴結嚴嵩，雖戰敗也無罪；與嚴嵩的黨羽作對者，如總督張經與巡撫李天寵兩人，雖然大勝卻被論罪「縱放海賊」而送至北京處斬。「倭寇」於是越來越猖狂。

王直雖然雄霸一方，心裡並不希望一直做海盜，而要做一個能呼風喚雨的正當商人，因此透過各種管道呼籲廢止「禁海令」；以現代的名詞說，就是希望明朝政府允許自由貿易。新任明朝浙閩總督胡宗憲是王直的同鄉，又知悉王直主張開放海禁，於是設下圈套，引誘王直到寧波來。王直精明一世，卻大意受騙而被拘捕，兩年後被處斬。王直的部下對他敬若神明，對於王直受騙而死無不憤怒，因此沿海「倭寇」不但沒有平息，反而越演越烈，達到最高峰。

嘉靖四十二年（一五六三年），嚴嵩終於垮台了。長久以來被嚴嵩黨羽罷黜壓抑的抗倭名將俞大猷和戚繼光被重新起用。俞大猷老謀深算，戚繼光銳不可當。兩人合作，大敗倭寇。戚繼光在浙江金華、義烏招募的

「戚家軍」，尤其悍銳，戰無不勝。但是倭寇仍然屢敗屢起，無法撲滅。

## 張居正與明神宗

明世宗死後，明穆宗繼立（一五六七～一五七二年在位），開始重用高拱和張居正。這時明朝已經千瘡百孔，奄奄一息。許多歷史學家都同意，明朝之所以沒有立即滅亡，是因為有張居正力挽狂瀾。

張居正執政不久，恰巧韃靼發生一個亂倫事件。俺答汗年老而色心不減，強佔孫子的未婚妻。他的孫子一怒而投降明朝。張居正巧妙地幫俺答汗調解，並趁機談和，訂約通貢互市，一舉解決北方邊境問題。

張居正也知道海禁是倭寇的根本原因，向穆宗建議取消海禁，允許私人海上貿易。海禁一取消，倭寇不久就煙消雲散。這證明一項錯誤的政策是如何地誤國誤民。已經在澳門居住多年，亦商亦盜的葡萄牙人也獲得貿易許可。澳門遂開始成為中國與西方之間的重要貿易渠道。葡萄牙人從此壟斷東西貿易約六十幾年。

五年後，穆宗死，兒子神宗繼位，只有十歲。太后和宦官之首馮保都支持張居正，因而張居正又繼續掌握明朝軍國大政，得以整飭貪官污吏，裁減冗員；整飭北方的邊防；又解決黃河與淮河的嚴重水患。更重要的是他推行「一條鞭法」，將原先分開徵收的土地稅與人頭稅合併為一，攤分於田畝之中，徹底簡化而改善了傳統的賦稅制度，人民因而也不需再隱匿人口。張居正又下令將全國土地全部重新丈量清楚，因而擴大了政府的稅基，使政府的財政危機得到解決。

張居正與宦官頭子馮保互動密切，引起很多史家批評，認為他不但與宦官集團勾結互利，又不擇手段排除異己。不過也有人為他辯護，說他若不與宦官妥協，根本沒有機會出頭，要如何拯救國家？然而，張居正最大的失敗，是後來明神宗竟成為明朝最糟糕的皇帝。

張居正不只是萬曆初年的實際執政者，也是小皇帝的老師。太后對小皇帝寄予厚望，請馮保與張居正共同管教小皇帝。張居正對小皇帝極為嚴厲，絲毫不假辭色。小皇帝因而備受壓抑，心懷不平。萬曆十年，張居正死，明神宗開始親政，立刻展開報復，囚禁馮保，抄沒張居正的家。張居正的家人不是自殺，就是下獄，或被流放充軍。

明神宗在報復之後，漸漸不理朝政。萬曆十七年起，更拒絕上朝。此後三十一年間，皇帝每日在深宮中與宦官為伍，不見任何大臣，只透過宦官單向傳達旨意。收到朝臣奏章、請示，一概不理。大部分的官員都不知道皇帝長得什麼樣子。皇帝知道政府官員有缺也置之不理，全國竟有一半以上的官缺是空著。神宗皇帝唯一有興趣的是搜刮錢財，巧立稅務名目，直接派宦官到全國各地監督徵稅。所到之處，人民一窮二白，每天老百姓因為交不出稅而被杖死的，不知有多少。

## 明末民變

中國歷史上恐怕再也找不到一個皇帝比明神宗更加荒懶怠惰，更加愛財，更加莫名其妙，更加不負責任。明朝各地的民變早已有之，到明神宗時，更是蜂擁而起。民變規模最大的是在寧夏的孛拜及四川播州的楊應龍。

孛拜之起，是因為寧夏巡撫扣剋糧餉，冬天到了又不發保暖衣物。軍士飢寒交迫，又請願無效，於是由前任總兵孛拜率領，起兵叛亂。楊應龍是播州（今貴州遵義附近）世襲二十九代的土司。貴州巡撫百般刁難索賄，又不斷地拉播州壯丁到外地做苦役，或支援打仗。楊應龍忍無可忍，也起兵反叛。楊應龍之亂前後八年，為此明朝動員官兵二十幾萬人。大批官兵開到，更加搜刮、騷擾地方，又引起其他的叛亂。

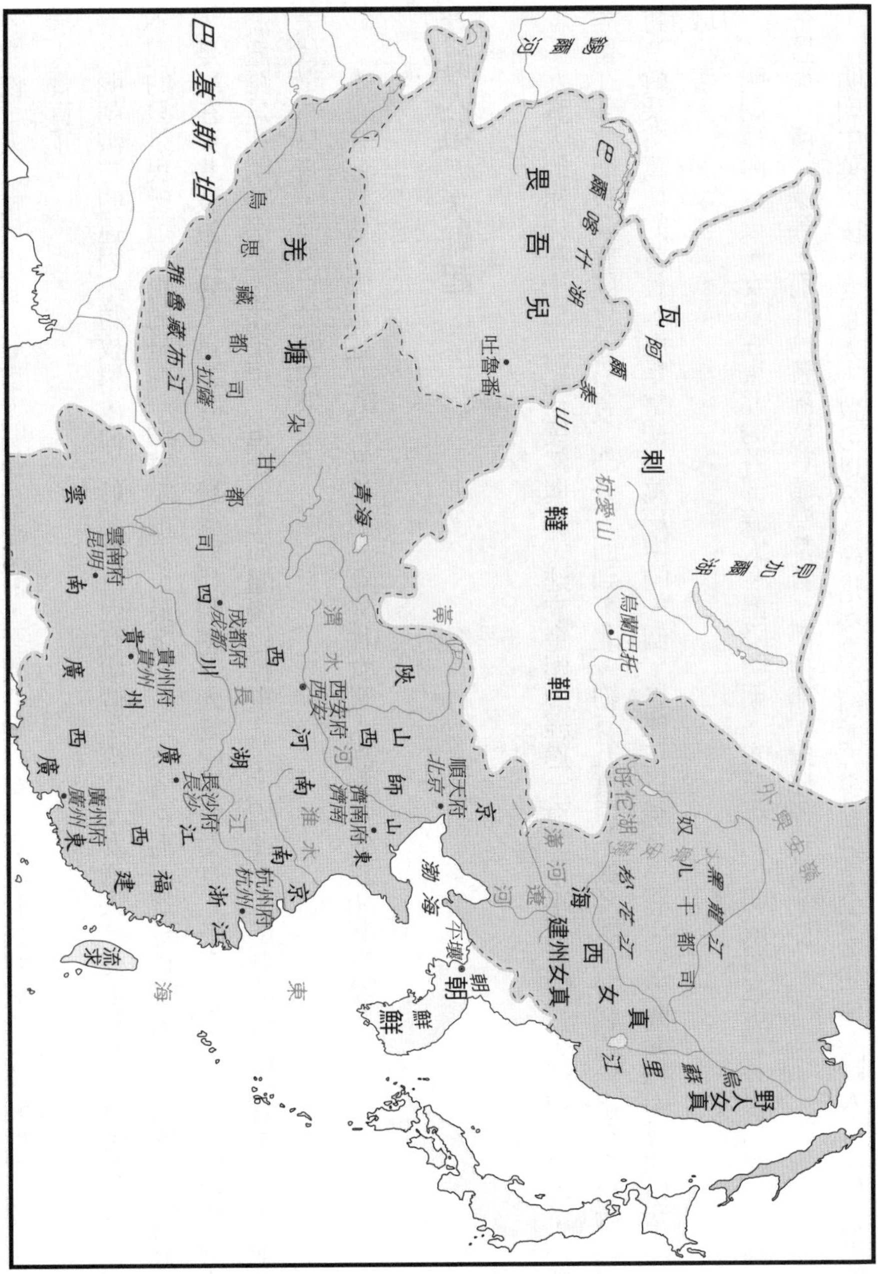


明朝疆域（西元1430年）

明神宗以斂財吝嗇出名，無論如何都不肯花一兩他自己的銀子去發軍餉，一味要求對人民加稅。於是每打一次仗，人民就又被剝一層皮。明神宗駕崩前，全國各地沒有一省沒有民變發生。等到他駕崩時，國家已經是病入膏肓了。

明朝滅亡的遠因不勝枚舉，而一般認為近因有兩個：流寇及女真人。從本質看，這兩者其實也都是民變，不同的只是民變通常指的是在一個特定地方，最多一、二個省；而流寇是民變之後在全國四處流竄；至於女真人是先在東北發生民變，迅速壯大，最後取代明朝而入主中國。女真人是完完全全在萬曆年間被激化而反叛；流寇雖是在明神宗死後才出現，但在他生前醞釀已經很久了。因此，大部分的歷史學者都主張明朝並不是亡於末代崇禎皇帝，而是亡於明神宗之手。

本書在此無法同時敘述女真人及流寇，請先從女真人說起，並說明其來歷。

## 女眞人第二次崛起

女真人的祖先在十二世紀初突然興起，建立金朝，經過一百二十年而被蒙古人滅掉。之後，一部分金朝遺族留在華北而被漢族同化；另有一部分人回到東北，約有五萬戶。據考證，清朝的始祖布庫里雍順在元朝時受封為斡朵憐萬戶的酋長，就是當初五萬戶中的一個，居住在以現今黑龍江省依蘭縣為中心的松花江及牡丹江流域一帶。

明朝建國以後，女真在東北的各部族大多歸降明朝。永樂年間，明成祖在東北設置「奴兒干都司」，下面分置衛、所、寨等，而任命各部族首領為都督、都指揮、指揮等官職。

明朝中葉以後，女真人大致可以分為建州女真、海西女真及野人女真三種。野人女真住在黑龍江中、下游，及東方靠海之地，大部分是不曾隨金朝到中原的原始女真人，文化比較落後。斡朵憐部與另外一個胡里改部因為受到北方野人女真的侵逼，漸漸向東南遷移到現今的遼寧省及吉林省東部。明朝以「建州」為名在當地陸續設了三個衛：建州衛、建州左衛和建州右衛，而稱這一個部族為「建州女真」。建州女真人南移後，在松花江及牡丹江流域的女真人還有部分留在原地而沒有離開，稱為「海西女真」。不過海西女真人同樣受到野人女真的侵逼，後來也稍微往南移，並且在南移過程中形成哈達、輝發、烏拉、葉赫四個部族，都是以他們所居住地方的河流為名。

## 努爾哈赤

清太祖努爾哈赤在明世宗嘉靖三十八年（一五五九年）出生於建州左衛赫圖阿拉城（後改稱興京，今遼寧省新賓縣）。他的祖父覺昌安、父親塔克世都世襲為建州左衛指揮。覺昌安與建州右衛指揮王杲是兒女親家，也有說王杲是努爾哈赤的外祖父。當時遼東總兵李成梁是明朝的東北地區最高軍政首長，受到張居正的重用，有效地阻止了蒙古人大舉往遼東發展而有大功。然而，李成梁對於女真人十分歧視，又善於利用女真各部族之間的矛盾操控，甚至帶頭殘殺良民，冒充是殺了叛亂分子而向朝廷領功。

萬曆二年（一五七四年），王杲在撫順馬市被明朝地方官侵奪，氣憤而殺官。李成梁派兵圍剿王杲，攻破他的山寨古勒寨（今新賓縣上夾河古樓村）。王杲逃到海西女真的哈達部，被捆綁而獻給李成梁，接著被送到北京，受磔刑而死。王杲的兒子阿台投奔海西女真葉赫部，帶兵攻打哈達部以報父仇，又毫不避忌地回到古勒寨。

萬曆十一年（一五八三年），李成梁利用建州女真的族人為嚮導，再一次攻打古勒寨。這時覺昌安帶領塔克世去勸阿台投降，以免不可收拾。不料阿台的部下受到煽動，竟殺死阿台，開門迎敵。明兵攻破山寨後，李成梁下令屠城。一時血流成河，死數千人。覺昌安與塔克世也都遇難。明朝政府獲報，竟在北京告郊廟，立牌坊，大肆慶賀。

努爾哈赤得知噩耗，悲痛欲絕，決心以僅有的十三副遺甲報此不共戴天之仇。經過三十年的奮鬥，努爾哈赤先統一建州女真，再擊敗海西女真與蒙古科爾沁部，最後又征服野人女真，統一了所有的女真部族。李成梁在遼東二十二年，漸漸生活奢侈無度，舉凡扣剋軍中糧餉，操控馬市，吞沒鹽稅等等，都利用職權搜刮殆盡。邊民痛恨切齒，努爾哈赤因而坐大。

萬曆四十四年（一六一六年），努爾哈赤建國，自稱可汗，國號「金」，史稱「後金」；又二年，以「七大恨」告天，向明朝宣戰。雖說是七大恨，實際上只有三種：一是父、祖之仇，二是受漢人歧視，三是受地方官欺辱；其內容正是明朝所有邊疆民變的標準原因。

努爾哈赤是一位軍事天才，不但勇敢善戰，又有極強的軍事組織能力。他的軍隊的主力是「八旗」軍。八旗人數有定額，每一旗七千五百人，由努爾哈赤指定兒子們分別擔任旗主，稱為固山（gusa，即旗的意思）額真。八旗軍士完全是以打仗擄掠而分配戰利品維生，與成吉思汗的制度大同小異。八旗分別是正黃、正紅、正藍、正白、鑲黃、鑲紅、鑲藍、鑲白旗等，共六萬人。在後來，又逐漸吸收蒙古人及漢人，增設蒙古八旗及漢人八旗。

明朝派楊鎬率領十萬人前往征討努爾哈赤，卻在薩爾滸（今撫順東南）被努爾哈赤以少擊多，各個擊破，死四萬多人。經此一戰，明朝才赫然發現女真人是心腹大患，但是已經無法壓制了。努爾哈赤接連得勝，又輕易地擊敗明朝新任遼東經略熊廷弼及廣寧巡撫王化貞所率領的十五萬大軍，佔據遼陽與廣寧。努爾哈赤志得意滿，繼續向前推進，在明熹宗天啟六年（一六二六年），率領大軍，號稱二十萬人，渡過遼河，直撲長城的咽喉山海關前的一個要塞寧遠城。

## 袁崇煥與崇禎皇帝

當時在寧遠城發生一件奇蹟。明朝守將袁崇煥率領一萬人捍衛孤城，雖然軍力懸殊，卻堅守不退。八旗軍竟死傷慘重，狼狽地敗退。努爾哈赤從二十五歲起兵，至此四十四年，戰無不勝，攻無不克，卻在寧遠城一役敗給了袁崇煥；而袁崇煥在此之前只是個文官，從來也不曾打過仗。努爾哈赤因而引為奇恥大辱，憤恨難消，夜晚輾轉無法入眠，不久後竟含恨以終。

努爾哈赤的第八子皇太極繼位為大汗（一六二七～一六四三年在位），年號「天聰」，隨即出兵攻寧遠與錦州。袁崇煥再一次大敗後金兵，是為「寧錦大捷」。然而，更不可思議的是，袁崇煥在大勝之後卻被宦官集團排擠，被迫請辭，黯然離開了遼東。

為什麼會有這樣莫名其妙的事呢？

明熹宗朱由校（一六二一～一六二七年在位）是明神宗的孫子。他的父親明光宗在接任皇帝後，只有二十九天便因為下痢，又吃了太醫所進的藥丸而駕崩。歷史上稱此一大案件為「紅丸案」。明熹宗登基時只有十五歲，由於有一個莫名其妙的祖父明神宗不讓他唸書，幾乎是個文盲，而卻是一個手藝非常高明的木匠。

明熹宗當然毫無能力治理國家，也沒有興趣。宦官頭子魏忠賢趁機攬權，因而比以前明朝的任何一個宦官頭子都更有權勢。朝廷之中許多官員於是都投靠魏忠賢，形成一個「閹黨」。朝廷中關心國家，有氣節骨氣的官員也另成一個黨派，稱為「東林黨」。閹黨視東林黨為仇敵。正當袁崇煥在前線打了大勝仗時，也是閹黨權勢最為高漲的時候。東林黨大臣楊漣、左光斗、高攀龍等數十人都被下獄，慘遭酷刑而死。袁崇煥被認為是東林黨的一員，能夠全身而退，已經是值得慶幸了。

袁崇煥剛離開遼東，明熹宗忽然駕崩，弟弟明思宗朱由檢即位（一六二八～一六四四年在位），年號「崇禎」。崇禎皇帝立刻剷除魏忠賢，重新起用袁崇煥，發布為兵部尚書兼薊遼督師。皇太極與袁崇煥再次對壘，經過一年多，完全討不到便宜。正當他不知如何是好時，有漢人獻計，說在山海關西邊遠處，長城上有一個設防較弱的關口龍井關（今遵化東北）。皇太極便帶兵繞過山海關，從蒙古南下突破龍井關，長趨直往北京城。袁崇煥得到報告，連忙率兵星夜奔馳，總算比皇太極早一步抵達北京城下。

雙方於是在北京城外展開殊死戰。不幸的是，崇禎皇帝對袁崇煥原本已經不信任，在北京圍城之戰中，袁崇煥與崇禎皇帝的戰略想法又有極大的差距。崇禎皇帝對於袁崇煥是否忠心越來越懷疑。皇太極趁機使出反間計，故意讓兩個俘擄來的明朝太監聽到事先編撰的機密談話，誤以為袁崇煥與皇太極密謀談和而反叛明朝，然後又故意讓他們脫逃。兩個太監回到北京城內立刻向崇禎皇帝密報。同時在北京城內又因間諜散布而謠言四起，說袁崇煥通敵叛國。崇禎皇帝又驚又怒，宣召袁崇煥進城，立刻予以逮捕。六個月後，袁崇煥被綁到北京西市，寸磔而死。

袁崇煥之死是中國歷史上又一樁大冤案。崇禎皇帝並不是不想勵精圖治，卻殘酷地將一個以國家天下為己任的大臣殺死，自毀長城。明朝至此，亡國的徵兆已經很明顯了。

## 皇太極與林丹汗

皇太極是努爾哈赤的第八個兒子，在十幾個兄弟間爭奪大位時能夠脫穎而出，實是有其過人之處。他知道袁崇煥雖死，明朝仍然是大國，與之一決勝負的時機未到。後金並不是只有明朝一個敵人而已，在西邊有蒙古，在南邊有朝鮮。皇太極決定先對付蒙古與朝鮮。

蒙古最後一任大汗稱為「林丹汗」，在萬曆三十二年（一六〇四年）即位，年僅十三歲，而統治了所有的韃靼部落，包括左翼（在蒙古東邊）的察哈爾、喀爾喀、兀良哈三部，及右翼（在蒙古西邊）的土默特部、鄂爾多斯及永謝布等三部。他親自統帥韃靼左翼三部及其中的蒙古察哈爾部（即是達延汗長子家族系統），而另外指定蒙古王公代為管轄右翼三部。至於瓦剌部，早在達延汗強盛時就已經被驅趕到新疆及青海地方。

林丹汗原本與大部分的蒙古人一樣信仰西藏黃教，到了二十六歲時，突然改信紅教，並奉一位紅教喇嘛為國師。蒙古許多部族大為不滿，逐漸疏遠林丹汗。林丹汗慣以殘忍的高壓手段逼迫各個不聽指示的部族，更是失去民心。努爾哈赤崛起後，明朝決定聯合蒙古打擊女真，開始給林丹汗賞銀，以為酬庸。部分蒙古部族對於林丹汗當明朝的傭兵而對付同樣起源於白山黑水的女真人，非常不以為然。努爾哈赤抓住機會，拉攏各個不滿的部族，強力離間蒙古。林丹汗越是鎮壓，投向努爾哈赤的部族越多，漸漸眾叛親離。

努爾哈赤最常用的手法就是聯姻。據統計，努爾哈赤光是與蒙古左翼兀良哈部中的科爾沁部便聯姻十次，並且是最高層次的嫁女兒或是為皇子娶妃。其中皇太極所娶的莊妃是後來順治皇帝的母親，康熙皇帝的祖母，是清朝初期的擎天一柱。

皇太極繼位後，在天聰二年至九年（崇禎元年至八年）三次親征林丹汗。在最後一役，蒙古東西兩翼的部族幾乎都會齊，皇太極反而成為蒙古各旗的盟主。林丹汗落荒而逃，在青海病死。皇太極派弟弟多爾袞在蒙古搜尋，找到林丹汗的皇后、妃子和兒子。皇太極封林丹汗的兒子為親王，將女兒嫁給他；自己和兄弟們又分娶林丹汗的后、妃。蒙古察哈爾部於是死心塌地效忠於後金。

多爾袞還從林丹汗的皇后手中得到中國歷代的傳國玉璽。皇太極至此堅信他終將一統萬年，而在天聰十年（崇禎九年，一六三六年）改國號為「清」，改年號為「崇德」。這時他統轄的地區極廣，東起大海，西至巴爾喀什湖，北至貝加爾湖，南以長城與明朝為界。

崇德二年（明崇禎十年，朝鮮仁祖十五年，一六三七年）皇太極逼朝鮮投降，簽城下之盟。詳情請讀者參見第十八章。

## 流寇攻陷北京

天啟年間，陝西的民變首先變質而為到處流竄的流寇。為什麼是陝西呢？因為當時陝西首先發生嚴重的旱災，民眾起義後只能到外地找食物。第一個流寇領袖高迎祥聚集飢餓的農民起義，轉戰於甘肅、山西、河北等地，攻破各城市，殺官搶糧。各地紛紛響應，其中以張獻忠與李自成最為有名。崇禎皇帝見事態嚴重，調動官兵圍剿。流寇雖然屢屢被破，卻越來越多。

崇禎八年（一六三五年），高迎祥、張獻忠等帶領流寇直抵明太祖朱元璋的家鄉安徽鳳陽，掘開明皇室的祖墳。消息傳至北京，崇禎皇帝驚惶戰慄，披著孝服，下令務必要拘捕到高迎祥。第二年，高迎祥被擒獲，送到北京寸磔而死。李自成繼高迎祥而被推為「闖王」，張獻忠不服而自立門戶。兩人分別在黃河流域及長江中、下游流域流竄。

明朝內有流寇，外有女真人，內憂與外患並存。政府裡的官員有兩派意見，一派主張「安內方可攘外」，認為應該與女真暫時議和，集中兵力對付流寇；另一派力主對女真繼續用兵。崇禎一貫的立場是拒絕與皇太極議和，但事實上並沒有能力兩面作戰，結果是流寇繼續流竄，聲勢越來越大；同時間明軍對清軍也節節敗退。崇禎十四年（一六四一年），薊遼總督洪承疇率十三萬大軍與皇太極在錦州決戰，大敗被俘而投降。

崇禎十六年（一六四三年），皇太極突然暴斃，由兒子福臨繼位，是為清世祖，年號「順治」。福臨只有六歲，叔父多爾袞遂以攝政之名獨攬大權。

崇禎十七年（清順治元年，一六四四年），李自成在西安稱帝，國號「大順」，接著出兵東向，迅速跨過山西、河北，直撲北京。崇禎皇帝急忙下旨召鎮守山海關的吳三桂前來勤王。吳三桂的兵尚未到達，李自成已經攻破北京城，崇禎皇帝在現今故宮後面的景山自縊而死。明朝總共立國二百七十七年，經歷十六個皇帝。

## 清兵入關與剃髮令

吳三桂退回山海關而拒絕李自成招降。李自成親率十餘萬大軍，奔赴山海關。吳三桂戰敗，岌岌可危，向多爾袞求救。清兵於是進入山海關，與吳三桂聯合在一片石（遼寧省綏中縣九門口）擊潰李自成。多爾袞帶著年幼的福臨隨吳三桂進入北京，從此開始清朝對中國兩百六十八年的統治。多爾袞又命令洪承疇、吳三桂等降將帶領軍隊南下，次第收降各省，並追擊流寇。

明朝的帶兵官投降清朝的很多，據隅頑抗者也不少，然而抵抗的結果很悽慘。順治二年（一六四五年），史可法死守揚州。城破之後，清兵屠城十日，死八十幾萬人。其他如南京、嘉定（今上海市嘉定區）、江陰等地，也都各死數萬至數十萬人不等。明末遺臣不斷地扶立明朝皇室貴族為王，號召人民繼續反抗清朝。清兵不斷追殺。明朝最後一個被擁立的「永曆帝」朱由榔，奮鬥了十八年之後，逃到緬甸，被緬甸送給吳三桂絞死。

清兵之所以大肆屠殺，與多爾袞所頒布的「薙髮令」（或稱「剃髮令」）有極大的關係。原來女真人的習慣是將頭髮前半部剃光，後半部綁成辮子。滿清入關後，要求所有投降的人民一律比照滿人的髮式辦理。洪承疇和吳三桂也都是先剃了髮，才被認定是真心投降。

對於髮式及衣著，中國人自古以來出乎尋常地重視。孔子曾經說：「微管仲，吾其披髮左衽矣。」這句話經過歷代儒家的詮釋，意味髮式衣著代表了根本的民族思想。明末因為政治實在腐敗，人民對政府早已失望透頂；流寇又大多殘暴不堪，人民畏之如虎；因而清兵入關之後，有些地方甚至還張燈結彩，歡迎清兵進城。然而，清兵一旦頒布剃髮令，悍然地宣稱：「留頭不留髮，留髮不留頭。」人民遂群起反抗，以致於有無數的慘劇發生。

兩百年後，西洋人來到中國，看見清朝的人奇怪的頭髮及衣著，以為數千年來中國都是如此。許多清朝人也以為中國古代都是如此。殊不知這樣的髮式服裝是經過滿清以殘忍手段，殺害數以百萬計的人命，才硬逼著改變過來的。二十世紀初，國民革命推翻滿清，新政府要求人民剪辮子，竟有一大群人認為是改變祖宗成法，痛哭流涕，誓死不從。

如果以比較長遠的眼光來觀察歷史，還真是可以發現一些荒謬而又無奈的事。

女真人之所以能入主中國，其實只有一小部分是由於自己的努力，而大部分是由於明朝的腐敗。據統計，明朝萬曆時期，東北地區奴兒干都司全部的人口大約是兩百五十萬人。這是努爾哈赤統一女真後，所能掌控人口數的最高限。當時在北方大漠的蒙古人口數總計也不超過兩百五十萬。換句話說，皇太極得到蒙古加盟之後，所能掌控的人口最多只有五百萬人而已。在此同時，明朝的人口是一億五千萬。兩邊的人口比例是一比三十。

明朝的商業繁榮，文化水準也達到歷史的高峰。相對地，女真人還處在很落後的階段。然而，女真人毫無困難地硬是以小吃大，代明而有天下。其中的關鍵，還是在於明朝的政治腐敗，實在是到了無可救藥的地步。

## 多爾袞與順治皇帝

多爾袞識見高遠，敏銳地把握了歷史的機遇，輔佐順治皇帝定鼎中原，對於大清皇朝的功績，即使比起他的父親努爾哈赤，或是兄長皇太極，一點也不遜色。

李自成在北京四十天，放縱軍隊燒殺搶掠，將貴族官吏數百人都抓來拷打，勒索每人數千至數萬銀兩。多爾袞進入北京，下令「官仍其職、民復其業。」兩者之間對比鮮明。一邊是土匪行徑，胸無大志；另一邊雖是所謂的夷狄，卻有王天下之風範。

清朝早在皇太極時便仿效明朝，由漢人出身的大臣范文程制訂吏、戶、禮、兵、刑、工六部官制。多爾袞指定各部尚書、侍郎各有一個滿、漢人，意在籠絡漢人。順治二年（一六四五年），多爾袞下令重開科舉考試，一切都照原先明朝的制度。如此又進一步籠絡漢人知識分子。明朝的皇帝搜刮民間以自肥，屢次加稅，因而有遼餉、剿餉、練餉三種名目，每年向人民又徵收兩千多萬銀兩。人民被剝了好幾層皮。多爾袞下令三餉及其他巧立名目的稅一律取消，人民只要繳交人頭稅。

不過多爾袞也有很多惡政。其中剃髮及易服令導致千千萬萬人頭落地，已如前一章所述。多爾袞又允許滿人在北京及其他幾個大城市「圈地」、「佔房」，也就是隨意霸佔漢人的土地、房屋，以致人民無法安定生活。多爾袞對於滿清的王公大臣，更是猖狂跋扈，無所不用其極地剷除異己。舉一個例子。當初皇太極死後，長子豪格與叔叔多爾袞爭權。多爾袞得勢之後，竟將豪格迫害致死，又強娶豪格的妻子為妃。多爾袞攝政，表面上說是輔佐順治皇帝，實際上他才是真皇帝，而視順治如同無物。多爾袞攝政七年，順治痛恨他到了極點，在他死後親政，第一件事便是清算多爾袞，開棺暴屍，宣示他的罪狀。

雖然如此，順治對於多爾袞所訂定的各項政策及制度，並沒有任何更動。順治在親政後發現雖然有滿、漢尚書並列，但是只有滿人尚書奏事，漢人尚書都不敢出頭，於是下令所有奏章都要滿、漢官員會同奏進。同年夏天，黃河大水，孝莊皇太后諭旨，發內廷節省銀八萬兩賑濟水災難民。如果拿這件事和明末萬曆皇帝愛錢如命，橫徵暴斂而不肯從內帑拿一分錢用以發軍餉比較，兩者相差實在是不可以道里計。清朝一直奉行「輕賦薄稅」的政策，不曾更改，因而能以異族入主中國而延續兩百六十多年。

## 康熙大帝（一六六一～一七二二年在位）

順治皇帝十四歲親政，二十四歲就死了。有很多人認為順治其實並沒有死，而是到五台山出家做了和尚。他的兒子玄燁繼位，只有八歲，即是「清聖祖」，一般稱為「康熙皇帝」。順治皇帝指定四個顧命大臣以輔佐康熙，其中有一個鰲拜跋扈暴虐，將其他的顧命大臣一一迫害而獨自擅權。康熙隱忍到十五歲才果斷機智地逮捕鰲拜，開始親政。鰲拜的黨羽是滿清入關後實施圈地佔房的惡政以來，最為猖狂的集團。康熙又下令從此禁止圈地佔房。這兩件事顯示出康熙雖然還年輕，但將會是一個了不起的皇帝。

康熙是中國在位最久的皇帝，前後共六十一年。他漢化極深，能詩能文；勤政愛民，關心吏治而強力懲治貪污。他又下令整治黃、淮兩河，以紓解水患。每當有水災或其他天災，他便下令免除災區人民的賦稅。康熙五十一年（一七一二年），皇帝下令「盛世滋生人丁，永不加賦。」意思是按丁口徵收的人頭稅已經足夠，從此新增的人丁不必再繳稅。後來為求簡便，又仿效明朝的一條鞭法，實施「攤丁入地」，從此廢除了中國實施兩千多年的人頭稅制度，改按土地徵收賦稅。

## 三藩之亂

當初多爾袞「以漢制漢」，派投誠的漢人將領追擊流寇與殘明勢力，留下一個巨大的後遺症。這些人立了大功，都受封為王，各自佔據地盤，成為半獨立的藩鎮。其中最大的勢力稱為「三藩」，分別是雲南的吳三桂、廣東的尚可喜以及福建的耿仲明。三藩都表面恭順而實際上不讓朝廷插手，又想將王位傳給後代世襲。三藩看見皇帝雖然年輕，而聰明英斷，心裡都很忌憚，便故作姿態，集體告老，以探測皇帝的態度，而實際上都已經決心在必要時起兵造反。

藩鎮跋扈的問題在中國自古已有，並不是這時才出現。唐玄宗時，藩鎮失控，以致於發生安祿山之亂，釀成禍害達兩百多年，到宋太祖時才結束。康熙皇帝熟讀中國歷史，當然知道這一段鮮明的教訓。康熙性情剛毅果斷，寧願冒著戰爭的危險，也不想要這個禍根繼續留存，因而批准三藩告老，又斷然宣布撤藩。三藩於是同時起兵造反。康熙十二年（一七七三年），南北之間的大內戰開打，延續了八年，戰火延燒十個省份。康熙再一次以漢制漢，起用大批漢人將領，帶領漢人軍隊來對付三藩。三藩消滅之後，康熙重賞有功將領，但不再有人裂地封王。從這時起，清朝才算是一個統一的國家。

三藩之亂時，在台灣有鄭氏王朝勢力也加入對抗清朝，康熙又過了兩年才征服台灣，將之納入版圖。有關台灣之事，請容在第十九章敘述。

## 清朝與俄羅斯的早期互動

從康熙朝起，中國領土開始大幅擴張，歷經雍正、乾隆共三代，而將蒙古、新疆及西藏都置入版圖之內，實行直接統治。不只如此，康熙朝時也和俄羅斯（中國稱之為「羅剎國」）建立了貿易及外交關係。這對於後來清朝的順利擴張有關鍵性的影響。因而，在此處要將清朝與俄羅斯之間的早期互動歷史先說明清楚。

蒙古人在俄羅斯地方所建立的金帳汗國（Golden Horde）延續約二百八十多年，之後因為內部分裂而被莫斯科大公伊凡三世（Ivan III, 1462-1505）推翻。一五四七年（明嘉靖二十六年），伊凡四世（Ivan IV, 1533-1584）加冕成為俄羅斯第一任沙皇，從此開始向外擴張。萬曆年間，俄羅斯人已經在西伯利亞出沒。順治八年

（一六五〇年），俄羅斯人從黑龍江上游順流而下，到處搶劫殺人，與清軍在伯力（現稱Khabarovsk，位於黑龍江與烏蘇里江交會口）發生戰鬥。這是中俄間的第一次戰爭，其後又發生幾次戰鬥。由於清朝並未特別重視，俄羅斯人遂在黑龍江上游北岸建築雅克薩和尼布楚兩個城堡，並且收容清朝犯罪逃亡的人民。

俄羅斯人早已和蒙古人進行貿易，不過發現蒙古除了牛、羊、馬、駱駝、毛皮之外，沒有什麼可以交易的；相反地，和清朝貿易可以獲利十倍，甚至比掠奪土地和財物更加有利可圖。俄羅斯因此多次派使者到北京，要求准許通商貿易。然而，清朝與之前的明朝沒有兩樣，貿易的姿態非常高，認為是上國對於野蠻民族的恩賜。清朝要求俄羅斯先遣返逃犯，並停止侵犯邊境，以作為開放邊境貿易的先決條件。雙方談判交涉，毫無結果。這時康熙皇帝已經瞭解俄羅斯實力強大，對俄羅斯與蒙古間的關係感到不安，於是決定大舉出兵，以免情勢蔓延。

康熙二十三年及二十五年，中俄兩度在雅克薩附近發生大規模戰役，俄羅斯敗北。此時俄羅斯羅曼諾夫王朝（The House of Romanov）年輕的彼得大帝（Peter the Great, 1672-1725）與姊姊蘇菲亞（Sophia Alekseyevna）爭權，內部混亂而無暇與清朝爭勝，因而派全權大使與清朝議和。康熙二十八年（一六八九年），兩國代表簽定《尼布楚條約》，內容主要是規定雙方以外興安嶺和額爾古納河為界；同意通商互市，進行邊境貿易。兩國又同意永久和好，互相不收納對方叛亂及逃亡者。這一紙和約不但維持清朝與俄羅斯之間約一百七十年的和平，並且讓清朝在後來平定蒙古、新疆及西藏時，免於俄羅斯的介入。

## 厄拉特蒙古固始汗扶持西藏黃教

蒙古、新疆及西藏的歷史，在明末清初以後便互相牽連，無法拆分，而必須同步敘述。

蒙古的瓦剌部也稱作厄拉特蒙古，在也先汗死後分裂為四個部，分別是：準噶爾、和碩特、杜爾伯特、土爾扈特。厄拉特蒙古被韃靼興起的達延汗驅逐到蒙古草原西部，後來又遭到西方的俄羅斯、哈薩克擠壓，決定移居到新疆，並且趕走其間原有的喀爾喀蒙古人及突厥人。和碩特部的首領固始汗（Gushri Khan，或稱顧實汗）是當時厄拉特四部公推的領袖。

一六三五年，皇太極擊滅察哈爾部林丹汗，又整合了韃靼各部落。固始汗知道實力不足與皇太極爭勝，決定留在西方發展。正好這時西藏黃教受到其他各教派的壓迫，向固始汗求援。固始汗於是接受達賴喇嘛五世的請求，擊敗在青海的蒙古喀爾喀部，壓制了西藏白教。固始汗接著又在一六四二年出兵西藏，擊滅藏巴政權，幫助黃教取得在西藏佛教的領導地位。清朝在順治十年（一六五三年）正式冊封固始汗，承認他在西藏的地位。

## 康熙擊滅噶爾丹

達賴五世的弟子中有許多是蒙古的貴族子弟，其中有一個名叫噶爾丹（Galdan），是準噶爾部的大汗之子。達賴五世認定噶爾丹的前世是西藏的一個活佛，因而噶爾丹年紀幼小時便被送到西藏學佛法，拜達賴五世為師。噶爾丹的父親死後，他的哥哥僧格繼位，卻被喀爾喀蒙古人殺死。噶爾丹的母親親赴西藏，請噶爾丹回鄉。噶爾丹以活佛的身分帶領族人擊敗敵人，接著宣布還俗而繼位為準噶爾汗。這時固始汗早已死去，達賴五世又堅定支持噶爾丹，因而噶爾丹在康熙十七年（一六七八年）成為厄拉特蒙古的新共主。噶爾丹接著又發兵吞併天山南疆的葉爾羌汗國（察合台汗國的後裔），統一新疆及青海全境；並向西北攻佔現今的烏茲別克和吉爾吉斯，聲威大振。

喀爾喀蒙古是達延汗分封給長子（察哈爾部）以外各個兒子的領地，分為三個部落，都居住在現今的外蒙古。由西而東，分別是札薩克圖部、土謝圖部和車臣部。其中札薩克圖部與土謝圖部發生糾紛，向噶爾丹求援。康熙皇帝這時也注意到準噶爾興起。達賴喇嘛對於所有蒙古人顯而易見的影響力更是使得康熙不敢忽視。康熙因而派遣使臣，於康熙二十五年（一六八六年）在喀爾喀蒙古召開大會，目的是要解除札薩克圖部與土謝圖部之間的仇恨。這次會議卻不幸劃下了清朝與準噶爾之間的巨大裂痕。

原本達賴五世派首座弟子西勒圖前來，是要主持調解。康熙所派的特使阿爾尼卻擅自主導會議。達賴位尊望隆，無人可比，阿爾尼卻安排蒙古哲布尊丹巴活佛與西勒圖平起平坐。會後噶爾丹忍不住寫信給康熙，抗議這是對達賴喇嘛的侮辱。康熙尚未回信，土謝圖汗與哲布尊丹巴活佛已經回一封更具侮辱性的信。土謝圖汗仗恃有清朝撐腰，越加蠻橫，竟率兵殺死札薩克圖汗。噶爾丹有一個弟弟也不幸同時遇害。

噶爾丹大怒，三路發兵。土謝圖汗不支，逃入漠南，請求清朝庇護。噶爾丹窮追不捨。清軍與準噶爾兵於是在康熙二十九年（一六九〇年）打了兩次大仗。噶爾丹的兄長僧格有一個兒子，名叫策旺，認為噶爾丹佔據他應有的位置，早已不滿而自行獨立，佔據部分新疆及青海地區，這時竟趁噶爾丹與清兵大戰時偷襲噶爾丹的根據地科布多（今外蒙古最西端）。噶爾丹不敵清軍，戰敗後回到科布多，發現兩頭損失慘重。

噶爾丹原先與俄羅斯結盟，卻不知道盟友已經和清朝簽訂《尼布楚條約》，而揚言將從俄羅斯借兵、借武器。康熙所最忌諱的，正是蒙古人與俄羅斯聯手，因而下定決心要除掉噶爾丹。噶爾丹整頓人馬，在康熙三十五年（一六九六年）又率領數萬人進攻喀爾喀蒙古。康熙皇帝御駕親征，與噶爾丹在昭莫多（今烏蘭巴托東南）決戰。策旺不出一兵，只是觀望。噶爾丹大敗而逃，第二年在俄國境內自殺。俄國人不敢得罪康熙，將他的屍體送回。

噶爾丹之所以敗亡，第一是到處樹敵，其次是誤判時勢，然而最致命的原因是內部分裂。

## 康熙用兵西藏

昭莫多之戰後，康熙在兩個投降的西藏喇嘛口中得到一個驚人的消息。原來達賴五世早在十五年前已經去世。達賴的助手，總管行政的桑結第巴竟假稱達賴坐關不出，用達賴的名義繼續發出指示。因而，十五年來第巴傳達達賴給噶爾丹的一切指示，全部都是桑結自己的意思。噶爾丹對達賴五世敬若神明，接到諭示之後，無不遵辦。康熙屢次要求達賴五世出面調停蒙古事務，桑結都反其道而行，唆使噶爾丹叛亂，以致於噶爾丹敗亡。

康熙於是派人前往西藏，責問桑結第巴為何在十五年中如此倒行逆施。然而康熙的旨意在西藏發生不了作用，也是無可奈何，只能暗中拉攏久已失勢的固始汗家族，預備對付桑結第巴。九年後，固始汗的曾孫拉藏汗發動政變，殺桑結第巴，又向康熙報告，說先前桑結第巴所立的達賴六世倉央嘉措並不是真的靈童轉世，平日耽於酒色，不守清規，建議予以廢黜。康熙請拉藏汗另立一位名叫伊喜嘉措的僧侶為達賴六世，但西藏人民大多拒絕承認伊喜嘉措，認為是假達賴。

桑結第巴的餘黨逃到新疆準噶爾部，向策旺求救。康熙五十五年（一七一六年），策旺派兵進入西藏，包圍布達拉宮，殺拉藏汗，囚禁新任的達賴六世。康熙大怒，也派數千人進軍西藏。這是清朝第一次對西藏用兵，結果全軍覆沒。康熙更怒，又派十四皇子胤禵率領大軍開赴西藏。康熙知道達賴喇嘛在西藏人民心中的地位，便在青海塔爾寺迎立一位十二歲的神童噶桑嘉措為第七世達賴喇嘛，聲稱要護送他到拉薩。這是清朝對西藏第二次用兵，擊退了準噶爾。康熙五十九年（一七二〇年），達賴七世在布達拉宮坐床，清朝至此開始介入西藏的事務。

## 雍正皇帝（一七二二～一七三五年在位）

歷史記載康熙共有二十四個皇子活到成年。在他晚年，眾多皇子之間為了爭奪繼承權而展開激烈的明爭暗鬥，使得他痛心疾首，一直不願決定繼承人。在他死後，第四皇子胤禛繼位，年號「雍正」。雍正基本上繼承康熙的施政方針，興修水利，減免賦稅。康熙晚年漸漸流於寬縱，而雍正主張寬嚴相濟，加強對官員的考核與監督，因而官吏大多公正廉明。許多史家認為康熙所奠定的良好制度，都是到雍正朝時才得到徹底執行。清朝政府的經濟情況也是到了雍正年間才更加富足。

然而，雍正皇帝最大的缺點是猜忌而殘忍。有部分史家相信雍正是以不正當的方法贏得與兄弟們之間的帝位之爭。雍正一即位之後，立刻以極為毒辣而殘酷的手段整肅他的兄弟。有人被革職、軟禁，有人被屠殺、殘肢。雍正甚至稱呼自己的兄弟為豬、為狗。對於帶兵的將官及全國各地封疆大員，雍正也不放心，因此派出特務偵察監督，又挑選心腹，隨時寫小報告，直接上奏雍正。

清朝和明朝一樣，不設宰相。康熙在南書房處理日常事務，固定召見幾個大學士議政。雍正皇帝開始設置「軍機處」，選定大臣入值議事，從此軍機處成為清朝的實質內閣。雍正每日不眠不休與大臣討論，又親自批閱所有的奏摺，不論是否苛細，總之他是不願意下放權力。雍正也批閱所有布置在各地的心腹所寫的小報告，並且用硃筆在報告上詳細指示。雍正可能因此太過勞累，在皇帝位上只坐了十三年就暴斃。

雍正朝也曾出兵對付準噶爾部。雍正元年（一七二三年），固始汗在青海的另一個後裔羅卜藏丹津可汗與準噶爾部策旺聯盟，共同出兵進犯西寧。雍正命令四川總督年羹堯及提督岳鍾琪進擊，直抵柴達木盆地。羅卜藏丹津潰逃，青海從此也成為清朝版圖的一部分。

## 乾隆皇帝（一七三五～一七九五年在位）

雍正之後，乾隆繼任。有部分史家稱讚乾隆是一位文武全才的傑出帝王，但也有人認為他是一個浮誇而好大喜功的皇帝，並且說康熙與雍正所營造的一個強盛帝國，是在乾隆的手中逐漸走下坡。

乾隆剛登基後，大力掃除貪官污吏，但吏治又漸漸敗壞，越到晚期，越加不堪，貪官污吏滿天下。乾隆死後，繼任的嘉慶皇帝清算乾隆的寵臣和珅，抄出家產價值達八億兩白銀，大約等於清朝二十年的歲賦收入。和珅的家產大多是中央及地方官員貢獻的，要再乘上數倍才是全國官吏貪污的總數。乾隆朝的政治是如何地腐敗，光從這個數字便可以得到結論。

乾隆下令編輯《四庫全書》，這是中國歷史上規模最大的一套類書，涵蓋了所有學術領域，共收錄古籍圖書三千五百多種，將近八萬卷，約八億字，是《永樂大典》的兩倍半。不過《永樂大典》是一字不易地抄寫，保存了古書的原貌；《四庫全書》當中卻有部分遭到篡改。例如有部分記載對少數民族不夠尊重，或是違背封建思想的內容等，都被修改，或乾脆銷毀。因而編輯《四庫全書》究竟是乾隆之功，或是過，有些歷史學家抱持不同的意見，不過大致來說還是褒多於貶。

乾隆又下令蒐集古代書法及繪畫。其數量之多，品質之精，前所未有。但乾隆自命文采風流，又有一些阿諛附會的大臣在一旁慫恿，因而在欣賞之餘，總是在上面題詩、題字。今日留存的中國古代字畫國寶上面，有一大部分都有他親筆題的「御詩」，又蓋上「御印」。究竟這對古字畫國寶是一種加分，還是對藝術品的一種破壞，現代的學者和藝術家們也有一些分歧的看法。

乾隆到晚年時，對自己的文治武功非常自豪，自號「十全老人」，以標榜他在軍事上的十項成就。然而這些是否如乾隆自己所炫耀的那樣光彩，歷史家也十分懷疑。

「十全」當中，與蒙古、新疆、西藏、台灣有關的有六項，其實是承續康熙、雍正兩朝的經營，不能算是乾隆自己的成就。另外有兩項指的是兩次平定大、小金川，實際上是動員龐大的人力、財力、物力才征服兩個很小的邊疆少數部族。至於最後兩項成就，說是緬甸、安南先後都投降清朝，那就更加無稽了。以下簡述這些經過。

## 準噶爾滅族

乾隆年間，準噶爾又因繼承人問題而發生內亂。有一個名叫阿睦爾撒納的王公貴族，是策旺的外孫，野心勃勃，卻在權力鬥爭中失利，於是投降清朝，反過來當嚮導，帶領清兵擊破準噶爾各部。之後，乾隆命令將準噶爾分置四部，以便掌控。阿睦爾撒納原先以為自己可以接收準噶爾全部，大失所望，又起兵叛變。清朝派大軍鎮壓，阿睦爾撒納大敗而逃，死於俄羅斯境內。乾隆皇帝認為準噶爾人叛服無常，終究難以制服，決定斬草除根，下令屠滅所有的準噶爾人，務必殺得乾乾淨淨。乾隆二十三年（一七五八年），兆惠駐軍於伊犁，四年內搜刮新疆全境，殺六十餘萬人，準噶爾於是滅種。至今天山北麓準噶爾盆地只是一個地名，但其間已經沒有準噶爾人。

乾隆皇帝自命文采風流，是曠世聖主，而竟然下令滅絕準噶爾部。本書在此不禁要問：「文明與野蠻究竟是如何定義？乾隆與準噶爾究竟哪一方才是野蠻人？」

## 新疆、西藏劃入清朝版圖

當初噶爾丹滅掉新疆南路的葉爾羌汗國後，為了爭取穆斯林的支持，立伊斯蘭教白山派教長大和卓木及小和卓木為新疆南路政教的領袖。準噶爾滅亡後，大、小和卓木大驚，據城守險。清兵圍城，兩人棄城而逃，最後都被捕而遭到處死。清朝自此（乾隆二十四年，一七五九年）直接統治新疆天山南北路。

清朝於雍正五年（一七二七年）在西藏設立駐藏大臣，卻遭到抵制，對立嚴重。乾隆十五年（一七五〇年），駐藏大臣誘殺西藏主管行政事務的郡王，結果自己也被亂兵殺死。清朝派兵平亂。之後，雙方簽訂了一份《酌定西藏善後章程》，強調駐藏大臣的地位與達賴對等，廢除第巴（藏王）的職位，另設噶廈以管理政務；又將部分的西藏部族及軍隊劃歸駐藏大臣直接管理。

乾隆五十三年及五十六年，西藏與其鄰國廓爾喀（今尼泊爾）發生兩次嚴重糾紛。廓爾喀派兵越過邊境，西藏無力抵抗，札什倫布寺被搶劫一空。乾隆於是任命福康安為大將軍，統兵擊退廓爾喀；又一路追殺，直抵廓爾喀首都加德滿都。廓爾喀國王投降。福康安回師到西藏，趁勢與達賴喇嘛再次議定共管西藏，簽訂了二十九條《欽定章程》，其中對於西藏的政治、宗教、財政制度作了更明白的規定，又再一次強調駐藏大臣在西藏的地位與達賴完全平等。《欽定章程》中的第一條稱為「金瓶掣籤」條款，詳細規定活佛寂滅之後要如何尋找靈童，並由清朝皇帝賜給西藏一個金瓶。將來達賴與班禪活佛轉世靈童之認定，都必須要經由金瓶抽籤，以決定真偽。

## 大、小金川之役

元、明、清各朝代的政府都在四川、雲南、廣西、貴州等地的偏遠少數部族實行土司制度。這個制度利弊參半。有些土司對中央順服，也能安撫部落內部；有些卻以暴力統治，又時常反叛，與漢人發生衝突，甚至與其他土司之間互攻。各朝代的政府對此頭痛不已。雍正四年（一七二六年），雲貴總督鄂爾泰上疏，建議「改土歸流」，主張逐步撤銷世襲的土司，而由中央選派流官管理。雍正皇帝大為讚賞，鄂爾泰於是開始辦理，「改土歸流」遂成為清朝的政策。

實際上「改土歸流」也是利弊互見。土司都是既得利益者，國家若是沒有正當理由而強行改變，必然引起反抗，導致衝突。政府所派的流官適任尚且會發生問題，如果貪贓枉法，問題當然就更嚴重，暴亂將不可避免。此外，原本已實施土司的地方範圍實在太廣，國家根本沒有可能同時進行改革。因而經過數十年，各地仍然有很多土司繼續存在，而個個對政府嚴密提防。

大金川和小金川在現今四川成都西北約兩百公里，居民大多屬於藏族。乾隆十二年（一七四七年），大金川土司莎羅奔出兵攻打小金川及其他的土司。四川總督張廣泗奉命率兵前往，屢戰屢敗，被乾隆下令處斬。乾隆又命令大學士傅恆與四川提督岳鍾琪共同前往。岳鍾琪是宋朝名將岳飛的後人，威名遠播。莎羅奔曾在岳鍾琪的麾下參加青海羅卜藏丹津之役，知道厲害，趕緊自動投降，清朝仍讓莎羅奔繼續擔任土司。

乾隆三十六年（一七七一年），大金川又聯合小金川土司共同攻打鄰近的土司。清朝大學士溫福領兵前往，結果全軍覆沒，溫福戰死。乾隆再派名將阿桂率兵數萬前往征討，耗費了五年時間才終於平亂。清廷廢除了兩金川的土司制，設廳委官，完成改土歸流。

大、小金川所在的地方有高山縱谷，崎嶇不平，因而軍隊行動時，人員、器械、駝馬、糧運都非常困難。據估計，清朝總共耗費七千萬兩白銀，比平定準噶爾花費三千萬兩多出一倍有餘；軍隊死傷數萬人，又有三位大臣戰死或因戰敗被處斬。然而，大、小金川不過是三萬戶人家左右，只是四川地區裡面許許多多土司當中的兩個。其他六、七個省也都還有土司。由此可以想像，清朝如果真正要全面實施改土歸流，其困難有多大。

## 緬甸與暹羅

緬甸向來對中國敬而遠之。清朝初年，明朝宗室桂王逃至緬甸。緬王怕惹禍上身，將他綁送給吳三桂。那麼為什麼還會有緬甸戰事呢？其中最主要的原因，是清朝邊疆官吏貪贓枉法。

緬甸及雲南盛產銀礦，部分的華人因而成為巨富。乾隆年間，有一個雲南百姓吳尚賢在緬甸開設了一個茂隆銀廠。吳尚賢致富以後，結交緬甸王室，勸緬王遣使向清朝進貢。乾隆皇帝大喜。不料雲南地方官吏見錢眼開，為了謀奪吳尚賢的家產，竟誣陷罪名，將他拘捕入獄。吳尚賢家破人亡。緬甸人對中國邊疆大吏從此印象惡劣。

緬甸有一個桂家土司首領，名叫宮裏雁，也開設一個波龍銀廠而致富。緬甸在一七五二年（乾隆十七年）發生政變，新的「貢榜王朝」誕生。宮裏雁被新緬王雍籍牙擊敗，棄家逃亡。清朝雲南總督卻與緬甸孟連土司共同謀害宮裏雁，瓜分他的財產。宮裏雁的妻子聯合其他緬甸土司，出兵到雲南，聲稱要為宮裏雁復仇。戰爭後來牽連越來越廣，將貢榜王朝也牽進來。乾隆三十一年（一七六六年）起，清朝在三年中前後任命三個雲南總督，結果其中兩個兵敗自殺，一個戰死。大學士傅恆又奉派統率數萬大軍前往，深入緬甸，直抵老官屯，離緬甸首都阿瓦城（今曼德勒）只有五百里，卻因水土不服而染病，超過一半人病死。傅恆也得病，進退不得。

緬甸軍也被清軍帶來的大炮所震懾，不知如何是好。這時發生一件事，使得兩邊很快罷兵言和。

緬甸貢榜王朝取得政權後，國勢突然強盛，滅掉鄰國暹羅（泰國）。然而暹羅出現一個新的領袖鄭昭（或稱鄭信，暹羅人稱他為披耶達信），是華人移民的後裔。鄭昭組織反抗軍，艱苦奮戰，終於收復失土，於一七六九年（乾隆三十四年）被擁立為王。緬甸因而陷入兩面作戰，不得不主動與清朝談和，又同意對清朝十年進貢一次，算是給清朝面子。清軍班師回朝，傅恆不久在北京病死。

乾隆自誇征緬甸是「十全」之一，實際上不但一無所得，並且損失慘重。軍隊死傷數萬人，又賠上幾名總督和大學士。緬甸人在戰後評論說：「吳宮若在，豈有邊患？」。「吳」就是指吳尚賢，「宮」就是指宮裏雁。

新任暹羅國王鄭昭後來也派人向清朝朝貢，目的在於藉清朝之力牽制緬甸。兩年後，暹羅不幸發生宮廷政變，鄭昭被殺。正在征伐柬埔寨的一名將軍卻克里回到曼谷，開始掌握政權，建立一個新的曼谷王朝（乾隆四十七年，一七八二年）。卻克里也有部分的華人血統，在清朝史書稱為鄭華，在泰國稱為拉瑪一世（Rama I）。現今的泰皇蒲美隆是拉瑪一世的九世孫。拉瑪一世基本上繼續鄭昭的政策，對清朝維持友好關係，多次遣使入貢。

## 安南（越南）

安南自古獨立於中國之外。元世祖忽必烈曾經要想併吞安南而不能如願。明成祖也想要把安南劃為明朝的領土，結果遭到堅強的抵抗。明成祖死後，朝廷決定罷兵息爭，安南人黎利在一四二八年（明宣宗宣德三年）建立了大越國（後黎朝）。黎利也不願與明朝為敵，因而稱臣入貢，奉明朝為宗主國，實際上仍舊是獨立自主。雙方從此和睦相處。

黎氏王朝到清朝康熙初年還遣使朝貢，不過國家已經由南方的阮氏和北方的鄭氏分據。乾隆年間，安南內部又有阮氏兄弟滅掉南、北兩個政權，建立新的西山王朝。乾隆皇帝派兩廣總督孫士毅以宗主國的姿態率兵前去干涉。孫士毅大敗而還。此後戰爭仍然持續不斷，清朝勞師動眾的程度，不亞於緬甸戰爭。暹羅興起後，西山軍的領袖阮光平也怕暹羅夾攻，腹背受敵，因而向清朝請和。乾隆皇帝找到下台階，封阮光平為安南國王（乾隆五十四年，一七八九年），而實際上安南仍然獨立自主。雙方於是罷兵，皆大歡喜。

緬甸、暹羅及安南因為上述的微妙地區平衡關係，都奉清朝為宗主國。乾隆五十五年（一七九〇年），三國分別派遣使者到北京，參加慶賀乾隆皇帝八十歲壽誕。安南國王阮光平親自入朝慶賀，乾隆大樂。然而就在此時，原先安南的阮氏政權貴族阮福映流亡在外，與法國人簽約，得到法國允諾協助復國。阮福映同意在復國之後割讓土倫港（今峴港，在越南中部），並允許法國在交趾駐軍，以為交換條件。十年後，阮福映在法軍支持之下攻破順化，又建立新的「阮朝」。乾隆的兒子嘉慶皇帝不得不封阮福映為新任的越南國王。

## 清朝中衰

清朝的衰頹，並不是從嘉慶開始，而是早在乾隆的後半期就已經明顯易見了。所謂的十全武功，華而不實。國家勞師動眾，耗費鉅額軍費，只不過是使得邊疆各部族表面臣服，而實際上心懷怨毒。乾隆六次巡遊江南，也是浪費民脂民膏，徒然推升全國奢靡浮華的風氣。和珅當權二十年，公然賣官鬻爵，尤其使得官吏無不腐敗，人民受盡剝削，忍無可忍。嘉慶皇帝從登基第一天到駕崩之日，前後二十五年間（一七九六～一八二〇年），沒有一天不面對日益嚴重的各地叛亂。其中比較重大的事件有貴州、湖南苗族全面叛亂，歷時十八年；白蓮教徒起兵，遍布四川、湖北等五省，歷時九年；海上巨盜蔡牽橫行於東南沿海，使得海上運輸幾乎停止。

甚至有天理教徒在京畿起事，直接攻打皇宮。

嘉慶皇帝就如同明朝的崇禎皇帝為流寇而疲於奔命一般，而終究不能挽回頹勢。崇禎皇帝的亡國命運要拜萬曆之賜，而嘉慶皇帝的無奈也要拜乾隆之賜。

## 基督教傳入中國及被禁

思想、宗教及價值觀對歷史的影響，是顯而易見的；甚至可以說是文明發展之後歷史脈動的主軸。我將另外出版一本書，詳細敘述思想、宗教及價值觀在東亞的發展。不過為了方便讀者在讀到後面的章節時能與前面連貫，本書在此要先簡單敘述，特別要說明基督教從西洋傳入東亞及其被禁所產生的影響。

中國從春秋戰國時代起，雖有諸子百家思想如百花齊放，但在漢武帝時有董仲舒提出「天人相應，三綱五常。」的新儒學，又建議「罷黜百家，獨尊儒術。」漢武帝欣然接受，儒學從此成為正統的政治思想。

到了宋朝，理學蓬勃發展，有所謂的「理學派」、「心學派」、「氣學派」，以及「致用派」，分別以朱熹、陸九淵、張載、呂祖謙為代表。其中朱熹的思想也強調三綱五常，上尊下卑，充滿封建社會的意識形態，因而得到元、明、清三個朝代帝王的認同。朱熹所編寫的《四書集注》成為科舉考試採用的標準版本。朱子學說成為官方哲學，統治了中國的思想。

但必須說明，春秋戰國時孔子和孟子所提倡的儒家學說其實並未強調三綱五常，上尊下卑，所以從董仲舒到朱熹的欽定儒學已經扭曲了原來的儒家思想，根本無法代表孔孟學說。明朝時，王陽明繼承心學派，對朱熹思想再度提出批判，門人極多，但被皇帝及守舊派大臣認為是異端邪說，予以壓制。

除了儒家思想，中國另有道教和佛教為主要的宗教信仰。道教是本土發展的，從西漢起開始興盛。佛教在東漢時由天竺（印度）傳入，從南北朝起開始蓬勃發展。

唐朝時，基督教中有一個聶斯脫里派（Nestorius）也已經傳入中國，被稱為「景教」，但經過數百年而屢屢被打壓，無法順利發展。一直到明朝萬曆年間，有一位義大利籍的耶穌會（Society of Jesus）傳教士利瑪竇（Matteo Ricci）來到中國，獲得明神宗接見，並進呈自鳴鐘、《聖經》、《萬國圖志》等。明神宗大悅，准許利瑪竇傳教。利瑪竇也能夠體會中國的民情，允許中國教徒敬拜祖先，尊崇孔子，基督教傳教因而極為順利。中國也經由傳教士接觸到了西洋科學。

明末清初，又有耶穌會士湯若望（Johann A. Schall von Bell）及南懷仁（Ferdinand Verbiest）先後獲得重用，被封為欽天監監正，負責天文、曆法，並繼續引進西洋的科學，如望遠鏡、火炮、數學等。耶穌會在中國傳教成績斐然，到康熙時已有三十萬個教徒。然而，由於當時基督教的傳教士分屬不同教派，耶穌會傳教成功引起其他教派眼紅，其中有人向羅馬教廷報告，認為耶穌會教派允許教徒祭祖祭孔的行為違反了基督教的教義。教廷內部於是開始有了所謂的「中國禮儀之爭」，但懸而未決。

康熙四十三年（一七〇四年），教宗克勉十一世（Pope Clement XI）突然發布正式命令，禁止中國的教徒祭祖祭孔。中國禮儀之爭於是轉為清朝政府與教廷之間的政治問題。教宗的特使晉見康熙皇帝，態度倨傲，又擅自對各教區發布禁令。康熙大怒，命令拘捕特使，送到澳門，交給葡萄牙人囚禁。教廷特使後來竟死在獄中。康熙六十年（一七二一年），清廷下令禁止傳教士傳教。

乾隆七年（一七四二年），教宗本篤十四世（Pope Benedict XIV）又再次重申禁止祭祖祭孔。清朝也立刻重申禁止基督教傳教。從此教廷與清朝已經無法善了，基督教傳教只能轉入地下活動。

清朝與教廷交惡的結果，是基督教傳教的一大挫敗，但清朝的損失更大。基督教耶穌會的特點之一是注重教育，個個耶穌會士都是飽學之士，並積極從事於新知識的傳承。基督教被禁，中西文化交流也跟著中斷；對中國來說，等於關閉了新知識的源頭。

不只如此，清朝在貿易方面也採取關門的措施。原本清朝還有四口通商，乾隆下令只開放廣州，並且由十三洋行壟斷其進出貿易。外商必須透過這些洋行代理，不能直接與中國人做生意。很不幸地，這樣幾近鎖國的政策可能會帶來什麼樣的嚴重後果，清朝的皇帝卻是一無所知。

第十六章
# 日本的平安、鎌倉、室町及南北朝時代

日本的平安時代（七九四～一一八五年）一共有三十三個天皇，三百九十二年。統計起來，其中竟有十八位天皇在很年輕便將位置禪讓給弟弟或兒子，削髮出家做和尚，而自稱上皇。為什麼有這樣的現象呢？其中的原因，與藤原家外戚強盛有絕大的關係。

## 平安時代與藤原攝關

藤原家從藤原鎌足與藤原不比等父子兩人後，便與天皇家分不開了。藤原不比等雖然聲勢顯赫，但當時朝廷的實權還是在天皇手裡。不過從第五十二代嵯峨天皇（八〇九～八二三年在位）開始，情況就不一樣了。

嵯峨天皇是因為前任平城天皇病重而獲得禪讓，成為天皇。但是已經升格為上皇的平城天皇後來身體康復，又開始發號施令。一國之中於是有兩個天皇，當時稱為「二所朝廷」。嵯峨天皇任命藤原家的後人藤原冬嗣成立一個新的機構，稱為「藏人所」。這是一個特務機關，用來偵察上皇的一舉一動，並籠絡武將。藤原冬嗣擔任「藏人頭」，工作無比的出色，以致於上皇圖謀政變而尚未出兵，手下將校士卒便已紛紛逃散或投降，潰不成軍。上皇被押到東大寺削髮為僧。嵯峨天皇為了感恩圖報，不但自己娶藤原冬嗣的女兒，又命令兒子也娶藤原冬嗣的另一個女兒。

藤原冬嗣的兒子藤原良房青出於藍，比父親更加厲害。他在第五十五代文德天皇時（八五〇～八五八年）成為天皇的岳父，又鬥倒所有的政敵，牢牢掌控藏人所及國家大政。天皇從此成為藤原家的傀儡，長達兩百多年。

藤原家為了要控制天皇，最重要的一件事是一定要多生幾個女兒，並且把她們都嫁到天皇家。藤原家因而永遠是天皇的小舅子、舅舅、岳丈或是外祖父，而以外祖父為最佳選擇。平安時代最高的行政長官原本只稱太政大臣，做了舅舅、岳丈、外祖父之後便可加稱「攝政」的封號。第五十九代宇多天皇（八八七～八九七年在位）下了一道詔書，說：「事無巨細，百官總己，悉關白太政大臣，然後奏下。」「關白」兼「攝政」從此成為日本真正掌權的人，簡稱「攝關」。

天皇的冊立逐漸成為藤原家的家務事，原則上選擇年紀越小的天皇越好。藤原家要天皇退位，天皇也只能從命。朝政雖然被藤原家牢牢掌控，天皇到底還是有享不盡的榮華富貴，因而有一部分的天皇滿足於現狀，與藤原家相安無事。藤原家如此以挾持天皇的手段而在實質上掌控國家，不過並沒有貿然篡位而取代天皇。這樣的局面就一直維持下去。年深月久，天皇世襲，萬世一系，總是由原來大和朝廷的家族成員繼續擔任，就成了日本全民的共識。

但也有部分的天皇在年幼時接任，長大以後卻發現傀儡難當，寧願不做而選擇退位，成為無所事事的太上皇，並出家為僧，在佛法中找到自己的天地。當然也有部分的天皇是因為藤原家嫌他礙手礙腳，而被逼退位，讓給更年輕、更聽話的小孩來擔任天皇。

這樣子經過兩百多年，到了十一世紀中，終於有天皇既不願接受現狀，又不願下台，而決定要反擊以擺脫藤原家的掌控，做真正的天皇。第七十一代後三條天皇（一〇六八～一〇七二年在位）、第七十二代白河天皇（一〇七二～一〇八六年在位）及第七十七代後白河天皇（一一五五～一一五八年在位）是這一類天皇的代表。

## 武士興起

天皇為了和攝關家鬥法，當然要建立自己的行政體系及武力。當時地方武人勢力已經開始出現，而天皇建立自家的武力對於武士的興起又發生了推波助瀾的作用。

武人其實也是源出於日本皇室的兩個家族：平氏與源氏。日本皇室源遠流長，經過數百年，已經沒有辦法將所有的子孫都列在皇族。因而有部分人被降入臣籍。大致地說，桓武天皇的後代子孫都賜姓「平」，嵯峨天皇的後代子孫都賜姓「源」。平氏和源氏子孫遍布全國，大多是做地方官，或擁有自家的莊園，而舞刀弄槍，桀傲不馴。平安時代初期的平靜於是漸漸被打破了。

在朱雀天皇（九三〇～九四六年在位）時，有平將門起兵造反，結果被他的堂兄弟平貞盛擊敗。後一條天皇時（一〇一六～一〇三六年），又有下總（今千葉縣北方）國守平忠常造反。甲斐（今山梨縣）國守源賴信與兒子源賴義奉命前往討伐，很快就擊破叛軍。

第七十代後冷泉天皇（一〇四五～一〇六八年在位）時，東北的蝦夷人因為受不了地方官的壓榨而叛變。源賴義又奉命出兵平亂。經過十幾年，源賴義終於聯合出羽國（今秋田縣）的蝦夷酋長清原家族擊敗在陸奧國（今青森及岩手縣）的蝦夷酋長安倍家族。日本歷史上稱這一場戰爭為「前九年之役」。

## 後三條天皇的反擊

藤原家總是希望天皇是由藤原氏的姑娘所生，以便藤原氏用舅舅或外公的身分掌控天皇。後三條天皇是後冷泉天皇的弟弟，但他的母親並不姓藤原。那麼他為什麼能夠繼任天皇呢？其實，藤原家也是萬不得已。後冷泉天皇在位二十幾年，而藤原家的姑娘無論如何都無法為他懷孕生子。這期間，後三條擔任皇太弟，地位極為尷尬，可以說受盡藤原家的白眼；並且只要後冷泉一有子嗣，隨時會失去繼承天皇的權利。然而，後冷泉最終駕崩時仍是沒有兒子。藤原家眼睜睜看著後三條成為兩百多年來唯一在血統上與藤原家比較遠的天皇，竟無可奈何。

後三條天皇經過二十幾年的委屈，心中對藤原家自然是極為憤恨不滿，因而起用兼通儒學與兵法的大江匡房，開始想辦法要改革，以對付藤原家。第一件事，指向莊園問題。

日本全國這時最有價值的土地、田產幾乎已經都成為皇親國戚和名門佛教宗派的莊園，而藤原家又是其中的最大戶。整理莊園的目的，表面上是要讓特權分子繳稅，以解決國家財政的困難，而真正的意圖不言而喻。不過天皇與大江匡房卻發現天皇的政令出不了皇宮，因為藤原攝關家有權事先審閱，事後副署。大江匡房掙扎了幾年，一事無成，突然想到從前二所朝廷的舊例，於是請後三條禪位給兒子白河天皇，自任太上皇。上皇接著成立自己的辦公室，稱為「院廳」，從這裡開始發號施令，而不照會藤原攝關。「院政」於是開始，一國之內從此有了兩個不同的指揮體系。

後三條上皇接下去要做的事就是培植自己的武力，以與攝關家抗衡。然而，後三條上皇雖然有宏大的計畫，卻在組織院廳後一年就突然重病駕崩了。

## 白河法皇、源義家與北面武士

白河天皇（一〇七二～一〇八六年在位）繼位後，也忍耐做了十幾年有名無實的天皇，然後效法他的父親，禪位給八歲的兒子崛河天皇（一〇八六～一一〇七年在位），然後成立院廳，開始對外發號施令。他怕藤原家又來安排政治婚姻，在崛河天皇十三歲時便將自己的親妹妹嫁給兒子。日本古代時，皇室近親結婚是常有的事，像這樣姑姑嫁給姪兒也不稀奇。崛河天皇二十一歲時病故，白河上皇冊立四歲的孫子為鳥羽天皇（一一〇七～一一二三年在位），自己繼續做上皇。鳥羽天皇二十一歲時，上皇又逼令他退位，讓給他的五歲長子崇德天皇（一一二三～一一四一年在位）。鳥羽成為上皇，而白河皈依佛法，自己創造了一個「法皇」的稱號。如此，一國之內竟有法皇、上皇及天皇三個國家領導人。讓無知的小孩擔任天皇，正是法皇的策略，一方面免於受攝關家控制，另一方面使得攝關家的權力根源重要性減低，而凸顯法皇自己的重量。

永保三年（一〇八三年），東北蝦夷清原家又發生內亂。曾經在二十年前出征陸奧的源義家又奉命平亂。他再一次拉一派，打一派，利用清原家三兄弟之間的矛盾而陸續解決其中的兩個哥哥，扶植清原家最小的弟弟清原清衡。日本歷史稱這一次的戰役為「後三年之役」。清原清衡本姓藤原，其實並不是蝦夷人，只因為父親戰敗身死，隨母親改嫁而改姓清原，成為一個拖油瓶。他這時成為陸奧之主，於是又恢復本姓，改叫藤原清衡，而對源義家感激流涕。

源義家大功告成，戰勝歸來，卻沒有得到任何封賞。白河上皇認為源義家是忠於藤原攝關家，不敢重用，寧願信任自己培養的武力部隊，稱為「北面武士」。藤原攝關家對源義家也沒有什麼表示。

源義家自己有功不賞也就算了，跟著他的部屬也一樣沒有任何獎賞。源義家自認是英雄蓋世，而卻無法對部屬交代，便拿出祖孫三代以來積存的家產，散發給有功的將士。武士們深受感動，稱譽源義家是「天下第一的武士」。原本在日本社會上武士是沒有地位的，這時天皇家和攝關家都賞罰不明，反而是武士有道有義。武士的地位一下子大為提高，遂成為許多人嚮往的行業了。

## 保元之亂

源義家雖然是天下第一武士，對於自己的子姪卻教導無方，個個犯法違紀，跋扈不馴。白河法皇苦心栽培的北面武士卻漸漸強大。源義家死後，白河法皇趁機派平貞盛的後人平正盛率領北面武士前往征討，輕易地擊敗源義家的兒子們。平正盛的兒子平忠盛更是青出於藍。父子倆的勢力因而快速膨脹。「平家將」與「源家將」開始在全國各地分庭抗禮。然而，這時的問題已經不是單純地天皇家和平家將在一邊，與另一邊的攝關家及源家互相鬥爭，而是更加複雜。

當初白河法皇處心積慮而同時設置三個天皇，開啟了一個新的政治體制，也無可避免地埋下了一個極大的變數。

由於白河法皇的強勢作為，藤原攝關家逐漸被迫靠邊站，白河法皇已經真正掌握了實權，志得意滿，甚至誇口說：「朕有三不如意。第一，賀茂川的水不聽朕的意思流動；第二，骰子不聽朕的意思，呼盧即盧，呼雉即雉；第三，比叡山的武僧不聽朕的命令調度。」

一一二九年，白河法皇駕崩，鳥羽上皇也效法白河實施院政，也同樣地叱吒風雲。過了十二年，崇德天皇已經二十二歲，正想著要做一個有實權的天皇，卻在鳥羽強逼之下，把天皇的位置讓給了三歲的小弟弟近衛天皇，而成為上皇。鳥羽又自稱為法皇，繼續掌握大權，把崇德架空。崇德勉強忍耐了十幾年，等到近衛天皇十七歲時早夭，鳥羽又冊立崇德的另一個弟弟，是為後白河天皇。崇德盼望自己的兒子繼位的夢想於是成空。

鳥羽為什麼對自己的長子崇德這樣不友善？日本的史家都說，原因是崇德根本不是鳥羽的兒子，而是當年鳥羽的祖父白河法皇淫亂宮廷，與鳥羽的皇后所生的。所以崇德既是白河法皇的曾孫，也是兒子。鳥羽心有不甘，因而有後來種種的不尋常舉動。崇德忍無可忍，於是開始暗中布置，籠絡朝中大臣及武將，意圖扳回局勢。鳥羽一駕崩，崇德立刻發難。

當時朝廷中的藤原家、平家將、源家將等家族裡，內部也都有類似的矛盾，或是利益衝突，而紛紛在天皇與上皇之間選擇一邊效力。一場日本空前的大混戰於是在後白河天皇保元元年（一一五六年）爆發，稱為「保元之亂」。

當時支持崇德上皇的有源為義、源為朝、平忠正，以及右大臣藤原賴長；支持後白河天皇的有源義朝、平清盛，及關白藤原忠通。崇德與後白河是兄弟，藤原賴長與忠通也是兄弟。源義朝是源為義的兒子，源為朝的弟弟。平清盛（平忠盛之子）是平忠正的姪兒。以上列了這麼多的人名，並不是要讓讀者看得眼花撩亂，而是要說明一件事：這並不是一場家族與外人之間的戰爭，而是四個家族的成員各自為了利益而分裂，各自加入不同的陣營，演變成父子兄弟鬩牆，骨肉相殘。人倫之亂，亙古未有。崇德上皇陣營大敗，大部分成員自殺或被捕處死。崇德上皇遭到流放。

## 平清盛

在保元之亂中，源義朝殺父、殺兄而建立功勳，卻只被封了一個五品小官。相對地，平清盛被封為播磨國守（今兵庫縣），是一個有實權的高官。源義朝大為不滿，在兩年後，起兵作亂，卻被平清盛迅速平定。日本歷史稱此一事件為「平治之亂」。

後白河天皇也想要效法白河及鳥羽，做萬年法皇。他先禪位給長子二條天皇，然後又逼二條天皇禪位給孫子，繼位的小孩稱為六條天皇。

不過這時天下已經不是法皇所能控制的了。武人的勢力已經抬頭，凌駕在法皇與攝關之上。在此一時間源家將幾乎死光，而平家的勢力達到顛峰。據說平清盛的母親原本是白河法皇的寵妃的妹妹，在懷了法皇的孩子之後才被賜給平忠盛，所以平清盛是白河法皇的私生子。後來平清盛官居太政大臣，是百官之首，這在過去是只有藤原家的人才能擔任的。這時百官之中有一半是平家的人；地方國守也有一半是平家將。然而平清盛野心勃勃，還是不滿足，他的目標是要和過去的藤原家一樣，做攝關兼天皇的外公。他將小姨子嫁給後白河法皇，等生下來的小孩五歲時就硬逼六條天皇退位，取而代之，是為高倉天皇。平清盛又將女兒嫁給高倉天皇。法皇和藤原家無法忍受，日夜密議要如何剷除平家。但是圖謀不成，平清盛反而捕殺藤原家的重要人物，幽禁法皇。

平清盛的長子平重盛覺得父親過於驕橫，看不下去，不斷諫爭而無用。平重盛因而憂心忡忡，有病不醫，只求早死。在他死後，沒有人敢在平清盛面前說任何逆耳的忠言。平清盛於是從人人敬仰的英雄變成一個眾人心目中的國賊。他最後終於盼到女兒為高倉天皇生出一個小孩，達到了目標，成為天皇的外公，欣喜若狂，又迫不及待地決定扶立這個外孫為安德天皇。然而，安德天皇即位之時，正是平家滅亡的開始。

## 源平決戰

平治之亂時，源義朝和兩個年紀較長的兒子都死。平清盛下令將他的第三個兒子源賴朝也殺掉。平清盛的繼母池禪尼是一位佛教徒，慈悲為懷，再三為源賴朝求情。平清盛最後勉強饒源賴朝一命。這一段故事，後來竟改變了日本的歷史。源賴朝被流放到伊豆。負責監視他的地方官是北條時政。北條在觀察源賴朝之後，認為不是一個平常人，竟反過來將女兒政子嫁給他。北條時政知道平家驕橫狂妄，終將滅亡，因此暗中準備，等待機會與源賴朝共同起兵。

二十年後（高倉天皇治承四年，一一八〇年），全國各地掀起反抗平清盛的武裝叛亂。源賴朝也起兵，一路如滾雪球一般，由數百人增加為數千、數萬人。各地方武人及源氏後裔紛紛加入，連佛教僧兵也起來要推翻平氏政權。佛教寺廟都是莊園制度下的大地主，為了要保護田產，讓和尚習武，組織僧兵。延曆寺、興福寺等的僧兵強悍凶暴，連天皇、攝關家及平家都很忌憚。

平清盛嚐到眾叛親離的滋味，不久病死。源賴朝漸漸成為反叛軍的首領。平家將節節敗退，一路往西逃。安德天皇壽永四年（一一八五年），平家將與源家將在一之谷（今神戶市內）、屋島（今四國香川縣高松市北）、壇之浦（今山口縣下關市）決戰，三戰三敗，全軍覆沒。平清盛的夫人背著八歲的外孫安德天皇，手裡拿著日本的傳國三神器，蹈海而死。

## 鎌倉幕府時代

源賴朝滅了平家將之後，做了兩件事：第一，擴大權力；第二，剷除建立大功的親兄弟。

源賴朝在根據地鎌倉設立了自己的小朝廷，不聽天皇和攝關的號令。這就是最早期的「幕府」。幕府中最重要的有三個部門：「侍所」管理武士及軍事事務；「公文所」（後來改稱「政所」）管理政務、文書及財務；「問注所」負責訴訟及司法審判。源賴朝對後白河法皇軟硬兼施，獲得正式任免「守護」及「地頭」的權

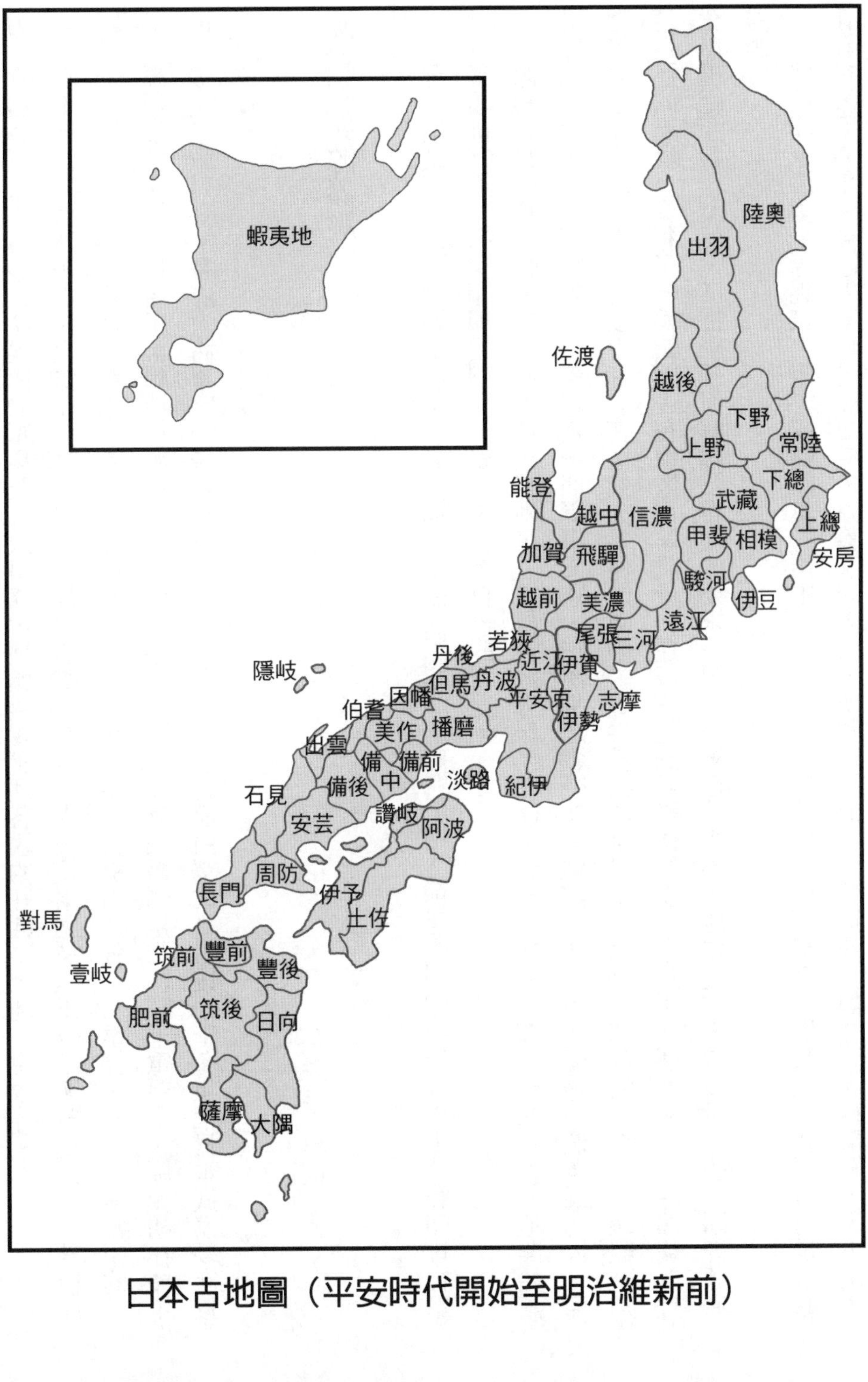


日本古地圖（平安時代開始至明治維新前）

力。守護負責日本各地方諸侯國的軍事及行政事務，地頭負責管理各國的莊園、土地、稅收等。

日本奈良時代時發布《大寶律令》，將全國行政區劃分為六十六國及兩個島（壹岐島與對馬島）。其後歷經一千多年，一直到十九世紀明治維新之前都沒有很大的變化。平清盛勢力最強時，掌控了六十六國當中的一半。源賴朝現在更可以名正言順地指派自己的親信掌控各藩國，天皇和攝關是誰已經不重要了。源賴朝在幾年後又被天皇敕封為「幕府大將軍」。鎌倉幕府時代於是開始，而幕府將軍成為其後一千多年裡日本武家夢寐以求的位置。

## 源賴朝與源義經

源家消滅平家，其間功勞最大的有兩個人：源範賴和源義經。兩人都是源賴朝的異母弟弟；範賴排行第六，義經排行第九。源賴朝要剷除的對象，正是自己的親兄弟。

源義朝兵敗身亡時，兒子源義經只有兩歲，被母親送去作小和尚，到十一歲才知道自己的身世。他開始讀書練劍，發誓要興復家邦。源義經是一個軍事天才，在源平之戰時充分顯露。然而源賴朝是一個多疑的人，而他的妻子北條政子更加心狠手辣。在他們夫妻倆的眼中，源義經雖然是兄弟，仍是一個危險人物。源義經不知道自己的處境，又犯了一個錯誤：在擊敗平家將後，還沒有見到哥哥便接受法皇封了一個五品官。源賴朝於是藉口拒絕源義經獻俘，又拒絕任何解釋及會面的要求。源義經被百般折磨，四處流亡，最後投奔陸奧國守藤原秀衡。

當初藤原清衡受源義家之賜，成為陸奧的領主，又回復了原有姓氏，對源義家感恩戴德。藤原秀衡是藤原清衡的孫子，在源義經少年時已經知道是源義家的後人，便收留了他，十分禮遇。如今源義經落難，天下之大而無處棲身，藤原秀衡義無反顧，再次收留源義經。陸奧既富且強，藤原秀衡是一方之霸，公然抗拒幕府的命令，拒絕交出源義經。源賴朝大怒，卻無可奈何。

好景不長，藤原秀衡在八個月後病死。秀衡臨死前，遺命兒子泰衡把軍隊交給源義經，以對抗幕府將軍。不幸泰衡是一個短視、沒有度量又懦弱無能的人。源賴朝送一封信給他，要求他交出源義經，否則就要派大軍討伐。藤原泰衡接到這封威脅信之後，便害怕而派兵包圍源義經，逼他自殺。藤原泰衡以為這樣就沒事了，沒想到源賴朝收到源義經的頭顱之後，立刻發兵三十萬北上，四十天便滅掉藤原家三代經營的陸奧王國。藤原泰衡臨死前或許仍然不明白父親遺囑的意思，因為只有當世第一的軍事家源義經，才有能力帶領陸奧的軍隊與幕府對敵。當他逼死源義經時，陸奧的萬里長城就已經崩壞了。

源賴朝夫妻也怕源範賴會威脅到他們的兒子，幾年後也藉機誣賴源範賴謀反，逼迫他自殺。源賴朝以為從此鎌倉的幕府將軍位置傳子傳孫，百世勿替。然而，當源賴朝把自己的兄弟都一一翦除之後，鎌倉幕府再也沒有宗室衛護，而北條政子的娘家北條氏卻很強盛，因而後來的演變幾乎已經可以預見了。

## 北條氏執權與承久之亂

正治元年（一一九九年），源賴朝意外落馬而死，也有說是病死。他的兩個兒子先後繼位為將軍，但是一個被母親北條政子廢掉；另一個也死於非命。源賴朝的子嗣從此斷絕。幕府的政權於是落到北條氏的手中，由政子的父親北條時政以「執權」的名義發號施令。北條氏找來前攝關藤原家的人或天皇家的親王來擔任幕府將軍。日本的上層政治領袖因而有三階，依次為天皇、幕府將軍及執權。實際上前兩者都是傀儡，是誰擔任並不重要，重要的是誰擔任執權。

幕府將軍都是北條氏扶立的，不敢有什麼意見。但是天皇便不同了。後鳥羽天皇自幼從祖父後白河法皇身上耳濡目染，一心一意要收回天皇的權力，便開始布置。他將自己升任為上皇，讓兩個兒子先後擔任天皇，是為土御門天皇與順德天皇，最後又傳位給孫子仲恭天皇。下台的兩個天皇直接掌握北面武士、西面武士等軍隊。後鳥羽上皇又招撫不滿北條氏的武人，以共同對付北條氏。承久三年（一二二一年），上皇下令討伐幕府。

後鳥羽上皇籌畫周詳，但是忘記一件事，那就是源賴朝的夫人北條政子還在。北條政子有大丈夫的氣概，臨事有決斷，對源氏家族的人心狠手辣，對其他的部屬卻遍施恩澤，因此受到眾人擁戴。她早已削髮為尼，但是仍舊插手執權的事務，人稱「尼將軍」。尼將軍得知上皇發兵，又知道諸將都受到上皇在暗地裡招撫，便召集諸將，開門見山地說：「諸位如果不忘先將軍（指源賴朝）之恩，則請同心戮力，誅除上皇身邊的讒毀之徒。如要奉上皇之召，則請先殺我。請就此決定。」諸將震動，全都表態支持。尼將軍命令姪兒北條泰時率領諸將，又號召各地方武人，三天之後便聚集十萬大軍，迅速地渡過宇治川，攻破京都。日本歷史稱此一事件為「承久之亂」。

「承久之亂」的結果是日本皇室前所未有的挫折。後鳥羽上皇主導一切倒幕的計畫，失敗後卻下詔推說是臣下所為，不是出於他自己的意思。上皇的缺乏擔當與尼將軍的果決恰恰是強烈的對比。幕府殺盡附和皇室的保皇派人士，將後鳥羽上皇及其他三位天皇全部充軍或流放，並且另立天皇。從此以後，天皇的尊嚴喪盡，地位更加低落。

北條泰時接任鎌倉幕府的第三任執權，統治日本將近二十年，是一個寬厚、公平、公正的執政者。他不願獨攬大權，而邀集其他有影響力的人士，成立十三人的「評定眾」為最高決策機構，制訂政府政策，判決訴訟，並決定人事升遷。泰時並且完成一部新法典《御成敗式目》，適用於御家人（幕府所屬的武士及家人），是武家的基本成文法典，有別於適用平民的律令。日本在其後數百年各朝代都重新訂定武家法律，而都以《御成敗式目》為藍本。

北條氏傳到第八代北條時宗（一二六八～一二八四年在位）時，隔著海的西邊發生驚天動地的變化。蒙古帝國崛起，金國被滅，高麗成為蒙古的附屬國，而南宋只是苟延殘喘。忽必烈在北京登基，成為入主的異族皇帝，又野心勃勃地想將日本也置入版圖之中。

## 「元寇」來襲

忽必烈派遣使臣，於文永五年（一二六八年）攜帶國書到日本，要求對蒙古稱臣入貢。日本一向與宋朝和好，並且仰慕宋朝的文化，北條時宗決定不理野蠻的蒙古人。蒙古使者枯候數月沒有任何回音，只得回去。忽必烈在其後又不斷派使者到日本，而北條時宗總是不理不睬。

忽必烈雖然憤怒，但蒙古軍隊這時與南宋的激烈戰爭仍然在進行，只得暫時忍耐。五年後，蒙古軍攻破襄陽城，忽必烈確定南宋滅亡在望了，於是在第二年（一二七四年，日本文永十一年）下令攻打日本。三萬兩千名高麗人、漢人及蒙古兵聯合部隊分乘九百艘戰船，從高麗出發，先攻佔對馬島和壹岐島後，又從博多灣（在福岡附近）登陸。元軍使用的弓箭射程超過兩百公尺，比日本的弓箭射程多一倍。元軍使用的火藥、炮彈是日本人從來不曾看見的。日軍大敗。到了夜晚，元軍回到船上，預備第二日再戰。不料半夜忽然颱風來襲，元軍戰船中有一半都在狂風暴雨中沉沒，死一萬人以上。其餘的人倉皇撤退，回到高麗。日本軍隊將沒有來得及逃離的「元寇」全部斬殺。

忽必烈始終沒有放棄對日本的野心，因而在至元十八年（日本弘安四年，一二八一年）又發動遠征，派四萬高麗、蒙古及漢人從高麗出發，十一萬南宋降兵從中國寧波港出發。蒙古人稱在北方的中國人為「漢人」，長江以南的人為「南人」。日本這次準備充分，早已在海岸邊建造石牆，集結重兵防守。高麗、蒙古及漢人聯軍先抵達，無法取勝，只好等待援軍。等到兩軍會合，正預備發起總攻擊時，強烈颱風又再次來臨。瞬時間狂風暴雨，擊碎數千艘戰船。元軍統帥范文虎原本就是南宋降將，貪生怕死，急忙自行逃走，將十幾萬兵遺棄在平戶島。日軍在風停之後大舉來攻，殺元軍，俘虜投降的二、三萬人；第二天，又殺盡其中的蒙古、高麗及漢人，但是不殺南人，只是把他們當成奴隸。

若沒有兩次颱風摧毀了忽必烈的遠征軍，結果可能完全不一樣，日本人民或許難逃被大屠殺的命運。日本稱這兩次颱風為「神風」。在二十世紀第二次世界大戰後期，日本派出自殺飛機，稱為「神風特攻隊」。

## 北條氏滅亡

日本天皇的繼承是一項極為複雜的問題，並且向來是皇室的家務事，不希望外人插手。自從白河上皇實施「院政」以後，天皇繼承問題更是複雜。最複雜時莫過於承久之亂前，竟然同時有四個法皇、上皇及天皇。文永九年（一二七二年），也就是「元寇」第一次來襲的前兩年，第八十八代後嵯峨上皇駕崩，而同時有一位已經退位的後深草天皇，和在位的龜山天皇。由於後嵯峨上皇死前並未明白指示，如何立皇太子就成為一件燙手的事。北條時宗當時只有二十歲，年輕而大膽，便貿然提出一項叫做「兩統交替」的方案，建議先讓龜山天皇的兒子為皇太子，而約定後深草天皇的兒子為下一任天皇，再下一任又傳回龜山天皇的體系。如此兩個系統的子孫交互接替為天皇。

由於北條氏的勢力龐大，兩位天皇只能點頭同意，但是各自心中極為不滿。北條時宗自以為解決一個棘手的問題，卻不知道是埋下一個未來的大禍患。天皇輪替的制度執行了約五十年，終於爆發衝突。第九十六代後醍醐天皇（一三一八～一三三九年在位）是屬於龜山天皇系統，一心一意希望自己的兒子接任為皇太子，而當時的執權，北條時宗的孫子北條高時堅持後深草天皇的後裔接任皇太子。後醍醐天皇憤怒到了極點。一個連幕府將軍都不是的臣子，竟敢干涉天皇的繼承問題。是可忍，孰不可忍？後醍醐天皇於是決心效法後鳥羽天皇，開始布置討幕的計畫，秘密結交各地方勢力，延攬人才，等待機會。

元軍來襲雖然沒有成功，在日本卻留下一個嚴重的後遺症。執權政府擔心元軍將會再來，下令加強軍備，並建築更多的海邊防禦措施。由於費用龐大，執權要求御家人分擔費用，又強行對百姓增稅。御家人和平民百姓都漸漸不滿執權政府的專制。北條高時擔任執權時只有十四歲，是一個除了吃喝玩樂之外一無所知的紈褲子弟，又寵信一些小人，於是賄賂公行，賞罰不明，各地方漸漸有反叛的事件發生。

後醍醐天皇認為時機已到，決定起事；不料北條高時得到密報，斷然出兵前往京都。天皇不戰而逃，不久被捕。北條高時另立一個光嚴天皇，將醍醐天皇廢除後，放逐到一個偏遠的隱岐島（在今島根縣），又將皇子也都放逐，並屠殺大臣。各地方勢力至為反感，反過來同情後醍醐天皇。後醍醐天皇有一個兒子護良親王逃過追捕，號召武人起兵反叛。

當時在現今大阪附近有一個只有一千多人的勤王部隊，由一個默默無聞，名叫楠木正成的人率領，屢次以寡擊眾，打敗幕府軍。執權政府懸重賞要楠木正成的人頭，又派出數萬大軍圍攻楠木正成固守的金剛山，經過幾個月還是對他無可奈何。楠木正成孤軍奮戰，以一敵百，漸漸聲名大噪，吸引了更多人加入勤王。正在此時，後醍醐天皇成功地逃離隱岐島，對各國武將發出詔書。一時之間，各地武將紛紛奉召舉旗叛變，形勢完全逆轉。幕府軍中有兩個軍官足利尊氏和新田義貞也接到天皇秘密詔書，又看清了人心的向背，決心改換旗幟，擁護天皇。

足利尊氏回到他的故鄉下野國足利庄（今栃木縣足利市），召集族人起兵勤王。一路上大軍如滾雪球般，到達鎌倉外圍時，號稱已經有二十萬人。新田義貞也回到故鄉上野國新田庄（今群馬縣新田郡），在「生品明神」神社召集族人，同樣不久便匯流成一個大軍團，也指向鎌倉。執權政府眾叛親離，鎌倉不久被攻破。北條氏奮戰失敗，一家八百七十人在東勝寺（遺址在今鎌倉市小町）集體自殺。這時是一三三三年（後醍醐天皇元弘三年，光嚴天皇正慶二年）。從源賴朝建立鎌倉幕府至此，共一百四十九年，北條氏一共有十六代執權，歷經一百三十四年，至此結束。

後醍醐天皇受各地武將支持，重新即位，改元為「建武」（一三三四年）。鎌倉幕府建立以來，日本歷任的天皇無一不是傀儡。後醍醐天皇獲得一個前代所有天皇無不盼望而得不到的親政機會。可惜他操之過急，浪費掉這寶貴的機會。

## 湊川之戰

後醍醐天皇大權獨攬後，在中央設置許多新機構，頒布新法令；然後又朝令夕改。京都的公卿貴族得到重用，武家卻沒有任何地位，也得不到任何好處。天皇已經忘記是誰把他重新扶上來。武士們無不怨聲載道。後醍醐天皇又有疑心病，聽信枕邊寵姬的讒毀，竟將自己的兒子，有大功的護良親王逮捕下獄，罪名是意圖謀反。護良親王極有人望，各地武家紛紛表示憤怒。

新政府成立只有一年多，叛亂又開始了。北條氏的遺族又佔據了鎌倉，死灰復燃。後醍醐天皇命令足利尊氏率兵討伐，卻吝於給足利尊氏名位。足利尊氏不到一個月就撲滅叛亂，乾脆擁兵自重，自稱征夷大將軍。足利尊氏慷他人之慨，將關東的土地分賞有功的將士，其中也有部分土地原本屬於新田義貞。足利尊氏與新田義貞早已互相覺得礙眼，至此關係破裂。後醍醐天皇命令楠木正成與新田義貞領兵征討足利尊氏，在東北陸奧的北畠顯家也應天皇之召率兵馳援。足利尊氏兵敗，逃往九州；然而經過幾個月之後，又率領大軍進逼京都，號稱五十萬人。

足利尊氏為什麼能夠這麼快就重新站起來呢？關鍵的因素，在於他很聰明地把已經被廢的光嚴天皇又重新推出來，然後利用天皇的詔命，名正言順地招兵買馬，結合地方武人。四國地區的細川氏一家便是在此時與足利氏結盟。

楠木正成見足利軍勢壯盛，建議放棄京都，暫避其鋒。但是不會打仗的後醍醐天皇與宮卿大臣卻都反對，強令楠木正成與新田義貞二人出戰。二人無奈，率兵與足利氏大軍在湊川（今神戶境內）大戰（一三三六年）。新田義貞大敗。楠木正成與他的弟弟奮戰到底，拒絕投降，最後互相以利刃對刺而死，死前說：「我願七次再生人間，以殺國賊。」楠木正成是日本歷史上家喻戶曉的悲劇英雄人物，人人敬佩。五百多年後，日本明治天皇為表彰楠木正成，下令在神戶建湊川神社以奉祀楠木正成；並且在東京皇居廣場前豎立楠木正成的銅像。

## 室町幕府及南北朝

足利氏佔據京都，奉光嚴為太上皇，以光嚴之弟為光明天皇，挾天子以令諸侯。足利尊氏在京都的市街上選一個地方建築大宅，設立幕府，從此稱為「室町幕府」。足利尊氏決定自己統率武人，將行政事務都交給弟弟足利直義。兄弟倆十分友愛，互相信任，合作無間。

後醍醐天皇還是不認輸，逃到吉野（今奈良縣吉野町）繼續奮戰。楠木正成的兒子和新田義貞等也繼續為後醍醐天皇效命，忠心耿耿。日本從來不曾有兩個不同系統的天皇同時存在，這時不但分為兩個陣營，並且延續六十年之久，歷史上稱為「南北朝」時代。後醍醐天皇的陣營稱為「南朝」；光嚴上皇與光明天皇的陣營稱為「北朝」。雖說是南北朝，吉野與京都之間的距離不過四十公里。

湊川之戰後兩年內，南朝的兩個主將北畠顯家與新田義貞相繼戰死。後醍醐天皇接著也駕崩。繼任的皇子稱為後村上天皇，只有十二歲。南朝眼看岌岌可危，如風中殘燭，隨時會熄滅。然而，「滿盈則虧」的理論再次得到驗證。

北朝連獲大勝，武將們逐漸跋扈，其中以足利尊氏的兩個大將高師泰、高師直兄弟最為猖狂。高師直曾經出家為僧，是日本古代凶悍蠻橫，無法無天的武僧的代表人物。高氏兄弟在足利尊氏的麾下，無役不與；戰功赫赫，無人能及。兩兄弟因而目中無人，除了足利尊氏以外，包括足利直義都不放在眼裡，對足利直義所定的法條當然也視如無物。高氏兄弟又極其好色，不管是平民、官員，甚至皇家貴族的閨女都不放過。

足利尊氏放縱高氏兄弟，足利直義雖是深惡痛絕，卻也無可奈何。足利兄弟之間於是逐漸產生了裂痕。後來高氏兄弟愈加橫暴，使得足利直義忍無可忍，決心要逮捕問罪。但高氏兄弟先下手為強，悍然帶兵直撲足利直義。足利直義對於哥哥縱容高氏兄弟的背後原因早已猜疑不定，這時只能相信是哥哥要借高氏兄弟的手來殺自己，一時走投無路，只得投靠南朝。南朝又命令足利直義反過來帶兵對付北朝。日本歷史上此一事件為「觀應之亂」，時間是一三五〇年（北朝崇光天皇觀應元年，南朝後村上天皇正平五年）。

高氏兄弟的暴行引起北朝將士及人民的公憤，足利直義因而勢如破竹，攻破京都。足利尊氏被迫棄卒保帥，犧牲高氏兄弟，但是已經太晚了。這時輪到足利直義主宰北朝。足利尊氏雖然暫時認輸，怎肯屈居弟弟之下？他回到鎌倉召集舊部，再一次重整旗鼓。足利尊氏知道天皇名號的價值，又知道南朝漸漸無法控制足利直義而心生不滿，便寫信給南朝的後村上天皇，要求以天皇的名義討伐弟弟，並同意勝利後奉還大政。

後村上天皇果然上當，決定幫足利尊氏。足利尊氏因而又打敗弟弟，重新執掌大權，並暗中下毒，害死直義。之後，他又另立了一個北朝的傀儡天皇，稱為後光嚴天皇。南朝這時才豁然明白又被騙了。南北朝間的戰爭於是繼續不斷。京都在這期間內幾度易手。昔日的繁華，盡成瓦礫。

足利尊氏樹敵很多，而在晚年時最大的敵人竟是自己的庶子足利直冬。直冬因為母親出身卑微，所以不為父親尊氏所喜，流落在外。直冬的叔叔直義發現後，將他收留，盡心教導。因而對直冬而言，父親是形同陌路，叔父是恩同再造。足利尊氏毒殺直義後，直冬與生父之間便有了不共戴天之仇。直冬在九州經營有成，決定投入南朝陣營，要為叔父向父親報仇。足利尊氏在一三五八年去世後，南北朝之爭又轉為他的庶子直冬對嫡子義詮之間的戰爭了。

日本在保元之亂時，天皇、藤原、源氏及平氏四家開始做了不仁不義的示範。之後，鎌倉幕府的源賴朝對手足兄弟無情無義。現在足利尊氏又再做了一次不良的示範。武士們有樣學樣，漸漸認為不擇手段以求取地位及富貴乃是正當的行為，倫理的價值觀已經喪失到了匪夷所思的地步。同父同母的兄弟尚且互相算計，嫡子和庶子之間的衝突就不必說了。偏偏在當時有許多皇室、貴族和武士不但娶妻、置妾，又在外面生小孩，因此每一家族中都有擺不平的事。家族衝突中，如果一方在北朝，另一方便只有投奔南朝；反之亦然。投奔之後，如果覺得受到虧待，又立刻叛變。有人認為，南北朝之所以能延續將近六十年，雙方陣營裡的人流來流去正是最大的原因。

## 足利義滿

足利氏傳到第三代將軍足利義滿，是室町幕府的全盛期。足利義滿繼位時只有十一歲，他的父親足利義詮將他托孤給細川賴之。細川家族自從在九州跟隨足利尊氏以後，已成為室町幕府最重要的家臣。細川賴之溫文儒雅而富於謀略，細心地縫補了這個久經戰亂，殘破不堪的國家。他又以利益引誘，使得強悍的武人也逐漸遵從各種法規，因而北朝政局漸漸步入軌道。足利義滿在平定周邊群雄之後，又派大將今川貞世南下，除去支持南朝的九州勢力。

同一時間，南朝陣營缺乏領導中心，大臣相互傾軋。楠木正成的兒子楠木正儀原本盡心盡力地扶持南朝，而竟無法立足，不得不投靠北朝。南朝逐漸衰微，已經無法與北朝抗爭。一三九二年，南朝後龜山天皇不得不接受足利幕府的提議，同意退位，將傳國三神器交給北朝的後小松天皇。混亂無序的南北朝終於結束。後小松天皇成為唯一的天皇，從日本開國的神武天皇起算，剛好是第一百代天皇。足利幕府在後龜山天皇退位前，承諾繼續兩統交替的做法。事實上，這個承諾從來不曾兌現。

本書在第十四章中曾經敘述，日本在南北朝時，由於戰爭不斷，武士紛紛轉為浪人，浪人又紛紛轉為倭寇，因而是朝鮮半島及中國沿海倭寇為害最烈的時候。足利義滿登上幕府將軍之位這一年（一三六八年），正與明太祖朱元璋在中國稱帝，創立明朝同一年。明太祖想要解決倭寇問題，卻弄不清楚日本的情勢，以為盤踞在九州，屬於南朝系統的懷良親王就是最高領導人，於是派遣使者到日本，稱懷良親王為「日本國王」，並質問懷良親王為何放縱倭寇到中國作亂。

足利義滿的大將今川貞世南征九州，將南朝的勢力剷除以後，足利義滿才開始和明太祖有了聯絡及國書往來。足利義滿認為國家百廢待舉，需要和明朝貿易往來，以獲取財源。明朝的大患倭寇也需要日本幕府將軍協助才能解決。雙方協商結果，足利義滿同意接受明朝冊為「日本國王」，而明朝同意給予室町幕府壟斷的貿易特權。中、日兩國之間「勘合貿易」於是展開。

第十七章
# 日本的戰國及江戶時代

紛亂的日本南北朝對峙情況，在室町幕府的第三代將軍足利義滿時終於劃下休止符。足利義滿統一日本，又推動了極具禪宗色彩的「北山文化」，無論是文史、建築、雕刻、繪畫、戲劇、茶道、庭園藝術都蓬勃發展，達到一個巔峰。然而，自此以後室町幕府就漸漸走下坡了。

## 應仁之亂

足利義滿的兒子足利義持在位三十年後，禪位給唯一的一個兒子，不久兒子卻因為酗酒過度而暴斃。義持自知來日無多，決定在臨死前由四個兄弟中拈鬮決定繼任者。原本已經出家的足利義教中籤，因而還俗，接任第六代將軍之位（一四二九～一四四一年在位）。各房的兄弟都憤恨不滿。足利義教雖然曾經做過和尚，卻心狠手辣，將兄弟各房一一趕盡殺絕。足利義教的屬下對他又怕又恨，有一名武將竟刺殺了義教。

足利義教死後，兒子都不滿十歲，妻子又很軟弱，也已經沒有叔叔或伯伯可以倚靠，孤兒寡婦只有任由手底下的大臣擺布了。幕府中掌管行政的「管領」細川勝元和掌管武士的「侍所別當」山名持豐於是成為兩個最大的勢力，而相互爭權。

第八代將軍足利義政（一四四三～一四七三年在位）繼任時，只有八歲。他長大之後是一個偉大的藝術鑑賞家，推動了日本的「東山文化」，而與足利義滿創造的「北山文化」相媲美；然而他在政治上卻沒有足夠的智慧，並且犯下了一個嚴重的錯誤。

足利義政與夫人日野富子原有一個小孩，不幸夭折；接下來許多年不再有小孩，因而決定以弟弟足利義視為繼承人。不料剛宣布不久，富子竟然懷孕，又生下一個男孩足利義尚。日野富子不甘心兒子不能繼任為將軍，向山名持豐求援。足利義視也向細川勝元求助。幕府的各股勢力及全國各地的守護、大名也全部選邊站台。足利義政將軍還沒有過世，兩股勢力便開始打起來了。

後土御門天皇應仁元年（一四六七年），日本各地的軍隊二十幾萬人湧入京都，爆發長達七年的慘烈戰爭，史稱「應仁之亂」。兩軍激戰當中，足利義政將軍照常遊山玩水，鑑賞藝術，對於戰爭視若無睹。幕府的存在已經沒有任何實質意義。到了文明五年（一四七三年），細川與山名相繼去世，戰爭不了了之。足利義政讓位給兒子足利義尚，又過了十幾年逍遙的日子。

## 戰國時代

幕府將軍足利氏在應仁之亂時威信掃地，已經得不到日本所有地方勢力的尊敬。自此日本全境六十六州（或稱六十六國）的地方首領無不摩拳擦掌，一方面招兵買馬，一方面找尋聯盟的對象，意欲問鼎天下。日本於是進入戰國時代，持續達到一百三十七年。

日本的戰國時代與兩千多年前中國的戰國時代十分類似，不但守護、大名之間相互攻伐、吞併，並且是一個「君不君，臣不臣；父不父，子不子。」的時代。用日本的說法，是一個「下剋上」的時代。天皇和幕府將軍都像中國的周王朝一樣，沒有任何地位；守護也像中國的諸侯一樣，不免被家臣強行篡位取代。室町幕府成立時，大封功臣，部分武將身兼數個領地而無法自行管理，又分派手下前去代管，稱為「守護代」。戰亂開始後，許多守護代便不客氣地佔地為王，而成為真正的守護。兒子囚禁父親，甚至弒殺父親而篡位，也不是什麼稀奇的事。

第十代將軍足利義材上任沒幾年，管領細川家發起政變，囚禁足利義材而另立一個幕府將軍。足利義材逃脫出來，糾合各路兵馬，仍然敵不過細川家，只得投奔周防及長門國（今山口縣）的守護大內義興。大內家一向支持博多港商人，與細川家所支持的大阪堺市商人爭奪「勘合貿易」，也就是日、明貿易的特權，而落於下風。大內義興見到幕府將軍前來，大喜過望，於是率領大軍北上，把細川氏趕出京都。足利義材重新就任幕府將軍，封大內義興為新任管領。

大內義興在京都停留，卻發現在家鄉的變化越來越不利，鄰國趁他不在時都蠢蠢欲動，覬覦他的領土。大內義興決定以根據地為要，於是辭去管領之職，回到周防國。大內一走，細川氏的勢力又回來，足利義材掙扎了幾年，又再度被取代，失去幕府將軍的頭銜。幕府將軍竟然可以由屬下隨意報請天皇任免，地位已經連大名都不如，也難怪大內義興不想再費力保護他了。

## 群雄競起

大內氏是日本一個非常特殊的家族，據說他們的祖先是百濟第二十六代聖王的兒子，在六世紀時來到日本定居。大內義興回到故鄉以後，南征北討，而成為北九州及本州西南端的霸主，掩有六國。安藝國（今廣島縣西部）的毛利元就也俯首稱臣，不得不在此後二十幾年中帶自己的兵，花自己的錢為大內氏打仗，而主要是對付在北邊的強敵，出雲國（今島根縣東部）的尼子氏。

大內義興也和細川氏繼續爭奪勘合貿易。一五二三年（日本大永三年，明朝嘉靖二年），雙方的貢船同時到達寧波，而發生大規模的械鬥，以至於明朝下令「閉關絕貢」，導致後來的「嘉靖大倭寇」，禍害延續達四十幾年。詳細經過及其嚴重後果在第十四章已經敘述。

大內義興的兒子義隆同樣野心勃勃，卻能力低下。又經過二十幾年的征戰，大內氏的家臣陶晴賢逐漸掌握兵權，最後叛變而逼大內義隆自殺。毛利元就於是以為主君報仇為名，出兵討伐叛賊。一五五五年（第一百零五代後奈良天皇弘治元年），雙方在嚴島會戰，陶晴賢兵敗自殺。毛利元就接著又消滅尼子氏，跨有十國，成為中國地方（在日本本州西部，包含現今鳥取縣、島根縣、岡山縣、廣島縣、山口縣等五個縣）的霸主。

在關東方面，群雄逐鹿更是激烈，其中比較有名的是今川義元、上杉謙信、武田信玄及北條早雲祖孫三代。這些至今仍是所有的日本人津津樂道的英雄。

今川義元是世襲的第九代駿河（今靜岡縣大井川東部）守護，也控制了西邊隔臨的遠江，是一個超級地方勢力。他的祖父出征在外，回程中（一四七六年）被武裝農民「一揆」組織殺死。當時今川義元的父親今川氏親只有六歲，北條早雲是今川氏的一名家臣，也是今川氏親的舅舅，而盡心輔佐幼主兼外甥在十年後成功地繼承為家督，因而被封為一個小城「興國寺」（今靜岡縣沼津市）的領主。北條早雲自己生活儉樸，卻厚待部屬，並減免農民的賦稅，因而深受擁戴。

北條早雲勢力漸強以後，決定擴展到關東八州，而以上杉氏為目標。北條早雲和兒子氏綱及孫子氏康都是一代人傑，善於用兵，殺得上杉氏潰不成軍。上杉氏的末代關東管領上杉憲政窮途末路，只能投奔越後（今新潟縣）的長尾謙信，接受保護。

部分的日本史家稱長尾謙信為自源義經以後四百多年來難得一見的軍事天才。謙信的父親任越後守護，一生幾乎每天都在打仗，而死於一向一揆之亂。長兄繼位為守護，看見他在十四、五歲時已經充分顯現其天分，害怕起來，藉故派兵前往，卻被謙信擊潰，不得不讓出守護之職。謙信從此威震關東。上杉憲政在永祿四年（一五六一年）收謙信為義子，把關東管領的位置也讓給謙信。長尾謙信從此改名為上杉謙信。

武田信玄是世襲的甲斐（今山梨縣）守護，名門大族。他的父親勇敢善戰，但是暴虐無道，部屬無不恐懼。武田信玄竟聯合父親的部屬，趁父親出國在外時發動政變，取而代之，將父親拒於國門之外。武田信玄野心勃勃，接著又併吞諏訪國和信濃國（今長野縣）。鄰近各國守護、城主受到威脅，紛紛向上杉謙信求援。謙信慨然出手，雙雄於是展開龍爭虎鬥，歷時十二年（一五五三～一五六四年）。雙方各動員數萬人，大戰五次，史稱「川中島大戰」。結果是棋逢敵手，而兩敗俱傷，手下能征慣戰的武將幾乎死亡殆盡。

## 一揆組織

今川義元的祖父是被國人一揆所殺，而上杉謙信的父親也是死於一向一揆之亂。說到日本的戰國時代，不能不把「一揆」交代清楚。「一揆」是日本的第三勢力，而與幕府及地方勢力為敵。在室町時代，日本有許多農村飽受領主的壓榨，不是集體棄耕而逃亡，就是開始抗稅，並武裝以求自保。這種武裝農民組織稱為「土一揆」。

「一揆」這兩個字出自於中國的儒家經典《孟子・離婁篇》。孟子談論古代的聖王虞舜和周文王，說：「得志行乎中國，若合符節；先聖後聖，其揆一也。」意思是說他們兩人雖然相隔一千多年，有先後之分，但是一旦有機會能實現志向於天下，思想與做法是一樣的。日本這時的武裝農民組織最為重視的就是團結一致，於是引用這句話，將「一揆」定義為有一致的志向，一致的行動，對抗一致的敵人。

最早的土一揆農民抗暴運動發生於後花園天皇正長元年（一四二八年）。當時農作物因為旱災而歉收，瘟疫四起。農民以土地擔保向高利貸業者借錢，還不出錢來而失去生活憑藉，於是揭竿起義，要求頒布「德政令」，免除欠債及徵稅。風暴遍及京都、奈良各地。幕府及各地守護拒絕發出德政令，派兵鎮壓，遭到堅強的反抗。從此日本各地的土一揆運動越鬧越大。

土一揆之外，有所謂「國人一揆」，是土著武士對地方守護的抗爭；又有「宗教一揆」，是佛教徒的組織。當時日本佛教最大的教派之一淨土真宗（一向宗）的教徒都是中、下層階級的人民，受到地方勢力剝削最嚴重，所以集結而組織的「一向一揆」特別凶悍。一四八八年，本願寺第八代座主蓮如率領一向一揆包圍加賀（今石川縣南部），逼守護全家自殺。本願寺從此成為實質的加賀守護，達九十五年。

## 織田信長的崛起

第十三代幕府將軍足利義輝（一五四六～一五六五年在位）精通劍法，號稱劍俠將軍。無奈幕府將軍已經沒有權力，仍然得忍受權臣的撥弄。足利義輝無法忍受，秘密請上杉謙信帶兵來京都誅除逆臣，不料事機不密，竟被迫自殺。他的弟弟足利義昭出家為僧，在各處流浪，原本也想要投奔上杉謙信，但是上杉的領地在越後，離京都太遠。足利義昭最後決定去投靠一個小國之主，尾張（今愛知縣西部）的織田信長。同時，正親町天皇也派出特使，請織田信長起兵勤王。

織田信長有什麼吸引力讓天皇和幕府將軍家同時都伸手求援呢？

從地圖上看，尾張北方隔著美濃就是信濃，東邊隔著三河就是遠江及駿河，往西經過伊勢、近江就是京都了。尾張因此是一個戰略要地。織田信長的父親織田信秀處於強敵環伺之中，挑比較弱的三河國動手。三河領主松平廣忠急忙向駿河求援，並且送去只有六歲的兒子竹千代，以為人質。不料織田信秀在半途劫去竹千代，並寫信給松平廣忠，要求投降，否則將殺死竹千代。松平廣忠悍然拒絕，聲稱要殺小兒便殺。幸而織田信秀佩服松平廣忠，並沒有殺竹千代，否則日本的歷史要整個改寫。這個六歲的小孩松平竹千代長大以後，正是後來開創將近三百年江戶幕府的德川家康。

今川義元接獲求救信後，立即派大軍馳援，擊退織田信秀。兩年後，松平廣忠突然英年早逝，三河國於是被盟友今川義元接收。今川接著出兵攻打尾張，織田信秀戰敗而死。

織田信秀的嫡長子織田信長生於後奈良天皇天文三年（一五三四年），從小粗裡粗氣，蓬頭垢面，全身奇怪的打扮，腦子裡有很多奇怪的想法，被認為是一個傻瓜。織田信秀指派一個學養豐富的師傅來教導信長，仍然無法改變信長的行為。這師傅自覺有負所託，竟在信秀的喪禮後切腹自殺。所有的人之中，只有信長的岳父，美濃國守護齋藤道三看出女婿是非常人，說：「我的那一群蠢兒子們，連替信長牽馬都不配。」

織田氏的家臣大部分都不喜歡信長，又擔心這樣的主君會敗掉尾張國，因而擁護他的弟弟發動政變，沒想到被這個傻瓜輕易地擊敗。信長寬大為懷，赦免所有參加政變的家臣。

## 桶狹間之戰

當時有一部分逐鹿群雄認為，奪取天下的捷徑就是帶兵進入京都，擁戴天皇，像歷史上的源賴朝和足利尊氏一樣，受封為征夷大將軍；又像中國在三國時代的曹操一樣，挾天子以令諸侯。日本歷史上常常提到「上洛」，就是指這件事。日本的文化大部分是從中國的唐朝學習來的，唐朝在武則天以後的首都是洛陽，在中古時代的日本人眼中，京都就是日本的洛陽，所以上洛的意思就是上京勤王。現代的京都市仍是沿用古稱，分成洛中、洛西、洛東、洛北、洛外等地區，具有濃濃的歷史味道。

今川義元志在天下，也想要上洛。但是第一個擋在路上的就是尾張國，必須消滅。永祿三年（一五六〇年），今川義元率領二萬五千人抵達尾張田樂桶狹間（今愛知縣豐明市），在一個小小的山谷中。今川義元以為擊敗織田氏不過是像探囊取物一樣的容易，沒想到織田信長趁著暴風雨，天色昏黑之中，靜悄悄地率領三千人，直撲今川義元的大營。今川義元連盔甲都沒穿上就當場被刺殺，首級被砍下。駿河大軍一瞬間崩潰四散。二十七歲的織田信長在這一場著名的「桶狹間之戰」以後，遠近馳名。

松平竹千代做了十幾年人質，在桶狹間之戰以後，終於可以脫離今川家的束縛，回到三河國，改名為德川家康，從此成為織田信長的忠實盟友。

織田信長的岳父說了那樣傷兒子心的話，這些「蠢兒子」們竟聯合起來，殺了父親。織田信長於是有了藉口，聲稱為岳父報仇，領兵吞併了美濃國。天皇與幕府將軍正是在這時決定要把希望寄託在織田信長身上。

## 織田信長力敗群雄

永祿十一年（一五六八年），織田信長決定上洛，發動大軍，勢如破竹，不到二十天就進入京都。京都百姓原以為又是一場浩劫，沒想到織田信長的兵號令嚴明，秋毫無犯，不禁大喜過望。京都的權貴全部逃之夭夭。天皇大喜，除了封賞織田以外，也封足利義昭為幕府將軍。

足利義昭可以說完全是靠織田信長才能夠翻身，卻希望織田事事聽命於己，恢復往日幕府將軍的威風。織田信長當然不會俯首聽令。兩人之間的衝突於是不可避免。足利義昭唯恐天下不亂，下詔暗中鼓動各地豪強起來對抗織田信長；一時之間，包括武田信玄在內的十幾個藩國全部起兵，甚至連比叡山的僧兵和淨土真宗的住持也接到足利義昭的徵召而加入。織田信長受到幾次大規模圍攻，疲於奔命，最後忍無可忍，決定流放足利義昭。室町幕府長久以來都是有名無實，至此算是真正結束，共傳了十五代，兩百三十六年（一三三八～一五七三年）。

面對各方武力編織起來的包圍網，織田信長採取的戰略是各個擊破。一五七〇年，織田信長在姉川（今滋賀縣）一戰大破越前的朝倉氏及近江的淺井氏聯軍。一五七一年，織田信長率領大軍到達比叡山的延曆寺，殺光僧眾，連帶所有的婦人、小孩，據估計達到兩萬多人，又放一把火將所有的寺廟都燒光。延曆寺已有將近八百年歷史，一向被尊為佛教聖地，但是山上的和尚喝酒吃肉，娶妻生子，殺人越貨。凶悍的僧兵連地方大名都害怕，不過織田信長比他們更加強悍。比叡山大屠殺使得織田信長成為日本佛教界的公敵。

織田信長與本願寺第十一代住持顯如法師之間的戰爭從一五七〇年開始，稱為「石山戰爭」，達十一年之久，最後雙方講和。關東群雄之中原本有北條氏康、武田信玄及上杉謙信都有可能與織田信長一較長短，這三人卻先後病死。一五七五年，織田與德川聯軍在長篠之戰（今愛知縣新城市）大破武田信玄的兒子勝賴，七年後，織田軍又在天目山之戰再一次擊破武田軍。有四百五十年歷史的名門武田家從此滅亡。信長的對手越來越少，只剩下中國地方的毛利氏。

## 織田的殞落

織田信長突然地迅速崛起，戰無不勝，攻無不克，自然有一些凡人所不及的地方。他大智若愚而膽識過人，常常能夠出奇制勝。他又善於統御部屬，賞罰分明而慷慨，因而部將個個奮勇爭先。更難得的是他不為任何舊思想所束縛，對於新的事物特別勇於嘗試。例如當時大部分的戰國大名對葡萄牙人所帶來的火槍，大多都抱著拒斥的態度，或只是當作輔助性的武器，織田信長卻大量訂購。在著名的長篠之戰，織田軍面對當時各國大名無不畏懼的武田軍騎兵隊，即是以三千枝火槍給予毀滅性的打擊，而取得決定性的勝利。

不過織田信長也有許多的缺點。他個性火爆，很少為別人留餘地，因而有些部下雖然表面隱忍而心中憤恨無比。他喜怒無常，使人捉摸不定，對部下沒有絲毫的關懷與顧慮，因此君臣之間隔閡很大。織田成功以後更是目空一切。織田有一個名叫明智光秀的部將，自視甚高，無法忍受織田的頤指氣使。明智光秀有一次奉命去攻打丹波國，遭遇堅強的抵抗。明智光秀於是改用勸降的方法，以自己的母親做為人質，邀丹波國主波多野氏兄弟一起去見織田信長。沒想到織田下令將波多野氏兄弟全部斬首。丹波國人大怒，也殺了明智光秀的母親。明智光秀因而與織田有仇，日夜不忘。織田有一次在接待德川家康時又當眾羞辱明智光秀。明智再也無法忍受，決意要反叛。

天正十年（一五八二年），織田信長派大將羽柴秀吉攻打毛利氏。毛利氏傾全國之兵前來。織田決定親自上陣，與親信百餘人駐軍在京都的本能寺。明智光秀率領數千人突然在清晨時將本能寺團團圍住。織田率部屬奮力抵抗，寡不敵眾，只得關起門來切腹自殺，享年四十九歲，結束了輝煌燦爛的一生。織田的兒子住在本能寺附近，也被明智光秀的叛軍包圍，同樣切腹自殺。

## 豐臣秀吉統一日本

羽柴秀吉是一個英雄人物。他在前線接到織田的死訊，便直接派人告知敵對的毛利氏，並問是否還要一決死戰。毛利氏佩服羽柴秀吉的爽快，決定化敵為友。羽柴秀吉於是率大軍回朝，沒有幾天就擊滅明智光秀，為織田信長報仇。羽柴秀吉邀集諸將會議，會中由於他堅決主張立嫡不立長，織田信長的孫子，只有三歲的「三法師」因而被擁立繼承為織田家的家督。

羽柴秀吉出身貧賤。他的父親是織田家的一名小卒，在秀吉幼年時戰死。他的母親改嫁，因而秀吉從小被繼父虐待。他的身材瘦小，長相奇怪，像一隻猴子。秀吉十五歲時在駿河今川家當一名下役，後來又回到尾張投奔織田信長。秀吉為人機靈，懂得看人臉色，低聲下氣。他打仗時卻非常勇敢，並且善用計謀，屢立戰功，因而升為大將。雖然如此，在講究家世的年代裡，織田家的將領們大多出身貴族、武士，因而瞧不起羽柴秀吉，都跟著織田信長稱他為「猴子」。

信長有兩個庶出的兒子，都憤恨羽柴秀吉扶持三法師繼承家督。一些看不起羽柴秀吉的武將也紛紛站出來支持他們，組織反對勢力，向秀吉挑戰，卻被秀吉一一剷除或收服。

天正十三年（一五八五年），天皇下詔羽柴秀吉改姓豐臣，又封他為關白。歷史上鼎鼎大名的關白豐臣秀吉於是出台，成為日本的新霸主。之後，豐臣秀吉又征服九州、關東與奧州，統一了日本全境。這時是天正十八年（一五九〇年），離織田信長之死，只有八年。

## 文祿之役——中韓聯軍大戰日本

豐臣秀吉雖然身材瘦小，面貌猥瑣，野心卻是巨大無比。他在統一日本後，立刻把目光放在海外。這時外面的世界是什麼樣的情況呢？

在朝鮮，李氏王朝傳到第十四代宣祖李昖，朝廷裡東人、西人兩黨黨爭嚴重。李氏王朝在北方受宗主國明朝保護，在南方隔著海的日本又一直處於內戰，因而自認是高枕無憂。在中國，賢相張居正已經死了八年，荒唐怠惰的萬曆皇帝已經有三年不上朝，也不接見群臣，朝政迅速腐敗。對豐臣秀吉來說，再也沒有更好向外發展的時機。他的目標不僅是朝鮮，還包括明朝。

豐臣秀吉寫了一封極為傲慢狂妄的國書給朝鮮宣祖，自稱在日本戰必勝，攻必取；民富財足，帝京之盛，前古無比。又說：

> 吾欲假道貴國，超越山海，直入於明，使其四百州盡化我俗，以施王政於億萬年，是秀吉宿志也。

但宣祖完全不予理會。秀吉大怒，在第一百零七代後陽成天皇文祿元年（一五九二年，明朝萬曆二十年）派大將小西行長、加藤清正等率領十五萬大軍跨海征韓。日軍如入無人之境，兩個多月就從南方的釜山一直打到平壤，一路燒殺搶掠，殺害無辜百姓。朝鮮宣祖被小西行長追殺，一路倉皇逃到鴨綠江邊，急忙上書向明朝萬曆皇帝求救。加藤清正同時已經帶兵從咸鏡道越過豆滿江（今圖們江），進入明朝國境。

明朝在遼東邊關的駐軍奉命前往接應朝鮮宣祖，但不是日軍的對手，幾乎全軍覆沒。萬曆皇帝大吃一驚，再派名將李如松率領大軍馳援，才在平壤擊敗日軍。但李如松隨後卻因為輕敵而在碧蹄館（在王京之北三十里）遭到大敗。雙方自此都不敢掉以輕心，彼此僵持不下。

日本原以為自己的水軍無敵，可以仗恃著優勢而水陸並進，不料水軍卻遭到慘敗。朝鮮水軍將領李舜臣創造出一種「龜殼船」，四周覆以堅固的鐵板，又裝配火炮。日本戰船遭遇朝鮮龜殼船隊，大多被擊沉，四戰四敗。日本失去了制海權，糧秣補給線也被切斷。同時，朝鮮各地紛紛組織義軍起來抵抗侵略者。日軍陷於四面作戰，最大的糧秣庫也被一把火燒光。日本眼看無法繼續支撐，因而有意求和。這時明朝國內到處發生民變，以寧夏、四川兩地規模最大，所以也是焦頭爛額，無法兩邊兼顧。雙方於是同意先罷兵，再議和。

## 慶長之役——中韓聯軍再戰日本

這一次議和的談判經過是一件非常奇怪的外交事例。根據日本和明朝的史料，明朝的談判代表沈惟敬完全是一個市井無賴，而韓國部分的史料卻說他十分有膽識，深受日方負責談判的代表小西行長的敬重。不過雙方所開出來的條件相差實在太大。沈惟敬到日本，豐臣秀吉親自接見，提出條件，要求迎娶明朝公主，恢復幾乎斷絕的勘合貿易；又要求朝鮮割一半的領土給日本，送王子及大臣到日本做人質，等等。等到日本使者到達北京，明朝卻只同意依足利義滿的往例封豐臣秀吉為日本國王，其他一概拒絕，連勘合貿易也不肯。沈惟敬與小西行長無法達成和議，竟決定各自瞞著主子。豐臣秀吉因而以為明朝已經同意他的要求。萬曆皇帝也以為豐臣秀吉同意接受冊封，決定派臨城侯李宗城為特使團正使，帶著詔書前往日本。

李宗城是明朝皇室近親王公大臣的紈褲子弟，不知輕重。他到了朝鮮之後便一路索取賄賂及美女，到了日本管轄的對馬島，聽說對馬太守的妻子貌美，竟然又要求她來伺候。對馬太守大怒，派人去警告他，不料李宗城膽子小，以為生命有危險，竟連夜逃跑，在迷路後又用繩子自縊，幸而獲救。明朝無奈，只得將副使升為正使，以沈惟敬為副使，命令兩人一同前往日本。

後陽成天皇慶長元年（萬曆二十四年，一五九六年），明朝特使團帶著冠冕袍黻到日本進行冊封典禮。沈惟敬與小西行長極力要隱瞞的事實終於無法遮掩。豐臣秀吉得知李宗城之事，十分不快，又獲知朝鮮並沒有送王子和大臣來做人質，更是生氣，但仍然耐心將明朝所送的冕黻穿戴上。等到負責翻譯的和尚宣讀他只是被封為「日本國王」時，豐臣秀吉不禁勃然大怒，撕破袍黻，將詔書搶過來丟在地上，說：「我掌控日本，要稱王便稱王，何必他人來冊封？」

豐臣秀吉決定再一次派十四萬大軍到達朝鮮。明朝也派熊玠和楊鎬率領十五萬大軍，與朝鮮並肩作戰。楊鎬在蔚山被日軍圍攻而潰敗，死一萬多人。熊玠與日軍在朝鮮各處僵持。同時，朝鮮水師全軍盡沒。

朝鮮水師之所以全軍盡沒，背後的原因真的不可思議。由於朝鮮內部有東人黨、西人黨之間的嚴重黨爭，在上次大戰時取得水軍大捷的指揮官李舜臣在戰後竟被下獄，最後倖免一死，卻被貶為平民。這時朝鮮眼見情勢危急，才不得不又起用李舜臣，以重建水軍。李舜臣與明朝水軍共同作戰，又一次大敗日軍，掌握制海權。正在此時，豐臣秀吉突然去世，死前遺命從朝鮮撤兵。

## 德川家康與江戶幕府

豐臣秀吉的長子年幼夭折，另一個兒子豐臣秀賴在他的晚年才由寵姬淀君所生。豐臣秀吉對秀賴至為疼愛，為了確定在他死後部將們會繼續對秀賴效忠，曾經要求所有的部屬都寫下誓書。他放心不下，又叫部將們都寫了好幾次。然而，在當時混亂的時代裡，兄弟、婚姻關係都未必有用，一張白紙黑字的誓書究竟有多大的效力也就不必問了。

豐臣秀吉於慶長三年（一五九八年）病逝，死前任命五個大臣為「五大老」，以輔佐豐臣秀賴。五大老之中以他的岳父前田利家和德川家康地位最高。前田利家不久也年老而死，德川家康成為群臣之首，對幼主豐臣秀賴產生重大的威脅。效忠於豐臣家的舊臣對德川家康開始防範，也有人想利用此一情況來爭奪權位。其中以石田三成野心最大，藉淀君與秀賴母子之名，挑撥諸將，打擊德川家康。

慶長五年（一六〇〇年），支持德川的「東軍」與反德川的「西軍」在美濃國的關原（今岐阜縣不破郡關原町）展開決戰。德川家康老謀深算，早已暗中收買西軍的重要成員，並對敵人的動向瞭若指掌，因而大勝。

「關原之戰」奠定了德川家康的地位。慶長八年，天皇冊封德川家康為征夷大將軍，並准許在江戶設置幕府。德川幕府因而又稱為江戶幕府，江戶從此成為日本的政治中心。

當初豐臣秀吉在統一日本之後，曾經無理地命令德川家康放棄舊領地，搬到關東八州去，並且建議他建江戶城。關東八州是偏僻之地，江戶更是雜草叢生，人跡不至。德川家康知道豐臣秀吉疑忌自己，不敢辯駁，立刻遵命照辦，開始建設江戶城，至此成為幕府所在地。江戶在明治天皇時改名為東京市，後來成為世界有名的大都市。

德川家康已經明顯地成為日本的新霸主，豐臣秀吉的寡婦淀君卻倔強地不肯接受現實，認為德川家康不過是豐臣氏的家臣，應該繼續奉秀賴為主。直接地說，她認為德川家康乃是家賊。淀君暗中聯絡豐臣氏的舊臣，預備找機會扳回來。豐臣氏的舊臣知道已經無法改變，都婉轉拒絕。淀君與秀賴卻仍然不死心，轉而暗中招募無主的浪人武士。

秀賴十九歲時，德川家康第一次見到成年的幼主，發現秀賴英姿煥發。七十歲的德川家康開始擔心自己行將就木，而自己的兒孫中沒有一個會是秀賴的對手。德川家康決心要在死前剷除豐臣氏，開始對淀君與秀賴提出種種無理的挑剔與要求。淀君和秀賴如果能忍人之所不能忍，也許最後的勝利會是屬於豐臣家。但是他們忍受不住，召集數萬浪人到大阪城，明白表示不惜一戰，正墮入了德川的計謀。

慶長十九年（一六一四年）冬，德川家康兵臨大阪城。第二年夏天，德川又再圍城。淀君與秀賴戰敗，一起自殺。德川家康除掉心腹之患，從此可以放心，過一年也病死了。

織田、豐臣和德川三個人，一樣的武勇，一樣的聰明睿智，但是性格與作風完全不同。織田信長出身貴族，狂妄自大，對部屬常用高壓的手段。豐臣秀吉出身貧賤，特徵是謙虛而圓滑，善體人意。德川家康雖然也是出身貴族，但從小就淪為人質，後來更是家破人亡，寄人籬下，必須看人臉色，因而懂得忍耐。日本流傳一個故事，說他們三人要使得夜鶯唱歌，各有不同的辦法。夜鶯如果不唱歌，織田信長便把牠殺掉。夜鶯不唱歌，豐臣秀吉便想盡辦法逗牠唱。夜鶯不唱歌，德川家康便耐心地等到牠唱。

## 幕府傳承

德川秀忠繼承為幕府的二代將軍（一六〇五～一六二三年在位），遵照父親德川家康的遺命，頒布了一些新法令，以確保幕府政權能夠永續存在。其中如「武家諸法度」是統御武家大名的根本法。又如「一國一城令」，規定各國大名只能有一座城，其他都必須毀掉，以削弱大名的防禦能力。此外，「參覲交替」規定大名必須在江戶辦置豪宅，隔年輪流在自己的領地和江戶居住，以便加強控制，並使得大名耗盡資財，疲於奔命。

第三代將軍德川家光（一六二三～一六五一年在位）又新增嚴格的法規。例如：禁止買賣及分割農地。又設連坐法，每五家連保。幕府甚至干涉人民私生活，禁止人民生活奢靡，例如規定只能穿棉布衣服，丈夫可以因妻子奢華而休妻。德川幕府透過嚴格控制大名與農民，使得幕府的地位穩固，延續十五代，兩百六十五年。

第五代將軍德川綱吉（一六九〇～一七〇九年在位）因為迷信而頒布了數十次有關於保護動物的法令，統稱為「動物憐憫令」。幕府規定不可任意虐待動物；不許牛、馬拉車載重。飼養貓、狗、鳥必須詳細登記毛色、長短、年齡、性別等。政府花費巨資建野狗收容所。虐待或傷害動物者，必遭嚴厲懲處。信濃國守打自己的狗，被判充軍。大阪一位高官帶家臣去打獵，主僕十一人全部被判切腹。「動物憐憫令」是世界上最早有關保護動物的法令，但是把動物看得比人還重要，使得人民每天戰戰兢兢。第六代將軍德川家宣（一七〇九～一七一二年在位）一上任便廢除動物憐憫令，人民如釋重負。總之，從動物憐憫令可以窺見幕府將軍是如何地威風凜凜。

## 江戶幕府的農業及財經問題

江戶幕府最終之所以滅亡，與其無法妥善解決農業和財經問題，導致民生困難有很大的關係。據估計，在幕府剛剛建立時（一六〇〇年），日本的人口約為一千二百萬。到了一七五〇年，人口增加到三千一百萬，比原先增加了一倍半；但在同一時間，日本全國的耕地只增加了百分之五十，實際收成的米穀數量也只增加了百分之七十左右。因而，全國人均收成從原先每人一點六四石降到不足一石。（一石等於一百二十斤，或七十二公斤。）

在這種情況下，農民的生活漸漸困苦，只好兼種其他的經濟作物；也有人因為無法負擔沉重的租稅（稱為年貢），或受不了豪農、大地主的高利貸盤剝，於是棄地逃走，轉而從事工商業。在十七世紀末以後，日本的商品經濟因此反而逐漸發展起來。幕府和各藩國的財政主要是靠農民上繳的年貢，而以耕種土地的面積為計算基礎，結果不但沒有增加，反而逐年減少，陷入財政困難；部分的藩國財政甚至窘迫到幾乎要破產。由於商品經濟的發展，城市生活費用增高，靠祿米為生的武士越來越窮，只得向新興的商人借錢度日，以致於債台高築。

## 幕府改革失敗

八代將軍德川吉宗（一七一六～一七四五年在位）認為問題嚴重，於是下令進行改革，稱為「享保改革」。幕府鼓勵農民開墾新土地，同時卻大幅增加農民上繳的年貢。對於新興的商業，幕府先是採取壓抑的辦法，後來不得不放寬，但是仍然予以嚴加管制。土地政策也是朝令夕改，原先為了緩和兼併而嚴令禁止土地買賣，後來又不得不開放。幕府發現武士與商家之間借貸的訴訟層出不窮，通令不再受理，結果使得武士貸不到錢，逼得幕府不得不又收回成命。但最嚴重的是所有的農民對於增收年貢一事至為不滿，集體武裝抗爭，戰國時代的農民「一揆」暴動又開始了，稱為「百姓一揆」，從吉宗主政的後期起越來越多，越來越嚴重。

十代將軍家治（一七六〇～一七八六年在位）接任後，重用田沼意次以重新改革。田沼意次的做法是改變傳統重農輕商的政策，給予大資本家特權，大力發展貿易，課徵商品稅及流通稅。但他在指定鐵、銅、石灰、硫黃、人參等商品或礦石的專賣商行時，卻和這些商家勾結圖利。田沼意次已經看見商品經濟時代來臨，社會在移轉方向了，可是在他主政之下，富者越富而貧者越貧，因而怨聲載道。田沼被傳統保守派批評是異端，公然受賄，行為不正，因而聲名狼藉。這時又碰到江戶大火、淺間山火山爆發、洪水肆虐，引發了「天明大饑荒」（一七八三～一七八七年），超過一百萬人餓死或病死。全國性的農民起義和城市暴動更加嚴重，動搖了幕府的地位。

十一代將軍家齊（一七八六～一八三七年在位）起用名臣松平定信，再次推行新政，號稱「寬政改革」。他回復抑商重農的政策，一方面壓制豪商，收回給予大商人的特權，嚴格控制物價；另一方面禁止農民離鄉入城，將農民牢牢綁在土地上；又限制只能種植糧食，不能種經濟作物。他又要求全民厲行節儉，禁止奢侈享樂；削減幕府及將軍家內的經費用度三分之一至一半。松平定信正直而節儉，可惜有美意而無良法，守舊而看不見社會進步以後真正的需要。以結果而論，寬政改革阻擋商品貨幣經濟的發展，又不能振興農村經濟，使得人民更加貧困，金融更加混亂，社會各階層人士無不痛恨，尤以農民最為不滿。日本有部分學者認為松平定信甚至比田沼意次更加失敗。

幕府改革失敗引起各地暴動。在德川家齊執政最後一年，「大鹽平八郎之亂」爆發，是社會亂象的代表事件。大鹽平八郎是著名的陽明學者，在大阪創辦學塾，開課授徒。他對於幕府的無能統治至為痛心，又目睹大地震、大水災及大饑荒接連而至，連京都及大阪城也是每天都有人餓死，心生憐憫，於是變賣家中藏書以周濟貧民。然而他的義舉反而引起幕府政權不悅，指責平八郎違法賑濟，想要收買民心，意圖暴亂。平八郎一怒之下，乾脆直接造反。他舉起「救民」的大旗，聚集數百名學生、市民和農民，搗毀官吏和豪商的宅邸，抄出糧食來散發給貧民。政府隨即派兵鎮壓。大鹽平八郎戰敗自殺。大阪中下階層的市民不論是否認識平八郎，聽到他死了無不流淚。

大鹽平八郎死後，日本全國各地暴動更多，逼得德川家齊不得不下台，讓位給兒子。第十二代將軍德川家慶（一八三七～一八五三年在位）上台以後，老中水野忠邦被重用，而幾乎是和松平定信一樣地食古不化，提出的改革辦法當然也是毫無成效，不滿幕府的人因而越來越多。

## 西南諸藩的興起

正當幕府焦頭爛額，不知如何是好的時候，在日本西南端有幾個藩國卻自行解決前述的財政及經濟問題，逐漸富強起來。其中以薩摩藩、長州藩、土佐藩及肥前藩等四藩為最強。以下就用薩摩藩為例，說明其發展的經過。

薩摩在九州，藩主島津氏是一個古老的家族。薩摩國的土地貧瘠，生活水平落後，經濟、財政困難。德川幕府故意設計「參覲交替」制度，規定各國大名花費巨資在江戶維持府宅，又每年來回奔波，更使得薩摩藩負擔沉重。

寶曆三年（一七五三年），幕府將軍要求第七代薩摩藩主島津重年出錢出工整治在美濃（今岐阜縣，離薩摩很遠）的木曾川等三條河流。這是幕府處心積慮要耗盡諸藩人力、財力的一貫作法。薩摩藩只得借錢來進行這件治水工程。等到完成之後，薩摩藩背負的債務已經是天文數字。負責工程的家老及部屬八十幾人因而引咎切腹自殺，藩主島津重年也憂悶致死。重年的兒子島津重豪繼任時只有十一歲，成年後留心西洋學問，為了要追求文明開放而花錢如流水，經過數十年，薩摩藩的財政更加惡劣。重豪最後不得不提拔一位名叫調所廣鄉的藩士，授以改善財政之責。

調所廣鄉出身下級武士，在仁孝天皇文政十年（一八二七年）受命而執政。這時薩摩藩的債務已經累積到達五百萬兩，其中有部分是高利貸，每年的利息高達數十萬兩。當時薩摩藩的年收入不過是十五萬兩，薩摩藩長久以來是以借新債還舊債在苟延殘喘，隨時會破產。調所廣鄉採取的策略是「賴債賴息」，以威逼的手段，迫使債權人，也就是大阪的商人接受在二百五十年內每年分期償還二萬兩，不計利息。調所廣鄉又下令在薩摩地區大面積種植經濟作物，並壟斷所生產黑砂糖的販售。他又違背幕府的禁令，經由琉球秘密和中國進行走私貿易。大阪的商人也在這些薩摩藩所控制的專賣及走私貿易中分得一杯羹，取得部分的補償。

調所廣鄉可以說是膽大包天，所作所為大部分是幕府三令五申禁止的。但是薩摩藩離江戶最遠，天高皇帝遠也有好處。薩摩藩經此大幅度而不正規的改革，經濟和財政終於逐步地健全起來。不過後來調所廣鄉捲入薩摩藩繼承人的爭奪戰，對立的一方拉攏幕府；幕府派人前來調查，調所廣鄉只得一肩扛起責任而自殺。調所廣鄉雖死，薩摩藩卻能夠繼續振興產業，不但富有，還開始擴充軍備，大量引進西洋式先進武器，終於成為南方一霸。

薩摩藩的故事在長州藩也同樣發生。長州藩就是戰國時代的周防、長門兩國，在本州西南端。藩主毛利敬親也起用一位出身下級武士的村田清風主持藩政，進行關鍵性的改革。村田清風提倡培養人才、改革教育，並致力於振興產業。他首先解除中、下級武士的債務，並且鼓勵武士勤修武藝與學問，特別是西洋學問「蘭學」。他又免除農民新墾荒地的年貢，放寬了對長州特產米、鹽、蠟、紙的專賣限制，允許棉花和棉布等商品自由流通，大力發展對外貿易。長州藩財政富足以後，購入新式武器，強化軍事力量。天保十四年（一八四三年），長州藩公然舉行閱兵，展示武器與裝備精良的部隊，轟動一時。

其他各地諸侯有樣學樣，也陸續進行了類似的改革。相較之下，幕府的改革完全不切實際。西南諸藩開始對幕府不滿，展開批判。日本後來推倒幕府，擁護明治維新，便是以西南諸藩為主導。

## 日本儒學的發展及其變化

德川幕府後來之所以被推倒，另有一個重要的原因是日本的思想潮流逐漸發生巨大的變化，其中包括儒學的發展和基督教、西洋思想的傳入。

早在六世紀時，佛教和儒學就已經由朝鮮半島的百濟國間接傳入日本。後來日本派出五次遣隋使及十九次遣唐使，與中國文化直接接軌，對日本的政治及社會產生巨大的衝擊，在第十二章已經敘述。

佛教從此蓬勃發展，成為日本流傳極廣，勢力龐大的宗教，天皇及民間無不信奉。日本原有的神道（即是薩滿教，敬拜山川鬼神）不得不向佛教靠攏。不過儒家思想在日本並未像在中國和韓國那樣受到重視。這從日本從來不曾推行過科舉制度就可以明顯看見。

德川家康統一天下之前，日本處於長期戰亂，武士大多跋扈不馴。朱熹學說是中國封建統治階級的官方哲學，講究上尊下卑，德川家康很快看出朱熹哲學有鞏固幕府地位的價值，於是大力提倡，不過其他儒家的學派也一樣在民間傳播，並未被禁止。其中有許多大儒質疑朱子學未必代表正統的孔孟儒學，王陽明學派尤其反對朱子學的封建思想和上尊下卑觀念，幕府的地位逐漸動搖。前述的大鹽平八郎就是一位著名的陽明學者。

另有一個「水戶學派」，是在明朝滅亡後由一位流亡日本的飽學大儒朱舜水受聘到水戶藩而創立的。水戶學派後來提出一個「尊王攘夷」的思想，日本各藩國的武士於是漸漸認定「王」不是幕府，而是天皇，把效忠的對象轉到天皇的身上，對幕府造成的傷害就更大了。

日本的儒家學派逐漸百花齊放，幕府無法控制思想，於是在寬政二年（一七九〇年）頒布「寬政異學之禁」，企圖禁止朱子學以外的「異端邪說」，但這時已經無能為力了。

## 基督教傳入日本帶來衝突

西洋人最早到達日本是在天文十二年（一五四三年），有一艘葡萄牙商船抵達日本種子島，帶來火槍，還賣了兩管給種子島的島主。天文十八年，第一次有耶穌會傳教士沙勿略（Francis Xavier）到達鹿兒島，開始傳教，極為順利，不過主要是在九州地區發展。

豐臣秀吉統一日本後，親抵九州。當時的基督教徒已有三十萬人。他大吃一驚，又認為基督教排斥佛教和神道，慫恿信徒破壞廟宇，不懷好意。也有報告說有部分的日本人被葡萄牙商人送到國外當奴隸。豐臣秀吉於是下令驅逐傳教士，禁止人民信教。不過這個命令並未被嚴格執行。豐臣秀吉手下的大將小西行長就是出身九州，始終是一個基督徒。

德川家康掌政後，對貿易十分注重，樂於和西洋人通商，對基督教傳教採取開放的態度。基督教因而又再度蓬勃發展，達到一百萬人。然而，他漸漸發現幕府及地方勢力已經被基督教滲透，不論是地方藩主、御林軍或幕府的侍女都有許多基督徒。德川家康一生和一向一揆打過無數次的仗，對宗教早有戒心，大為驚慌。這時信仰新教的荷蘭人也來到日本，自稱貿易為其首要目地，傳教只是次要，對德川說葡萄牙和西班牙天主教士傳教的動機並不單純，是有領土野心的邪惡勢力。

慶長十七年（一六一二年），德川家康因一件賄賂案而命令九州的島原藩主有馬晴信自殺。但有馬是基督徒，不能自殺，命令家臣動手殺死自己。德川又斷然下令禁止基督教，驅逐傳教士，強迫教徒放棄基督教。然而，許多教徒悍然不畏死，受酷刑也不肯求饒，更不肯放棄基督教。德川家康更加惶惶不安，下令將他們分批燒死，但仍無法阻止基督教傳播。

回溯當年關原之戰，小西行長加入西軍對抗德川，兵敗被擒，也是因為信教而不能自殺，結果被拖去遊街，然後梟首示眾。九州人民與德川之間的仇恨其實早已種下，而越來越深。

## 日本的鎖國政策及島原之亂

二代將軍德川秀忠遵從父親的遺命，與西洋人保持距離，下令限制外國船隻只能在少數幾個港口進出。三代將軍德川家光對西班牙人特別不滿，禁止西班牙船隻到日本。寬永十二年（一六三五年），幕府乾脆禁止人民私自出國，避免到國外以後受到污染。這些作法已經逐步走向鎖國的道路。

寬永十四年，「島原之亂」爆發。一位只有十六歲的少年天草四郎被亂民推擁，領導反叛。島原之亂的導火線是因為地方政府搜捕基督徒，抓到一個少女，剝光衣服之後，將她活活燒死。少女的老父親當場發狂，聚集的老百姓長久的仇恨被激發，於是演成暴亂。參加島原之亂的人幾乎全部是基督教徒，其中有很多是原先小西行長和有馬晴信的部屬。這場叛亂延續半年之久，幕府出動十餘萬大軍，最後才終於敉平。城破之後，兩萬多名教徒被屠殺殆盡。

島原之亂中，荷蘭人應邀派戰艦以火炮轟擊島原城的叛亂教徒，又趁機在德川家光面前對葡萄牙人的行徑加油添醋，危言聳聽。德川家光於是下令與葡萄牙斷交，禁止葡萄牙船隻到日本。鎖國政策又進了一步。荷蘭人由於小心伺候幕府，又強調不傳教，只要貿易，因而最後雀屏中選，成為歐洲各國中唯一能與日本進行貿易及文化交流的國家。這種壟斷特權持續二百多年，一直到幕府末期才被打破。

## 蘭學的發展

島原之亂後，西洋的學問隨荷蘭人傳到日本。荷蘭人答應幕府不在日本傳教，而幕府有選擇性地透過荷蘭人引入「無害的」科學新知。八代將軍德川吉宗（一七一六～一七四五年在位）喜歡新奇而實用的事物，對於天文、地理、曆法、農學、馬術等都有興趣。他准許引進西洋書到日本，又同意部屬學習荷蘭語。一七七四年，由荷蘭文翻譯成日文的第一部書問世，是有關醫學解剖的書籍。之後，不斷有新的翻譯書籍出現，將西方的科學、技術介紹到日本。「蘭學」於是成為儒學以外最新的學派，有志之士無不涉略。

幕末時，日本各地出現一些專門教授蘭學的私塾，其中首屈一指的是緒方洪庵在一八三八年所創辦的適適齋塾，簡稱「適塾」。緒方洪庵是一位醫生，在大阪懸壺濟世。適塾所造就出來的人才超過一千人以上，是明治維新時的一大推動力量，其中最有名是福澤諭吉。

同時間，第九代水戶藩主德川齊昭在水戶建成弘道館，是專門為貴族及武士子弟辦的學校，採取中西兼備，文武兩道的教育方針，也教授馬術、劍道及各種西方科學。這是官辦「藩學」中的一個例子。其他還有許多民間針對平民所辦的基本教育機構，稱為「寺子屋」。日本的教育及知識水平開始大幅提升。原本日本幕府的地位在經濟不振及百花齊放的儒家思想衝擊之下已經開始搖動，這時更加搖得厲害了。

# 第十八章 韓國的高麗王朝及李氏朝鮮時代

高麗王朝建國之後，聖骨、真骨貴族當然都消失無蹤，但是新的貴族又立刻興起，成為高麗時代大部分的政治及社會問題的根源。這些新貴族從哪裡來呢？主要是原有的地方土豪勢力。高麗太祖王建之得以建國，大部分是靠各地土豪的加盟。這些豪族一開始就勢力強大。高麗太祖不願意得罪這些豪族，而採取懷柔的政策，以聯姻的方法籠絡他們。高麗太祖的抉擇使得全國因而產生許多有外戚身分的門閥，無一不是想要透過裙帶關係掌握政權。

## 高麗王朝的新貴族與外戚

太祖王建的兒子高麗惠宗即位不久，爆發「王規之亂」。王規是慶州土豪兼開國功臣，將兩個女兒嫁給太祖，一個女兒嫁給惠宗。太祖的后、妃、嬪之中，有名有姓的就有二十九個，每一個的背後都是地方豪族。因此惠宗繼位之後便面對一大群失意的母后及其背後的豪族，戰戰兢兢地在過日子。豪族之中以王規最跋扈，公然結黨爭權，又暗施陰謀，一心一意希望惠宗早死，以便自己的外孫能夠登基為王。惠宗憂懼而死。惠宗的弟弟定宗幸虧有叔父王式廉帶兵回來，剷除王規，才能繼位。高麗建國之初，王室力量薄弱，甚至不足以自保，由此可見。定宗與王式廉沒幾年也都死亡，原因不明。

定宗的弟弟光宗（九四九～九七五年在位）繼位，不願意繼續每日擔驚受怕，決定要強化王權，削弱地方貴族。他首先推行「奴婢按檢法」。在後三國時期戰亂之中，各地方土豪都把俘虜及災民當奴婢。土豪的奴婢的數目竟有到達數千人，甚至上萬的。光宗下令調查，如果是良民便放回去自行營生。光宗又鼓勵密報，以種種殘酷的手段，剷除異己，造成奴告其主，子告其父；小人得志，忠良受害的現象。於是乎人人自危，竟不敢在路上耳語。光宗又推行科舉制度，經由考試任官，建立新的官僚體系。這是知識分子企盼已久的，而新起的貴族莫不痛恨。

第六代成宗（九八一～九九七年在位）認為光宗的改革造成嚴重對立，為了要緩和，遂重用大儒崔承老，採取比較溫和漸進的手法。地方豪族又被吸收到中央。貴族子弟也可以經過所謂的「蔭敘制度」繼承特權，與科舉並行。

穆宗繼成宗而立，與母后不合，明爭暗鬥，一旁虎視眈眈的大臣又有機會干政。穆宗十二年（一〇〇九年），武將康兆領兵進京，入宮逼死穆宗，立穆宗的長子顯宗為王，實際上是傀儡。康兆後來在與契丹戰爭中敗死，但是顯宗成為另一個權臣金殷傅的囊中之物。金殷傅將三個女兒都嫁給顯宗，成為下一任高麗王的外公。此後金家又如法炮製，以外戚的身分牢牢掌控王室及朝政。從顯宗到第十一代文宗（一〇四六～一〇八三年在位），一共有四代，歷時五十幾年，超大門閥「安山金氏」成為真正主宰高麗王朝的豪族。文宗之後到第十七代仁宗（一一二二～一一四六年在位）的八十幾年間，另有「仁州李氏」取代「安山金氏」，以外戚的身分掌控朝政。高麗仁宗既是權臣李資謙的外孫，又是女婿，關係十分奇怪而複雜。高麗的安山金氏及仁州李氏是兩百年前日本平安時代藤原攝關家掌控天皇家的翻版。

## 高麗與契丹的戰與和

契丹緊鄰高麗，對高麗是一大威脅。高麗太祖天授二十五年（契丹太宗會同六年，九四二年）契丹述律太后派使臣帶五十頭駱駝送給高麗。太祖王建自認與渤海國的高句麗人同文同種，對於先前契丹擊滅渤海國憤恨不平，怒斥契丹為「無道之國」。這時太祖王建不但不接受好意，還將契丹使臣流放，又將駱駝棄置於開城萬夫橋下，全部餓死。歷史上稱這件事為「萬夫橋事件」。述律太后大怒，兩國開始交惡。當時在中國對契丹百依百順的後晉兒皇帝石敬瑭剛死，繼任者對契丹出言不遜，契丹正準備出兵南下，予以懲處。述律太后對高麗雖然怒氣勃勃，只能暫時忍耐，不願分兵對高麗採取行動。契丹後來在中國越陷越深，更是抽不出力量與高麗另闢戰場。

宋太祖趙匡胤建立宋朝（九六〇年，遼穆宗應曆十年，高麗光宗十一年）之後，派人到高麗提出結盟的要求。高麗從來就認為契丹人是野蠻人，因而與宋朝建交，在清川江以北各地築城造鎮，積極準備與契丹人打仗。但是宋朝忙於收拾南唐、後蜀等在南方割據的國家，與遼國有二十幾年沒有戰爭，高麗也不敢單獨與遼國為敵。

宋朝統一中國之後，與遼國開始正面對決。宋太宗兩次大規模出征，都大敗而回。這時遼國的皇帝是遼聖宗，實際上是由蕭太后臨朝攝政。蕭太后明斷果決而胸懷萬里，是中國歷史上少有的巾幗英主。恰好在這時宋朝的夏州（陝西）發生党項羌叛亂。蕭太后大喜，立刻派人前往扶植這個勢力，封叛軍領袖為王。一個新生的西夏王國從此站立起來，成為宋朝的另一個心腹之患。

契丹統和十一年（宋太宗淳化四年，高麗成宗十三年，九九三年）蕭太后任命蕭遜寧為統帥，傾全國之兵八十萬人攻打高麗。遼軍勢如破竹，一路打到蓬山郡（今朝鮮平安北道）。在遼國大軍威脅之下，高麗大臣分成主戰及主和兩派。主戰派誓守山河，主和派主張割讓部分土地給遼國，以免亡國。不過遼軍在節節勝利之後，很奇怪地卻不再往前，而是催促高麗派人去談判。高麗君臣猜不透遼國的意思，而仍然派中軍使徐熙前往。談判的結果完全出乎所有人意料之外，遼國不但同意撤兵，並且將鴨綠江以東原來高句麗的土地（稱為江東六州）全部歸還高麗。遼國只要高麗與宋朝斷交，並使用遼國的年號。

在蕭太后的大戰略計畫中，明顯地是以宋朝為主要的敵人，因而故意向高麗示好。蕭太后又不願意高麗誤以為遼國軟弱，所以先出兵給高麗顏色看，然後見好即收。如此高麗既得到好處，又知道遼國的利害，才會願意背叛宋朝，死心塌地與契丹結盟。蕭太后解除了後顧之憂，從此可以放心，專心一意對付宋朝。十一年後（契丹統和二十二年，宋真宗景德元年，一〇〇四年），蕭太后大舉出兵華北，隨即與宋朝簽訂澶淵之盟，不但獲得承認華北佔有的土地，得到每年鉅額的納幣、納絹，又確保後來一百多年的和平。澶淵之盟又為遼國鋪路，使遼國在後來得以沒有顧忌地向蒙古草原及中亞擴張，在亞洲北方建立一個比宋朝還要大的帝國。

前面敘述到康兆弒殺穆宗，立顯宗為王；遼聖宗自認遼國是高麗的宗主國，大怒，親率四十萬大軍渡過鴨綠江，問弒君之罪。康兆也率三十萬大軍迎敵，結果兵敗被殺。契丹接著又攻陷開城，顯宗出奔。契丹燒殺搶掠，開成的宮殿、宗廟及民屋都付之一炬。原來高麗得到的江東六郡又回到契丹手中。顯宗九年（一〇一八年），遼聖宗又派蕭排押率十萬兵再攻高麗，同樣直接攻到開城，而久攻不克，於撤退時遭到高麗統帥姜邯贊截擊，只剩下數千人回到遼國。雙方經過十年戰爭，都已筋疲力盡，於是講和罷兵。從此數十年之間兩國沒有再發生大的戰役。不過高麗怕遼國侵略，決定再加強防禦工事，在北方就原有的長城繼續建造，經過幾十年，完成千里長城，西起鴨綠江口，東至大海。

## 高麗與金國的關係

女真人於十一世紀末開始崛起，在第十三章已經敘述。女真與高麗原本相互貿易和好，女真人用來製作兵器和農具的鐵還是來自高麗。高麗有一次邀請女真人來，卻將兩個女真酋長及部屬拘留不還，兩國於是交惡。女真與高麗的第一次戰爭發生於高麗肅宗九年（女真首領完顏烏雅束二年，宋徽宗重寧三年，一一〇四年）。當時完顏女真部隊追擊其他部族的女真人到咸興平原（今北韓咸鏡南道），離高麗千里長城的要塞定州（定平）不遠。高麗出兵驅逐完顏女真部隊，結果大敗，死傷慘重。高麗全國引為莫大恥辱，於是重新組訓軍隊。三年後，大將尹瓘又率十七萬大軍出關，號稱二十萬。其中有步兵、騎兵，還有僧兵，分別稱為神步軍、神騎軍、降魔軍。兩軍纏戰兩年，各自建造九座城鎮對峙，最後女真人仍然以少勝多。高麗不但慘敗，並且將九座城送給女真，又將先前扣留的兩個女真酋長送回，請求講和。

烏雅束的弟弟完顏阿骨打繼位後稱帝，建立金國。接著以小吃大，在十二年內滅掉遼國和北宋兩個大帝國。高麗仁宗無奈，只能向金國投降，稱臣入貢（一一二六年）。雖然是一項恥辱，但也因而免去亡國的命運。

## 高麗武人當政

高麗王朝與日本的平安王朝有若干相似性，前段是外戚掌權，後段是武人干政。

高麗仁宗時，李資謙自恃是仁宗的外祖父兼岳丈，專權跋扈。仁宗不滿，暗中聯絡群臣，竟被幽禁。後來與李資謙同黨的武將拓俊京反戈，協助仁宗將李資謙拔除。李資謙之亂雖然被平定，但是高麗貴族跋扈的情況並沒有改變。一般人對於大部分貴族的無能與腐敗非常失望，改革的聲音逐漸高張。貴族都聚集在開京，因此部分改革派主張釜底抽薪之計就是將國都遷往西京平壤。高麗仁宗也同意，命令以僧人妙清為首的改革派開始重新建造西京。過幾年西京造好了，以金富軾為首的開京貴族卻攻擊西京派利用圖讖、邪說、迷信蠱惑人心，堅決反對遷都。

金富軾是「慶州金氏」門閥的代表，也是高麗時代的大學者、大歷史家。韓國第一部史書《三國史記》便是金富軾奉命編撰的。仁宗聽了金富軾的建言，改變主意而不遷都。西京改革派大失所望，於是在仁宗十三年（一一三五年）舉兵造反。金富軾帶兵前往，經過兩年多才平定叛亂。這一場內戰使得西京附近殘破，內部對立更加嚴重。

高麗王朝和宋朝一樣，重文輕武，武將的地位遠遠落於文臣之後。但高麗比宋朝更糟的是文臣大多是貴族出身，家室顯赫，擁有良田美宅。相對地，武將卻大部分生活寒傖，因而個個內心裡忿忿不平。經過兩次以武力平定內亂，武人事實上已經直接掌控大部分的軍隊，但是文臣對武將仍然是頤指氣使，甚至公然侮辱。仁宗的兒子毅宗生性淫逸放縱，建了許多豪華宮殿，帶頭與貴族們過著荒誕奢靡的生活，使得武將們更加反感。毅宗二十四年（一一七〇年），大將軍李紹膺於大庭廣眾之中被文臣韓賴掌摑，摔倒在階梯下。早先也曾發生武將被文臣用火燒鬍鬚的情事。數十年的仇恨，終於忍耐不住而爆發。以鄭仲夫、李義方為首的將領發動兵變，殺盡所有的文官，並且將毅宗放逐，另立毅宗的弟弟為王，是為高麗明宗。

這一場流血政變稱為「庚寅之亂」，之後，高麗王朝中幾乎所有的官都由武人出身的擔任。武人一旦掌權，也和貴族文臣沒有兩樣，開始強奪土地、農田、豪宅，爭權奪利。二十幾年中，武人之間如狼群爭肉，又連續爆發數次的流血政變。高麗明宗二十六年（一一九六年），政權落在崔忠獻、崔忠粹兩兄弟手中。當初發動庚寅之亂的武將們自相殘殺，已經沒有一個留下來。

崔氏家族廢掉明宗，其後又陸續擁立四個高麗國王。前後六十年中，高麗國王等於是傀儡。崔忠獻又建立起私人部隊，稱為「都房」，歷史上因而稱他的政權為「都房政權」。崔忠獻以為軍隊私有化便無懼於叛變，卻沒有料想到都房政權將來要面對的並不是國內的叛亂分子，而是無敵於天下的蒙古鐵騎。

## 蒙古入侵高麗

一二一五年（高麗高宗三年），成吉思汗攻破金朝中都北平，盡得華北之地。被金朝統治多年的契丹人有一部分趁機起來，想要復國獨立，卻被蒙古兵追殺到高麗國境之內。崔忠獻的兒子崔瑀這時執政，派兵協助蒙古軍隊擊滅契丹的殘存勢力。蒙古藉機要求高麗稱臣入貢，崔瑀拒絕。雙方於是開始敵對。不過成吉思汗因為忙於西征，暫時沒有發起攻擊高麗。成吉思汗回來後，派遣使者到高麗（一二二五年），在返國的途中卻遭到殺害，兩國關係更加惡化。然而成吉思汗又忙於征伐西夏，還是暫時沒有對高麗採取報復。蒙古滅了西夏，成吉思汗同時病死，繼位的窩闊台開始派兵征伐高麗。高麗高宗十八年（一二三一年），蒙古大將薩里台率領大軍，一連攻破高麗四十幾座城，連開京也被攻破。高麗只得求和，同意俯首稱臣。蒙古與高麗簽訂和約後，崔瑀害怕蒙古人再來時無法抵禦，決定遷都到江華島。崔瑀的舉動激怒了窩闊台。

當初成吉思汗兵臨金國中都（今北平），金朝求和。但金朝在與蒙古簽訂和約後，立即遷都到汴京。成吉思汗大怒，認為金朝不相信和約，完全沒有誠意，並且別有圖謀。窩闊台對崔瑀遷都的想法也一樣。自此之後，二十幾年間蒙古兵斷斷續續地侵入高麗，前後七次。為什麼攻勢會斷斷續續呢？因為在這期間蒙古人事實上是從事三面作戰；一面進行先後兩次大規模西征，一面征宋，又一面征高麗。其間蒙古大汗從窩闊台又三傳到貴由、蒙哥、忽必烈，並且發生嚴重分裂及內戰。

高麗的新國都江華島在漢江口，蒙古兵不善水戰，望著廣闊的江面而無法進攻，於是在高麗國境內大舉屠殺。高麗王朝號召人民起來抗戰。人民紛紛響應，結果死傷慘重，農村破敗。許多重要的古蹟、廟宇被破壞，佛經、圖書被燒毀。高麗文臣大多是主和派，對於都房政權堅決主戰，導致國家喪亂，極為不滿。高宗四十五年（一二五八年），主和派謀殺最後一任的都房掌權者崔誼，送太子王倎到蒙古軍營去求和。蒙古人同意簽訂和約。太子王倎在第二年繼位為王，是為高麗元宗（一二五九～一二七四年在位）。從這時起，幾乎每一代的高麗國王都必須把太子送到蒙古，以作為人質；而在高麗國王死後，蒙古人又將太子送回來，繼承王位。高麗成為蒙古的附庸國。

## 倭寇

十二世紀開始，日本國內戰爭不斷。戰爭中失敗一方的武士在國內四處流浪，被稱為「浪人」。久而久之，也有部分武士乘船到高麗沿海打家劫舍，被稱為「倭寇」。高麗高宗時，倭寇為患已經十分嚴重。蒙古既是高麗的宗主國，高麗不免向蒙古人訴苦。高麗大臣向元世祖忽必烈建議派遣使臣到日本，並說可以擔任嚮導。忽必烈原本就是野心勃勃，想把日本也收入版圖之內，正中下懷。不料日本室町幕府對蒙古派去的使節態度冷淡，引起忽必烈不滿，因而在一二七四年（高麗元宗十六年）及一二八一年（高麗忠烈王八年）兩次派大軍渡海遠征日本。然而兩次卻都遇到颱風而全軍覆沒。詳細的經過已經在第十六章敘述。

忽必烈遠征失敗對於高麗來說是一場大災難。高麗挑動忽必烈，卻被逼迫而不得不徵調兵勇數萬人，又花費巨資來建造船隻，供應軍糧、軍需，以致於國困民貧。「元寇」兩次侵略也引起日本人民的憤恨，尤其是原先居住在對馬島、壹岐島及平戶島附近的人民在「元寇」到來時慘遭荼毒，家園喪盡，紛紛誓言要報仇。戰爭因而帶給高麗嚴重的後遺症。從這時起，倭寇比起原先的規模更大，擴散更廣，並且手段更狠毒。日本鎌倉幕府在後來漸漸式微，人民生活越來越苦，成為浪人的武士越來越多，參加倭寇的人也越來越多。一三三三年，鎌倉幕府滅亡，南北朝戰亂時代開始，倭寇在高麗肆虐也達到最高峰。

高麗沿海的農村飽受倭寇襲擊，農民紛紛逃到內地。農田廢耕導致饑荒，政府稅收嚴重不足。海上的運輸和貿易也因為倭寇而中斷。首都開京得不到接濟，發生暴亂而宣布戒嚴。高麗王朝耗盡財力、物力、人力用於對付倭寇，然而成效有限。在日本的南北朝期間，高麗也找不到一個在日本能號令天下的人，可以請求協助。

## 紅巾軍（紅巾賊）

高麗王朝正在為南方的倭寇問題而焦頭爛額時，在北方又發生嚴重的狀況。蒙古人在中國建立的元朝政權已經走到盡頭，天災人禍導致人民起義，其中最主要的是以明教為主導的「紅巾軍」，或稱「紅巾賊」，遍布華中及華北。紅巾軍首領劉福通發動四路出兵，大舉攻打元朝。其中的北路軍及東路軍在抵達遼東之後，於一三五九年（高麗第三十一代恭愍王八年）首度越過鴨綠江，侵入高麗。紅巾軍攻破西京平壤，所到之處燒殺搶掠，又是一場大災難。

紅巾軍後來雖被擊退，經過兩年又有十餘萬人渡江而來，竟攻陷高麗首都開京。恭愍王落荒而逃，京城居民紛紛棄家逃難，滿路狼藉，哭聲震天。紅巾軍在開京停留數月，京城殘破。高麗各道兵馬二十萬人在開京集結，由總兵官鄭世雲指揮，最後終於將紅巾軍趕回遼東。

恭愍王（一三五一～一三七四年在位）喜好享樂，開京被佔領時，依舊是聲色犬馬。鄭世雲擊退紅巾軍，恭愍王卻開始猜疑，認為會威脅到自己，竟唆使其他將官殺害鄭世雲，然後又將這些將官一一逮捕處死。

紅巾軍雖然退了，倭寇卻仍是驅不走的夢魘。擊退紅巾軍有功的將領，如李成桂和崔瑩，都繼續投入圍剿倭寇的戰役中。對於這些將領來說，鄭世雲的慘死是一面鮮明的鏡子，讓他們知道一定要明哲保身，而最好是在暗中建立自己的勢力。

## 恭愍王及禑王

蒙古人統治高麗時，強迫高麗人服裝和頭髮都改成依照蒙古的方式，又要求高麗人取蒙古名字，連國王都不例外。例如恭愍王的蒙古名字叫「伯顏帖木兒」。蒙古勢力逐漸衰弱，恭愍王決定開始與中國反元的勢力結合，以共同對抗元朝。一三六八年，朱元璋開創明朝，將蒙古人趕回北方。恭愍王立刻表示臣服於明朝，派兵逐步收回蒙古人佔有的土地。

恭愍王寵信一名僧侶出身，法號「遍照」的辛旽執政。辛旽是一位具有爭議性的歷史人物。他進行激烈的土地改革，目標是打擊大地主的兼併惡行，而得到許多農村百姓的感戴與支持。然而朝中大臣，也就是實際上背後的大地主們，自然是極端的不滿。大臣們指控辛旽跋扈專權，大興土木，勞民傷財等等。恭愍王這時又認為辛旽也威脅到自己，於是以謀反的罪名將他除去。

恭愍王往往在發動一些陰謀之後，接著找人替罪，或殺人滅口。一三七四年（明洪武七年），恭愍王又要除去幾名宦官和近臣，預備為一件隱密之事殺人滅口。不料他自己口風不密，宦官在夜裡先行下手。恭愍王被殺，在位二十七年。

繼位的高麗國王稱為「禑王」。有人說他是恭愍王與辛旽的奴婢所生的兒子。也有人說他其實是辛旽的兒子，所以名字應該叫做辛禑。總之，禑王登基時只有十歲，因而由擁戴有功的大臣李仁任掌握大權。當時北元雖然退出中國，並未滅亡。高麗王朝的大臣們分為親元派和親明派，李仁任主張親元，高麗因而和明朝斷交。朝中大臣如鄭夢周和鄭道傳都是有名的儒家學者，堅決支持明朝，結果都被迫辭官。但是親元政策的錯誤隨著時間發展而越來越明顯，李仁任又被迫將親明的大臣請回來。明太祖不悅，不承認禑王，拒絕接見高麗使節。直到洪武十七年（高麗禑王十年，一三八四年）鄭夢周奉命出使，才終於獲得明太祖接見，又重新建立兩國的關係。

## 李成桂建立朝鮮王朝

一三八七年（洪武二十年），明朝大將馮勝擊敗元軍，進駐遼東。明太祖決定在邊界設置鐵嶺衛，並且在第二年正式行文告知高麗。

鐵嶺衛所的預定地在現今北韓咸鏡南道的永興。元朝時屬於蒙古人管轄之地，稱為雙城總管府。李成桂的父親李子春當年正是在蒙古雙城總管府任職的高官，李成桂在這裡出生。明太祖的決定意味先前二十年裡恭愍王收回北方土地的努力都是白費，要全部歸還明朝。高麗君臣大為不滿，又分裂為親明及反明兩派。前者以李成桂為首，後者以崔瑩為首。高麗禑王聽從崔瑩的建議，決定發兵突襲遼東，並派李成桂為先鋒部隊。

李成桂率兵北上，發覺糧餉不濟，士氣低落。在半路上又有消息傳來，明朝大將軍藍玉追擊北元到捕魚兒海，大破蒙古軍，俘擄八萬人。李成桂震驚之餘，盤算此去與明朝軍隊交手，必定凶多吉少。他不得不猜想禑王和崔瑩真正的目的是要借刀殺人，自己如果真的與明朝對敵而被消滅，正好中計。李成桂於是說服同行的另一位大將曹敏修，共同班師回朝，發動兵變，廢黜禑王，流放崔瑩，立禑王之子為昌王。

李成桂不久又廢掉昌王，改立高麗王朝最後的一任國王恭讓王，當作傀儡。恭讓王二年（洪武二十三年，一三九〇年），李成桂在高麗發動一次史無前例的激烈土地改革，宣布先前地主手上的地契全部無效，下令在京城的市街上焚燒公私田地的地籍資料。大火數日不滅。他又宣布實行「科田法」，強勢規定將全國各地土地按等級（也就是「科」）分配給官員及一般人民。李成桂自己和他的家族、部屬當然獲得最多。農民及一般民眾大喜。只有貴族、前朝官員及寺廟受傷，但是無關緊要。李成桂原本已經掌控國家政治、軍事大權，至此又進一步控制了經濟和財政。下一步自然是要取高麗王位而代之了。

當初與李成桂一同發動政變的曹敏修早已被剷除。擋在路上不讓李成桂篡位的只剩下鄭夢周。鄭夢周是高麗與明朝外交關係的要角，深受明太祖的賞識。鄭夢周並且是高麗儒家朱子學派的泰斗，弟子極多，被譽為「東方理學之祖」。鄭夢周又是李成桂的第一謀臣，在對付紅巾軍及倭寇的許多戰役中，運籌帷幄，功勞很大。一三七七年（洪武十年，高麗禑王十年），鄭夢周到九州拜訪室町幕府的大將今川貞世，請求協助對付倭寇。鄭夢周的人品及學問使得日本人無不尊敬。今川一口答應他的請求。不過今川在兩年後奉派回到京都，新任的九州統領對於清剿海盜並不熱中，所以在後來的二、三十年中，高麗仍然得靠自己解決倭寇問題。

鄭夢周既是朱子儒學的領導者，講究的是上尊下卑，當然反對李成桂篡位，態度堅決。李成桂也不敢對他如何。李成桂有一個兒子，名叫李芳遠，卻是性格剛強，派刺客在京城善竹橋刺殺了鄭夢周。恭讓王於是被逼下台，讓位給李成桂。

李成桂怕明太祖不高興，不敢稱王，只用「權知高麗國事」的頭銜向明朝上表，說高麗國王昏亂，自己受推戴，不得不即位。明太祖朱元璋態度冷淡，不肯正式冊封賜印。李成桂身段柔軟，又擬定兩個國號——「朝鮮」和「和寧」，請朱元璋決定。朱元璋選了「朝鮮」二字，此後五百多年朝鮮的國名因而確定。朝鮮自開國之後，一直使用明朝皇帝的年號。

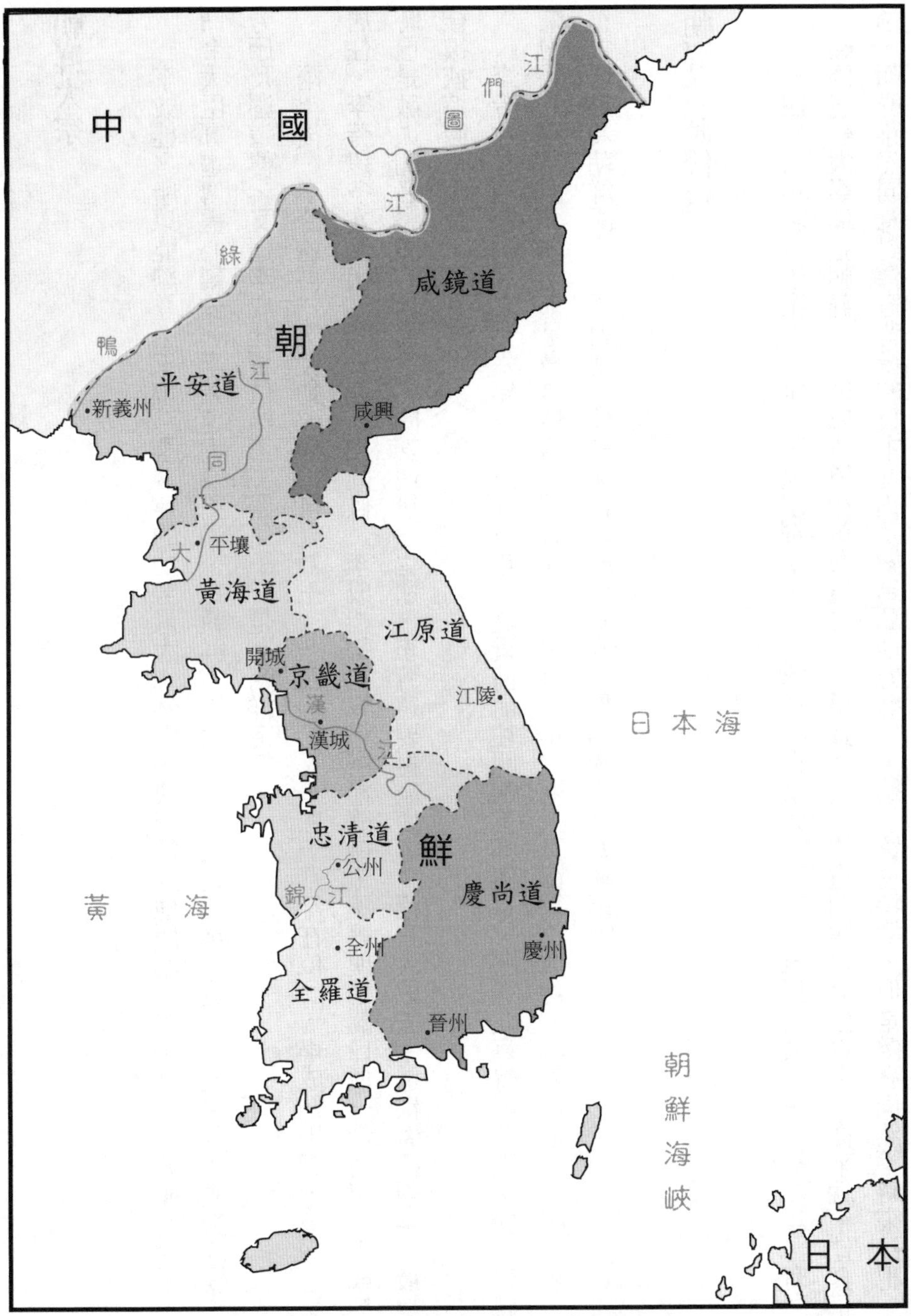


朝鮮八道（十五世紀李氏朝鮮開始）

## 朝鮮太宗

李成桂之所以能夠登上王位，李芳遠的功勞最大，然而李成桂卻立他所溺愛的小兒子李芳碩為世子，並且命令大臣鄭道傳盡心輔佐。李芳遠大為不滿，在朝鮮太祖七年（一三九八年）趁李成桂生病時發動政變，殺李芳碩及鄭道傳，又逼李成桂讓位給第二個兒子，是為朝鮮定宗。

兩年後，李芳遠再一次發動政變，自立為王（一四〇〇～一四一八年在位）。李成桂出奔，逃回老家咸興居住。李芳遠多次派出「問安使」去問候，李成桂每次彎弓搭箭等待，不等使者開口便一箭射出。李成桂年輕時已是敵人聞名喪膽的神箭手，問安使無一生還。李芳遠要再派使者，沒有人敢去。這樣僵持兩年，最後李成桂被挾持回京幽禁，直到去世。

李芳遠曾經在洪武二十六年（一三九三年）隨貢使前往明朝首都南京，路過北京時與燕王朱棣，也就是後來的明成祖見面。兩人都是梟雄性格，相談甚歡。沒有幾年，兩人又都篡位成功。李芳遠上表給明成祖，獲得正式冊封為朝鮮國王。相對地，他的父親李成桂始終只是「權知高麗國事」。

## 朝鮮殲滅倭寇

一四一八年（明永樂十六年），太宗禪讓王位給第三子世宗大王李裪，自任為太上王。第二年，有將近兩百艘倭寇船大舉進犯朝鮮，洗劫忠清道和黃海道之後，揚長而去。倭寇問題自發生以來，從來就不曾真正解決過。朝鮮雖然同意對倭寇背後的日本九州及對馬島地方勢力，給予貿易特權，但是倭寇仍然不時來侵犯，防不勝防。太上王決定不再忍讓，不顧世宗的反對，命令朝鮮將軍李從茂率領水軍一萬七千人分乘兩百多艘戰船，從巨濟島出發，登陸對馬島。朝鮮水軍搜出一百二十九艘倭寇船，悉數燒毀或沒收；將島民視為倭寇，一律殺死，又燒毀所有的房屋和莊稼，並釋放被俘擄來的中國及朝鮮人民一百多人。原本控制對馬島的宗氏家族奮戰不敵，向室町幕府求援。

室町幕府大吃一驚，以為繼一百多年前高麗帶領蒙古人之後，這次朝鮮帶明朝軍隊再次來襲，立刻派兵前去支援宗氏。高麗軍大意進攻，遭遇埋伏受挫，從此雙方戰況膠著。最後朝鮮聲明只是懲罰倭寇，並無侵略之意，下令撤回軍隊。宗氏也小心翼翼地和朝鮮商議，取得三處定點貿易的許可，而交換條件是同意壓制倭寇，保證不再騷擾朝鮮。

日本後來稱此一事件為「應永外寇」，應永是日本當時的後小松天皇的年號。朝鮮稱此一事件為「己亥東征」，是一件光榮的民族歷史。

## 從世宗大王到世祖

朝鮮第四位君主世宗大王李祹（一四一八～一四五〇年在位）是一位不可多得的賢君。由於他好學而沉穩，友愛兄弟，朝鮮太宗決定捨棄立嫡的傳統，務實地選擇立賢。太宗又提早禪位，因而世宗得以在太宗在世時建立穩固的地位。

世宗精通儒學，也關注經世致用之學。他聘請博學大儒為集賢殿學士，從事經書、歷史、典章制度的研究，旁及經濟、天文及地理等，編撰完成許多重要的農事、醫藥及曆法等相關書籍。

世宗大王又指派鄭麟趾、成三問等著名學者研究音韻學，創造了朝鮮自己的文字。韓文字母（Hangul）初創時有二十八個字母，傳到現代只用二十四個，由十個元音與十四子音組成。韓文簡單易學，沒有受過教育的人都能很快學會。在此之前，朝鮮的語言雖然明顯與漢人的語言有很大不同，卻一直使用漢字。但是漢字文言文艱深難懂，成為知識分子和貴族高官的專利品。歷代的政府也很難直接與人民百姓溝通。一四四六年，世宗大王頒布了《訓民正音》。這在朝鮮是一個劃時代的事件。不過此後數百年朝鮮官方文書仍然是使用漢字。韓文實際上是一直到二十世紀才開始在韓國推行全面使用。

朝鮮經過太祖、太宗及世宗大王三代，為李氏王朝建立了堅實基礎。世宗死後，繼任的文宗李珦在位只有兩年就病死，王位傳給端宗李弘暐，只有十二歲。端宗的叔父李瑈掌權三年，逼端宗禪讓，篡位為王，是為第七任朝鮮世祖（一四五五～一四六八年在位）。

世祖怕有人也學他一樣篡位，又將已經逐漸體制化的政治制度改為極端的中央集權。朝鮮原本是「六曹」與「議政府」並行。所謂六曹就是仿效中國的吏、戶、禮、兵、刑、工六部，各設判書為首長。議政府相當於中國的內閣，首輔稱為「領議政」，下設左右議政。李瑈尚未篡位之前就是領議政，篡位之後便將議政府廢掉，讓六曹判書直接向自己報告。朝鮮的政治體制遂與明朝一樣沒有宰相，君主有絕對的權力，導致絕對的腐敗。

## 士禍

李氏朝鮮從建國開始，不幸地有一個內部鬥爭的嚴重問題，如夢魘一般，揮之不去。參加鬥爭的都是高級知識分子及政府裡的官員，而分成不同的黨派。

李成桂建國之後，有一部分知識分子不認同他篡位，又看見鄭夢周被暗殺，於是選擇隱居。這些人在鄉間招收弟子，傳承學問，稱為「士林派」，以吉再為代表人物，以後又傳到金叔滋、金宗直父子。相對地，出仕於新政權的知識分子如鄭道傳之輩稱為「勳舊派」。這一派人在世宗大王設立集賢殿後如日中天。士林派和勳舊派由於一在野，一在朝，理念自然不同。大抵來說，士林派注重辭章、義理；勳舊派注重經學及致用。

朝鮮世祖篡位，又導致勳舊派的分裂。其中一部分人參與政變，以鄭麟趾為首；另一派人誓死反對，以金文起、成三問為首。反對派有六個人密謀要幫端宗復辟，結果被殺，歷史上稱為「死六臣」。又有金時習等六個人決心從此不在世祖朝廷中為官，自我放逐，稱為「生六臣」。也有人像中國西晉時的竹林七賢，痛心時事而專事清談，稱為「清談派」。

朝鮮第九代成宗（一四六九～一四九四年在位）不滿朝中大臣結成利益團體，要引進清流，開始重用金宗直。士林派於是開始抬頭。勳舊派大為不滿，而只能忍耐。

成宗發現他的長子性情暴戾，有意另立太子，卻一直猶豫不決而沒有採取行動。長子因而後來還是繼位，是為「燕山君」（一四九四～一五〇六年在位），果然是一代暴君。勳舊派等候多年，終於有機會反撲，於是向燕山君舉發金宗直在編修歷史時如何毀謗朝鮮世祖，如何大逆不道。燕山君大怒，下令將金宗直開棺毀屍，又將一百多位士林黨人處死或流放。這是第一次士禍發生，稱為「戊午士禍」（一四九八年）。過了幾年，勳舊派又向燕山君舉發在他年幼時母親如何被賜死。燕山君更怒，下令屠殺與該案有關的宗親貴族與士林派。

燕山君不但以種種慘無人道的酷刑對付朝臣，又行為荒誕。為了行獵，他下令拆除京城周邊數十里的民房，致使百姓萬人無家可歸。更荒唐的是，燕山君竟下令將成均館和圓覺寺都改為妓院。成均館等於中國各朝代的國子監，是全國最高學府，圓覺寺是歷史悠久的佛教名剎。燕山君最後引起眾怒，大臣集結將他廢掉，另立他的弟弟為朝鮮中宗（一五〇六～一五四四年在位）。朝鮮歷史稱此一事件為「中宗反正」。

勳舊派的許多大臣們擁立中宗之後，卻看見一部分舊士林派的子弟也進入朝廷，大為不滿，於是又誣陷新士林派陰謀叛亂，導致新士林派領袖趙光祖被處死，另有數十人也遭到整肅。中宗末年，外戚爭權在派系之爭上面火上加油。中宗有兩個尹姓的王后都生下王子。兩個王后的弟弟，分別稱為「大尹」與「小尹」，各自援引朝臣，建立勢力。中宗死後，仁宗先繼位，大尹得勢，重用新士林派。不料仁宗在位八個月就病死，明宗即位（一五四五～一五六七年在位），只有十二歲，母后文定大妃垂簾聽政。小尹得勢，士林派大臣又被整肅。文定大妃死後，小尹又遭到流放。士林派又回到朝廷來。

總計在一四九八年至一五四五年之間，發生了四次士禍，大批的政府官員和民間的菁英因為權力鬥爭而死於非命，或被流放、下獄。

## 黨爭

第十四代宣祖時（一五六七～一六〇八年在位），士林派掌權，不料有兩位士林派的大臣沈義謙與金孝元激烈爭奪一個稱為「銓郎」的中級官職的主導權，互不讓步，竟而導致士林派也分裂。「黨爭」開始，從此一發不可收拾。沈義謙代表的，稱為「西人黨」；金孝元所代表的，稱為「東人黨」。朝廷之上所有的大小官員只能選擇加入其中的一邊，中間派幾乎無法立足。

只不過是一個中級官員的任命案為什麼會導致如此嚴重的後果呢？實際上，兩個大臣之間爭執的背後原因十分複雜，其中牽涉到韓國的理學派別之爭。當時有所謂的「理學派」（以李滉為代表，人稱「東方朱子」）及「氣學派」（以李珥為代表，人稱「東方聖人」）；兩者表面上只是爭奪對由中國傳來的宋、明理學的解釋權，其實更涉及背後各集團的集體利益。廟堂之爭因而也影響到當事人所代表的書院及其出身的農村社會，範圍極廣。這些問題若要說明清楚，就必須把中國及韓國的理學發展先清楚交代。本書不擬在此做太詳細的陳述，但須指出一件事，那就是黨爭的影響無疑遠比士禍深遠。

黨爭開始之後，歷經兩百多年而沒完沒了。其間東人黨、西人黨又各自分裂成不同的黨派，有所謂南人黨、北人黨、老論派、少論派等，構成所謂的「四色黨爭」，然後又繼續分裂。朝鮮黨爭到最後，各黨派已經只知道要照顧集體的利益，不知道什麼是國家，什麼是道理。爭權奪利的本質越來越露骨以後，一黨執政，其他的黨必定要在背後破壞，無所不用其極，目標是使其下台。

## 李舜臣的抗日功績及其遭遇

十六世紀末，日本關白豐臣秀吉兩度出兵到朝鮮，掀起中、日、韓三國大戰。朝鮮稱之為「壬辰倭亂」及「丁酉倭亂」。其原因、經過及結果在第十七章已經敘述過。本書在這裡要補充朝鮮方面的情況，特別是其中關鍵人物李舜臣的功績及遭遇。

一五九二年（朝鮮宣祖二十五年，日本文祿元年，明萬曆二十年）四月，日本十五萬大軍渡海於釜山登陸後，勢如破竹，十九天便攻下漢城。宣祖及大臣沒等日軍來到便棄城逃走。日軍接著推進到開城與平壤。明朝派援軍五千人跨過鴨綠江與倭軍接戰，全軍覆沒。明朝大吃一驚，調集更多兵馬援助朝鮮。這期間幸而有李舜臣在玉浦、唐項浦、閑山島等戰役連戰連勝，擊沉日本水軍戰艦數百艘，完全控制海權，切斷日本軍隊的補給線；否則不等明朝援軍到達，朝鮮早已完結。

李舜臣（一五四五～一五九八年）出生於現今北韓開城一個沒落的書香世家，家境貧寒，但成年後文武兼備。他在三十二歲時參加武舉登科，開始從軍。日本侵犯朝鮮前一年，李舜臣因為大臣柳成龍的推薦而升任全羅左道水軍節度使。他積極操練水軍，並自行研究，發明龜甲船，將戰船的外殼覆以鐵片，並能從四周的孔洞發射炮彈。日本水軍輕敵，戰船武裝不如朝鮮，戰術又不如李舜臣靈活，因而大敗。

明朝大將李如松率領援軍到達朝鮮，與小西行長率領的日軍在漢城及開城之間對峙。朝鮮各地人民及僧侶紛紛起義，組織義軍，攻擊日軍。日軍的主要糧秣庫也被燒毀，聲勢頓挫。豐臣秀吉只好同意議和，雙方撤兵。但明朝與日本議和失敗，戰事又起，日軍再度開往朝鮮。但在此期間朝鮮發生一件極為荒謬而不可思議的事。

當初推薦李舜臣的大臣柳成龍是東人黨的領袖之一。東人黨在一五九一年（宣祖二十四年）因為擁立宣祖的次子光海君為儲君而得勢，卻同時分裂為南人黨及北人黨。柳成龍又成為南人黨的領袖，而北人黨漸漸失勢。日本既決定再度侵略朝鮮，又懼怕李舜臣，於是使出種種陰謀詭計，必定要置他於死地。這時北人黨與西人黨竟也藉機附和，一同誣陷李舜臣，指稱他與日軍勾結。李舜臣竟被革職下獄，差一點被賜死。北人黨支持的元均因而取代李舜臣，成為朝鮮水軍的主帥。

元均率領兩百多艘戰船與日軍大戰，全軍覆沒，元均也戰死。朝鮮逼不得已，又起用李舜臣。朝鮮水師這時已經全滅，李舜臣到任後，只能從頭再建海軍。數月之後，李舜臣僅憑數十艘新造的戰船，面對日本名將藤堂高虎所率領的三百多艘戰艦，兩萬水軍，在鳴梁海峽（在珍島附近）決戰。李舜臣以哀兵之姿竟然大獲全勝，又重新將制海權搶到手中，再一次切斷日軍補給線。

日本陸上部隊原本已經一路攻抵漢城，鳴梁海戰失敗後補給發生困難，又受到明朝增援軍隊的攻擊，只有一路又退回蔚山。明朝這時已經有亡國的徵象，武將大多貪生怕死。明軍統帥楊鎬以重兵圍攻蔚山，不料被反包圍，竟率先逃走。明軍失去統帥，隨即潰敗，死兩萬人。明朝萬曆皇帝將楊鎬撤職，又再度大舉增兵。雙方在蔚山附近攻守達半年之久，互有勝負。到第二年八月，忽然傳來豐臣秀吉病死，征韓日軍奉令全部撤退。

朝鮮、明朝聯軍與日本最後一戰是在露梁海峽（南海島附近）。朝鮮及明朝水軍分別由李舜臣和陳麟率領，共同截堵日軍。日軍死傷數萬人，但李舜臣在大戰中卻中彈身亡。李舜臣兩次拯救了國家，最後壯烈成仁，是韓國歷史上的民族英雄，家喻戶曉。不過李舜臣的遭遇也是朝鮮黨爭的一個鮮明例子，從中可以看見黨爭的惡劣本質，及其帶來的禍害。當初李舜臣如果被害死，朝鮮恐怕將陷於萬劫而不復。

## 朝鮮臣服於清朝

女真人在中國北方建立的金朝被蒙古人滅亡以後，有一部分後裔回到東北地方，居住在松花江流域地區。後來這些人為了要躲避北方野人女真的侵犯，逐漸向南遷徙，到達鴨綠江、圖們江北岸。

明太祖原本要設鐵嶺衛，在李成桂推翻高麗王朝以後，這項計畫卻撤消了。邊界地區因而成為灰色地帶。朝鮮趁機派兵拓展北方土地，漸漸推到了鴨綠江和圖們江的南岸。女真人和朝鮮人於是隔著河互相產生敵意，並且越來越深，朝鮮於是開始建築長城及加固工事，又移民前來屯墾。

女真人半農半漁獵，需要進行貿易以獲得農具、糧食、布匹等，朝鮮往往利用貿易作武器來挾制女真人。當貿易不通，或女真發生饑荒時，女真人便越過邊界來搶奪，朝鮮於是出兵征討。戰爭結束後，雙方又訂立新的互動規則。如此循環，維持了約兩百年。

一五八三年（萬曆十一年，朝鮮宣祖十六年），女真發生一件歷史上的大事，努爾哈赤的祖父和父親都死於「古勒寨事件」。努爾哈赤一心一意要報父祖之仇，奮鬥了三十幾年，在一六一六年（萬曆四十四年）建立後金，自稱可汗。三年後，明朝派楊鎬率領大軍到遼東與努爾哈赤決戰，同時要求朝鮮也派兵支援。楊鎬正是二十年之前在蔚山被日軍包圍，不戰而逃的明軍主帥，在朝鮮人人看不起。這樣的將領竟然能夠免除罪責而再一次受重任，明朝亡國的徵象更加明顯。朝鮮國王光海君（一六〇八～一六二三年在位）不得已，只好派一萬三千人參戰，但是交代帶兵的主帥相機行事。明軍果然在薩爾滸大敗，死四萬多人。朝鮮軍隊見勢不妙，立刻與努爾哈赤講和。朝鮮自此以後採取中立政策，以免受女真人報復。

朝鮮黨爭這時又起。西人黨得勢，廢紬了由北人黨支持的光海君，另立朝鮮仁祖（一六二三～一六四九年在位）。西人黨採取完全不同的外交政策，主張聯合明朝，對抗後金。政爭失敗的北人黨餘黨紛紛投靠後金，慫恿女真人攻打朝鮮。皇太極於是在一六二七年（後金天聰元年）派三萬大軍入侵朝鮮，直抵平壤。朝鮮被迫求和，雙方訂約，結為兄弟之邦。

皇太極後來又征服蒙古，改國號為「清」。這時皇太極對朝鮮的態度轉為嚴厲，要求與朝鮮的關係從兄弟改為君臣。朝鮮主戰派佔多數，寧願戰爭，不受侮辱。皇太極親率十萬大軍渡過鴨綠江，勢如破竹，攻陷朝鮮國都漢城。朝鮮向明朝求援，但是明朝自身難保，哪有能力保護朝鮮？一六三七年（清太宗崇德二年），朝鮮仁祖被迫簽訂城下之盟，對皇太極稱臣，送世子為人質，同意與明朝斷絕關係。

朝鮮的黨爭後來越演越烈，黨人只要隨便抓住一個有爭議的事，便可以大作文章，並藉此扭轉政治局勢，而進一步奪權。舉一個例。朝鮮孝宗駕崩（一六五九年）後，滿朝文武爭論究竟他的繼母應該服喪一年，還是三年？南人黨在爭論獲勝之後掌控朝政，將西人黨全部排擠掉。黨爭的後果竟然如此嚴重，無怪乎政府官僚對任何小事也不敢掉以輕心，對於興革之事自然不敢輕易開啟。朝鮮的政治於是日益黑暗。

## 朝鮮與西方的第一次接觸

正當朝鮮日趨封建守舊，西洋的基督教和新知活水開始傳入，不過也和中國、日本一樣，發生嚴重的宗教及文化衝突。

宣祖晚期，朝鮮派到明朝的使臣已經將利瑪竇的自鳴鐘、世界地圖和介紹天主教的書籍帶回來。仁祖時，陸續又有關於火炮、望遠鏡、天文、曆法等書籍從中國傳入。仁祖五年（一六二七年），有一個荷蘭人朴淵（Jan Janse Weltevree）在日本從事貿易，因船隻漂流而到達朝鮮，從此停留，成為一個傳奇人物。據說他曾經協助朝鮮練兵，又製造紅夷大炮，用以對抗女真人。

孝宗五年（一六五三年），朝鮮發生一件歷史上的大事。在此之前十三年，荷蘭人統治下的台灣有一艘船預定前往長崎，卻在途中失蹤了。荷蘭人以為這艘船已經沉沒。不料在這一年突然有八名這艘船的船員又出現在長崎。這些船員說，原來他們的船在朝鮮沿海失事獲救，以後被滯留在當地，後來才趁機逃出。其中有一個名叫哈美爾（Hendrick Hamel）的船員將他的經歷寫成一本書，書名《史伯偉號漂流記》（*The Journal of the Unfortunate Voyage of the Jaght the Sperwer*）。這本書立刻成為暢銷書，並翻譯成歐洲各種文字出版。「朝鮮」這個國家從此開始在歐洲廣為人知。基督教於是有教士陸續前往朝鮮傳教。

## 朝鮮禁止基督教

朝鮮許多兩班官僚與知識分子都被基督教士的學問新知所吸引。當時儒家也有遭到朱子學打壓的陽明學派和實學派少數學者，都因此得到極大的鼓舞，又開始蓬勃發展。

朱熹思想在朝鮮最為封建，階級觀念尤其根深蒂固，所以社會上分為四個階級：兩班、中人、良民和賤民，已有數百年。兩班是東班的文臣和西班的武將，也都是大地主。中人是負責行政工作的僚佐，包括醫官、文書官、稅務人員和其他各種下級官員。良民大部分是農民，終日為地主辛勤工作，卻受剝削而不得溫飽。良民也包括商人、工匠，但同樣地位很低。賤民是最低下的階級，包括奴婢、巫卜、娼妓、屠夫等，基本上是世襲的，一旦生在賤民家庭，永世不得翻身。其中又以奴婢為最低，被視為私人財產，可以隨意買賣。

基督教沒有階級意識，因而對良民與賤民產生極大的吸引力。再加上從朝鮮太祖李成桂時起，儒學發展興盛，佛教受到儒家的攻擊，逐漸式微，因而在宗教部分真空的狀態下，基督教得到迅速發展的極佳機會。不過朝鮮政府逐漸對實學派的勃興與基督教散布階級平等的觀念感到憂心。羅馬教宗與清朝皇帝之間關於「禮儀問題」的衝突事件傳到朝鮮以後，朝鮮朱子學派的儒家學者至為振奮，於是藉機痛批基督教。

朝鮮有部分教徒遵照教宗的指示而拒絕祭祖、祭孔。朝鮮政府認為問題嚴重，於是在正祖九年（一七八五年）下令禁止基督教傳教，不准任何人從中國帶回有關基督教的書籍。但朝鮮部分的基督教徒無視於政府的禁令，仍然暗中傳教。正祖十五年，全羅道有一名進士及第的教徒尹持忠在母親死後不設神主，也不祭祀。親友及地方儒生憤恨不滿，向政府告發。尹持忠被政府以「不孝」的罪名處死。朝鮮政府認為基督教是邪教無疑，又一次下令禁教，並禁止民間收藏西洋書籍，連國家圖書館「弘文館」裡的漢譯西洋書也全部焚毀。

在中、日、韓三國之中，朝鮮第一次禁教比日本豐臣秀吉第一次禁教（一五八七年）幾乎晚了兩百年，比清朝康熙皇帝的禁令（一七二一年）也晚了六十四年。朝鮮禁教最晚，但鎖國的封閉程度是三國之最。

朝鮮剛要緊閉門戶時，實際上日本在文化交流方面仍然還開了一個門縫，並且漸漸越開越大。朝鮮禁教的根本原因自然也與清朝一樣，是由於傳統思想與基督教之間價值觀的差異，但是黨爭及既得利益階層的私心作祟恐怕也佔了很大的一部分。朝鮮學清朝一樣把西洋新知鎖在外面，國家遂沒有進步的空間。當宗主國清朝後來陷入困境時，朝鮮也只有跟著掉到深淵裡了。

第十九章
# 台灣歷史的開始

一九二一年，歷史家連橫出版《台灣通史》。連橫在自序裡面一開頭寫著：「台灣固無史也。荷人啟之，鄭氏作之，清人營之。」意思是說台灣原來沒有歷史，荷蘭人最先來開拓；鄭成功與鄭經父子接著發展；最後在清朝手中努力經營。

荷蘭人來到台灣已經是十七世紀初了。是不是在此以前台灣就沒有歷史？這要看我們對歷史怎麼定義。如果狹義地認為一定要有某種程度以上的文明持續發展及明確的文字記載，那麼台灣確實歷史很短，至今還不到四百年。如果以廣義的解釋，那麼台灣原住民早已在台灣生活了幾千年，不能說沒有歷史。就好像歐洲人移民到美國以前，印地安人在北美洲早已居住很久了。

## 明朝以前的台灣

中國是一個有數千年歷史的文明古國。而隔著台灣海峽，不到一百海里之外的台灣開化竟是如此之晚，真是一件很奇怪的事。相對地，在大陸南端的海南島也是隔著汪洋大海與廣東相望，而文明發展卻很早。西元前一一一年（西漢元鼎六年），漢武帝已經在海南島設了儋耳、珠崖兩個郡。

古代中國並不是不知道台灣。本書第七章敘述到三國時代的孫權曾經派將軍衛溫跨海征「夷州」，也就是現今的台灣，而與原住民打了一仗，俘擄數千人回去，但從此不曾再來。

隋朝以後改稱夷州為「流求」。大業三年（六〇七年），隋煬帝命令羽騎尉朱寬到流求招降「土番」，但是因為語言不通，只是捉幾個人回去。第二年，朱寬又到流求，仍是不得要領，只能帶一些藤甲、衣物回去。當時倭國的使者正好到達隋朝，一見這些東西便說這是「夷邪久國」所用的器物；顯見古代的日本人也已經和台灣往來了。三年後，隋煬帝再派將軍陳稜帶領一萬人，在鹿港登陸。「土番」酋長歡斯氏拒絕投降，陳稜縱兵殺掠，俘擄數千人。但隋朝對統治流求也沒有興趣。

《台灣通史》記載，唐朝貞觀年間，馬來群島發生洪水，人民無法生活，紛紛駕著木舟、竹筏出海避難，其中有一部分人到達台灣。當時土番歡斯氏剛被陳稜的軍隊擊潰不久，所以來自馬來及呂宋（今菲律賓）的移民順利地居住在海邊之地。連橫引用資料，說生番有六分之一說馬來話，出身呂宋的佔十分之一。

唐朝中葉，有一個詩人施肩吾在江西為官。施肩吾身歷藩鎮之亂，眼見戰火頻仍，人民生活困頓而地方官難為，於是隱居而學道，也寫了幾本有名的道書。後來施肩吾又駕船遠赴海外求仙，而到達了澎湖，最後在晚年時（九世紀中）決定率領族人渡海到此定居。當時澎湖人口稀少，生活落後，施肩吾因而被稱為最早開拓澎湖群島的漢人。不過也有很多學者認為施肩吾定居澎湖只是一個傳說，並不是事實。

唐、宋數百年間雖然貿易發達，中、外有許多船舶來往於海上，似乎仍然沒有人對流求有什麼興趣。一直到元朝最後一個皇帝元順帝時，才在澎湖設置了一個小衙門「巡檢司」，隸屬於泉州府。但澎湖不過是位於台灣與大陸之間的一個小群島，不算是台灣。這時台灣本島仍是一個化外之地，不在中國版圖之內，而屬於原住民的世界。

## 明朝時的台灣

明太祖朱元璋建國之後，頒布禁海令，又認為澎湖可有可無，下令廢掉澎湖巡檢司，將澎湖居民全部遷回福建。明成祖時，鄭和奉令下西洋。有一些傳說指出他也曾經到過台灣，但是沒有任何證據或信史記載可以支持這種說法。在當時的人眼裡，台灣是野人居住的所在，沒有什麼貿易價值，鄭和也沒有什麼道理率領浩浩蕩蕩的寶船隊到台灣。有些學者認為，最多是鄭和寶船隊中有一小部分分航到台灣。

嘉靖年間，也正是日本室町幕府的後期，中國東南沿海的海盜頭子招引日本的浪人加入，「倭寇」大起。抗倭名將戚繼光和俞大猷奉命追剿。倭寇的首領林道乾和林鳳都曾經逃到澎湖和台灣台南暫時躲避。明朝將倭寇趕出澎湖，在當地駐軍，並在台南外海監視。但台灣的原住民凶猛而剽悍，林道乾和林鳳無法久居，後來都被迫轉到別處。倭寇消散之後，有一部分日本人繼續留在台灣，大多以南部打狗（番語Takau之音譯，即今高雄）附近為根據地，進行貿易兼走私。日本人稱當地為「高砂」，稱土番番社為「高山國」。

萬曆年間，日本關白豐臣秀吉揮兵侵入朝鮮，不久又派使者攜帶書信到台灣，勸高山國向日本進貢，有經略台灣的意圖。日本人到台灣越來越多，甚至與雞籠（今基隆）附近的番社發生衝突。德川家康繼豐臣秀吉統一日本，為獎勵海外貿易，核發「朱印狀」，就是可以經營國際貿易和遠洋船運的執照，並命令肥前藩的豪族村山氏負責經略台灣，但後來並未如計畫大舉進行。

# 荷蘭人、西班牙人分據台灣

歐洲人當中最早到達東方的是葡萄牙人。葡萄牙水手在萬曆初年駕船經過台灣北部的海面，看見山嶽如畫，樹木青蔥，讚嘆不已，稱之為「福爾摩沙」（Ilha Formosa），意思就是「美麗之島」。從此Formosa就成為台灣的代名詞。當時是「大發現時代」，西班牙和葡萄牙人四出航海探險，無論到美洲、非洲或亞洲，每次看見漂亮的陸地時，總是發出「Ilha Formosa」的歡呼。因而，據說至少有十二個地方都稱為Formosa。

十六世紀中葉起，荷蘭人已經在東南亞地區開始拓展殖民地，發展商業，並成立了十幾家私人公司。一六〇〇年，英國女皇伊莉莎白一世（Elizabeth I, 1533-1603）發出一張皇家特許狀，授予新成立的英國東印度公司（British East India Company）在印度的貿易特權。荷蘭人意識到在亞洲的競爭已經轉變成國家與國家間的競爭了，於是也在一六〇二年合併十四家公司，成立荷蘭東印度公司（Vereenigde Oost-Indische Compagnie，簡稱VOC）。一六一九年，荷蘭人佔領巴達維亞（Batavia，今印尼雅加達），建立殖民地，然後以此為根據地又向東推展。當時葡萄牙人早已在中國經營多年，租借了澳門，拿到中國的貿易特權。荷蘭人發現自己在中國完全處於劣勢，因而決心自行打開一條路，目光就放到澎湖及台灣來。

荷蘭人在一六〇四年（明萬曆三十二年）第一次派兵到達澎湖。當時明朝每年春、秋各一次派兵駐防澎湖。荷蘭人在七月盛暑到達，沒有守軍，所以不費一槍一彈就佔領了。之後，荷蘭人派代表到福建要求通商。福建巡撫立刻派水師封鎖澎湖。荷蘭軍隊得不到物資接濟，只得撤出。一六二二年（明天啟二年），荷蘭又派兵兩千人佔領澎湖。這次不但規模較大，並且作長期居留的打算，逼迫當地人民做苦工以興建堡壘。據估計有一千二百人因為飢餓或被虐待而死。天啟四年（一六二四年）福建巡撫南居益派水師前往，中荷第一次大戰於是開始。荷蘭人所建的城堡堅固如鐵，武器精良，明朝增兵到一萬人而仍然無法取勝。雙方僵持達兩年之久，最後談和，荷蘭同意有條件地撤出澎湖。

荷蘭人的附帶條件是什麼呢？就是要求轉到台灣，以此為根據地與明朝進行貿易。當時明朝既然不認為台灣是其領土，南居益就同意了。荷蘭人於是從澎湖全部移到台灣一鯤身（今台南安平）。第一任長官宋克（Martinus Sonck）開始在安平建城堡，取名奧倫治（Orange），後來改名為「熱蘭遮城」（Zeelandia），就是現今仍在的安平古堡。當時安平與台南陸地不相連，宋克下令在隔海的沙洲地方建立商館、屋宇，作為來往的歐洲、中國、日本商旅經商、居留之所。其中最有名的建築是「普羅民遮城」（Provintia），現在稱為「赤崁樓」。

荷蘭人佔據台南不久後，已經佔據呂宋多年的西班牙人也不甘示弱，派兵到台灣北部，佔領淡水、雞籠（基隆）、蛤仔難（宜蘭）一帶。西班牙人也建了一些城堡，其中最有名的是「聖多明哥城」（Santo Domingo），就是現今在淡水海邊的紅毛城。

那麼「台灣」這個名字是怎麼來的呢？連橫在《台灣通史》裡列舉了種種說法，但也不能確定。不過從現代所知的各種說法歸納，可以確定以下幾點。

第一，台灣原本是被稱為「台員」、「大員」或「大灣」，是從一個番人的部族或地名的音譯（有Tayouan或Taiyuen等種種拼音法）而來的。第二，這個地方即是一鯤身，也就是現今的台南安平。第三，大員或台員的名稱後來又漸漸擴大範圍，而泛指整個台灣島。荷蘭人佔據台灣後，稱其派任的最高行政官員為「大員長官」。

## 顏思齊與鄭芝龍

除了日本人、荷蘭人及西班牙人以外，還有另一股外來勢力也在一六二四年進入台灣，那就是顏思齊與鄭芝龍集團。顏思齊是福建漳州人，少年時因殺人而逃亡到日本長崎。他體格魁梧而精通武藝，生性豪邁而疏財仗義，被尊稱為「甲螺」，是部分旅居日本的中國人的領袖。顏思齊組織了一個二十八人的兄弟會，被推為盟主。福建泉州籍的鄭芝龍是其中最年輕的一個。

二十八兄弟會也從事海上貿易，並擁有武裝的船隻。當時荷蘭與英國結盟，在日本到巴達維亞的海面上和葡萄牙及西班牙人分為兩個陣營，不但互相攻擊，又洗劫在各個港口進出的商船。顏思齊不惜重金向英國人購買大炮裝在船上，不但自衛，也向來往的船隻收取保護費。

顏思齊野心勃勃，膽大包天，有些史料甚至說他密謀要推翻德川幕府，不料事機不密，遭到幕府派兵圍剿。總之，顏思齊不得不率眾倉皇逃離日本，而無處可去。眾人在海上商議之後，決定到台灣，於一六二四年在笨港（今北港）登陸。

顏思齊等人在笨港一帶從事耕種，並且勸誘在福建的親族故舊前來，漸漸有數千人的規模。他們也沒有放棄老本行，又做起海盜。當時來往於台灣海峽的各國船隻上面都載著香料、胡椒、絲、茶葉、瓷器等貴重貨物。據說鄭芝龍光是一次洗劫暹邏（泰國）的貢船，獲利就已經是天文數字。

以一六二五年（明天啟五年）當作觀察點，台灣當時的政治及社會勢力劃分很清楚。西班牙人在北部，顏鄭集團在中部，荷蘭人在南部。各自都有數千人。在此之前到達台灣的漢人有數萬人，圍繞在這三塊地區周邊墾荒。此外，估計有十萬人左右的原住民分布在台灣各處，包圍並隔開這三個外來勢力所佔領的地區。同時，在北部和南部還有一些日本人，大多從事貿易。

## 鄭芝龍的海上王國

顏思齊在一六二五年病死，鄭芝龍繼任成為領導者。鄭芝龍搶劫糧船，散發給福建飢民。如此地劫富濟貧，又禮賢下士，海盜竟然比官軍受到民間百姓歡迎，而日益壯大。一六二七年（明天啟七年），鄭芝龍集結戰艦，一舉奪取了廈門。這時明朝同時遭受到流寇內亂和女真外患的威脅，已經自顧不暇，竟無可奈何。

第二年，崇禎皇帝登基，立刻派人招安鄭芝龍。鄭芝龍正想藉官方的力量改變事業的型態，一拍即合。他向明朝投降，獲得授給官職，於是更可以名正言順地向海上來往的船隻收取保護費，每艘每年數千兩白銀，依船隻大小而定。受保護的船隻插著鄭芝龍發給的令旗，凡是敢動手行搶的，無論是海盜還是「紅毛夷」，都受到鄭芝龍嚴厲的報復，因而不敢再尋釁。鄭芝龍又在幾年內掃蕩與他不同流的其他海盜，勢力越來越大。據說鄭芝龍一年的令旗收入達到數千萬兩，與明朝政府的收入已經不相上下。荷蘭人對鄭芝龍集團的發展如芒刺在背，於一六三三年（明崇禎六年）從巴達維亞及台灣派出大批戰艦，與鄭芝龍在金門、廈門的海域（現稱料羅灣）大戰。荷蘭人受到空前的挫敗，不得不和他簽訂通商互惠條約。

鄭芝龍自己也有貿易事業。有所謂「山五商」在內地各省從事採購、批發。另有「海五商」，下轄五支船隊，分別在中國、台灣、日本、朝鮮、巴達維亞等地載貨及銷售，船隻總數最高達到一千艘以上。荷蘭人靠鄭芝龍從福建招募工人到台灣種植稻米及甘蔗。日本有許多浪人受雇在鄭芝龍的船隊當保鏢。福建發生饑荒，鄭芝龍用船隊載運數萬飢民到台灣南北各地，又與官府共同發給每人三兩銀子，每三人一頭牛，進行墾荒，一下子解決所有的問題。

鄭芝龍當時的商業勢力之大，獲利之豐，與同時的英國及荷蘭東印度公司相比，一點也不遜色。其所作所為，正是嘉靖年間橫行海上的「老船長」王直所企盼而無法達成的。

## 濱田彌兵衛事件

荷蘭人佔據台灣南部之後，開始徵人頭稅，並對來往的船隻及貨物徵稅。日本人自認比荷蘭人更早來到台灣，當然不服，有些人拒絕交稅。荷蘭人由於當時正在積極爭取日本國內的貿易特權，對日本人盡量容忍，但摩擦仍是難以避免，因而有「濱田彌兵衛事件」爆發。

濱田彌兵衛曾經是朱印船的船長，知道鄭芝龍不但決定了在中國沿海航行的船隻安全與否，也控制了中國生絲運往日本的整個通路，只要能突破鄭芝龍的獨佔，必有暴利可圖。一六二七年（日本寬永四年），濱田彌兵衛說動長崎的官、商出錢出力，到泉州買了大批的生絲，假稱是運到台灣，再轉歐洲，實際上卻是要偷偷轉運到長崎。但荷蘭的台灣第三任長官奴易茲（Pieter Nuyts）也有自己的利益盤算，表面答應，而暗中作梗，結果濱田彌兵衛及背後出資者全部損失慘重。

濱田彌兵衛和長崎的官、商向幕府告狀，使得德川幕府對荷蘭人十分不滿，冷淡對待。濱田彌兵衛耿耿於懷，意圖報復，又在第二年帶領了四百多人乘坐兩條船到台灣，結果被荷蘭人搜出大批的彈藥武器，並以叛國罪逮捕其中十一名台灣高山族原住民及兩名漢人。濱田滯留在台灣，進退維谷，於是用計率眾進入荷蘭長官府中，斬殺衛兵，劫持奴易茲，要求賠償先前所有的損失，最後又將奴易茲的兒子當成人質帶回長崎囚禁。

日本幕府斷然關閉荷蘭在平戶的商館。荷蘭的巴達維亞總督下令將奴易茲撤職，而仍然無法平息日方的憤怒，最後不得不在一六三二年同意將奴易茲送到日本，讓幕府把他關在牢裡。日本人的聲勢一時威震台灣。但德川幕府從這時起已經漸漸開始了鎖國政策（詳見第二十章），並在一六三五年斷然禁止所有的日本人私自出海。日本人於是都奉命歸國，漸漸在台灣銷聲匿跡。

荷蘭人最終之所以能獲得在日本兩百多年的貿易特權，不能不說有一部分是以犧牲奴易茲的自由而換來的。

## 荷蘭人在台灣的統治

鄭芝龍將事業重心轉到海上與大陸以後，漸漸沒有興趣在台灣繼續開拓墾殖，荷蘭人和西班牙人遂成為一南一北兩大勢力。荷蘭人與西班牙仇恨至深，又有貿易上的競爭，於是出兵北上，由雞籠（基隆）登陸，在一六四二年（明崇禎十五年）將西班牙人趕出去，從此獨佔台灣。

荷蘭人來台灣的主要目的是要以此為根據地，進行對中國的貿易。台灣後來果真成為荷蘭東印度公司在東亞的集散和轉口貿易中心。荷蘭人又發現台灣土地肥沃，四季如春，極適合種植農作物。種植稻米及甘蔗（用以製成蔗糖）特別獲利豐厚，因而開始獎勵漢人種植。東印度公司授給人民土地，發給耕牛、農具、種籽，又為農民興修水利和堤防。農民收穫時，繳交一定數量的地租。大部分為荷蘭人耕種的漢人都是幾十個人結成一個團體，從事集體開墾，共同與荷蘭人簽約。漢人因而是荷蘭東印度公司的生產工具，並沒有土地所有權。荷蘭人在發展農業開墾當中，剝削十分嚴重，並且越來越苛刻，使得漢人逐漸不滿。

當時在台灣還有原住民（稱為番人），人數比漢人多，又凶悍好戰。荷蘭人對之採取懷柔政策，又利用宗教予以吸收、同化。基督教的傳教士到達台灣後，以新港平埔番社為中心，開始傳教事業。荷蘭傳教士先學會原住民的語言西拉雅語，再用羅馬文字拼注西拉雅語，創造出「新港文字」，用以教導學生使用。最後以新港文字翻譯《祈禱文》、《聖經》、《摩西十誡》等，用以傳教。荷蘭人在各個番社創辦學校，除了教導學童以外，也有專門為成年男女而辦的課程。根據記載，僅僅在一六四七年一年當中，新港附近的五個番社就招收了七百名學童及一千名成人，其中女多於男。這一年受洗成為基督徒者超過五千人。

荷蘭人在台灣統治前後只有三十八年，但是由於教育的成功，平埔族使用新港文字長達一百五十年。平埔族原住民運用新港文字於日常生活中，比如用來和漢人訂立土地契約，稱為「番仔契」。新港文字雖然最後還是消失了，台灣原住民普遍信仰基督教的狀況延續更久。直至今天，原住民中信仰基督教的人口比例仍是佔多數，並遠遠超過漢人信教的比例。

## 鄭成功反清復明

一六四四年（明崇禎十七年），李自成攻破北京，明朝滅亡。多爾袞率領清兵入關。明朝的遺臣紛紛扶立明朝皇室貴族為皇帝，反抗清朝。鄭芝龍既然富可敵國，又有龐大的商業及軍事力量作後盾，自然是反清復明人士極力要拉攏的對象。然而當時在南京被擁立的福王愚蠢而腐敗，手下大臣又爭權奪利，令人厭惡。清兵攻克南京後，逃到福州依靠鄭芝龍的隆武帝手下一般大臣也大多食古不化。鄭芝龍是講究實際的商人，看在眼裡，認為反清復明完全沒有成功的機會，決定投降清朝以保全他所建立的商業王國。鄭芝龍的兒子鄭成功號泣勸阻，但鄭芝龍還是直接到清兵大營裡向領兵的貝勒王投降，結果不久後竟被挾持到北京，從此一去不復返。

鄭芝龍可能無法明白兒子鄭成功的思想與他竟是南轅北轍。鄭芝龍是商人與大盜的本質，從少年時就鄙棄禮教，每日想的是金錢與權勢。鄭成功於一六二四年生於日本長崎平戶島。他的母親是日本人田川氏，也有人說是福建人而歸化為日本籍。鄭成功幼年在日本長大，所受的教育是德川幕府定為官學的朱子儒學，講究五倫及上下尊卑。日本武士為主君效命，不惜殺身的故事在日本一再傳說，對鄭成功的幼小心靈無疑發生極大的影響。七歲時，鄭成功與母親一同回到鄭芝龍的老家泉州南安，每日唸書、騎馬、射劍。據說他最愛誦讀《左傳》，正是發揚孔子春秋大義的一本書。鄭成功滿腦子的忠君愛國思想、強烈的民族意識，以及近乎日本武士道的作風因而是有跡可循的。

鄭芝龍到北京後不久，清兵攻陷泉州，洗劫鄭芝龍的家。田川氏來不及逃跑而被強姦，羞憤地上吊而死。鄭成功回到家，一語不發，將母親肚子剖開，取出腸子清洗乾淨，再放回去，縫好，然後才下葬。鄭成功又將平時所穿的儒生衣帽帶到孔廟去，在大殿上一把火燒光。他對著孔子畫像下拜，高聲說道：「我昔日乃是儒生，今日成為孤臣。謹謝儒服，請先師昭鑒。」

鄭成功接著在烈嶼（今俗稱小金門）起兵，揭起「反清復明」的鮮明旗幟。這時是一六四七年，鄭成功只有二十三歲。他接收父親的山五商、海五商組織，擁有雄厚的財力基礎，上千艘的戰艦，十幾萬人的軍隊，配備最精良的武器。他的組織能力超強，又發展出綿密而無所不在的間諜及情報網，對滿清的政治及軍事行動無不一清二楚。他又吸收中國境內已有的秘密反政府組織，改組為「洪門」，掌握了地下社會。清朝入關至此，發現鄭成功是一個可怕的敵人。此後十餘年，鄭成功在華南地區各地轉戰，戰果輝煌。

## 郭懷一事件

鄭成功是鄭芝龍的兒子，而鄭芝龍曾經是以台灣為根據地的海盜王。荷蘭人一想到這裡就十分不安，擔心鄭成功會突然轉過來入侵台灣，因而對台灣的漢人十分提防，一有風吹草動或蛛絲馬跡，立即派兵前往盤查、鎮壓。漢人原本在荷蘭政府的橫徵暴斂之下已經十分不滿，至此心裡更增加了恐懼，意圖反抗。一六五二年

（清順治九年），台灣發生了郭懷一事件。

郭懷一原本是鄭芝龍的舊部，後來定居在笨港，成為當地漢人的領袖。荷蘭人知道郭懷一的出身背景以後，半邀半強迫他移居到現今台南永康附近，實際上是就近監視。當時在福建、廣東沿海有許多人為了要逃避清、鄭之間的戰爭威脅而冒險乘船逃到台灣。荷蘭長官下令拘捕這些偷渡客，而在追捕過程中槍殺了很多人。荷蘭士兵奉命挨家挨戶搜索窩藏偷渡客，趁機強行帶走貴重物品及婦女。漢人至此已經無法忍受，於是擁郭懷一為首，起而反抗。

荷蘭在台灣的人數不多，為了制衡，對於漢人及原住民一向採取分化的政策，阻止兩方互相來往，使其互相仇視。在郭懷一事件中，部分台灣的原住民在荷蘭人的威逼利誘之下，選擇站在荷蘭人的一方以對付漢人。郭懷一起事後，不到三天就被原住民殺了，荷蘭長官下令繼續屠殺，死者達到八千人。事件之後，荷蘭政府立即按照原住民勇士繳納的兩千六百個人頭發給獎金。

不過荷蘭人對原住民後來改採高壓政策。據荷蘭人的戶口統計，台灣全島番社的數目及原住民的人數在一六五〇年起的十年中，都減少了百分之四十到五十，其中有些是被殺，有些是不堪受虐待而集體逃亡到深山中，以躲避荷蘭人的統治。台灣原住民之所以有高山族、平埔族之分，實際上是從荷蘭人時代就已經開始了。

## 鄭成功驅逐荷蘭人

順治十六年（一六五九年），鄭成功率領十幾萬大軍在南京與清軍決戰，孤注一擲，卻不幸敗北。鄭成功辛辛苦苦地經營，又回到原點，只剩下廈門和金門兩個島。失望之餘，鄭成功決定攻取台灣，作為下一步發展的根本之地。

順治十八年（一六六一年），鄭成功率領兩萬五千人，分乘四百多艘艦艇，趁著清晨大霧，海水漲潮的時刻，突然在台南外海的沙洲鹿耳門登陸。荷蘭人措手不及，又寡不敵眾，只好退守熱蘭遮城。鄭成功並不進攻，而是採取圍城戰略。九個月後，荷蘭人終於不支而投降，下旗搭船退返巴達維亞，台灣鄭氏王朝於是開始。這時是一六六二年二月，清朝的小皇帝康熙剛剛登基。

## 鄭成功之死

鄭氏王朝剛建立，北京傳來不幸的消息：鄭芝龍在菜市口被斬首。福建也傳來消息，清朝下令挖開鄭家所有的祖墳，將骸骨全部焚燒砸毀。又過兩個月，另一個不幸的消息傳來，鄭成功矢志忠誠擁立的明朝皇室永曆帝（桂王）逃到緬甸，被送回雲南，遭吳三桂絞死。鄭成功受到多重打擊，無法承受，自此常常半夜起身哭泣，開始染病。

這時在廈門又發生一件事，再一次給予鄭成功沉重的打擊。原來他的兒子鄭經奉命留守廈門，卻與弟弟的奶娘通姦而生子。鄭成功大怒，命令將鄭經處死。廈門的部將卻拒不從命。鄭成功原本指望自己的兒子將來能繼承反清復明的大業，如今在他看起來鄭經恐怕是一個敗家子。鄭成功因而萬念俱灰，在當年五月就病死了，享年只有三十九歲。

鄭成功在圍熱蘭遮城時，已經進一步計畫要攻打呂宋，並派了一個外國神父去傳遞消息，預備裡應外合。不料消息走漏，西班牙人知道後大為驚慌，於是下令屠殺在呂宋的華僑一萬人，而鄭成功卻無法及時派兵援助。西班牙人曾經在一六〇三年屠殺過兩萬五千名在呂宋的華人，這是又一次大屠殺事件。鄭成功誓言要率兵到呂宋，為華人報仇，卻不幸病死。

## 鄭氏王朝內部的分裂

鄭成功死後，鄭氏王朝內部立刻發生了分裂。在廈門的諸將擁立鄭經，在台灣的諸將擁立鄭經的叔父鄭襲。鄭經帶兵跨海擊敗台灣勢力，把鄭襲帶回廈門，而處死附從的部分將官。第二年，鄭經懷疑另一位叔父鄭泰也跟反對勢力有勾結，設計誘捕鄭泰。鄭泰的弟弟、兒子們都很害怕，全部帶兵投靠清朝；鄭泰跟著自殺。這件事的後果極為嚴重，因為鄭泰原本在鄭成功手下擔任「戶官」，掌握鄭氏商業王國的財政大權，負責五商組織的所有營運。鄭經在奪權鬥爭中雖然獲勝，不但失去大半人心，商業王國也無法再順利運轉。

在這樣的情況下，鄭經還能夠執政二十年，一方面是因為清朝還要忙於清剿南明在南方的殘餘勢力，後來又發生三藩之亂，無暇分身；另一方面是在台灣有陳永華輔政。陳永華很早就跟隨鄭成功，是最重要的智囊，被稱為當代的諸葛亮。鄭經雖然不是仁德之君，又好逸惡勞，卻能夠放手讓陳永華全權做事。陳永華教導台灣人民進一步發展農業及貿易；建孔廟，辦學校，創辦科舉考試制度，進用人才；又在城鄉創設保甲制度。台灣因而不僅安定下來，也日漸繁榮。

三藩之亂於康熙十二年（一六七三年）爆發。鄭經率兵渡海至福建，加入三藩對抗清朝。鄭經節節勝利，陸續攻陷廈門、漳州、泉州、潮州各地。三藩之中在福建的耿精忠卻深怕鄭經從此佔據福建，極力排斥鄭經。清朝正好利用敵人之間的裂痕進行各個擊破。鄭經轉戰六年，見三藩敗勢已定，只能退回台灣。

部分史家批評鄭經參加三藩對抗清朝極為失策。從財政的角度看，鄭氏王朝在台灣經營十幾年，好不容易安定繁榮，卻因為連年用兵而將累積的財富花費殆盡，甚至對人民強迫派捐助餉，因而國貧民困，無法恢復元氣。從政治的角度上看，鄭氏王朝也失去了一次與清朝謀和的絕佳機會。

鄭氏王朝其實從鄭成功時代起就與清朝一面打，一面談和，始終不斷。三藩之亂是清朝最急於謀和的時候，甚至說鄭經只要在福建、廣東撤兵，並且剃髮表示歸順，便同意鄭氏王朝像朝鮮一樣，歲時朝貢，通商貿易，等於是獨立自治了。鄭經拒絕了清朝的談和條件，到了轉戰失敗歸來，又想談和，而仍希望比照朝鮮向清朝稱臣入貢，成為半獨立的王國。然而，這時一切都太晚，因為康熙已經決意要消滅他眼中的叛亂集團了。

鄭經回到台灣後，心灰意懶，不久病死，遺命長子鄭克壓繼位。克壓雖然剛毅果決，有祖父鄭成功當年之風，卻是庶母所生，不為祖母董夫人所喜。克壓是陳永華的女婿，卻又因岳父已死，失去了屏障。權臣馮錫範於是教唆董夫人，幽禁克壓，將之殺害，而扶立只有十二歲的鄭克塽為王，等於是傀儡。鄭氏王朝原本已經是日落西山，又再一次發生骨肉相殘，政權落入權臣之手，來日顯然不多了。

## 鄭氏王朝滅亡的遠因

鄭氏王朝在台灣的統治總共只有二十二年（康熙元年至二十二年，一六六二～一六八三年）。其中包括最初鄭成功的三個月，鄭經繼位的二十年，以及鄭克塽的最後兩年。

對於許多中國人及台灣人來說，鄭成功驅逐荷蘭人，是一位民族英雄。也有許多人惋惜他的子孫不肖，以致於創業維艱，守成不易，三代就滅亡了。然而，也有部分的史家認為將鄭氏王朝滅亡完全歸罪於後面兩代並不公允。鄭成功在創業過程中，實際上已經鑄成一部分滅亡的遠因。

鄭氏王朝的分裂並不是從鄭經和鄭襲、鄭泰開始，而是在鄭成功揭起反清復明大旗之後，便逐漸發生。鄭成功崇尚法治，尤其認為在亂世必須用重典。他不只要殺自己的兒子，對於部屬更是嚴厲，並且很少傾聽部屬的意見。然而，鄭成功的部屬原來都是跟著他的父親鄭芝龍的一群海盜，一向豪邁不拘，很難一下子接受束縛。鄭成功這樣一個年紀輕輕的白面書生，突然要採取嚴刑峻法，樹立個人權威，絕對是無法讓這些人心服的。因而，衝突在一開始便無法避免了。衝突之後，發生悲劇、叛逃、投敵是一連串可以料想到的結果。

第一個嚴重的叛逃投敵事件是「施琅事件」。施琅十七歲起就參加海盜，是鄭芝龍手下第一善於海戰的戰將，而自恃甚高。施琅不只與鄭成功意見不和，有一次又擅殺鄭成功的親信。鄭成功大怒，施琅害怕而躲藏不出。不料鄭成功竟將施琅一家人全部處決。施琅立刻投奔清朝，從此二十幾年間無時無刻不想報仇，希望有一天率領艦隊攻破台灣。

據說施琅之所以能夠安全逃離，是因為當時有一個大將蘇茂私自藏匿他。鄭成功大怒，卻迫於情勢而饒蘇茂不死。施琅事件發生後數年，鄭成功的軍隊五萬人在廣東揭陽戰敗，鄭成功嚴厲處罰戰敗諸將，將其中的蘇茂處死。所有將領都憤恨不平，認為鄭成功專門記舊仇，在多年之後，藉這次機會殺蘇茂來報復。這些不滿的將領中，有一個黃梧便決定投降清朝了。

黃梧叛逃的嚴重後果只能用「大災難」三個字形容。他向清朝獻出「平海五策」。殺鄭芝龍、挖鄭家祖墳就是其中的兩個毒計。還有一個計策真正是匪夷所思，而清朝竟完全接受了。清朝下了一道比明朝的「禁海令」還要嚴苛的「遷界令」，命令北起山東，南至廣東，所有沿海居民一律向內地撤遷三十里。另外又在福建沿海築了一道一千八百里的海邊長城。

原來清朝雖是中國之主，只能控制陸地，海上是鄭家的天下。黃梧知道鄭家的財源是來自海上貿易，遷界之後，便可完全斬斷鄭家的財源。這條命令一下，數百萬沿海居民被迫遷徙，從此不能出海貿易、走私、捕魚，生活陷入絕境。以今日的眼光來看，這樣不顧人民死活的作法實在不可思議。但這時是一六六二年，八歲的康熙皇帝剛即位，權臣鰲拜專權。鰲拜狂妄而跋扈，對滿人政敵尚且隨意殺害，犧牲數百萬漢人而能重傷鄭成功，對他來說當然是順理成章。七年後，年輕的皇帝康熙扳倒鰲拜，才下令稍稍放寬遷界令，使人民獲得生活空間；不過還是要等到台灣鄭氏王朝滅亡後，遷界令才完全取消。

## 姚啓聖助施琅取台灣

施琅在北京耐心等待，最後終於得到報償。經由閩浙總督姚啟聖的保舉，他受封為福建水師提督，於康熙二十二年（一六八三年）率領清軍水師在澎湖大敗明鄭海軍，接著統帥三百艘戰艦，沿鄭成功打荷蘭人的老路，從鹿耳門進入台南安平港。鄭克塽及馮錫範不戰而降。

台灣如此迅速垮台，有人認為姚啟聖的功勞應該要排第一。姚啟聖不只保薦施琅，並且對鄭氏王朝從事十幾年的分化工作，曾派遣無數的間諜到鄭氏軍中及台灣，從事造謠、挑播離間及暗中策反的工作。尤其是康熙十八年開始，姚啟聖在福建漳州設「修來館」，公開招降納叛，成果非凡。

據估計，明鄭勢力最強時在大陸也不過數十萬人，後來在台灣建立的王朝也只有二十幾萬軍民，而姚啟聖在鄭氏王朝後期所招降到的人數，最保守的估計也有五萬人。姚啟聖對鄭氏王朝所造成的破壞力由此可以想見。當然，鄭氏王朝內部發生派系爭權及鄭克壓被弒殺的事件，也是造成大量叛逃的主因之一。

## 台灣移民潮

康熙皇帝處心積慮攻取台灣，其實並不是對台灣的重視，而是對盤據在台灣的鄭氏王朝視如眼中之刺，喉中之骨。鄭氏王朝滅亡之後，清朝所有的大臣沒有一個曾經到過台灣，甚至不曾看過海船，卻紛紛議論，認為台灣是一個無用的荒島，主張放棄。有人主張再把荷蘭人找回來，訂一個租借條款，每年收貢銀就好了。康熙

## 台灣發展圖

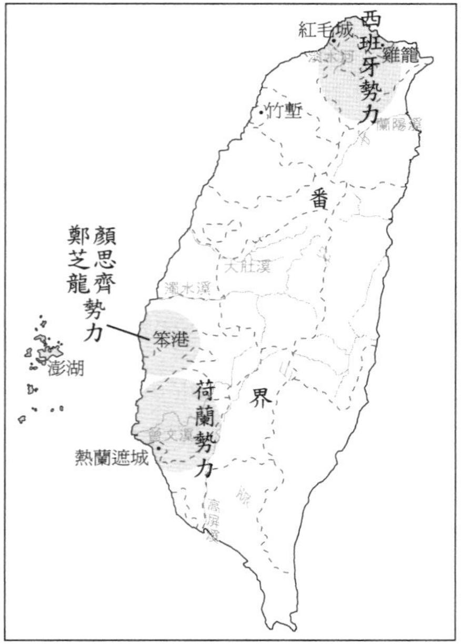


1. 荷蘭、西班牙鄭芝龍分據示意圖（1621-1642）

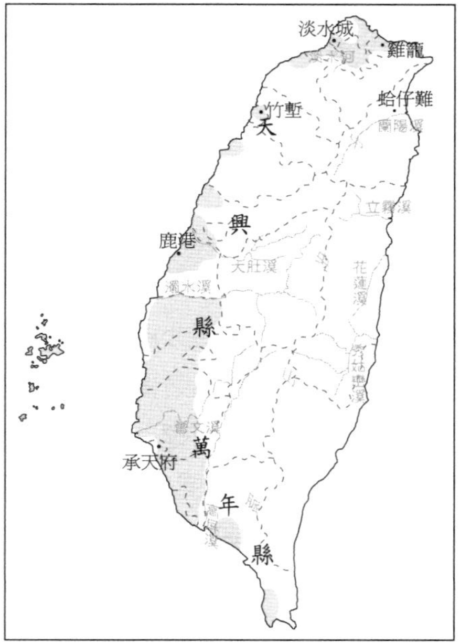


2. 鄭氏王朝時代（1662-1683）

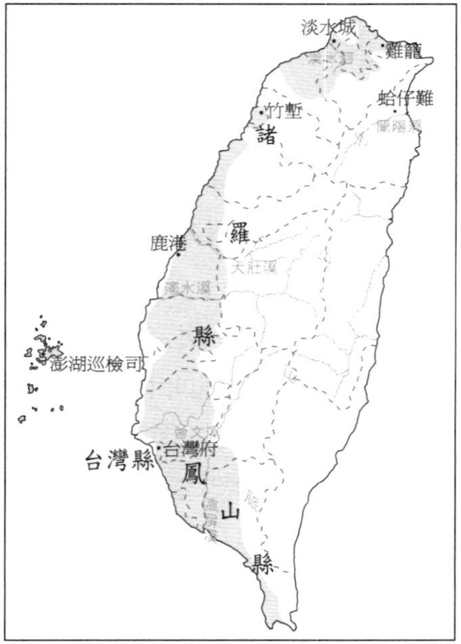


3. 清朝時代台灣府（1723-1874）

皇帝當時對於海權一無所知，竟然也是同樣的看法。只有海盜出身的施琅知道台灣對於海防的重要性，獨自一人對抗滿朝群臣，向康熙據理力爭。施琅在給康熙的奏摺中說：「台灣雖是一個偏遠列島，實際上是沿海四省海防的要害。不要說台灣氣候、土壤適合耕種，能夠自給自足；縱然是不毛荒島，必需靠內地接濟物資，也是斷斷不能放棄。」

康熙皇帝不愧是中國歷史上少有的明君，有足夠的耐心聽取不同的意見，最後聽從施琅的建議，決定將台灣劃入版圖，設置一府三縣，屬福建省管轄。一府是台灣府，三縣是台灣、鳳山、諸羅（嘉義）。雖然如此，清朝基本上仍然認為台灣是過去鄭氏王朝的巢穴，深懷戒心，採取消極的防弊，而不是積極的開發。清朝政府對於大陸有意來台灣的移民，進行嚴格的審核，又立下一個奇怪的規定：渡台移民一律不准攜帶家眷！其中含有以留居大陸的家眷為人質的味道。

儘管清朝的政策消極，台灣的人口數目卻從此急速上升。原本人口只有二十萬，到乾隆元年（一七三六年），已經達到六十萬人。到嘉慶十六年（一八一一年）突破兩百萬，是原來的十倍。移民之中，以福建泉州、漳州的閩南人最多，其次是來自廣東潮、汕的客家人。

為什麼會發生這樣大的移民潮呢？主要原因有二：第一，台灣土地肥沃，氣候溫和，適合栽種稻米和甘蔗。荷蘭人統治時期，台灣已經出口大量稻米和蔗糖，獲利豐厚。第二個原因是大陸的人口暴增，造成生活壓力。

康熙晚年時（一七二〇年左右），中國的人口數已經達到一億。乾隆年間是中國歷史上人口增加最快的一段時間，六十年間增加兩倍，達到三億人。嘉慶年間雖然有許多動亂，人口還是持續成長；到最後一年（嘉慶二十五年，一八二〇年），達到三億五千萬人。中國在宋朝及明朝時曾經兩次超過一億人口大關，但是隨之因為動亂又降下來。像清朝這樣人口沒有止境地上升情況，是歷史上從來不曾發生過的。中國的幅員廣大，從來沒有想過會發生耕地面積不夠之事，這時卻發生了。乾隆晚期這個問題開始受到注意。當時的學者洪亮吉提出人口論，說每人平均要有四畝地才能得到溫飽。然而根據統計數字，嘉慶年間人均耕地面積已經掉到三畝以下。

正是上述這些原因，使得福建、廣東的人民紛紛向官府申請移民。但也有人遭到官員刁難，不惜雇船偷渡，如飛蛾撲火般地湧到台灣，目標是尋找可以開墾的荒地。在此「唐山過台灣」的過程中，移民必須冒死渡過波濤洶湧而危險的台灣海峽（當時稱為「黑水溝」），真正是生死未卜，所以無不到天后宮向媽祖娘娘許願，祈求保佑。等到安全抵達台灣，又紛紛為了還願而集資蓋了許多媽祖廟。因而，台灣從南到北沒有一個鄉鎮沒有天后宮、媽祖廟，是至今香火最旺的民間信仰。

## 台灣械鬥的原因及影響

清朝政府不准台灣移民攜帶家眷，對當時台灣的社會結構產生巨大的影響。雖然有部分偷渡的移民攜帶女眷，但畢竟是少數中的少數；因而有些村莊數百人中，女子只有寥寥數人而已；人口較少的村莊裡甚至一個女子也沒有。有一部分男子於是娶在地的原住民女子為妻，其中以平埔族居多。台灣有一句諺語，說：「有唐山公，無唐山嬤。」便是由此而來。因而，這些早期移民的子孫，也就是今天所有自稱是台灣人的血液裡，多多少少都有原住民的成分。

但無論有多少漢人和原住民通婚，移民社會中男女比例至為懸殊，陰陽因而不得調和。久而久之，一股暴戾之氣於是產生，因而有械鬥與民變不斷地發生。其中另有一個原因是當時清朝對台灣的態度非常消極，所以沒有好官要到台灣來，來的大多是貪官污吏。清朝史書上明白記載：「全國各省地方吏治，以福建省最惡劣；

而福建之中又以台灣最惡劣。」因而，台灣無可避免在後來兩百年中「三年一小亂，五年一大亂。」

所謂「械鬥」，指的是不同族群為爭奪利益，或是只為了意氣之爭而聚眾互相砍殺。福建、廣東兩省人民原本已有此風氣，移民到台灣之後，械鬥之風更盛。在剛開始時，漢人與原住民勢均力敵，但是原住民人數一直維持在十萬人左右，而漢人移民迅速增加，許多原住民被迫退往高山上居住。接著是廣東籍的客家人與福建籍的閩南人互相械鬥，稱為「閩粵械鬥」。客家移民人數較少，最後不敵而被迫遷移，大致來說是由各地河流的下游轉到中、上游居住。客家人退走後，佔據河流中、下游的閩南泉州及漳州人之間又起紛爭，稱為「泉漳械鬥」。泉、漳之間互有勝負，但是大致來說泉州人鬥贏的比例較大，所以部分漳州人只好從河流的下游稍往中游移動。泉州人又接著分村械鬥，或是分姓械鬥。

據統計，兩百多年中重大的械鬥次數超過一百次。每次死傷數百人，甚至數千。經過不斷的械鬥，到台灣割讓給日本之前，各個不同族群分別居住在台灣南北所有河流的上、中、下游，已經固定下來。大致來說，閩南泉、漳人住在下游，客家人和平埔族原住民住在中游，高山族住在最上游。

## 天地會與台灣民變

據說洪門秘密組織創設時，陳永華已經是實際的領導人。鄭氏王朝滅亡以後，洪門繼續在民間發展為地下組織，並生出許多支派或相關的秘密組織，如天地會、三合會及哥老會等。後來清朝兩百多年中發生的許多民變及叛亂事件大多與這些地下組織有關連。孫中山在清朝末年發起革命，這些會黨分子也有很多加入到革命黨中。

在台灣的地下組織以天地會最為活躍。因而台灣民變之所以頻繁發生，除了移民暴戾之氣和選任官吏不善之外，天地會教徒廣布是第三個重要的原因。據估計清朝台灣較大的民變次數超過四十次，其中以「鴨母王」朱一貴之亂與林爽文之亂最為有名。

朱一貴是在康熙六十年（一七二一年）於台灣南部起義，數日之間即有一萬多人，在攻陷台灣府城之後，人數達到三十萬。朱一貴於是稱王，號召反清復明，聲勢驚人。然而當清朝派兵到台灣後，朱一貴竟不到一個月就失敗了。朱一貴失敗最大的原因是內部族群分裂。朱一貴是閩南人，與客家人領袖杜君英原本一同聚義造反，卻發生衝突而互相攻殺。客家人受到清朝招安，反而幫清軍對付朱一貴。朱一貴受到夾攻，兵敗被擒，送到北京處死。

林爽文於乾隆五十一年（一七八六年）在彰化起義，規模比朱一貴之亂更大。清朝屢次增兵，經過一年都不能平息動亂。最後乾隆派出他最寵信的大臣福康安及名將海蘭察率領大軍到台灣，才終於擊敗林爽文。乾隆將這一次台灣之役也列入他的「十全武功」之一。實際上，林爽文之敗最大的原因仍然是內部族群的紛爭。林爽文是漳州人，起事之後不能夠妥善與泉州人相處，以致於泉州人領袖紛紛投降清軍，反過來與清軍共同夾殺林爽文。

總之，台灣內部客家人、漳州人、泉州人之間長期的械鬥種下互相仇恨及不信任的意識，深植於心中。所有的人對於滿清在台灣的統治雖然都不滿，而有許多次因為義憤而攜手共同起事。到頭來，族群敵對的意識卻凌駕於對滿清的敵對意識。內部的分裂最後導致革命失敗。兩百年中同樣的歷史教訓一再重複，卻沒有人能夠記取。

# 第四卷

# 近代篇

（十八世紀至二戰結束）

| 西元 | 台灣大事記 | | 中國大事記 | | 日本大事記 | | 韓國大事記 |
|---|---|---|---|---|---|---|---|
| 1721 | 禁攜眷渡台。朱一貴之亂 | 清 1644–1911 | 康熙下令禁止基督教傳教 | 江戶時代 1603–1868 | | 李氏朝鮮 1392–1897 | |
| 1786 | 林爽文之亂 | | | | | | |
| 1789 | | | | | 松平定信寬正改革開始 | | |
| 1811 | | | | | | | 洪景來之亂 |
| 1820 | | | 新疆張格爾叛亂，歷時七年 | | | | |
| 1837 | | | | | 大鹽平八郎之亂 | | |
| 1838 | | | 林則徐受命赴廣東禁鴉片 | | 緒方洪庵創蘭學「適塾」 | | |
| 1842 | | | 因鴉片戰爭戰敗簽《南京條約》 | | | | |
| 1849 | | | | | 調所廣鄉自殺 | | 哲宗繼位。安東金氏掌政 |
| 1850 | | | 洪秀全起，太平天國亂凡十四年 | | | | |
| 1853 | | | 太平天國陷南京，定都 | | 黑船事件。美艦入浦賀港 | | |
| 1858 | | | 英、法聯軍至天津 | | 日美通商條約。安政大獄 | | |
| 1860 | 開淡水及安平港通商 | | 英法聯軍攻北京，訂《北京條約》 | | 咸臨丸赴美。櫻田門之變 | | 崔濟愚創立東學 |
| 1861 | | | 慈禧、慈安垂簾聽政 | | | | |
| 1864 | | | 太平天國亡。新疆回民叛亂始 | | 四國艦隊炮擊下關長州藩 | | 大院君廢除書院，鎖國 |
| 1866 | | | 左宗棠受任征剿新疆回民叛亂 | | 薩長同盟 | | 法艦入侵。丙寅邪獄 |
| 1868 | | | 西捻滅。陝西回教民變 | 明治時代 1868–1912 | 明治維新開始。戊辰戰爭 | | |
| 1871 | 牡丹社事件 | | 俄國佔伊犁 | | 岩倉具視率團赴歐美考察 | | 美國艦隊入侵 |
| 1873 | | | | | 岩倉團返國，擱置「征韓論」 | | 大院君下台，閔妃勢力起 |
| 1874 | 日軍攻台，陷牡丹社 | | 光緒登基。英國人建松滬鐵路 | | 佐賀之亂 | | |
| 1875 | 沈葆禎開山撫番 | | | | 日本佔琉球，改奉明治年號 | | 雲揚號事件。朝鮮對外開放 |
| 1877 | | | | | 西南戰爭，西鄉隆盛自殺 | | 儒者反西化，大院君復起 |
| 1882 | | | 美國通過排華法案 | | 日本銀行創立 | | 壬午事變。清兵捕大院君 |
| 1884 | | | 中法戰爭起 | | 秩父事件。自由民權運動始 | | 甲申事變 |
| 1885 | 台灣建省，劉銘傳任巡撫 | | 李鴻章簽《中法和約》 | | 福澤諭吉撰〈脫亞論〉 | | 與日本締《漢城條約》 |
| 1894 | | | 中日甲午戰爭，清廷戰敗。孫文開始革命。日本在朝鮮進行甲午改革。美國延長排華法案十年 | | | | |
| 1895 | 清廷割台灣給日本 | | 公車上書。達賴十三世親政 | | 中日簽《馬關條約》 | | 日本刺殺閔妃 |

| | | | | |
|---|---|---|---|---|
| | | | | 大韓帝國 1897–1910 |
| 1898 | 兒玉源太郎任台灣總督，後藤新平實際主政 | 英國強租威海衛。俄國強租旅順、大連。百日維新失敗 | 板垣退助與大隈重信組政黨內閣 | 獨立協會被迫解散 |
| 1900 | 南北電話通線 | 義和團亂起。八國聯軍陷北京 | | |
| 1904 | | 英軍入西藏，達賴十三世逃蒙古 | 日俄戰爭 | 日本迫韓國聘日本顧問 |
| 1908 | 縱貫鐵路全線通車 | 光緒、慈禧死。溥儀繼位 | | |
| 1910 | | 達賴十三世逃亡印度 | 日本併吞韓國，設總督府 | |
| 1911 | | 武昌起義，清室退位，民國成立 | 日本憲兵警察統治朝鮮，開始土地調查事業 | |
| | | 中華民國 1912- | 大正時代 1912–1926 | 日本占領 1910–1945 |
| 1912 | | 孫中山、袁世凱先後任臨時總統 | 明治天皇崩，大正繼位 | |
| 1915 | 西來庵事件 | 袁世凱自任皇帝。《新青年》創刊 | 日本對華提出二十一條要求 | |
| 1919 | 籌畫烏山頭水庫及電廠 | 巴黎和會。五四運動 | | 三一運動 |
| 1921 | 台灣文化協會成立 | 中國共產黨成立 | 第一次世界大戰後蕭條 | |
| 1923 | 治警事件 | 曹錕賄選，當選北方政府總統 | 關東大地震，死十餘萬人 | |
| 1924 | | 國民黨聯俄容共，東征 | | |
| 1925 | | 孫中山病逝。國民黨左右派分裂 | | 朝鮮共產黨成立 |
| 1926 | | 中山艦事件。革命軍北伐 | 大正崩，裕仁即位 | 六一〇萬歲運動 |
| 1928 | 台北帝國大學成立 | 濟南事件。張作霖暴殺事件 | | |
| | | | 昭和時代 1926–1989 | |
| 1929 | | 裁軍會議失敗 | 田中義一首相下台 | 光州學生獨立運動 |
| 1930 | 霧社事件 | 中原大戰。中共李立三路線失敗 | 軍縮會議。濱口首相被刺 | |
| 1931 | | 中共國際派當權。蔣介石剿共 | 柳條湖（九一八）事件 | 金成柱入中國共產黨 |
| 1932 | | 一二八事變。溥儀建滿洲國 | 首相犬養毅遇刺 | 韓國志士執行恐怖運動 |
| 1933 | | 共軍開始長征。盛世才控制新疆 | 日本退出國聯 | |
| 1935 | 首次舉行地方議會選舉 | 中共遵義會議。共軍抵達陝北 | | |
| 1936 | 祖國事件 | 西安事變。張學良劫持蔣介石 | 二二六事件 | |
| 1937 | | 蘆溝橋事變。南京大屠殺 | 軍部解散國會 | |
| 1938 | | 徐州、武漢會戰。國府遷重慶 | 張鼓峰事件 | 推動朝鮮志願兵制度 |
| 1941 | 皇民化運動 | 新四軍事件。蘇聯停止援華 | 日本偷襲珍珠港事件 | 皇民化運動 |
| 1942 | 原住民組高砂義勇軍 | 中國遠征軍入緬甸 | 美國飛機開始轟炸東京 | |
| 1943 | 英美中開羅會議，決定台灣回歸中國，支持朝鮮獨立，要求日本無條件投降。美國取消排華法案。 | | | |
| 1945 | 雅爾達密約。波茨坦宣言。美國空投原子彈，蘇聯對日宣戰，出兵中國東北。日本投降，結束殖民台灣。美、蘇聯分佔南北韓。 | | | |

第二十章

# 西方威脅下的東亞巨變

十三世紀末，忽必烈統治中國時，有一個威尼斯商人馬可波羅（Marco Polo）來到中國，居住了十幾年，對於當時中國先進的文化成就讚嘆不已，認為比歐洲超出太遠。後來他寫成了一本《馬可波羅遊記》，這本書使得所有的西方人對東方無限憧憬與羨慕。但中國明、清兩代自恃天朝的自大心態、僵化的封建思想，及對貿易的無知，使得中國從此不再進步。日本的德川幕府與韓國的李氏朝鮮王朝也都同樣有陳舊的封建思想，盲目鎖國，以為不看、不聽就沒事了。

## 西方的興起

正在東方世界停滯不前的時候，西方世界卻發生了一個思想、文化的大革命。十四世紀初，在義大利北方由於商品經濟發達，產生了新興的資產階級。他們認為西方的人文、藝術已經衰退了一千年，必須恢復古希臘、古羅馬的古典文化，不惜花費鉅資來贊助文學家、藝術家。羅馬教廷和許多城市國家的執政者也都熱心支持這樣的想法，文藝復興運動（Renaissance）於是轟轟烈烈地推展開來，到十六世紀時達到鼎盛，影響遍及全歐洲，不僅在文學、繪畫、建築、雕刻等方面取得輝煌燦爛的成就，也帶來快速的科學進步。

科學進步當然對武器、造船都有立竿見影的助力。以火藥為例。一般相信火藥是中國所發明的，而被蒙古人在西征時大量使用。歐洲人大驚失色，也無法抵抗。經過一百多年，歐洲的化學、冶金術遠遠超過東方，火炮與火槍的威力因而比當初蒙古人所用的簡陋武器強得多。拜科學之賜，歐洲人不僅「船堅炮利」，擁有進步的航海技術，更有了冒險犯難的精神。

一四九二年（明孝宗弘治十年），哥倫布（Christopher Columbus）由西班牙向西航行，抵達北美洲，發現新大陸。一四九七年，葡萄牙人達伽瑪（Vasco da Gama）從里斯本（Lisbon）駕船出發，繞過非洲南端的好望角（Cape of Good Hope），到達印度的加爾各達（Calcutta），開啟了航海的新紀元。這兩件大事宣告了海權時代的來臨，也標誌著西方國家向外尋求貿易機會，轉而朝向侵略的開始。

## 西方人到達東方

一五一〇年起，葡萄牙控制了果亞（Goa，在印度西海岸）及滿剌加（Malacca，或譯為麻六甲，在馬來半島南部）兩個重要的東西貿易轉運港，開始稱雄海上。一五一八年（明正德十三年），第一艘葡萄牙船舶抵達中國廣州。有關葡萄牙人如何成為中國東南沿海的海盜，如何取得澳門的租借權，又如何因為明朝開放海禁而獲得貿易許可，壟斷歐洲與中國之間的貿易，在第十四章已經敘述。

西班牙是第二個到達遠東的歐洲國家。一五二一年，葡萄牙人麥哲倫（Fernando de Magallanes）率西班牙船隊抵達菲律賓，不幸被土人殺死。一五六五年，西班牙人開始佔據宿霧島，幾年後又殖民於呂宋島。

英國及荷蘭發展較晚，但後來居上。英國於一五八八年在英吉利海峽擊潰西班牙的無敵艦隊之後，成為海上新霸主。上一章提到，英國在一六〇〇年成立東印度公司；一六〇二年，荷蘭東印度公司也成立了。

英國東印度公司後來在一六一二年擊敗葡萄牙人，獲得蒙兀兒帝國皇帝的青睞，取得投資及貿易特權。到了十七世紀末，英國東印度公司已經在當地建立了一支強大的武裝力量，甚至買下向商人及平民收稅的權利，成為印度及孟加拉的壟斷勢力。荷蘭東印度公司也於一六一九年在巴達維亞建立殖民地。

法國和德國的海上力量不強，又忙於為了在歐洲大陸上爭霸而打仗；義大利則到一八七一年才真正成為一個統一的國家，三者因而在遠東的發展都很晚。俄國原本也是一個古老落後的國家，但年輕的彼得大帝（Peter the Great, 1672-1725）親政後，斷然從事全面改革，並且建立了一支完全西方化的強大軍隊，於十八世紀初一躍而成為歐洲一等強國。在北美，美國在一七七六年獨立之後，一直忙於內部，所以到十九世紀三〇年代才出現在亞洲。

## 南歐國家的鎖國政策

讀者或許要問，西班牙和葡萄牙既是開創了海權時代，又率先到達了東方，為什麼後來在其他列強紛紛活躍於遠東時，卻好像是退縮了？關於這問題，現代的美國學者大衛・藍迪斯（David S. Landes）在他所寫的一本《新國富論》（*The Wealth and Poverty of Nations*）裡提出了十分精闢的分析。

藍迪斯指出，西班牙在海外掠奪而成為歐洲最富有的國家之後，開始沉溺於奢華享受，以及不斷對鄰國發起戰爭的無底洞，結果家產迅速敗光。葡萄牙人同樣也是揮霍無度。

另外還有一個更重要的原因。在文藝復興的過程中，由於科學和人文主義興起，人們漸漸懷疑教會神學的權威，對僵硬的教條產生不滿，而想要摒棄一切對思想的束縛，結果在十六世紀初引發了宗教革命。但由於歐洲各國的國情不同，經過數十年，竟朝兩個不同的方向發展。西歐及北歐國家的人民大部分都成為新教徒，而在南歐的西班牙、葡萄牙、義大利等國家的政府卻堅決地與天主教教會站在一起。新教徒大多拒絕權威，樂於接受新知識，天主教教會則視新教為異端邪說，用盡所有的力量以阻擋其蔓延。西班牙和葡萄牙政府禁止人民使用印刷技術，禁止進口外國書籍，禁止人民到義大利以外的國家留學，又迫害國內所有的異教徒，以及疑似叛教的教徒。

南歐天主教教會勢力之強大，及其對人民思想桎梏之深，可以用一件人人皆知的歷史事件來說明。義大利的科學巨擘伽利略（Galileo Galilei）在改進荷蘭人發明的望遠鏡，用以觀察天文之後，發表論文公開支持波蘭天文學家哥白尼（Nicolaus Copernicus）所提出的〈天體運行論〉，認為地球是繞著太陽轉，而不是太陽繞著地球轉。天主教教會大怒，判定伽利略的說法是邪惡、錯誤、違背《聖經》。伽利略在一六一五年被送到異端裁判所接受審訊，被逼不得不聲明放棄原先的說法，但仍是遭到終生軟禁。

當時還有一個龐大的奧圖曼帝國（Ottoman Empire），佔據了整個地中海的東半部，是由虔誠信奉伊斯蘭教的突厥人在十三世紀末所建立的，而國力強大，曾經在一四五三年滅掉東羅馬帝國。但奧圖曼帝國的統治者也深怕西歐的異端邪說會污染伊斯蘭教世界，因而拒絕引入印刷術，切斷所有新知識流入的管道。

總之，從十六世紀起，整個地中海周邊的國家都陷入了自大、排外、守舊、思想僵化的鎖國狀態，與當時在萬里之外的中國、朝鮮、日本幾乎是一模一樣。因而，後來西歐發生工業革命，並傳播到北歐，但西班牙、葡萄牙、義大利和奧圖曼帝國卻選擇拒絕進步，漸漸失去活力。西班牙和葡萄牙的國力持續下滑，到了十九世紀末時，據估算人均國民生產值（Per Capita GNP）分別只達到英國的百分之四十及百分之三十。奧圖曼帝國國力也是大幅衰退，無法再和西歐國家為敵，逐漸走上分崩瓦解的道路。

## 工業革命、資本主義與共產主義

西歐的工業革命是發生在文藝復興發端之後約三百年，而主要是從英國開始。一七三三年，英國的約翰開（John Kay）發明了飛梭，後來哈格里夫斯（James Hargreaves）又發明珍妮紡紗機，大大提高棉紡的生產效率。一七六九年，英國人瓦特（James Watt）發明蒸氣機，工業革命遂加速展開。此後還有紡棉機、軋棉花機、織布機、高壓引擎、火車、輪船、電報等，不斷推出。東、西方的科技及工業水平更加拉大之後，武力自然也更加懸殊。東方的國家不管是知或無知，總之已經無法拒絕被改變。

不過工業革命對於歐洲的人民並不一定是好事。蒸氣機發明不到五十年，歐洲各國大資本家紛紛設立大型工廠，取代了傳統的手工業。冷血的資本家聘請工人，給予極低的工資，予以虐待、剝削。傳統的手工業者無法競爭，不是失業，便是被迫開始過著非人的生活。資本家成為剝削階級，而工人成為被剝削階級，二者間的財富分配日益不均，矛盾日形尖銳。資本主義時代來臨所帶來的問題，十分明顯而易見。

一八四八年，馬克思（Karl Max）與恩格斯（Friedrich Engels）宣稱受到廣大的國際工人組織委託而發表《共產黨宣言》。兩人提出如下的主張：

> 至今一切社會的歷史都是階級鬥爭的歷史。……我們的時代，資產階級時代，卻有一個特點：它使階級對立簡單化了。整個社會日益分裂為兩大敵對的陣營，分裂為兩大相互直接對立的階級：資產階級和無產階級。……它（指資本主義）把人的尊嚴變成了交換價值，用一種沒有良心的貿易自由代替了無數特許的和自力掙得的自由。

總之，結論是無產階級若不團結起來，以對抗資本主義，便將永遠被奴役。共產主義於是伴隨資本主義而誕生了。

《共產黨宣言》及馬克思後來獨自寫成的《資本論》對世界影響極大。不過共產主義是在二十世紀才逐漸成為強大的力量。十九世紀正是資本主義如火如荼發展的時候，已經不是任何國家、任何力量可以擋得住。資本主義在歐洲本土既是為富不仁，唯利是圖，又怎麼可能在海外不對殖民地進行巧取豪奪？《共產黨宣言》當中也這麼說：「不斷擴大產品銷路的需要，驅使資產階級奔走於全球各地。它必須到處落戶，到處開發，到處建立聯繫。」

## 東亞巨變

面對西方帶來鋪天蓋地的變化與威脅，東方國家是如何對應呢？答案是各個國家對應的方向與速度完全不同，因而也導致了完全不同的命運。拒絕隨著外界的變化而改變，或改變太慢的國家，如清朝與朝鮮，注定要沉淪下去，願意適應外界的變化而迅速學習改變的國家，如日本，即將一躍而起。

從十九世紀初開始的兩百年裡，東亞的發展大致可以分為四個階段。

- 第一階段（一八六七年之前），中、日、韓都一樣，對內有無數的問題無法解決，對外來的威脅不知所措。
- 第二階段（一八六八～一九〇五年），中國與韓國仍然固步自封，而日本展開明治維新，國力迅速強大，擊敗中國及俄國，成為地區強權之一。
- 第三階段（一九〇五～一九四五年），日本取得地區霸權的地位，軍國主義勢力抬頭，加緊對周邊國家的侵略，終至第二次世界大戰敗戰。

・第四階段（一九四五年之後），美國與蘇俄兩個新強權強力介入，又改變東亞各國的命運。

本章將專注於敘述第一階段中，東亞各國的發展與變化。以下先從中國說起。

## 道光與張格爾之亂

清朝道光皇帝（一八二一～一八五〇年在位）一生的命運與他的父親嘉慶皇帝一樣坎坷，沒有一天不面對國內的叛亂。在他剛繼位不久，新疆便發生張格爾之亂。張格爾是當年乾隆皇帝平定回部時，大和卓木的孫子，流亡於浩罕（是烏茲別克人在中亞建立的國家）。張格爾矢志復國，潛入南疆回部，號召族人發動叛亂，並得到浩罕國王支持。英國意圖從印度往北繼續擴張，巴不得中亞地區發生動亂，因而支持張格爾，派出顧問協助他訓練軍隊。由於清朝派在邊疆的官員貪腐暴虐，不得民心，張格爾很容易便攻佔喀什噶爾、葉爾羌（今莎車）、和闐（今和田）等城，新疆大亂。清政府派出數萬大軍，費時八年才終於平定叛亂。

張格爾被送到北京，道光皇帝要親自審問他，問他為何叛亂。不料官員怕張格爾說出真相，早已防備，將張格爾下藥，使他口不能言，手不能寫。道光皇帝終究得不到答案，只能下令將張格爾以極為殘酷的刑罰處死，給叛亂者一個警惕。但是人民的怨毒哪裡是酷刑可以擋得住的？張格爾的兄弟緊接著又站起來，繼續叛亂。過幾年，又輪到張格爾的下一代，一波又一波而不斷。

張格爾之亂還在餘波蕩漾中，湖南、廣東的傜族人，四川的夷人，以及雲南、陝西的回民又陸續發生民變。這些少數民族也都是因為清朝地方官吏腐化貪婪，忍無可忍，揭竿而起。民變規模之大，都到了必須命令各省總督率大軍進剿。清朝所推行的「改土歸流」政策立意在於加強控制少數民族，但是若不能選任適當的流官，結果只是國家越來越亂。

道光皇帝的問題還不只是內亂，更發生了一件對近代歷史影響巨大的事件——中英鴉片戰爭。

## 中英鴉片戰爭

英國從十七世紀開始就已經是世界上的一等強國了，但是來到中國之後，自認為受到不平等的對待。英王喬治三世（George III）於一七九三年（乾隆五十八年）派特使馬戛爾尼（Lord George Macartney）攜帶國書覲見乾隆皇帝，提出互派使節、增開廣州以外港口貿易、寬減關稅等要求。馬戛爾尼堅持英國與清朝對等，拒絕向乾隆下跪行禮。乾隆大怒，拒絕他所有的請求。此後，法國革命軍席捲整個歐洲，拿破崙（Napoleon Bonaparte）崛起。英國忙於聯合各國和拿破崙打仗，無暇東顧。一直到一八一六年（嘉慶二十一年），喬治四世（George IV）才再派特使阿美士德（William. P. Amherst）到達北京，晉見嘉慶皇帝，結果同樣因為不肯行跪拜之禮，又不歡而散。

一八三四年（道光十四年），英王威廉四世（William IV）派律勞卑（Lord William J. Napier）為駐華貿易監督。律勞卑直接到廣州向兩廣總督盧坤投遞公函，要求面談。盧坤以上國對付蠻夷的姿態，勒令律勞卑退回澳門待命。律勞卑悍然拒絕，盧坤於是下令中斷中英貿易。律勞卑召來三艘英國軍艦進入廣州虎門、黃埔，雙方以火炮互轟。律勞卑被迫退出廣州，不久在澳門病死，死前留下遺言：「要打破中國自大的心態，獲得平等的待遇，只有戰爭一途。」

事實上英國這時已經在印度經營了兩百多年，勢力越來越大。蒙兀兒帝國及孟加拉土著企圖反抗，卻在幾次戰役中遭到徹底擊潰。蒙兀兒皇帝因而成為一個傀儡，對東印度公司只能俯首聽命。清朝的官員如果知道這一段歷史，就會明白律勞卑的遺言並不僅僅是他自己一個人的看法，而是代表了多數在遠東的英國人心底裡的希望。

從另一方面看，中英之間的衝突，其實不只在清朝的高傲態度，更在於貿易的不平衡。當時中國出產的茶葉、絲綢、瓷器等商品在歐洲市場十分受歡迎，而英國卻沒有什麼商品是中國需要的。因而，英國面對龐大的貿易逆差，必須從其他國家購入大量的白銀來償付；日積月累，漸漸不堪負荷。英國在印度種植罌粟，製成鴉片，便試著將鴉片銷往中國，沒想到一炮而紅。

鴉片是毒品，害人吸食上癮後無法戒除。清朝早已下令禁止，但是禁不勝禁。嘉慶年間每年進口還不過幾千箱，道光十八年（一八三九年）時增加到超過四萬箱。中國對英國的貿易因而反過來成為入超。其結果不但使中國每年大量白銀外流，更嚴重的是，導致社會風氣頹廢，人民的健康受危害。清朝有識之士無不呼籲禁絕鴉片，其中以曾經在江蘇、湖廣查禁鴉片的林則徐態度最為堅決。他說：「煙不禁絕，數十年後，國家不只沒有可籌的糧餉，並且沒有可用的兵。」道光皇帝於是再度頒布禁煙令，並派林則徐為欽差大臣，前往廣州負責執行。

林則徐要求各洋商繳出鴉片，以每箱鴉片對茶葉五十斤抵價，共得到鴉片二萬餘箱。林則徐下令立即在虎門海口銷毀。洋商大多具結永遠不再販賣鴉片，唯獨英國的駐華商務監督義律（Charles Elliot）只交出鴉片，拒收茶葉，並且不肯具結，因而被逐出廣州。這時又發生一個英國水手殺死尖沙咀村民的事件。義律自認有領事裁判權，拒絕交出凶手，而在私自審判後，將五名水手送回英國服刑。林則徐斷然下令停止中英貿易，雙方的炮艇開始互相轟擊。鴉片戰爭的序幕戰已經開始。

英國政府原本怕背負強銷鴉片的惡名，堅持和平解決爭端。清朝強勢停止中英貿易，卻使得以貿易為國本的英國找到藉口。維多利亞女王（Queen Victoria, 1819-1901）向國會演說，態度強硬。國會中議員激辯，主戰派壓倒主和派，以二七一票對二六二票通過出兵。英國艦隊於是奉派出征，在一八四〇年（道光二十年）抵達中國；首先封鎖廣州港口，再北上到達天津外海的大沽口，直逼北京。

當初清廷裡的官員有人主張對英國強硬，有人主張和緩。道光皇帝斥責主張緩辦鴉片的滿族大臣穆彰阿與直隸總督琦善，全力支持林則徐，又明白指示林則徐不可對英國人過於軟弱。等英國艦隊到達天津，還沒有打仗，道光卻已經害怕起來。穆彰阿與琦善趁機落井下石。林則徐於是被撤職，流放到新疆伊犁。琦善繼任，奉命與義律談和。琦善同意割讓香港，賠款六百萬兩白銀，給予英國人平等待遇。道光又大怒，認為琦善讓步太多，無能之至，將琦善下獄，決心繼續與英國人打仗。沒想到英國外相巴麥尊（Henry J. Temple Palmerston）也認為這個草約太寬鬆，對英國沒有好處，將義律撤職，另派璞鼎查（Henry Pottinger）接任。璞鼎查隨即出兵攻佔廈門、寧波，進犯上海、南京，清軍完全不是對手。道光皇帝只得又退縮，再派欽差大臣耆英議和，與英國在道光二十二年（一八四二年）簽訂了《南京條約》。

## 《南京條約》

《南京條約》一共有十三個條款，其中重要的有開廣州、廈門、福州、寧波、上海五口通商；允許英國派駐領事；永久割讓香港島；賠償軍費、被銷毀的鴉片等共計二千一百萬兩白銀；雙方商訂稅則等。比起原先的草約，《南京條約》不知要嚴苛好幾倍。

《南京條約》是中國與西洋國家簽訂的第一個不平等條約，內容稱得上是喪權辱國。所有西洋國家在整個戰爭與議和的過程中全都清楚地看見，清朝軍隊是如何地腐朽，不堪一戰；無能的官吏是如何地推脫責任，互相構陷；能幹的大臣如林則徐，是如何快速地在官場中滅頂；而皇帝又是如何地無知、膽小、善變、缺乏擔當，又出爾反爾，自取其辱。鴉片戰爭之前，大部分的西洋國家還以為中國雖然不講理，但是國家太大，不能隨便得罪。戰爭之後，結論已經很明顯：這樣一隻紙老虎，正等著狼群分食。

鴉片戰爭對中國之害，不只在割地賠款，更在於戰敗使得鴉片繼續流毒數十年，甚至到滿清政府滅亡之後，中國還有很多人民在吸食鴉片。話說回來，鴉片之害人人皆知，而英國種植罌粟在先，拒絕配合清朝禁煙在後，最後竟自欺欺人，以維護自由貿易為名而發起戰爭，在戰後又強迫清朝繼續開放鴉片貿易；總之，是為了商業利益而不擇手段。英國後代的子民如果明白這一段歷史的經過，恐怕沒有多少人會認為是光彩的。

## 美國黑船事件

西方列強既是如此地熱中於拓展貿易，當然不會希望日本德川幕府一直繼續鎖國，而只與荷蘭人來往。十九世紀的前五十年，據估計有四十幾艘英、法、美、俄的船隻到達了日本。俄皇所派的使節雷薩諾夫（Nikolai P. Rezanov）於一八〇四年到達長崎，要求通商，被日本拒絕；一八一一年，俄國又有海軍軍官葛洛夫尼（Vasily M. Golovnin）在日本海域探查，遭到逮捕囚禁。一八一八年英國人戈登（Charles G. Gordon）駕艦艇登陸浦賀港；一八二七年美國「莫里遜號」（Morrison）進入浦賀港，遭到炮轟；一八四六年美國人畢迪歐（James Biddle）乘艦艇到達浦賀港，要求開放通商。

日本幕府將洋人當成洪水猛獸，盡量不讓洋人來。官員如果做不到便是嚴重失職。例如，一八〇八年英國軍艦「費頓號」（Phaeton）強行闖入長崎港，長崎的地方首長松平康英無法阻擋，竟因而切腹自殺。在此之前，日本政府還有人溺己溺之心，規定要搭救漂流外海的外國船隻，給予必要協助後使其安全離開。「費頓號事件」後，日本政府改採強硬措施，對外國船來到一律以槍炮驅離。後來「莫里遜號」聲稱護送遇到海難的日本人民回國，竟也遭到炮擊。

中國在鴉片戰爭戰敗的消息傳到日本，引起震撼。幕府趕緊取消之前對外國船不友善的命令，又重新對漂流經過的外國船給予人道幫助。但是洋人在意的不是這些，而是要逼日本打開貿易的大門。荷蘭人獨佔了兩百多年的日本貿易，這時國力已經大大不如從前，因而也誠實地對幕府建議要適度開放門戶，以免遭到像中國一樣的劫難。

該來的終於來了。嘉永六年（一八五三年），美國東印度艦隊司令培理（Matthew C. Perry）率領四艘戰艦進入浦賀港，攜帶美國第十三任總統費爾摩（Millard Fillmore）的國書，直接要求通商，否則開戰。幕府無計可施，只得說必須向天皇請准。培理停留幾天後，答應明年再來。美國艦隊離開後，俄國海軍中將蒲大廷（Evfimii V. Putyatin）也率領四艘戰艦，直抵長崎，要求通商。幕府同樣要求他一年後再來，蒲大廷也接受了。

## 阿部正弘

在這關鍵的時刻，幕府的首席「老中」阿部正弘邀集幕府裡的大小官員及各地藩主前來開會討論。為什麼邀各藩主來呢？這正是他的高明之處。他清楚地知道各地方藩國勢力強大，今非昔比，尤其是長州藩、薩摩藩和水戶藩等三個超強的藩國一向對幕府不滿。面臨西洋的威脅之下，各藩國意見紛紛。有主張強硬抵抗的，稱為「攘夷派」；也有主張早日與外國通商的，稱為「開國派」。如果幕府不能整合意見，恐怕難以善了。討論的結果，連「攘夷派」裡的領袖們也都沒有把握對付洋人，於是一致決議開放門戶。

第二年（嘉永七年，一八五四年），培理又率領艦隊抵達，雙方簽訂了《日美和親條約》（或稱《神奈川條約》）。日本幕府持續兩百多年的鎖國政策至此結束。日本接著也和英國、俄國、荷蘭等國分別締結親善條約。

《日美和親條約》的主要內容是開放下田（今靜岡縣下田市）、箱館（今北海道函館市）兩個港口供美國船艦停靠，補充物資、飲水；給予美國商務最惠國待遇。實際上，這並不是什麼不平等條約，也不是通商條約，因而日本各方面都平靜地接受了。

阿部正弘少年老成，眼光遠大而思想開放。早在黑船尚未到來之前很多年，他已經在幕府裡設置一個機構，稱為「海防掛」，打破幕府階級觀念的限制，聘請各藩國諸侯手下有學識的蘭學家、兵學家、炮術家等，齊聚一堂來研究外交及國防問題。他也是幕府裡第一個下令鑄造西洋大炮，第一個決定向洋人直接購買艦艇，第一個准許藩國建造大船的決策官員。總之，在阿部正弘的領導之下，日本的武器、船艦、科學，甚至人文，都得到迅速的發展。他主政的這段時間稱為「安政改革」，而人才輩出。

阿部正弘度量大而身段柔軟。他為了緩和攘夷論的激烈態度，主動邀請「攘夷派」的領袖德川齊昭在幕府任官，參加意見。他又讓位給開國派的代表人物堀田正睦繼任為首席老中，自己反而屈居其下，如此方便做事又避免被孤立。他與薩摩藩主島津齊彬更是交情深厚，互相提攜。

## 吉田松陰與安政大獄

安政四年（一八五七年），阿部正弘突然病死，享年只有三十九歲。第二年，井伊直弼被任命為大老，開始掌權。井伊直弼也是有理想的開國派人士，然而行事專斷，無視於保守的反對力量，又缺乏阿部正弘的手腕與身段。日本的政局開始風雨欲來。

日本所謂的「開國論」，是針對幕府的鎖國令而提出的相反論說。開國論與一本中國人所寫的《海國圖志》有部分關係。《海國圖志》的作者魏源是鴉片戰爭的主角林則徐的幕僚。林則徐在奉命查禁鴉片時，動員許多幕僚，花了很多功夫蒐集研究西洋的歷史、地理與國情的資料。鴉片戰爭失敗後，魏源感嘆萬分，便將林則徐的資料編輯成《海國圖志》，其中有世界各國的地圖，而論說的目的是要喚醒國人多多研究外國情事，打開眼界，才能挽救危亡。然而，《海國圖志》在中國幾乎沒有人看。鴉片戰爭慘敗使得守舊的朝廷官吏和民間的學者、百姓都對西方蠻夷更加深惡痛絕，大部分對魏源與林則徐的主張沒有任何興趣。

當時也有日本人將《海國圖志》帶到日本，不料卻被視為奇書。陽明學派的儒學大師佐久間象山讀到魏源所說：「師夷之長以制夷。」大為讚賞，引為外國知己。日本有許多原本主張攘夷論的武士看到《海國圖志》之後，也改變觀念成為開國論者。

佐久間象山有一個得意弟子吉田松陰，在一八五四年美國黑船再次來到日本時，偷渡登上美國船艦，要求培理帶他周遊海外，結果被拒絕。吉田松陰向幕府自首，被收押了一年多。出獄後，他回到長州藩萩松本村家鄉（今山口縣萩市），在叔父所開設的私塾松下村塾教授弟子。吉田的叔父是山鹿素行兵法的傳人。在當時幕府的眼中，吉田松陰是一個問題人物，因為他倡導「尊王抑霸」，心目中只有天皇，而無幕府，並且公然宣示，毫不避忌。

井伊直弼接任大老之後，做了兩個引起軒然大波的決定。首先，他悍然決定以德川慶福繼德川家定而為第十四代將軍，無視於各藩國支持水戶藩的德川慶喜。其次，他在美國駐日總領事哈里斯（Townsend Harris）強大的壓力之下，同意與美國另外簽訂《日美修好通商條約》。這個新條約規定增開神奈川、長崎、新潟、兵庫等幾個港口；開放大阪、江戶互市，促進自由貿易；美國擁有領事裁判權，以及關稅由雙方共同協商決定等條款。其中後面兩項是貨真價實的不平等條約。其他四個歐洲國家要求也簽訂通商條約。井伊直弼也都同意了。

井伊直弼既不與各路諸侯事先商量，也沒有向孝明天皇稟報。天皇既憂且怒，秘密發出「敕書」給各藩國的藩主，表示反對這些條約，不惜退位。諸侯紛紛反彈。武士們跟著激烈批評。其中吉田松陰更是旗幟鮮明，聲音刺耳。

井伊直弼不敢對天皇如何，對各藩國卻大肆鎮壓，逮捕了幾個藩主，連水戶藩主德川齊昭都被下令不能出大門一步。反幕的菁英武士、學者幾乎被一網打盡，遭到監禁、流放，甚至殺害。日本歷史稱此一事件為「安政大獄」。吉田松陰也被捕，判處死刑，死時只有二十九歲。

吉田松陰在當時不過是無數死難志士當中的一個，看似無關緊要。然而，他的弟子如木戶孝允、高杉晉作、伊藤博文、山縣有朋等，後來卻都成為明治維新的領導人物，因而吉田松陰竟成為日本明治維新的精神領袖，產生巨大的影響。

## 日本攘夷與開國的矛盾

部分的日本史家認為，井伊直弼與美國等五國簽訂通商條約其實是別無選擇。當時日本如果不屈服，只有打仗。以日本當時的國力，真正打起仗來，日本的下場說不定比清朝還要悽慘。雖然如此，井伊直弼的強橫做法卻引起公憤。在安政大獄前後，水戶藩受到傷害最大，因而一蹶不振，以至於後來無法與長州藩、薩摩藩爭雄。出身水戶藩的武士因而對井伊直弼最為不滿。

萬延元年（一八六〇年），水戶藩武士十八人在江戶城的櫻田門外埋伏，發起突擊，刺殺井伊直弼。「櫻田門之變」是攘夷論在日本走向極端的開始。武士痛恨洋人，也不准日本人學習西洋事務。洋學者在路上被毆打，甚至被殺害的事件層出不窮。

幕府在這一年首次派出一個考察團，搭乘三年前阿部正弘向荷蘭人購買的軍艦「咸臨丸」訪問美國，由勝海舟率領。這是日本改革之路的一個里程碑，距離黑船事件發生後不到七年，顯示日本人學習之迅速。考察團九十六人中有一個蘭學先驅緒方洪庵的學生，名叫福澤諭吉。當時他不過是一個隨員，後來卻成為日本現代化的啟蒙大師、思想領袖及慶應大學的創辦人。福澤諭吉在他的回憶錄《福翁自傳》裡對這次訪問美國有深刻的描述。其中有一段極為震撼。

福澤諭吉問美國的招待人員，美國開國之父華盛頓的兒女現在何處？得到的回答竟是冷淡的三個字：「不知道。」在日本人的腦子裡，華盛頓的地位等於是開創江戶幕府的德川家康，而居然後代沒有人繼續從政，也沒有人關心他的後代，實在太不可思議了。

不過在咸臨丸返航時，所有成員目睹社會激烈的排外、暴戾之氣，沒有人敢隨便說剛從美國回來。雖然如此，幕府繼續派團到歐洲、美國考察的計畫並沒有停止。幕府派遣的人員到達國外之後，直接向洋人訂購最新的戰艦和火炮。

文久二年（一八六二年），排外風潮導致了「生麥事件」。當時有四個英國人，其中一位是女士，在橫濱郊外的生麥村騎馬，路遇薩摩藩主數十人浩浩蕩蕩的陣仗。英國人閃避不及，薩摩藩的武士不由分說便拔起武士刀，殺死一人，殺傷兩個，只放過這一名女士。英國領事大怒，要求逞凶、賠款。幕府賠了十萬英鎊。英國方面不滿意，又派七艘軍艦到鹿兒島，與薩摩藩發生衝突，互相炮轟，不分勝負，史稱「薩英之戰」。最後薩摩藩也同意賠償，由幕府代墊，解決爭端。這件事傳到歐洲，讓歐洲人認為日本人都是不可理喻的野蠻人。福澤諭吉正好也隨一個考察團到達巴黎，明顯感受到法國人態度由熱情轉為冷淡。然而，在日本卻是人心大快，把薩摩藩武士當成英雄。日本這時每個武士身上都帶著兩把刀在街上橫行，一言不合便拔刀相向。凡是被公認為國賊、奸臣的都是武士們實行「天誅」的對象，因而人人自危。

# 倒幕風潮

「薩英之戰」讓薩摩藩知道一味攘夷終究不是辦法。但長州藩裡重要的官員大部分都是吉田松陰的弟子，仍然堅定地抱持「尊王攘夷」的觀念。「攘夷」不用再說，所謂「尊王」就是擁護天皇，具體的目標就是打倒幕府，是所謂的「倒幕派」。當時大部分的藩國仍然擁護幕府，屬於「擁幕派」。在二者之間就是所謂的「公武合體派」，主張幕府要尊重天皇，在重大政策實施前要取得天皇同意才能發布敕令。簡單地說，攘夷、開國的主要分別是對西洋國家與事物的態度是排斥或接受；倒幕、擁幕、公武合體的主要分別是究竟要效忠天皇，還是幕府，還是中間路線。

吉田松陰的弟子之一高杉晉作在長州藩組織了一支新的陸、海軍，全部使用向西洋購買的槍炮，用西方式的方法練兵，稱為「奇兵隊」。文久三年（一八六三年），長州藩公然假借天皇的名義出兵向幕府問罪，結果被薩摩藩、會津藩等擁幕派、公武合體派聯合擊敗。長州藩又在下關大膽地對海上通過的英、法、美、荷四國的船艦炮擊。長州藩的魯莽行徑引來反擊，第二年，四國聯合派出十六艘炮艇攻打下關。長州藩大敗。幕府又被連累，賠了一大筆款項。幕府再也忍耐不住，下令征討長州藩，調動二十個藩的軍隊十五萬人，由薩摩藩的西鄉隆盛率領。大軍尚未抵達，長州藩便俯首認罪，命令兩個家老切腹自殺。西鄉隆盛不願逼迫太甚，便下令退兵。

長州藩經此教訓，也知道盲目攘夷並沒有用，只有增強力量才是上策，不過倒幕的意志更加堅定。幕府怕長州藩越來越難節制，勒令禁止長州藩向洋人購買槍炮。有一個出身土佐藩的倒幕志士坂本龍馬就居中牽線，以薩摩藩的名義向洋人買武器，分一部分給長州藩。薩摩藩因而與長州藩關係密切，漸漸受影響，轉為倒幕，甚至與長州藩秘密簽訂「薩長同盟」，內容主要就是如何對付幕府。日本幕府處心積慮要防杜長州藩，結果弄巧成拙。「薩長同盟」是後來終結幕府的最大力量。

慶應二年（一八六六年），幕府再次下令討伐長州藩。然而這次情況已經不同了。各藩國都不願意花錢打內戰，只是勉強應付幕府。薩摩藩又已經秘密成為長州藩的盟友。正在兩軍僵持不下時，第十四代將軍德川家茂（即是慶福）突然病死，雙方於是罷兵。水戶藩出身的德川慶喜終於坐上第十五代幕府將軍的位置。五個月後（一八六七年一月），孝明天皇也駕崩。明治天皇繼任，是日本第一百二十二任天皇。一個日本前所未有、轟轟烈烈的新時代即將來臨。

## 太平天國與捻亂

回頭來說中國。清朝咸豐皇帝（一八五一～一八六一年在位）比他的父親道光皇帝更加不幸。他剛即位這一年，就爆發太平天國之亂，之後延續十四年之久，到他死時還沒有結束。太平天國之亂範圍極廣，遍及華南、華中、西北十幾個省。

太平天國的創始者洪秀全是廣東花縣（今廣州市內）客家籍的一個書生，屢次參加科舉考試都名落孫山。他受到極大的打擊，大病四十幾天。康復之後，洪秀全突然自稱受天之命，要驅逐騎在數億漢族人民頭上的數百萬滿族「狗韃奴」。他無意中得到一本基督教的宣傳小冊子《勸世良言》，仔細研讀後，又突發奇想，將基督教的教義搬過來借用，從此自稱是天父的第二個兒子，耶穌是他的哥哥。他創立了一個「拜上帝會」，開始積極傳教，又聯絡各地的天地會。

太平天國在廣西桂平縣金田村起事，初起時只有一萬多人，兩年之內就超過一百萬人，席捲南方數省，攻陷南京，以之為首都。為了表示唾棄滿人政權，洪秀全下令所有的人一律留髮。太平軍因而被稱為「長毛」或「長毛賊」。其中有十萬人是女兵，是中國從來沒有的現象。

太平天國打著民族主義的大旗，以宗教吸引農民，借助天地會等秘密會黨的力量，又有嚴格的紀律。凡此種種，都是它迅速成功的原因。清朝政府一開始認為這是漢人的革命，因而不敢讓漢人將領帶兵。然而滿人將領沒有一個是太平天國的對手，清朝政府不得已，只好起用漢人。湖南籍的曾國藩在家鄉自行招募、訓練鄉勇，創辦「湘軍」。他又提拔左宗棠、胡林翼、李鴻章等將領。李鴻章是安徽人，也創辦了「淮軍」。湘軍與淮軍是太平天國最後覆滅的催命符。

曾國藩是漢人，為什麼要幫助清政府消滅同是漢人的太平天國呢？

其實曾國藩的心中也是非常矛盾。以現代的名詞來說，曾國藩是在民族意識與傳統的價值觀之間徬徨，而最後不得不做出一個抉擇。太平天國裡面的人物大部分知識水準都不高。洪秀全自己三次落第，因而對儒家產生憤恨，下令不許讀《四書》、《五經》。他也排斥佛教、道教。太平軍所過州縣，無廟不毀，連民間崇拜的關公、岳飛廟也都被搗毀，並將神像推倒斬首。民間又盛傳太平天國表面上嚴禁男女混雜，而實際上是關係混亂。曾國藩在起兵平亂時，發布〈討賊檄文〉，把他的抉擇原因說得很清楚：

> 舉中國數千年禮義人倫、詩書典則，一旦掃地蕩盡，乃是開闢以來名教之奇變！……凡讀書識字者又焉能袖手旁觀？

當時英國、法國也直接幫助清朝政府對付太平天國。洋人又為什麼要幫清朝呢？原因很簡單，在洋人眼中，太平天國是異端邪說，無論如何不能接受洪秀全自稱是耶穌的弟弟。太平天國在大城市與洋人發生衝突，也不知道要與洋人和平相處，逼得洋人害怕而無從選擇。咸豐十年（一八六〇年）開始，上海的官、商合力招募洋人、菲律賓人、中國人，組成洋槍隊，號稱「常勝軍」，以美國人華爾（Frederick T. Ward）為統帥。

太平天國其實並不是亡於湘軍、淮軍、常勝軍，而是自行滅亡。對手無論如何強悍，都比不上太平天國的內訌對自己所造成的傷害之深、之大。咸豐六年（一八五六年），洪秀全命令北王韋昌輝殺害太平天國中排名第二的東王楊秀清。韋昌輝又株連無辜數千人。太平天國裡最開明、善戰而得人望的翼王石達開批評幾句，韋昌輝竟將他的全家老小也殺光。石達開痛心之餘，率領二十萬人出走，從此孤軍奮戰。洪秀全又殺韋昌輝及其黨羽數萬人。從此太平天國由盛轉衰。幸虧還有名將陳玉成和李秀成兩人共同撐住，太平天國自此之後還能繼續存在八年。

曾國藩的弟弟曾國荃率兵圍困南京三年。同治三年（一八六四年），洪秀全病死。一個月後，曾國荃攻破南京，下令屠城，雞犬不留，死十幾萬人。太平天國終結。

咸豐皇帝在位時，所面臨的問題不只是太平天國而已。咸豐五年（一八五五年），華北又有大規模的捻亂發生，延續十八年，與太平天國互相呼應。捻匪（或稱捻軍）就是土匪或馬賊，一股一股聚眾作亂。越是荒年歉收，捻匪越是猖獗。捻匪騎兵縱橫馳騁於華北、華中八省，兵力達到二十萬，而到處流竄，飄忽不定。太平天國滅亡以後，曾國藩又奉命負責進剿捻匪。曾國藩認為官軍原來在後追趕捻匪的戰法，徒然是疲於奔命，下令改為在四省十三州定點設營，又利用黃河、大運河等天然屏障設防，限制捻匪馬隊行動。同時又成立一支快速馬隊，專司游擊，形成前後夾攻之勢。捻匪被逼而拆分成「東捻」、「西捻」兩股，不能相互呼應。最後東捻被李鴻章率領的淮軍所滅，西捻也被為左宗棠率領的湘軍所殲滅。

## 英、法聯軍攻北京

太平天國之亂及捻亂都還在如火如荼的時候，清朝又遭到一次外來的巨大打擊——英、法聯軍攻北京。英、法為什麼與清朝發生衝突呢？簡單地說，這是延續鴉片戰爭而來的仇外事件。

廣東向來民氣強悍，仇外心理非常強烈，對英國人尤其不滿。中英《南京條約》中雖然同意英國人可以進駐開放的五個港口，但是廣州官府和民間極力阻止英國領事及船艦進駐廣州，甚至動員群眾示威。英國人知難而退，忍耐十幾年，到咸豐六年（一八五六年）時又來與兩廣總督葉名琛商量讓領事進入廣州。葉名琛直接拒絕。這時發生一件清朝水師官兵登上英國船舶，強行逮捕十幾名華人水手，並侮辱英國國旗之事。英國領事巴夏禮（**Sir Harry S. Parkes**）為此又與葉名琛發生衝突，而下令英國艦艇炮轟總督衙門。英國艦艇撤退後，民眾縱火將英、美、法在廣州的商館都焚毀。法國與英國決定共同派出艦隊，於第二年到達廣州，向葉名琛提出最後通牒。葉名琛仍然不理不睬。英法聯軍於是攻陷廣州，俘擄葉名琛，送到孟加拉監禁。

英法艦隊繼續往北到天津，攻陷大沽口。咸豐皇帝慌了手腳，由俄國和美國居中調解，與英、法簽訂和約，稱為《天津條約》，其中同意賠款、自由傳教及自由貿易，並約定在次年到北京換約。

第二年，英、法如期前往，不料清朝出爾反爾，竟然發炮偷襲進入大沽口的英國軍艦，等於再次向洋人宣戰。清朝君臣人人稱快。不過英法聯軍過一年（一八六〇年，咸豐十年）又派軍艦到達天津，攻陷大沽口，也攻陷北京附近的通州。咸豐皇帝慌忙命令再與巴夏禮談和，自己逃出北京，前往熱河。負責議和的大臣怡親王載垣以為巴夏禮是關鍵人物，只要除去他就能解決問題，下令逮捕巴夏禮等約四十人入獄。英法聯軍於是進攻北京，清朝軍隊不堪一擊，全面潰敗。

咸豐皇帝再派恭親王奕訢為全權代表去談和。英、法先要求釋放巴夏禮等人。然而巴夏禮雖然獲釋，先前被捕捉的四十人中已經有十幾個死在牢裡。聯軍憤怒異常，於是用更野蠻的手段來懲罰清朝野蠻的行為，在北京城四處縱火破壞，火燒圓明園。俄國人又站出來調停，清朝與英、法兩國再次分別簽訂合約，稱為《北京條約》。其內容重點是分別賠償英、法國各八百萬銀兩，增開天津海口、大連為商埠，又割讓香港對岸的九龍給英國。

俄國在第一次調解簽訂《天津條約》時，藉機要脅清朝簽訂《瑷琿條約》，割去黑龍江以北的土地；在第二次調解簽訂《北京條約》時，又要脅清朝政府另簽一份《中俄北京條約》，割去烏蘇里江以東的土地。合計兩次，俄國不費一兵一卒，得到超過一百萬平方公里的土地。今日中國與俄羅斯之間在東北的疆界，就是在這兩個條約中決定的。

## 中國與日本的對照

直接地說，英法聯軍攻北京有一大部分是肇因於清朝自取其辱。當時上有愚昧而驕傲的皇帝，中有愚痴而無能的大臣，下有無知的百姓。人人必欲逞一時之快，而無法認清敵強我弱的事實，遂有火燒圓明園及《北京條約》的恥辱，俄國的趁火打劫。清朝屢次不守信用，訂約而不履行，使得西洋列強更加鄙視。這一段歷史，真正是印證了孟子所說的：「人必自侮，而後人侮之。」

反觀日本，雖然幕府主政的阿部正弘與井伊直弼先後被迫與洋人簽訂條約，政府卻能認清力不如人的事實，並且一貫地遵約履行。即便全國上下有許多人反對，井伊直弼甚至被刺殺，也沒有人說要將已經簽訂的條約廢止。極端攘夷派的長州藩惹出事端，幕府乖乖賠款，又適時懲罰長州藩，使得事端不致擴大。自此以後，日本不再有人強出頭向洋人尋釁，自找麻煩。歐、美列強也沒有人瞧不起日本，只是要求貿易持續進行，而沒有其他的進一步的無理要求。

面對西洋排山倒海的風暴來襲，中國與日本的不同命運其實並不是在明治維新完成後才分別出來，而是在一開始就已經可以看見了。

## 朝鮮勢道政治

朝鮮在上述的時間又是怎樣情形呢？可以說是既幸運又不幸。不幸的是，朝鮮也與中國一樣，不斷沉淪。幸運的是，列強的眼光一開始都放在中國與日本，朝鮮受到注意的時間較晚。

朝鮮黨爭持續兩百多年，政治生態之惡劣使得朝廷及社會上一片烏煙瘴氣。第二十一代英祖（一七二四～一七七六年在位）剛即位時，實施「蕩平策」，費盡苦心調和黨派對立。然而黨爭並沒有因此停止。在他晚年，太子不幸死去，朝鮮政壇又分裂而形成「僻派」與「時派」兩個集團。英祖的兩個妃嬪金氏與洪氏分別是兩派的首腦，為自己的兒子爭奪繼承權。背後的外戚與大臣各自選邊站，旗幟分明。

英祖雖然明白宣示太孫為繼承人，但是太孫的登基之路仍然是經過千辛萬苦，靠母親的娘家洪氏族人強力支持才終於坐穩王位，是為正祖（一七七六～一八〇〇年在位）。洪氏一族的領導人洪國榮因而同時掌握行政及軍事大權。洪國榮又將妹妹嫁給正祖，仗恃擁立之功及皇親國戚的身分，貪污腐敗，胡作非為。正祖勉強忍耐三年之後，將洪國榮撤職，親自掌政。

正祖是朝鮮第一流學者。他對於經學、性理學及實學都有很深的研究。他在皇宮後苑創建「奎章閣」，蒐集中國及朝鮮歷代的經典，藏書。奎章閣經過不斷地擴充，至今收藏約二十六萬冊（件）古圖書、古醫書、古地圖等，其中有不少是在中國失傳的古籍。

正祖死後，繼任的純祖（一八〇〇～一八三四年在位）只有十二歲，金氏貞純王后垂簾聽政。五年後，貞純王后死，純祖的岳父金祖淳開始掌權，並排除異己，「安東金氏」的勢力布滿朝廷。朝鮮的政治生態至此發生巨變，進入「勢道政治」，也就是外戚專權的時代。接著朝鮮憲宗、哲宗也都年幼登基，由豐壤趙氏、安東金氏分別掌政。權貴賣官鬻爵，買到官的人無不營私舞弊，巧立名目向農民徵稅。農民無法忍受，於是有純祖十一年（一八一一年）的洪景來之亂，佔據平安道定州，自稱大元帥。亂事雖被敉平，此後六十年中，民亂四起，而政府束手無策。部分農民皈依天主教，部分人加入新起的東學黨。

## 天主教與東學黨的對抗

十九世紀後半起的朝鮮政治鬥爭與天主教有密切的關係。朝鮮政府在十八世紀末開始禁止天主教，但是無法嚴格執行。有一部分政府高官也是天主教徒，當然不可能迫害其他天主教徒。在黨爭惡鬥的政治環境下，這種庇護天主教徒的行為又成了敵對黨攻擊的目標。宗教於是也捲入政治鬥爭。大抵來說，時派與天主教徒比較接近，僻派則反對天主教。

純祖剛即位，攝政的貞純王后的父親是僻派，在二十幾年前政治鬥爭失敗而被流放。貞純王后積了多年的怨毒，開始報復時派，連帶下令對天主教展開大迫害，掀起「辛丑邪獄」（一八〇一年）。天主教徒三百多人遭到處死，或是流放。當時有一個名叫黃嗣永的進士在漢城傳教，並擔任會長。他在逃難時用白綢布寫了一份一萬多字的「帛書」，內容記述天主教傳入朝鮮以來被迫害的經過，又請求清朝併吞朝鮮，或請西洋人派軍隊來逼朝鮮開放自由傳教。這份帛書因為黃嗣永被捕而被抄獲。黃嗣永被切成六塊，送到各道示眾。朝鮮天主教徒的狂熱到了如此地步，在政府看來不只是大逆不道，兼且通敵賣國了，因而更要予以鎮壓。

朝鮮教難不斷發生，不下十幾次，每次數十人，或數百人因而喪生。天主教中有許多教徒以殉教為光榮，悍然不怕死，所以越禁越興旺。安東金氏勢道政權對天主教採取寬容的態度，到哲宗（一八四九～一八六三年在位）時代，天主教徒的人數達到數萬，已經蓬勃發展。天主教的興起又引發社會反彈，於是有崔濟愚起來創立「東學」，明白宣示反抗西學。

崔濟愚是高麗時代的大儒崔致遠的二十八代孫。他在哲宗十年（一八六〇年）自稱悟得天道，創立「東學」，是一種綜合儒家、道家、佛家混合而成的新宗教。東學的基本觀念是「人乃天」、「天人合一」，可以追溯到古代朝鮮族流行薩滿教「敬天」的思想。東學也利用巫術、咒語及鬼神的觀念吸引廣大的基層人民。東學黨同時獲得苦悶的知識分子及貧苦的農民認同，迅速地擴張，不到三年也有了幾萬名教徒，與天主教分庭抗禮。不過這時勢道政府眼見清朝發生太平天國之亂，與狂熱宗教有關，不免心驚肉跳，因而認定東學黨是比天主教還要危險的另一個邪教，斷然採取鎮壓的手段。崔濟愚在一八六三年被捕，第二年在大邱被梟首示眾。創教祖師雖死，第二代教主崔時亨繼之而起。東學黨和天主教一樣，已經很難撲滅了。

## 大院君與鎖國政策

朝鮮哲宗在位十四年後駕崩。由於他沒有子嗣，王族子弟李熙被推出繼位，是為高宗（一八六四～一九〇七年在位），只有十二歲。高宗的父親「大院君」李昰應因而掌握了政治大權。大院君性格強烈而專斷，掌權之後第一件事便是把跋扈專權的勢道安東金氏剷除掉。他又認為朝鮮數百年來的黨爭與勢道是因為有地方書院所造成，因而下令關閉書院。全國的書院從六百多個裁減到剩下四十七個。大院君又下令強徵新稅，用以重建兩百多年前日本侵略時遭到焚毀的景福宮。

西洋各國紛紛來到朝鮮，要求通商。借用日本的說法，大院君是完完全全的攘夷派，對洋人一律拒絕，不論是俄國人、法國人或美國人，一律都要驅逐出境。至於天主教，當然也要查禁。高宗三年，大院君下令徹底鎮壓天主教。九名法國神父及八千多名教徒被捕而慘遭處死。

法國政府大怒，派出軍艦到朝鮮，結果因為輕敵而落敗。同一年，又有美國商船「薛門將軍號」（General Sherman）駛入大同江，到達平壤。地方官吏及民眾將船燒毀，並殺死船員。五年後，美國派四艘軍艦抵達江華島，追究「薛門將軍號」事件的責任。大院君下令開戰。雙方互相炮轟，不分勝負。美國軍艦不久自行離去。

當時中國及日本都向西洋人低頭而簽訂不平等條約，朝鮮軍隊卻兩次擊退西洋人。大院君一時成為民族英雄，自己也洋洋得意，於是下令在全國各地設立「斥和碑」，上面刻著：「洋夷侵犯，非戰則和，主和賣國——戒我萬年子孫。」用以宣示攘夷和鎖國的決心。

大院君志得意滿，卻不知道他關閉書院，已經使得全國的儒家學者及生徒幾乎都以他為敵人；下令強徵新稅，又使得人民無不痛恨。大院君距離下台的時候，已經不遠了。

# 第二十一章 從明治維新到日俄戰爭

日本江戶時代末期，幕府領導無方，威信不再。天皇雖然在一千多年裡大部分的時間只是象徵性的領導，民間對天皇的崇敬卻根深蒂固。發端於水戶的「尊王」思想因而開始發酵。黑船事件及安政大獄使得「尊王倒幕」運動更加如火如荼。到了薩摩藩和長州藩簽訂同盟之約，加入倒幕的行列，江戶幕府的覆滅就已經無可避免了。

## 大政奉還

明治天皇在一八六七年繼位登基，而得到了許多藩主及武士的擁護。「大政奉還」的呼聲響徹全國，要求第十五代幕府將軍德川慶喜把政權交還給天皇。幕府也有了心理準備，只是在想如何表面上順從時勢，而實際上仍能保留最大的權益。擁幕派的藩主也都齊集在將軍身旁獻策。當時拉攏長州藩與薩摩藩的坂本龍馬因為從事販賣武器、軍艦，也與其他各藩都建立交情。有一回他與土佐藩的謀主後藤象二郎同乘一條船前往京都，一路談論國事。坂本提出很多意見，後來被稱為《船中八策》。其中建議幕府將政權交還皇室，由天皇發布政令；設上、下議政局等。後藤將內容稍作修改，主張議院的議長由幕府將軍轉任，如此將軍仍能掌握實權。

幕府收到修改後的《船中八策》，認為可以接受。德川慶喜也預備辭去將軍，就任議長。然而反幕派卻不能同意一個換湯不換藥的改革方案，天皇左右的近臣也不能同意天皇繼續當傀儡。薩摩藩與長州藩忽然都收到天皇的密敕，要求他們討伐幕府。討幕派與擁幕派於是分別齊集大軍，戰爭一觸即發。慶應三年十二月（一八六八年一月），天皇的重臣岩倉具視召集討幕派藩國代表到京都，請明治天皇親臨，表明接受幕府將軍辭職，又斷然宣布「王政復古」的大號令。新政府發布的官員名單中竟沒有一個是原來在幕府任職者，明白地要將德川幕府完全廢絕，更嚴重的是命令德川慶喜要將土地獻出給天皇。

德川慶喜終於忍不住，命令集結的幕府軍開到京都。內戰開打。幕府軍失去民心，節節敗退。三個月後，討幕軍兵臨幕府所在的江戶城。幕府的主戰派原本要決一死戰，但主帥勝海舟不願內戰擴大，與討幕軍主帥西鄉隆盛商量，獲得同意對德川慶喜寬大處理。德川慶喜聽從勸告而投降，討幕軍「無血入城」。江戶城內超過一百萬的人民幸而免去一場原本難以避免的浩劫。然而有幾個擁護幕府的藩主仍然頑固地反抗，戰爭又延燒到東北及北海道，持續了一年才結束。這場戰爭在日本歷史上稱為「戊辰戰爭」，為明治維新掃除了障礙。

## 明治維新

明治維新基本上是由朝廷裡的岩倉具視、三條實美與長州、薩摩、土佐等藩國的藩士共同領導、規畫。政府與民間共同發起所謂「御一新」運動，決心破除舊有的習慣，廣求世界的知識，廣招全國的人才，以天皇為中心而進行改革。

新政府決定大刀闊斧強制實行「版籍奉還」與「廢藩置縣」。這兩件事其實只是一件。日本在平安時代發布《大寶律令》（七〇一年）之後，認定了六十六個律令國，此後藩國的劃分幾乎一直沿襲下來，歷經一千多年而沒有重大改變。明治新政府決定將封建制度徹底摧毀，要求各藩主都交出領土（即版圖）和臣民（即戶籍）給新政府，重新劃分為三府（東京府、京都府及大阪府）、七十二縣，由中央選派府、縣知事。中央集權式的政治體制因而得以確立。大部分藩主為了大局，竟然都願意犧牲其既得利益，接受大幅消減土地、稅收，並容許手底下的藩士脫離而為新政府工作。

明治維新並不是在短期間倉促完成的，而是在大約二十年中逐步完成，其間有很多過渡的權宜體制及措施。大部分的人都同意洋人不只船堅炮利，更有良好的政治、經濟、軍事及法律制度，必須仿效；又有先進的科學與文化，值得學習。明治維新之所以能成功，這個幾乎是「全盤西化」的基本態度是關鍵因素之一。

為了要徹底向西洋取經，新政府決定派出一個使節團，以岩倉具視為正使，木戶孝允、伊藤博文、大久保利通等為副使，總共一百零七人，到美國及歐洲十二國訪問。使節團於明治四年十一月（一八七一年十二月）出發，明治六年九月回國。在日本派遣到西洋的訪問團中，這無疑是層級最高、時間最長的一次，對日本的影響也最大。考察團中包括四十三名經過選拔的年輕人，於路途中一一留下來，成為留學生，開啟大批留學的風氣。

岩倉考察團回國之後，日本開始逐漸引進西洋的各種制度。在軍事方面，新政府徹底改革軍隊編制，參考德國制度編訓陸軍，參考英國制度編訓海軍。政府又頒布「廢刀令」、「斷髮令」，從此武士不得隨意帶武士刀上街，武士的傳統髮式也一律剪短。這對當時的社會是一件極為震撼的大事。新政府又宣布，無論是士、農、工、商，一律平等。在此一「四民平等」的新制度之下，幕府時代武士階級的優越性於是消失了。

明治八年，天皇發布詔書，宣示將要階段性推行立憲政體。第一任內閣在明治十八年成立，由伊藤博文出任內閣總理大臣，下設外務省、厚生省、大藏省、文部省等十四個部級單位，各有國務大臣主掌。明治二十二

現代日本地圖（明治維新後）

年，大日本帝國憲法公布。日本於是確立了君主立憲的體制，實施行政、立法、司法三權分立。最高行政機關是內閣，立法機關是眾議院與貴族院的兩院制；最高司法機關是大審院，後來改稱為最高裁判所。

其他的重要改革還包括改革土地制度，准許土地買賣；停用陰曆，改用陽曆；引進西方近代科學及工業技術；統一貨幣，推動工商業的發展；頒布新的學制，推行義務教育，發展高等教育；容許宗教自由，取消基督徒傳教的禁令，區分神道教與佛教。明治五年，由東京至橫濱間的鐵路通車，是日本第一條鐵路。明治十年，東京帝國大學成立，是日本第一所新式大學。明治十五年，日本銀行創立，是日本第一次設置的中央銀行。

## 「征韓論」

日本明治維新改革之大膽，範圍之廣泛，動作之迅速，規畫之細膩，可以說是舉世罕見。事實上在維新之前，日本已經逐漸開始強盛了。以軍事力量為例，據估計在慶應年間（一八六五～一八六八年），日本幕府與各藩國買進的槍炮數量總共達到三十七萬挺。當時美國南北戰爭剛結束，一大堆剩餘武器無用武之地，就便宜地賣到日本。因而明治維新開始不久，日本已經明顯地成為東亞地區新興的勢力，國民無不感受到激勵與興奮。然而，在一片光明之中，卻有幾片陰雲籠罩。

任何改革之中，不免有人得意，有人失意。明治維新過程中，最得意的是新政府中的官員，最失意的是改革前各藩的藩主及武士。明治維新的主要人物中有許多原來都只是中、下級武士，例如西鄉隆盛、木戶孝允、伊藤博文、大久保利通等。但另有一大群武士卻不知道要何去何從。舉一個例，促成明治維新最重要的薩摩藩及長州藩的末代藩主在廢藩置縣以後，都被封為公爵，後來又擔任貴族院議員，實際上卻是毫無權力。這兩人如此，其他的中、下級武士的命運如何也就不問可知了。四民平等、徵兵令、廢刀令及斷髮令對武士的打擊更是巨大。

從宏觀歷史的角度看，明治維新是日本傳統的武士世界與新興的資本主義世界的分水嶺。工商業發達使得原來在日本被稱為「町人」的商人階級竄起。三井、大倉這幾個御用商人便是從這時開始，在新的執政者支持下，漸漸轉變成為大財閥。大部分的武士原來是高高在上，素來看不起町人，不屑與之為伍。但這時武士就算放下身段，想要轉行，在商業世界裡也不是町人的對手。因而明治維新一開始，如何安置眾多的武士階級及其家屬就成了一件燙手的事，於是有「征韓論」。

明治天皇即位之後，日本送了一封國書給朝鮮，要求建交。朝鮮執政的大院君斷然拒絕，稱日本是「野蠻之國」。日本維新功臣中如西鄉隆盛、後藤象二郎、江藤新平等，便主張要出兵教訓朝鮮，認為這樣不但可以擴張國土，連帶國內武士安置的大問題也可以迎刃而解。

天皇並沒有反對，但是認為茲事體大，應該等出國訪問的岩倉考察團返國，再行討論。等到考察團回國後，所有成員卻堅決反對出兵朝鮮。考察團中的木戶孝允和伊藤博文都是吉田松陰的弟子，大久保利通和西鄉隆盛一樣是薩摩藩出身，為什麼會反對「征韓論」呢？其實他們並不是不贊同，只是認為時間未到，建議優先推動維新。「征韓論」於是被暫時擱置。主張「征韓論」的參議、軍人及官僚大失所望，幾乎都辭職返鄉。

## 西南戰爭

在大時代的巨輪推進下，日本的士族，也就是原本的武士及其家族，一開始就注定是屬於被犧牲掉的一個族群，據估計有四十萬戶，一百八十萬人，佔全國人口的百分之五。「征韓論」既被擱置，新政府又拿不出辦法解決。武士尊嚴受到傷害，生活又進入窘境，破產而無以維生的人比比皆是。不平之氣越積越嚴重，叛亂便無可避免地發生了。當時叛亂的模式常常是下級武士聚眾造反，新政府派出經過西式訓練的新兵用最新式武器來平定叛亂。最後返鄉的開國功臣於心不忍，挺身而出，與家鄉子弟站在一起，同歸於盡。

在許多士族叛亂的案子裡，最有名的有兩件。一件是發生在明治七年（一八七四年）的佐賀之亂，前司法省大臣江藤新平在戰敗後被捕而遭斬首。另一件是發生在明治十年的西南戰爭，開國大功臣西鄉隆盛戰敗而在故鄉鹿兒島切腹自殺。

江藤新平廉潔而正直，備受世人尊敬，在明治維新時是主導司法改革的主要人物。至於西鄉隆盛更是不用說了，若是沒有西鄉隆盛，幕府恐怕不會這樣快就覆滅，可能也就沒有明治維新。這兩個人到最後竟成為反政府的首腦，而戰敗身死。歷史的弔詭與無奈不禁令人嘆息。日本的人民在當時都同情西鄉與江藤兩人，認為是國家對不起他們，而不是他們對不起國家，更不認為他們是造反。明治天皇也是痛心疾首。明治二十二年，天皇下令撤除兩人反叛的罪名，又追贈他們官爵，其中不無含有安撫士族的意味。

## 自由民權運動

明治維新的過程中有一個很明顯的現象。所有退出政府而參加叛亂的功臣幾乎都是屬於原來的薩摩藩、土佐藩、肥後藩等；所有代表新政府的權貴幾乎都是屬於長州藩。長州藩系因而成為明治新政府裡最大的派系勢力。

非長州藩系的功臣中有一部分既不願參加叛亂，又痛恨長州藩系把持新政府，於是發起自由民權運動。出身土佐藩的板垣退助是這個運動的創始者，在明治七年（一八七四年）提出〈民選議院設立建白書〉，主張讓人民參與政治。許多農民都支持板垣退助，造成一個巨大的社會旋風。新政府面臨強大的壓力，不得不同意在十年後召開國會。板垣於是在明治十四年成立了自由黨，又在明治三十一年經由與友黨合作，合併組成進步黨，贏得大選，並組成新內閣，而由他的盟友大隈重信擔任首相。這是日本第一個民主政黨內閣。

## 慈禧太后

當日本正在大刀闊斧進行改革時，中國是什麼情況呢？

清朝在咸豐之後的是清穆宗，年號「同治」。這個年號的意思很明白，就是說繼任的皇帝只有六歲，而由兩個太后「共同治理」國家大事。兩個太后是咸豐的皇后及新皇帝的生母，分別稱為「慈安太后」和「慈禧太后」。慈安太后性情溫和，容易受利用。慈禧太后有小聰明，野心勃勃而又手段毒辣。咸豐因為英法聯軍攻北京而逃到熱河，死在承德避暑山莊。咸豐臨死前任命了八個顧命大臣以輔佐小皇帝，慈禧卻利用慈安發動政變，殺掉所有的顧命大臣，從此掌握清朝大權。

同治皇帝在位十三年後，已經成年而要親政，卻突然駕崩。慈禧又找來一個四歲的小孩來繼位，是為光緒皇帝。慈禧繼續垂簾聽政，因而前後實質統治了中國四十六年（一八六二～一九〇八年）。慈禧太后思想封建而保守，既自大又自私，只有阿諛諂媚的大臣才能得到重用。在一個風雲變色的關鍵時代裡，對中國來說，再沒有比這更加不幸了。

## 清朝中興名臣

在慈禧主政期間內的重要人物，除了曾國藩以外，還有胡林翼、左宗棠、李鴻章、曾紀澤等。這些人都是曾國藩一手提拔出來的，曾紀澤是曾國藩的兒子。

清朝若是沒有曾國藩，早已亡於太平天國。曾國藩卻對於權位看得很淡，也知道慈禧太后對自己十分疑忌，因而在捻亂還沒有消滅，就已經急流勇退。同治十一年（一八七二年），曾國藩病死。胡林翼幹練而內斂，是曾國藩最重要的幕僚，也不幸早死。

左宗棠聰明、果決而善於謀略，不過性格孤傲，使得慈禧對他懷有戒心。

光緒初年，左宗棠奉命帶領湘軍到甘肅及新疆，平定了回民叛亂。當時俄國和英國在中亞爭霸，也都企圖染指新疆，使得新疆的情勢很複雜。親英反俄的浩罕國（今烏茲別克）受英國指使，派阿古柏可汗帶兵護送昔年的新疆叛亂首領張格爾之子回國，趁機佔據新疆。清朝政府派左宗棠出征，但因財力枯竭而無法負擔軍費。左宗棠獲准向洋人及商人借債以自籌軍餉，並向洋人訂購精密的武器。他花了大部分的時間，用於籌餉、練兵、運糧、定策；一旦出兵，就像寶劍出鞘一樣，只不過三個月便打通了天山北路。休息整補了一年，又迅速地打通天山南路。

俄國趁阿古柏分兵新疆時出兵滅掉浩罕國，同時也佔據了新疆西北的伊犁。俄國原本是看不起清朝，但是看見左宗棠用兵如此神速，不禁大吃一驚。然而，正是因為左宗棠如此能幹，反而使慈禧對他更加疑忌不安，非到不得已，不敢重用。

曾國藩所提拔的頂尖人才中，李鴻章對慈禧最為小心翼翼，幾近諂媚，因而得到慈禧的賞識與寵信。左宗棠出兵新疆之前，李鴻章主張海防重於邊防，建議放棄新疆。左宗棠力爭如果失去新疆，西北邊防洞開，英國、俄國野心勃勃，國家將暴露於不可預測的危險之中。李鴻章原本就與左宗棠不合，從此將左宗棠視為最大的敵人，伺機向慈禧進言打壓。

新疆平定後，清朝要求俄國交還「代管」的伊犁，俄國趁機要脅。慈禧太后先後派出滿人大臣崇厚及曾紀澤去談判，最後仍是不得不賠款，並割讓數萬平方公里的土地。曾紀澤兼任駐英、駐法及駐俄大使，是當時少數有新思想的知識分子，也遭到李鴻章打壓。

曾、左、胡、李都見識到洋人的船堅炮利，同意要「師夷之長以制夷」，主張要向洋人購買輪船、洋槍、洋炮，推行「自強運動」。同治初年清朝在北京設立同文館，在上海、廣州設廣方言館，目的都是教授西洋語文及科學，以培養人才。接著又在上海開辦江南製造局，學習洋人製造新式火炮槍械；在福州設馬尾造船廠，學習洋人建造新式艦艇。

光緒年間，李鴻章主辦洋務，開辦招商局、礦物局、電報局、武備學堂、北洋海軍、北洋新（陸）軍、兵工廠、冶鐵廠等，又派出大批留學生到外國學習。李鴻章在清朝末年西化過程中，是興辦洋務的最為重要的人物。不幸的是，大部分的新事業建設都和李鴻章本人一樣，只是虛有其表，華而不實，其病症在後來一一暴露。

李鴻章的人格特質，從一件事可以看見。同治二年（一八六三年），英國軍官戈登接任常勝軍指揮官。戈登驍勇善戰，與李鴻章等人共同圍攻蘇州城。太平軍接受招降，戈登親自為雙方降約立誓作證。不料太平軍投降後，李鴻章竟違誓殺降。戈登大怒，帶著槍四處搜尋李鴻章，而李鴻章四處躲藏。李鴻章是此後三十幾年清朝最重要的政治領導人，而如此不守信諾，又不敢坦然出面承擔，清朝的國運也就不問可知了。

## 清朝改革的內在阻礙

清朝推動自強運動而終歸失敗，當然也不能怪罪李鴻章一個人。歷史學家一致同意，清朝的根本問題在於革新不夠徹底，只知模仿西方的工業生產，槍炮、船舶製造等技術，而不能深層地學習政治、法律、教育、商業等各種制度。將中國與日本比較，明顯地可以看出日本是在進行一場全面而踏實，根本而快速的改革；而清朝的改革則顯得片面而虛浮，膚淺而緩慢。

話說回來，清朝與日本在改革前的國情完全不同，實際上難以進行全面改革。清朝並不像日本，沒有地方強藩，權力全部在慈禧一個人手中，沒有人可以逼她改革或下台。滿清入主中國以來，滿人官員大多迂腐無能而又疑忌漢人，使得漢人在內政上無法插手。買洋槍、洋炮很簡單，但是要像日本那樣進行政治、法律、教育的全面改革，勢將危及滿人特權及封建帝制。有誰敢向慈禧太后提出這樣的建議，而冒著被殺頭，甚至抄家的危險？

不過歸根究底，任何改革之中，最重要的還是思想與觀念的轉變。日本人的思想在維新前已經漸漸活化。薩摩與長州兩個強藩挑釁洋人失敗後，「尊王攘夷」思想快速地轉化為「開國進取」。在中國，封建思想根深蒂固，無可搖撼。不要說慈禧太后與滿族大臣，即使是漢人士大夫與人民也是守舊排外，執迷不悟。舉一個例。英國人於一八七六年在上海建成淞滬鐵路，是中國第一條鐵路，比日本完成東京與橫濱間的鐵路只慢了四年。當時有一大群官吏與人民反對鐵路，理由是破壞風水。清朝政府竟在兩年後將這條鐵路買回，然後全部拆毀。

清朝的人民和官員既是如此地愚昧，慈禧太后與滿族權貴怎麼會有壓力去做更深層的改革呢？

## 留美幼童學生的命運

清朝與日本之間的對照，從兩國選派幼童到美國留學的經過與結果更是可以看得清清楚楚。

一八七二年，清朝首次派出一個幼童的留學團，總共有三十人，年紀都在十歲到十五歲之間。此後又派出三次，總共一百二十人。留美學童之所以能夠成行，主要是由一個名叫容閎的人所推動。容閎幼年時跟隨傳教士到美國，長大後畢業於耶魯大學，是中國的第一個留學生。他回到中國之後，希望貢獻所學，卻處處碰壁。容閎感嘆之餘，立志要帶更多的留學生到美國去，希望能複製他自己的經驗，培養更多留學生，如此才有可能一起改變中國。他奮鬥了十六年，終於在曾國藩和李鴻章的支持之下，獲得慈禧太后允許，並且親自擔任設在康涅狄克州（Connecticut）的「留美事務局」副委員。

留美事務局之設立，除了就近照應小留學生的生活之外，最重要的是防止他們在思想上受到西洋人的污染。因而，事務局的正委員是由一位守舊的大臣擔任。事務局嚴重警告小留學生們不得剪掉辮子，也不得信仰基督教。

清朝在康熙九年（一六七〇年）曾經頒布一個十六條，一百一十二字的《聖諭》，其內容主要是提倡孝悌人倫，勤勞節儉，端正風俗，黜除異端等。政府並下令全國各地的地方官每半個月聚集各城鎮和鄉村的士紳、百姓，講解《聖諭》。後來雍正又把這十六條再加以闡釋，成為約一萬字的《聖諭廣訓》，繼續強制實施，形成一種制度，至此已有兩百年。清朝政府也訓令留美事務局每隔七天要對幼童宣講《聖諭廣訓》一次，「示以尊君親上之義，庶不至囿於異學」。

然而，留學生漸漸長大，陸續進入耶魯、哈佛、麻省理工學院等著名的高等學府，怎會只是乖乖唸書，不受到影響而在思想上起了變化？有少數人竟大膽地剪了辮子，或成為基督徒，而被事務局懲處，甚至被送回中國。後來事務局的部分官員認為情況嚴重，建議政府斷然把所有的留學生送回中國。容閎反對無效，已經卸任的美國第十八任總統葛蘭特（Ulysses S. Grant）親筆寫信給李鴻章也沒有用。全部留學生於是在一八八一年八月被召回，只有兩個學生決定抗命而逃跑。

美國所有的報紙對這個事件都大幅連續報導，並加評論。以下摘錄《紐約時報》在獲悉學生將被召回後，連續數天發表的評論，充分代表了當時美國人的看法，而指出清朝政府的問題所在：

有跡象顯示，中國一項極有前景的留美教育計畫即將中止。……此一計畫之放棄如果沒有經過慎重考慮，將令人非常遺憾。

這項計畫中止的原因，是因為中國官員擔心這些沒有保持嚴格傳統教育的青年們將來無法真正為國家效力。……可以確定的是，中國政府對於這項留學計畫的意義沒有容閎博士看得那麼遠。

不可思議的是，中國政府認為這些學生應當只學習工程、數學和其他科學，而不受周圍的政治和社會的影響。這種想法真正是荒唐可笑。……他們已經學會了鐵路建設的知識，而清朝政府卻剛剛拆除了國內唯一的一條鐵路。……這個政權是如此的複雜而神秘，大多數的臣民根本不知道國家的正確位置到底在哪裡。……中國不可能只從我們這裡引進知識、科學和工業，而不引進那些帶有「病毒」性質的政治改革。否則，她將什麼也得不到。

日本比清朝政府早三年（一八六九年）派出幼童留學生到美國。第一年有五十人，第二年加倍為一百人，到一八七三年留學生總數就已經超過一千人了。日本留學生進入大學之後，不但有學習理、工科，也有學習經濟、政治、社會、教育等，這些都是中國留學生不得碰觸的學問。幼童裡還有部分是女學生。幼童留學生計畫的推動與執行，是一個縮影，已經預告了中、日兩國未來的不同命運。

## 台灣牡丹社事件與琉球的命運

維新的日本與守舊的清朝第一次交手，並不是在甲午戰爭，而是在台灣。

一八七一年，有一艘琉球船隻遇到颱風而漂流到台灣南端的八瑤灣。船上的人上岸後，遭到牡丹社排灣族原住民攻擊，有五十四人被殺死，其餘十二人倖免於難，輾轉回到琉球。

琉球是東亞貿易轉運之地，商業繁盛。在政治上，琉球不得不腳踏兩條船，同時向清朝與日本稱臣入貢。清朝與日本因而都認為琉球是自己的屬國。清朝沒有理會「牡丹社事件」。然而，在日本看來，這卻是一個國民在海外遭到殺害的嚴重事件，一定要處理。日本決心出兵台灣，以教訓牡丹社原住民。雖然牡丹社目標小，日本政府還是小心翼翼，派代表到北京質問清廷關於琉球難民在台灣遇害之事。清朝推託說這是台灣「化外之民」生番肇事。日本揚言要自行出兵問罪，清朝也不置可否。

當時日本的決定其實有一部分是為了要轉移目標，以安撫先前擱置「征韓論」所引起的不滿情緒，於是刻意派西鄉隆盛的弟弟，陸軍中將西鄉從道，於一八七四年（明治七年，同治十三年）率領三千六百名士兵到台灣。日軍從恆春登陸，只花了二十天就攻陷牡丹社。接著紮營，預備屯田長住。清朝急忙派大臣沈葆楨率領福建水師到台灣，又請英國公使出面調解。清朝這時正要出兵新疆，怕陷於兩面作戰，所以急於謀和，同意日本負責談判的大臣大久保利通的要求，賠償日本五十萬兩白銀，承認日本出兵是保民之舉。日本也同意將軍隊撤出台灣。

對於日本來說，牡丹社事件是一件大事，是明治維新以來第一次對外用兵獲得勝利。日本全國歡騰。大久保利通回到東京，民眾夾道歡迎。但大久保因為負責牡丹社事件的外交談判，與西鄉隆盛之間的對立更加尖銳。士族的憤恨也沒有因此而消弭，西南戰爭最後還是爆發了。西鄉隆盛兵敗自殺後第二年，大久保也被六名不滿的武士刺殺而死。

牡丹社事件帶給琉球一個天翻地覆的巨大變化。清朝既然認為日本出兵是「保民」的舉動，那麼無異於承認琉球是日本的領土。日本於是決定乾脆併吞琉球，而於明治八年（一八七五年）出兵。琉球國王向中國求援，但中國內憂外患太多了，決定袖手旁觀。日本俘擄琉球國王，迫使他改用明治年號，停止向中國進貢。一八七九年，日本設「沖繩縣」。琉球王朝歷經五百多年，至此滅亡。

牡丹社事件和琉球被併吞也帶給清朝極大的震撼與警訊。日本顯然今非昔比，並且和洋人一樣野心勃勃。清朝決定對台灣加緊建設，不能再放任不管。

## 清朝對台灣的建設

沈葆楨原本帶兵到台灣，積極備戰。中日談和以後，沈葆楨就留下來建設台灣。他上書清朝政府，取消了禁止移民攜帶眷屬的不合理規定。他又在台灣北部新設台北府，從此台灣發展由南向北遷移。沈葆楨對台灣的貢獻包括「開山」與「撫蕃」。所謂開山，是開鑿北、中、南三條橫貫道路，穿過橫亙其中的高山，連通台灣東部與西部。所謂撫蕃，是招撫蕃社的頭目、協助蕃民改善耕作、設立「蕃學」，取消漢人不得進入蕃界，不得與蕃人通婚的禁令。

光緒十一年（一八八五年），清朝下令將台灣從福建省分出來，成為台灣省，派劉銘傳為第一任台灣巡撫。劉銘傳大刀闊斧地展開建設。他首先著手進行土地丈量，制訂賦稅，接著又開辦鐵路、郵局、水力發電廠，並設立西式學堂，教授學生外語及科學。劉銘傳原本是淮軍的將領，思想卻開放而先進。在他任職的六年中，台灣幾乎是從全中國最落後的一省變成最進步的一省。光緒十九年（一八九三年），基隆與新竹之間的鐵路通車，是中國第一條自己興辦的鐵路。

## 朝鮮開國與甲申事變

日本雖然暫時擱置「征韓論」，實際上只是要等到維新改革更加落實，機會更加成熟。不過日本並沒有等待多久，朝鮮內部就發生一個大變動。大院君掌權十年，一味高壓，得罪了所有的儒生、兩班與原先的勢道家族。朝鮮高宗的王妃閔氏有新思想及新見解，於是結合各路的反對勢力，在高宗十年（一八七三年）將大院君驅逐下台。閔妃掌權以後，日本的機會來了。

一八七五年（日本明治八年，朝鮮高宗十二年）日本派出一艘軍艦「雲揚號」在朝鮮海域探測，停泊於江華灣。朝鮮炮台守兵奉令開炮，「雲揚號」也立即還擊。日本憑著「船堅炮利」，輕易地戰勝，並且佔領朝鮮炮台。日本隨即派特使到朝鮮，要求建交及簽訂友好通商條約。二十幾年前美國黑船強逼日本開國，這時日本也完全照一樣的模式強逼朝鮮開國。

清朝聲稱是朝鮮的宗主國，不能坐視日本侵略朝鮮；日本則稱中國對朝鮮的宗主權有名無實。在中、日各執一詞時，閔妃逕自與日本簽訂《江華條約》，主要內容是：日本承認朝鮮獨立自主，與日本對等；朝鮮同意逐步開放港口通商，容許自由貿易。之後，朝鮮也與美、英、法、俄等國分別簽訂友好通商條約，走向開放。

閔妃擅自與外國訂約引起所有守舊頑固的大臣與儒家學者強烈的反彈。閔妃派出使節到日本考察後，卻發現日本維新驚人的進步，認為必須急起直追。閔妃於是決定採取更進一步的開放政策，其中推行最積極的就是強化軍備，改革軍隊編制，訓練新軍，但是這樣又引起舊軍人的不滿。下台多年的大院君趁機集結守舊勢力，於高宗十九年（一八八二年）發動政變。不料中國迅速派淮軍將領吳長慶率領袁世凱等人，出兵到漢城平亂，逮捕大院君，送到中國囚禁，將政權又歸還給高宗。

朝鮮高宗與閔妃繼續朝開放的道路前進。然而大臣們又因為對於開放的速度有不同看法而產生對立。其中一派以金弘集、金允植為首，主張緩進，跟著清朝走，稱為「事大黨」，意思是服事大國。另一派以洪英植、金玉均、朴泳孝為首，不滿朝鮮社會的封建守舊，主張激進的改革，稱為「開化黨」，與日本比較接近。朝鮮數百年黨爭的陰影似乎仍是揮之不去。

高宗二十一年（一八八四年），開化黨與日本公使竹添進一郎共同發動政變，殺害事大黨官員，劫持高宗。三天後，年僅二十六歲的清朝駐漢城軍官袁世凱大膽率兵進入王宮，救出高宗，瓦解了這次政變。開化黨人大部分跟隨竹添進一郎逃亡到日本。日本使館在混亂中被焚毀。朝鮮高宗與閔妃在袁世凱的護衛之下，得以繼續執政。這次事件在韓國的歷史上稱為「甲申事變」。

## 中法戰爭

朝鮮亂局一波未平，中國在西南一波又起。法國割據了越南南部，又出兵將曾經是「吳哥古國」的柬埔寨（高棉）納入為保護國，但還是不滿足。光緒八年（一八八二年）法國海軍司令李威利（Henri L. Rivière）率兵從西貢攻打河內。越南阮氏王朝向宗主國清朝求援。清朝湘軍將領劉永福率領「黑旗軍」擊潰法軍。李威利陣亡。法國再派海軍將領孤拔（Amédée Courbet），直接攻陷越南首都順化，俘擄國王。越南另立國王，繼續對法抗戰。清朝與越南並肩作戰而節節敗退，李鴻章一度與法國代表議和，結果無效，戰爭反而繼續擴大。

孤拔攻擊福建馬尾的南洋水師，將港內清朝艦隊全部殲滅。這時清朝被逼無奈，命令原先被架空的軍機大臣左宗棠南下統籌，戰局立刻反轉。孤拔進犯台灣，被劉銘傳擊退。孤拔又攻浙江鎮海，結果被炮火擊中，身受重傷，不久死去。在陸戰方面，法軍攻陷諒山，卻在鎮南關遭到清朝將領廣西提督馮子材指揮「黑旗軍」和

「恪靖定邊軍」伏擊。法軍全面崩潰，中國軍隊乘勝追擊。鎮南關之役戰敗的消息傳到法國本土，總理茹費理（Jules Ferry）被逼下台，內閣否決追加軍費。

正在清朝軍隊節節獲勝，而法國已無力再戰時，李鴻章卻突然又與法國代表會談，並且簽訂一個《中法新約》（一八八五年）。清朝在條約中放棄對越南的宗主權，承認越南是法國的保護國，又同意將軍隊撤出越南。越南從此成為法國的殖民地。

李鴻章為什麼戰勝而求和？慈禧太后又為什麼會同意李鴻章簽訂《中法新約》？答案無從猜測。無論原因為何，當消息傳到歐洲時，法國舉國歡騰，連下台的總理茹費理都不敢相信。左宗棠氣憤填膺，對於自己坐鎮指揮而戰勝，李鴻章卻簽下一個屈辱的和約，完全不能理解。他罵李鴻章誤盡蒼生，將落得千古罵名，而自己在一個月後就病死了。

清朝退出越南後不久，法國又向西擴展，將寮國（老撾）也列為保護國。英國從印度向東延伸，併吞緬甸為殖民地。只有暹羅（泰國）最幸運，處於法國與英國勢力範圍之間，獲得兩國同意維持中立。清朝至此失去所有西南的藩屬國。

## 「脫亞論」、朝鮮東學黨之亂與中日甲午戰爭

日本早已摩拳擦掌，意圖對外侵略。被稱為日本明治維新啟蒙大師的福澤諭吉在一八八五年發表了一篇短文〈脫亞論〉，其中說鄰國「支那」和朝鮮都不思變革，把自己關在房間裡，並鼓吹日本脫離亞洲國家的行列，與歐美列強一起對中國及朝鮮進行侵略。此一思想於是形成軍方的共識，而以朝鮮為第一個目標。

甲申事件以後，袁世凱成為清朝在朝鮮最高的負責人，在朝鮮頤指氣使。清朝作為朝鮮的宗主國以來，從

來不曾有人像袁世凱這樣強勢，儼然是太上皇。朝鮮閔妃與俄國簽訂友好通商條約，逐漸與俄國親密，有疏遠清朝的趨向。袁世凱強逼閔妃疏遠俄國。袁世凱為了要制衡閔妃，又請清朝將拘禁在中國的大院君放回去。然而，大院君當年政變被中國拘捕，又被軟禁三年，對清朝憤恨難消，日本正好趁機與大院君接觸。大院君為了想要再度掌權，也不惜與昔日的死敵日本人合作。中、日、俄三國在朝鮮的角力因而日益複雜。中、日之間的關係尤其劍拔弩張。一八九二年（朝鮮高宗二十九年）朝鮮爆發了東學黨之亂，正好給了日本機會。

東學黨向來反對腐敗的官僚，也反對基督教及外國勢力。東學黨數萬人在這一年為死去的教主崔濟愚發起「教主申冤運動」，在全國各地示威。東學黨農民運動從此逐漸暴力化。政府派兵鎮壓，越鎮越亂。二代教主崔時亨號召誅殺權貴，也號召「逐滅夷倭」。這時，恰巧朝鮮流亡的親日派黨人金玉均突然在上海被刺殺。日本人民群情激憤。日本與清朝於是在一八九四年分別出兵朝鮮。

東學黨農民軍是烏合之眾，在清軍與日軍到達之後立即潰散。清朝向日本提議一起撤兵，但日本已經決心藉此機會將清朝勢力逐出朝鮮。雙方談判破裂，朝鮮的內亂於是演變成中、日兩國的大戰。俄國原本也要出兵干涉，最後卻選擇袖手旁觀。

日軍有備而來，精銳盡出，在牙山灣擊敗清軍，追擊到平壤。總指揮山縣有朋親自率領兩萬日軍渡過鴨綠江，另外有兩萬日軍也登陸遼東半島，都勢如破竹。海軍方面，經過兩個回合大戰，清朝北洋艦隊全軍覆沒。北洋艦隊是李鴻章一手建立的，結果證明多年來的建置與訓練完全是虛有其表而不堪一擊。

## 《馬關條約》

清朝戰敗求和，派李鴻章與伊藤博文在日本馬關（日本稱為下關）談判，最後於一八九五年（清光緒二十一年，日本明治二十八年）簽訂了《馬關條約》（日本稱為《下關條約》）。清朝同意撤出朝鮮；同意割讓台灣、澎湖及遼東半島；又同意賠償日本軍費二億兩白銀。

在清朝與洋人簽訂的所有不平等條約之中，《馬關條約》是最為苛刻無情的。就以其中的賠款來比較，《南京條約》對英國賠款二千一百萬兩，《北京條約》對英、法共賠款一千六百萬兩，《伊犁條約》賠償俄國九百萬盧布（約合五百一十萬兩）。日本要求的賠款約等於清朝先前三次賠款總和的五倍。從另一個角度算，二億兩白銀約等於當時日本政府每年稅入的三倍，中國稅入的兩倍。中國因而陷入赤貧，日本一下子成為暴發戶。

英、法、俄三國對於日本經由《馬關條約》奪取遼東半島至為不滿，提出強烈的抗議。俄國圖謀中國東北已久，尤其反應激烈。在三國的威脅之下，日本只好放棄佔領遼東半島，而由清朝再多付三千萬兩了結。《馬關條約》因而伏下日本與俄國終究必須一戰的因子。

## 光緒百日維新與孫文革命

清朝在甲午之戰慘敗，輿論都罵李鴻章昏庸誤國；和約簽了以後，又罵他媚日賣國。李鴻章當然有推卸不了的責任，但是慈禧太后的責任呢？卻沒有人敢提。這正是帝制時代最不合理的事。慈禧太后只知有自己，不知有國家人民。北洋艦隊之所以不堪一擊，重要原因之一是多年來海軍經費被挪去修建頤和園，供慈禧賞玩之用，因而沒有經費更新戰艦。甲午戰爭初起，光緒皇帝請求暫停修繕頤和園，慈禧大發雷霆。

光緒皇帝在《馬關條約》簽訂時，已經是二十七歲了。他身為皇帝，看見國事日非，憂心忡忡，卻無從插手。全國有識之士都知道國家如果繼續如此，非要滅亡不可，於是有很多人發聲獻策，企圖挽救國家。孫文和康有為是其中兩個代表性人物，而主張完全不同。

孫文是出身廣東香山縣（今中山市）的一個醫生，曾經在香港讀書。他認為只有推翻無藥可救的滿清政府才能救中國。甲午戰爭後，孫文對清朝徹底失望，決心開始行動，在檀香山（即夏威夷）創立「興中會」，並積極招募三合會、天地會等會黨，以及海外的志士，又四處籌募資金。

《馬關條約》簽訂後，孫文立即在廣州發起第一次革命。結果失敗。第二年，他到達英國倫敦，被清朝駐英公使館誘捕。幸而他在香港讀書時的老師康德黎（James Cantlies）伸手營救，向英國政府報告，又在報紙上刊登消息，使得清朝駐英公使館不得不釋放孫文。孫文因禍得福，從此名聞海內外，有許多人開始慕名而資助，或直接加入他的革命事業。

康有為也是廣東人，是一個飽學的儒生，曾經在廣州設講堂，收徒講學。他的弟子中最有名的是梁啟超。甲午戰爭之後，康有為聯合全國十八省一千三百名舉人上書反對簽訂《馬關條約》，提出「拒和、遷都、練兵、變法」等主張。全國震動，稱之為「公車上書」。康有為又與梁啟超組織「強學會」，號召變法圖強；創辦報紙，宣傳維新思想。光緒皇帝讀到康有為的文章，深受感動。

光緒二十四年（一八九八年）是清朝風雨飄搖的一年。由於日本對清朝予取予求，列強深怕動作如果太慢，中國這塊大餅就被搶光了，於是加緊對清朝勒索，爭奪地盤。德國人取得山東膠州灣租界與山東鐵路礦產的權利。俄國人取得旅順、大連租界及修建南滿洲鐵路的權利。英國強行租借威海衛港。慈禧太后仍然遊園看戲，若無其事。

光緒皇帝終於下定決心，召見康有為，詢問國家大政及變法之道。康有為除了詳細解說以外，又呈上他所寫的《俄羅斯大彼得變政記》、《日本明治變政考》兩本報告，其中分析兩國變法之所以成功，由弱轉強的原因。光緒大喜，於是下令變法維新。新政很快就出爐，內容有廢除八股文，科舉改用策論取士；創辦京師大學堂為新式大學（即是後來的北京大學）；裁汰閒散行政機關，改設農、工、商局；裁汰冗兵，招收新兵，引進西洋式練兵法，等等。

康有為所提出的各種變革方案並非不好，問題是一時之間端出太多的新辦法來，又雷厲風行要同時實施。他也許不明白明治維新是經過二十年逐步推進才大功告成，而且引發多年的內戰。當時在清朝舊制度底下生活已久的人，如讀了一輩子八股文的儒生、官僚、軍人等，無一不是立即受到變法的威脅，因而群起反對。慈禧也大怒，決定要停止新法，廢黜光緒皇帝。

當時袁世凱在天津小站練兵，手下有兩萬名新式陸軍。光緒密詔請袁世凱率兵入京勤王。袁世凱表面答應，慷慨流涕，背後卻出賣光緒。慈禧於是下令囚禁光緒，搜捕新黨分子。這一場維新變法，前後只有大約一百天，後世稱為「百日維新」或「戊戌變法」，就這樣草草落幕。新黨分子被捕獲者，一一被殺。康有為與梁啟超幸而躲過一劫，逃亡到日本，繼續鼓吹變法自強。

康、梁與孫文之不同是前者主張君主立憲，仍然要效忠於光緒皇帝，因而被稱為「保皇黨」；後者主張完全推翻滿清帝制，建立一個現代的民主共和國家，被稱為「革命黨」。兩個黨各自都有支持者，但都是書生，手上沒有真正而足夠的武力。

## 義和團與八國聯軍

清朝末年，民間有一個教派興起，稱為「義和拳」，是白蓮教的一個支派。義和拳舞槍弄棍，聲稱作法唸咒之後可以刀槍不入。山東巡撫毓賢愚昧而無知，鼓動義和拳改稱「義和團」，打出「扶清滅洋」的口號，到處與洋人及基督教為敵，甚至焚燒教堂，殺害教徒。洋人向清朝政府提出強烈抗議，清朝於是派袁世凱為新任山東巡撫。義和團的本質與朝鮮的東學黨其實沒有什麼不同，都是民間對現實不滿，利用迷信而壯大。袁世凱在朝鮮多年，親自帶兵鎮壓過東學黨，因而到任之後就派兵痛剿義和團，稱之為「拳匪」。義和團在山東無法立足，都竄逃到直隸（河北）。北京的王公大臣相信義和團有神技在身，也表示支持，建議慈禧太后扶植義和團對付洋人，以張國勢。

慈禧對洋人本來就非常痛恨，聽到這些話，深為同意，以為可以用義和團剷除洋人。光緒二十六年（一九〇〇年，庚子）五月，慈禧太后下詔對各國宣戰。清朝在東南十三省的幾個總督知道國家大禍即將臨頭，紛紛拒絕奉詔，並且與各國領事簽訂互保條約，出兵保護外國僑民及財產。

義和團在北京城屠殺洋人、教民及無辜百姓十幾萬人。城內火光沖天，日本使館書記官及德國公使也遇害。六月，英、德、奧、美、法、義、日、俄八國組成聯軍十萬人，攻陷天津、通州，直抵北京。除了美國盡力約束軍隊之外，各國痛恨義和團的暴行，決定以更野蠻的方法報復，放縱士兵在北京城內姦淫燒殺。北京宛如人間地獄。慈禧太后帶著光緒皇帝倉皇逃到山西，又輾轉到了西安，仍然繼續聽戲玩樂。

李鴻章奉命和各國代表討論了幾個月，在第二年簽定了《辛丑和約》。其中規定清朝道歉並懲處禍首；賠款總共四億五千萬兩白銀，分年償付。條約中規定的賠款稱為「庚子賠款」，其數額比例依高低次序分別是俄國百分之二十九、德國百分之二十、法國百分之十六、英國百分之十一；其他國家分別只佔百分之四到百分之七。這些百分比分別標示了當時各國貪婪的程度。美國也分到大約百分之七，不過在幾年後公開承認索賠的金額遠遠超出所蒙受的損失，並決定把多餘的錢全部捐出來，設立一個教育基金，用以獎助中國選派學生到美國留學。後來選派學生赴美之前的預備學校發展成為一所新式大學，就是今日著名的清華大學。

## 李鴻章爲人處事的哲學

李鴻章在和約簽訂後不久就勞瘁而死。清朝末年與外國簽訂了三十幾個不平等條約，大部分都是李鴻章去談判而簽訂的，許多人因而批評李鴻章賣國。歷史家多半不同意這樣的說法，因為清朝是國家衰弱，打敗仗才會被逼簽訂不平等條約，並不能說是李鴻章的責任。即使是《中法新約》，也有人為李鴻章辯護，說他選擇在鎮南關大捷之後掌握最佳時機，簽訂和約，只是將清朝終究無法保護的越南丟掉，而不須賠償半分錢。

對於李鴻章一生的功過，評論極多，大致貶多譽少。那麼李鴻章自己怎麼評斷自己呢？清末有一本《庚子西狩叢談》，是記載八國聯軍時，慈禧逃亡到西安的經過，其中有一段記載李鴻章自己這樣說：

> 我辦了一輩子的事，練兵也，海軍也，都是紙糊的老虎，何嘗能實在放手辦理，不過勉強塗飾，虛有其表。不揭破，猶可敷衍一時。如一間破屋，由裱糊匠東補西貼。……乃必欲扯破，又未預備何種修葺材料，何種改造方式，自然真相破露，不可收拾，但裱糊匠又何術能負其責？

這一篇文字是否真的是李鴻章自己說的，無法確定，不過已經傳神地描述李鴻章為人處事的態度。有人不免要問：既然知道自己只是勉強塗飾，虛有其表，為什麼還要佔住位置？何不乾脆退位，讓給更有能力的人來辦？這個問題事實上在古今中外普遍存在。沒有能力的人偏偏要拚命做官，至死不放；又拚命結黨營私，打壓異己。有能力的人卻常常被擋住，或根本不屑置身其中。

## 朝鮮獨立運動

甲午戰爭剛結束，日本就立刻將手插進朝鮮，請大院君復辟執政，成立一個「軍國機務處」，而實際上是一個傀儡政府。日本透過傀儡政府迫不及待地進行全面改革，廢除階級身分制度，廢除科舉及兩班制度，禁止奴婢買賣。另外也進行司法、經濟、財政方面的改革。在日本強制之下，朝鮮終於破除了千百年的傳統，開始走向現代化。這一段歷史，稱為「甲午更張」，不能不說有極大的意義；而朝鮮竟不能自己動手，必須靠侵略者來進行。

《馬關條約》簽訂之後，英、法、俄三國的干涉不但逼使日本歸還遼東半島，也影響到朝鮮的政局。閔妃領導的親俄派的勢力又再一次抬頭。日本當然不能忍受到手的肥肉又被搶去。一八九五年八月，日本駐朝鮮公使三浦梧楼直接派兵進入朝鮮皇宮，將閔妃拖出寢宮之外殺死，並且放火焚燒屍體。三浦的暴行引起國際公憤，朝鮮全國反日情緒沸騰，紛紛武裝抗日。閔妃在二十幾年國家風雨飄搖之中四起四落，奮鬥不懈，而竟慘死，後來在韓國被尊稱為「明成皇后」。

高宗逃到俄國公使館內，並居住了一年多。在此期間，朝鮮出現了一個新的政治團體，稱為「獨立協會」，是由徐載弼創辦的。徐載弼原先屬於留日的激進派，與金玉均一同流亡日本。但是他後來看清楚了日本的野心，不願意受利用，於是轉往美國讀書，然後又回國創辦了《獨立新聞》，向大眾報導時事，介紹當代科學和西方思想，批判政府，主張國家自主、尊重民權，發起獨立運動。《獨立新聞》在朝鮮引起了巨大的迴響，徐載弼接著又成立獨立協會。會員除了政府要員之外，還有社會菁英及青年知識分子。

朝鮮高宗受到獨立協會批評，不得不搬出俄國公使館。一八九七年，高宗聽從各方建議，下令改國號為

「大韓帝國」。一八九八年，獨立協會在漢城舉辦「萬民共同會」。這是獨立運動達到最高峰的時候。然而，由於獨立協會經常批評政府，舉發弊案，引起官僚強大的反彈；加上日本勢力又迅速抬頭，徐載弼被迫再度流亡海外，獨立協會也隨即被解散。

## 日俄戰爭

日本在甲午戰爭時已經攻佔了東北，卻被迫放棄。八國聯軍時，俄國趁機出兵佔領覬覦已久的中國東北。但日本如何能夠坐視到手的肥肉被俄國人平白搶去？於是聯合其他各國對俄國施壓。俄國被迫口頭同意，卻一再拖延，明顯地根本不願撤兵。日本越來越無法再忍耐。

一九〇四年（光緒三十年，明治三十七年）二月，日本突然同時出兵偷襲停泊於旅順港及仁川港內的俄國艦隊。第三天，日本才向俄國宣戰。日本又派陸軍分別渡過鴨綠江，登陸遼東半島，而與俄國在中國東北展開激戰。雙方投入軍隊人數越來越多。在有名的旅順二〇三高地之戰，日本出動十四萬人，俄國有二十三萬人。規模最大的是一九〇五年三月的奉天（瀋陽）會戰，日本出動二十五萬人，俄國有三十七萬人。日本國家這時如旭日東升，銳不可當。反之，俄羅斯帝國已經像夕陽西下，暮氣沉沉。因而，日本幾乎在所有的戰役中都是以少勝多。

海軍方面的決定戰發生於一九〇五年五月。名將東鄉平八郎指揮日本艦隊在對馬海峽以逸待勞，將遠道而來的俄國波羅的海艦隊全部殲滅，而自己的艦隊只有輕微的損傷。這是一場前所未見的經典海戰。

俄國投降。雙方由美國調停，在美國樸茲茅斯（Portsmouth）簽訂和約。俄國勢力從此退出朝鮮及遼東半島；並同意樺太島（即庫頁島）北緯五十度以南永久屬於日本。

日俄戰爭（日本稱為「日露戰爭」）的勝利對日本的意義遠勝於甲午戰爭。清朝雖大，已經病得奄奄一息，俄國卻是西歐的第一等強國。日本擊敗俄國，等於宣布日本終於躋身於世界一流的強國了。日本舉國歡騰，但是從此走上軍國主義侵略的不歸路。

俄國的戰敗，引發本身更嚴重的災難。俄羅斯帝國自立國以來，無止境地對外擴張，而國土越廣，內部的社會矛盾越嚴重。戰敗使得矛盾更加凸顯，不久爆發革命。俄皇尼古拉二世（Nicholas II, 1868-1918）勉強又支撐了十幾年，終於在一九一七年被列寧所領導的布爾什維克推翻。

## 日本併吞韓國

日本戰勝後，將韓國視為禁臠，分階段將韓國頭上的枷鎖一步一步收緊。首先是在當年八月開始實施「顧問政治」，派出財政顧問、外交顧問及內政、軍部、警察等顧問，要求所有相關之事一定要顧問裁決之後才能實施。十二月，日本又決定實施統監政治，在中央成立「韓國統監府」，在各地方設置「理事廳」；剝奪韓國的外交及內政權力，接管一切。韓國人民紛紛組織義兵反抗，但無濟於事。一九〇七年，朝鮮高宗派使臣到荷蘭，希望藉萬國和平會議向各國請願，結果不得其門而入，反而使得日本極端不滿，逼高宗讓位給兒子純宗。

一九一〇年，日本逼韓國簽訂《日韓合併條約》，正式併吞韓國。李氏朝鮮王朝至此滅亡，共二十七代國王，五百一十八年。日本在韓國設朝鮮總督府，開始長達三十五年的殖民統治。

## 第二十二章

# 中國的革命及列強的干涉

八國聯軍在北京的惡行真正是野蠻而殘忍，但追根究底卻是清朝也難辭其咎，可說是又一次自取其辱，並導致了鉅額的庚子賠款。罪魁禍首無疑是慈禧太后，但八國退兵之後，慈禧仍然掌握大權，繼續作威作福。對於這樣一個誤國誤民，一再犯錯的封建體制，而人民竟沒有任何機制能夠給予制裁。

慈禧迫於國內外的壓力，派出五個大臣出洋考察，並在五大臣回國後（一九〇六年）又不得不下令更改國體為君主立憲。然而更改的只是政府部門名稱，實質內容並沒有太大變化，而上層決策組織絲毫不變。人民失望之餘，只有寄望於體制外的改變了。

## 立憲派與革命黨

對於孫文（孫中山）的革命運動來說，八國聯軍是一個轉捩點。在此之前，輿論都視革命黨為亂臣賊子，洪水猛獸。在此之後，同情革命黨的人大為增加，並且有同樣性質的革命團體在國內外陸續成立。不過梁啟超所主導的保皇派勢力仍然比較受一般人的支持。梁啟超下筆千言，筆端常帶有豐富的感情。他所發行的《新民叢報》，風行海內外，執輿論之牛耳。相對之下，革命黨顯得比較弱勢。

一九〇三年，上海有一家報紙《蘇報》刊登留日革命分子鄒容和章炳麟的文章，鼓吹革命，號召人民起來推翻滿清，建立獨立、自由的新國家。清朝政府將報紙查封，又逮捕了這兩個人。鄒容不幸病死於獄中，年僅二十歲。鄒容在報紙上登載的文章被集結成一本小冊子，書名《革命軍》。這本小書暢銷海內外，發行了一百多萬冊，造成巨大的震撼。自此之後，革命的思想與保皇派的君主立憲思想逐漸勢均力敵。

所有革命勢力的領袖都體認到一件事，那就是如果各股革命勢力無法集結在一起，不是革命無法成功，便是將來分裂對抗。孫中山因而與黃興、宋教仁、章炳麟、蔡元培等，在頭山滿、宮崎滔天等日本幫會友人的協助之下，於一九〇五年（光緒三十一年）八月在東京集會，將各自所組織的興中會、華興會、光復會、青年會等革命團體合併成為「中國同盟會」。孫中山被推為總理。同盟會發行的《民報》與保皇派的《新民叢報》展開激烈的論戰。革命黨人才薈萃，許多人都為《民報》撰稿。相對地，《新民叢報》幾乎只有梁啟超一個人在獨撐大局，漸漸地革命黨的聲勢開始超越了君主立憲派。

一九〇八年十月，清廷宣布光緒皇帝與慈禧先後病死。許多歷史學者爭論，認為慈禧不甘心自己先死，所以在死前下令將光緒下毒致死。一百年後（二〇〇八年十一月），中國政府公開發布新聞，經由現代各種科技的分析，證明光緒皇帝確實是在死前遭到強灌砒霜而致死。慈禧在死前又立溥儀繼位為小皇帝，只有三歲，由其生父醇親王載灃攝政。載灃是光緒皇帝的弟弟，痛恨袁世凱在百日維新時出賣哥哥，掌權之後立即將袁世凱免職。袁世凱只好回河南老家，表面上是賦閒，實際上仍然暗中控制著他一手創辦的北洋軍系。

## 革命前夕

孫中山的革命黨爭取的主要對象是會黨、海外華僑、留學生，以及軍中官兵。孫中山很早就加入天地會洪門致公堂，成為會黨的一分子。他不但負責向海外華僑籌募鉅款以支持革命，也親身參加規畫歷次的實際革命行動。孫中山在十六年間（一八九五～一九一一年）一共發動了十次起義，而全部失敗。這十次起義其實規模都不大，對滿清政府並不能構成真正的武力威脅。以最後一次廣州黃花崗之役為例，參加人數不過數百人，死亡八十六人。然而這些犧牲的革命志士都是青年學子，有部分還曾留學海外，而人人視死如歸。這使得滿清的官員心生畏懼，社會人心激盪。清朝軍隊裡的年輕官兵尤其受到震撼而同情革命，紛紛暗中加入革命黨。

恰巧清朝政府在這關鍵時刻犯了一個大錯，引發民間大規模的武裝抗爭，而與革命黨結合，因而直接導致清朝迅速覆亡。此事與清朝的鐵路政策有關，而又牽涉到美國的「排華案」，因而必須回溯在美國華人的辛酸歷史。

從一八五〇年代開始，中國有大批華人被加州的淘金潮吸引而漂洋過海到美國，後來又有更多人去參加建造鐵路。到了一八七〇年代，華人在美國已經超過十幾萬人。華人移民的語言、生活習慣與當地的人民格格不入，又被認為搶走其他白種移民的工作機會。美國西部的一些利益集團、工會及政客便聯合展開政治運動，立法歧視華工。美國發生排華浪潮，導致大批華工被欺侮，被侵佔，甚至被謀殺。一八八二年，美國國會通過《排華法案》，不僅禁止華工在未來十年赴美，而且剝奪在美華人入籍美國的權利。這項法案明顯地違背美國南北戰爭以後引以為豪的種族平等原則。華人既不能成為美國人，不受法律保護，就無法停止悲慘的命運。

美國國會在一八九四年又通過《排華法案》再度延長十年；一九〇四年，更變本加厲而無限期延長。消息傳來，中國民情激憤，全國各地商會發起抵制美貨，致使美國對中國貿易額在當年減少了百分之四十。清朝政府在民間的壓力之下，決定逐步收回洋人過去經由不平等條約在中國取得的鐵路權及採礦權。洋人的路權相關合約到期後，清朝便將鐵路收回，交由各省商民辦理。也有合約尚未到期就被強行收回路權。新建鐵路也都由中國人自行興辦。

一九一一年，清廷忽然宣布要將鐵路收歸國有。四川、湖南、湖北及廣東的地方仕紳辛辛苦苦經營川漢鐵路及粵漢鐵路，轉眼即將利益成空，因而群起反對，宣稱要與鐵路共存亡。路權的問題一下子從中外之爭轉為政府與民間之爭。清朝採用高壓政策，緝拿首要分子。四川商民反應激烈，在八月組織保路大會，發動罷市、罷課、拒絕繳稅。革命黨見機會來到，便響應而參加其內。四川總督趙爾豐派軍隊鎮壓，四川地方仕紳也動員武裝抵抗，其中有數萬人是哥老會黨分子，也有新軍加入。保路大軍佔領了四川各縣，官軍節節敗退。

這時，湖北武昌革命軍起義的槍聲也突然響起，日期是陽曆十月十日。這一年屬於辛亥年。這一場革命因而稱為「雙十革命」，或是「辛亥革命」。

## 民國誕生

武昌起義的革命黨裡大部分是湖北新軍的官兵。新軍領袖黎元洪其實原先並沒有加入革命黨，只因為是最高的帶兵官，又同情革命，臨時被公推為領導人。黎元洪因緣際會，又看見革命時機已到，於是通電全國，宣稱擁護共和體制，並呼籲各省起兵，推翻滿清政府。全國共有十四省的革命黨和新軍也紛紛循著同樣模式，在一個多月內成功地起事，推翻地方政府，宣布獨立。清朝政府見事不妙，急忙將袁世凱又請回來。

袁世凱所創辦的北洋新軍是清朝最精銳的部隊，分別駐在山東、河南、河北各省。袁世凱很早就特別防範，不讓革命黨滲透，因而華北這幾省仍然在北洋軍系的手中，沒有參加革命起義。這時中國的局勢已經演變成南方革命軍對抗北方的北洋軍系，清朝政府反而是無足輕重。袁世凱立刻出兵，擊敗黃興領導的革命軍聯合部隊。

外國勢力在這時開始介入，勸雙方談和。一時之間，國內外紛紛爭論中國是否會陷入長期內戰？清朝皇帝是否應該退位？中國應該實施共和體制，還是君主立憲？誰會是中國新的領導人？外國勢力各有各的盤算，其中日本對中國的動向尤其關切。

中國革命初起，日本長州閥元老山縣有朋主張立即出兵中國，幫助清朝鎮壓革命。首相西園寺公望卻說：「一國最好是不要革命，但是革命一旦開始，必定要成功，否則政治永遠不會安定。這是歷史的法則。幫助他國鎮壓革命，是一件不應該而不可能的事。」日本因而終究沒有出兵。

南方革命軍為了避免內戰，同意議和。十四省成立聯合臨時政府，選孫中山為臨時大總統，設置臨時參議院，定國號為「中華民國」。革命軍此舉，主要目的在於明白表示共和體制是無可討論的議題。孫中山本人所在意的並非權位，而是新國家的未來，因而也明白表示，只要清帝退位，那麼他願意自動辭職，讓袁世凱擔任大總統。袁世凱的將領也都聯名贊成共和體制。

清朝末代宣統皇帝溥儀及太后在各方壓力之下，只能同意接受優待條款，在宣統三年（一九一二年）二月宣布退位。孫中山遵守承諾，將臨時總統的位置讓給袁世凱。滿清至此滅亡，立國二百九十六年。如果從入山海關起算，清朝真正統治中國的時間是二百六十八年（一六四四～一九一一年）。對中國來說，這一年更重要的意義是歷經數千年的封建帝制，到此結束。

# 日本大正時代

中華民國成立的這一年，也是日本改朝換代的一年。明治天皇在位四十五年之後駕崩，享年五十九歲。日本自有天皇以來，很少有像明治一樣的風光而受人民崇敬。日本在這四十幾年中，從一個受西洋人逼迫的亞洲舊世界弱國一躍而為世界第一等現代化強國，創造了一個奇蹟，讓所有日本人都感到自豪。日本因而竟有許多人無法接受明治天皇駕崩的消息，決定自殺殉死。日俄戰爭時的陸軍大元帥乃木希典因為兩個兒子都在戰爭中死去，早已沒有生趣，卻不敢先天皇而死。等到天皇駕崩後，乃木大將與夫人雙雙自殺。乃木的心理和行為是當時千千萬萬個日本人的縮影。

大正天皇（一九一二～一九二六年在位）表面上是承繼了一個光鮮耀眼的國家，然而事實並非如此。甲午戰爭後，日本積極準備與俄國打仗，每年大幅增加軍費。日本從清朝拿到的鉅額賠款很快就花完了，又對外舉債。日俄戰爭雖然勝利，軍費卻是天文數字，以致於不得不再向外借款。明治天皇死時，日本已經是背負大筆外債，入不敷出。在這樣的情形下，軍方卻無止境地要求大幅增加軍備。國家財政困難也使得人民生活困苦，頗有怨言。

一九〇一至一九一三年間，日本的內閣總理總是由桂太郎與西園寺公望兩人接替擔任，稱為「桂園內閣時代」。西園寺公望是極有名望的貴族公卿，而桂太郎是長州藩系的第三號實力派人物，僅次於伊藤博文與山縣有朋。西園寺內閣不肯同意增加軍費，跋扈的陸軍大臣悍然辭職，軍部卻拒絕推薦繼任的人選。西園寺於是被倒閣，只得辭職下台。

桂太郎接任，預備答應軍部的要求。國會中的兩大政黨怒不可遏，激烈指責，並且對民眾演說。數萬名憤怒的民眾包圍議會，搗毀警察局和御用報社，高呼「打破閥族，擁護憲政」。桂太郎黯然下台。這是日本發生的第一次憲政擁護運動。十年後又發生一次。藩閥及軍人因而在大正時代非常收斂，深怕引起社會的非議。

## 袁世凱稱帝

中國革命成功後，同盟會合併其他黨派而為「國民黨」，是第一大黨，聲勢浩大。孫中山任理事長，而實際由宋教仁代理。宋教仁在國會選舉大勝後，到處演講攻擊臨時總統袁世凱及新政府。袁世凱的腦子裡充滿封建時代的威權思想，心中不想當總統，只想當皇帝；這時更怒，竟指使殺手刺殺宋教仁。他又將政府裡的國民黨人一一撤職，並起用部屬段祺瑞為國務總理。國民黨人在各省起兵，聲稱討伐國賊，但是都失敗。

一九一三年，袁世凱被正式選舉為總統，隨即命令解散國民黨，又強行解散國會，準備復辟。一些熱心的立憲派分子及趨炎附勢的學者都在報章雜誌上為袁世凱造勢，鼓吹君主立憲，認為中國的國情不適合民主共和的體制。這時立憲派的創始者梁啟超卻發表一篇〈異哉所謂國體論者！〉，堅決反對。梁啟超的文筆辛辣，文章一針見血，以今日之我否定昨日之我，轟動一時。但是袁世凱仍然按照原訂計畫推進，在一九一五年登上皇帝之位。

這時第一次世界大戰（一九一四年七月～一九一八年十一月）早已開打。日本趁機對德國宣戰，派兵佔領德國在山東的勢力範圍，又提出「二十一條要求」，逼中國承認日本繼承德國在山東的所有特權；擴大日本在滿洲、內蒙古的權益；承諾軍械一半以上向日本購買等。袁世凱明知一旦簽署，將為國人所唾罵，卻急於想做皇帝，最後還是屈服而接受了。

袁世凱的舉動激起全國人民的憤怒與抵制。南方各省再一次紛紛起兵，而與袁世凱的部隊大戰。然而袁世凱的部將大多也不認同復辟，於是聯名請袁世凱退位。這時外國也來干涉，對袁世凱提出警告。袁世凱受到內外交逼，成為眾矢之的，羞憤而死，距離稱帝只有六個月。

## 中國軍閥割據

袁世凱死後，中國實質上已經是軍閥割據，形成為一個四分五裂的國家。

袁世凱的舊部主要分成皖系及直系。前者由段祺瑞領導，勢力範圍大致在安徽、山東及浙江一帶。後者由馮國璋領導，勢力範圍是直隸（河北）、江蘇及湖北一帶。此外，在河南還有一個張勳，思想守舊。他的軍隊在民國成立後仍然留著滿洲式的辮子，所以被稱為「辮子軍」。

除北洋軍閥之外，還有出身廣西的陸榮廷，稱為桂系；出身山西的閻錫山，稱為晉系；廣東的陳炯明，稱為粵系；以及出身雲南的唐繼堯的滇系等。在東北奉天、吉林和黑龍江三省，也有一個土匪出身的軍閥張作霖，稱為奉系，而受到日本勢力的支持。

國會又重開，並選黎元洪為總統。然而黎元洪手上沒有足夠武力，國務總理段祺瑞因而跋扈，不接受命令。正在兩人互相鬥爭之中，張勳突然率領辮子軍進入北京，將黎元洪趕下台，扶立清朝宣統皇帝，又一次演出復辟的鬧劇。張勳的行為連北洋系其他軍閥也不能接受，因而聯兵驅逐張勳。但是北洋軍閥拒絕重開國會，唯恐又被國民黨控制。

孫中山雖是革命領袖，既無兵又無地盤，也不能指揮任何軍閥，真正是一無所有。他眼見自己多年從事革命的結果如此，至為心痛，但並不灰心，反而下定決心要重新出發，再一次革命。不過他只能依附於南方的軍閥，看人臉色。

## 巴黎和會與五四運動

第一次世界大戰給日本帶來空前的景氣。歐洲協約國忙於打仗，物資嚴重不足，日本趁機大量出口。日本的造船業、鋼鐵業、紡織業因為大戰而蓬勃發展，一下子躍升為世界真正的經濟強國，先前的財政窘迫情況也完全改善。中國南、北內戰更是日本販賣軍火的好時機，因而有所謂的「西原借款」。段祺瑞政府向日本借鉅額款項一億四千五百萬日元，用以購買武器及軍需品，又同意給予日本在山東及東北地區的鐵路、礦產、森林等權益。

第一次大戰結束後，戰勝的協約國家於一九一九年在巴黎召開和會。會議中，日本代表主張德國在山東的權益完全歸日本，中國代表主張由中國自行收回，並提議取消列強在中國的特權。協約國責備中國只是忙於內戰，對德國宣而不戰，不曾出過一兵一卒，因而同意日本的提議。消息傳回中國，北京各大學學生三千多人於五月四日齊集天安門，手持標語，高呼口號，遊行示威，將他們認為是賣國賊的幾個親日派官員的住宅搗毀。北洋政府下令逮捕肇事學生，結果引發更大的風潮。五千多名學生自請入獄，各大學校長全部辭職，全國各地罷課、罷工、罷市。歷史上稱這一段為「五四運動」。段祺瑞只得訓令中國代表，拒絕在巴黎和約上簽字。

## 五四運動的內在原因及其影響

「五四運動」的導火線是巴黎和會，實際上有其內在原因。五四運動對於中國所產生的影響，也不只是拒絕在巴黎和約簽字而已。

中國的民族意識在數十年的外患中與日俱增，但是在思想上一直缺少領導的方向。孫中山說：「主義是一種思想，一種信仰，一種力量。」但他的「三民主義」缺乏撼動人心的吸引力，只能吸引少數的國民黨人信仰，無法引起一般知識分子共鳴。梁啟超的思想也過於陳舊。

一九一五年九月，有一本新的雜誌《新青年》在上海創刊。這本雜誌是留學日本的陳獨秀所創辦的，由留美博士胡適、學者錢玄同，以及文學家魯迅等菁英知識分子共同輪流執筆、編輯。《新青年》發起一項新文化運動，高舉民主、科學、平等、自由等大旗，又提倡白話文學運動，大受中國知識分子歡迎，從思想、政治、文化上激發了青年的愛國熱情。「德先生」（Democracy，即民主）與「賽先生」（Science，即科學）成為青年知識分子嚮往的理想。

一九一七年，在歐洲發生一件大事。俄國在第一次世界大戰中加入協約國以對抗德國，在前線有一百七十幾萬人死亡，在後方有嚴重的內政混亂和饑荒。列寧（Vladimir I. Lenin）所領導的布爾什維克黨因而有機可趁，起來發動十月革命，推翻俄羅斯帝國，建立了蘇維埃政權，即是「蘇聯」。馬克思發表《共產黨宣言》之後，經過七十年，世界上終於有了一個共產黨統治的國家。

陳獨秀受到俄國局勢的影響，開始在中國倡導馬克思主義。一九一八年十二月，陳獨秀又與李大釗合辦《每週評論》雜誌，內容從思想、文學轉到政治與時事，對外批評列強，對內號召除去「軍閥、官僚、政客」三害。《每週評論》的影響比《新青年》更大。創刊不久之後，巴黎和會開議。各大學學生的深層民族意識與現代思想結合，熱血沸騰，無法忍受和會的決議，因而有「五四運動」。

陳獨秀和李大釗在三年後都成為創立中國共產黨的主要人物。後來中共的領導人毛澤東自稱受到陳獨秀本人及兩份雜誌影響很大。另有一位曾經在日本明治大學留學的周恩來，也因為投入五四運動而被捕。他在獲釋之後乘船赴法國勤工儉學（即是半工半讀），後來加入新成立的中國共產黨，擔任社會主義青年團旅歐總支部書記，而漸漸成為中共的領導人之一。

## 中國共產黨創立

列寧十月革命成功之後，俄國爆發大內戰。忠於沙皇的保皇黨勢力以及富農、地主和資產階級組成「白軍」，對抗蘇聯「紅軍」。列寧由於要全力對付白軍而單方面與德國簽訂和約，逕行退出第一次大戰。協約國對此大為不滿，並且害怕共產主義蔓延，因而決定援助白軍，聲稱要將新生的蘇維埃政權「扼殺在搖籃中」。美、英、法、波蘭等十三國派出陸、海軍直接干涉。在東方的日本也派出三萬人，後來又不斷增兵，達到七萬人，是出兵最多的國家。紅軍在托洛斯基（Leon Trotsky）率領之下，經過四年苦戰，終於獲勝，保住了國家。

列寧自稱蘇聯在戰爭中被「打得半死」，卻決定成立共產國際（Comintern），不忘馬克思的遺言，要聯合世界上被剝削的無產階級，推翻資產階級的統治。共產國際開始派人到各國尋訪合作對象，協助組織共產黨，做地下工作，積極輸出革命。

一九一九年七月，蘇俄發表對華宣言，自動廢除不平等條約，放棄帝俄在華的特權、庚子賠款，無條件交還中東鐵路等；又聲稱願意協助中國脫離外國的侵略。中國北洋政府及全國人民欣喜之餘，半信半疑。

一九二〇年，共產國際代表吳廷康（Grigori N. Voitinsky）來到中國，尋找革命伙伴。他不僅找了陳獨秀、李大釗，還找過直系的大將吳佩孚，也找了孫中山。他最後決定支持陳獨秀、李大釗成立中國共產黨，從此共產黨在全國各地宣揚馬克思主義，發展組織，招收黨員。一九二一年，中共在上海舉行第一次全國代表大會，選出陳獨秀為中央書記。

## 中國軍閥內戰

「五四運動」的影響雖然深遠，但是完全無法搖撼當時軍閥割據的事實。中國內戰的規模逐漸升高，並且蔓延全國。不但有南北之間的內戰，有北洋軍閥各系之間的內戰，還有南方各省之間的內戰。估計在一九一九年至一九二五年之間，大小戰爭超過一百場。其中大的戰役有數十萬人參戰，小的戰役也有數千至數萬人。戰爭的目的，當然是要擴大地盤，最終要取得中國的統治權。這和中國過去兩千多年來舊王朝垮台之後群雄逐鹿的情形，其實是沒有兩樣。

在北方，直系、皖系及奉系發生三次大內戰，最後奉系張作霖得勝，而仍然妥協，邀請皖系段祺瑞及直系的叛將馮玉祥共同組成新政府。

在南方，廣東、廣西、貴州、雲南各地的軍閥之間相互合縱連橫，打了無數次的仗。孫中山跟著在夾縫中起起落落，最後終於憑一己的聲望、鍥而不捨的毅力，以及蘇聯提供的實質協助，在廣東立定腳跟。

## 國共合作

蘇聯為什麼要幫助孫中山呢？簡單地說，是希望利用孫中山的名望來幫助共產黨迅速茁壯成長。孫中山又為什麼要接受蘇聯的協助呢？因為當時孫中山飽受粵系軍人陳炯明的逼迫，幾乎沒有立足之地。一九二二年，雙方開始討論國共合作的可能性。列寧指示中共與國民黨暫時聯合，但是不放棄共產黨的身分而繼續為無產階級奮鬥；孫中山也決定聯俄容共。雙方一拍即合。孫中山又派部屬蔣介石率團到蘇聯考察，並學習軍事。

蔣介石是浙江奉化縣人，曾經畢業於日本振武學校（日本士官學校的預科班），並加入同盟會。辛亥革命時，蔣介石回國協助革命領袖陳其美在浙江及上海起義成功。之後，蔣介石逐漸在國民黨中崛起，成為孫中山所倚重的軍事將領。

一九二四年，孫中山接受共產國際代表鮑羅廷（Mikhail M. Borodin）到廣州成立顧問團，幫助國民黨改組，並提供軍事援助。這時列寧病死，托洛斯基與史達林（Joseph V. Stalin）爭權。當初托洛斯基是國家的英雄，不料與史達林爭權卻落於下風，被迫逃亡，最後死在海外。

孫中山接受蘇聯顧問的建議，成立黃埔軍校，以蔣介石為校長，廖仲愷為黨代表，戴傳賢（字季陶）為政治部主任。周恩來擔任政治部副主任，做戴傳賢的副手。還有不少共產黨員也在黃埔軍校任職，其中葉劍英、聶榮臻等後來都是中共建國的元老。

國共合作之後，南方的軍政府開始壯大。蔣介石率領革命軍，以黃埔軍校學生為主幹，迅速擊敗廣州商團，其後又殲滅陳炯明的部隊四萬多人，完全掌控廣東。蘇聯顧問加倫（Vasili K. Galens）將軍制訂作戰計畫，功不可沒。

北洋新政府邀請孫中山北上商談國是。孫中山臨行發表宣言，主張召開國會，反對軍閥，打倒帝國主義。北洋政府、各省軍閥及各國公使聽到都覺得刺耳。孫中山到了北京之後，陳炯明潰敗的消息傳開。各方大吃一驚，不敢再認為孫中山只是空談。不過孫中山卻開始染病，於一九二五年三月病逝，死前遺言：「革命尚未成功，同志仍須努力。」北京城萬人空巷，夾道送別。

## 國民黨內部分裂

孫中山之死是國民黨內部分裂的開始。分裂的原因在於對共產黨的不同態度，以及權力鬥爭。

國民黨內部對共產黨的態度因人而異，有左派及右派之分。廖仲愷對共產黨特別友善，被歸為左派。右派以胡漢民為首，對共產黨懷疑戒懼。戴季陶是最早接觸到共產黨的國民黨要員，在中共組黨時曾經積極參與其籌備工作，不過對共產黨漸漸產生疑慮，指責中共在國民黨中自行擴張組織，建議共產黨員加入國民黨必須放棄原有黨籍，然而孫中山並沒有接受他的建議。但孫中山一死，內部的矛盾立即凸顯。

共產黨藉國民黨勢力而茁壯之後，在全國各地展開群眾活動。上海、漢口的外資工廠都發生罷工。數千名學生在上海示威支持，被外國巡捕開槍掃射，死傷多人。全國憤慨，引發更大的反英、反日風潮。一九二五年五月，廣州及香港同時有二十幾萬人發起「省港大罷工」，聲稱打倒帝國主義。英、法軍隊開槍，示威群眾死數百人。廣州軍政府與英、法使館互相指責。香港進出的船隻減少百分之八十五，經濟瞬間暴落。國民黨右派對於共產黨的作法不以為然，提出嚴厲的批判。

南方軍政府這時改組為國民政府，而內部鬥爭升高，轉為血腥。左派大老廖仲愷首先遇刺而死。蔣介石、汪精衛與蘇聯顧問藉機指稱右派元老胡漢民有嫌疑，將他軟禁。右派分子被聯手打壓，紛紛出走，在上海另設黨中央。國民黨左、右派正式分裂。

一九二六年三月，「中山艦事件」爆發。蔣介石自認為在中山艦上險遭暗殺，而在背後策動陰謀的是共產黨，因而下令逮捕嫌疑人物，將他認為不受歡迎的蘇聯顧問遣送回國，請蘇聯再派加倫回來，汪精衛也被逼走。陳獨秀不能忍受蔣介石的跋扈，建議中共退出國民黨。共產國際代表吳廷康卻說：「現在是中國共產黨為國民黨當苦力的時候。」堅持利用國民黨繼續發展。

究竟廖仲愷是如何死的？中山艦事件究竟是真有其事，還是蔣介石自導自演的奪權陰謀？國民黨與共產黨各有不同的說法，至今都是謎，未來大概也很難得到真相。

## 北伐及國共分裂

國共既已掌控廣東，目標便一致指向北方。一九二六年六月，蔣介石率領國民革命軍，開始北伐。當時桂系的新實力派人物李宗仁與白崇禧也帶兵加入國民黨，參加北伐。國民革命軍一共有八個軍，約十幾萬人，每一個軍都有俄國顧問。革命軍勢如破竹，於半年之內席捲華南各省。然而隨著軍事勝利，蔣介石與蘇聯顧問間的鬥爭也越來越激烈。共產國際聯合國民黨內的反蔣勢力，削減蔣介石的權力，確立共產國際的領導地位。武漢成為國民政府的新權力中心。

國民革命軍每克復一座城市，共產黨便發動群眾排外運動。各城市外僑紛紛撤退到上海。一九二七年三月，革命軍佔領南京。共產黨又在南京發起激烈的群眾排外運動，造成外國使館、教堂、醫院及學校被毀損，洋人及傳教士被殺的事件。英、法艦艇發炮護僑，聲明不惜進行武力干涉。蔣介石這時公開指責「南京事件」是左派分子過激的行動，明顯地要與左派決裂。

國民黨內的右派分子見到左派勢力大漲，蔣介石也受到排擠，立刻拉攏蔣介石而在南京另外成立新政府，以與武漢政府對抗；並決定進行「清黨」，也就是要清除國民黨內的中共分子。

上海在南京之後也迅速落入革命軍手中。中共又派周恩來到上海組織工人，發起群眾運動。蔣介石下令上海衛戍司令白崇禧派軍隊鎮壓。外國也決心以武力保衛上海租界，並與青幫、洪門等幫會分子共同加入「剿赤」的行動。工人因而死傷三百多人。第二天，共產黨發動十萬名工人、學生舉行集會、請願、抗議。蔣介石下令士兵持槍掃射，接著又大肆捕殺共產黨員。數千人因而死亡或失蹤。周恩來及時逃走而免去一劫。國民黨右派在全國各大都市展開全面清黨。張作霖也在東北逮捕並處死大批的共產黨員。

武漢政府大怒，公開宣布開除蔣介石黨籍，稱他是「總理之叛徒、本黨之敗類」。另一方面，南京政府卻下令通緝蘇聯顧問鮑羅廷及中共的首要分子。國民黨稱此次為「寧漢分裂」。武漢方面以汪精衛為黨主席，聽命於蘇聯顧問；南京方面以胡漢民為黨主席。

同一時間，共產黨內也發生分裂。共產國際向來標榜工農革命，並不滿足於只發動工人暴動，認為必須同時發動農民進行土地革命。陳獨秀和鮑羅廷都不同意，認為應該等到北伐完成以後才進行，卻無法抗拒共產國際的指令。武漢政府內許多軍官家中都擁有田產，對中共組織的農民運動激烈反對。汪精衛也反對中共的新政策，決定解除鮑羅廷的顧問職位，宣布「分共」。中共立刻反擊，宣布武漢政府是「反革命」，從此與國民黨分道揚鑣。

一九二七年八月，周恩來、朱德、葉挺等人率領兩萬人發起「八一南昌起義」（國民黨稱為「南昌暴動」），目標是打倒地主、土豪，進行土地重分配。中共對這次起義有很高的評價，認為是共產黨第一次脫離國民黨而自行發展，打響了革命的第一槍；不過起義卻失敗了。中共在失敗後立即召開會議，把所有的錯誤委罪於陳獨秀，批評他是「右傾主義者」，陳獨秀從此失去領導人的地位。毛澤東稍後也在湖南、江西邊界領導發動「湖南秋收起義」，但是也失敗而退入井岡山。

## 蔣宋聯姻

汪精衛既趕走俄國人，武漢與南京兩個國民黨政府之間的立場一致，於是握手言和，共同在南京組織新政府。新政府通知蘇聯斷絕外交關係。蘇聯在各城市的領事館都只好下旗歸國。國民黨右派與左派原本與蔣介石都有宿怨，聯合以後，又共同對付蔣介石，撤除他的總司令職位。蔣介石雖然下野，實際上仍然牢牢掌握軍中的嫡系部隊。

一九二七年十二月，蔣介石在上海與宋美齡結婚。宋美齡的家族在中國堪稱是第一顯赫，無人能比。她的父親宋嘉澍是基督教傳教士兼富商，曾經支持孫中山革命，慷慨捐輸，幾乎因而破產。宋嘉澍有三個女兒，一個兒子，都在美國名門大學畢業。大女兒宋藹齡嫁給出身山西孔家的孔祥熙，是中國第一富豪；二女兒宋慶齡嫁給孫中山；三女兒就是宋美齡，如今要嫁給蔣介石。蔣宋聯姻因而意味中國最強大的軍事勢力與最大的金錢勢力結合在一起。但宋慶齡是站在同情共產黨的一方，譴責蔣介石是孫中山的叛徒，不惜與娘家斷絕關係。

南京政府在各方的壓力之下，不得不又請蔣介石回來復職，並決定繼續北伐。蔣介石將全國軍隊整編為四個集團軍，他自己帶領嫡系軍隊，而馮玉祥、閻錫山及李宗仁分別率領他們自己的西北軍、山西軍，以及桂系軍隊。不過蔣介石這時面臨的問題已經不只是能不能掃蕩北方的軍閥，而是要如何對付日本的挑釁。

## 田中義一

日本大正八年（一九一九年），第一次世界大戰結束，日本幾年來發戰爭財的美好時光也結束。出口業大幅衰退，工廠找不到訂單，景氣下滑。大正十二年（一九二三年），前所未有的關東大地震發生，導致十四萬人死亡或失蹤，五十幾萬戶房屋倒塌或燒毀。東京、橫濱一帶的工廠全部夷為平地。大正天皇於一九二六年駕崩。裕仁天皇繼位，改年號為「昭和」。第二年，日本發生金融恐慌。三十二家銀行因為發生瘋狂擠兌的事件而倒閉，無數人破產。民眾生活失去保障，政府成為眾矢之的。在此一景氣蕭條極為嚴重的時刻，沉寂已久的軍人又開始抬頭。

日本長州藩系的陸軍大將田中義一，正是在昭和二年金融恐慌發生後登上首相之位。在此之前，若槻首相重用外務大臣幣原喜重郎，採行「協調外交」。南京事件發生時，幣原外相在蔣介石與西洋各國之間扮演調解的角色。田中義一認為「協調外交」就是「軟弱外交」，無法撲滅共產黨，也無法阻止中國熾烈的排外風潮，因而上任不到兩個月便派出軍隊到山東，聲稱要保護兩萬日本僑民在山東的權益。

## 濟南慘案及皇姑屯事件

一九二八年初，蔣介石率領國民革命軍繼續北伐，主要的敵人是佔據山東的軍閥張宗昌及佔據北京、東北的張作霖。這兩人與日本都關係密切。國民革命軍擊敗張宗昌後，在五月繼續往濟南推進。日本駐軍奉令阻止國民革命軍前進，雙方於是發生衝突。中國派員前往交涉，竟然也被射殺。據估計中國軍民死亡至少三千多人，稱為「濟南慘案」，日本稱之為「濟南事件」。蔣介石不願在這時擴大與日本的爭端，下令繞道往北。

一個月後，在東北發生「皇姑屯事件」（日本稱為「張作霖爆殺事件」），震驚國際。

張作霖原本是馬賊出身，後來被招安加入政府軍，又藉日本人之助而成為東北的霸主。田中義一上台後對中國強硬的姿態引起中國人的普遍不滿，在各地示威反日，東北各大城市也同樣的熾烈。日本要求張作霖鎮壓反日風潮，但是張作霖只是推託。日本要求他配合日本興建南滿鐵路，張作霖一樣推託。日本甚至暗示要扶植他成立獨立的東北政權，張作霖又是推辭。日本駐在東北的關東軍認為張作霖是靠日本二十年的栽培才有今日，而竟如此地「忘恩負義」，因而決定要置張作霖於死地。關東軍計算張作霖乘火車由北京返回東北，抵達瀋陽附近的皇姑屯車站時，將預埋的炸彈引爆。張作霖被炸，傷重而死。

關東軍原本的計畫是張作霖一死，日本可以趁亂控制東北。然而張作霖的部屬擁護張作霖的兒子張學良，秘不發喪，等到布置妥善之後才發布張作霖的死訊。東北因此井井有條，轉危為安。

根據後來的調查，「張作霖爆殺事件」是關東軍參謀河本大作所策畫的，背後有陸軍參謀本部的支持。關東軍對外宣稱這是國民革命軍所做的，企圖嫁禍。然而張學良得到種種證據，確定關東軍是殺父仇人，因而不顧日本人的威脅，與南京政府議和。一九二八年底，東北改插青天白日國旗，中國完成統一。歐、美各國都宣布承認國民政府，只有日本不願意。

「張作霖爆殺事件」的真相漸漸外洩，紙包不住火。世界各國的媒體大肆報導批評，日本國會議員也大肆抨擊。田中義一堅稱完全不知情，卻無法不負起責任。他決定懲處關東軍司令及河本等人，卻遭到內閣及軍部反對。田中親自去拜謁裕仁天皇，但天皇也不滿，拒絕聽取他的解釋。田中只好黯然下台，心情抑鬱，不久病死。繼任的是文人出身的濱口雄幸，宣布日本對中國沒有侵略的意圖，又請幣原喜重郎回來擔任外相。日本的右派軍方氣焰暫時被壓下來。

## 中原大戰

蔣介石完成北伐之後，聲望如日中天，然而卻不能說已經統一國家。第二階段北伐實際上並沒有經過任何大戰，而是大家握手言和。馮玉祥、閻錫山、李宗仁及張學良還是擁兵自重，各地方軍閥割據的局勢並沒有什麼重大改變。國民政府由政客妥協體制轉為軍閥的集合體。在各路軍閥的眼中，蔣介石名義上代表中央，而野心比他們還要大，不能不小心提防。

一九二九年初，蔣介石召集各派系軍事首領，宣稱全國軍隊人數達到二百三十萬人，而國家財力有限，無法支持這麼多軍隊，必須適當裁軍。各方雖然同意，卻認為蔣介石所提的裁軍方案不公平，明顯地是要藉此機會削藩，會議因此不歡而散。各個軍閥回到自己的勢力範圍，積極備戰。蔣介石大怒，第一個拿桂系的李宗仁、白崇禧開刀。雙方大軍對峙時，桂系的部分將領被蔣介石收買而反戈，結果大敗。蔣介石對馮玉祥也是如法炮製。馮玉祥也大敗。各派系軍閥在被蔣介石各個擊破的過程中，為求自保而達成共識，集結在一起而對抗蔣介石。

一九三〇年五月，中國的大內戰「中原大戰」開始。反蔣聯盟有八十萬大軍，蔣介石的政府軍有六十萬人。政府軍分兵與閻錫山戰於山東，與馮玉祥戰於河南，與李宗仁戰於湖南。東北軍張學良原本保持中立，六個月後卻突然加入政府軍陣營。反蔣聯盟因而敗北求和。

這場大戰中，雙方死傷共約二十五萬人，受害災民達數千萬人，財物損失不可計數。戰區之遼闊，禍害之深，是民國以來之最。大戰後，幾個軍閥表面上歸順中央，實際上仍然各自割據。

國民黨右派首領胡漢民認為內戰無法停歇，必須從體制上解決，而與蔣介石爭論應該早日實施憲政，建立民主與法治。蔣介石不但不同意，反而強行將胡漢民軟禁在南京的湯山溫泉。反蔣勢力獲悉後，盡皆大怒，要求釋放胡漢民，否則不惜再戰一場。不過在這個時候，蔣介石早已發兵從事於另一場戰爭，目標是剿滅共產黨。

## 蔣介石發動圍剿中共

中國共產黨人起義失敗而退入了井岡山以後，漸漸重新發展壯大，又出兵攻佔附近的縣市及農村。國民政府軍奉派前往鎮壓，而沒有成效，最主要是因為各軍閥勢力之間的內戰使中共有機會喘息。內戰最激烈的時候，正是中共發展最迅速的時期。一九三〇年初，中共已經據有江西、福建、湖南、湖北等各省的邊界偏遠地方，一百二十個縣，分別成立了幾個蘇維埃區，其中江西蘇維埃區由毛澤東掌控。中共在蘇維埃區內實施土地改革，沒收富農、地主的土地，分配給貧農、佃農，大受農民的感激與擁護。中共的軍隊「紅軍」也因而增加到八個軍，總共十六萬人。

中共壯大之後，掌權的李立三決定不顧共產國際的指示，採取更積極的「都市路線」攻勢，目標奪取城市，配合農村而形成革命高潮。毛澤東等人強烈反對，而終歸無效。紅軍分三路出兵，結果全部慘敗。共產國際大為不滿，指示改組中央政治局，將李立三的勢力全部拔除，改由曾經留學蘇聯的陳紹禹、秦邦憲等人掌握大權，稱為「國際派」。

李立三的「都市路線」不但導致自己的失敗，也使得蔣介石看見共產黨再起，勢力比以前更強，因而決心要「肅清匪共」。一九三〇年十二月起，十個月間，蔣介石對中共發動三次圍剿，規模一次比一次大，出兵從十萬人增加到三十萬人。政府軍在前兩次圍剿都一敗塗地，使得蔣介石在第三次決定親自指揮，又出動空軍轟炸蘇維埃區。正在雙方戰況膠著之中，反蔣勢力等候七個多月還不見蔣介石釋放胡漢民，李宗仁於是率領粵、桂聯軍北上，聲稱要討伐蔣介石。其他軍閥也都預備參戰。蔣介石即將陷於兩面作戰。這時，日本關東軍在東北忽然發動「九一八事變」。消息傳來，三方全部暫時停止內戰，將注意力轉到外來的侵略。

「九一八事變」是六年後中日之間爆發全面戰爭的序曲，其經過請容留在下一章再一起敘述。本章以下要補敘在中國革命的過程中，蒙古、新疆及西藏等邊陲地區的劇烈變化。

## 列強對中國邊陲地區的覬覦

清朝初年，由於康熙、雍正及乾隆三代皇帝長期對外擴張，使得中國的版圖擴大，又有西南各個藩屬國，比唐朝盛世有過之而無不及。等到清朝盛極而衰，列強不但強迫中國簽訂不平等條約，逼中國開放貿易，取得特權，強佔租借地，也都覬覦清朝的邊陲地帶。

甲午戰爭後，日本獨佔了台灣，又與俄國同時看上中國的東北與朝鮮，導致了日俄戰爭。英國人看上緬甸，法國人的目標是越南、寮國（老撾），兩國遂聯手瓜分了中南半島。

俄國又想要插手蒙古、新疆及西藏，英國對其中的新疆及西藏也同樣興趣濃厚，這幾個地區便不得安寧了，其中尤以西藏是關鍵，最先發生問題。以下就先從西藏說起。

## 第十三世達賴喇嘛

西藏第八世達賴喇嘛於嘉慶九年（一八〇四年）圓寂，享年四十七歲。以後的四任達賴喇嘛最多活到二十二歲，最短命的只活到十一歲。歷任達賴喇嘛無疑是遭到謀害，而謀害他的人，幾乎可以確定就是攝政的喇嘛，以及貴族、大地主集團。這些人為了要長保自己的利益，都不希望達賴長大成人，親政而干涉太多。清朝政府得到密報而下令調查，但駐藏大臣也不希望達賴喇嘛長大親政之後成為麻煩，並不想認真調查，反而藉機敲詐牽涉其中的利益集團，發一筆大財。謀殺達賴的凶手們因而更加肆無忌憚，導致歷任的達賴喇嘛都在成年之前，或成年不久就暴斃了。

光緒二十一年（一八九五年），第十三世達賴喇嘛二十歲，九十年來西藏第一次有了達賴喇嘛親政。然而，達賴十三世生在一個動亂的時代，帶領一個弱勢的族群，注定要過一輩子流離顛沛的生活。在他親政之前，西藏已經是風雨欲來。英國在一八八八年佔領哲孟雄（錫金），接著又出兵西藏。清朝受到幾年列強的欺凌，已經是驚弓之鳥，不敢與英國對抗，因而與英國在一八九〇年簽訂了《中英藏印條約》。兩年後，又訂了續約，雙方劃定西藏與哲孟雄的疆界。清朝承認哲孟雄為英國的保護國，又開放亞東為商埠，供貿易互市。清朝又同意約束西藏人，不使前往哲孟雄屬地從事游牧活動。

達賴十三世認為清朝對英國只是一味地屈服讓步而犧牲了西藏的利益，極為不滿。以往有關西藏的和約都是清朝駐藏大臣與英國簽訂的，達賴十三世認為當時他年幼，並沒有參與，所以不承認，也拒絕開放亞東商埠。達賴從甲午戰爭的結果也明白了一件事，那就是西藏無法再倚賴清朝的保護，必須尋找第三勢力以對抗英國。俄國趁機與達賴互派使節往來。當英國又派兵侵入西藏時，俄國立刻提出抗議，儼然成為西藏的保護國。

## 英國勢力進入西藏

當時日本與俄國正在朝鮮及中國東北爭鋒，因而積極拉攏英國。兩國遂簽訂同盟條約，目標是共同對付俄國。一九〇四年，日俄戰爭爆發。英國早已與日本有默契，趁機派榮赫鵬（Sir Francis Younghusband）上校率領一萬人，攜帶各種新式槍炮，由後藏侵入，攻陷江孜，進入拉薩，共屠殺五千名藏民。達賴十三世倉皇逃亡。榮赫鵬逼西藏的攝政噶廈簽訂《拉薩條約》，同意賠款、承認英國在西藏的特權、讓英軍久留西藏等。清朝不同意這個合約，派員與英國談判。英國人同意提早撤離西藏，不過早已從西藏掠奪了許多珍貴的文物，據說用馬匹總共運出四百多馱。

達賴十三世逃到蒙古，受到盛大歡迎。蒙古法王哲布尊丹巴活佛卻漸漸發現人民對達賴喇嘛的尊崇，遠遠超過了他，於是對達賴開始冷淡。達賴十三世只好輾轉到達北京。達賴在北京所聞所見，使他對清朝越來越加失望。同時，他又認清一件事實，那就是俄國也已經日落西山了。至此達賴已經沒有什麼選擇，只能改變態度，從堅決反英改為尋求與英國合作。英國也願意協助達賴回到西藏，前提是達賴不再反英。雙方遂化敵為友。

達賴十三世流亡期間，西藏發生很大的變化。清朝決定進一步控制西藏，派趙爾豐在四川與西藏邊界的西康加速進行「改土歸流」。原有的土司一一被撤除，而以流官代替。「改土歸流」雷厲風行，離西藏越來越近，使得藏人越來越不安。

達賴十三世於一九〇九年十一月回到拉薩。三個月後，清朝任命趙爾豐兼任駐藏大臣，又命令川軍進入西藏。清朝此舉，無異於宣布西藏也將要隨西康之後進行改土歸流。達賴下令藏軍抵抗，結果被川軍擊潰。趙爾豐的大軍繼續前進，距離拉薩只有幾天的路程。達賴只得匆匆地逃出拉薩，冒著大雪，翻過喜馬拉雅山，前往印度北部的大吉嶺，接受英國保護。

達賴逃亡後，清朝竟發布命令，廢除達賴喇嘛的封號，任命班禪喇嘛為西藏的宗教領袖。印度、西藏、蒙古、新疆及中國內地所有佛教徒一致聲明，反對清朝政府的命令。班禪喇嘛也婉拒清朝的任命。同時間，英國也向清朝提出嚴重抗議。清朝政府受到內外的壓力，把責任推到趙爾豐身上，將他調任為四川總督，但是仍留下部分川軍駐在西藏。

趙爾豐到四川以後，以高壓手段推行鐵路收歸國有的政策，引發各地的保路風潮，劍拔弩張，因而促成辛亥革命爆發。趙爾豐被四川革命黨俘擄，立即遭到處決。

## 西姆拉會議

辛亥革命後，中國陷於一片混亂。藏人也組織軍隊，驅逐在西藏無惡不作的川軍。達賴於是從印度回到拉薩。袁世凱掌權後，又命令川軍進入西藏。英國向袁世凱提出強硬的照會，否認中國對西藏的主權。袁世凱派代表到西姆拉（Shimla，在印度北部喜馬拉雅山區）與英國、西藏代表一同開會。會議中西藏要求完全獨立，中國代表則堅持西藏是中國領土的一部分，堅持派駐官員及軍隊。英國提出妥協方案，並草擬一份三方協議。在草案中，英國外務大臣麥克馬洪建議劃定一條新的印、藏邊界。西藏接受了，並且在協議上正式簽字。中國認為這一條「麥克馬洪線」（McMahon Line）比原先印藏邊界線往北退縮，等於是將一塊約九萬平方公里的土地劃給印度，因而拒絕簽署，並聲明不承認此一協議。

英、藏之間的《西姆拉協議》是在一九一四年（民國三年）簽訂的。由於中國從來就不承認麥克馬洪線，此一歷史問題至今仍然懸而未決。

西姆拉會議後，西藏在英國的協助之下，開始推行新政，例如開辦軍官學校，積極購置武器，擴充軍隊編制，從事經濟建設，又派出青年子弟到印度、英國留學等。新政需要經費，執政噶廈向各大寺廟強徵鉅額稅收。西藏三大寺廟被攤派的稅收尤其苛重，因而與噶廈的關係急遽惡化。班禪九世不堪壓迫，於是在一九二四年逃亡，投奔國民政府，歷經十五年，至死而始終無法回到西藏。

西藏建立了軍事力量，又有英國在背後支持，於是趁中國內戰方殷，出兵西康及青海，與盤據當地四十幾年的回族馬氏家族發生衝突。一九三二年，馬家軍在馬步芳率領之下將藏軍完全逐出青海。馬步芳後來成為青海省主席，號稱「青海王」。

達賴十三世於一九三三年圓寂。一九三八年，西藏政府在青海湟中縣尋獲達賴轉世的靈童，請求國民政府協助。蔣介石命令馬步芳派兵護送四歲的達賴十四世進入拉薩。這便是現今的第十四任達賴喇嘛，注定也是要過一輩子顛沛流離的生活。

## 楊增新、盛世才與新疆

左宗棠平定新疆之後，清朝在新疆開始設立巡撫的職位。辛亥革命爆發時，革命黨在伊犁起義，成立軍政府。第八任新疆巡撫袁大化派兵彈壓革命黨而無效。袁大化的部屬楊增新繼任為督軍，逐漸排除各股勢力而統一了新疆，建立了一個半獨立的地方政權。

楊增新在內政方面整頓吏治，嚴厲打擊貪贓枉法，官場風氣立刻清新；在經濟方面，積極創辦工業，開墾農田，改善了財政。他對漢、回各民族採取懷柔政策，曲意籠絡，並使得各民族之間和睦相處。在宗教方面，楊增新採取自由開放的政策，不加干涉。楊增新的作為受到許多當地人民的支持與愛戴。

一九一七年，俄國十月革命，爆發內戰。白俄軍向東逃竄，紅軍追擊。楊增新決定嚴守中立，驅逐入界的白俄殘部，使新疆不受到俄國內戰的侵擾。蘇聯新政府成立後，楊增新與蘇聯訂立通商條款，開放邊境貿易，維持雙方友好，並要求英國與俄國商人依法納稅。楊增新的外交策略成功，使得新疆暫時免於英、俄的干涉。

一九二八年，新疆發生政變。楊增新被刺殺身亡，民政廳長金樹仁出兵鎮壓叛亂分子，繼任為新疆省主席。金樹仁一反楊增新的作風，貪污腐敗，又採取高壓手段剝削百姓，對穆斯林尤其歧視，穆斯林紛紛起兵抗暴。這時出身於青海回族馬家的馬仲英也率兵到新疆，聲援穆斯林。金樹仁倒行逆施，漸漸眾叛親離。一九三三年初，他的部屬集體叛變，推盛世才為首，新疆成為馬仲英與盛世才雙雄對立的局面。盛世才無法取勝，於是決定借助蘇聯的力量，與蘇聯簽訂了秘密協定。

蘇聯不只大量提供軍火物資援助盛世才，還派紅軍直接進入新疆，並以飛機、大炮轟擊馬仲英的部隊。馬仲英節節敗退，發表聲明，說盛世才是賣國賊、蘇聯的代理人，希望南京的國民政府或英國人協助。然而，中國還在內戰，國民政府自顧不暇，英國人見到蘇聯勢力強大，今非昔比，也不願出面。馬仲英孤立無援，只好接受停戰協議，經蘇聯安排前往莫斯科，從此不知所終。

盛世才腳踏兩條船，既聽命於史達林，又接受國民政府任命為新疆省政府主席，號稱「新疆王」，自此統治新疆達十年之久。

## 外蒙古獨立

辛亥革命後，外蒙古哲布尊丹巴活佛八世在俄國的支持之下，宣布獨立，建立「大蒙古國」。袁世凱執政時，中國政府與俄國達成協議，外蒙古取消大蒙古國的國號，承認中國為宗主國，而實際上獨立自主。俄國爆發十月革命後，中國北洋政府趁俄國內戰而無暇顧及時，派徐樹錚出兵外蒙古，進入庫倫，廢除之前的中、俄、蒙一切條約。蒙古回歸中國，取消自治。

蘇聯在內戰中成立共產國際，致力於輸出革命。出身外蒙古貧苦人家的蘇赫─巴托爾（Sukhe-Bator）與喬巴山（Horloogiyn Choybalsan）兩人獲得共產國際的支持，成立「蒙古人民黨」。

一九二一年，白俄軍進入外蒙古，不到半年又被蘇聯紅軍擊潰。外蒙古在蘇聯的扶植之下建立了一個君主立憲的革命政權，並與蘇聯訂立了友好條約。中國北洋政府忙於內戰，無可奈何，只能發布聲明，不承認外蒙古獨立。北洋政府在白俄與赤俄之間選擇支持白俄，遲遲不願承認赤俄，以為反制。雙方關係因而僵持不下。哲布尊丹巴活佛圓寂後，外蒙古政府於一九二四年宣布廢除君主立憲制，成立「蒙古人民共和國」，定都庫倫，改名為「烏蘭巴托」（Ulaanbaatar）。外蒙古成為蘇聯的第一個衛星國家。

蘇聯在內戰結束後日益壯大，外蒙古獨立也日益成為不可搖動的事實。由於蘇赫─巴托爾在一九二三年突然遭到暗殺，英年早逝，喬巴山遂成為後來三十年中的外蒙古領袖。

第二十三章
# 中日戰爭及第二次世界大戰

一九三七年（昭和十二年，民國二十六年）七月七日，中國與日本的軍隊在北平西南的盧溝橋發生衝突，史稱「七七事變」（或稱「盧溝橋事件」），兩國自此進入全面戰爭。這場仗前後打了八年，到一九四五年才結束。中國稱之為「八年抗戰」，日本稱之為「日中戰爭」。事實上，日本早在一九三一年就在中國東北發動了「柳條湖事件」（中國稱為「九一八事變」）。之後，兩國已經進入局部戰爭狀態，所以戰爭實際上延續有十五年之久，日本的歷史學家因而稱之為「日中十五年戰爭」。

「柳條湖事件」是中日關係急遽惡化的分水嶺，也是日本國內法西斯狂潮飆起後的結果。因而，在敘述這個事件發生的過程之前，本書必須先說明法西斯主義是如何在日本興起。

## 日本法西斯主義

日本首相田中義一雖然在昭和四年（一九二九年）黯然下台，但這只是標誌著長州藩掌政時代的結束，並非軍方的勢力下降。事實剛好相反，軍國主義的浪潮正在方興未艾，軍部中許多高級將領並沒有把內閣看在眼裡，腦中只有天皇至上及對外擴張侵略的思想。少壯派的軍官更是充滿一股法西斯（Fascism）狂熱。

法西斯主義源自於歐洲。一九二一年希特勒（Adolf Hitler）出任德國工人黨（納粹黨的前身）的黨魁。同一年，義大利的墨索里尼（Benito Mussolini）組成了國家法西斯黨。歐洲的法西斯主義自此開始急速發展。希特勒在一九二五年出版自傳《我的奮鬥》（*Mein Kampf*），其中宣揚種族主義，無所保留地表露了日耳曼民族的強烈優越感。他又明白地鼓吹要廢除《凡爾賽和約》，主張對外侵略。日本軍人稍有國際知識者，無不受到歐洲法西斯主義的影響，與原本已有的「征韓論」、「脫亞論」當中蘊含的侵略思想、種族優越思想互相激盪。一九二九年十月，紐約股市崩盤，接下來的世界經濟大恐慌更使得這三個國家裡面的法西斯主義狂飆。

第一次世界大戰結束後，世界上五個軍事強國曾經一起討論限制建造新的海軍艦艇，達成協議，並付諸實施。昭和五年（一九三〇年）初，五國再次召開軍備縮減會議，討論是否要延長限制。日本濱口內閣派代表到倫敦去參加會議。日本海軍軍部極力想要擴軍，堅持各種艦艇的數量都要與美國保持一定的比例。大藏大臣與外務大臣卻都反對，主張接受縮減妥協案。最後海軍軍部讓步，簽訂了軍縮條約。不料日本有許多少壯派軍官對此條約無法接受，其中有一個海軍少佐草刈英治竟然在出席軍縮會議的海軍大臣回國時，在其所乘坐的火車上切腹自殺。軍令部長跟著辭職。

六個月後，濱口首相在東京車站遭到槍擊，中彈倒地，九個月後傷重而死。日本的法西斯主義已經走上一個不受任何力量拘束，無法停止的道路上了。在中國東北的關東軍更是軍方最為跋扈的部隊，連軍令部都無法掌控。

## 九一八事變（柳條湖事件）

在中國東北，民間的排日運動持續不斷，使得日本非常不滿。張學良自從父親被日本人炸死後，對日本人也採取不合作的態度，與日本關東軍不斷發生衝突。關東軍決定使用武力將滿、蒙全部收歸日本所有。一九三一年九月十八日，在奉天（今遼寧省瀋陽市）北方柳條湖附近的南滿鐵路發生爆炸。關東軍指控這是張學良的東北軍蓄意破壞，而實際上是關東軍自導自演，用以製造藉口。關東軍出兵瀋陽、營口、長春等地，發動襲擊。

當時蔣介石正在面對共產黨紅軍及粵、桂聯軍兩面作戰，但早已指示張學良「不抵抗」的方針，認為中日實力懸殊，中國完全不是日本的對手，暫時不能輕易與日本開戰，張學良於是下令東北軍不抵抗。關東軍因而輕易地攻陷各城市，在三個月內佔領整個東北。一九三二年三月，關東軍成立「滿洲國」，將已經退位的清朝末代皇帝溥儀請出來，做滿洲國的傀儡皇帝。中國有部分思想守舊的保皇派人士及追逐個人利益的野心分子紛紛到東北，參加滿洲國。

日本在中國東北的一連串行動引起歐美各國的抗議。中國向國際聯盟投訴，國際聯盟決定派一個李頓（Victor R. Lytton）調查團到中國東北來。八個月後，李頓調查團完成報告，指出日本並不是如其所宣稱只是為了自衛，而是明顯的侵略者。國際聯盟根據此一報告，建議在不抵觸中國主權完整的原則下，讓東北實施自治。日本政府大怒，宣布退出國際聯盟。德國與義大利不久也跟著退出國際聯盟。第二次世界大戰從這時起已經無可避免了。

## 一二八事變

中國人民受到九一八事變刺激，紛紛要求停止內戰。蔣介石迫於情勢，不得不同意釋放被軟禁的胡漢民，但粵、桂系將領卻仍堅持蔣介石必須下台，交出兵權，否則拒絕會商。蔣介石於是被迫第二次下野，回到故鄉浙江奉化。但這時日本軍隊又在上海附近集結，挑釁中國軍隊。中國駐軍也不甘示弱，躍躍欲戰。一九三二年一月二十八日，日軍與國軍十九軍（屬於粵系的地方軍）發生正面衝突，大戰開始，中國稱之為「一二八事變」，日本稱之為「上海事變」。

戰爭剛開始時，日軍不過兩千人，因寡不敵眾而遭到挫敗，於是加緊增派大軍。事變擴大也促成中國各方政治人物又再次會商，並迅速達成協議，由汪精衛出任行政院長，蔣介石出任軍事委員會委員長。蔣介石於是復出，重掌軍權，並下令增兵馳援。據估計，雙方出動軍隊人數相當，各約六、七萬人。但日軍的武器裝備精良，遠遠超過國軍；還有軍艦、航空母艦、飛機提供支援，掌握海上及制空權。中國軍隊雖然奮力抵抗，損失慘重。

蔣介石一貫的戰略思想是「先安內，後攘外」，認為共產黨如果沒有完全消滅，絕不能和日本打仗，所以一面作戰，一面積極談和。日本也受到英、美、法各國的壓力，不得不接受調解，而與中國簽訂停戰協定。

## 紅軍長征與遵義會議

中日和約簽訂後，蔣介石立刻出動二十萬大軍對共產黨展開第四次圍剿。正在圍剿中，關東軍突然又大舉出兵熱河。蔣介石只得再一次與日本談和。雙方協議達成後，蔣介石又在一九三三年四月急地展開第五次剿共。

蔣介石動員了政府軍五十萬人，加上兩百架飛機，決心畢全功於一役，要將共產黨消滅乾淨。他師法清朝曾國藩平定捻亂的方法，在江西築成兩千九百座碉堡，對中共各蘇維埃區進行經濟、交通、物資、人員封鎖，然後步步進逼，如捕魚收網。當時的中共領導人博古（原名秦邦憲）及蘇聯軍事顧問李德決定發動所有紅軍，與政府軍展開正面決戰，結果大敗，死傷慘重。

蔣介石圍剿中共引發全國各界的反對，紛紛要求停戰。中共也表示願意「停止內戰，一致抗日」。然而蔣介石自認戰略正確，無視於全國反對，執意要先消滅共產黨，甚至不惜暫時放棄部分國土給日本。

紅軍支撐不住，在一九三四年十月決定撤出中央蘇維埃的首府江西瑞金，開始中共歷史上有名的「長征」。其他各蘇維埃區的紅軍也陸續撤走。紅軍先往西逃，到達貴州之後，轉而向北，最後到達陝西北部。一年之中行軍兩萬五千里（一萬二千五百公里），經過十四省，一路上攀山越水，逃避政府軍和地方軍的截堵追擊。長征之前，紅軍原有約十五萬人，到達陝北後只剩下不到一萬人。中共後來的建國元勳幾乎無一不是參加過長征，對長征的過程有特別的情感，認為這是中國共產黨領導中國人民英勇革命的一段壯麗史詩。

紅軍之所以慘敗而被迫逃亡，大部分的黨員都認為博古及顧問李德的領導路線出了問題。毛澤東也批評國際派只會背誦馬列主義教條，完全不切實際。他向來與國際派針鋒相對，在長征的路途中更是串連各方的反對意見。紅軍到達貴州遵義之後，中共黨中央被迫召開會議，當權派在會中自我檢討。結果博古、李德下台，張聞天取代博古負責政治事務；毛澤東成為政治局常委，協助周恩來負責軍事事務。

「遵義會議」是一件歷史上的大事。對中共來說，是組黨以來第一次脫離共產國際的指揮而自行決定大事。對毛澤東個人來說，是進入權力核心的起點。毛澤東在此後一年多又歷經幾次政治鬥爭，逐漸攀向權力高峰。長征結束，到達陝北後，毛澤東已經成為中共最高的領導人，反而位居周恩來之上。

中共長征中，蔣介石親自帶兵追擊，雖然沒有達到完全殲滅共軍的目的，卻在一路上藉機收編部分地方軍閥，把部分原來不歸中央統治的省份統一起來。其中尤其重要的是四川、雲南、貴州三省。蔣介石欣喜萬分，因為若不如此，日後中國對日抗戰就沒有大西南作為根據地，無法持久。他深知中、日一旦開戰，中國毫無勝望，只有誘敵深入，一面做長期抗戰的打算，一面等待國際局勢轉而對中國有利。四川、雲南、貴州既已統一，他認為日本「不但三年亡不了中國，就是三十三年也亡不了中國。」

## 西安事變

紅軍殘餘的部隊抵達陝北後還是無法躲開政府軍的追擊。蔣介石命令張學良的東北軍前往圍剿。九一八事變時，張學良因為聽從蔣介石的命令而不抵抗日軍，被全國的報紙譏嘲，是學生罷課抗議的對象。這時張學良卻帶兵剿共，更是引起全國的不滿。

張學良屢次出兵，卻被紅軍擊敗。中共俘獲東北軍之後，不但不殺，還親切招待，又趁機對俘虜灌輸思想，說蔣介石派東北軍到陝北對付共產黨，其目的是使得二者兩敗俱傷；又說，國難當前，為什麼中國人不一致抗日，而要互相殘殺？這些俘虜被釋回之後，轉為親共，又引起張學良的注意。張學良因而也開始同情中共，並和中共第二號領導人周恩來會面。

當時中國國內各方呼籲「停止內戰、共同抗日」的聲音越來越響亮。毛澤東也發動和平攻勢，向蔣介石提出國共合作的要求。國外的媒體也逐漸關注中共。美國記者史諾（Edgar Snow）在一九三六年從延安發出的第一手新聞報導更是引起全世界的注意，使得更多人同情中共。然而，蔣介石仍然堅持消滅共產黨是第一要務。

張學良勸他改變心意，反而被斥責是意志不堅定。一九三六年十二月，蔣介石到達西安，對張學良說剿共已經達到最後的重要關頭，必須堅持；如果張學良不願意繼續剿共，只好將他調職。張學良又驚又怒，於是與西北軍將領楊虎城一同發動兵變，劫持蔣介石。

「西安事變」的消息傳出，在中國及全世界掀起軒然大波。中國國內反蔣勢力大喜，主張殺掉蔣介石。國民黨內的主戰派出動大軍包圍西安及陝北，意圖以戰爭逼使張學良交出蔣介石。

正在一髮千鈞之際，蘇聯領導人史達林發出指示，命令中共勸張學良不可殺害蔣介石，而要趁機謀和，一致抗日。史達林為何要保全蔣介石？主要是當時納粹德國對蘇聯已是一大威脅，日本關東軍又在中國東北集結，如果也揮軍西向，蘇聯背腹受敵，情勢必將危急；因而保全蔣介石，使其團結抗日，正是蘇聯自保之道。

周恩來於是啣命前往西安調解。蔣介石被逼無奈，只得同意張學良、楊虎城所提的條件，「停止剿共，改組政府，共同抗日。」張學良怕蔣介石被殺害，親自護送他飛回南京。不料蔣介石一到南京就下令逮捕張學良。從此張學良被軟禁，長達五十五年，直到九十歲才被釋放。

西安事變促成了國共第二次合作。中共同意停止武裝暴動及沒收土地，又同意將紅軍編入政府軍中，建立抗日統一戰線。中國各界欣喜若狂，認為抗戰有望。同一時間，日本極右派的軍部也已經完全掌控了國家。中日之間爆發全面戰爭的時刻已經不遠了。

## 蔣經國返回中國

西安事變是改變中國歷史的一件大事，也可能是蔣介石一生中最痛恨的事情之一。不過蔣介石卻也因為事變而得到一項收穫，那就是他的長子蔣經國在蘇聯被史達林流放多年，終於能夠回國。蔣經國返國這件事又在數十年後改變了台灣的歷史。

一九二五年，孫中山死後，蘇聯為了紀念他，在莫斯科成立了一所「孫逸仙大學」，擴大招收中國留學生。國民黨派了三百名學生入學。蔣介石的長子蔣經國也在其中，而備受禮遇。一年半後，國民黨卻開始清黨，與中共決裂。蔣經國從此既是人質，又是工廠裡的勞工，還被流放到冰天雪地的西伯利亞。國共既然第二次合作，史達林就把蔣經國送回中國。蔣經國在被流放期間，曾經患病，幾乎死去，經一位白俄羅斯姑娘悉心照料而康復，並結為夫妻。蔣經國離開俄國時，不顧一切阻力，將妻子（中文名為「蔣方良」）也一併帶回中國，稱得上是有情有義。

不過蔣經國在蘇聯長年接受社會主義的洗禮，又度過坎坷的歲月，因而與他的父親在思想上完全不同。蔣經國後來在台灣繼承蔣介石統治，帶給台灣極為不同的政治風貌，是台灣在一九八〇年代以後民主化及本土化的推手。

## 大戰前的日本國內局勢演變

中日大戰之前，日本的人民其實大部分並不支持對外發動戰爭，而是一步一步地被好戰的軍人脅迫。一九三〇年，日本首相濱口雄幸被槍傷致死之後，日本軍部又擬了一份名單，將所有不認同軍部的社會知名之士全部列在上面，不論是政界、財經界或是文化界，任何人只要表示不同意見，都有可能遭到不測。一九三二年五月，陸軍幾名軍官竟然帶隊直接衝到首相犬養毅的府邸，槍殺七十六歲的首相。

犬養毅高風亮節，辯才無礙，備受日本國人敬重。他曾經與宮崎滔天共同協助孫中山及宋教仁在日本組織革命黨，後來又拉攏各個派系合併為同盟會，因此是所有日本政治家中與中國關係最為密切的一位。在日本大正時代的兩次護憲運動中，犬養毅都是掌旗人物，又堅決支持軍縮，因而是少壯軍人的眼中釘。犬養毅遇害以後，繼任的日本首相如果不是軍人出身，也必須對軍部唯唯諾諾。犬養毅之死標誌了日本政黨政治的衰落，是昭和時代政治上的一個分水嶺。

日本極右派的軍部與極左的共產主義自然是勢不兩立。當時有一個京都大學法學教授瀧川幸辰寫了兩本書，被軍部認為有「左傾」思想，判定為禁書，又要求將他開除。京都大學不肯，軍部向文部省施壓，結果京都大學法學部全體教授都辭職抗議。其他東京大學、東北大學等紛紛響應，鬧成大學潮。文部省雖然將學潮撫平，但是瀧川幸辰仍是被免職。「瀧川幸辰事件」說明當時日本已經不是一個講理的世界。軍部並不被大多數的社會人士認同，卻仗勢著武力，蠻橫地一意孤行，越來越跋扈。軍部主導的暴力事件層出不窮，一件比一件大，一件比一件血腥。

一九三六年（昭和十年）二月二十六日，日本「皇道派」青年軍官率領一千多名士兵，荷槍實彈，在清晨時候分別襲擊首相、內大臣、大藏大臣、天皇侍從官等人的宅邸，進行大屠殺。首相岡田啟介幸而躲過一劫。軍隊又接收警視廳，襲擊各報社。「二二六事件」說明日本的少壯派軍官胡作非為，已經到了無法無天的地步；狂燒的法西斯火焰無論如何都無法撲滅了。

一九三七年，日本國會議員發起最後一波攻勢，強力批評軍部。軍部認為議員的發言侮辱了軍人，強行解散國會。廣田弘毅內閣也被迫總辭。繼任的林銑十郎只做了三個月，也幹不下去。最後由貴族院議長近衛文磨出來組閣。這時，中日大戰已經瀕臨爆發的邊緣了。

## 中日戰爭爆發——七七事變、八一三松滬會戰及南京大屠殺

一九三七年，「七七事變」爆發，導致中日全面戰爭，一般都認為是日軍挑釁而起。但近年來各國逐漸有許多學者認為並非如此，有證據顯示反而是因為蔣介石求戰所致。實際上，事件的發端只是一個小小意外，日軍在北平西南的宛平進行演習，發現一名士兵失蹤，要求進入宛平城內搜查，遭到國軍拒絕，雙方於是互相開火。事後雙方駐軍高層會商，一致同意避免事態擴大。但兩天後，蔣介石派出中央所屬的軍隊四個師北上。日本獲知後，舉行內閣會議，也決定增兵華北，並獲天皇同意，事件於是升高。

在此之前兩年，中日之間曾經有一紙《何梅協定》，由中國華北最高軍政首長何應欽以信函方式致書日本華北駐屯軍司令官梅津美治郎，同意其要求，其中包括禁止中國政府直屬的中央軍進駐華北，國民黨不得在華北進行活動。蔣介石當時曾阻止何應欽答應日本的要求，何應欽雖未簽約，卻在取得行政院長汪精衛同意後，發出同意的信件，甚至未經蔣介石同意就下令中央軍撤出河北。蔣介石獲悉後，在日記中自稱悲憤欲絕，所以在七七事變後決定派出中央軍北上，目的就是要藉此「打破其《何梅協定》也」。

七七事變之前，日本除了在中國東北成立滿洲國，也在蒙古及河北東部分別扶植成立了傀儡政府。日本又宣稱要推動「華北特殊化」，但在蔣介石看來無疑就是要在華北成立和東北一樣的傀儡政權，無論如何不能接受。另一方面，國共既已決定第二次合作，蔣介石原本堅持「先安內，後攘外」的策略也已經不成立，所以對日本不再忍讓。日本認為蔣介石違反《何梅協定》，要求中央軍撤出華北，蔣介石堅持雙方同時撤軍，雙方都拒絕讓步，大戰於是無法避免。

日軍不久就攻陷了北平和天津。中國方面已經有長期抗戰的決心，廣西的李宗仁、白崇禧，山西的閻錫

山，以及紅軍總司令朱德等人全部在南京集會，公推蔣介石為統帥。七月底起，中蘇開始協商簽訂互不侵犯條約，蔣介石更加堅定抗日的決心。

八月十三日，中、日在上海爆發一次大規模戰役，雙方血戰三個月，史稱「八一三松滬會戰」。許多學者的研究指出，此次戰役也是中國方面主動求戰的。蔣介石調集五十萬兵力，日軍集結了二十萬人。日軍憑藉精良的武器及海空優勢，又一次大獲全勝；中國軍隊大潰敗，精銳損失大半。十一月，國民政府宣布遷都重慶。

日軍繼續往西推進，攻陷南京，接著在城裡姦淫婦女，屠殺百姓，連嬰兒也都不免，造成中外喧騰的「南京大屠殺」事件。一般中國的學者估計日軍在南京至少屠殺了十幾萬人，甚至有說達到三十萬人；不過日本學者的估計大部分數字要低很多，在戰後有少數日本人甚至堅決否認有南京大屠殺其事。

對於中、日之間的戰爭，歐洲各國因為面對德國與義大利的威脅，自顧不暇，所以並不關心。美國的民意傾向孤立主義，政府只得保持中立。只有蘇聯不但和中國在八月簽訂互不侵犯條約，又提供中國五千萬美金的貸款，用以購買飛機、大炮。蘇聯還派出空軍志願隊「正義之劍」來協助中國脆弱的空防。蘇聯國防部長甚至公開表示，在中國生死關頭絕不坐視。

## 中國的敗退及焦土政策

戰爭經過一年，日軍在華北佔有河北、山東、山西幾省，在華中推進到武漢，氣焰萬丈。中國軍隊節節敗退。一九三八年四月，中國軍隊在山東南部取得開戰以來第一次的勝利，稱為「台兒莊大捷」，舉國歡騰。實際上，日軍只是被迫暫時撤退，真正死傷不過一萬多人，中國軍隊死傷卻超過三萬人。

五月，「徐州會戰」開打，中國軍隊出動六十萬人，日軍二十四萬人。日軍大勝。中國軍隊死傷超過十萬人，被迫棄守。日軍接著攻陷開封，繼續往西推進。蔣介石眼見情勢危急，於六月初下令軍隊掘開鄭州以東的花園口黃河堤防，以延緩日軍的攻勢。數天後，上游大雨，河水大漲，於是決堤，浩浩蕩蕩地淹沒黃河南岸四十四個縣，沖毀民房一百四十萬家，導致三百九十萬人流離失所，八十九萬人死亡。同時，日軍也有兩個師團，共數萬人被困在泥濘之中，無法動彈，只能等待救援，出困時還被迫丟棄所有輜重。

蔣介石下令掘開黃河堤防其實並不是臨時決定的，而是早有計畫。國民政府聘請的德國顧問團在一九三五年，也就是中日全面開戰前兩年，就已經向蔣介石提出這樣的建議。蔣介石雖然因此而成功地阻止日軍機械化部隊沿黃河繼續西進，人民付出的代價卻是無比慘痛。不過當時中國政府對外宣稱是日本的飛機轟炸堤防所致，所以中國人民對日本更加痛恨，卻沒有人怪罪政府。日軍雖然否認，也沒有人相信。

日軍在黃河受阻後，轉而沿長江西向。一九三八年七月起，中、日在武漢進行開戰以來的第三次大會戰。中國出動一百一十萬人，兩百架飛機，三十艘軍艦。日本方面有三十五萬人，五百架飛機，一百二十艘戰艦。三個月後，中國不支撤退。這是中日戰爭中最為慘烈的一戰，總計中國死傷四十萬人，日本死傷十四萬人。日本雖然獲勝，元氣也受到極大損傷。同年十月，日軍由海路攻陷廣州，開闢了第三條戰線，攻勢更加凶猛。

十一月，日軍大舉進攻湖南長沙。蔣介石召集軍事會議，決定再一次採取「焦土政策」，不留任何物資給日軍。長沙政府命令數百人在夜間同時縱火，卻沒有對長沙市民預先警告，人民於睡夢中忽然驚醒，看見全城都是大火，來不及攜帶金錢及物資，只能倉皇逃命。有兩千多年歷史的古城長沙燃燒三天三夜，雖然只有兩千多人死亡，估計竟有百分之八十建築物化為灰燼，五萬多棟民房夷為平地。大火之後，全國各界聲討。中國共產黨發表聲明，嚴厲譴責政府不顧人民死活，犯下嚴重的錯誤及罪行，一定要向受災的人民講清楚。蔣介石下令槍斃警察局局長和部分縱火隊幹部，以熄眾怒。

## 美國對中國態度的轉變

中日戰爭的初期，美國國內孤立主義仍然在主導國家的方向。蔣介石派曾經留學美國的文化界領袖胡適博士為新任駐美大使，在美國國會不遺餘力地拉攏議員，又到民間不斷地發表演說，希望改變美國人對亞洲進行中戰爭的冷漠態度，逐漸產生了效果。

羅斯福總統（Franklin D. Roosevelt）也深怕中國頂不住日本侵略而投降，將帶給美國無窮的後患，因而終於排除孤立主義者的強大壓力，在一九三八年十二月同意給予中國第一筆貸款兩千五百萬美元，用以購買軍車等戰爭物資。這筆貸款以中國桐油出口為抵押，所以稱為「桐油貸款」。這時中國的軍隊在武漢剛剛大敗退。蔣介石的政敵汪精衛又公然倡議與日本談和，籌組傀儡政府，等於是叛國。美國因而是在中國處於最艱困的時候適時地雪中送炭，政治意義非常重大，鼓舞了中國的民心士氣。此後，美國又陸續借款給中國，越借越多。

美國政府也開始對日本實施禁運戰爭物資，包括零件、炮彈等。後來禁運的項目越來越多，包括油品、廢鐵及機器設備等。美國報紙及國會議員批評：美國販賣這些物資，等於是日本的幫凶。例如，用一噸廢鐵做成的子彈就能殺死成千上萬的中國百姓。

## 諾門罕事件

日本在中國節節勝利，使得軍人的氣焰高張。一九三八年七月底，在「滿洲國」南部張鼓峰的第十九師團（大部分是朝鮮人）竟對邊境的蘇聯軍隊挑釁。蘇聯軍隊隨即反擊，引發戰爭。八個月後，關東軍又在外蒙古的諾門罕草原與蘇聯、外蒙聯軍發生衝突，引發更大的戰爭。雙方各出動了大約六萬人，各有大約八千人戰死，傷者加倍。

戰況膠著持續到了一九三九年九月，忽然歐洲大戰爆發，希特勒出兵波蘭，英、法對德宣戰。史達林急忙與日本議和，簽互不侵犯條約，然後也出兵瓜分波蘭東部。日本依約從外蒙撤軍。史達林於是大膽地將二十幾萬遠東部隊漸漸撤回歐洲，以防備希特勒。思想極右派的日本軍部與極左派的蘇聯共產黨為了各自的利益，竟開始合作了。

蘇聯因為侵略波蘭而被國際聯盟除名，藉口中國未投反對票，開始拒絕提供中國新的援助。中國國民政府與美國的關係剛剛由冷轉熱，和蘇聯的關係卻由熱轉冷。

## 國、共明爭暗鬥

中日戰爭開始時，中共兵力只有大約三萬人，活動地區侷限在陝西、甘肅邊遠地區。中共一面對日進行游擊戰，一面擴充實力。經過三年後，在華北的八路軍已經有三、四十萬人，控制陝西、山西、河北兩百多個縣；另外在江蘇、安徽的新四軍約有十萬人，佔領五十個縣。八路軍在山西南部破壞鐵道、公路、橋樑。日軍不堪其擾，大舉進擊，與中共所集結的一百零四個團，約四十萬人，在一九四〇年八月展開大戰。八路軍死一萬八千人，日軍約兩萬五千人。「百團大戰」成功地破壞了日軍的補給線，阻止日軍在華北的進攻。對中國來說，這是一項重大的勝利。可是這場勝利讓蔣介石清楚地看見共產黨又坐大了。

蔣介石在對日抗戰前堅持要先消滅共產黨，就是怕「斬草不除根，春風吹又生」。到此時，他所害怕的已經成為事實，從此國、共雙方明爭暗鬥更加激烈。一九四一年一月，政府軍在安徽南部包圍新四軍，將九千人全部繳械，並處死部分將官。中共抗議國民黨同室操戈，輿論也以「新四軍事件」（「皖南事變」）攻擊國民黨；蔣介石卻聲稱新四軍不聽號令，必須整肅軍紀。美國及蘇聯雖然緊急介入調解，但國、共之間的矛盾從此更加嚴重。

## 美國參戰

中、日戰爭爆發後第四年，中國已經岌岌可危。日軍封鎖了中國所有的海岸線，又攻佔湖北宜昌。這是長江從四川到湖北、湖南的必經之地，中國的重慶政府等於被掐住咽喉。法國與英國受到日本脅迫，也分別封鎖滇越鐵路（由中國雲南至越南）及滇緬公路（由雲南至緬甸），停止為中國運輸物資。蘇聯不滿國民黨對中共的攻擊，也將空軍志願隊撤離中國。

在種種雪上加霜的情況下，美國羅斯福總統伸出手來，又一次雪中送炭。一九四一年一月，羅斯福向國會提出國情咨文，要求通過《租借法案》，「授予足夠的權力與經費，以便製造各種的軍需品與戰爭裝備，供給那些正在與侵略者作戰的國家。我們最有效和最直接的任務，是充當他們和我們自己的兵工廠。」羅斯福並且在咨文上首次提出人類的四項基本自由，分別是「尊重言論的自由、宗教的自由，免於匱乏的自由和免於恐懼的自由」。美國國會在兩個月後通過這一個法案，使得美國能夠不直接參戰而提供給同盟國戰略物資。在歐洲，英、法、俄三國因而得以撐過對德、義的戰爭。在亞洲，中國因而才得以獲得需要的援助。英國見到美國對日本的態度漸漸強硬，不久也重開滇緬公路。中國於是重新得到補給，終於又喘過一口氣。

羅斯福又接受陳納德（Claire L. Chennault）的建議，讓他組織空軍志願隊。陳納德是美國的空軍退役上尉，早在中日戰爭開始時就已經受聘為顧問，協助中國建立空軍，在昆明辦航空學校，招訓飛行員。羅斯福這時批准美國公民自願出國服務，於是有大批的美國空軍人員退休，轉到中國參戰。美國空軍志願隊被稱為「飛虎隊」，與中國空軍並肩作戰，在成立之後至戰爭結束期間擊落來襲的日本飛機兩千多架，擊沉無數日本的船艦，對日本陸上部隊發動攻擊，又越過喜馬拉雅山到印度載運戰爭物資，對中國抗戰的勝利功不可沒。

一九四一年六月，希特勒決定大舉進攻蘇聯，出動五百五十萬大軍，無數的大炮、坦克及飛機。日本也經過御前會議通過，決定建立所謂的「大東亞共榮圈」，奪取歐洲國家在亞洲的殖民地。日本第一個出兵的對象是越南，攻佔了西貢。美國對日本提出嚴重警告，態度強硬。日本置之不理，乾脆請文人首相近衛文麿下台，由陸軍大臣東條英機繼任。東條英機一面派大使到美國談判，目的在於欺敵；一面準備不宣而戰，偷襲美國。

一九四一年十二月七日，日本聯合艦隊在海軍上將山本五十六率領下，突然發起偷襲美軍太平洋艦隊的基地珍珠港。美國完全沒有防備，珍珠港內的所有船艦、飛機幾乎全部被炸沉、炸毀。英國首相邱吉爾得知「珍珠港事件」的消息，知道美國必定正式參戰，興奮異常，拍手說：「我們勝利了。」不料兩天後英國的東洋艦隊也在馬來半島東方海面遭到日本空襲，全軍覆沒。日本趁美國和英國都暫時失去海上戰鬥力，迅速地進佔關島、香港、馬尼拉、新加坡、爪哇、緬甸。西方帝國主義花了三個世紀才在東亞及南亞建立了一大片的殖民地，日本不到幾個月就全部佔據了。日本軍隊並且在各國分別成立傀儡政權，如同在中國的滿洲國和汪精衛政權一樣，「大東亞共榮圈」於是成形。

## 日本在太平洋敗退

日本偷襲珍珠港成功，舉國歡騰，山本五十六頓時成為民族英雄。山本曾經在美國哈佛大學留學，深知美國國力雄厚，原本是不贊成和美國打仗，然而美、日兩國既然已經勢如水火，他也無可奈何，只能為國效忠。

當時許多日本的知識分子都是和山本一樣的情況，在戰前極力反對，一旦開戰之後，又不得不參戰，而一直在良心及愛國心的矛盾之間掙扎。日本軍國政府完全掌控國家以後，利用宣傳機器對人民實施洗腦，灌輸效忠天皇，絕對愛國，以及無條件服從的思想。一般的人民到後來也都以為能夠為天皇及大日本帝國犧牲，是無上的光榮。

山本之所以提出偷襲珍珠港作戰的構想，是因為他知道如不偷襲，日本完全沒有機會打贏美國。不過他也預言，美國將很快又站起來，經過兩、三年後，日本將不是對手。他的預言只有一點不對，那就是美國比他想像的更早就重新站起來了。

珍珠港事件後只有八個月，美國尼米茲海軍上將（Chester W. Nimitz）指揮美國海軍在中途島（Midway Islands）第一次重創日本艦隊，接著又在所羅門群島（Solomon Islands）幾次戰役中獲勝，開始取得主動權。山本五十六在一次飛行中，座機被擊落而喪生。日本海軍失去這一座精神堡壘後，士氣大受影響。此後，美軍在塞班島（Saipan）、馬里亞納群島（Mariana Islands）、雷伊泰島（Leytte）連戰皆捷。同時，美國麥克阿瑟（Douglas MacArthur）將軍率兵從澳大利亞、新幾內亞，一路北上到菲律賓，勢如破竹。

一九四四年十月發生的雷伊泰島（在菲律賓的北島和南島之間）海戰是歷史上最大的海戰，雙方共有二十一艘航空母艦及其他船艦，總噸數超過兩百萬噸。日本艦隊幾乎全軍覆沒。麥克阿瑟在接下來的兩個多月指揮雷伊泰島登陸戰，擊敗有「馬來亞之虎」美譽的山下奉文大將，殲滅日本皇軍將近八萬人。

## 史迪威與緬甸之戰

珍珠港事件發生後不久，由薛岳率領的中國軍隊在長沙打了一個大勝仗，殲滅日軍將近六萬人。這是薛岳於兩年半裡在長沙第三次大敗日軍，中國軍民和盟國都大為振奮。

美國派史迪威（Joseph W. Stilwell）將軍為駐華美軍司令、美國總統特使及中印緬戰區的參謀長，以協助蔣介石，並確保中國的物資供應。當時中國政府對外所有的交通都被日軍封鎖，只剩下滇緬公路仍然通行。然而日軍迅速攻向緬甸，切斷了這一條補給線。此後，中國所有的運輸只能靠飛機從昆明起飛，經過西藏，越過喜馬拉雅山，到印度東北部的阿薩姆邦（Assam）。這一條所謂的「駝峰航線」是世界上最危險的一條航線，因為喜馬拉雅山的海拔在五千至七千公尺。據估計美國與中國的空軍在此後數年內有六百架以上的飛機在飛越駝峰時失事墜毀，兩千多位飛行員殉職。

中國為了重開滇緬公路，派出遠征軍十萬人進入緬甸與英軍共同作戰，而由史迪威指揮。一九四二年三月，中國遠征軍第三十八師在仁安羌（Yenangyaung）以八百人擊退十倍人數的日軍，奇蹟似地救出英國軍隊七千人，名噪一時。這時英軍卻決定退回印度，只剩下中國遠征軍陷入日軍的包圍，損失慘重。最後有一部分人隨史迪威突圍到印度；另外一部分人進入緬北野人山，其中有半數以上葬身於原始森林裡。

中國遠征軍任務失敗，導致大約六萬人喪生，使得蔣介石大怒，認為是史迪威的領導及戰略有問題。史迪威卻認為蔣介石跳過他而遙控中國遠征軍的將官，侵犯他的指揮權，所以致敗。兩人互相指摘，關係惡劣。史迪威對於緬甸之敗深以為恥，希望能再次出兵。他把從緬甸撤退到印度的兩師中國軍隊都改換美軍裝備，編成「新一軍」；又請蔣介石再次派兵入緬，兩面夾攻。但是蔣介石不信任史迪威，對他的催促完全不理。

史迪威失望之餘，發現在重慶也有很多人私下對蔣介石極為不滿。他漸漸得到一個結論：蔣介石貪得無厭，對美國要求許多貸款、武器、軍費，實際上卻對抗日十分消極；並且國民黨人大多是腐敗無能，令人厭惡。另一方面，史迪威對共產黨卻開始產生好感。當時羅斯福總統派來中國的所有顧問、特使，凡是與中共有接觸者，特別是與周恩來見過面的人，幾乎無一不是同樣的看法。羅斯福的顧問群完全無法瞭解為什麼蔣介石派二十幾個師的國民黨軍隊包圍陝北延安？為什麼蔣介石自己既不抗日，也不讓共產黨的軍隊抗日？為什麼兩年前會下令殘殺中共的抗日部隊新四軍？史達林在一九四三年五月下令解散共產國際，停止輸出革命，使得許多美國顧問鬆了一口氣。他們認為中共是比國民黨更可靠的抗日力量，建議羅斯福將部分美援直接撥給延安。史迪威也建議乾脆武裝中共，以投入緬甸之戰。蔣介石大怒，要求羅斯福撤換史迪威。

羅斯福認為打通到緬甸的陸上交通是絕對必要，因而對蔣介石軟硬兼施，使他同意再次派出雲南遠征軍，配合駐印度的新一軍進攻緬北。一九四三年十月，史迪威率領新一軍及美國志願兵反攻緬甸，於十個月後取得密支那（Myitckyina）大捷。第二年，新一軍又從密支那再繼續往南前進，最後終於和雲南遠征軍會師，打通滇緬公路。

## 孫立人的遭遇

中國軍隊在仁安羌大捷、密支那大捷，以及最後打通滇緬公路三次戰役中，出現了一顆耀眼的明星，就是新一軍的指揮官孫立人將軍。孫立人原本是北京清華大學的畢業生，到美國留學時，決定棄文從武，插班進入維吉尼亞軍校；而於畢業之後立即回國報效。孫立人的行為思想因而與一般的國民黨將官有很大的差別。簡單地說，孫立人是一個異類，雖然光輝耀眼，卻受到一般平庸腐敗的長官或同僚排擠，也不被蔣介石信任。

因而，孫立人從緬甸回到中國戰場之後，只有短期得以帶兵打仗，之後便被調職，不能有所作為。中日戰爭結束後，國共開始內戰，孫立人與其他兩位國軍將領一同在東北大敗林彪率領的共軍，結果卻被調離戰場。他後來隨蔣介石退守台灣，卻受到蔣介石嚴密防範。一九五五年，他被蔣介石以莫須有的罪名逮捕，加以軟禁；經過三十三年，到八十八歲時才恢復自由。

歷史家批評，張學良及孫立人的例子，顯示出蔣介石不能容人，也不知如何用人。國民黨對共產黨的鬥爭最終失敗，這是根本原因之一。

## 開羅會議與德黑蘭會議

歐戰的所有戰役中，史達林格勒之戰（Battle of Stalingrad）被稱為人類歷史上最血腥的大規模戰役。一九四三年二月這場戰役結束時，德國與蘇聯共有大約兩百萬人死亡。五個月後，雙方又在庫爾斯克會戰（Battle of Kursk），各自出動兩千架以上飛機，三千輛以上坦克，規模也是空前。蘇聯在兩場大戰中雖然付出慘重的代價，卻都獲得勝利。蘇聯紅軍自此反守為攻。盟軍也進佔北非，又攻下義大利的西西里島。墨索里尼政權垮台，義大利向盟軍投降，但德國與日本仍然頑強地在抵抗。

羅斯福看見同盟國勝利已經在望，決定召集會議以研究如何加速結束戰爭，並討論戰爭結束以後的事宜。羅斯福也邀請蔣介石參加會議。然而，史達林早已和蔣介石交惡而無互信，拒絕與蔣介石一起開會。羅斯福只得於一九四三年十一月在埃及的首都開羅先召開一次會議，邀請英國首相邱吉爾及蔣介石參加；幾天後又與邱吉爾及史達林在伊朗首都德黑蘭再召開一次會議。

美、英、中三國在會議完畢之後，共同發表了《開羅宣言》，其中主要內容為：要求日本無條件投降；日本應將侵略所得的東北、台灣及澎湖等土地歸還給中國；朝鮮應該恢復自由與獨立；美國接受託管太平洋各個島嶼。美國國會在開羅會議之後也通過取消排華法案。羅斯福發表演講，稱排華法案是一件歷史的錯誤。

對於中國來說，蔣介石參加開羅會議所顯示的意義非常重大。中國從清末以來，備受列強的欺凌，幾乎被瓜分掉。曾幾何時，中國的領袖與世界一等強權的領袖在國際會議上竟能平起平坐。盟國也同意放棄對中國的不平等條約，只有英國堅持仍然保留九龍與香港。

在德黑蘭會議中，羅斯福明白表示為了避免美國子弟兵在亞洲戰場上傷亡過多，希望蘇聯早日參戰。史達林只承諾在德國投降後才會對日本宣戰。

## 美國不滿國民黨

蔣介石儘管在開羅會議上十分風光，與羅斯福的關係卻開始惡化。蔣介石要求更多貸款、援助而被羅斯福拒絕，威脅要撤回雲南遠征軍。羅斯福怒不可遏，至此對蔣介石的印象之惡劣無以復加，相信幕僚所說，蔣介石只是不斷地向美國獅子開大口，而不肯積極對日抗戰。

一九四四年底，日本軍隊打通了從廣州經武漢到北京的鐵路沿線，完成「大陸打通計畫」，聲勢驚人。中國軍隊更加迅速地潰敗。

日軍在河南的對手是國民黨軍隊的將領湯恩伯。他的部隊以軍紀廢弛聞名，強拉民夫，搶掠百姓，強姦婦女，無惡不作。河南當年在黃河花園口決堤事件首當其衝，數百萬人無家可歸。後來又發生水災、旱災、蝗災，有三百萬人以上死亡。當地人民說河南有四災：「水、旱、蝗、湯」，其中的「湯」就是湯恩伯。河南人民痛恨湯恩伯更甚於日本人。湯恩伯的軍隊被日軍擊潰後，河南人民竟蜂擁而起，追殺部分的政府軍。湯恩伯是蔣介石的嫡系心腹大將，在兵敗之後也沒有受到任何嚴厲懲罰。

美國駐華大使館寫報告回去給羅斯福，說國民黨已經失去民心，建議停止支持蔣介石，必須另謀他策。史迪威安排一個觀察團到達陝北，在延安會見毛澤東與周恩來。觀察團的結論是：國民黨已死，中共是新生的力量；建議在中國促成聯合政府以取代蔣介石的獨裁政權；並協助武裝中共，以投入抗日。這時史迪威與蔣介石又為了在緬甸的下一步行動發生歧見，爆發了嚴重衝突。羅斯福為了顧全大局，決定將史迪威調離中國，以魏德邁（Albert C. Wedemeyer）代替。美國也為了避免過度刺激蔣介石，決定對中共的援助仍然透過國民黨政府進行。

羅斯福總統便是在這樣的背景下，約邱吉爾於一九四五年二月一同前往克里米亞半島，與史達林進行雅爾達會議（Yalta Conference）。

## 雅爾達密約

羅斯福總統到達雅爾達時，事實上已經重病在身，卻不得已而勉強成行。當時德國已經明顯即將戰敗，而羅斯福也有把握擊敗日本。但是日本皇軍悍然不畏死，在屢次太平洋諸島戰役中戰到最後一兵一卒也不投降，使得美軍傷亡慘重。羅斯福又對中國戰場情勢徹底地失望，因而認為蘇聯如果能早日出兵投入中國戰場，甚至將來一同攻入日本本土，戰爭必能提早結束，美軍傷亡也能大幅降低。史達林充分利用此一情勢，在雅爾達會議中予取予求，因而成為大贏家。

史達林同意，蘇聯在歐洲戰爭結束後三個月內將參加盟軍對日本作戰，但是要求恢復一九〇五年日俄戰爭前俄國在遠東的權益，例如歸還庫頁島南部；租借大連、旅順；與中國共同經營南滿鐵路等。史達林又要求蘇聯所扶植的外蒙古（蒙古人民共和國）維持獨立。這些條件中，有關外蒙古、大連、旅順及南滿鐵路的部分實際上是損害正在與美國並肩作戰的中國的權益，但是羅斯福總統卻承諾將「設法」獲取蔣介石的同意。

在歐洲事務方面，羅斯福與邱吉爾在談判桌上也無法取得史達林讓步。三人決定德國必須無條件投降，將來德國由美、英、法、蘇四國分區暫管。邱吉爾要為波蘭說話，史達林卻聲稱波蘭是歷來入侵蘇聯的走廊，所以不容談判。至於其他東歐的國家，史達林同意將來先建立過渡性的政府，以後再「經由自由選舉，盡快成立關心人民願望的政府」。然而史達林的這項承諾從來沒有實現過，東歐國家後來遂都被關入「鐵幕」之中。

羅斯福在簽訂《雅爾達密約》之後兩個月去世，死前並沒有將密約內容告知蔣介石。五月七日，德國投降，歐戰結束。繼任的杜魯門總統（Harry S. Truman）這時才通知蔣介石，要求蔣介石同意其中條款。中國沒有什麼選擇，只能與蘇聯簽訂友好條約，追認史達林所提的要求。

亞洲的歷史學者批評羅斯福未曾事先照會中國便自作主張而犧牲中國的利益，是背棄盟友的行為。他們認為羅斯福幾近哀求蘇聯參戰，以期打敗日本人，是一項錯誤的判斷。不過也有人指出，當時如果國民黨不是那麼腐敗，羅斯福對蔣介石不是那麼失望，或許也不至於做出這樣的選擇。

後世的歷史及政治學者對於《雅爾達密約》的批評大部分都是負面的。歐、美學者認為羅斯福葬送了波蘭、東德及所有的東歐國家。在二〇〇五年歐戰終止六十年紀念日，美國總統布希（George W. Bush）公開承認《雅爾達密約》是一項歷史的錯誤。但是也有部分學者指出，蘇聯實際上已經佔有東歐各國的土地，美國與英國除非決心再打一次仗，很難強迫史達林退出，只能相信他會實踐在雅爾達會議的諾言。又有人批評羅斯福總統的錯誤並不是在雅爾達會議，而是早在《租借法案》通過而開始執行時，錯誤就已經發生了。

## 《租借法案》的問題

第二次世界大戰時，美國經由《租借法案》援助盟國的物資，總金額是五百零一億美金（據估計等於二〇〇八年的七千億美元）。盟國分配得到金額大致如下：英國三百一十四億元（63%），蘇俄一百一十三億元（23%），法國三十二億元（6%），中國十六億元（3%）。

蘇聯獲得飛機約一萬五千架、坦克七千輛、卡車三十八萬輛，又利用美國所提供的無數戰略物資和貸款，從事生產各種武器。其中真正用於對德國戰爭有多少？又有多少是用於壯大自己？只有蘇聯自己知道。美國根本無從要求史達林提出獲得援助款項及物資去向的報告。蘇聯因而在戰爭中獲益之大，無從估計。蘇聯雖然在大戰中受害也最大，不過在戰後卻實實在在成為超級強國。總之，蘇聯是在第二次世界大戰之中因美國的援助而戰勝德國。美國在戰爭末期發現蘇聯可能比德國還要危險，卻已經無可挽回了。

英國在《租借法案》執行中分配得到最多援助，不知如何卻在戰爭中明顯地淪為二等國家。邱吉爾在雅爾達會議時自嘲是坐在一隻碩大的「北極熊」及一隻「美國水牛」之間，只是配角而已。

## 日本投降

雅爾達會議之後，美國發動硫磺島（Iwo Jima，在東京正南方約一千公里海上）戰役，接著又登陸沖繩島。美國雖然攻克這兩個島，卻因而死傷不下十萬人。美國的飛機不斷地轟炸東京及日本各大都市，也轟炸台灣，但是日本絲毫沒有投降的跡象。日本組織「神風特攻隊」，以簡易的零式戰鬥機用自殺的方式攻擊美國軍艦。雖然沒有很大的效果，卻使得美國人害怕。美國越是勝利，越是害怕，越加不斷地催促蘇聯參戰，但是史達林只是推託。

一九四五年七月，美國在新墨西哥州的沙漠中首次核彈試爆成功。美、英、中三國聯合發表《波茨坦宣言》（*The Potsdam Proclamation*），要求日本投降，日本卻置之不理。杜魯門等不及要結束戰爭，便下令於八月六日和九日分別在廣島、長崎投擲原子彈，瞬時造成數十萬平民傷亡。史達林得知美國對日本投擲原子彈，立即對日宣戰，出兵中國東北。八月十五日，日本宣布無條件投降。第二次世界大戰至此結束。

盟軍命令日本在中國境內的軍隊向中國軍隊投降，東北的關東軍向蘇聯軍隊投降。蘇聯因而幾乎是不費力氣，數天內就佔領了中國東北，同時也出兵佔領朝鮮北部。

中國共產黨在蘇聯的協助之下，從此逐漸壯大，在內戰中擊敗國民黨，最後建立新政權。在韓國，蘇聯所支持的朝鮮共產黨與美軍所支持的南韓政府隔北緯三十八度對峙，後來也爆發內戰。韓戰後，南、北韓各自分立。

# 第二十四章
# 日本帝國統治下的韓國及台灣

一八九五年（清光緒二十一年，日本明治二十八年），清朝派欽差大臣李鴻章與日本首相伊藤博文簽訂了《馬關條約》，將台灣割讓給日本。一九一〇年（明治四十三年），日本的韓國統監寺內正毅與大韓帝國的傀儡政權總理李完用簽訂《日韓合併條約》，正式將韓國併入日本帝國。台灣與韓國先後都成為日本的殖民地。一九四五年，日本戰敗投降，台灣與韓國又脫離日本的統治。總計日本統治台灣剛好是五十年，而統治韓國三十五年。

## 韓國與台灣的歷史差異

在日本統治期間，台灣與韓國的情況可以說是鮮明的對比。台灣人民對日本殖民政府的態度是從抗拒到懷疑，從懷疑到適應，又從適應到合作。日本政府在台灣相對也採取安撫與懷柔政策，並大力進行各種民生及經濟建設。如果不是第二次世界大戰，日本似乎很有機會將台灣同化，如同琉球一樣。然而，韓國人民對日本統治者，自始至終不只是懷疑，還有仇恨與不合作，日本政府對韓國人民也是一貫地採取高壓暴力手段。

為什麼有如此巨大的差異呢？其中恐怕與歷史發展的背景關係很大。韓國的文明歷史發展比日本早好幾百年，而一向直接受中國的影響。日本在隋、唐時代以前，大部分的文化是靠韓國轉播的，後來才從中國直接傳入。韓國人向來對自己的歷史與文化感到驕傲，而認為日本只是後起的模仿者，有輕視之意。日本在十九世紀後半突然興起，並不能讓大多數的韓國人增加對日本的敬意。明治維新期間，大院君拒絕與日本建交就是一個具體的例證。

韓國與日本的互動歷史非常早。西元三、四世紀，韓國的三國時代初期，「倭人」已經在朝鮮半島南端出沒，並進而與百濟國聯盟，不斷地侵擾新羅國。關於這些，日本有神功皇后的傳說故事，韓國的《三國史記》有明白的文字記載，更有高句麗時代的《好太王碑》提供確實證據。十六世紀末，日本豐臣秀吉兩次下令揮軍渡海征韓，被朝鮮與明朝聯軍擋住，無法得逞。日本軍隊在征韓期間殘暴嗜血，殺害無辜，在韓國人心目中留下無比惡劣的印象，歷久不滅。朝鮮開國後，日本與中國和俄國在朝鮮爭奪主控權，惡形惡狀，讓朝鮮人極為厭惡。朝鮮明成皇后慘遭日本人殺害，更是讓韓國人沒齒難忘。

韓國與中國為鄰，在歷史上有時獨立，有時是中國的藩屬國，而實際上完全自主。即使是蒙古人設立征東行省時，也還是透過高麗王朝行間接統治。中國唯一直接統治朝鮮半島的時候是在漢郡縣時代，但年代已經久遠。中國在隋唐盛世時，隋文帝、隋煬帝和唐太宗都曾出兵高句麗，卻無法順利征服，這是連現代的韓國人都引以為傲的歷史。

總之，韓國人自認歷史源遠流長，在歷史上從來都是獨立的，因而斷斷不能接受日本的殖民統治。

反觀台灣，在明朝末年以前並沒有開化，只有生活比較原始的原住民在此居住。荷蘭人及海盜鄭芝龍來了以後，台灣才開始發展。荷蘭人之後有鄭成功佔據，鄭氏王朝之後有清朝統治。清朝對台灣不但是漠視，兼且歧視，使得台灣成為清朝官吏最腐敗，治安最亂的一個地方。移居台灣的人民飽受煎熬苦悶，以致於三年一小反，五年一大反。清朝到了中日甲午戰爭前十年才忽然驚覺，刻意要經營台灣。然而為時已晚，台灣終究還是被日本搶去。

日本在歷史上與台灣從來沒有任何瓜葛，只有到牡丹社事件發生後，才在一八七四年出兵到台灣，但也只是教訓肇事的排灣族原住民。實際上日本人出現在台灣甚至比荷蘭人和鄭芝龍更早，在打狗（高雄）和雞籠（基隆）從事貿易和走私。若不是德川幕府下令鎖國，日本人不會大批離開台灣。因此，台灣人對日本不算陌生，也沒有什麼惡劣印象。

清朝割讓台灣給日本後，台灣人民的態度很複雜。有人慷慨激昂，誓言要死守台灣。有人憤恨清朝政府無能，而以台灣為犧牲品。大部分的台灣人民對清朝並沒有什麼孺慕之情，只是既然已有田產、家園，對不確定的未來有些恐慌。

總之，台灣並不是人人一開始就強烈反對日本統治，與韓國截然不同。

## 台灣人民對割讓的抗爭

清朝決定放棄台灣之後，台灣的文武百官奉命收拾家當，返回大陸去。一些鄉紳豪富，如台灣首富林維源，也紛紛攜家回福建避難。日本政府同意台灣人民如不願接受日本統治，可以在兩年內隨時變賣產業而離去。很多人因而選擇留下來觀察再說。清朝派駐在台灣的官員及軍隊大部分居留不久，對台灣認同不深，談不上要如何保鄉衛國。台灣巡撫唐景崧原本也要離開，但是有部分地主、商人、仕紳及軍官將他強留下來，於是組織了「台灣民主國」，自稱大總統。中法越南之戰的名將劉永福在甲午戰爭時奉命重組黑旗軍，駐在台南，這時也加入抗日的陣營。

日本派樺山資紀大將為第一任台灣總督，負責接收台灣。樺山資紀在二十年前曾經是牡丹社事件發生後奉派到台灣進行秘密調查的軍官之一，對台灣已經有研究過。樺山得知台灣部分官民準備反抗後，立刻調動數千名在中國東北的近衛師團，從台灣北部的一個小漁港澳底登陸。「台灣民主國」在北部的軍隊是臨時招募的，缺乏訓練、軍紀，也沒有使命感，接戰之後立即潰敗。八天後，唐景崧急忙乘船逃走，「台灣民主國」便結束了。戰敗的官兵軍紀更差，在台北城內搜刮、搶劫及殺人，官兵變強盜。其他不良分子及暴徒也趁火打劫。台北城內境況危急。富商、仕紳們因而集會討論，決定派代表請日本軍隊進城；但是推託許久，沒有人敢前去。

這時有一個年輕的鹿港商人辜顯榮自告奮勇，大膽地進入日軍營地，引導日軍不發一槍一彈就進入台北城。辜顯榮從此成為日本人倚賴、信任、諮詢的對象，日據時代的台灣豪富。在後來數十年中，有一部分民族意識較強的人批評辜顯榮，說他是漢奸。但是也有一部分人從人道主義為辜顯榮辯解，稱道辜顯榮保護了台灣人的生命財產，說如果不是辜顯榮，台北城內居民的下場恐怕不堪設想。一個人的功過善惡，當然是要看從什麼樣的價值觀出發去評論，但也要問這些價值觀究竟是不是能經得起更深層的質問。

日軍順利地進入台北城，以為從此無事；然而從大嵙崁溪（今大漢溪，是淡水河的上游）南岸起，就開始遭遇到民間義勇軍的奮勇抵抗。日軍強力反制，開始屠殺無辜，焚毀民房，甚至強姦婦女。台灣民情原本就極為強悍，日軍的行動招致更強烈的反抗。然而台灣的早期移民分為泉州、漳州、客家籍，地域觀念濃厚，導致不團結。清朝時如此，這時也一樣。日本軍隊因而迅速一路向南推進。在台南的劉永福與他的黑旗軍聲名遠播，可是無錢無糧，支撐不久，也只好棄守逃遁。台南商民也仿效台北城，請英國傳教士引導日本軍隊和平進城。

日軍從登陸到完全佔領台灣，只花了五個月，估計台灣人有一萬五千人戰死。日軍死亡四千多人，其中大部分不是戰死，而是不適應台灣的惡劣氣候與衛生環境，患病致死。

# 後藤新平

日本佔領台灣之後的前三年中連續換了三任總督，每一個總督基本上都把台灣當作戰利品，而無心於治理。台灣人民紛紛起來反抗。日本總督府為了要鎮壓游擊隊而疲於奔命。第三任總督乃木希典是後來日俄戰爭時的陸軍元帥，竟也嘆息台灣人民難以統治，說日本得到台灣就像「叫花子討到馬匹一樣，既養不起，又不會騎」。日本政府每年撥出大筆軍費給台灣，用以剿亂，也開始懷疑是否應當放棄台灣，或是乾脆把台灣賣掉。

一八九八年，台灣第四任總督兒玉源太郎上任。他又任命後藤新平當民政長官，也就是他的副手。台灣從此走向不同的面貌。兒玉源太郎正是當初牡丹社事件後與樺山資紀一起奉派到台灣秘密調查的另一位軍官。他是職業軍人，對於治理殖民地並不在行，因此只問大原則，而完全放手讓後藤新平去規畫並執行。

後藤新平是留學德國的醫學博士，對政治也是門外漢，有的經驗只是擔任過陸軍檢疫部長官及衛生局長的工作。他還曾經因為借錢給朋友，又替他擔保，以致於捲入案件，被捕入獄半年。後藤新平在人生最低潮時，得到任命降級到陸軍參加甲午戰爭後回國將士的檢疫工作。據說他日夜操勞，忙於規畫督導，四十幾天沒有上床睡覺，只是隨便打盹。兒玉源太郎因而對他印象深刻，在擔任台灣總督後邀請後藤新平來做副手。

兒玉在一九〇〇年起就兼任日本陸軍大臣、內大臣等職務，一九〇四年起又參加日俄戰爭，所以台灣實質上等於是由後藤新平統治，有八年多的時間悉心規畫，從事於改造台灣。兒玉無法分身，也曾經推薦後藤升格為總督。不過後藤是聰明人，深知日本當時是軍人當家，一個純粹的文人總督反而無法做事，不如上面有一個強而有力的人作為靠山，因而推辭總督之職，寧願作副手。

後藤接受的教育是科學訓練，處事也是採取科學方法。他自稱對於治理台灣並沒有什麼既定的政策，而是以「生物學的原則」來推動。他認為若不經過詳細的調查，就不會有好的政策，因而上任後就進行三種調查：戶口、土地以及風俗習慣。

根據他的調查，台灣在一九〇五年時有三百零四萬人，其中福建籍的有兩百五十萬人，客家籍有四十萬人，原住民八萬三千人，日本人只有不到六萬人。日本政府確實掌握人口之後，台灣的治安便已經在掌握之中。

後藤組織的團隊進行精細的土地測量，得到台灣耕地總面積比劉銘傳時留下來的資料多出百分之七十五，因而田賦收入大增。台灣也從這時起才有精密的地形、道路圖。當時台灣農民名義上都是租戶，並沒有地主；租戶獲得政府發給開墾許可證，向政府繳稅。後藤發現大租戶佔有台灣總耕地的百分之六十，因而在後來推動以現金及公債補償的方法，將大租戶的地轉給小租戶，完成和平漸進的土地改革。大租戶拿補償金投資到工商金融業，搖身一變成為生產及服務事業的股東。如此皆大歡喜。後藤又推動土地所有權制度，使得土地可以自由買賣，奠定日後農業及工業發展的基礎。

後藤對於民俗的調查是古今中外少有的。他堅持統治者的當務之急，是尊重風俗習慣，瞭解民情，因此必須詳細調查，以作為施政參考。他所留下來的台灣民俗調查報告，堆滿一個辦公室，至今仍是這方面最完備的第一手歷史文獻。

後藤著手的第二件事是裁汰冗員，一次裁掉一千多名官員，政風立刻清新。然後他又聘請少數學有專精的新人，主持各個部門，進行各種制度及新事業的規畫，例如法制、財政、公賣、糖業、醫院、教育等。後藤極為重視人才的延攬及選任。他常說：「一是人，二是人，三也是人。」

## 台灣的建設及發展

有人、有計畫後，還要有錢。後藤於是擬定發行公債的計畫，並使盡種種辦法，說服東京各部會首長及派閥議員。最後日本國會批准他發行三千五百萬日圓的公債。後藤立刻開始著手於各種經濟建設。一八九九年，台灣銀行及台北醫學校（為台灣大學醫學院的前身）成立；基隆港開始第一期工程建設。一九〇〇年，南北電話開通。一九〇三年，首座水力發電廠在深坑（今新北市深坑區，在新店溪上游）落成。一九〇八年，台灣南北鐵路全線通車，高雄港開始建港。一九〇九年，台北開始供應自來水。另外，台北市完成現代化下水道的時間比日本東京早兩年。台灣的衛生、醫療和疾病防制制度之建立，使得疾病傳染及死亡率大為降低。當時到台灣視察的日本國內官員，原本都以為台灣很落後，來到之後無不大吃一驚，因為他們所見到的台北甚至比日本所有的都市都乾淨而寬闊。

日本之所以要求割讓台灣，除了戰略原因外，有利的農業生產條件也是著眼點。台灣早在荷蘭時代就已經有製糖工業，是出口的大宗。後藤規定農民種植的甘蔗全部要賣給政府指定的製糖廠，三井、明治等會社也陸續在台灣設立新式的製糖工廠。一九〇二年台灣蔗糖出產三萬噸，四年後加倍，到一九三七年中日戰爭前已經達到一百萬噸。另外，樟腦及茶葉也是出口的大宗。台灣經濟突飛猛進，從入不敷出漸漸變成日本政府的搖錢樹。

後藤又推行食鹽、煙、酒、樟腦、鴉片等的專賣制度，將經銷特權分配給日商、退休官僚和日本政府認定的台灣紳商。不但控制銷售通路，得到經濟利益，又使得台灣仕紳更加死心塌地配合總督府。對於沒有專賣的商品，如糖、茶葉等，後藤也用盡心機，讓日本人與台灣人合作，打擊多年來控制市場的西洋商人。

不過日本總督府並不樂意看見台灣人擁有經營實權的企業，所以用立法及行政命令的手段禁止由純粹台灣人組成的公司設立。一直到一九二三年，由於法源《台灣民事法》被廢止，這種情況才不再繼續。然而，日本有幾個大財閥如三井、三菱、鈴木等早已在總督府的羽翼下壟斷了台灣的產業。這些財閥實際上在日本全國也是壟斷的勢力，台灣因而是日本帝國壟斷勢力的一個新環節。

關於鴉片專賣，後藤也受到當時及後世的人非常嚴厲的批評。日本接收台灣時，台灣還有十幾萬人在吸食鴉片。伊藤博文在簽訂《馬關條約》時，曾經明白表示日本禁止鴉片，所以也要將台灣的鴉片禁絕。當時身為衛生局長的後藤向伊藤博文建議改採逐步禁止的政策，由政府專賣，對醫生證明已經吸食鴉片上癮而不願戒除者發給特許證，抽極重的鴉片稅，而把稅收拿來做建設。在後藤任內及其後約二十年中，鴉片稅佔總督府各年年度收入的百分比非常高，最多時達到百分之二十，最少也有百分之十，實際上沒有可能停止徵收。台灣抽鴉片的人因而減少得很慢，到一九三〇年竟還有兩萬多人。到總督府真正下令禁止鴉片時，已經是日本帝國在太平洋戰爭戰敗的前夕了。

## 台灣的治安

後藤一面發展建設，一面以鐵腕控制治安。基本上，他將台灣塑造成一個「警察國家」。各級警察無所不在，威風八面，被稱為「大人」。小孩晚上如果哭鬧，只要聽到說：「大人來了。」大多都嚇得不敢再哭。後藤也學習清朝留下來的辦法，實施保甲制度。他規定每十家為一牌，十牌為一甲，十甲為一保。「保正」負責稅收，人口異動報告及協助警察。保甲之內發生事故，除主犯之外，也懲處連坐的其他人。保正的社會地位至為崇高，幾乎與警官等齊。在警察與保正之上，後藤建立了一個公正廉明的法律制度。警察與保正若是收受賄賂、貪污、徇私舞弊，同樣會遭到罰薪、免職，甚至更嚴厲的懲處。在這樣的法律、警察、保甲三合一制度之下，台灣部分地區真正做到夜不閉戶，路不拾遺的境界。多年以後日本將台灣交還中國，有許多老一輩的台灣人還十分懷念日據時代的良好治安。

對於繼續抗日的義勇軍，後藤採取的手段是招撫與鎮壓並行。後藤運用辜顯榮等台籍仕紳招撫游擊隊，同意既往不咎。游擊隊投降之後，便指定地區讓他們開墾土地，修建道路、橋樑，或從事其他生產事業。不過這些抗日義勇軍的頭目投誠之後，有一部分在幾年後又再度反抗而被殺。一九〇二年，著名的抗日領袖林少貓被殺，台灣抗日活動至此暫時停歇。後藤自稱他在任時，總共消滅三萬兩千名「土匪」。

## 日本在韓國的高壓統治

日本對韓國的實質統治並不是從一九一〇年併吞後才開始，而是始於一九〇五年日俄戰爭獲勝之後。一開始，日本先強迫韓國聘請日本顧問，實施「顧問政治」；之後，設立韓國統監府，實施「統監政治」；最後成立了朝鮮總督府，實施直接統治。如此一步一步加緊桎梏。

日本第一任韓國統監是曾任四次首相的伊藤博文。伊藤注重國際關係的協調，並主張穩和政策，企圖以長程的眼光來發展、經營韓國，不同意軍方快速合併韓國及採取高壓統治的主張。一九〇九年七月，日本內閣會議決定合併韓國，伊藤隨即辭去韓國統監的職務，卻在十月被韓國反日的志士安重根刺殺而死。伊藤之死，使得日本政壇內主張對韓國採行緩和手法的力量幾乎消失，日本軍部更加主張要在韓國採行高壓統治。

日本陸軍大臣寺內正毅出任為第一任朝鮮總督，立刻關閉各個報社，布置警察憲兵網，實施所謂的「武斷統治」。憲兵既是警察，警察也是憲兵，所以稱為「警察憲兵」。全國有兩萬名警察憲兵，外加兩萬名憲兵輔助員。此外，還有兩個師團兵力駐在韓國，以鎮壓義兵的反抗。人民一旦被認為有反抗的行為，不需審判就可以被判刑。一九一二年，韓國有五萬人被捕入獄；一九一八年，增加到十四萬人。韓國的反日情緒隨著時間不但沒有減低，反而升高。

在經濟方面，日本的政策是盡量掠奪。總督府公布各種土地相關的法令，開始「土地調查事業」。在調查進行當中，總督府利用種種手段將土地沒收。這項工作結束後，總督府就成為最大的地主，佔全國百分之四十。總督府又把土地讓售給日本的公司和移民，與韓國人爭利。

日本在韓國的蠻幹作風，與後藤新平在台灣的作為比較，相差實在不可以道里計。後藤並沒有在土地上佔台灣人便宜，只是做了重分配；但是他將整個產業鏈的控制點擺在後段的蔗糖專賣制度上。台灣農民名義上擁有土地，實際上是變成製糖會社的佃農而被剝削。當時台灣的蔗農也知道，所以有一句自我調侃的俗語說：「第一憨，種甘蔗給會社磅。」不過生活既然過得去，就沒有人會參加抗日義勇軍。

## 韓國三一運動

日本的高壓政策引起韓國人的不滿。民族意識高昂的志士紛紛流亡到上海、北京、滿洲、蘇俄等地，組織獨立革命團體。韓國國內也有秘密組織成立。第一次世界大戰結束後，美國威爾森總統（Thomas W. Wilson）提出「民族自決」的原則，韓國海內、外的民族運動受到極大的激勵。

一九一九年二月，六百多名韓國留日學生聚集於東京，公開發表《獨立宣言書》。三月一日，韓國的基督教、天道教、佛教領袖三十三人集會，簽署並朗讀《獨立宣言書》，宣布朝鮮為獨立的國家。日本警察憲兵立刻逮捕所有的人。同一天，有兩萬人也聚集在漢城塔洞公園宣讀《獨立宣言書》，高呼口號。總督府以武力流血鎮壓，但是獨立運動已經展開，無法遏止。一直到八月為止，韓國總共發生一千五百次以上的示威活動，有兩百萬人以上參加。據統計，示威被捕者有四萬多人，被殺者七千多人。「三一運動」中死亡者最有名而不幸的是梨花學堂（今梨花女子大學）的女學生柳寬順。她的父母在警民衝突中都被槍殺，而自己因為參加示威活動被捕，判刑七年，在獄中被刑求虐待而死，死時只有十八歲。

同年五月，中國北京發生「五四運動」，也同樣延燒全國，引起罷工、罷課、罷市的反日狂潮。中、韓兩國的反日運動，使得日本政府焦頭爛額。西洋各國也向日本施壓。日本政府被迫對韓國改採懷柔政策，派齋藤實為新任朝鮮總督，推行「文化政治」。大抵而言，所謂的文化政治是一種有名無實的放寬統治。例如，將憲兵警察制改為普通警察制，而實際上並沒有多大的差別。又如准許韓國人辦報，卻強力實施報紙檢查制度，隨時予以沒收、停刊。日本聲稱將來會有文人總督，實際上一直到日本二次大戰戰敗投降，從來也沒有一個總督是文人。

一九二六年六月，朝鮮王朝最後一任國王純宗出殯，數萬名學生夾道送行，並散發文宣資料，高喊「大韓獨立萬歲！」口號。日本警察逮捕了一千多名學生。一九二九年，光州又爆發規模更大的學生獨立運動，持續半年之久，有五萬名以上學生參加，一千六百多人被捕。

日本總督府在韓國的血腥高壓手段導致韓國人民激烈的抗爭，激烈抗爭又使得日本政府採用更血腥、更高壓的手段。如此在鎮而暴、暴而鎮的惡性循環中，無法超脫，日本改派文人總督也就遙遙無期了。日本在韓國的統治，只能用「失敗」兩個字歸結。當初日本內閣如果採行伊藤博文的策略，不急於合併韓國，緩和漸進，或許會有不同的結果。伊藤如果沒有被安重根刺殺，上述的惡性循環或許也不至於一直繼續下去。

## 韓國海外獨立運動與朝鮮共產黨

韓國海外獨立運動原本各自獨立，後來在上海合併成立了「大韓民國臨時政府」，主要參加的人有金九、李承晚、李始榮等。李承晚年輕時曾經參加徐載弼所創辦的獨立協會，後來遭到逮捕，幸而不死。出獄後，李承晚赴美留學，獲得美國普林斯頓大學的博士學位，然後又回來從事獨立運動。然而李承晚與其他韓國本土派的獨立運動者格格不入，雖然短暫被推為臨時政府的總統，仍然被排擠而離開上海，再往美國，一直到一九四五年才又回到韓國。

由於蔣介石在中國進行北伐及剿共，而對日本委曲求全，大韓民國臨時政府不能進行任何公開的反日行動。金九於是秘密組成韓人愛國團，開始以恐怖手段進行抗日活動。一九三二年一月，金九指揮韓國志士在東京向日本天皇的車隊投擲炸彈。結果坐在副車上的內大臣受到重傷，而天皇安然無恙。四個月後，金九又趁上海日僑慶祝天長節（天皇生日）時，指揮尹奉吉在虹口公園典禮會場投擲炸彈。日本多名軍政高官受傷、其中包括上海派遣軍司令官白川義則大將當場被炸死，日本駐華公使重光葵身受重傷。重光葵當時正代表日本政府與國民政府談判一二八事變後的停戰事宜，堅持在醫院裡簽署停戰協議書後才上手術台接受截肢手術。

金九是韓國勢道政治時代安東金氏的後裔，這時成為韓國的傳奇人物及抗日英雄。在日本人看來，他卻是一個人人痛恨的恐怖分子。

韓國反日志士也有很多人逃亡到蘇聯，在當地成立社會主義組織，從事反日活動。然而，韓國人並不合作，竟然有兩個高麗共產黨先後成立，互相傾軋，自封正統。共產國際決定對兩黨都不予承認，令其自行解散，而在莫斯科另組共產國際高麗支部。一九二五年，在漢城又有朝鮮共產黨的地下組織成立，並在日本、滿洲和上海設分會，而加入共產國際。然而朝鮮共產黨又多次發生派系鬥爭，使得共產國際再一次宣布不承認朝鮮共產黨。李氏朝鮮時代黨爭不斷的歷史，在此時刻似乎仍然在重複發生。

一九三〇年，共產國際發出通知，命令在滿洲活動的朝鮮共產主義者全部改為加入中國共產黨。第二年，有一位出身平壤的二十歲朝鮮青年，名叫金成柱，在滿洲加入中國共產黨。金成柱逐漸在東北人民革命軍抗日戰爭中嶄露頭角，並改名為金日成，正是後來北韓的創建者。

## 台灣明石總督與八田技師

後藤新平在台灣八年之後，轉任中國東北滿洲鐵路總裁。日本對台灣的建設並沒有因為後藤離去而停止。一九一八年到任的第七任總督明石元二郎尤其對台灣貢獻極大。明石在短短一年又四個月的任期內設立了二十幾所農業及商業學校，包括現今台灣大學的法商學院。他將二審司法制度改為三審制，以維護人權。他又頒布「台灣森林令」，其主旨是對伐木與造林並重，禁止人為濫伐。台灣因而在日本統治五十年後還是山林青翠，仍是葡萄牙人當初所稱的美麗之島「福爾摩沙」。

明石所推動的經濟建設中，最重要的有兩個：日月潭水力發電廠及烏山頭水庫。建設日月潭發電廠需要的經費是六千八百萬日圓，烏山頭水庫要五千三百萬日圓，而當時日本總督府的總預算一年只有五千萬日圓而已。前幾任的總督都因為日本政府的反對而無法決定，明石總督卻能排除萬難，一一定案。

烏山頭水庫工程採用最新的工法建造水壩，另有總長度二萬四千公里的灌溉及排水網路系統，費時十年，建成後是當時亞洲最大的水庫。台灣嘉南平原的十六萬公頃田地中，原本只有五千公頃有水利灌溉，其他都是「看天田」，必須雨量充分才有收成。水庫完工之後，農作物收成增加四、五倍，數十萬農民受益。嘉南平原因此成為台灣的穀倉。

日月潭發電廠完工後，台灣夜間首次大放光明，農、工、商業隨著迅速發展。明石總督並沒有活到眼見兩個大建設完工。他因為日夜操勞而患病，被送回日本家鄉九州療養，卻不治而死。明石的遺言竟是要把屍體送回台北埋葬，這樣可以在九泉之下見到工程完工。明石的遺體因而被葬在台北市內，約過了八十年才遷到郊外。

負責烏山頭水庫工程的八田與一技師後來在太平洋戰爭中乘船要從日本前往菲律賓，卻因座船被美國潛水艇發射的魚雷擊沉而身亡，日期是一九四二年五月八日。三年後戰爭結束，八田的夫人外代樹不願接受安排回日本，於是來到烏山頭水庫，投水自盡，留下遺書說要追隨八田而去。到今天每年五月八日，台灣嘉南農田水利會都會集合農民及地方人士，在烏山頭水庫堰堤上祭拜八田與一夫妻。

明石總督和八田與一的故事說明一件事：日本帝國取得台灣之後，的確有一部分日本人將台灣看成是日本的一部分，而不是殖民地，一心一意要建設台灣。這樣誠摯的奉獻打破了國界，化解了民族對立，得到了許多台灣人民的尊敬及認同。

關於日本人在日據時代對於台灣的建設，從當時起到今天一直有很多爭議。有人評論，認為台灣的進步與現代化最應該感謝的是劉銘傳，而不是日本。但也有人以蓋房子來比喻，說劉銘傳只不過是破土而已，日本人來了以後才使得台灣這棟房子能夠施工、落成，二者是無法比擬的。

又有人雖然同意日本建設台灣的成就，但批評日本這樣做並不是為了台灣人民，而是為了自身的利益。對此也有人不同意，說除非認為學校、鐵路、自來水、衛生設施、電氣化、農田灌溉系統等對人民沒有好處，就不應以任何理由做負面的批評。

## 台灣「同化」運動

日本並不是每個人的行為、思想都和明石、八田一樣。有許多人還是固執地要以征服者的姿態凌駕於殖民地人民的頭上。從另一方面說，台灣人對日本人的觀感更是複雜。有人很容易滿足，有人逆來順受。有人總是要求給得更多、更快，還有人始終對日本人抱持著敵意。因而在日據時代台灣人對日本政府一直有種種不同形式的抗爭及對立。

一九一一年，孫中山領導革命，推翻滿清政府。台灣受到刺激，又開始出現一波波的抗日活動，不過規模都很小。其中比較有名的是在一九一三年由同盟會員羅福星所領導的民族革命，結果兩百人被捕。一九一五年，余清芳領導宗教性反叛「西來庵事件」。這是日據時代規模最大的一次抗日活動，有數千人被殺。自此之後，台灣人明白以武力反抗日本政府完全沒有成功的機會，再也沒有大規模起事。代之而起的是和平政治運動，林獻堂與蔣渭水是其中的代表性人物。

林獻堂出身台灣五大家族當中的霧峰林家。他曾經與梁啟超會面，並求教台灣人要如何爭取與日本人同等的地位。梁啟超建議他仿效愛爾蘭對英國抗爭的方法，厚結日本政府顯要以施壓台灣總督府，從而改善不平等待遇。林獻堂於是到東京拜訪明治維新的元老，自由民權運動的領袖板垣退助。板垣在一九一四年慨然同意到台灣來幫忙林獻堂發起「同化會」。但是板垣已經七十八歲了，也失去了政治勢力。台灣總督親自迎接板垣到台北，等板垣離開後，立刻下令解散同化會。

在前述的第七任台灣總督明石元二郎上任後，同化運動卻忽然成為日本總督府的政策。明石總督宣示他的施政目標是感化島民，使之具有日本國民的資性。換句話說，就是要同化台灣人。明石總督死後到一九三七年中、日戰爭爆發前的十九年間，台灣歷任總督都是文人出身。這是日本政府在韓國講了而沒有做的，在台灣卻直接做了。這期間裡，日本總督府一直奉行同化政策。

同化其實是一件充滿矛盾的事。當初林獻堂發起同化會時，引起部分台灣人的疑慮，以為是要倡導大家放棄做台灣人，改做日本人。林獻堂卻說是不過要藉此爭取平等的待遇。因而，日本人與台灣人對於「同化」兩個字的解釋是不同的。部分台灣人民的民族觀念很淡，關心的只是政府是否照顧民生，因而當然歡迎同化。對於民族意識較強的人來說，這只是一個陷阱。

## 台灣文化協會、台灣民眾黨與共產黨

韓國的獨立運動及中國的五四運動掀起後，台灣在日本的留學生也受到影響，在東京發起「啟發會」、「新民會」等組織。一九二一年，「新民會」向日本國會提出設置台灣議會的要求。這時台灣有一位極為活躍的醫師蔣渭水邀請林獻堂回台灣，一同向總督府申請成立了「台灣文化協會」。蔣渭水痛心台灣社會道德頹廢、風俗醜陋、虛榮腐敗，希望以知識教育台灣民眾，以革除弊病，因而發起文化協會。蔣渭水由此也參加林獻堂的政治活動。

台灣文化協會開始發行《台灣民報》，舉辦各種講習會、演講會、短期學校等活動，內容從學術、文化的啟蒙工作，逐漸跨入有意識型態的社會、政治運動。蔣渭水的思想也因為關心農人、工人被剝削，極力為他們爭取權益而逐漸左傾。這時激進的社會主義無產階級組織也在台灣活動，滲入文化協會之中，最後竟控制了文化協會。林獻堂、蔣渭水等被逼，不惜脫離自己所創辦的文化協會，於一九二七年另組台灣第一個政黨「台灣民眾黨」。第二年又有謝雪紅等成立「台灣共產黨」，主張階級鬥爭，爭取台灣獨立。共產黨在台灣是非法的，所以選擇依附在文化協會、台灣民眾黨內，一如中國共產黨在一開始時是依附在中國國民黨內。

總之，在日本統治時代，台灣由於意識型態及政治立場的不同，分成許多不同派別。大抵來說，由右至左，有辜顯榮為代表的皇民派，林獻堂為代表的溫和改革派，蔣渭水為代表的小資產、農、工階級非暴力抗爭派，以及謝雪紅為代表的共產黨暴力派。四派之間既互相攻訐鬥爭，也合縱連橫。日本總督府態度極為明確，先撲滅共產黨，逮捕謝雪紅及其外圍組織人員數千人；又壓制蔣渭水，解散台灣民眾黨。林獻堂與總督府取得妥協，放棄連續十五年的台灣議會請願運動，而總督府在一九三五年開始舉辦州議會、市議會的地方議員選舉，以為回應。這是有史以來台灣人第一次擁有選舉權。皇民派則繼續得到總督府的青睞，在協助維持台灣的安定與經濟發展中獲得私人利益。

## 霧社事件

台灣山地的面積大於平地。後藤新平經營台灣之後，平地已經漸入正軌，總督府於是開始注目在山地。日本政府聘請兩千多位林業專家，用了十六年的時間調查台灣山林，整理出鉅細靡遺的林相資料，並訂定種種計畫。根據調查結果，九成的山林土地是無主之地。日本總督府直接規定這些山林地屬於官有地。日本總督府為了開墾土地作為經濟用途，又決定進行「理蕃」。

總督府的山地政策使得台灣的原住民受到威脅，居住的範圍越來越窄，受到的限制越來越多，頗有怨言。原住民的生活方式比較原始，有些日本警察因而表現出明顯輕視的態度，讓部分原住民心裡受傷，認為受到侮辱。日本總督府採取「和蕃」的政策，鼓勵駐在山地的日本警察和原住民頭目的女兒結婚，但是日本警察對原住民婦女常有始亂終棄的情形。更有一些日本人玩弄原住民婦女，甚至欺騙原住民婦女從事賣娼工作，使得原住民對日本人的仇恨更是加深。衝突於是不斷地升高，終至發生日據時代最大的一次原住民抗暴流血事件——「霧社事件」。

一九三〇年，霧社地區（今南投縣仁愛鄉）的賽德克族馬赫坡社首領莫那魯道率領族人，突然在清晨發起攻擊，殺死在睡夢中的日本警察及平民一百多人，又殺傷兩百多人。日本總督府斷然出兵鎮壓，出動機關槍掃射，又用飛機投擲毒氣彈。馬赫坡戰士不敵，一部分戰死，一部分自殺。日本警察又鼓動其他親日的原住民蕃社屠殺殘留的馬赫坡族人。霧社原住民原本有一千兩百多人，最後只剩下二百八十九個老弱婦孺，而被迫遷村。

霧社事件震驚台灣、日本及全世界。台灣民眾黨將事件經過致電日本總理、議會及各大政黨，並要求調查。台灣總督因而下台。後任總督在世界各國及日本國會的關注之下，只得採取溫和的安撫政策。

## 二次大戰中的韓國

日本吞併朝鮮，在戰略上是要以此為基地而「北進」中國東北。一九三一年九一八事變之後，日本開始一步一步將朝鮮改造成軍需的基地。總督府直接徵收棉花、礦產、煤炭及糧食等軍需物資。日本企業如三菱、三井、住友等在朝鮮投資重化工業，形成寡佔。相對地，朝鮮人的中、小企業既得不到資金，也拿不到原料，因而連紡織、木材、食品等民生工業都無法支撐下去，而讓日本人整個端過去。朝鮮工業生產急速攀高，產出金額很快就超過農業生產。然而當時支援戰爭為第一優先，朝鮮人無法享受到這一切，反而因為糧食短缺，物價飛漲，黑市猖獗而受害。

原本日本總督府是不讓朝鮮人碰到武器的。但是一九三七年中日全面戰爭爆發後，第二年日本就開始在朝鮮實施志願兵制度，招收十七歲以上男子。地方官員和警察以半強迫的方式將朝鮮人民推上戰場。這一年在中國東北圖們江邊發生「張鼓峰事件」，日本與蘇聯交鋒十日。當時日方的第十九師團就是朝鮮軍，其中除了少數軍官之外，幾乎都是朝鮮人。

據估計，第二次世界大戰期間，朝鮮有超過二十萬名男子遠離家鄉，為日本帝國打仗。這些被迫參戰的朝鮮人有一部分脫逃，反過來參加蘇聯與中國共產黨所組織的東北抗日聯軍，投入對日本的游擊戰。東北抗日聯軍有十一個軍，四萬五千人，是關東軍的死敵。後來北韓的第一代領袖，如金日成及崔庸健，大多是東北抗日聯軍的中、高級軍官。

原本在上海的大韓民國臨時政府也統合各個右翼黨派，成立韓國獨立黨，隨中國政府遷到重慶，並組織一支「光復軍」，約有八千人，與中國軍隊並肩對日抗戰。

隨著戰爭越來越緊急，日本總督府開始推行「皇民化政策」。每一個朝鮮人民每天都要面向東京方向背誦《皇國臣民誓詞》，宣誓向天皇效忠。總督府喊出「內鮮一體」的口號。所謂「內」，就是日本；所謂「鮮」，就是朝鮮。日本總督南次郎說：「內鮮一體是統治的最高指導目標。型態上、心靈上、血液上、肉體上都必須成為一體。」無奈日本在此之前三十年的統治實在無法讓韓國人認同，「內鮮一體」的海報雖然在四處張貼，無非是自欺欺人。

總督府又強制人民講日語，禁止朝鮮語。學生在學校裡如果使用朝鮮語說話，必將受到嚴厲的懲罰。總督府更進一步要求韓國人更改姓名為日本姓氏。朝鮮人不理，總督府於是採用差別待遇方式誘逼。凡是更改姓名者，會得到許多優待。反之，拒絕更改者收不到信件，到官府辦事受盡各種刁難，子女不能就學，獲得配給的物資及食物也減少了。部分朝鮮人只得向現實低頭，接受改名換姓。

## 二次大戰中的台灣

日本統治了台灣四十年後，還不太確定台灣人在中、日戰爭中究竟會站在哪一邊。不過一九三六年發生一個「祖國事件」，使得日本人極為失望。林獻堂在這一年率領一個考察團前往中國。到達上海後，他對中國的歡迎團體致詞，脫口而出：「林某回到祖國。」日本台灣軍部知道以後大怒，在林獻堂回台灣之後，派人當眾賞林獻堂一個耳光。林獻堂是台灣人裡的溫和改革派，日本人對他一直禮遇。然而「祖國事件」使得日本人自認在台灣施行二十年的同化政策失敗了。

「祖國事件」之後第二年，中日全面開戰。日本不敢把台灣人送到中國戰場，只是動員台灣人民，加緊生產軍需物資，並且加緊推行「皇民化政策」。台灣人也被逼著講日語，報紙上不准出現中文版，另外有超過十萬人更改為日本姓氏。

太平洋戰爭爆發以後，日本便以台灣為「南進」的基地，開始徵求「志願兵」到南洋參戰。志願兵最早是由山地原住民組成的，稱為「高砂義勇隊」，共有四千多人。所謂「高砂族」就是高山族，包括賽夏、泰雅、阿美、布農、卑南、魯凱、排灣、雅美族等所有不同種族。日本人在霧社事件中認識到原住民的厲害，因而想到利用他們。台灣原住民有天生精於狩獵的本能，能夠自在地在菲律賓、新幾內亞等地的叢林裡生活，穿梭偵察，分辨聲音遠近，尋覓食物，伏擊敵人。這些都是日本軍人辦不到的。

原住民的服從性很強，也與日本人一樣自認是為天皇而戰。一九七四年，在印尼摩羅泰島熱帶雨林中發現一個野人，原來是第二次世界大戰時的日本皇軍，日文名字叫做「中村輝夫」，而實際上是台灣阿美族人，中文名字叫「李光輝」，原名叫「史尼育晤」。史尼育晤不知道日本已經戰敗，獨自一人在叢林度過了三十年，與世隔絕，而手上仍然留有當初日本軍部發給他的三八式步槍、子彈、軍用水壺及鋼盔等。史尼育晤步出叢林，回到台灣，震驚全世界。日本媒體稱史尼育晤是「最後的一名皇軍」。

日本總督府募集志願軍的對象後來擴及台灣平地人。由於台灣實施嚴格經濟管制，食物不夠，生活艱辛，有許多台灣人為了改善生活，提高家屬的地位而應募參戰。到戰爭將近尾聲時，總督府才開始改為強制徵兵。根據統計，第二次世界大戰期間，台灣和朝鮮一樣，也有超過二十萬名男子遠離家鄉，為日本帝國打仗，其中有大約三萬人戰死異鄉。

在戰爭中，台灣人的國家認同其實非常分歧。有人到大陸去，參加國民政府，被稱為「半山」。有人參加日本所扶植的傀儡政權，充當翻譯及橋樑。又有人在中間徬徨，不知歸屬何方。台灣在戰後有一位文學家吳濁流寫了一本小說《亞細亞的孤兒》，描寫這樣的情境。其中的主角胡太明留學日本，卻受到歧視；回台灣後，又被鄉人冷嘲熱諷。後來他到中國大陸去，極力隱藏身分，而仍然暴露，被認為是日本的間諜，竟鋃鐺入獄。他回到台灣，卻又被日本特務機關跟蹤，當作是中國的間諜。悲哀的主角竟不知道祖國到底是日本？還是中國？還是台灣？又應該何去何從？

在美國人的眼中，台灣和日本是同一陣線的，都是敵人。在戰爭末期，美國派出飛機同時對日本及台灣轟炸。台灣人因而必須每日逃警報，躲在防空洞內。逃避不及的人便只有喪生了。台灣到日本之間的水域布滿魚雷，許多來往的日本人與台灣人因而葬身大海之中。

## 慰安婦問題

日本在戰爭開打後不久，就開始招募、誘騙或強迫本國及殖民地的婦女到前線去，或在佔領區直接俘擄婦女，專門為軍人提供性服務，是所謂的「慰安婦」。慰安婦實際上就是軍中妓女，身心所受到的傷害極大。關於設置慰安婦的原因，日本有一種說法：在南京大屠殺後，日本受到世界各國嚴厲指責。日本軍部為免軍人繼續犯下惡行，決定送慰安婦到前線，使軍人可以適度發洩。但是也有另一種說法，認為是日本軍部怕軍人感染性病，影響戰力，所以要集中管理，並派軍醫檢查、防治。根據各方不同的估算，慰安婦的總人數約在八萬至二十萬左右，其中以韓國婦女為最多，其次是中國人，再次是日本人及台灣人，也有部分是東南亞國家的女性。

慰安婦在戰後回到故鄉，總是盡力掩藏自己的過去，怕一旦曝光將遭到社會鄙夷，不過大多終生無法抹去痛苦、恥辱的記憶。從一九七〇年代起，有一部分在戰時從韓國及台灣被送去做慰安婦的婦女開始站出來，透過政治及法律途徑向日本政府要求賠償；後來也有中國的慰安婦逐漸加入。

一九九三年，日本內閣官房長官河野洋平承認日本在戰時曾經強徵慰安婦，是日本政府中第一個公開作此表示的官員。第二年，日本社會黨出身的首相村山富市為慰安婦之事表示反省及歉意，是第一個公開道歉的日本首相。但此後仍然有許多右派的政治人物及學者堅決認為慰安婦都是自願的隨軍公娼，否認有任何強迫的情況，因而主張日本不必道歉。對此言論，中國、韓國及台灣的政府及人民表示更大的憤慨，慰安婦遂成為一個難解的問題。

在慰安婦問題爭執當中，聯合國及歐美國家的政治人物及學者也開始發言，大多要求日本負起責任，發表道歉聲明，不可推託。但日本仍然有部分政治人物堅決認為強徵的說法缺乏充分的證據。

慰安婦究竟是被強迫的，還是自願的？依作者研究的結論，既不是全部被強迫的，也不是全部自願的。日本政府制訂的辦法當然是朝自願的方向，但在執行階段中，如果說是絕對沒有使用欺騙、利誘，或是強徵、脅迫的手段，恐怕也無法讓人相信。

如今戰爭結束已有七十多年，當年的慰安婦仍然存活者已經沒有多少人，日本部分執政者卻還是堅絕不肯承認、道歉，不僅是受害的鄰國，連歐美國家也大多表示失望。

尾章
# 二次大戰後的東亞局勢發展

第二次世界大戰中，全世界有六十幾個國家參戰，死亡的總人數大約是七千二百萬人，其中平民的數目是軍人的兩倍。各國之中以蘇聯、中國、德國死亡人數最多，分別為二千七百萬、二千萬、七百五十萬。日本由於主戰場都不在本土，所以戰死的軍人有兩百一十萬人，而平民死亡只有六十萬人。

戰後東亞各國幾乎都是在廢墟之中，等待重建。然而，不幸的是各國等到的並不是太平盛世，而是持續的動盪不安。

在中國，國共內戰在日本投降後立刻開打。經過四年，由毛澤東領導的中國共產黨徹底擊敗蔣介石領導的國民黨，於一九四九年十月宣布成立中華人民共和國。新中國百廢待舉，毛澤東卻不得喘息，由於韓戰爆發，被迫「抗美援朝」，揮軍到朝鮮半島。韓戰使得中國與美國正面為敵，也使得撤退到台灣的蔣介石政權轉危為安，重入美國的保護傘之下。

韓國在二戰後由美國和蘇聯分別佔領南北，而於韓戰後正式分裂為南韓及北韓。韓戰對南北韓都造成巨大的傷害，北韓在蘇聯及東歐國家支持之下開始重建，南韓卻仍是動盪不安。貪腐的李承晚政權於執政十二年後終於被推翻，又經過短暫的混亂，軍事強人朴正熙發動政變，從此執政十八年，一面採行鐵腕高壓統治，一面強力推動經濟建設。

蔣介石本人尚未來到台灣，陳儀統治之下的台灣在一九四七年就發生了不幸的二二八事變，對台灣原有的居民和從大陸來的新移民都造成重大的傷害，並導致後來的省籍分裂。蔣介石父子接著在台灣實施高壓統治及白色恐怖十幾年，到一九七一年被逐出聯合國後才逐漸改弦易轍，加速經濟建設。蔣經國於一九七五年父親蔣介石死後，更加速改革，推動民主化及本土化，台灣從此逐漸改變了風貌。

在東亞各國之中，最幸運的是日本。盟軍在戰後決定接管並改造日本，美國在太平洋戰爭的英雄麥克阿瑟（Douglas MacArthur，1880-1964）被任命為盟軍總司令部（GHQ，General Headquarters）最高司令官，也就是日本的最高統治者。日本幾乎等於亡國，卻在美國的羽翼之下躲過共產主義的威脅。韓戰最大的受益者就是日本，等於發了戰爭財，從此更加快速朝向復興的道路前進。一九五一年，日本在美國支持之下，與四十八國簽訂舊金山和約，從此恢復成為正常國家，除了國防之外，完全獨立自主。

毛澤東在韓戰後的二十幾年中發動數次規模極大的政治運動，結果是國困民貧。其中，反右運動導致數百萬人受害；大躍進導致大饑荒；文化大革命導致國家喪亂失序。中國真正開始建設，是在毛澤東死後，鄧小平復出執政，推動改革開放。

總之，二次大戰後東亞各國都是處於困境之中，而在後來逐漸一一奮起。最先是日本，其次是台灣，再來是韓國，最後奮起的是中國。到了二十世紀末，東亞各國在政治及經濟的發展已經卓然有成，成為北美及歐洲以外的第三個重要政治圈及經濟圈。「從困境中奮起」因而是這一段東亞歷史（一九四五年至一九九九年）發展的脈動主軸。本書作者另外出版一本《從困境中奮起——另眼看一九四五年後的東亞史》，就是介紹這一段歷史。讀者如有興趣也可參考。

附錄

# 主要參考書目

## 一、有關中國歷史部分

### 1 古籍類

1.1《尚書今註今譯》，屈萬里註譯，台北：台灣商務印書館，二〇〇五
1.2《詩經》，袁愈荌譯詩，唐莫堯注釋，台北：古籍出版社，一九九六
1.3《山海經校註》，袁珂著，成都：巴蜀書社，二〇〇四
1.4《史記》，司馬遷著（西漢），台北：台灣商務印書館，一九七六
1.5《漢書》，班固著（東漢），台北：台灣商務印書館，一九七六
1.6《後漢書》，范曄著（南朝宋），台北：台灣商務印書館，一九七六
1.7《三國志》，陳壽著（晉），台北：台灣商務印書館，一九七六
1.8《資治通鑑》，司馬光等著（北宋），台北：台灣商務印書館，一九七六
1.9《大唐西域記》，玄奘（唐）原著，芮傳明譯注，台北：古籍出版社，二〇〇六
1.10《宋史》、《遼史》、《金史》，脫脫等著（元），台北：台灣商務印書館，一九七六
1.11《元史》，宋濂等著（明），台北：台灣商務印書館，一九七六
1.12《明史》，張廷玉等著（清），台北：台灣商務印書館，一九七六

### 2 近、現代著作

2.1《國史大綱》，錢穆著，台北：台灣商務印書館，一九七四

2.2《萬古江河》，許倬雲著，台北：漢聲出版社，二〇〇六
2.3《西周史》，許倬雲著，台北：聯經出版，二〇〇五
2.4《周代城邦》，杜正勝著，台北：聯經出版，二〇〇八
2.5《中國青銅時代》及《中國青銅時代》第二集，張光直著，台北：聯經出版，二〇〇五
2.6《青銅器與古代史》，李學勤著，台北：聯經出版，二〇〇五
2.7《楚文化研究》，文崇一著，台北：東大圖書公司，一九九〇
2.8《先秦史》，翦伯贊著，台北：知書房出版社，二〇〇三
2.9《考古中國》，岳南著，台北：商周出版，二〇〇七
2.10《興盛與危機》，金觀濤、劉青峰著，台北：風雲時代出版，一九八九
2.11《中國歷史年表》，柏楊著，台北：星光出版社，一九九〇
2.12《中國歷史地圖集》，中國社科院主辦，譚其驤主編，北京：中國地圖出版社，一九八九
2.13《中國人口史》，王育民著，江蘇：人民出版社，一九九五
2.14《明初以降人口及其相關問題》，何炳棣著，葛劍雄譯，北京：三聯書店，二〇〇〇
2.15《中國歷史上氣候的變遷》，劉昭民著，台北：台灣商務印書館，一九九四
2.16《中國史學名著》，錢穆著，台北：三民書局，一九七四
2.17《經典常談》，朱自清著，台北：志文出版社，一九七三
2.18《鹽鐵論—漢代財經大辯論》，桓寬（西漢）著，詹宏志編撰，台北：時報出版，一九九五
2.19《費正清論中國》（*China–A New History*），費正清（John King Fairbank）著，薛絢譯，台北：正中書局，一九九四
2.20《國史十六講》，樊樹志著，北京：中華書局，二〇〇六
2.21《唐史十二講》，黃永年著，北京：中華書局，二〇〇七
2.22《宋史》，方豪著，台北：中國文化大學出版部，一九八八
2.23《游牧者的抉擇》，王明珂著，台北：聯經出版，二〇〇九
2.24《羌在漢藏之間》，王明珂著，台北：聯經出版，二〇〇三
2.25《華夏邊緣》，王明珂著，台北：允晨文化，一九九七
2.26《從拓拔到北魏》，張繼昊著，台北：稻鄉出版社，二〇〇三
2.27《拓拔氏的漢化及其他》，孫同勛著，台北：稻鄉出版社，二〇〇五
2.28《突厥研究》，林恩顯著，台北：台灣商務印書館，一九九二

2.29《敕勒人史蹟源流考》，常華安著，台北：文史哲出版社，二〇〇九

2.30《回紇史》，楊聖敏著，桂林：廣西師大出版社，二〇〇八

2.31《吐谷渾史》，周偉洲著，桂林：廣西師大出版社，二〇〇六

2.32《吐蕃贊普墀松德贊研究》，林冠群著，台北：台灣商務印書館，一九八九

2.33《女真史論》，陶晉生著，台北：聯經出版，二〇〇九

2.34《蒙古祕史新譯並註釋》，札奇斯欽譯著，台北：聯經出版，二〇〇六

2.35《成吉思汗—近代世界的創造者》（*Genghis Khan and the Making of Modern World*），傑克·魏澤福（Jack Weatherford）著，黃中憲譯，台北：時報出版，二〇〇六

2.36《細說元朝》，黎東方著，台北：傳記文學出版社，一九八一

2.37《細說明朝》，黎東方著，台北：傳記文學出版社，一九八三

2.38《細說清朝》，黎東方著，台北：傳記文學出版社，一九七七

2.39《明亡清興六十年》，閻崇年著，台北：聯經出版，二〇〇七

2.40《明清史》，陳捷先著，台北：三民書局，二〇〇五

2.41《萬曆十五年》，黃仁宇著，台北：食貨出版社，一九八九

2.42《清史》，蕭一山著，台北：中國文化大學出版社，一九八八

2.43《太平天國》（*God's Chinese Son: The Taiping Heavenly Kingdom of Hong Xiuqua*），史景遷（Jonathan Spencer）著，朱慶葆等譯，台北：時報出版，二〇〇三

2.44《晚清七十年》（五冊），唐德剛著，台北：遠流出版，一九九八

2.45《近代中國史綱》，郭廷以著，香港：中文大學出版社，一九八六

2.46《大清留美幼童記》，錢鋼、胡勁草著，香港：中華書局，二〇〇九

2.47《戊戌政變記》，梁啟超著，台北：中華書局，一九六五

2.48《庚子西狩叢談》，吳永口述，劉治襄記述，長沙：岳麓書社出版，一九八五

2.49《孫中山與國民革命》，蔣永敬著，台北：國史館發行出版，二〇〇〇

2.50《第三國際史》，鄭學稼撰，台北：台灣商務印書館，一九七七

2.51《蘇俄在中國：中國與俄共三十年經歷紀要》，蔣中正撰，台北：中央文物供應社，一九五七

2.52 *Red Star Over China*, by Edgar Snow, Penguin Books, 1978

2.53《重探抗戰史（一）》，郭岱君主編，加藤陽子、洪小夏、傅應川等著，台北：聯經出版，二〇一五

2.54《找尋真實的蔣介石：蔣介石日記解讀》，楊天石著，香港：三聯書店，二〇一四

2.55《放聲集》（第三輯：蔣介石日記中的抗戰初始），阮大仁著，台北：學生書局，二〇一五

3 **傳記、回憶錄、選集類**

3.1《王荊公》，梁啟超著，台北：中華書局，一九七八

3.2《耶律楚材》，陳舜臣著，許錫慶譯，台北：遠流出版，一九九四

3.3《鄭和下西洋考》，伯希和著，馮承鈞譯，台北：台灣商務印書館，二〇〇五

3.4《康熙寫真》、《雍正寫真》、《乾隆寫真》，陳捷先著，台北：遠流出版，二〇〇〇～二〇〇二

3.5《毛澤東自傳》，毛澤東自述，斯諾筆錄，汪衡譯，台北：台灣書房出版，二〇〇二

3.6《在歷史巨人身邊—師哲回憶錄》，師哲著，北京：中央文獻出版社，一九九六

3.7《毛澤東選集—第一至四卷》，毛澤東著，北京：中國人民出版社，一九九一

3.8《李宗仁回憶錄》，李宗仁口述，唐德剛撰寫，香港：南粵出版社，一九八六

3.9《張學良口述歷史》，張學良口述，唐德剛撰寫，台北：遠流出版，二〇〇九

3.10《彭德懷自述》，彭德懷著，北京：人民出版社編譯，一九八一


## 二、有關韓國歷史部分


1 **古籍類**

1.1《三國史記》，金富軾著（高麗朝）

1.2《高麗史》，鄭麟趾、金宗瑞等著，朝鮮李氏王朝

1.3《朝鮮實錄》，朝鮮李氏王朝歷代史官紀錄

1.4《尚書今註今譯》，屈萬里註譯，台北：台灣商務印書館，二〇〇五

1.5《山海經校註》，袁珂著，成都：巴蜀書社，二〇〇四

1.6《漢書．西南夷兩粵朝鮮傳》，班固著（東漢），台北：台灣商務印書館，一九七六

1.7《後漢書．東夷列傳》，范曄著（南朝宋），台北：台灣商務印書館，一九七六

1.8《三國志．烏丸鮮卑東夷傳》，陳壽著（晉），台北：台灣商務印書館，一九七六

1.9《宋書．列傳第五七．夷蠻》，沈約著（南朝梁），台北：台灣商務印書館，一九七六

1.10《魏書·列傳第八八·高句麗、百濟等》，魏收著（北齊），台北：台灣商務印書館，一九七六

1.11《隋書·列傳第四六·東夷》，魏徵等著（唐），台北：台灣商務印書館，一九七六

1.12《舊唐書·列傳第一四九·東夷—高麗百濟新羅條》，劉昫著（後晉），台北：台灣商務印書館，一九七六

1.13《元史·列傳第九五·外夷—高麗眈羅日本》，宋濂等著（明），台北：台灣商務印書館，一九七六

1.14《明史·列傳第二〇八·外國—朝鮮》，張廷玉等著（清），台北：台灣商務印書館，一九七六

### 2 近、現代著作

2.1《韓國史新論》，李基白（韓）著，厲凡譯，厲以平校，北京：國際文化出版，一九九四

2.2《韓國史》，朱立熙著，台北：台灣商務印書館，二〇〇六

2.3《韓國歷史與現代韓國》，簡江作著，台北：台灣商務印書館，二〇〇五

2.4《高句麗史研究》，盧泰敦（韓）著，張成哲譯，台北：學生書局，二〇〇七

2.5《壬辰倭亂と秀吉·島津·李舜臣》，北島万次著，日本：東京校倉書房，二〇〇二

2.6《朝鮮「壬辰倭寇」研究》，李光濤著，台北：中研院史語所，一九七二

2.7《高麗與宋金外交經貿關係史論》，姜吉仲（韓）著，台北：文津出版，二〇〇四

2.8《日本統治下の朝鮮》，山邊健太郎著，日本：岩波書局，一九七一


## 三、有關日本歷史部分

### 1 古籍類


1.1《日本書紀》，舍人親王等編著（飛鳥／奈良時代）

1.2《古事記》，太安萬侶著（奈良時代）

1.3《三國志·烏丸鮮卑東夷傳—倭人條》，陳壽著（晉），台北：台灣商務印書館，一九七六

1.4《宋書·列傳第五七·夷蠻》，沈約著（南朝梁），台北：台灣商務印書館，一九七六

1.5《隋書·列傳第四六·東夷》，魏徵等著（唐），台北：台灣商務印書館，一九七六

1.6《舊唐書·列傳第一四九·東夷—高麗百濟新羅條》，劉昫著（後晉），台北：台灣商務印書館，一九七六

1.7《新唐書·列傳第一四五·東夷—高麗百濟新羅條》，歐陽修、宋祈著（北宋），台北：台灣商務印書館，一九七六

1.8《元史·列傳第九五·外夷—高麗眈羅日本》，宋濂等著（明），台北：台灣商務印書館，一九七六

1.9《明史·列傳第二二〇·外國—日本》，張廷玉等著（清），台北：台灣商務印書館，一九七六
1.10《日本外史》，賴山陽著（江戶時代）
1.11《大日本史》，德川光圀等著（江戶時代）
1.12《高麗史日本傳》，武田幸男（日本）編譯，日本：岩波書局，二〇〇五

## 2 近、現代著作

2.1《日本史》（五冊），鄭學稼著，台北：黎明文化出版社，一九七七
2.2《日本史》，李永熾著，台北：水牛出版社，二〇〇七
2.3《日本史》，武光誠著，陳念雍譯，台北：易博士文化出版，二〇〇七
2.4《日本史圖解》，河合敦著，劉錦秀譯，台北：商周出版，二〇〇六
2.5《新詳日本史—地圖、資料、年表》，日本：浜島書店，二〇〇五
2.6《日本文明開化史略》，陳水逢編著，台北：台灣商務印書館，二〇〇〇
2.7《日本史話》（四冊），汪公紀著，台北：聯經出版，一九九〇
2.8《中日今古史話》，李嘉著，台北：故鄉出版公司，一九九〇
2.9《遣唐使眼中的中國》，古瀨奈津子著，高泉益譯，台北：台灣商務印書館，二〇〇五
2.10《萬曆二十三年封日本國王豐臣秀吉考》，李光濤著，台北：中研院史語所，一九六七
2.11《日本論》，戴季陶著，台北：故鄉出版公司，一九八九
2.12《幕府時代的中日關係》，林景淵著，台南：南天書局，二〇〇七
2.13《日本歷代天皇略傳》，笠原英彥著，陳鵬仁譯，台北：台灣商務印書館，二〇〇四
2.14《評價日本歷代首相》，福田和也著，林思敏譯，台北：台灣商務印書館，二〇〇五
2.15《福澤諭吉「文明論之概略」精讀》，子安宣邦著，日本：岩波書局，二〇〇五
2.16《決定日本的一百年》，吉田茂著，陳鵬仁譯，台北：致良出版社，二〇〇六
2.17《太平洋戰爭》，家永三郎著，何欣泰譯，台北：台灣商務印書館，二〇〇六
2.18《戰爭責任》，家永三郎著，何思慎譯，台北：台灣商務印書館，二〇〇六

## 3 傳記、回憶錄、選集類

3.1《德川家康全傳》，山岡莊八著，何黎莉、丁小艾譯，台北：遠流出版，一九八八

3.2《吉田松陰書簡集》，廣瀨豐編，日本：岩波書局，一九三七
3.3《福澤諭吉》，小泉信三著，日本：岩波書局，一九六六
3.4《福澤諭吉自傳》（《福翁自傳》），福澤諭吉著，楊永良譯，台北：麥田出版，二〇〇六
3.5《後藤新平傳》，北岡申一著，魏建雄譯，台北：台灣商務印書館，二〇〇五
3.6《清澤洌傳—外交評論之命運》，北岡申一著，劉崇稜譯，台北：台灣商務印書館，二〇〇五
3.7《吉田茂傳—尊皇的政治家》，原彬久著，高詹燦譯，台北：台灣商務印書館，二〇〇七
3.8《家永三郎自傳》，家永三郎著，石曉軍、劉燕、田原譯，北京：新星出版社，二〇〇五

## 四、有關台灣歷史部分

### 1 古籍類

1.1《靖海志》，彭孫貽著，台灣省文獻委員會，一九九五
1.2《梅氏日記—荷蘭土地測量師看鄭成功》（*Daghregister van Philip Meij1961-1962*），Philippus D. Meij van Meijensteen 著，江樹生譯註，台北：漢聲雜誌，二〇〇三
1.3《台灣通史》，連雅堂著，台北：黎明文化，二〇〇一

### 2 近、現代著作

2.1《台灣史事概說》，郭廷以著，台北：正中書局，一九七五
2.2《台灣人四百年史》，史明著，台北：草根文化出版社，一九九八
2.3《台灣歷史圖說》，周婉窈著，台北：中研院台灣史研究所出版，一九九八
2.4《荷據時代台灣史記》，郭弘斌著，台北：台原出版社，二〇〇一
2.5《發現台灣》，殷允芃等編，台北：天下雜誌，一九九二
2.6《征台紀事—牡丹社事件始末》（*The Japanese Expedition to Formosa*），Edward House 著，陳政三譯，台北：台灣書房，二〇〇八
2.7《日本帝國主義下之台灣》，矢內原忠雄著，林明德譯，台南：吳三連台灣史料基金會，二〇〇四
2.8《日本統治下的台灣》，許世楷著，台北：玉山社，二〇〇七

3 **傳記、回憶錄、選集類**

3.1《賜姓始末》、《鄭成功傳》，黃宗羲著，台灣省文獻委員會，一九九五

3.2《福爾摩沙紀事—馬偕台灣回憶錄》（*From Far Formosa-The Island, it's people and missions*），George L Mackay 著，林晚生譯，台北：前衛出版，二〇〇七

3.3《後藤新平傳》，北岡申一著，魏建雄譯，台北：台灣商務印書館，二〇〇五

3.4《林獻堂傳》，黃富三著，台北：台灣文獻館，二〇〇四

3.5《蔣渭水傳》，黃煌雄著，台北：時報出版，二〇〇六


## 五、其他


1《世界史綱》（*TheOutline of History*），H.G. Wells 著，吳文藻、謝冰心、費孝通等譯，台北：左岸文化出版，二〇〇六

2《物種起源》（*The Origin of Species*），Charles Darwin 著，葉篤莊、周建人、方宗熙譯，台北：台灣商務印書館，二〇〇七

3《人類前史》（*The Journey of Man-A Genetic Odyssey*），Spenser Wells 著，杜紅譯，北京：東方出版社，二〇〇六

4《槍砲、病菌與鋼鐵》（*Guns, Germs, and Steel*），Jared Diamond 著，王道還、廖月娟譯，台北：時報文化，二〇〇七

5《第三種猩猩》（*The Third Chimpanzee-The Evolution and Future of the Human Animal*），Jared Diamond 著，王道還譯，台北：時報文化，二〇〇〇

6《大崩壞》（*Collapse–How Society Choose to Fall or Succeed*），Jared Diamond 著，廖月娟譯，台北：時報文化，二〇〇六

7《新國富論》（*The Wealth and Poverty of Nations*），David S. Landes 著，汪仲譯，台北：時報文化，一九九九

8 "Wikisource-the free library"《維基文庫》

9 "Wikipedia-the free encyclopedia"《維基百科》

**國家圖書館出版品預行編目(CIP)資料**

另眼看歷史：中日韓台三千年 / 呂正理著. -- 二版.
-- 臺北市：遠流, 2016.09
面； 公分. --（實用歷史叢書）
ISBN 978-957-32-7886-3（平裝）

1. 亞洲史　2. 東亞

730.1　105015565